CHINA
中国古镇游

《亲历者》编辑部 编著

中国铁道出版社有限公司
CHINA RAILWAY PUBLISHING HOUSE CO., LTD.

Anhui hongcun

水墨丹青写意人家

时而浓墨重彩，时而泼墨写意，徐徐展开一幅山水画卷。村中鳞次栉比的马头墙及旖旎的山水风光，交相辉映。背倚秀美青山，清流抱村穿户，灰白的墙壁被时间涂画出斑驳的线条……

Zhejiang wuzhen 小镇心的旅行

完整的水乡风貌，朴素的手工作坊，浓郁的生活气息，古色古香的建筑，各具特色的传统商铺，远离都市的喧嚣，体验朴素清新的水乡生活。乌镇一场心的旅行，来过，就不曾离开……

$\mathscr{S}$hanxi pingyao

古晋大地有遗风

在平遥，你时常有种穿越时空的错觉。古老的街道、高大的城楼、明清的建筑、幽深的宅院、火红的灯笼，仿佛看到了古晋的遗存，那么古朴、庄严、浑厚。整座城是安静的，时间好像静止了一般。

Yunnan dali

风花雪月茶酒香

　　大理的魅力，并不是随遇而安的邂逅，苍山洱海，如同亘古不变的传说。徜徉在山水间去慢慢体会它的风花雪月，苍山隐隐，洱海柔情，那三道茶的滋味，更如同岁月人生，回味悠长。

Fujian tulou
一座土楼一座城

　　庞大的格局、沉稳的品格、深厚的内涵，是土楼文化的精华。在土楼里，可以听到客家先民的步履匆匆，他们带着风尘漂泊他乡。这里的月色清凉如水，伴着松林间流水的私语，客家人居住于此不仅是为了栖身，还是人格和亲情的培养。

中国古镇鉴赏

山水古镇

这类古镇依山傍水，水、桥、民居交相辉映，古镇风水观念、耕读思想浓郁，布局富于变化，融天然山水、田园风光、人文景观于一体。古镇通常位于大河的河湾处，有水、码头和长桥，但是镇区内没有纵横的水系，而是背靠青山。河流是小镇的交通要道，镇上的街道因此繁华，而且直通河岸。这类古镇一般多会馆，手工业和贸易发达。牌坊、书院、庙宇、祠堂分布讲究，千姿百态，冬暖夏凉，不燥不潮，和谐统一，浑然一体。

古镇布局类型

古镇是以经济和贸易功能为主的人们聚居场所。相对而言，古城具有更多的政治和军事功能，古村则以居住和生活功能为主。古镇作为居民点，其建筑类型是有规律可循的，根据地理位置的不同主要可以划分为山水古镇、水乡古镇、山区古镇、要塞古镇四种类型。

水乡古镇

这类古镇临水而居，而且河湖众多，古镇上多木船、石桥，舟桥相映成趣，意境很美。由于人口密集，而空间有限，里弄大多比较狭窄，可谓"脚下青石板，头顶一线天"。由于多雨，镇上常有廊棚、廊桥。民居特色为枕水阁楼和天井院。枕水阁楼贴水而建，后门有台阶直通柯道，便于挠涤、泊船。二楼多窗格，便于采光，推窗望水也增添情趣。天井院是紧凑的四合院，通风防寒，房间通常两层，呈走马楼形式。

山区古镇

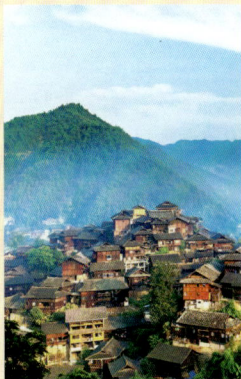

这类古镇环山而居，多苍天古木，也可能有溪水潺潺，起到方便镇民生活和装点古镇景观的作用。此类古镇民居建筑形式多四合院，也有吊脚楼、窑洞等特色建筑。古镇内巷道纵横，黑瓦白墙，马头墙高耸，雕刻精美绝伦。这类古镇，要么是以庙宇兴盛，要么是因驿站繁荣，兵营、工坊等也是产生山区古镇的条件。山区古镇的房屋和街道依山势而建，一条街道可以有十八弯、三百台阶，民居层层叠叠，错落有致，和镇郊的青翠重叠，构成极富魅力的画卷。

要塞古镇

这类古镇一般凭借山水等险要地形，以城堡和山寨为建筑特色，有极强的军事防御功能。此类古镇地处险峻地段，多因军事而建城堡，易守难攻，退进自如。古镇上建有坚固的防御工事，通常包括城墙和城门，城门一般包括雄伟的城楼和瓮城。高大的城门、雄伟的城墙和整齐划一的街道是其标志性建筑。镇内街道一般规划有序，通常横平竖直，有的也依山就势。古镇内民居等建筑大多为石结构，坚固结实。

中国古镇鉴赏

古镇的布局十分讲究风水，根据风水学的方法，运用觅龙、察砂、观水和点穴等考察技巧来选择环境，充分体现出对自然、人文和谐统一的追求。黄姚的九宫布局、安丰的八卦水系、碛口的功能区分，都是风水规划的典范。

古镇人文景观

不同区域的古镇，受到地理位置、政治环境、生活传统等多种因素的影响，不仅在外观上差别很大，在人文内涵上也各有特色，这种丰富性也正是中国古镇的价值所在。

商业文化

无论水码头还是旱码头，古镇都承载着重要的贸易作用。老街作为物质交流的中心，会馆作为商人聚会的场所，它们催生了繁荣的古镇商业文化。染坊、瓷窑、酒窖、矿山也是古镇经济发展的重要地方。

建筑艺术

古镇之所以能流传至今，与其蕴藏很多有价值的东西密不可分。斗拱、藻井等建筑艺术在这里大放光彩，彩绘、雀替等形象艺术在这里充分展示，木雕、石雕、砖雕、浮雕、透雕在这里得到淋漓尽致地发挥。牌坊集雕刻、绘画和廊联文辞等多种艺术于一身，熔古人的社会生活理念、古代的民风民俗于一炉，具有丰富而深刻的历史文化内涵。

美食民俗

"民以食为天"，饮食是最贴近古镇居民的生活内容，不同的气候和物产决定了各地美食的不同，手艺绝活则体现了人们的智慧，丰富了人们对于生活的追求。民俗在古镇中得到最好的传承，婚丧嫁娶、祭祀、禁忌等习俗因地而异，民间故事、神话、典故等文化纷繁多样，各地民俗节庆丰富多彩。

古镇旅行亮点

中国古镇鉴赏

苗族服饰

衣：苗族的苗服、满族的格格装、蒙古族的蒙古袍、傣族的对襟筒裙，可身着民族服装照相留影，也可购买一套衣服或饰品作纪念。

食：中华民族的美食源远流长，去芙蓉镇你能不喝一碗米豆腐吗？双江的陈凉粉被评为"消费者最喜爱的特色小吃"，周庄万三蹄、和顺的松花糕等，都是旅途中不可错过的味觉体验。

糍粑

凉粉

住：在江南水乡可枕水而居，在湘西古城镇可卧榻于吊脚楼，到了陕北高原则是古朴窑洞，若在东北火热的炕上定会睡得更加香甜。

客栈

拉渡

行：乘惯了汽车、火车，何不体验一把当地的传统交通工具呢？乌篷小船是水乡人民出门最便捷的方式；索桥使得山村两岸人们来往更便利；在川渝古镇躺在"滑竿"上则可体验过去另类的生活。

丝绸

集市

购：喜欢工艺品和土特产，那到古镇或许能淘到最原生态的产品，南浔的丝绸名胜江南，俞源村的天然白花油为茶油中的极品，杨柳青的年画既纯正又实惠。

玩：在古镇只单纯看看风景、拍拍照片就太无趣了，加入当地居民的日常生活中，跟着他们出海打鱼、上山砍柴、生火煮饭，别有一番趣味！

节庆：越来越多的古镇把他们原有的传统节庆放大，让更多的游人能参与其中，溱潼的会船节、黔东南的芦笙会、建水的燕窝节，都很精彩。

打树花

漫游西塘

古镇，代表的是历史的痕迹，代表的是传统的生活，代表的是亲近自然的生活方式。但是，古镇正在远离我们，古镇的码头因为陆路的兴起而衰败，古镇的老街因为商场的出现而沉默，古镇的祠堂因为家庭的分化而冷落，古镇的作坊因为产业变革而倒闭，古镇的民居因为重建而拆迁……自20世纪80年代末开始的城镇化浪潮，不少古镇毁于一旦，以千篇一律的"钢筋水泥"代之。古镇作为一种文化现象，成了"正在消失的风景"。

所幸的是，人们的认识终于赶上了推土机的速度，使得一些古镇较为完整地保留了下来。虽已屈指可数，但它们经久的历史文化风貌、独特的风韵，以及顽强的生命力，不能不令人为之感叹、感慨和感动。

古镇是一本厚厚的书，它的内涵、它的品格、它的个性、它的魅力，它无处不在的精彩令人痴迷，令人陶醉！走进古镇，就是走进一幅美丽的山水画卷。

提到古镇，人们总是想起江南，想起小桥流水，桨声咿呀。的确，水的温文尔雅，水的幽幽韵律，自然而和谐地造就了温柔的江南古镇，也滋养着隐藏在山水间的静静人家。

依山傍水、朱门雕窗的巴蜀古镇，则能让您深刻体味山水间桃花源的韵味；古朴厚重、雄伟宏大是北方古镇的特征，深宅大院宛若一位阅尽沧桑的老者，向世人释读着丰厚的历史文化积淀；历史悠远的中原古镇将让您在悠游观光之余，触摸更多的神秘传说故事；风格别具的岭南古镇散发着岁月沧桑之美，它们融入的西方建筑元素是那么的自然；文化多元的边疆小镇更是美丽得让人惊叹，俯拾即是的民族特色却又让人有宾至如归之感。

当越来越多的人，尤其是所谓的小资人群纷纷开始把古镇旅游当作休息和放松的一种生活方式时，古镇旅游已经成为一种品牌、一种时尚。品尝着河鱼烹饪出来的美味，立在乌篷船头看古桥倒影，睡在民居客栈的雕花大床上，那是一种怎样的享受。

本书为旅行者考虑，以图文并茂的形式再现了全国201座古镇（古城、古村）的风貌。书中还配有交通、门票、电话、美食等很实用信息，希望能帮助您顺利地走进古镇。因为，只有亲临，您才会了解它们有多美。手持此卷，能不去古镇？

古镇
精选全国各地的201座古镇（古城、古村），按照区域分章。深度描述，攻略详细。

信息
古镇的交通、门票等基本信息清楚呈现。

图片
600多幅古镇精美图片，让阅读更轻松，更有感觉。

温馨提示
提供一些古镇的美食、购物、娱乐信息，也有游玩小贴士。

特色
以斜体字强调古镇的特色和个性。

重点景点
以黑体字突出显示文中提到的古镇景点。

示意图
为重点古镇配上导游图，让行程更合理。此外还有各地古镇分布图。

古镇攻略
提供一些特色客栈信息，不仅让读者无住宿之忧，还可以真正体验古镇的生活。

目录

上海江苏古镇

梦里水乡不思归

浙江古镇

诗画山水气息浓

安徽古镇

繁荣徽学的物证

江西古镇

田园中的古香古色

四川古镇

天府中的繁荣家园

云南贵州古镇

文化多元原味浓

西部古镇

原生态古村镇

山西古镇

大院和窑洞的古事

京津冀鲁古镇

厚重古建故事多

北方古镇

古朴厚重底蕴深

附 录

上海 江苏

古镇 江苏

梦里水乡不思归

朱家角镇

上海威尼斯

"小桥、流水、人家"是千年古镇朱家角的精髓。如果把流水比作朱家角秀美的长发，那么小桥便是长发上看似不经意的玉簪，轻轻一绾，或婉约或壮丽或平和，万千风情汩汩而出，让无数游人心生爱意。

古镇朱家角地处上海最西边，位于风景秀丽的淀山湖畔，人杰地灵，风光旖旎，民风淳朴。古镇周围湖荡密布、港河交错、水质清醇，是典型的江南水乡。古镇朱家角历史源远流长，宋元时期形成集市，至明朝时期成繁荣大镇，清朝以后为青浦西部的贸易中心。之后这里米市极盛，每届新谷登场，河港几为米船所壅塞，其盛况可见。

朱家角镇中心的**北大街**，被誉为"上海明清第一街"，是古镇最富有代表性的明清建筑精华所在。北大街背靠漕港河，旁临放生桥，早在古镇形成初期，就以水陆两运称便，遂商

◎朱家角古镇独具特色的沿河建筑

贾云集，"贸易甲于他镇"。茶楼酒肆、南北杂货、米行肉铺，百业俱全，成为百年来兴盛不衰的商业中心，时有"长街三里、店铺千家"之美称。如今街上百年老店"涵大隆酱园"，古风犹存；百年饭店"茂荪馆"，老店新开；"古镇老茶馆"，沪郊之冠；传统手工作坊店，门类齐全；古董、陶瓷、花鸟、书画、土特产、工艺品、特色小吃店，目不暇接，一片繁荣景象。

◎课植园

水，是古镇的灵魂，朱家角的水犹如少女的长发，柔和平静。朱家角河港纵横，九条长街沿河而伸，偎着漕港条条支流，犹如一把张开的古折扇。朱家角的人家户户临水，家家通舟。这里的民宅大多为砖木结构，临水傍桥，屋脊起翘，还有的干脆半枕河水，底下用木桩支起，悬在波光粼粼的河面上，形成古镇著名的水阁人家。

古镇历代建造了各式各样的桥约36座，其中，始建于明代的"**放生桥**"是一座五孔石拱桥。放生桥顾名思义，就是"放生积德从善"。僧人性潮曾规定在桥下只准放生鱼鳖，而不得撒网捕鱼。放生桥长如带，形如虹。有诗赞曰："长桥驾彩虹，往来便是井。日中交易过，斜阳乱人影。"放生桥凌空而起，以超越凡力的想象跨越宽阔的江面，表现出古时一代桥工克服天然险阻的无穷智慧和力量。每年农历七月二十七站在桥顶看摇快船，那一派龙腾虎跃的磅礴气势让人过目难忘。

三孔九峰桥、高拱泰安桥也很壮观，而三步之遥的"高低桥""微缩景观"的课植桥、"咯咯"作响的平安桥……更是默默地向行人诉说着它们的前尘往事。

古镇最大的庄园式园林建筑——**课植园**，位于朱家角北首西井街，环境幽静，风光独好，俗称"马家花园"。园名定为"课植"乃寓"课读之余，不忘

INFO

📍 上海市青浦区西井街。

🚇 乘坐地铁17号线到朱家角站下车即可到达。

💰 进入古镇免票，镇内景点单独收费。"角里风情游"套票40元，"艺术文展游"套票60元，景点联票80元。

耕植"之意，整座课植园布局错落有致，疏密得当，独具匠心，在私家园林建筑中也是极为罕见的。

朱家角地沃水秀，民康物阜，自古就是人间富庶地、江南鱼米之乡。游览朱家角时一定要记得乘坐一次罗锅船，寻一下报国寺"三宝"，再踏一踏石板老街，尝一尝口味鲜醇而纯朴、雅致而隽永的朱家角美食：黄栗肉粽、红烧扎肉（一块用绳子裹扎的汁浓酱醇的五花肉）、螺蛳、酒香草头、青豆、笋香花生、盐水虾等。还有不要忘记观赏江南古镇的夕阳，这样才能真正体会到"船在水上行，人在画中游"的感觉。

"小桥流水天然景，原汁原味明清街。"朱家角的天然外景被许多影视导演慧眼相中，是影视竞相拍摄的热点。比文化功底，讲文化品位，行文化消遣，吮文化内涵，已经成了朱家角的生活时尚。犹如绿叶衬牡丹，给水乡泽国添上重重一笔，这是一笔丰厚的文化财产。

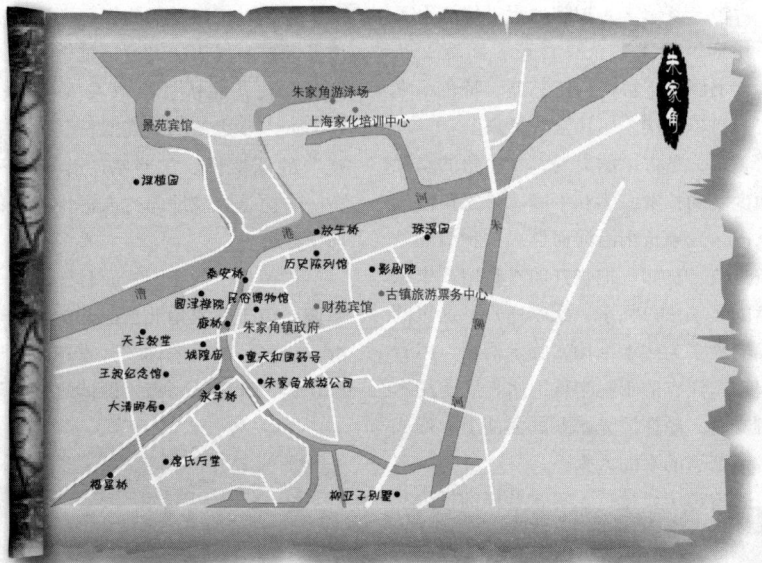

作为上海的后花园，朱家角以其港河交错、民风淳朴的旖旎风光为现代都市人提供了良好的心灵避风港。厌倦了喧嚣俗世，看多了钢筋水泥，趁着周末和节假日来此小住一番，绝对是难得的忙里偷闲。

1.漫公馆客栈：坐落于漕河街36号。客栈既体现了小镇的古朴又融合了现代简约的风格。

2.东巷旅馆：位于泗景园路1号。三楼有上海阁楼式客房，让人切身体会老上海的生活。

枫泾镇

三画一棋集一镇

「唔哝喔哩」是地地道道的枫泾地区的方言，就是「我的家里」的意思。枫泾是典型的江南水乡古镇，镇内河道纵横，有29处街坊、84条巷弄。枫泾水静，桥静，树也静，吴根越角的位置，使这里产生了丰富的文化和著名的「三画一棋」。

枫泾镇建镇于元，地处上海西南。枫泾水静，桥静，树也静，吴根越角的位置，使这里产生了丰富的文化和著名的"三画一棋"。历史上，它因地处吴越交会之处，素有吴越名镇之称，如今是上海通往西南各省的最重要的"西南门户"。

枫泾至今仍完好保存的有和平街、生产街、北大街、友好街四条古街，是上海地区现存规模较大保存完好的水乡古镇。古镇河道纵横，桥梁众多，清风桥、竹行桥、北丰桥三桥相连，素有"三步两座桥，一望十条港"之称。镇区多小圩，境内林木荫翳，庐舍鳞次，清流急湍，且遍植荷花，清雅秀美，故又称"清风泾""枫溪"，别名"芙蓉镇"。

枫泾牌坊好似巨篇鸿著的开篇引子，让你一进门就对枫泾丰富的历史文化内涵能有个简略的了解。历史上，枫

◎枫泾古镇风光

泾古镇一半属江苏，一半属浙江。原先有两个明显的分界标志，一个是西边的界河，另一个就是这东边的牌坊了，这座牌坊就是在原来分界牌坊的旧址上建立起来的，再现了枫泾古镇独特的地理区域特征。

出了枫泾历史文化陈列馆，就来到了**枫泾长廊**，这是当地最具人情味的江南水乡的典型建筑，南起致和桥，北至竹行桥，全长300米左右，连接生产街长廊。以前这里曾经是吴越两界最繁荣的商业街。下雨不湿鞋、盛夏不撑伞的长廊美观而实用，给当地的居民和游客带来了很多的方便。各类小吃名点汇集于长廊内，形成小吃一条街。

沿着枫溪长廊一路北走，就进入了人文历史丰富的北镇旅游区。首先到达的是全长200多米的整齐宽畅的**生产街长廊**，长廊沿枫泾市河向东延伸，南侧有古戏台（每天上午和下午都有传统戏曲节目在此演出）、东区火政会（近代消防机构）等景点。

过了泰平桥来到**和平街**，街北有程十发祖居、农民画世家展厅、人民公社旧址（后院有毛泽东像章纪念馆和防空洞）、三百园等景。宋代建筑**三百园**是一座三进三落的大宅院，也是具有浓郁江南特色的后花园。记录了园主陈舜俞的丰功伟绩与坎坷人生，每幢房子都反映了他当官的艰辛历史，现里面展示了300多件展品，有百灯、百篮、百行等

©枫泾古戏台

代表物件，故称三百园。

沿着和平街西行，跨越北丰桥，即来到手工作坊街——**北大街**。街上有丁聪漫画陈列馆，丁聪生于1916年，是我国现代极负盛名的漫画家之一，他以"小丁"署名的讽刺漫画作品曾经在报纸、杂志上不断发表。离街不远处有施王庙，施王原名施全，是爱国英雄岳飞的部下，在岳飞遇难后，他就去行刺秦桧，行刺没有成功，他就隐居到金山一带。

枫泾文化发达，是蜚声中外的金山农民画的发源地，镇北郊有著名的中国

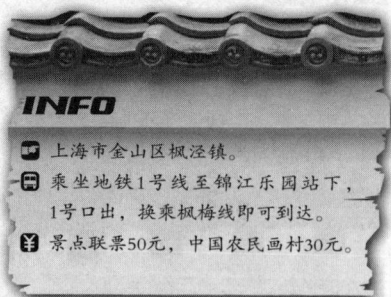

INFO

- 上海市金山区枫泾镇。
- 乘坐地铁1号线至锦江乐园站下，1号口出，换乘枫梅线即可到达。
- 景点联票50元，中国农民画村30元。

农民画村。农民画与丁聪的漫画、程十发的国画和顾水如的围棋,这些就是在国内外都具有相当大影响力的**"三画一棋"**,这"三画一棋"集中于枫泾一镇,是国内罕见的一种地域文化现象。

枫泾的**民俗活动**多姿多彩,广为普及并为百姓喜闻乐见的有串马灯、高跷、耘稻山歌、小调和讲故事等,尤以讲故事流传最广,枫泾长期保持着一支故事创作、演讲队伍,每年都要创作和演讲不少故事,广受欢迎。每年农历正月,举办灯谜艺术节,而在9月,则有独特的吴根越角水乡婚典。

鱼米之乡的枫泾,**饮食文化**独特,素有"吃镇"之称。**枫泾"四宝"**枫泾丁蹄、金枫黄酒、天香豆腐干、枫泾状元糕是馈送亲友的绝好佳选。民谚有云:"正月螺蛳二月蚬,桃花三月甲鱼肥,出洞黄鳝四月底,五月拉丝吃不厌,暴子弯转六月红,七夕要吃四

腮鲈,八鳗九蟹十鳑鲏,十一十二吃鲫鱼。"来到枫泾,一年12个月,新鲜美味吃不厌。世博会期间,枫泾古镇还荣登十大"最美上海"世博旅游景点,届时吸引成千上万的游人纷至沓来。

温馨提示

　枫泾镇北大街手工作坊内,按古代形制,向游客展示古代织布、打铁等手工技艺。
　上海庆怡宾馆:位于枫丽路109号。从宾馆的窗前望去,枫溪长廊蜿蜒曲折,小桥流水人家尽收眼底。

扫一扫,获取更多
实时旅游资讯

嘉定镇

园林之城古韵浓

嘉定水秀地灵，人文荟萃，民风淳朴，素有江南名城之美誉。城中宋代的法华塔，拾级而上可眺望全城景色；潭畔有重楼飞檐魁星阁，山巅树木葱郁之间，四宜亭同孔庙牌坊遥相呼应；东城的秋霞圃，以清水池塘为中心，石山环绕，古木参天，造园艺术独特。

INFO

- 上海市嘉定区。
- 乘坐地铁8号线、10号线、13号线转嘉定66路公交车在秋竹路站下车即可到达。
- 秋霞圃10元，法华塔6元，孔庙免费开放，汇龙潭公园5元。

嘉定镇是上海市的西北门户，南北向的横沥河与东西向的练祁河交叉于镇中心，与环形的护城河，形成江南古镇中独有的"十字加环"水系，是典型的江南水乡。嘉定古称练祁，因练祁河得名，嘉定水秀地灵，人文荟萃，民风淳朴，素有江南名城之美誉。春秋战国之前，这里已有人类活动，南宋嘉定十一年（1218年）设县治，依年号命名嘉定，至2000年9月，嘉定镇撤镇建街道。

嘉定古城墙位于嘉定护城河畔，始建于宋代，目前残存的一段城墙长240米左右，宽约3米，分为南门、西门两段，是上海境内保存最完整、最长的古城墙。西门段有西水关。

◎嘉定竹刻

◎古色古香的嘉定古镇

　　位于镇中心的**州桥老街**，在千步之内汇集了宋、元、明、清朝代古塔、旧庙、名园，可谓"嘉定之根"，这里也是人气最旺盛的老街区。街区中心的各色小吃琳琅满目，老街旁边的休闲广场有个巨大的喷水池，老人闲来在广场上晒太阳，十分悠闲自在。做生意的人则在自家店门口吆喝着生意，好不红火、热闹。离老街不远的大卖场和生活购物广场，让老街上的居民既能感受到明清建筑带来的质朴，又能享受到现代生活方式所带来的便捷。

　　嘉定孔庙位于嘉定镇南大街183号，始建于1219年，素有"吴中第一"之称。今孔庙门前为东西甬道，东有兴贤坊、西有育才坊、正中为仰高坊，均为3间4柱。嘉定孔庙现为中国科举博物馆，是我国第一个科举专业博物馆。沿汇龙潭有石柱，柱顶上刻有姿态各异的72只狮子，象征孔子72贤徒。进门

是潘池，再往前是大成门。大成门前有龟座7只，背负大石碑，记载着修建孔庙的情况。孔庙内设有"考场"，向游人介绍古代的科举制度。孔庙内有山湖书院，蜡像形象地表现了当时应试的状态。

　　走出嘉定孔庙，跨过宋古桥宾兴桥，就是位于嘉定镇塔城路299号的**汇龙潭公园**。公园因其前面的汇龙潭而得名，汇龙潭于明代（1588年）疏浚，相传因有五条河流交汇于此，形如五条长龙蜿蜒伸展之态。园内有宋、元、明、清朝代的石亭、石塔、石峰等文物古迹；魁星阁、百鸟朝阳台等明清建筑与参天古木、名花异草相映生辉。明代忠节侯峒曾、黄淳耀两位先生的纪念碑巍然矗立，这里其人文景观和自然景观融为一体。

　　秋霞圃位于嘉定镇东大街314号，

是上海五大古园林之一。原是明代工部尚书龚弘的私人花园，随着历史的变迁，划为四个景区：西有桃花潭景区，又名"池上草堂"，有"一堂静对移时久，胜似西湖十里长"的赞誉；北有清镜塘景区；东有凝霞阁景区是园中景色最佳处；南有邑庙景区，现为举办展览用，为园中一个活动场所。全园布局紧凑，以工巧取胜，有亭台楼阁，华池曲径，茂林修竹，低栏板桥，断岸滴泉，假山奇洞。园内有园，景外有景，山具丘壑之美，水揽幽邃之胜，咫尺山林，再现天地，故有"城市山林"美誉。

嘉定**城隍庙**位于东大街，始建于嘉定建县同一年，其历史和建筑规模都超过了上海城隍庙。大殿供奉嘉定清官陆陇其，陆陇其是清代初期尊崇朱熹理学、力辟王守仁心学的重要思想代表。他的一生除了居官尽职、开馆授课之外，一以昌明学术、端正人心为己任，享有"醇儒第一""传道重镇"的盛誉。大殿与后面的二寝宫相连，呈工字

形，此类双顶连体庙宇在江南古建筑中实属少见。

嘉定竹刻是我国工艺品百花园中的一枝奇葩。据记载，竹刻艺术在嘉定、金陵逐渐形成两个中心，并分为两大派。嘉定的朱鹤和金陵的濮仲谦被公认为两大派的创始人。可见上海嘉定的竹刻历史悠久，长期在祖国民间雕刻艺术中闪烁着光彩。

◎嘉定竹刻

同里镇

水畔古建忆辉煌

清丽古朴的同里小镇四周有五湖环绕，江河湖汉天水相连，古镇就像是浸在水中的一粒珍珠，圆润得使人不忍抚摸。这儿，古园小桥流水，风情婉约灵秀，身入其中，令人晕然陶醉：满眼的素雅清新，满鼻的花香宜人，满心的恬淡祥和，满耳的吴侬软语……渗透着厚重的文化积淀。

同里镇是江苏省南部的水乡古镇和太湖著名风景区，旧称"富土"。唐初，因其名太侈，改为"铜里"。宋代，又将旧名"富土"两字相叠，上去点，中横断，拆字为"同里"，沿用至今。

走进古镇，你感觉像是走进了一方与世隔绝的净土。著名的画家陈逸飞先生那幅《故乡的回忆》中的景象在这里似乎随处可见，那静静的小河、古老的石径、精致的石桥、傍河的民居，还有那泊着乌蓬船的埠头、那在河边濯洗的妇女，以及古镇上空缕缕的炊烟……它们极自然极贴切地排列组合在一起，虽然没有波澜壮阔的一面，但它给你的是一种贴近灵魂的亲切与和谐，仿佛在向你诉说一个遥远的梦。

历史上同里的园林构筑都与水结下了不解之缘。同里"前八景"中，不少景观以水为背景，以水定景，如"九里晴澜""莲浦香风""水村渔

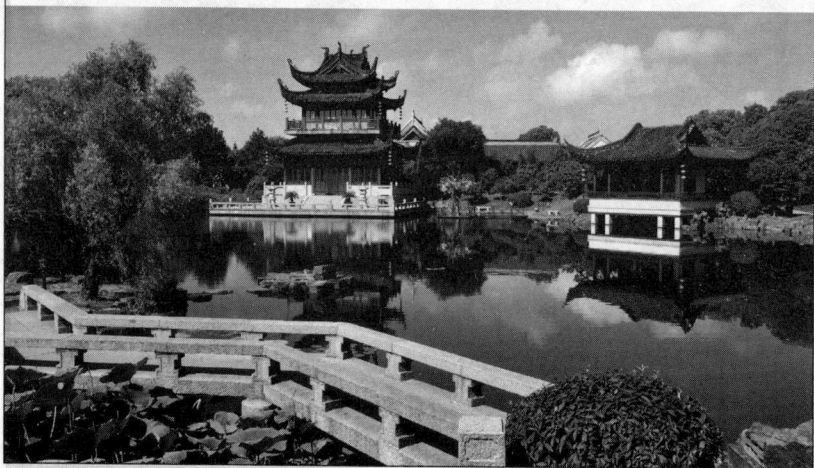

◎典雅娟秀的同里古镇

笛"。"后四景"中的"罗星听雨（**罗星洲**）"景观，更是以水景为特色，被誉为"蓬莱仙境"。

被称为"江南第一园林""贴水园"（园林学家陈从周语）的**退思园**（列入世界文化遗产的8个苏州园林之一）躲开了繁华的都市和熙攘的人群，独自融进了水乡的宁静，集清代园林之长，小巧精致，清淡雅宜，亭台掩映，趣味横生，堪称江南古典园林的经典之作。全园分为西宅、中庭、东园三部分。外宅为待客用，内宅（畹芗楼）是园主与家眷起居之处。中庭有旱船、览胜阁。东园内有曲廊、闹红一舸、菰雨生凉轩、天桥等胜景。退思园以其深刻的文化内涵，连接同里源远流长的历史，给人以遐想和启迪。

在古镇穿行，你就像走进了一座**江**

INFO

- 苏州市吴江区同里镇。
- 乘坐725路公交车到同里汽车站下。
- 进入古镇即收门票100元，凭票可单次游览镇上的九大景点。留宿景区继续游玩的游客，须从园检票前至同里票务中心换取纸质门票；网上购票至少需要提前一天预订。

南古桥的博物馆，一不留意，你又站在桥上了。其中以伫立于镇中心十字形小河上的那三座桥"太平""吉利""长庆"最为有名。"三桥"既小巧玲珑又古朴典雅，仿佛像三尊精雕细刻的弯弯石雕，横跨于青水碧波之上，掩映

于一抹绿树丛中。据说过去镇上居民婚娶时，花轿乐队定要热闹地把这三座桥都走一遍，口中还要不断地念"太平、吉利、长庆"，这算是大吉大利。

同里镇上的嘉荫堂、崇本堂、世德堂、陈去病故居等庄重古朴的深宅大院及精巧玲珑的园林小筑，各有千秋，毫不逊色，无一不透出深厚的文化底蕴与浓烈的明清宅院的艺术氛围。尤值得一提的是**嘉荫堂**，门窗梁栋皆雕刻精美。主建筑"纱帽厅"高大宽敞，五架梁处处皆刻有精美图案，梁头楷木上刻有"三英战吕布"等八幅戏文透雕，形象逼真，呼之欲出。内宅堂楼衍庆楼内有许多名人轶事木雕，观者无不为之倾倒。

有空闲的话最好还是去有"江南第一茶楼"之称的**南园茶社**品品茶、听听曲，那确实是一种雅逸的享受。端上一杯用老虎灶烧出的热水沏的好茶，找个靠窗的位置坐下，耳边听着古老的乐曲，眼里看着古镇的小桥流水人家，心中的那份淡然，真是无法形容。

同里宛如一幅真实的山水画，因水成街，因水成路，因水成市，因水成园，巧妙而自然地把水、路、桥、民居、园林等融为一体，构成了同里古镇特有的水乡风

貌。在这里，你会体会到安逸、宁静，有家一般感觉的别样古镇。

◎同里特色客栈

古镇攻略

1.花筑—懿园客栈：园林式的庭院，幽静宜人，房间宽敞舒适。
位置：同里镇退思园北侧。

2.德春堂客栈：时尚设计，中西融合，质朴典雅。
位置：同里镇退思园西侧。

3.世德堂宾馆：古朴高雅，景中有馆，馆内皆景。
位置：同里镇明清街世德堂内。

扫一扫，获取更多实时旅游资讯

周庄镇

中国第一水乡

周庄镇位于苏州市东南部，「镇为泽国，四面环水」，全镇依河成街，桥街相连，深宅大院，重脊高檐，河埠廊坊，过街骑楼，穿竹石栏，临河水阁，一派古朴幽静，是江南典型的小桥流水人家。

周庄镇旧名贞丰里，春秋时期有"摇城"之说。北宋年间，周迪功郎信奉佛教，将庄田200亩捐赠给全福寺作为庙产，百姓感其恩德，将这片田地命名为"周庄"。元末明初颇有传奇色彩的江南富豪沈万三之父沈佑，因经商而逐步发迹，将周庄变成了一个粮食、丝绸及多种手工业品的集散地和交易中心，促使周庄的手工业和商业得到了迅猛的发展，形成了南北市河两岸以富安

◎周庄环境幽静，建筑古朴，虽历经900多年沧桑，仍完整地保存着原来的水乡集镇的建筑风貌

◎周庄各式各样的桥梁颇有韵味

桥为中心的旧集镇。

周庄环境幽静，建筑古朴，虽历经900多年沧桑，仍完整地保存着原来的水乡集镇的建筑风貌。全镇60%以上的民居仍为明清建筑，仅有约0.47平方千米的古镇有近百座古典宅院和60多个砖雕门楼，周庄民居，古风犹存，最有代表性的当数沈厅、张厅。同时，周庄还保存了14座各具特色的古桥，它们共同构造了一幅美妙的"小桥、流水、人家"的水乡风景画。

双桥 桥面一横一竖，桥洞一方一圆，样子很像是古时候人们使用的钥匙，当地人便称之为"钥匙桥"。陈逸飞的油画《故乡的回忆》帮助周庄成功开启了与国际交往的大门，从此，周庄的双桥成为江南桥梁建筑中的代表作

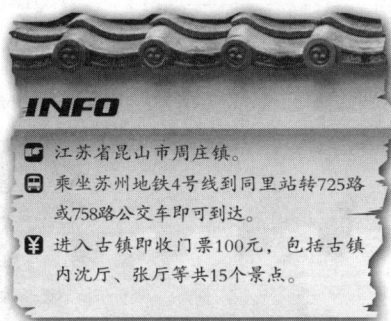

INFO

江苏省昆山市周庄镇。

乘坐苏州地铁4号线到同里站转725路或758路公交车即可到达。

进入古镇即收门票100元，包括古镇内沈厅、张厅等共15个景点。

品，双桥借助逸飞的画笔和自身的魅力，依旧吸引着海内外的游客。游客们来到周庄，必游双桥；看到双桥，必念逸飞。1996年，俄罗斯的油画家普吉村·列昂尼特用失去双手的臂肘夹着画笔，全神贯注地一笔笔描绘着中国江南水乡的神韵。他激动地说："我所见到

的一切都像是在梦中！如果要我形容的话，那么，这里就是一个小小的中国威尼斯！"

全福讲寺，借水布景，巧夺天工，波光岚影，楼阁殿宇，鳞次栉比，增色添彩，其佛教文化博大精深，建筑艺术美轮美奂，园林景色如诗如画，与神韵独具的水乡古镇周庄融汇在一起，是令人流连抒怀的好去处。

旧时，镇上酒店有上百家之多，可谓酒旗林立，醇香满街。如有雅兴品尝周庄昔日陈酿万三黄酒，可到周庄文化街（贞丰街）**酒作坊**一试。其建筑古朴淡雅，是典型的前店后坊的格局。周庄景点主要有民间收藏馆、一稀堂博物馆、怪楼等。民间收藏馆坐落于周庄城隍埭，馆内收藏自石器时代起各代藏品二十余万件，分两大类型，历代民间日常生活用具和散落流失于民间历代官宦用品，藏品真实反映了古镇周边地区的民风民俗和吴文化历史。**一稀堂博物馆**展示了以黄

周庄深厚的文化积淀形成风格别具的水乡民俗风情，阿婆茶、摇快船、斜襟衫，让人品不尽、道不完……在周庄的古戏台上，每天都有昆曲演出，您可以免票入座，带着音律，带着江南的呼吸，再长的历史，都在典雅清幽的曲调中凝聚。

河、长江等流域为主题的原始陶器的创烧至演变到近代瓷器的全过程。共设立了史前至商朝、春秋战国、两汉、隋唐、宋元及明清为主题的六个陶瓷展厅。**怪楼**是周庄唯一的一座集观赏性、娱乐性、参与性、趣味性、艺术性为一体的全新概念的旅游景点设施。在"怪楼"的幻视馆里穿墙走壁、空中浮游、变形人、从巨蛇口中脱险等您不仅能看见而且还能亲身经历和实现这些匪夷所思的幻觉体验。

◎周庄双桥

喝声震天的放鱼鹰，为蚬江水带来无穷的渔趣。"白蚬江滩，为渔人晒网处。打鱼沽酒，醉后兴歌，几不知有世间事。""蚬江渔唱"历来是周庄一处风情佳景，谁不为之迷恋，倾心。每当余晖洒满白蚬江边之际，渔夫或扣舷清唱，豪情奔放；或登岸晾网，借酒助兴，整个白蚬江便是一个连天上神仙也心羡的乡情世界。

周庄的**美食**，浸润着浓浓的水乡风味，焕发出乡土文化的光彩。有位游客为周庄编了一则顺口溜："走在小桥岸边，眼看明清古建，坐进茶楼酒店，品尝乡味水鲜。"是的，几乎所有光临周庄的游客，除了观赏、寻梦，还少不了品尝一下周庄的美食：麦芽饼、豌豆糕、万三糕、童子黄瓜、三味圆、蚬江水鲜、撑腰糕、万三蹄、虾糟等，这些美食定让你吃得乐不思蜀！

唐风孑遗，宋水依依，烟雨江南，碧玉周庄。千年历史沧桑和浓郁文化孕育的周庄，以其灵秀的水乡风貌，独特的人文景观，质朴的民俗风情，成为东方文化的瑰宝。作为中国优秀传统文化杰出代表的周庄，堪称吴地文化的摇篮，江南水乡的典范。

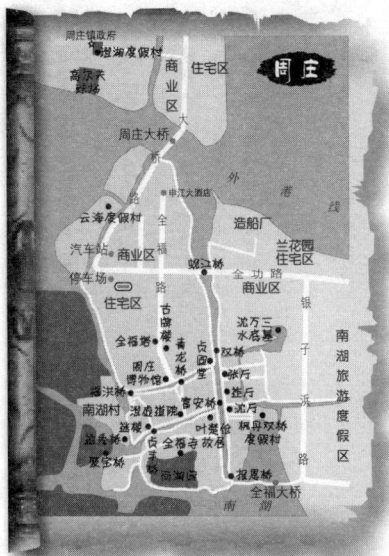

周庄还推出了首部原生态水乡实景演出《四季周庄》，颠覆了传统的演出模式，将舞台和观众全都流动起来。船在水巷中穿行，小桥上、河边石阶上、观众身边的小舟、沿河人家老房子等均被安排了具有水乡意境的演出。

周庄古镇西侧的**白蚬江**几乎聚集了江南水乡鱼虾美味之精华，是渔民的捕捉乐园。那惊心动魄的飞叉、呼拉拉盖下的竹鱼罩、静悠悠诱捕的伴鲤鱼、

古镇攻略

1.沈厅国际青年旅社：干净卫生、免费接送、夜景独特。
位置：周庄镇沈厅后花园。
2.沐澜精致客栈：中式装修、雅致素静、居安神怡。
位置：周庄镇南湖街隆兴桥附近。
3.香草园：装修非常现代，房间宽大，设施齐全，饭菜美味可口。
位置：周庄镇富贵园内，沈万三故居旁。

扫一扫，获取更多实时旅游资讯

甪直镇

原味水乡异样情

漫步甪直古镇，你会感受到一种舒适感，一种甪直古镇特有的新奇感，镇上河水清清，古桥驳岸，环境幽雅，名胜古迹星罗棋布，真是别有风韵，情趣无穷。

甪直原名为甫里，因镇西有"甫里塘"而得名。后因镇东有直港，通向六处，水流形有酷如"甪"字，故改名为"甪直"。又传古代独角神兽"甪端"巡察神州大地路经甪直，见这里是一块风水宝地，因此就长期落在甪直，故而甪直有史以来就没有战荒，没有旱涝灾害，人们年年丰衣足食。

具有2500多年文明历史的甪直镇内河道纵横，素有"五湖之厅"（澄湖、

◎甪直古镇

万千湖、金鸡湖、独墅湖、阳澄湖）和"六泽之冲"（吴淞江、清水江、南塘江、界浦江、东塘江、大直江）之称。

漫步古镇，你会感受到一种舒适感，一种甪直古镇特有的新奇感，镇上河水清清，古桥驳岸，环境幽雅，名胜古迹星罗棋布，真是别有风韵，情趣无穷。

保圣寺建于503年，寺内唐代著名雕塑家杨惠之所塑的九尊泥塑罗汉，虽历经千年沧桑，却仍然保存完好。元代

书法家赵孟頫曾为寺题抱柱联"梵宫敕建梁朝推甫里禅林第一，罗汉溯源惠之为江南佛像无双"。早年郭沫若先生看后曾讲："保圣寺的罗汉塑像，筋骨见胸，脉络在手，尽管受着宗教题材的束缚，而现实感却以无限的迫力向人逼来，使人不能不感到一种崇高的美。"另外，保圣寺内还有斗鸭池、清风亭、澄湖出土文物馆等景。

古镇因桥多，被冠以**"桥都"**的美称。约1平方千米的古镇区现存宋、元、明、清时代的石拱桥41座，造型各异、各具特色、古色古香。有多孔的大石桥、独孔的小石桥、宽敞的拱形桥、狭窄的平顶桥，也有装饰性很强的双桥、左右相邻的姊妹桥和方便镇民的平桥等，桥街相连，河水相通，名胜古迹星罗棋布，遍布在每个角落，被誉为"桥梁博物馆"。

古银杏是甪直古老的标志，为古镇的景色添彩增辉。目前镇上有银杏树7棵，最大的一棵距今已有1300多年的树龄，它虽历经千年风霜，但仍能挺拔、健壮。叶圣陶先生曾对甪直古银杏的评价是："形象高大，意志坚强，气魄宏伟"，因此叶老先生在临终时关照其亲属要将他的全部骨灰安放在有四棵银杏树（甪直保圣寺）的地方，所以现叶老先生的墓就安在甪直，当地政府还专门建了**叶圣陶纪念馆**，以供人们瞻仰游览。

叶圣陶的小说《多收了三五斗》中的**万盛米行**位于南市河东岸，再现了民国时期江南的米市风貌，堂内陈列着江南旧式稻作农具和加工谷米的器具，成为一处独具水乡风情的"农具博物馆"。

现在古镇仍旧留有以卵石及花岗石铺成的街道，深巷两旁为黛瓦粉墙、木

门木窗、青砖翘脊的古建筑（代表的有沈宅、萧宅、王韬纪念馆等），多为明清时代所建。古镇区有58条巷子，最深达150米左右，较罕见，河床上来往小船，络绎不绝，井然有序。

至今甪直地区仍保留着江南水乡妇女传统特色的民族服装，尤其是该镇西部地区40岁以上的妇女仍很流行，在镇上每天都能看到穿着这些传统服装的妇女上街赶集，这也是水乡古镇的一道靓丽的风景线。她们历来以梳髻髻头、扎包头巾、穿拼接衫、拼裆裤、束裙裙、着绣花鞋为主要特征的传统服饰。

◎甪直临河店铺

温馨提示

近年来，镇政府对古镇进行了大量的修旧工作，恢复了沿街河棚和沈宅、万盛米行、萧宅等一大批古民宅和历史景观，同时利用古民宅布置了王韬纪念馆、萧芳芳影视艺术馆、吴东水乡妇女服饰馆等景点，使古镇的风情、风貌得到了崭新的体现。

古镇文化底蕴深厚，唐代诗人陆龟蒙、明代诗人高启都曾居住在甪直，并留下诗作；清代改良派思想家、政论家和中国最早的办报人王韬出生在此；著名教育家、作家叶圣陶在甪直开始了他的文学创作，他以甪直为第二故乡。除此之外，甪直还有很多古代名人的遗址旧迹，如白莲花寺、孙妃墓、吴王宫等。

甪直美食以甫里蹄和甫里鸭两道菜最为有名，根据清代配方酿成腌制的甪直萝卜、响爆鳝糊、野菜羹、南瓜糕等也是别有一番口味，不要忘记去品尝一下！

古镇攻略

甪直镇上有许多地方可住宿，有沿河而建的民居，也有镇上的宾馆旅社。

如家快捷酒店/甪直镇清风路9号

维也纳酒店/甪直镇鸣市路18号

此处有别院/甪直古镇景区入口附近

扫一扫，获取更多实时旅游资讯

木渎镇

幽远的园林古镇

走进与苏州园林同龄的木渎，你便走进了唐诗宋词的幽雅意境；穿越古镇，你便穿越了2500多年的历史风云。相传春秋末年，吴王夫差为取悦西施，在秀逸的灵岩山顶建造馆娃宫，又在紫石山增筑姑苏台，『三年聚材，五年乃成』，源源而来的木材堵塞了山下的河流港渎，『积木塞渎』，木渎便由此得名。

INFO

- 江苏省吴中区木渎镇。
- 乘坐快线1号、38路或622路公交即可。
- 免费开放。进古镇免费，参观景点需购票，景点联票78元。

木渎位于苏州城西，太湖之滨，为苏州西南郊之交通枢纽。境内风光秀丽，物产丰饶，又恰在天平、灵岩、狮山、七子等吴中名山环抱之中，故有"聚宝盆"之称。

早在明清时期，木渎即是苏州城西最繁华的商埠，如今古镇依然是吴西最大的商埠、姑苏第一水镇。镇上古宅庭院深深，小桥流水悠悠，其中胥江为伍子胥所建，乃我国第一条人工运河；香

◎古老的石径，悠悠的流水

溪因西施在此洗妆满河生香而名……木渎的每一条河、每一座桥都有一个古老美丽的传说，具有极高的观赏价值。

木渎四周群山拱峙，又毗邻太湖，既得真山真水之趣，又具小桥流水之幽，更有私家园林、名人故居等众多的人文古迹。木渎私家园林最多时达30余处，现存10余处，这些园林既秉承了苏州园林的精致幽深，又有其空旷高远、山林野趣的个性，充满了一种大气。

木渎最著名的**严家花园**位于古镇山塘街王家桥畔，乃乾隆的老师沈德潜的故居，后归木渎首富严国馨。园林门对香溪，背倚灵岩，"虽处山林，而斯园结构之精，不让城市"。园无花木，山无生机，严家花园巧妙栽植四季花木，构成春夏秋冬四个各具特色的小景区。花木与建筑相互映衬，相得益彰，花木丛中，严家花园愈显幽深广远，变化多端，遍历全园，有步移景异、左右逢源

◎严家花园一景

之妙。

虹饮山房位于严家花园东约200米处，占地广袤，建筑大气，其"溪山风月之美，池亭花木之胜"，远胜过其他园林，乾隆每到木渎必游此园。置身局促小园，而能领略山水之妙、自然之趣、人文之美的莫过于**古松园**，园中雕花楼精雕细琢，与洞庭东山雕花大楼为同一大师作品，堪称南北姐妹雕花楼。**榜眼府第**是冯桂芬的故居，江南三雕（砖雕、木雕、石雕）为其镇园之宝。

灵岩山享有"灵岩秀绝冠江南""灵岩奇绝胜天台"和"吴中第一峰"等美誉，相传吴越春秋时期，在灵岩山顶赏月就已成为风尚。西施爱月，夫差为了讨好她，专门在灵岩山为她修建了玩月池。历代名人雅士亦喜爱登灵岩山赏月，而苏州民间也有中秋到灵岩山赏月祈福的传统。灵岩山寺是"东南著名丛林"，建筑气宇轩昂，寺旁有高耸的灵岩塔。

木渎地区长期形成的**水乡习俗**是吴文化的重要组成部分，节庆习俗多

©虹饮山房秀野园

姿多彩，民俗风情更具鲜明特色。如春节"拜喜神""走三桥"中的走"永安""吃年酒""烧头香"，农历正月十三举行的"碰痢痢会"，元宵节的"走马锣鼓""闹元宵"，二月二的"撑腰搞"，立夏时的"吃甜酒酿，尝三鲜"，端午节的"赏端阳"，七月七的"七夕乞巧"，中秋节的"斋月宫""灵岩赏月"，金秋十月的"天平观红枫"，十二月二十五的"送灶神"等不胜枚举。古镇还新开设了一条创意街区，以动漫产业、多媒体开发、创意设计等为主，为古朴的小镇添加了一道新兴风景线！

木渎的美食有数百年的历史，有享誉华东地区的"藏书羊肉"，有着美丽故事的"四月初八吃乌米饭"等。另有满汉全席仿真展示馆位于木渎镇山塘街，馆内陈列有清朝满汉全席中的108道菜肴、10余道水果拼盘等，形象色泽逼真，定让你垂涎三尺、赞不绝口！

古镇攻略

1.呆着吧民宿：店名听起来很舒服。位置在古镇内，来到这里，你可以坐在小河边，拿着麦克风惬意地唱歌，也可以待主人沏一壶茶，细细品味，体验别致的古镇慢生活。

位置：木渎古镇下塘街30号。

2.玖树溪岸人文旅店：抬头见山，推窗观水，明月下手执书卷，听耳畔丝竹之音缭绕。拎一把竹椅岸边而坐，时光在这里慢了下来，不急不躁。

位置：木渎古镇山塘老街永安桥附近。

扫一扫，获取更多实时旅游资讯

锦溪镇

民间博物馆之乡

锦溪镇像一首耐读的古诗，一幅含蓄的画，每一个韵律，都古色古香；每一笔色彩，都古朴自然。水是它的魂，街道房屋、亭台轩榭，一切都临水而建；水是它最美的风光，也是人们繁衍生存的「根」，随处可见的石桥，是水用柔情唱出的生命之歌。

锦溪镇位于昆山市西南，东临淀山湖，西依澄湖，南靠五保湖，北有矾清湖、白莲湖。早在5000多年前，就有先民在这里农垦渔牧；南宋初年，因孝宗帝陈妃病殁锦溪，御赐镇名为陈墓，

1992年10月恢复锦溪原名。锦溪以溪得名。志载："一溪穿镇而过，夹岸桃李纷披，晨霞夕辉尽洒江面，满溪跃金，灿若锦带，所以得名'锦溪'"。

"水"是锦溪古镇之魂。坐落在

◎锦溪古桥

"五湖三荡"环抱中的锦溪，宛如金波玉浪中的一颗明珠。太平桥上镌有这样一副对联："东迎薛淀金波远，西接澄湖玉浪平"，形容古镇得天独厚的"水"环境。古镇的**龙形状水系**纵贯南北，"水"道蜿蜒如龙形，市河南口为龙口，五保湖中的陈妃水冢犹似龙口的明珠，市河两侧东西各两条河流，犹如龙体四足。长达6千米左右的河道逶迤曲折，沿河石驳岸、石级河埠、船码头错落有致，和散落在驳岸上数以千计造型各异的系缆石，自然地形成了一道靓丽的以"水"串联的风景线。

人们常以"三十六座桥，七十二只窑"来形容锦溪的桥多。古镇大多完整无缺，碑记联柱俱在，花纹图案精美，形成了水乡特有的"桥文化"。**里和桥**是古镇

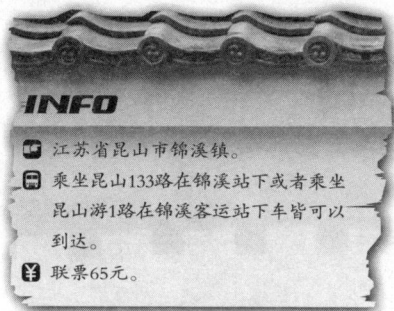

INFO

江苏省昆山市锦溪镇。

乘坐昆山133路在锦溪站下或者乘坐昆山游1路在锦溪客运站下车皆可以到达。

¥ 联景65元。

最古老的大跨度古桥，而此桥又正是明代锦溪八景之一的"古桥风亭"所在地。北观音桥，为单孔石拱桥，此处河道逶迤曲折，两岸绿荫如盖，长桥如虹，石拱如弯弓满月，恬静淡雅，如诗似画，令人流连忘返。还有如溥济桥、普庆桥、里和桥、众安桥、具庆桥、隆福桥、条半桥、丽泽桥、黄公桥、长寿桥、周公桥、青龙桥和古莲桥等保存完整的众多古桥，每一座古桥都有着委婉动听的故事，那妙趣横生、耐人寻味的意韵，定能让您回味无穷，驻足难返。

古镇历史文化底蕴深厚，自然风光旖旎，古迹文物颇多，有"锦溪八景"和"莲池八景"，从明朝以来，又形成了独特的"砖瓦文化"。锦溪被称为"中国民间博物馆之乡"，首创国内唯一的"中国古砖瓦博物馆"，先后推出华东第一古董博物馆、中国陶都紫砂博物馆、中华历代钱币珍藏馆、东俊根雕艺术馆、华夏奇石馆、华夏天文馆等民间博物馆。其中，中国古砖瓦博物馆为锦溪首创，中国一绝，馆内藏品涉及瓦当、滴水、屋脊构件等14大件，2300多件展品囊括了从秦砖汉瓦到民国时期的各种建筑砖瓦和构件，应有尽有，堪称一部卷帙浩繁的建筑史长卷。

◎锦溪古镇十眼桥

锦溪自古崇文尚墨，是历代文人骚客荟萃之地。矗立于镇南五保湖畔的**文昌古阁**是锦溪人祈祷文运昌盛之所，亦是文人骚客结社之地。元末明初著名诗人、文学家高启描绘锦溪"红杏碧桃花烂漫，长堤曲巷水流漓。"沈从文喻锦溪为"睡梦中的少女"，冯英子称它"浓妆淡抹总相宜"，刘海粟则赞誉它是"江南之最"。

锦溪民俗风情多姿多彩，有丝弦宣卷、舞龙灯、舞狮、打连厢、摇快船和民间山歌等许多广为流传、极富地方特色的传统文化，其中**丝弦宣卷**堪称"锦溪一绝"。锦溪还会以讲述民间故事的形式举办阅读节，一个个精彩的民间故事引人入胜，从而进一步丰富锦溪历史文化内涵，让更多人了解锦溪，使之成为认识锦溪的一扇窗口。

锦溪是一本用水做的书，每一片砖瓦，都是一张耐读的书页。锦溪是一位女子，淡妆素抹，亭亭玉立的江南小家碧玉，它古朴而不张扬，宁静而不沉寂。在烟雨廊棚和桥影浮动间，尽显着江南水乡古镇之浓浓意韵。

温馨提示

锦溪美食有水晶脸、塞肉鲌鱼、酱熏白鱼、鸡烧河豚、酱汁肉等诸多名菜；也有袜底酥、长隆月饼、马蹄糕、酒酿饼、海棠糕等特色糕点。其中，袜底酥历史最为悠久，是宋孝宗时期的宫廷御用糕点，其形如袜底，一层层油酥薄如蝉翼，咬起来清香松脆，吃在口中甜中带咸，十分好吃，是馈赠亲朋好友的绝佳礼品。

古镇攻略

与其他开发较早的江南古镇相比，锦溪的景点不算多，知名度和游客都不及其他名镇，不过这也最大程度保留了锦溪的传统民风，居民们临河洗衣、洗菜、烧饭，炊烟袅袅，好一派生活气象。

浮点禅隐客栈/锦溪古镇南大街81号
燕月楼/锦溪镇菱荡湾16号
锦窑后苑民宿/锦溪镇窑后头16号

扫一扫，获取更多
实时旅游资讯

千灯镇

亭林故里 戏曲之源

走近千灯，河埠廊坊，水苑幽弄，深宅大院，水镇一体，呈现一派古朴恬静、如诗如画的幽境，那『水陆并行』『河街相邻』的棋盘式格局，让你感觉不同于别处古镇。任思绪一纵千年，追溯着千灯这部源远流长、风云变幻的『史书』。

INFO

- 江苏省昆山市千灯镇。
- 乘坐昆山109路公交车在团结桥站转昆山113路公交车到千灯站下车即可到达。
- ¥ 联票60元。

千灯是江苏昆山市的一个水乡古镇，距今已有2500多年的历史，古镇物华天宝，人文荟萃，素有"金千灯"之美称。据汉《吴越春秋》和宋《玉峰记》记载，千灯原名"千墩"。吴地有三江，其吴淞江畔有土墩999个，昆山南约30千米处有一高土堆，为第一千墩，遂称"千墩"。因当地人将"墩"和"灯"发音一样，后人改称"千灯"。

◎进入千灯，映入眼帘的是古老的黑瓦白墙，是倒映在河里的临水人家、店招酒幡

进入千灯，映入眼帘的是古老的黑瓦白墙，是倒映在河里的临水人家、店招酒幡。号称华东第一街的**石板街**，是国内保留至今最古老的也是最长的宋代千米石板街。漫步古街窄巷，如飘浮于明清的遗风中，两侧楼宇挑檐而出，小楼相依，形成江南古镇"足踩青石板、头顶一线天"的独特风貌。除石板街外，还有著名的尚书浦，尚书浦上架有永福桥、凝薰桥、种福桥、吴家桥和陶家桥等五座明清石拱桥，每座石桥都会

令你牵念起古镇悠久的历史文化。

千灯的**"大桥与大河"**不同于江南水乡的小桥流水，别具特色，每座大桥的侧畔总是点缀着一座玲珑剔透的小石桥，譬如千灯桥侧有香花桥，凝薰桥旁有蒋泾桥。小桥匍在大桥下，犹如儿女依偎在母亲膝下般温顺，真是逗人喜爱。还有镇南的吴家桥和陶家桥，桥畔小石桥仰望慈颜，颇显孝顺之趣。

三桥是千灯水乡桥文化的精华和缩影。三桥联袂而筑，分别呈现宋、明、清三代的不同特色。东边的小桥叫方泾浜桥，因河名方泾浜而得名，为明代特色；中间横跨尚书浦上的三孔石拱桥为恒升桥，恒升取步步高升意，为清代特色；西岸一座小巧

©宋代千米石板街

玲珑的木桥是鼋渡泾桥，为宋代特色。三桥有一美丽的名字，称为"三桥邀月"。

千灯最值得一提的遗存有两处，一是顾炎武故居——**顾氏南宅贻安堂**，现存五进明清建筑，雕梁画栋。故居原来占地600平方米，现在已扩至约6000平方米，形成了包括顾炎武起居生活区、顾炎武祠堂、顾炎武墓和顾园几个景点，其中顾炎武墓地和顾园相连，形成墓、祠、厅一体的园林布局，在千灯由大户名宅构成的古建筑群中最值得称道，为千灯诸景之首。另一处是**顾坚纪念馆**，在纪念馆的底楼布置有昆曲小舞台和十几张桌子，游人一边品茗，一边观赏昆曲、江南丝竹、苏州评弹，真是好不惬意。

千灯古建筑的制高点，自然是被誉为"美人塔"的**秦峰塔**。此塔位于千灯镇尚书浦西岸，因建塔之砖有浮雕、塔身苗条，风姿绰约，亭亭玉立，故有"美人塔"之誉。有风时，但闻塔檐铜铃一片鸣响，悠远如古乐漾动。古塔前方两侧有两棵千年银杏树，像两个面目苍老的绿衣锦卫，默默镇守着古塔，俯瞰着历尽沧桑的千灯镇。塔内，有号称"世界第一大玉佛"的白玉大佛，已经被载入了吉尼斯世界纪录大全。

古镇东北侧的**少卿山**是新石器时代文化遗址。还有被称作**"典当里"**的余宅，为"立三堂"古建筑群，前店中厅后宅的双排五进明清古建筑群，是华东地区保存最完整、规模最大的典当之一。此外，千灯仍保存着李宅、周宅、徐宅等一批古建筑。

由古及今，千灯今日之辉煌是古镇文脉的延伸，这与千灯丰厚的文化底蕴是密不可分的，快来千灯享受一番其魅力文化的独特神韵吧。

古镇攻略

千灯古镇不算大，很多居民自己开设的酒家都提供住宿，有醉仙楼、千灯老饭店、嘉园酒家等，夜晚留宿在临河民居是很不错的选择，看桨声灯影，听橹声阵阵，伴着邻家阿婆哄小孩的摇篮曲入睡，仿佛又找回了童年内心那一抹最甜蜜的温存。

扫一扫，获取更多
实时旅游资讯

苏州沙溪镇

古街古桥孤岛故居

「古巷同户宽，古街三里长，古桥为单孔，古宅均挑梁，户户有雕花，家家有长窗，桥在前门进，船在门前荡」，构成了一幅幅精美典雅的水乡风俗画，素有「东南十八镇，沙溪第一镇」的美称。

◎沙溪庵桥

沙溪镇位于太仓市的中部，历史悠久，风景独特，物产丰富。沙溪镇古时称沙头又名印溪、团溪、七溪，早在唐宋时期已形成村落，距今已有1300余年的历史。明弘治年间，市镇日趋繁荣，街景日好，"沙溪八景"，远近闻名。随着工商业的发展，沿戚浦河而建的临水建筑脱颖而出，古朴的石拱桥横跨戚浦河，"印溪书舍""南野斋居""连蕊楼"等一批古宅名居拔地而起，形成了枕河人家，水桥流水，小巷深处独特的历史文化景观。

漫步垂直如线的

三里古街，"天下第一古巷"的标牌赫然在目。古色古香的老字号店铺林立街旁，一面面小黄旗迎风招展，不时闪现眼前的明清桥门洞，令人恍然若梦。古街两旁古宅鳞次栉比，其中最令人注目的是**龚氏雕花厅**，满厅雕梁画栋，梁架上布满云纹，梁木四面刻满了缠枝花浮雕，形态优美，雕刻精细别具一格。另有走马楼，位于住宅二层，连通一片，马可奔走无碍。当然，其实并没有马儿在二楼的木地板上跑，只有数家普通百姓，共处在这一盖大屋檐下，演绎着"七十二家房客"的故事。

隔着一排建筑与老街平行的是**戚浦河**，三五米宽，穿镇而过。河中可见为数不多的小船，或游弋水面，或停靠岸边，河面上有三座古朴雄浑的古桥横卧，分别是新桥、庵桥、义新桥，均为明清时代的单孔石桥。其中始建于宋代的**庵桥**，清康熙年间改木桥为石桥，并于清光绪十年重修保留至今，庵桥有独特的防盗机构——桥门洞。为减轻桥压力，桥身三分之一嵌入北岸民居之中，在江南水乡中目前是独一无二的。这一幅"小桥、流水、人家"的画卷，虽未到"野渡无人舟自横"的境界，亦使人生出"秦时明月汉时关"的感慨。

古镇最有特色的当数保存完好的、沿戚浦河而建的临水**民居建筑群**。生活在这里的居民，为方便水边生活，家家建有河棚间，家家有石水桥，临水一间，木桥镂窗，既可眺望河景，又可汲水购物，形成一道韵味独特的风景线。民居参差起伏，错落有致。挨家挨户的临水建筑，几乎有

INFO

- 江苏省苏州太仓市沙溪镇。
- 可乘坐太仓307、210路公交即可到达。
- 联票30元。

一半伸到河面上，上面是临空水阁，下面由石柱支撑，河埠、船坞就设在水阁下面，巧妙之极，这是真正的"枕水人家"。

橄榄岛位于古街东端，因形似橄榄而获美名。三座明清古桥沟通岛与镇，岛上有张家园，有旧人故居现在又种植了上万株花草植物，翠竹环绕，绿树成荫，令人荡气回肠，有一种顷刻间回归大自然的感受，是江南古镇中独一无二的人工小岛。

◎古镇今昔

◎沙溪镇古居

沙溪至今还保留着不少名人的故居，如中国现代舞蹈界的大师吴晓帮、清代著名的学者和藏书家陈穆衡等都曾在这里居住过。其中最为独特的是位于镇西市街的**吴晓帮故居**，这是一幢欧式双层建筑，因其外观白色，镇上的人称它为"小白楼"。小白楼只有十二间房，规模不算大，但其门窗及楼梯的细部工艺极为讲究，且为欧陆风格，弥足珍贵。房顶建有瞭望台，可观沙溪全景。

乐荫园是宋末隐士瞿孝祯的读书处，稚朴恬静，悠然闲适，水波不兴，竹影婆娑，几张石椅点缀其间，与池边寂寥的堂屋相映成趣。此情此景使人不禁联想到杜甫的诗句："花径不曾缘客扫，蓬门今始为君开。"

沙溪有很多寺庙与道观，尤以普济寺、长寿寺、延真观最甚。另外，沙溪镇民俗风趣，民风淳朴，民间灯会，妙趣横生。

温馨提示：灯笼和蟋蟀等沙溪特色产品倍受游客青睐；沙溪汤包、蟹壳黄、猪油米花糖、桃珍糕、盘香饼、涂松山芋等风味小吃远近闻名。

扫一扫，获取更多实时旅游资讯

陆巷古村

太湖第一古村落

陆巷村位于东山后山太湖边，靠山滨湖，风景秀丽，又与附近太湖风景名胜寒谷山公园、巩俐岛、化龙池、王鏊墓相邻，远望如一幅「水是眼波横，山是眉峰聚」的传神画图。是一处集自然风光、名胜古迹、人文景观于一体的游览胜地。

陆巷古村位于苏州西南，距苏州市区约40千米。古村依山临水，与太湖西山遥遥相望，故有"太湖第一古村落"之称。古村占地面积约0.74平方千米，南宋时渐成村落，明清时名人辈出，如明代的大学士王鏊的故里就在这里。王鏊曾连捷解元、会元、探花，其门人唐伯虎称他为"海内文章第一，山中宰相无双"，王鏊母亲姓陆，其村因此得名。

陆巷明清住宅的平面布局，一般以纵轴线为准绳，自外而内次第安排照墙、门厅、轿厅、大厅、楼厅、界墙，轴线上的房屋，陆巷人谓之"正落"。如今陆巷古村保存完整的明清建筑有惠和堂、粹和堂、遂高堂等近10座；其他古宅则还有明代所建的晚山堂、见三堂、鸣凤堂、东山草堂和清代建造的仁和堂、怀德堂等20多座。

长达一里的**紫石街**路面均由2米多长的花岗岩石条铺成，参差不齐地呈个坡度，一路向上，古老斑驳，古意益然，人来人往踏在石上，几百年下来已油光可鉴。沿"王家里"拾级而上，道旁镌刻有骑马和上下轿的标记，斜坡的青石级两边凿着斜斜的车辙，都是明清的遗迹。主街两旁，店铺并列，青石阶沿，栅栏店门，茶肆酒店，古色古香，遗风犹存。当年王鏊连中"三元"后建造的解元、会元、探花三座牌楼就镶嵌在巷中，三座古牌楼，成丁字形矗立在紫石街的东南北三面，十分震撼。

◎古街上的牌坊

INFO

- 江苏省苏州市吴中区东山镇陆巷村。
- 乘坐快线10号，再转629路公交车即可。
- 成人票65元，东山联票（含启园、紫金庵、雕花楼、陆巷古村、三山岛）150元。

位于古村中部明基清建的**王鏊故居惠和堂**，大多为楠木，均系明式，且每处厅堂都有草架、轩廊，极为讲究，是标准的明代官宦宅地建筑的代表，更是明清时期大型群体厅堂建筑的典型。整座建筑占地约3000平方米，进深五进，纵向三路并进，左右有备弄相隔。中轴线上有门楼、轿厅、大厅、主楼、女眷楼和后花园；左轴线上有花厅、书楼、小花园和住楼；右轴线上有茶厅、灶间、耳房等；内辟有王鏊涛画、雕塑馆、影视厅、明清家具馆、莫厘王氏、叶氏陈列馆棚"从适园"八景等人文景观。

惠和堂门槛非常高，第一进的轿厅旁依旧摆放着当年王鏊出门时所乘的马车，木头虽然都已经斑驳了，却依旧固执地透着一股轩昂的气势，堂内明朝大学士王鏊端坐，手中拿着书卷，甚是威严！主楼西侧的书楼二层三间，楼前有一堵磨砖贴面的大型照壁，高与书楼屋檐相齐，瓦滴上嵌有砖雕，镌刻形态各异、栩栩如生的"九狮图"图案。两端各有三块砖雕花鸟图案，照

◎洞庭东山－陆巷村

壁中央又嵌有圆形"丹凤朝阳"图案，刻工精细，形态逼真，为砖雕中的佳品。据说当年王鏊辞官还乡，皇帝挽留不住，便御赐这**九狮图**，整个中国也仅在故宫得见，民间仅剩这一处了。况且这狮子并非寻常猛兽，它的名字叫"时务"，古语有云"识时务者为俊杰"。这"时务兽"当然不是凡夫俗子所认得的，必是博学如王鏊者，才值得拥有。

此外，从村口的"太湖第一湾"可以乘船去三山岛。洞庭山（分为东山和西山）历来盛产各种水果等特色产品，春天有上好的碧螺春，还有漫山遍野的梅花，这个季节有枇杷、桃子等，此外还可以去采杨梅，如值金秋之际，则山下万绿丛中，镶嵌点点红橘，分外悦目，电影《橘子红了》就是在**东山**拍摄的。山崖顶上，则有巨石七八块，横屹侧卧，中有一块大石，其上脚印长尺余，足跟、足弓、足跟清晰可辨，这是陆巷著名的景观之一"**仙人石**"。由此往西，橘林深处，有一深涧，溯流而上，涧源在山谷尽处，即"化龙泉"。有清代诗人陆燕颉的《化龙池》为证："瀑泉唯嵩岭，胜甲五湖峰。乱石穿云线，清池堕玉龙。流侵浣女石，润人挂衣松。桥上何时坐，须迟雨后踪。"

陆巷村建筑恢宏，风景优美，地灵人杰，**名人辈出**。明清时，陆巷村自王鏊高中探花后，相继出了1名状元、7名进士和16名举人。近代和当代又出了3名中科院院士，近百名教授和部级、军级干部。

古镇攻略

陆巷颇受影视导演们青睐，像《小城之春》《摇啊摇，摇到外婆桥》《红粉》等电影都有在这里取景。

九棠客栈/东山镇陆巷村寒谷渡附近

假日酒店/东山镇陆巷村蒋湾桥附近

扫一扫，获取更多
实时旅游资讯

明月湾村

花光深处有人家

已有2000多年历史，见证了太湖古村落农耕文明的明月湾，有着诗一般的名字，又是一处画一样的村落，是苏州众多古村的一个缩影。土生土长的它，娴静、淳朴，是江南水乡古老的淳朴山村。；它能诉说千年奇遇，也能让您领略寻常百姓自己的故事。

明月湾村现属西山镇石公行政村，在著名景点石公山以西约2千米处。古村南濒太湖，背倚青山，地形宛如一钩明月，故称明月湾，简称明湾。又有传说因春秋时吴王夫差与西施在此赏月而得名。

传说早在春秋时明月湾已形成村落，村后石排山上至今仍保留着西施当年洗妆的**画眉泉遗址**。至唐宋时期，明月湾基本形成了状若棋盘的山村格局，清乾隆年间，明月湾达到了鼎盛。

石板街修筑于清乾隆三十五年（1770年），街巷纵横交叉，总长约达1140米，路面用4560余块花岗岩条石铺成，俗称为棋盘街，是明月湾古村特色之一。街道下面是排水沟，每遇大雨，雨水和山洪从沟渠中迅速排出，路面清洁如故，有"明湾街，雨后穿绣鞋"之说。街道两旁民居高低错落，斑驳苍古。房前屋后，栽植四季花果，清代诗人沈德潜称之为"人烟鸡犬在花林中"，清代诗人凌如焕称之为"水抱青山山抱花，花光深处有人家"。

古村现存的房屋多为清乾隆年间所

◎明月湾村古树参天

◎明月湾村古民居

建，居民们靠外出经商和种植花果致富，营建了礼和堂、礼耕堂、瞻瑞堂、瞻禄堂、汉三房、薛家厅、金家厅、邓家祠堂、吴家祠堂、黄家祠堂、秦家祠堂等高档房屋。这些宅第和祠堂，有精致典雅的砖雕、木雕、石雕，有的还有华丽的苏式彩绘，可谓集清朝乾隆年间江南民居建筑之大成，是江南地区清代建筑的代表作。其中，建于清嘉庆年四年（1799年）的**裕耕堂**，是明月湾保存最完好的古民居代表，此堂原为吴家瞻瑞堂的一部分，1943年由邓家买下，并改今名。现由邓石卿的孙子邓国英、邓国桢兄弟两家居住。该堂占地约744平方米，由东西并列的两个院落组成，各自有门厅、楼厅、庭园、书房及附房，两部可通过备弄一侧的墙门连通。堂内有一精致的砖雕门楼极富富贵之气。门楼上的左右兜肚及上下坊皆是圆雕的人物故事，并穿插以仙桃、灵芝、祥云等象征吉祥富贵的装饰，两角饰以垂莲短柱，其图案之精美，雕刻技术之高，令人叹服。

明月湾村口沿湖的那块地原为各

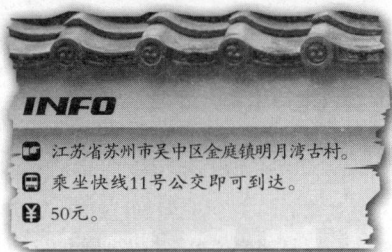
INFO
江苏省苏州市吴中区金庭镇明月湾古村。
乘坐快线11号公交即可到达。
50元。

族共有，称为众家地，这里长满了参天大树，使得在太湖中行船很难望见明月湾的房子，这给夜晚归航的船只带来了不便。为了能使夜晚航行的船能安全回村，避免在太湖中迷失方向，自南宋开始，明月湾村民就在村口竖起了高高的**旗杆**，上面挂上大红的灯笼，夜间点亮里面的油灯，为过往的船只指引方向（相当于现在的灯塔），原旗杆于1939年被砍断，现在的旗杆是2005年重立的。

约1200多年的**古樟**是明月湾的重要标志，它见证了古村的千年历史。相传为唐代著名诗人刘长卿到明月湾访友时所植。该树主干直径约2米，树冠高

◎明月湾村湖上的小桥和牌坊

院落，占地面积约1100平方米，现存主要殿堂均为原构。内设弥勒、观音、城隍、关帝、猛将、蚕花等神殿。寺内还保存有多方碑刻，多为重修和募捐纪事碑。依山面湖的庙宇景色秀丽，楼上为望湖赏月极佳处。

25米左右，1984年被公布为一级古树名木。古樟曾经历了多次磨难，一侧主干因火烧、雷劈早成枯木，仅依后来发出的新枝维持生命，妙趣天成，俗称为"爷爷背孙子"，树身向东侧的古村方向倾斜，似乎在作揖感谢村民千年以来对它的精心呵护。古樟枝叶茂盛，覆荫近一亩，是船家休息、村人纳凉的好地方。

历史上，樟树下的**古码头**是明月湾与外界沟通的主要水上通道，始建年代已无从考证，全长约58米，宽4.6米左右，用256块花岗岩条石铺成，颇具气势，如今依稀可见当年舟楫往来盛况。鱼虾买卖，晾网补网，装货卸货，每天忙忙碌碌。从码头上面的石缝中钻出的两棵小树，也已长得有合抱粗，成了系船带缆和晾补渔网的天然工具。

明月桥始建年代不详，现存建筑为民国时期重建。系清代花岗石建筑，桥身平直轻巧，至今仍是过河的主要通道。相传在2500多年前，吴王夫差和美女西施曾在桥上共赏明月，故石桥得名为明月桥。

明月禅院俗称**明月寺**，现存三进

古村历史悠久，风景秀丽，自古以来就是文人雅士的向往之地。白居易、皮日休、陆龟蒙、释皎然、刘长卿、贾岛、黄庭坚、吴存、高启、王世贞、王世懋、沈德潜等著名文人，都留下了赞美明月湾的诗文。

温馨提示

明月湾现有常住居民一百余户近四百人，多为靠种植花果、碧螺春茶和兼太湖捕捞、养殖为生的农民，姓氏以邓、秦、黄、吴为多，多为南宋退隐贵族繁衍的后裔。来到依山傍湖、群山环绕、终年葱绿苍翠的明月湾，你便进入了梦中的桃花源。

沙家浜镇

绿色公园 红色古镇

沙家浜是诗，晴亦如诗，雨亦如诗。沙家浜是画，笑亦如画，哭亦如画。沙家浜这片有着红色历史的小镇如同芦苇一般，向世人展现它红色的过去，绿色的现在，更让人不自觉地遐想金色的未来。

沙家浜镇位于风光旖旎的阳澄湖畔，是一个具有500多年历史的江南古镇，以其浩荡的芦苇、宽阔的水域和茂密的绿色构成江南水乡富有自然情趣的绿色生态主调；沙家浜的历史人文积淀更赋予了小镇的内涵和生命活力；水、渔、米、耕、戏的江南特色更是让人融入其间，乐此不疲。

在沙家浜景区里，有华东地区最大的**芦苇迷宫**。沙家浜不须浓妆，有霓裳

◎沙家浜芦苇荡

INFO

- 江苏省常熟市沙家浜镇。
- 乘坐常熟5路公交可到达。
- 门票70元，和实景剧联票120元，另有多个单收票项目。

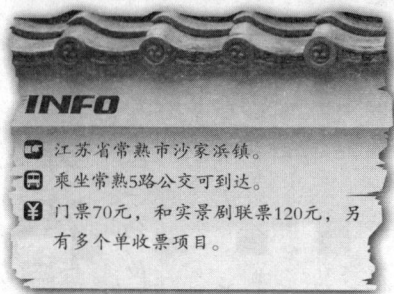

羽衣；不须淡抹，有春江花月。沙家浜的水不施粉黛，天然去雕饰，润物细无声。乘船进入芦苇深处，苇叶青青，满眼是悠悠的绿。占地千余亩的沙家浜芦苇荡如迷宫，似天门阵，坐一叶小舟，听水声阵阵，时而乍现三两片茅屋，时而惊起一群鸥鹭，仿佛又看见了那一幕幕战火纷飞的场景。深秋，正是欣赏芦苇花开的最好时节，两岸芦苇比人还高些许，淡褐色的花儿沉甸甸的，风一吹，成片的芦苇摇曳生姿，芦花瑟瑟，显得悲壮而又潇洒，真是"阳澄湖畔沙家浜，芦苇荡里好风光"。南面的陆上芦苇迷宫，有许多曲径小道，能看到许多珍稀物种。

在芦苇荡中的**红石村**，可以感受远处芦苇青青，近处岸柳成行，可以领略一下20世纪三四十年代的沙家浜风情。附近的隐湖长廊全长175米左右，是为了纪念在这片芦苇里诞生的原我军175团（即沙家浜团）而精心设计的。

"芦花放，稻谷香，岸柳成行"，"出门先动橹，抬腿就下湖"，真个是"好一处江南鱼米乡"呀。这里的自由市场设在水面上，一艘艘满载着菜蔬鱼蟹、日常百货的船儿，在湖面上对峙列队排成水上小街。"逛街"采购的人们也一色的撑着摇橹船，就在水上小街中间徜徉穿行，如此水街奇景，让人过目难忘。**阳澄湖大闸蟹**之色、香、味妙不胜言。沙家浜地区河湖密布，水质洁净，水草丰茂，食饵充裕，水底泥质坚硬，是螃蟹栖息的理想场所。"阳澄湖畔沙家浜，大闸蟹的屋里乡（意为家乡）"。每到9月，雌蟹卵满，黄膏丰腴，正是食蟹的最佳季节，"十月雄蟹黄白鲜肥，不食螃蟹愧对腹"。

沙家浜更是因了那部几易其名的经典戏剧而蜚声遐迩。最先是作家崔左夫依据《你是游击兵团》而演绎成沙家浜的故事，并由文牧定名为《芦荡火种》。1964年，以《沙家浜》为京剧重新命名。到如今，剧中的《智斗》一场戏，还是各种晚会中的叫座节目。剧中人郭建光、阿庆嫂、沙奶奶、胡司令、刁德一等舞台形象及那**春来茶馆**，还在有声有色地活演在人们的心间，"沙家浜"的名声也越发叫响。如今古镇上已经建起了三代风格各异的春来茶馆，**沙家浜革命纪念馆**、江南水乡影视基地也焕然一新。快携上淡淡怀旧情结和浓浓好奇情思，踏上沙家浜之旅，去亲眼看看沙家浜，看看春来茶馆，看看阿庆嫂吧。

扫一扫，获取更多
实时旅游资讯

淳溪镇

小巷深处有人家

站在古风犹存的巷口探首张望，幽幽小巷，习习凉风，两侧高墙风化后斑驳陆离的扁竖砖，隐约显现出千年沧桑。河中商船往来，河边木排、竹筏停靠，春夏岸柳荫浓，晚间渔火点缀。

淳溪镇历史悠久，原名"高淳镇"。早在殷商时期，高淳人民就在这片神奇的土地上耕耘不息，南宋时这里已形成了商业正规的集市。明弘治四年（1491年）建高淳县，镇名改为"淳溪镇"，即县城所在地。

站在古风犹存的巷口探首张望，幽幽小巷，习习凉风，两侧高墙风化后斑驳陆离的扁竖砖，隐约显现出千年沧桑。

江苏省保存最为完整的明清古街——**淳溪老街**，又名正仪街，在古城南京有"金陵第一古街"之美誉，它与皖南屯溪老街并称为全国保存至今的"姐妹街"，因而成为民俗文化的瑰宝。现存老街全长约345米（曾经有1135米长），宽3.5米左右，因呈"一"字形，还称"一字街"。

淳溪老街多为明清年代所建的砖木结构建筑，来到这里，令人顿生时光倒流之感。街道以青石铺成，两边店房前高后低、错落有致，系皖南徽州建筑风貌。老街整个布局面街背

◎淳溪老街有"金陵第一古街"之美誉，是民俗文化的瑰宝

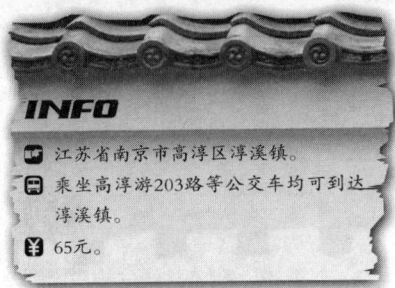

INFO

- 江苏省南京市高淳区淳溪镇。
- 乘坐高淳游203路等公交车均可到达淳溪镇。
- ¥ 65元。

水，店铺合面对设，店户货运依靠后街官溪河出入，宅户除正门、后门外，还在巷内设"腰门"出入。这一苏南水乡建筑特色，正暗合"小巷深处有人家"的质朴、幽深意境；结合街区风貌，更有"合面店房伸臂沾，纵深小巷一线天"的古韵情趣。

淳溪镇文物古迹众多，有保圣寺塔、道教神像画展览馆、古代砖雕石刻馆、高淳民俗馆、杨宅等，还有新四军一支队司令部（吴祠）旧址和新四军二支队办事处等也坐落在这里，虽历经沧桑，但至今大多仍保存完好。其中，**高淳民俗馆**内展示道教神画像已有300多年历史，依然清晰完好，依然色彩绚丽。陈列在"高淳民俗馆"内的砖雕石（木）刻，刀法细腻，神态逼真。

高淳西有丹阳之浩渺，北有石臼之秀丽，中南部的固城湖也堪为佳丽。"固城烟雨"也是闻名于世的古八景之一。**固城湖**俗称"小南湖"，古时候则名之"濑水"，公元前541年，吴王余祭在湖东筑"固城"，湖遂因城名。固城湖湖水湛蓝，山水相映。"江山如此多娇，引无数英雄竞折腰"，固城湖畔曾演绎过多少故事！吴楚争霸，伍子胥曾在这里纵火泄仇；三国鼎立，周瑜曾在这里操练水师；北宋蔡京在湖西围湖造田，带来了"一字街"头的一片繁华；明代刘基筑东坝，沉田十万，高淳人以血的代价确保了"下江"的平安，那高淳"四宝"之一的一字街于是也沉睡湖底。

淳溪镇风土民情醇厚，自宋代开始，一字街及附近相继建造了一些庙宇，如万寿观、杨泗庙、观音庙、城隍庙、东平殿、关王庙、土地庙等。

淳溪镇还建立了多个特色基地，如园艺场、无公害肉鸭生产基地、蘑菇生态示范基地和珍珠养殖基地等。

淳溪镇文化灿烂，有历代文人墨客咏颂的"石臼渔歌""保圣晨钟""官溪夜泊"等濑渚景观，有令人蜂拥而至一睹为快的"薛城花台"，有盛世升平、昂首腾飞的"龙吟车"和"长芦龙灯"等。

古镇攻略

"日出斗金，日落斗银"的固城湖、石臼湖，赋予淳溪人民丰富的资源和物产，青虾、银鱼、珍珠等都是享誉海内外。这里每年9月份还会举办高淳螃蟹节。

溱潼镇

人文荟萃的水乡小岛

溱潼镇四面环水，风光秀丽，环境优雅，气候宜人，素有水土肥美，风光秀丽，环境优雅，气候宜人，素有水上明珠之称。走进溱潼，你会发现，这里有着悠久的历史，灿烂的文化，历代名流独领风骚，溱湖八景点缀其中，有诗赞曰：「莫道江南花似锦，溱潼水国胜江南。」

南宋岳飞曾驻兵溱潼村，明万历年间，开始正式出现了"溱潼"地名，距今已400多年。长江水系与淮河水系在溱潼交汇，流经镇北的泰东河和横贯镇东的姜兴河像两条玉带缠绕其间，镇南碧波万顷，湖光潋滟的喜鹊湖更似一只玉盘依依相托，辉映出明珠的晶莹剔透。镇区店铺林立，人如海，花如潮，鹿鸣钟声催人奋进，麋鹿戏水妙趣横生。

清乾隆年间，苏州府溱潼孙家庄进士孙乔年，分别以八处自然景物为题材，题了七绝八首，景以诗传。其八景是：东观归渔、南楼读书、西湖

◎溱潼古镇风光

◎溱潼会船

返照、北村莲社、花影清皋、禅房修竹、石桥明月、绿院垂槐。东观是一处道观，观前一泓清流是渔船依傍的港湾，每当夕阳西下，渔舟唱晚，炊烟袅袅，星光渔火，交相辉映，遂成**"东观归渔"**美景。**"花影清皋"**是指镇区一古民居内的万朵古山茶，始植于宋代末期，为名贵品种，花开万朵，全国罕见，世界少有，堪称"神州茶花王"。镇内还有唐代国槐、明代黄杨、明代皂荚、清代木槿等众多古树名木。

溱潼拥有2万多平方米保存完好的**明清古建筑群**，随处可见老井当院、麻石铺街。院士旧居、绿树禅寺、民俗风情馆、契约文书馆、婚俗馆均为保存较好的民居。

溱潼镇区域内河港交织，岛屿星罗，碧波荡漾，嘉树丰草，环护长堤，富有传奇色彩的**喜鹊湖**，是省内难得一见的无污染水体，众多鸟类在此繁衍栖息。为此溱潼专门开辟了古镇水上游览线路，充分利用水文化，打造一条"亲水游线路"。在这里，你可以跃入天然泳池，舒展身心，也可以乘坐快艇飞舟湖上；你可以手持钓竿，先享取鱼之乐，再尝出水之鲜；也可以踩踏古老的水车，回味一下祖先们劳动的艰辛。你可以到保留

INFO

📷 江苏省泰州姜堰区溱潼镇。

🚌 乘坐37、816路公交，然后步行约700米即可。

💴 进入古镇免费，景点门票36元，和湿地公园联票90元。

桥登水云楼题下了"得来湖水烹新茗，买尽吴山作画屏"的名联。此外，著名词作家阎肃、石林等都曾挥毫寄意，吟咏溱潼。当代更有以李德仁、李德义"弟兄二人四院士"为代表的600多名杰出人才分布在世界各地。

溱潼会船源远流长，已有近千年历史。相传南宋时岳飞旗下的大军与金兵曾在溱湖鏖战。此后，当地百姓于清明时节撑船祭奠阵亡将士，形成风俗。**溱潼会船**是中国目前唯一的、保存最完整、最具原生态特质的"水上庙会"，一年一度的溱潼会船节更以其恢宏壮观的场面、惊心动魄的比赛、多姿多彩的表演，堪称民俗文化之大观，水乡风情之博览，被海内外人士盛赞为"天下会船数溱潼"。"溱潼会船"被公布为"国家级非物质文化遗产扩展项目"，"中国溱潼会船节"被列为全国十大民间节庆活动之一。

着原始风貌的麋鹿园抒发一番思古之悠情，还可以看一看溱潼小桥流水，深巷幽居，追踪往日溱湖八景，古韵民风。

溱潼自古以来尊教崇文，人文荟萃，明代吏部尚书储罐在古镇水云楼读书，清代大词学家蒋鹿潭在此久居，写下了《水云楼词》，清代进士孙乔年所写的"溱湖八景"诗篇流传至今，郑板

🔊 **温馨提示**　以溱湖鱼虾制作的鱼饼、虾球，被称为溱湖双绝。著名的溱湖簖蟹更以其肉质嫩腴丰厚，堪称溱湖美食之上乘。以溱湖簖蟹、溱湖青虾、银鱼、甲鱼、水蔬等水产品为主的"溱潼八鲜"更是名闻遐迩。

扫一扫，获取更多实时旅游资讯

浙江古镇

古镇

诗画山水气息浓

乌镇

中国江南的封面

乌镇是中国江南的封面，传承着千年的历史文化。淳朴秀美的水乡风景、风味独特的美食佳肴、缤纷多彩的民俗节日、深厚的人文积淀和亘古不变的生活方式使乌镇成了东方古老文明的活化石。智慧的传承伴随脉脉书香，在这儿展现一幅迷人的历史画卷。

江南不缺古镇，但唯乌镇更多地飘逸着一股浓郁的文化和历史气息，在小桥流水人家中，立在乌篷船头，伴随《子夜》的脉脉书香，展现出一幅迷人的画卷。乌镇有一种与生俱来的美丽，深厚的人文积淀和亘古不变的生活方式使乌镇成了东方古老文明的活化石。

据说，以前乌镇的墙上都刷着一种黑色的油漆，而桐乡一带又常把"黑"叫作乌，故名乌镇。从全国重点文物保护单位谭家湾遗址的考证来看，乌镇早在7000多年前已有先民繁衍生息。乌镇正式称镇是在唐咸通年间，至今有1000多年历史，宋代以后，能工巧匠多在此筑园，遂成规模，但很长一段时间分属乌青两镇，明清时在乌镇特别设立浙直分署和江浙分署（现存**江浙分府**），以一小镇而行使相当于府衙的职能。

乌镇与众不同的是沿河的民居——**水阁**。水阁临水面立于河床中，是真正的"枕河"，三面有窗，凭窗可观市河风光。从某种意义上来说，水阁是乌镇的灵气所在，它集生活的实用与享受于一体。有了水阁，乌镇的人与水更为亲密；有了水阁，乌镇的风貌更有韵味；有了水阁，乌镇的气质更为幽雅；有了水阁，乌镇的历史更添了一份委婉。碧水蜿蜒，小桥流影，橹声欸乃中看水阁画卷般在眼前徐徐展开，看水乡人在水

◎乌镇是东方古老文明的活化石

阁中起居住行，听古镇人乡音叫唤此起彼伏……

古镇地处水乡泽国，宽阔的市河南北穿镇而过。河东面是**东栅**（定位为旅游观光），东市河东西贯穿，展现了原汁原味的水乡风貌和浓郁的文化底蕴。河西面是南栅、西栅、北栅，西市河东西贯穿**西栅**（定位为休闲度假）。

纵横交错内河水系上，桥梁众多，有"百步一桥"之说，桥最多时达120多座，现存古桥30多座。在乌镇看桥，你会无端地想起许多美好的往事。最美的古桥风景是**桥里桥**，它是由通济桥和仁济桥组合而成，两桥都是拱形结构，高大雄伟。你无论站在哪一座桥边，均可以透过桥洞看到另一座桥，如同井中观月。

INFO

- 浙江省桐乡市乌镇。
- 在乌镇汽车站可坐公交K350前往乌镇东栅、西栅景区；东栅西栅景区之间有免费接驳车可以乘坐，也可以步行。
- 东西栅联票190元。西栅景区150元，东栅景区110元。

乌镇有修真观、昭明太子读书处、唐代古银杏、转船湾、双桥等景点，西栅老街是我国保存最完好的明清建筑群之一。

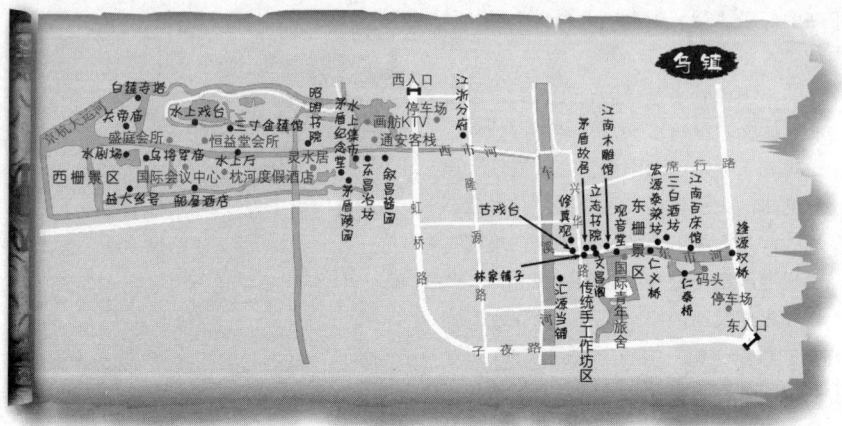

乌镇

（地图标注）
京杭大运河　白莲寺塔　关帝庙　晏庭会所　水上戏台　三寸金莲馆　昭明书院　茅盾纪念馆　西入口　停车场　江浙分府　画航KTV　通安客栈　西市河　江南木雕馆　茅盾故居　立志书院　观音堂　东栅　宏源泰染坊　席三白酒坊　行江路　江南百床馆　逢源双桥　河　水阁　乌将军庙　水上集市　灵水居　恒益堂会所　国际会议中心　枕河度假酒店　叙昌酱园　环翠阁　茅盾陵园　西栅景区　益大丝号　郎居酒店　古戏台　修真观　文昌阁　仁义桥　东栅景区　国际青年旅舍　仁泰桥　码头　停车场　东入口　桥路　林家铺子　子夜路　汇源当铺　传统手工作坊区

东栅最有名的景点就是**茅盾故居**，茅盾的童年和少年时代在此度过。故居为四开间两进两层木结构楼房，布置简单，却散发着沈家世代书香特有静雅之气。**立志书院**坐落在故居东侧，现为茅盾纪念馆。书院门前河埠上有一幢楼阁，名文昌阁，清末科举废止后，这里便成了镇人游玩的地方和新闻传播中心。茅盾故居连同修真观戏台、唐代银杏、昭明书屋等文物及乌镇的水乡风情，融汇成一部生动的茅盾研究活辞典。

江南百床馆是中国第一家专门收藏、展出江南古床的博物馆，又称赵家厅，面积约1200平方米，内收数十张明、清、近代的江南古床精品。江南民俗馆通过精彩的蜡像、丰富的照片，展示了晚清至民国时期乌镇民间有关寿庆礼仪、婚育习俗和岁时节令等民俗。江南木雕陈列馆又名百花厅，以其木雕精美而闻名，其门楣窗棂上的人物、飞禽、走兽，出神入化。郭子仪祝寿骑门雕花大梁长约4米，人物个个神态逼真，栩栩如生。

西栅景区毗邻古老的京杭大运河，由十二个碧水环绕的岛屿组成，需坐渡船进入。景区内保存有精美的建筑约25万平方米，长度约达1.8千米的**西栅老街**，有形态各异的72座古石桥。西栅的酒店和民宿也很特别，外壳是明清时期的，内部则是现代设施，还"藏"着商务会馆、养生馆、酒吧等娱乐休憩场所。夜幕

◎乌镇一角

降临时，时控的泛光照明陆续亮起，将整个西栅勾画得晶莹剔透。喝着小酒，看对岸楼台上唱戏，或者到水边放几盏莲花灯，都会令人心醉。

灵水居是西栅最大的一个园林建筑。茅盾、王会悟、孔另境、沈泽民等四大名人纪念馆齐集这里，整个灵水居明媚秀丽、淡雅朴素，曲折而幽深。西栅还有昭明书院、老邮局、评书场、厅上厅、白莲塔、恒益堂药店、水上戏台、水上集市等景。

在西栅，有几处**手工作坊**可以一看：一是手工制酱作坊（叙昌酱园），镇上的红烧菜系味道不错，很大一部分是因为自产自销的酱油的"功劳"。酱油价格不便宜，一瓶普通酱油25元；二是生铁锅（亦昌冶坊），系手工铸造。开价为99元的铁锅据说最受欢迎；三是蚕丝，益大丝号始创于光绪初年，游客可以亲手在老底子的缫丝机上操作。

乌镇的**民间文化**丰富多彩、姿态各异，有民间艺术奇葩花鼓戏，有经历千百年离乱盛世而不衰的茶馆风情，还有元宵走桥、香市、瘟元帅会、蚕花习俗、皮影戏、接五路等。古镇有多种民俗表演，东栅景区有皮影戏、花鼓戏、船拳、高竿表演，西栅景区有大戏院书场评弹（13:00~15:00）、水上戏台花鼓戏（19:00~

20:00），夜游项目还可听夜场评书（评书场）。茶市街位于西栅白莲塔河对面，这条160多米的小街如今是著名的茶艺一条街。

乌镇**人才鼎盛**状况，也是江南古镇的一大奇观。自宋至清，出了举人97名、进士64名、贡生160名。进入近现代，从乌镇走出的除了茅盾，还有在上海主编《快活林》30年之久的严独鹤、女科学家沈骊英、章太炎夫人汤国梨和现代作家沈泽民、孔另境等。

乌镇的**红烧羊肉**是最有名的美食，以肉嫩脂少、皮细多膏的青年湖羊为原料，佐以萝卜、酱油、黄酒、红枣、冰糖、老姜等，大锅烧制而成，乌镇民间有"一冬羊肉，赛过几斤人参"的说法。其他美食还有白水鱼、酱鸡、青梅、甜桃、蜜梨等。

古镇攻略

作为江南古镇的代表之一，乌镇开发历史早，各项配套设施也很完善，这里也是众多背包客逃离城市喧嚣、体验小桥流水的首选地。

花见西舍概念酒店：位于西栅景区附近，环境优美，空气清新，深受美学中"一期一会"的感染，整体风格宁静致远，色调清新淡雅。

扫一扫，获取更多实时旅游资讯

西塘镇

烟雨廊棚 幽深古弄

远眺水乡，白墙墨顶，舟影波光，在薄雾的晕染下恰如一幅淡彩的宣纸画；傍晚，夕阳斜照，渔舟唱晚，酒香飘溢，整座水乡古镇似诗如画。走进绿波荡漾的古镇，廊棚苍老，弄堂幽深，似乎进入了久远的历史。

西塘，江南六大古镇之一，初名斜塘，后称西塘。唐开元年间始有村落，元代开始有集市，明清时已成为江南手工业重镇。古镇地理位置优越，地处苏浙沪三省市交界处，自古以来就有"吴根越角"之称，是嘉善县北部的经济、文化和交通中心。西塘与别的古镇最大的区别就在于它保持了水乡的原生态，被人们称为生活着的千年古镇。

远眺水乡，白墙墨顶，舟影波光，在薄雾的晕染下恰如一幅淡彩的宣纸画；傍晚，夕阳斜照，渔舟唱晚，酒香飘溢，整座水乡古镇似诗如画。走进绿

波荡漾的古镇，廊棚苍老，弄堂幽深，似乎进入了久远的历史。

蜿蜒达1300多米的**廊棚**是江南水乡中独一无二的建筑，是古镇中一道独特的风景线。这里的街道临河而建，商铺的生意就在河边做成。往昔，水乡农家的出行以河为道，以舟代步，许多交易只能在船上岸边进行，为此，一种连接河道与店铺又可遮阳避雨的特殊建筑——廊棚便应运而生，并代代传承，相沿成习。黄昏的时候，晚霞消残的余晖倒映在水中，河岸上的廊棚亦将其影儿加在了上边，幻化出水乡古朴的情态

◎西塘风光

无数。

西塘地势平坦，河流密布，有9条河道在镇区交汇，把镇区分划成8个板块，而众多的**桥梁**又把水乡连成一体，古称"九龙捧珠""八面来风"。至1998年，全镇共建桥100多座。

单孔步级石桥**卧龙桥**位于北栅市河口，是古镇最高的桥梁，拱圈为纵联并列砌置，工艺精湛。五福桥位于烧香港，据西塘的老人说，从这桥上走过的人会带上长寿、富贵、康宁、德行和善终五种福气。位于朝南埭廊棚的送子来凤桥是座廊桥，老人们说："新婚夫妇走一走，南则送子，北则来凤。"要是有婚后还未得子的，不妨也来走一走。环秀桥是从长廊去往石皮弄的必经之桥。烟雨长廊与"钱塘人家"交会处的永宁桥是古镇内取景的最佳处。站在拱桥安境桥上，可以将平桥永宁桥，折桥万安桥三座不同类型的桥尽收眼底。

全镇122条**弄堂**是西塘的又一大特色，它能反映出西塘人的性格，宅弄深处，曲径通幽，不知深几许，行至尽头，豁然开朗，别有新洞天。其中以**石皮弄**最为有名，是王家尊闻堂与种福堂之间的过道，石板薄如皮儿，取名"石皮弄"真是贴切至极，它最宽处1.1米左右，最窄处只有约0.8米，上面是一条狭长的天空，故石皮弄有西塘"一线天"的说法。位于北栅街的四贤祠弄，全长230多米，是古镇最长的弄。最短的弄位于余庆堂（内有明清木雕馆）所在的宅弄，全长不过3米。位于烧香港北高阶沿李宅的大弄，可并排走5人，是古镇最宽的弄。最窄的弄位于环秀桥边上的野猫弄，最多0.3米，是两幢房子中间

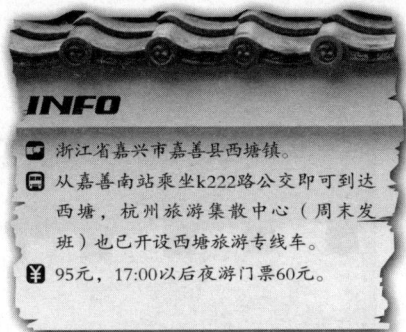

INFO

浙江省嘉兴市嘉善县西塘镇。

从嘉善南站乘坐k222路公交即可到达西塘，杭州旅游集散中心（周末发班）也已开设西塘旅游专线车。

95元，17:00以后夜游门票60元。

的一条缝。

西塘以"桥多、弄多、廊棚多"的三大特色而赢得广大游人的青睐，从逆时针方向走：由古镇中部的叶家弄进入，入西街右转，经"根雕馆、瓦当馆、薛宅钮扣馆"到双桥处，直走过安境桥右转，在烧香港，游"倪居、圣庙、木雕馆"；延西塘港东边古街北上，过狮子桥，可见"黄酒馆"；沿细长的烟雨长廊，经送子来凤桥，一直往西，来到"醉园、七老爷庙"；返回环秀桥，右转进"锺福堂"；沿西街往东，最终游览"西园"。

西街是西塘东西走向的主要街道，可分为上西街和下西街。西街有着水乡极为典型的街道格局，它的最小宽度仅供农民挑担换肩，即一根扁担的宽度。街上的景点有：石皮弄、种福堂、西园、中国钮扣博物馆、江南瓦当陈列馆。**塘东街**曾是西塘最为繁华的街道之一，街上有好多酒楼，有百年老字号药铺钟介福药店（门联写道：宁药架满尘，愿天下无病），还有源源绸布庄的旧址。

由于西塘包含了几乎所有的江南水

乡传统文化特色要素，而被誉为"江南水乡民俗文化博物馆"。田歌是西塘民间流传下来的农村民歌，至今仍传唱于苏浙沪毗邻地区，是中国宝贵的地方音乐文化遗产。尤其值得一提的是，由西塘田歌改编的音乐剧《五姑娘》在第七届中国国际艺术节上荣获文华大奖。每年的农历四月初三是西塘人民的守护神七老爷的生日，这一天要举行隆重的庙会活动（巡游），还要在七老爷庙内演三天大戏。

来西塘没看到西塘的夜景实为憾事。"西塘的一夜，为你等待了千年。"夜幕降临，沿河人家都点亮灯笼，悠悠夜色下的西塘静得让人沉醉，周围的一切显得如此迷离、朦胧。霓虹摇映下的流水人家，影影绰绰的烟雨长廊，水波盈盈。

六千多年的农耕文化和淡泊的天人合一的处世习性，造就了西塘人养鸟种花之闲情（镇上有杜鹃花140多种），也造就了其饮食与文化的同一主题。西塘的菜肴讲养生，求新鲜、好美味、重文化，如清蒸白丝鱼、梅干菜扣肉、毛豆菱角、馄饨老鸭煲、酱爆螺蛳等。特色名吃有荷叶粉蒸肉、五香豆、八珍糕、嘉善黄酒、送子龙蹄等。

南浔镇

风格大气的诗画水乡

走进闻名遐迩的鱼米之乡、丝绸之府南浔，石桥粉墙乌瓦，小桥流水人家；中西合璧佳景，绮丽风光无限……南浔名胜古迹众多，与自然风光和谐融化，既充满着浓郁的历史文化底蕴和灵气，又洋溢着江南水乡古镇诗画一般的神韵。

走进闻名遐迩的鱼米之乡、丝绸之府南浔，石桥粉墙乌瓦，小桥流水人家，中西合璧佳景，绮丽风光无限。

南浔地处杭嘉湖平原腹地，已有700多年历史，南宋以来已是"水陆冲要之地"，"耕桑之富，甲于浙右"，因滨浔溪河而名浔溪，后又因浔溪之南商贾云集，屋宇林立，而名南林。至南宋淳祐十二年（1252年）建镇，南林、浔溪两名各取首字，改称南浔。

由于蚕丝业的兴起和商品经济的发展，南浔经济曾空前繁荣鼎盛，清末民初已成为全国蚕丝贸易中心，民间有"湖州一个城，不及南浔半个镇"之说，南浔由此一跃成为江浙雄镇，富豪达数百家，民间俗称"四象、八牛、七十二墩狗"，是中国近代最大的丝商群体。如果说湖丝是江南丝绸之源，那么**南浔辑里丝**则是湖丝之最。

南浔古镇以其格局独特、风貌完好、文化深厚、民风淳朴而成为江南水乡众多城镇的典范和代表。这里在20世纪初，就成为摩登的先锋地——欧陆情调与江南古风并处，中西合璧的宏屋巨宅瑰玮奇绝，韵动中外，南浔也因此荣获联合国教科文组织的

◎白墙、青瓦、河埠、古桥……呈现出一派典型的江南水乡风光

"杰出保护奖"。

百间楼相传是明代礼部尚书董份为他家的保姆仆人居家而建，始建时约有楼房百间，故名。百间楼的特色是依河立楼，顿河道蜿蜒逶迤，有石桥相连。全长400余米，最集中的一段是河东岸的莲花桥到长桥。白墙、青瓦、沿廊、河埠、花墙、卷门、廊檐、河水流淌，船只往来，与不远处的"南浔三古桥"（通津桥、洪济桥、广惠桥）呈现出一派典型的江南水乡风光。

嘉业堂藏书楼是江南四大藏书楼之一，为清代秀才刘承干在1920~1924年修建的，藏书最多时约60万册，是中国近代规模最大、藏书最为丰富的私家藏书楼。园子里莲池、假山、凉亭，白柱子是空心的（用作雨漏），处处流露出江南园林的小巧与别致。房间的照明灯是西式的吊灯，可见当时的主人家境富足。镇库之宝为宋刻本前四史，设有"史斋"专藏。

南浔历史上园林曾经多达27处，有五大名园。"以一镇之地，而拥有五园，且皆为巨构，实为江南所仅见"。紧挨嘉业堂的**小莲庄**，是晚清南浔"四象"之首刘镛的私家园林、家庙及义庄所在，又称"刘园"。园林以荷花池为中心，依地形设山理水，形成内外两园。荷花池中央有曲折的走廊，绕池而行，是主人的观荷亭和中西合璧的小姐楼。内外园粉墙相隔，又以漏窗相通，似隔非隔，相映成趣。

张石铭旧宅蕴含着丰富的历史和建筑文化，建筑以明清传统建筑为主，兼有欧式建筑风格，是一座中西合璧的经典之作。旧宅保存之完整、风格之奇

特、结构之恢宏、工艺之精湛、建筑之精华，被称为"江南第一古民宅"。张石铭（名钧衡）系张颂贤的长孙，光绪二十年举人，经商有方，产业盛丰，**张静江故居**现已辟为陈列馆。

崇德堂（又称**刘氏梯号**，俗称红房子），是刘镛的三子刘安泩（号梯青）的居处。整座建筑由南、中、北三部分组成。中部建筑以传统儒家文化思想理念的厅、堂、楼、厢为主体；南、北部中式建筑融入西欧、罗马式建筑，其中北部欧式建筑立面尤为壮观。大堂室内装潢采用欧式风格，极尽奢华，现有中式乐队在此表演。

一方水土养育一方人，南浔人质朴

善良，具有豁然聪慧、维和积福的性格特点，自古人才辈出，仅宋、明、清三代，南浔就出了进士40余名。生活的富足带动了南浔饮食文化的发展，南浔人素有"吃客"之谓，如今"浔菜"成了浙菜中的珍馐佳肴。南浔香大头菜、诸老大粽子、刘家大蹄皆为值得一尝的南浔美食。

南浔还是导演们钟情之地，在这里拍摄过的影视剧目前已有《祥林嫂》《早春二月》《新上海滩》《红粉》《绣娘》《天下粮仓》等几十部。

古镇攻略

1.悦木堂别墅酒店：位于南浔古镇景区门象门街，临水而建。客栈内部主要用原木作为装饰，整体古朴典雅，舒适温馨。

2.花间堂求恕里：位于南浔古镇兴福桥附近，酒店融历史传统、人文景观、文化创意等为一体，打造了一种人文舒适度假旅游的模式。

龙门镇

山水间的孙权故里
Longmen Zhen

走进龙门古镇，到处是卵石铺成的小路，还有以卵石作墙垣的民宅民居，暴露原木本色的宽阔的厅堂，处处散发着山村的粗犷与清新。来到古镇，可感受到江南特有的民俗风情，领略孙权家族千年来所形成的浓厚的孙氏文化，饱览秀美的龙门山自然风光，重温严子陵游览时的诗情画意。

龙门镇地处富春江龙门山下，四面皆山，大山头盘踞于西隅，龙门山崛起于东南，剡溪与龙门溪交汇于镇北。东汉严子陵畅游龙门山时赞曰"此处山清水秀，胜似吕梁龙门"，古镇也因此得名。

走进龙门古镇，到处是卵石铺成的小路，还有以卵石作墙垣的民宅民居，暴露原木本色的宽阔的厅堂，处处散发着山村的粗犷与清新。

一路沿龙门溪而上，可见著名的**龙门山瀑布**，落差百米，宛如白练当空，跌入龙潭，珠雾迷蒙，如入绝佳仙境。追溯古镇千年历史，三国时期的孙权后

◎走进龙门古镇，小路、民宅民居、厅堂，处处散发着山村的粗犷与清新

裔们以勤奋、智慧，秉承着先祖开拓进取、励精图治的精神，把龙门打造成了孙氏家族的"世外桃源"。现龙门村中90%以上人口姓孙，孙氏家族秉承先祖业绩，在此定居已逾千年。这里是现今江南地区明清古建筑群中保存最为完整且极为罕见的山乡古镇。

古镇以两座**孙氏宗祠**为中心，共建有孙氏厅堂40多座，砖砌牌楼3座，古塔和寺庙各1座。镇内屋舍房廊相连，长街曲巷连贯相通，故有"雨天串门走，不必戴伞行。陌生人到此，好像游迷宫"之说。余庆堂（孙氏宗祠）是龙门孙氏家族庆典、祭祀活动的重要场所，也是全镇重大事件的场所：一是祭祖纳主，每年春秋二祭；二是在商议宗族中重大事项；三是用于族庆活动时主要娱乐场所。

以脚步来丈量厅堂的长度：百步，

用时间来丈量厅堂的长度；百年，百年历史让厅堂中的脚步，走得蹒跚。**百步厅**长廊独特的建筑构造依在，恢宏大气的建筑面貌依存。但沧海桑田，历史展示了它无情的一面；**咸正堂**的断垣残瓦，述说着古镇呵护的不易。文化遗存在现实破坏和自然侵蚀中，显得很脆弱。这给了世人一个严峻而急迫的课题，如何让我们的历史文化遗产更为久长的留存？留住历史，就是留住我们自己的根。

近年来，古镇启动了一系列保护性建设工作，"耕读堂""旧厅"等一批濒临倒塌的厅堂被加固修复，被大火吞噬的"百步厅"在原址上复原，"诚德堂"成为爱国主义教育基地和红色旅游点——孙晓梅烈士纪念馆，"燕翼堂"则开辟为和龙门很有渊源的文化名人陈逸飞的展馆，丰富了古镇历史文化内涵。

龙门长约400米的卵石**古街**是不可不去的。古巷里清风如水，街上的卵石被岁月滋润得很温婉，两旁的店铺依稀可见古时的招牌、暗淡的光线、旧式的算盘、高大沉重的老式木制柜台……店主人懒散地躺在摇椅上，随着收音机咿咿呀呀哼着老戏；三五个

INFO

浙江省杭州市富阳区龙门镇。

在富阳站乘公交数字旅游9号线可直达龙门古镇。

¥ 70元。

◎ 龙门古镇

老人神情闲淡地坐在条石上话家常。

龙门山北麓一脉，几十个小山包连成一线，曲折起伏，最北一个山包，隆起巨石，形若龙头，山脉恰似一条巨龙，龙腾飞舞，护着孙权的"龙子龙孙"，于是得名洋龙山，称之**龙脉**。龙门山中原有两座寺院，都曾住过高僧，山上的**寂光普照寺**，建于唐代；山下的**龙门寺**建于晋代，是富阳较早的佛寺之一。**同兴塔**矗立于镇西约1.5千米处的石塔山上，这座白色楼阁式砖塔由龙门人孙昌募捐建于清朝，造型优美，古朴挺拔，是富阳市境内迄今保存完好的古塔之一。

每年九月初一的**龙门庙会**是孙氏后代从北宋时期流传下来，迄今已有千年光阴。和其他地方不一样，这个庙会除了在祠堂和庙宇日夜演戏、拜菩萨、拜祖宗、大做善事外，古镇人还会在这一天大摆宴席。家家户户少则五六桌，多的有二三十桌，请上所有的亲朋好友，热热闹闹大吃一顿，花销远远超过春节。此外，龙门异于外地的习俗还有同

年会、祭祖、元宵节等，有不同色彩的传统戏灯。元宵佳节历时五天热闹非常，戏灯、花灯、锣鼓、鞭炮、铳声等不绝于耳目，把龙门古镇人民卷入在一片欢乐声中。

扫一扫，获取更多
实时旅游资讯

慈城镇

江南第一古县城

从风水学来看，在北纬30度线上，有许多奇特的地方，如太平洋上的百慕大三角区、埃及大沙漠中的金字塔等，慈城也恰恰在这个位置上，因此慈城是块人杰地灵、文风鼎盛、风调雨顺的风水宝地。

慈城设治始于吴越勾践时，史称句章。唐开元二十六年（738年），房琯（房玄龄的孙子）迁县治于浮碧山以南，又以董黯（汉名儒董仲舒六世孙）母患屡疾，喜欢大隐溪水，奉母筑室以待，担溪水供母饮，母病渐愈，以此故事名县称为慈溪，属明州。

城北的**慈湖**，被称为"西子的缩影"，是慈城的点睛之笔。"好山四面绕青螺，十顷慈湖盛事多。"湖因三国阚泽居住和普济寺所在，又名"阚湖"。清乾隆年间在湖心堤上建造了"师古亭"；湖西南的山岗上，还竖有一块大长中国人浩然正气的石碑，这里是太平军击毙洋枪队队长华尔之处；湖旁还存有慈湖书院、周信芳故居、慈湖文化遗址等古迹。

湖西约1千米处是著名的**大宝山**，1842年，朱贵将军和数百将士与英国侵略军在此激战，现存朱贵祠。大宝山和狮子山、清道山烘托了慈城的雄浑霸气。而云湖水库碧波荡漾，则给人以淡

◎慈城镇迄今保存完整的明清建筑风貌

泊、以宁静，是都市人假日旅游的理想去处。

慈城三方环山，南面平川。据说唐代"城周五百六十丈"，城内采用都城长安的井字形棋盘格局。镇内文化史迹灿若云锦，保存了完整的传统生活结构方式，保留下来了大量的传统建筑，已有30多处古迹列入文保单位。在西区，有大耐堂、桂花厅、刘家祠堂、太平天国公馆、周信芳故居；在东区，有**校士馆**（科举制童试之地）、冯氏家族世居的冯岳台门甲第世家、福字门头，还有冯宅、程氏庆余堂、俞宅、应宅、符卿第等；中轴线上有明代嘉靖兵部尚书姚镆的状元宅、县衙、孔庙等建筑。镇东南的塔山上有**清道观**，以巨钟而闻远近。

慈城县衙创建于唐朝，是第一任知县房琯所建，初建在浮碧山上，由于外敌入侵和自然灾害的关系，屡建屡毁，现存的县衙是按照光绪年间《慈谿县志》上

INFO

浙江省宁波市江北区慈城镇。

乘坐331路公交车到慈城站下车后，步行前往。

慈城古县城四景点联票75元。其中冯俞宅、冯岳彩绘台门、甲第世家每周一闭馆维护，其他正常开放。

详图重建的，占地4万多平方米。

孔庙坐落在竺巷东路55号，布局完整，规模宏大，反映了儒学在传统生活中的重要性及其深远的影响，为浙东地区现存最为完整的文庙。冯岳彩绘台门是江南彩绘的重要实例，具有宋式彩画的遗风。

甲第世家即钱宅之别称，坐落于金家井巷内。钱照于嘉靖十一年中进

◎慈城镇上的古建筑

士，官至金事，其后代又数人登第，因被称为"甲第世家"。该宅坐北面南，平面布局和建筑特点都具有浙东明代居民建筑的特点，是我市保存较完整的组建筑群，也是研究明代晚期信宅建筑的典型。

福字门头位于金家井巷6号，迄今保存完整的明清建筑风貌。该宅原为明嘉靖间布政史冯叔吉故居的一部分，后卖给应氏，改建院落，大门东侧，为衣架锦式屏门二扇，牌科式；二门的照壁在南端，有一砖刻大"福"字，故称"福字门头"。

城内现存的**牌坊**较完整的就有七处，如冬官坊、恩荣坊、世恩坊、冯岳彩绘台门、宋代石翁仲、慈湖大庙山东坡的石马、石羊、石虎等。慈城还有大量石窗、砖雕和木雕，都是古代建筑的主要装饰。

慈城人文荟萃，有物理学家何育杰，京剧大师周信芳，书法家梅调鼎，金融学子秦润卿，实业家应昌期，中科院院士朱祖祥、谈家桢、颜鸣皋，作家冯骥才等，这些人不仅是中华民族的宝贵财富，更是慈城人民永恒的骄傲。

慈城风光秀丽，民风淳朴，"年糕文化节""中国慈孝节""浙东庙会节"等节庆活动热闹非凡。改革开放又让慈城融入了现代文明的潮流，在这里古老厚重的历史文化与绚丽多姿的现代文明相映生辉，得天独厚的地理环境与勤劳睿智的慈城人民相得益彰。

温馨提示

"慈湖牌"杨梅味甘如蜜、回味清香，不仅营养丰富，还具有止咳生津，帮助消化，益肾利尿，除湿去寒，解暑祛痧等功效；"烧酒杨梅"是宁波民间特产，其酒红艳甘馥，久藏不坏。

扫一扫，获取更多实时旅游资讯

东浦镇

鉴湖岸边飘酒香

东浦酿酒历史悠久，素有「越酒闻天下、东浦酒最佳」、「绍兴老酒出东浦」及「东浦师傅绍兴酒」之称。远眺青山叠翠，近看碧波映照，湖水之间，乌篷船破水而来，石拱桥静静地躺在湖面，随风飘来两岸的花香、稻香、老酒香。

东浦镇位于绍兴城区东北部约7千米处，因是水乡泽国（积水之区，小者为浦），又因位于原山阴县东半部，故名东浦。东浦是伟大的爱国诗人陆游的故里，他晚年归居东浦，留下了"夜阑卧听风吹雨，铁马冰戈入梦来"的不朽诗句。东浦是闻名于世的绍兴老酒的发祥地，素有"水乡、桥乡、酒乡、名士之乡"之誉。另外，这里还有徐锡麟的故居及热诚学堂等古迹与革命遗址。徐锡麟曾创办热诚学堂、大通学堂，发展了一批革命人才。

东浦以弄多著称，仅集镇上面就有72条弄，尤其是 **东浦老街**，江河娄滨纵横交叉，村民沿河而居，错落有致，粉墙、黛瓦、沿廊、马头墙、骑马楼等，构筑了一道水乡独特的风景线。东浦老街形成于南宋，繁华于清代，虽在20世纪六七十年代惨遭破坏，但老街结构不变，大部分的老店铺还保留着。电视剧《九斤姑娘》《阿Q正传》，电影《风雨故云》《彷徨》等影视片都在此拍摄，被演艺界称为活动摄影棚。

徐锡麟故居 位于东浦镇孙家楼，系三进晚清建筑，占地约1133平方米，徐锡麟青少年时代在这里生活、读书。徐锡麟故居现辟作徐锡麟生平事迹陈列室

◎素有"水乡、桥乡、酒乡、名士之乡"之誉的东浦镇

对外开放。

东浦水域广阔，境域内东面有**青甸湖**，因其水清如镜，又称"照湖""鉴湖"。湖水之间，乌篷船破水而来，石拱桥静静地躺在湖面，随风飘来两岸的花香、稻香、老酒香……这自然秀丽的风光，曾吸引着历代文人学者流连忘返，并留下了大量千古名句：王羲之的"山阴道上行，如在镜中游"；李白的"我欲因之梦吴越，一夜飞渡镜湖月"；陆游晚年定居故里三山，在饱览鉴湖风光之余，发出了"千金不须买画图，听我长歌歌鉴湖"的赞美之词。

古镇境内桥梁遍布，千姿百态，细腻别致，有的古朴典型，有的气势磅礴。有桥上建廊建亭的；有桥头建庙设台的；有拱式与梁式结合的；有拱式与涵洞结合的；也有桥上走人、桥下两边背纤的立交式多用桥，堪称一大景观。青甸湖**泗龙桥**，由于江面开阔，设计独特，桥型壮观，被列为重点文物保护单位，成为绍兴水乡、桥乡的代表作。

东浦的桥也与酒有关。三眼石拱桥新桥上有对联："浦北中心为酒国，桥西出口是鹅池。"对联开门见山点破了东浦的特产是酒，酒坊林立，酒旗重重，这是"酒乡"，是**绍兴老酒**的发祥地。早在宋代，东浦已是绍兴酿酒业的中心。"越酒行天下，东浦酒最佳"，"绍兴老酒出东浦，东浦十里闻酒香"，这就是酒乡古镇的真实写照。手工制作酿酒更是东浦一绝。东浦老街250余家店铺中酒楼就有45家，现拟定

◎东浦民居

位为"酒文化街"。孝贞酒坊坐落在越甫桥畔，当年这一带酒肆鳞次栉比。曾有皇帝在此品尝过东浦佳酿，酒坊因此名声大振。

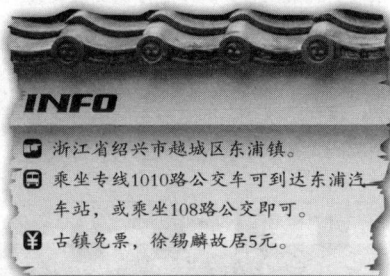

INFO

- 浙江省绍兴市越城区东浦镇。
- 乘坐专线1010路公交车可到达东浦汽车站，或乘坐108路公交即可。
- 古镇免票，徐锡麟故居5元。

温馨提示

绍兴酒的品种很多，不同酒的喝法也是不一样的。像元红酒一般以鸡鸭肉类佐饮；加饭酒佐以冷盘最佳；善酿酒配上甜味菜肴或者糕点比较适宜。

安昌镇

师爷的故园

安昌明清老街依河而建，粼粼的河水，古色古香的店铺作坊，错落有致的翻轩骑楼，幽深僻静的弄堂，姿态各异、古朴典雅的拱桥石梁，极具水乡特色，素有「碧水贯街千万居，彩虹跨河十七桥」之美誉。

安昌古镇是绍兴四大古镇之一，古称长乐，唐乾宁二年（895年），钱镠奉唐王朝之命屯兵该地，因平董昌之乱有功，地方得以安宁，因此改名为安昌。

作为已有千年历史的江南水乡古镇，与柯桥毗邻而居的安昌素有"金柯桥银安昌"的美誉。安昌明清老街依河而建，粼粼的河水，古色古香的店铺作坊，错落有致的翻轩骑楼，幽深僻静的弄堂，姿态各异、古朴典雅的拱桥石梁，极具水乡特色。在船运为主的年代，"挟水运之利，仗物产之丰"的安昌是浙东航线上的主要码头和繁华商埠，更是当时整个浙东地区的重要棉花集散地。

纵横相连阡陌交错的河道水汊，逶迤绵延长达数里的古街廊棚，凝重古朴画栋雕梁的台门骑楼，曲折幽深精致典雅的小弄院落，千姿百态大小不一的石桥河埠，这一切构筑了安昌典型江南水乡古镇的景致。而热闹的社戏，喜庆的船头迎亲，传统的手工酿酒，穿梭的乌篷小船和腊月里搡年糕、裹粽子、串腊肠、扯白糖等习俗，则使水乡古镇安昌，如一轴浓郁的风情长卷，将绍兴几千年的风情民俗渲染得淋漓尽致。

自古绍兴出师爷，而安昌更是绍兴

◎碧水贯街千万居，彩虹跨河十七桥

◎安昌镇古戏台

INFO

- 浙江省绍兴市柯桥区安昌镇。
- 乘坐118路公交支线，然后步行即可到达。
- 进入古镇免费，镇内八景点联票50元。

师爷的荟萃之地。师爷是明、清两代各级官员私聘的谋士，他们参与日常公务的处理，甚至是一些机密工作，虽然没有正式的官职，却对地方的政治、经济及军事等各方面有着很大的影响力。**师爷馆**依托娄心田师爷的故居，展示"绍兴师爷"这个中国封建社会晚期历史上特殊的社会群体、特殊的政治文化现象及其在安昌的深厚根基。

穗康钱庄经营将近百年，钱庄的财神与现代的财神截然不同，左手托着三个叠放的元宝，右手握拳平举于右胸，身穿上红下蓝的古装端坐于太师椅上面带微笑。穗康钱庄有一个钱币展：近千个钱币品种，各种旧纸币的原件，展示了我国钱币发展演变的脉络，令人大开眼界。

在三千米长老街的尽头临水处坐落着**安昌民俗风情馆**，在进门的南沙哔叽室里，置放着乾隆时的御题棉织图十二幅及古时纺织器具。早被人们遗忘的生产、生活、礼仪、岁时、社会等习俗，馆内皆一一呈现。典型地道、丰富多彩的风情旧俗，给游客献上了昔日的生活风味和历史文化的回顾。

如果说"碧水贯街千万居,彩虹跨河十七桥"是安昌独特水乡景观的形象描绘,那么"社戏锣鼓伴月升,腊肠香味随风飘"则是安昌浓郁风情的具体写照。**闹腊月**是安昌古镇一项传统的民俗活动,节日期间,古镇一片欢腾,社戏、莲花落、腰鼓、船上迎亲、水乡寿宴令人眼花缭乱;搡年糕、裹粽子、灌腊肠、扯白糖等特色小吃令人大饱口福;现场表演的箍桶、竹编、打铁、纳鞋、挑花边、纺棉花等特色活动构成了一幅古老、淳朴、喜庆、祥和的水乡风情图。

安昌的小桥也非常有特色,"拱、梁、亭"各式,千姿百态,其中最著名的是名为福禄、万安、如意这三座桥,古镇人家嫁女儿时,都要走全三桥。

风情馆、文史馆、师爷馆、钱庄等景点的开馆迎客,给古镇平添了一份浓浓的人文气息,使古镇真正成了"水乡文化的长廊、市井习俗的长卷、特色商品的长街、古镇风韵的长音"。

前童镇

来自远古的宁静

前童给我们更多的,是它那沧桑的、憔悴的美丽,完美的宁静。它是一座江南明清时期的民居原版,是一幅古韵浓重的乡村画,一段柔和婉转的江南丝竹调。这里,「家家有雕梁,户户有活水」。八卦水系,哗哗鸣唱,幽幽潜行,流遍家家户户,不是水乡,胜似水乡。

前童镇地处浙江省宁海县西南,由原竹林、前童二乡合并而成,是浙东地区保存至今的一座最具儒家文化古韵的小镇。前童给我们更多的,是它那沧桑的、憔悴的美丽,最完美的宁静。它是一座江南明清时期的民居原版,是一幅古韵浓重的乡村画,一段美轮美奂的江南丝竹调。古镇近万的居民中十户有九户都姓童,给人一种"住的全是亲,来的全是客"的祥和之感。古镇是那么容易让人亲近,不论你在哪条街巷,只要面含微笑,一股感人的温馨便扑面而来。

古镇中有一条用石板、卵石铺成的**老街**,两旁都是长板门面的店铺。紧临老街是一幢幢工艺精致、至今保存完整

的古建筑群,现有"小桥流水宅""狮子明堂""群峰簪笏宅""欣所寄宅""大夫第"和"着衣亭"等古建筑。这些建筑的梁枋门窗上满是雕饰,而且各不相同,精巧的跃鱼马头墙和脊塑墙花均出自前童村民间工匠之手,具有独特的地方风格。

童氏宗祠建于明朝,总平面布局由南向北依次为正门、戏台、天井、东西二厢及正厅,是封闭的四合院。正厅仍保留了明代风格,而宗祠穿斗抬梁混合结构的木架、卧蚕形的雀替、圆鼓形的柱础、覆盆式的磉盘、五凤楼状的戏台,在中国较为罕见。这种建筑风格始于南北朝,兴盛于隋唐,因这里较为偏僻,所以明代还有所保留。

职思其居建于清朝,红条石门台上刻着"量入为出,勤俭持家"的家训。庭院为四合院二楼木结构,院内各房既有严格的老幼尊卑区划,又融融一堂,极富人情味。天井宽敞,用卵石铺砌的金钱状图案,蕴含"金钱铺地"之意。中堂中空无楼板,正壁上,当年的中举喜帖尚依稀可辨。

INFO

- 浙江省宁海县前童镇。
- 乘火车或汽车到宁海,再打车至汽车西站,换乘到前童的城乡巴士即可。
- 70元。

◎鸬鹚和渔夫

我国第一家村办博物馆——**民俗博物馆**内布置了家具、服饰、灯具系列和陶罐、打火石、烟灯等日常用具500多件，展现了这一地区从古老向近现代发展的农村文明史。

"回"字结构的**八卦街巷**异常狭小，建筑十分密集，身处其中就如走迷宫一般。童姓祖先按照八卦原理，把白溪水引进村庄，潺潺溪水挨户环流，人人可在溪水中洗菜净衣，家家连流水小桥，户户通卵石坦途。青藤白墙黑瓦，石头镂花窗户，雕梁画栋门楼，苍凉中显现出昔日的繁华。

古树、神泉、明山、秀水，遍布前童古镇的各个角落，**浙江第一古樟**就生长在前童镇竹林村东头，该古樟巨枝五杈分开，如五条虬龙盘旋而上，人称"五杈樟"。该树中空—内径约6米、底土面积约40平方米的大洞，构成一座可容纳十多人的天然木居。

久负盛名的**"前童元宵行会"**始于明代，是一种以欢庆丰收祈求吉祥为主要内容的群众性自娱自乐自我表演的活动，这一天村里的男女老少敲锣打鼓、放铳花、抬鼓亭，统称行会，是前童最具民间色彩的传统大型节日。除此之外，还有每年农历十二月二十七的黄洋市，农历三月十五的梁皇街庙会及梁皇山寻古踏青等地方节日。

前童拥有完整的古建筑群，灿烂的人文景观和优美的自然风光等丰富旅游资源，吸引着越来越多的国内外游客前来观光。

温馨提示

前童的豆腐家宴、糍粑、年糕都是具有江南特色的美味，还有汤包、豆腐干、鸡子茶、糯米园、肉麦（霞客）饼、麦糊头、汤包等地方食品。

石浦镇

渔港古镇渔家情

站在当年的城墙细细琢磨，一座残缺不全的烽墩默默不作声地立在那里，成了晒衣摆花的小庭园，假若拖出一把躺椅放在那里，清晨可把盖品茗，观海空朝霞变幻、渔船高擎龙旗奔出港；傍晚则举杯邀月，看山头晚霞西沉、桅帆举灯闪闪靠船埠，倒也是个惬意的去处。

弯月形的石浦港在象山半岛南端，最早的名字是荔港，整个港域被陆地和群岛所环抱，里港看不到外海。石浦镇素有"浙洋中路重镇"之称，是沿海各地渔船避风、补给、渔货投售、加工基地，是全国四大渔港之一。

石浦有着严密的**防御系统**，在国内屈指可数。走进石浦，古炮台、古城墙、古城门、摩崖石刻，这些质朴的、毫不起眼的石头，仿佛为你打开了尘封已久的历史记忆，把你带回了战火纷飞的年代，现存保存完好的金鸡山炮台，在镇西南金鸡山上，扼守三门口，地位重要。二湾摩崖，在石浦二湾头朝东岩壁上，其石刻多为明代抗倭将领所镌，表达了将士上下团结一致的战斗情怀。自元代以来，特别是明洪武年间开始，在石浦东门昌国等地山岙、山头设立了近

◎全国四大渔港之一——石浦渔港

◎石浦镇的茶艺

60个卫、所、寨、堠、巡检司（城高二丈三，长六百七丈）、台，它们首尾相望，组成了环岛海岸线的一张巨大的防御网。这些军事设施是冷兵器时代国人的"钢铁长城"。

古朴的石浦老街由碗行街、福建街、中街、后街等组成，它是一组保存极为完整、古老、奇特、繁华的商贸街。老街中，以木板筑墙为特色的街道铺面房，与小巷里砖瓦石库居民相映成趣，独具江南海滨小镇风韵，其中以始建于明代的中街最为典型。

穿过石浦的标志性建筑——瓮城，就来到了**中街**，首先看到的是关帝庙，其大殿建筑风格为典型"雪山顶"，雕梁画栋。中街两侧，老商铺林立。**源生钱庄**通过漫画造型、文字等手法，幽默风趣地反映钱文化，展示了"钱眼里的趣话"主题。**宏章绸庄**下层以展示昔日绸庄繁荣为主，通过海运码头卸货宏大场面，用模型较全面反映海上丝绸贸易

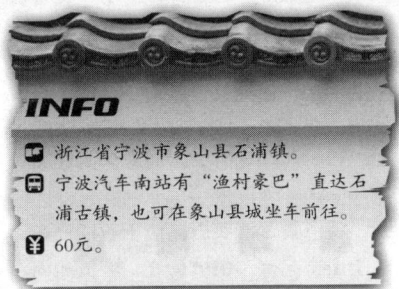

INFO

- 浙江省宁波市象山县石浦镇。
- 宁波汽车南站有"渔村豪巴"直达石浦古镇，也可在象山县城坐车前往。
- ¥ 60元。

在石浦的兴旺，上层别出心裁地用绸缎制作600余种，1000多个"中国扣"。**大皆春药店**栩栩如生地展现了古老传统的中药铺。

建于洪武年间的石浦**城隍庙**，雕刻众多，工艺精湛，制作讲究，是全县现存清代大型建筑之一，保存得相当完好。庙前戏台外檐呈翘角形，枋板上还有戏剧人物的组雕，形象栩栩如生，色彩清晰如新。

石浦最具代表性的自然风光是镇东北的**皇城沙滩**。这里有成片的海边

◎石浦镇自然风光

别墅、兜售的贝壳海货、时尚的海盗船。再往北，还有中国沿海第一崖滩长廊——红岩海长廊。

特色景点**檀头山岛**位于石浦港东，岛上山峦起伏，植被良好，岬湾相间，自然风光独特，被誉为"中国檀香山"。其姐妹沙滩更是令人叫绝，金沙碧海，不粘不陷，白浪冲滩，鸥飞长空，白云蓝天两相映，素有"潮来一排雪，潮去一片金"之美誉。

石浦镇**文人荟萃**，有政绩斐然的俞士吉、任筱和、任筱孚，有慈善家纪子庚，有"亚洲第一飞人"柯受良等，另外，轰动影坛的《渔光曲》外景就是在石浦拍摄的，聂耳的石雕像至今还高高矗立在石浦港畔的海滨公园，供人瞻仰。

石浦渔业经济发达，有"**海鲜王国**"之誉。石浦熠熠生辉的渔文化，为后人提供了一份十分宝贵的遗产。渔民们相信妈祖，崇拜关公，敬畏龙王，"三月三踏沙滩""妈祖赛会""六月六迎神赛会""七月半放海灯"等都是流传于石浦一带渔村的一项特殊的**渔俗文化**活动。除此之外还有古韵盎然的祭海活动，独具渔区民间文化特色的开船仪式等。

扫一扫，获取更多
实时旅游资讯

塘栖古镇

杭州的水上门户

塘栖，是一个安静的水乡古镇，在众多的风景名胜中，它很少被人所了解。有诗云：「摩肩杂沓互追踪，曲直长廊路路通，绝好出门无碍雨，不须笠屐学坡翁。」这里曲曲直直的长廊将全镇连成一片，因此雨天也不会因淋湿而烦恼。

塘栖，位于杭州市北部，与湖州市的德清县接壤，著名的京杭大运河穿镇而过，使它成了水路的要津，也是杭州的水乡门户。

塘栖素有"十里梅花香雪寒"之称，是江南十大探梅胜地，与碧波涟漪的丁山湖形成了山水相映的迷人景色。早在北宋以前，这里是一个小小的渔村，渔民两两三三在这里散居，在这里晒网。直到元朝拓宽了官塘运河以后，人们沿塘而栖，小镇的雏形就慢慢地形成了。

被贵为"鱼米之乡、花果之地、丝绸之府、枇杷之乡"的塘栖，最出名的街市当属**廊檐街**，这里洋溢浓郁的水乡风情。廊檐明代的建筑结构，造型简朴，线条舒展，上方是过街楼，下面是廊檐街，沿河的一面还建有一长溜木质座椅，被称为"美人靠"。清代王拭曾写过有关于塘栖廊檐的诗，诗云"摩肩杂沓互追踪，曲直长廊路路通，绝好出门无碍雨，不须笠屐学坡翁。"充分的

◎塘栖美人靠

◎广济桥

展现了廊檐，曲曲直直的长廊将全镇连成了一片，就连下雨天也不用戴笠穿展了。

名胜古迹遍布的塘栖，依景称"栖溪二十四景"，迄今尚存的有郭璞古井、乾隆御碑、水南娘娘庙等，还有最为有名的古运河七孔长桥——**广济桥**。广济桥，又名碧天桥，是古代桥梁建筑的杰作之一。它是古运河上仅存的一座七孔石拱桥，这座桥造型秀丽，拱券采用纵联并列分节砌置法。在2014年，随着大运河的申遗成功，广济桥也作为遗产点正式地成了世界文化遗产的一部分。

矗立在广济桥前面的是**陈守清塑像**，也被小镇称为当地的恩人。陈守清初到仁和县塘栖镇经商时，镇上跨运河桥坍圮严重，有壮胆而过者，常从桥上坠河，每年都有数起。

镇民亦有修复之议，但因河宽工大，巨款难筹，没有敢出面承担。陈守清发誓修桥，出所蓄白银百两，买山开矿取石，造船下水捞石，再商于当地士绅，集资若干，仍不敷所用。陈守清毅然削发为僧，奔走四方，哭拜化缘。筹足资金后，请良工修筑，在弘治十一年（1498年），这座气势宏伟的广济桥便修筑成功。

百年汇昌，是一家清代杭州老字号，原名"汇昌南北货栈"。店内批零兼营，拥有蜡烛、蜜饯、茶食、藕粉四个作坊，大大小小的商品共有200多件。在清道光年间，蜜饯、蜡烛被选为贡品，在塘栖民谚中还一直流传着"汇昌蜜饯、复昌糖，糕饼茶食李恒昌，零零碎碎跑华昌。"的说法，

塘栖风景秀丽，名胜古迹众多，这里每一家商铺都拥有着上百年的历史。位于北小河街的致和堂弄内——**姚致和堂**，坐落于市东街葡萄湾斜对面——**来鼎昌**，塘栖市西街吴家桥北面——**翁长春**等都拥有着悠久的历史。

小桥流水、亭台楼阁、吴侬软语等，江南人对于古镇，有着天然的依恋。看过乌镇的张扬，读过西塘的诗意，却忽略了眼前这座极具古老风味的江南水乡。这里有着深厚的文化积淀，文人辈出，书香传世，上百年的古建筑，它默默地向后人细数着它当年的风采。

体现了百年汇昌在杭州蜜饯中的独特地位。

扫一扫，获取更多
实时旅游资讯

◎塘栖古商铺

郭洞村

江南第一风水村

郭洞村约5平方千米的景区内，巷深、屋老、潭静、谷幽、峰奇、岩险，融山水、古树林、古桥亭、古寺院、古城墙等景观于一体，静雅宜人，故古人有诗赞曰：『郭外风光凌北斗，洞中锦绣映南山。』

INFO

📍 浙江省金华市武义县武阳镇郭洞村。

🚌 从金华汽车南站乘大巴车到武义客运中心，然后乘坐武义313路（郭洞方向）即可到达。

郭洞村位于距武义县城约10千米的群山幽岭之间，郭洞人先祖可溯宋朝宰相何执中。后裔仿珍藏北京白云观的学仙子争道宝图《内经图》营造村庄。砌城墙形成水口，建回龙桥聚气藏风，植村周树木善化环境，规划民居、通道并巧设七星井，形成"山环如郭，幽邃如洞"的绝佳人居环境，故名郭洞。郭洞分郭上、郭下两个行政村，村周双溪汇注，环抱而流，从背面平地出去，远处又有青山相拥，恰应"狮象把门"之

◎郭洞村水碓

◎郭洞村拱桥

说，被誉为"江南第一风水村"。水口城门上的太极图，形象地反映了此地风水奇观。

建于明万历六十七年（1609年）的**何氏祠堂**，在郭洞20多幢明清古建筑中最为出色，是郭洞家族文化的缩影。祠堂门前三对旗杆，是封建时代为获得一定官职和功名的人树立的，象征其地位与荣誉；祠中对联、仿古竹简和挂屏，展示着丰富的郭洞古文化与名人事迹；祠后堂摆放着一批寿棺，这是当地丧葬风俗的表现，陈列祖宗牌位的神龛隔扇，为明代文物。匾额满梁显示着这里的人杰地灵，后

院与祠同庚的**罗汉松**，冠大形美，为省内难得的古树珍品。还有祠内的**古戏台**典雅古朴，每逢重要节日，祠内戏台上紧锣密鼓，台下人头攒动，十分热闹。每年的农历二月十五，在郭洞村都会有隆重的祭祖活动。

新屋里是古民居的代表，三进共30间，8个窗子的木雕图案各不相同，正房窗雕百鸟绕庭和百鸟朝凤，以寓鸟成仙为凤。西厢房雕喜鹊和百兽，配以产仔多的鱼虾，寄托子孙兴旺的愿望。东厢房窗子雕双狮耍球，鲤鱼跳龙门，松鼠等表示依山水而居。围墙砖雕精美，图案丰富，有山水，人物故事，古钱币

等。砌块组合精密，可以说现今不及。

水口是郭洞的灵魂所在，从字面上看似乎是溪水汇聚之处，其实是拒外敌于村口的关卡。初建于元朝的**回龙桥**即石虹桥就坐落在这里，桥栏板上"石虹三驾"四字清晰可见，为单孔半圆拱桥，清康熙六十年（1721年）村民再建被水冲垮的回龙桥，并在1754年复建四柱石亭——攀桂亭于桥上，使桥更坚固秀丽。亭西悬有写着"义乡"二字的匾额，这是清咸丰八年（1858年），县令宋兰亭赠给英勇剿寇为民除害的郭洞村民的。十里外的石苍岭、北山上的塔和这座回龙桥几乎成一条直线，可见古人看风水造形势的一番苦心。站在桥上歇息观景，置身于诗情画意的山水风光之中，令人心旷神怡。

回龙桥外有一道5米高的坚厚**城垣**，一条大路由此穿过，旧时，村民均由城门出入。城门有副石刻楹联："郭外风光古，洞中日月长"，横批为"双泉古里"。这可以让人想像昔日太平军和民团之间进攻、防守寸的刀光钊影，血色殷殷，而这一切却已随岁月的流逝凝成城墙上苍老的青苔。80多棵明代万历年间栽种的古树，密布于古城墙内外，古韵森然。

回龙桥东为龙山，海拔400余米的龙山奇峰插云，悬崖陡壁，山上是云罩雾笼的**原始森林**，因山呈三角形，被誉为"绿色金字塔"。置身其中，山鸟婉鸣，山泉淙淙，满山都是六七百年树龄的参天大树，有南方红豆杉等国家一级珍稀树种。林中空气负氧离子含量极高，是难得的天然氧吧、森林浴场。

郭洞风景区深处的大湾水库四面环山，山上长满郁郁葱葱的毛竹，当地村民每年都要砍伐大量毛竹出售。他们将毛竹捆扎成简易竹筏，巧妙地经水库运出，这种古老的**水路运竹**方式成了众多游客眼中的"另类美景"。

郭洞村历代尊师重教，**人才辈出**，仅明清两代就出过贡生、秀才、举人140多名。村民身健寿高，是著名长寿村，平均寿命高达85岁以上，探寻秦余古风，体验山村生活，分享天人合一的秀美环境！

除上述景点外，郭洞村值得一游的地方还有很多：节孝牌坊、文昌阁、凤池书院、海麟院、宝泉岩、鳌峰塔、古巷道、古水碓等都会为你的古村之旅增添无穷的收获和乐趣。

温馨提示

郭洞人做活了"竹"文章，竹茶杯、竹笔筒、竹烟缸等数十种工艺品琳琅满目。这里的居民还有将葫芦当作容器的习俗，葫芦的外面用极细的篾线编织，相当讲究。另外，宣莲（中国三大名莲之一）、有机茶、猕猴桃、胡柚等特产；土鸡煲、竹筒饭、土菜、金华火腿、红烧老豆腐等美食都很出名。

俞源村

中国唯一的太极星象村

俞源村新近发现明、清古建筑有395幢之多,该村以其深厚的文化底蕴,奇异的布局,罕见的古建筑群和精致的木雕、砖雕,以及一个个不解之谜而吸引着国内外众多游客慕名而来。

俞源太极星象村位于武义县西南部的俞源乡,距县城约20千米。600多年前的俞源村是个旱涝频仍、瘟疫盛行的村子。据史料记载,俞源自刘伯温改造村落布局以来,俞源风调雨顺、人寿年丰、百业兴旺,600余年来未曾发生过一次洪灾,其他各地俞姓大户慕名迁居,成为全国规模最大的俞姓聚居地之一,而且村民比附近村的人长寿,史称"长寿村"。

该村以其深厚的文化底蕴,奇异的布局,罕见的古建筑群和精致的木雕、砖雕,以及一个个不解之谜而吸引着国内外众多游客慕名而来。

据《俞氏宗谱》载,俞源村的**太极布局**,是明开国皇帝朱元璋的国师刘伯温按天体现象亲自设计建造的。俞源的村口是一条S形的小溪,将一块块水田圈成一个巨大的阴阳太极图。村周11道山岗与太极阴阳鱼构成了天体黄道十二宫,八卦形排列的28座堂楼对应二十八星宿,"七星塘""七星井"呈北斗星状分布。

进了村,首先看**俞氏宗祠**。据说俞氏家族之所以人才辈出(明清两朝俞源出过尚书、抚台、知县、进士、举人260余人),是因为其宗祠恰好坐落于天枢、天璇、天玑和天权四星所组成的七星"斗魁"之内,而"魁星"正是文昌星。宗祠厅堂轩敞,廊

◎古老的双溪巷一角

◎俞源村风光

柱挺拔，马头墙高耸。站在湿漉漉的天井里，踩着长满青苔的鹅卵石太极图案，观看着雕花戏台和明朝姓严的宰相赠送的"壬林堂"大匾，俞氏家族当年的声望和地位淋漓尽致地呈现在面前。俞氏宗祠的偏厅，摆放着一个巨大的俞源村落沙盘，它直观地将

奇特的太极田、星象村完整地描绘出来。刘伯温按天体星象原理规划俞源村布局，意在营造良好的环境，体现了古代人在村落建设上的生态意识。

声远堂为清康熙二年（1663年）所建，因正厅正对巍峨苍翠的六峰山，故而又称作六峰堂和大花厅。整座大堂分前后两部分，共92间，前厅宽敞高大，后厅儒雅宁静。声远堂内有一大奇观，前厅的"百鱼梁"上有九条木雕的鲤鱼会随着季节气候的变化而变成黄色、黑色和红色，十分奇妙。

裕后堂建于清代乾隆五十年（1785年），原158间，现有120间，占地2500多平方米，是全村最大的古屋，故有"大大厅"之称谓。裕后堂的"五无"就是指梁上无灰尘，无蜘

俞源村的天然白花油为茶油中的极品，有降血压、降血脂、防治心脑血管疾病的功能。另外，每年农历正月十三和六月二十六日为"圆梦节"，六月二十六日那天，村里还会请人来唱三天四夜的古装戏，奇妙的是演戏期间，即使是久旱未雨的天气，俞源也会下雨。

樟树，树下是梦仙桥，庙内分正殿、清幽阁、厢房及附屋，共40间，造型精巧，有干净而简单的床。但到了圆梦节，这些床远远不够"圆梦"的人睡，殿里睡满了，就带着拜过神仙点燃的香，到庙外沿着溪边的路上打地铺睡。几千个地铺挤挤挨挨，不绝数百米，一直连绵到村里的街巷上。想想那睡觉时的样子吧，一炷炷香缭绕在一个个睡着的脑袋旁，伴着此起彼伏的鼾声，美梦在一个个的脑海里产生，祈盼着洞主庙里的神仙能保佑"梦想成真"，无论如何，这场面充满着美妙的趣味，也堪称壮观。

蛛结网，无苍蝇、蚊子，无鸟雀过夜栖息过，屋内阴凉好像无夏天。传说是八卦阴阳的缘故。

洞主庙位于村尾的九龙山下，两条小溪合拢处，这里是江南著名的圆梦胜地。该殿门外有棵高大的古

俞源村没有宾馆等住宿提供，可以借住在当地农家，也可前往武义县住宿。
1.阳春山居：园林式建筑，景色秀美，设施齐全。
　位置：古村内太极路1号。
2.观云水民宿：依山傍水，古朴典雅。
　位置：古村内洞主庙北侧。

扫一扫，获取更多
实时旅游资讯

「幡滩镇」

隐藏在山水之间

从那碧玉般水池倾泻而下的水瀑环绕着幡滩镇，岸上杨柳青青，窄小的溪道水埠石级、石桥一应俱全，千百年来隐藏在山水之间的幡滩古镇似乎早已淡去那曾有的熙攘市井、繁华商埠，如今的它透着一份幽静、一份古朴。

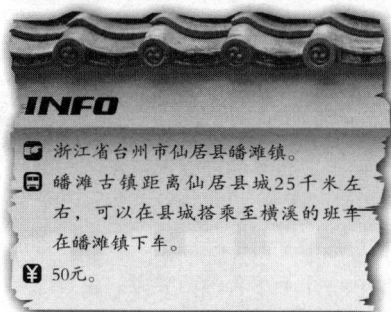

INFO

- 浙江省台州市仙居县幡滩镇。
- 幡滩古镇距离仙居县城25千米左右，可以在县城搭乘至横溪的班车在幡滩镇下车。
- 50元。

幡滩古镇位于台州市，距仙居县城约25千米。幡滩是万竹溪、朱姆溪、黄榆坑、九都港与永安溪的五溪交汇处，故幡滩有夜观五月（指五个月亮倒影）之景，其重要的位置使幡滩成为水运上的繁华重镇和古代食盐之路的一个重要中转码头。

今日的幡滩镇，寂静得无声无息，偶然有挑担而过的村人与你擦肩而过，那脚步却也是悄悄的，一倏即去。慢慢地走，脚下铺着各色花样的鹅卵石在阳光下在沉青色中渗出淡红色的颜色，据说那是几百年的老盐洒落在地上形成的。幡滩古镇是我国古代江南山区农村古镇文化的典型缩影，也是研究我国古代农村集繁荣兴衰的不可多得的典型资料。

经过了千年的风云，千年的沉淀和积累，幡滩仍保存三华里长鹅卵石铺砌的**龙形古街**，街旁遗留下来的民宅古居，气势宏伟、布局精美的三透九门堂，那深厚的历史文化底蕴，能让你深刻体会到千年文化的内涵。

有人戏说，在幡滩古街上走，一不小心便会踢翻唐宋的石子，碰落明清的匾额。古街上的匾额非常多，最引人注目的便是坐落在古街火墙脚南巷的入口处贻厚堂内悬挂的**牌匾**了。桐城派大家张若震赠送的"贻厚堂"匾高挂在正堂上方，至今完好无损。"洛社名高"匾悬挂于正堂门楣上，

◎蟠滩老街

四个苍劲有力的大字，好像正向人们叙说着房子主人的地位与品行。时光如梭，岁月如烟，转眼二百多年已经过去，透过两块牌匾依稀可知在昔日，蟠滩镇的文风是何等的昌盛！

在九曲古街上，**老店铺**采取的都是前店后库或者是前店后埠的格局，每个店面后都有一个穿堂屋，在后边建一个四合院，而后置留一个高高的天井，从天井上倾泻下来的阳光淡淡地照射着那蟠滩商人的繁忙人生。

古街除了店铺外，还有不少书香门第，其中以长门堂和何氏里门堂最为突出。**何氏里门堂**，镶贴真金的

◎蟠滩溪头

"大学士"匾悬挂在原厅堂正中，整座建筑楼轩相连，廊庑回环，雕梁画栋，古朴典雅，其地域代表性不亚于北京的四合院。

桐江书院建于宋代，书院周围鼎山叠翠，鉴水莹回，古木成荫，良田阡陌，耕读气息浓郁。南宋朱熹曾为书院题名并遣子就学，使之名冠江南，号称"江南第一书院"。数百间，书院虽饱经风霜，几度遭毁，但摧而弥坚，人文渊薮，至今古风犹存。已成为广大游客旅游观光、接受传统文化熏陶的一处胜地。

曾获得中国艺术展览会金奖、第四届国际博览会金奖的**针刺无骨花灯**，造型别致，工艺独特，制作精美，小巧玲珑，古朴典雅，更奇的是，灯身没有骨架，全用绣花针刺成各种花纹图案的纸片粘贴而成，玲珑剔透，轻巧能飞，外宾称它为"神奇的无骨花灯"。近年来，花灯得以发掘整理，并闪亮登场，被专家称为"中华第一灯"，为仙居争得了"花灯之乡"的美誉。

春季会有"油菜花节"，为了让游人体会到观油菜花游古镇的乐趣，蟠滩古镇特推出"游古镇、赏花灯——夜间历史文化情景游"活动，设置了景观欣赏、婚俗表演、地方戏等不同活动项目，让游客在赏花的同时还能体会到古镇深厚的历史传统。

风水在一丝一毫的生活小节里影响着蟠滩人的生活，蟠滩老宅院的门口大都有**镇符**，或者是谐音的装饰，比如：蝙蝠——开门纳福；鹿——禄位高登；鱼——吉庆有余等，而这些形象都是以精美的雕刻来体现的。除了镇符以外，蟠滩人还喜欢以戏文、人物、传说故事等**雕刻**来装饰自己的家园，使那古老的民居在百年之后依然生动。这些民居的主人也并非都是商人，他们大都是祖祖辈辈生活在蟠滩镇的文人墨客，为盐与铜钱堆积起来的蟠滩镇增加了书香与文化的味道。

温馨提示

镇上的其他宅院，比如元利店、周氏里、下园、清风楼、陈氏里、道渊庄古宅等，无论是雕刻的精美还是院落的精巧，都使今人的脚步流连忘返，去听去想蟠滩千年的历史、百年的故事，用心去体味那昔年的一切繁华与凋零。

临海
海上仙子国

置身台州府城，每一块青砖都镌刻着历史的厚重沧桑；漫步紫阳古街，每一块青石板上都写满了明清旧事；浏览东湖，欣赏秀丽婉约的江南古典园林风光，这里就浙东南沿海优秀旅游城市临海，文天祥誉之为"海上仙子国"。

临海位于浙江省东南沿海，属台州市代管，北距杭州约245千米，东靠大海，南临温州，西连仙居，境内背山面水，以山地和丘陵为主，地势自西向东倾斜。

临海历史悠久，夏、商、周时属瓯地，春秋时属越地，战国时属楚。秦统一六国后，在此设回浦乡，西汉始元二年（前85年）置回浦县，三国吴大帝时建临海郡，至622年，改称台州，自晋代以来，一直是台州郡、府治之所在。

1986年3月，国务院批准撤销临海县建制，设立临海市，是台州地区政治、经济、文化、交通中心。

临海不仅历史悠久，而且人文荟萃，自古素有"小邹鲁"和"文化之邦"的美誉。自唐广文博士郑虔来台州开办学馆、启蒙教化之后，民重耕读，教育发达，名人辈出。清光绪年间，建有中学堂2所，高等学堂6所，初等小学堂30所。在历代科举中，出过3位状元、1位榜眼、1位武探花，共有进士

◎临海古城中的建筑

INFO

- 浙江省临海市。
- 在临海火车站乘游Ⅱ路旅游专线可到。
- 台州府城景区（江南长城）60元，桃渚古城20元。

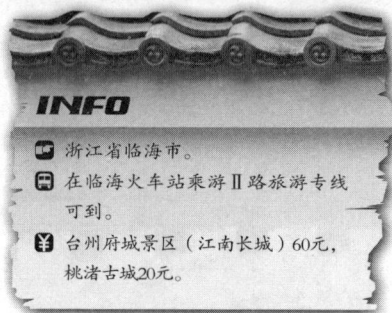

357人，其中仅宋代就达217人。

悠久的历史，漫长岁月的风雨沧桑，形成了临海众多的名胜古迹，古城墙、古街区、古庙宇、古塔群等星罗棋布，古风蔚然。临海古城、戚公祠、桃渚古城、紫阳街等，使得这里，街街巷巷串起了悠久的历史，山山水水叠成了秀丽的风光。

临海古城即台州府城，始建于晋朝末期，扩建于唐，北枕北固，南拥巾山，灵江之水绕城而过。形成城依山、山傍水、水抱城的独特风情。古城内风景秀丽，古迹众多，巾山双塔、东湖毓秀、唐古刹、明清古街，均为一方胜景。尤其是**古城墙**，长6000余米，原用于抵御外敌和抗洪防洪，经过1500多年的风雨洗礼，至今保存完整。古城墙依

◎俯瞰临海古城

山就势，俯视大江，犹如巨龙飞舞，雄伟壮观，人称"江南长城"。

紫阳古街蜿蜒古城南北千余米，因其西侧有张紫阳故居而得名，是目前国内最长、保存较为完整的一条历史古街区。古街至今保持着宋代格局，明清风貌，沿街两侧商铺林立，药铺、茶馆、酒楼等百年老店鳞次栉比，热闹繁荣，是临海千年府城的一个缩影。

在江南长城之东，城墙脚下，巾子山麓，有一座庄严肃穆的佛教古刹——**龙兴寺**。寺始建于唐神龙元年（705年），为仿唐建筑，唐天宝年间，鉴真大师六次东渡扶桑弘法，曾住锡于此。而龙兴寺高僧思托就是鉴真大师的弟子，随鉴真大师六次东渡日本，并将中国佛教天台宗传入日本。

临海境内，有一座专门为抗倭而建造的明代城堡——**桃渚古城**。城高4余米，是明代浙江东南沿海用于抗倭的四十一个卫所中唯一保存完好的一个，史料记载，明朝名将戚继光曾在桃渚古城内抗击倭寇九战九捷，战绩辉煌。现古城内外，古迹众多，有眺远、镇海题刻、抗倭亭及敌台和抗倭陈列馆、古城一条街等，风光无限。为了纪念戚继光，在江南长城景区北固山脚下，人们还修建了一座仿明院落作为戚公祠，以示怀念。

除此之外，东湖毓秀、临海珊瑚岩地质公园、云峰国家森林公园，牛头山国际旅游度假区，浙东南第一高峰括苍山景区等共同交织出临海秀丽的自然风光图。而台州乱弹、临海词调、黄沙狮子等民间艺术，则为临海增添了浓浓的文化味。蛋清羊尾、麦油脂、糟羹等传统小吃，带给你一股清闲的民俗风。

岩头镇

水秀村古滩林美

岩头镇水秀、村古、滩林美。沿江而行，一路可见江道弯曲，滩潭相间，植被茂密，景色变化有致。古村有近五百年历史，初建时，就具有详细的规划，村落布局是街区式三进两院四合围式的建筑群，水渠系统非常科学完备，这在古代村落规划中是难能可贵的典范。

岩头镇位于楠溪江中游西侧，介于枫林镇和五尺乡之间，距永嘉县城约38千米。岩头镇水秀、村古、滩林美，沿江而行，一路可见江道弯曲，滩潭相间，植被茂密，景色变化有致。岩头镇域，岩头村、楠溪江狮子岩、苍坡村等较为著名。

岩头村始建于初唐，明世宗嘉靖年间（1522—1566年），由金氏家族八世祖金永朴主持，进行全面规划修建，因地处芙蓉三岩之首，故名岩头。楠溪江为境内最大河流，水质为国家一级标准，无人为污染。在楠溪江200多座古村落中，岩头是唯一一座以水利设施规划布局的村寨。

岩头村的正门是北门，称"仁道门"。门里大街西侧是**金氏大宗祠**，清嘉庆十三年（1808年）造的石质谢氏贞节牌坊与大宗祠隔街相对。宗祠前有楠溪江同类建筑中气派规模最大的一座进士牌楼，为明世宗赐给金昭而建，系三间四柱木构建筑，高约7.6米，面宽近10米，通进深约2.4米。仁道门、大宗祠、贞节坊和进士牌楼形成岩头的礼制中心。

村落东缘的蓄水堤建于明嘉靖年间，当时地方宗族规定堤上只许莳花种树与建亭，不准筑屋经商。到了清代，岩头村长堤成了担盐客的必经之路。清末之际，长堤发展成为初具规模的商业街，即我们今天看到的全长300多米的**丽水街**，街道两侧有90多间两层楼建筑店面，每间面宽约3米，进深10米。成列的商店前，有屋檐披盖，以利于行人遮阳避雨。另外，村上住宅都朝东，街的西侧都是大门，东侧都是后门，水渠则靠东侧。

著名的**塔湖庙风景区**位于丽水街南侧，包括湖、岛（琴屿）、山、堤、桥、庙（塔湖庙）、楼、阁（文昌

INFO

- 浙江省温州市永嘉县岩头镇。
- 在瓯北汽车站乘坐开往岩头的班车即可。
- 联票40元。

阁）、轩、塔、树木花草，内容丰富，景观多变。它包括岩头村"金山十景"中的八景：长堤春晓、丽桥观荷、清沼观鱼、琴屿流莺、笔峰耸翠、水秋月、曲流环碧和塔湖印月。

古村最有特色的是以丽水湖与丽水街为主体的**乡村园林**，顺湖望去，远处芙蓉三崖峭拔高耸，近处是跨越于丽水湖上已历经400多年风雨沧桑的丽水桥，该桥由48根条石构成，表示岩头属于四十八都，桥头还有遮天蔽日的古榕树。顺长廊来到树下的乘风亭，亭上有楹联"五月秋风到，一年春不归。"离该亭不到50米，还有一座始建于明嘉靖三十五年（1556年）的接官亭（评理亭），因位于岩头丽水街南端荷花池畔又名花亭。内外四柱，顶部平面为方形重檐攒顶，五层斗拱叠成八角藻井，隐喻五行八卦。重檐屋面八条脊背，分别立有"张果老骑白驴"塑像，脊端雕塑"刘海献钱"图案，结构严密，外观朴实。

金永朴创建的**水亭祠**位于岩头村中央街南端，原是楠溪江流域规模最大的一座书院，外墙东西长约65米，南北宽25米左右，现尚存正堂一座。正堂前是一个大水池，池中央有亭，现尚存16平方米的石板基座。水亭南面的汤山上有与水亭祠同时建造的文峰塔，站在该亭里向南望，塔影正巧照在水池里，形成了楠溪江村村追求的"文笔蘸墨"的风水格局。

静静的**天主堂**院子里，挂着一块黑板，上面的文字很新奇，说的是生物学家达尔文的伟大成就进化论，结尾处笔锋一转，说这样伟大的科学家笃信天主教。村里很多人家门额上挂着的十字架大概也缘由如此吧，想不到在这中国耕

◎岩头古镇楠溪江风光

◎岩头古镇街头风光

读文化色彩浓郁的楠溪江，异域的宗教文化也安然并存着，由此可见我中华文明包容并蓄。

龙瀑仙洞地处岩头镇岙底村，是一个将自然美和人工美巧妙地糅合在一起的景区，景区有八奇，是一处理想的消夏纳凉、旅游观光胜地。

狮子岩在岩头镇下日川村前潭中，岛上林木葱茏，周围峰峦叠翠，江水悠悠。站岸边远望，万顷清流中一"狮"一"球"，酷似狮子戏球，是楠溪江的天然盆景。

坐落在岩头镇西北面山脚下的**埭里村**，距岩头约2千米。那里家家户户种有葡萄、杨梅、枇杷等水果，一年四季瓜果飘香，是采摘的好去处。此外，还有**芙蓉村**、**苍坡村**、枫林、周宅、霞美、西岸、岭下、坦下等村镇的建筑，可让人在沉醉于秀丽的自然风光中。

温馨提示

岩头特色美食很多，如楠溪素面，细如银丝，洁白柔韧，其成品常被弄成"8"字形，因此又称"8"字面，制作素面是楠溪两岸村民历代传统的家庭副业，迄今已有一千余年的历史。每年夏季，西瓜是岩头市场的畅销品，来自温州各地客商络绎不绝。香鱼俗称"溪鲤"，亦叫瓜鱼，素有"淡水鱼之王"的美誉。

廿八都镇

百家姓镇　文化边城

廿八都镇与周庄、乌镇等著名古镇相比，依然是藏在深山人未识，它有着截然不同的风格，充满了神秘与古朴的色彩。徽式的马头墙、浙式的屋脊、闽式的土墙，鹅卵石铺就的老街，气势恢宏的殿阁庙宇，以及色泽清雅的彩绘壁画，重现了一个百年的悠悠古镇。

廿八都古称"道成"，1100多年前，黄巢挥戈南下，在浙、闽之间的崇山峻岭中开辟了一条仙霞古道，从此四周关隘拱立、大山重围的廿八都成了历代屯兵扎营之所，兵家必争之地。宋朝时在乡以下设都，江山设都四十四个，

◎廿八都古道

INFO

- 浙江省江山市廿八都镇。
- 乘坐从江山北站（原老火车站）开出的201路长线公交在廿八都风岭路口下，6:00~17:00，约每小时一班，车程约1小时，票价15元左右。
- 80元。

道成地属二十八都，此后就一直沿袭这个名称。千年古道到了清代逐渐成为商旅要道，江、浙的布匹和百货到江山清湖码头后转陆路，经廿八都流往闽、赣，闽、赣的土特产也经此地运往沪杭各地。廿八都作为商品中转站和交通枢纽，迅速成为三省边境最繁华的商埠，富足热闹了数百年之久。

徽式的马头墙、浙式的屋脊、闽式

的土墙，鹅卵石铺就的老街，气势恢宏的殿阁庙宇，以及色泽清雅的彩绘壁画等，重现了一个百年的悠悠古镇。

如今，镇区依然有许多保存完好的明清古建筑，属省级历史文化保护区。**枫溪老街**上，商家多是前店后宅，店堂往往就是店家的客厅和起居室，因此街道除了它们的商业功能外，往往还是居家生活的延伸。廿八都店铺最具特色的是大站和门楼的处理，住宅内向式的空间布局，使得外部都是高大的墙面，在村落景观中住宅的个体消失了。古镇的建筑群，规模宏大、风格独特，其色调恢雅古朴，木雕工艺精湛，平面布局巧妙，寺庙彩绘传神，精美的雕刻艺术犹如凝固的音乐这些都见证了古镇数百年来作为重要商旅集散地的繁荣历史。

福禄寿僖门楼默默地坐落在枫溪老

◎廿八都古廊桥

街上，当你走在这条颓败却真实的老街上，无论如何，请放慢你的脚步，因为这里沉睡着最意味深长的历史。

枫溪老街上有一条令人想入非非的**桃花弄**，其中一处宅院有曲里拐弯的三道院门，蕴含着生意人钱财不露白，另外还有隐蔽、安全、避免兵荒马乱的功用。如今只剩下了空空的三个门洞，如同空空的眼窝，在春日的细雨中显得有几分破败。

枫溪穿镇而过，是廿八都的主要河流，河上有古桥数座。**水安桥**是个单孔石拱桥，桥身始建于1864年，长20多米，宽近6米，桥上有桥廊，三层重檐亭阁，四面都有镂空花窗装饰。"水安凉风"为"枫溪十景"之一。桥旁有一座高大的祠堂式宅院——万寿宫，是旧时的江西会馆。另外一座古桥**枫溪桥**比水安桥的历史还要悠久，它是一个半圆形的单孔石拱桥，桥身全部由青石砌筑，护栏上都有精雕细刻。站在不远处的水埠上，半圆的桥拱与水中的倒影正好构成了一个圆，水波荡漾，恍如一轮圆月，此景被叫作"枫溪望月"。坐落在枫溪桥头的是建于清同治七年的水星庙，前进有戏台，后进是供奉真武大帝和道教诸神的大殿。

廿八都1万多人口中至少有146个姓氏，仅镇上的人口中现在就有140多个姓氏，是名副其实的"**百姓**"

镇。来此天南海北的人聚居在此，自然带来各地方言，保留至今的主要有浙南、赣西、闽北闽南、徽州的九种不同方言，一个方圆不过十数里的小山谷中竟然有这么多的方言，确实算得上"方言王国"。不过，虽然这里的人南腔北调，但却有自己统一的语言——廿八都官话。

廿八都的风俗习惯、饮食文化融合了各地民俗，经过几百年的相互同化和扬弃，形成了与其他江南水乡古镇迥然不同的"**移民文化**"，如婚丧节庆只收亲友几元钱的礼金，姑娘出嫁时要在门头挂上男方送来的"连刀肉"。山歌（多即兴创作）、剪纸、木偶、高跷、龙灯、旱船等南北传统文化，在此地十分流行。廿八都的舞龙已有上百年的历史，一般以七节、十三节的纸龙(青龙)为主，每年的正月，廿八都龙一直舞进农家、店铺里，以求避邪祛瘟。

廿八都，是遗落在大山中的梦，然而这个深藏在大山之中近千年的古镇，终究没有掩盖住它的光芒。丰富多彩的人文景观，古朴浓郁的民俗风情，独特厚重的文化积淀，使古朴淡雅的廿八都镇在现代文明的包围中显得异常夺目。

温馨提示

廿八都的铜锣糕被称为"糕中之神"，已有千年历史，配料由糯米、红糖、佛耳草、百年丹桂、茶油、枸杞子、藕粉、红枣等，滑腻爽口，营养丰富。

安徽古镇

古镇

繁荣徽学的物证

宏村

中国画里的乡村

宏村鳞次栉比的层楼叠院与旖旎的湖光山色交相辉映，动静相宜，空灵蕴藉，处处是景，步步入画。从村外自然环境到村内的水系、街道、建筑，甚至室内布置都完整地保存着古村落的原始状态，没有丝毫现代文明的迹象。造型独特并拥有绝妙田园风光的宏村被誉为"中国画里乡村"。

宏村位于黟县西北部，始建于北宋，距今已近千年历史，原名叫"弘村"，为汪姓聚居之地。清乾隆年间改为宏村。2000年，被联合国教科文组织列入世界遗产名录。

宏村被誉为"中国画里的乡村"，联合国专家称赞它为"举世无双的小城镇水街景观"。因为它背倚黄山余脉，地势较高，有时云蒸霞蔚，如浓墨重彩，有时似泼墨写意，四周山色与粉墙青瓦倒映湖中，人、

◎中国画里的乡村——鳞次栉比的层楼叠院与旖旎的湖光山色交相辉映

古建筑与大自然融为一体，好似一幅徐徐展开的山水画卷。

宏村是一座经过严谨规划的古村落。村内外人工水系的规划设计相当精致巧妙，专家评价宏村是"人文景观、自然景观相得益彰，是世界上少有的古代有详细规划之村落"。整个村落采用仿生学的**牛形布局**，村北的雷岗山是"牛头"，村口的两株古树为"牛角"，村中的月沼、南湖是"牛胃"和"牛肚"，蜿蜒的水圳为"牛肠"，盘桓在南湖边的长堤是"牛尾"，四座古桥为"牛脚"，村内鳞次栉比的老房子就组成了"牛身"，称作"山为牛头树为角，桥为四蹄屋为身"，形状惟妙惟肖，整个村落就像一头悠闲的水牛静卧在青山绿水之中。

全村现保存完好的明清古民居有140余幢，民间故宫承志堂富丽堂皇，可谓皖南古民居之最。**承志堂**建于清咸丰五年（1855年），位于宏村水圳中段，原是清末大盐商汪定贵的住宅。该堂为砖木结构楼房，气势恢宏，工艺精细，其正厅横梁、斗拱、花门、窗棂上的木刻，层次繁复、人物众多，人不同面，面不同神，堪称徽派三雕艺术中的木雕精品。全屋不仅有内院、外院、前堂、后堂、东厢、西厢，还有书房厅、鱼塘厅、厨房、马厩等。为了娱乐的需要，还建造了搓麻将牌的排山阁。前厅是整幢房子中的精华，国内罕见的"倒立双狮戏球"式木雕栅托，厅堂两侧卧室的厢房门上的"福、禄、寿、喜"四星雕和"八仙"雕，横梁上雕的那幅"唐肃宗宴官"图，都是木雕中的精品之作，鱼塘厅里水声潺潺，风清景媚。整个承志堂气势恢宏，不同凡响，有"民间故宫"之美誉。

位于宏村最南端的**南湖**，整体呈弓形，弓弦处铺石板建楼舍，鳞次栉比；弓背部筑堤岸植杨柳，郁郁葱葱。水面平静如镜，映碧山蓝天，融粉墙黛瓦，引绿荫红花，如诗如画。南湖的设计遵循了中国山水画气韵生动的绘画原则，造境极富诗情画意。南湖四季皆景：春季杨柳含翠桃带笑，夏日白莲盛开风飘

道："旁有小楼可以俯瞰全湖风景，时见鸢飞鱼跃，生趣昂然。"望湖楼下是只园，是供教书先生休息的小园，"只"即是福，又有恭敬迎候之意，徽州人素来尊师重教，在他们眼中，"几百年人家无非积善，第一等好事只是读书"。园内一角，绿荫掩映中，有一尊大理赏石，虽为人造，宛如天成，俗称"文人石"。

月沼又称月塘，即所谓"牛胃"，建于明永乐年间（1403—1424年），其水常年碧绿，塘面水平如镜，塘沼四周青石铺展，粉墙青瓦整齐有序分列四旁，蓝天白云跌落水中。老人在聊天，妇女在浣纱洗帕，顽童在嬉戏，月塘四围成了人们的共享空间，风俗民情的露天舞台，村民自发地聚会其间。**乐叙堂**祠堂位于月沼北畔正中，又名众家厅，

香，中秋水宇如镜月当空，冬雪一把银弓落玉盘。若把南湖比西子，淡妆浓抹总相宜。

南湖书院的景致也是可圈可点，在望湖楼上可将荡漾的南湖及苍翠的远山尽收眼底。《汪氏族谱》中写

◎宏村风光

为汪氏总祠，建于15世纪初明永乐年间。前进门楼基本保持原貌，梁架具有典型的明代风格，月梁、叉手、雀替、平盘斗等建筑构件雕刻精美，具有很高的艺术水准。乐叙堂与月沼组成宏村八景之一"月沼风荷"。

同在山水画意境里的，还有宏村的**民居园林**。明末至清末，是宏村汪氏家族发展的鼎盛时期。这段时期，徽商崛起，高官、文人辈出。为了光宗耀祖，他们纷纷回乡投资，树祠堂、建宅院、挖渠塘、铺街巷，一时间楼阁耸立，街巷八达。宏村的宅院建大多受苏杭园林之风的影响，山川湖泊的景色微缩于园中，"三五步，行遍天下"。工匠们巧借水圳之活水，在院中挖池塘、建水榭、造亭阁、种树植花，造就了风格各异的村落私家园林。

村民们将村西的河水引入村内，开凿了一条近1米宽的水圳，九曲十弯，为各家各户提供生活用水，同时也起到调节气温和美化环境等作用。位于水圳源头的**碧园**，涓涓源头活水流经园内的鱼塘，塘水清澈见底，水面波光粼粼。遥想当年的朱熹老先生，"半亩方塘一鉴开，天光云影共徘徊；问渠哪得清如许，为有源头活水来"这样的感悟也许就是在这种景致中发生的吧。塘上建有水榭，水榭临水处三面设有"美人靠"，可供纳凉、垂钓。想来，与黛

玉、湘云中秋赏月，临风吟诗的凸凹馆还真有几分相像！水榭直通厅堂，坐在厅堂内即可眺望水榭对面花台的景色。水塘北侧是一面屏风墙，墙中嵌有一方石雕透窗，"祥云瑞气"四个大字正当其中。石雕透窗旁边的园门可以通向后院，门楣上写着"碧园"二字。整个园子庭、塘、楼、榭布局井然，点缀以花草树木，赏心悦目，水出碧园，再经水圳流入居善堂的水塘。水塘四周青翠欲滴，丛林间有碎石小径，道旁自由地布置着青竹篱笆，花畦内各色植物，色彩夺目，错落有序。水塘边墙上也雕有透窗，窗上青藤缠绕，野趣横生。

宏村里家家都有大小不等的庭院，如斯这般的园林数之不尽：松鹤堂里有个"招鹤亭"，偶有水禽栖息；德义堂古朴典雅，书香四溢；根心塘内水圳呈U形，风景独特。

西递村

世界上最美的村庄

西递坐落于黄山南麓素有"桃花源里人家"之称，这里保留有数百幢明清时期古民居，建筑和路面都用大理石铺砌，两条清泉穿村而过，99条高墙深巷使游客如置身迷宫，大量的砖、木、石雕等艺术佳作点缀其间，被誉为"古民居建筑的艺术宝库"。

西递村位于安徽省黄山市黟县城东约8千米处，距屯溪约54千米，距黄山风景区仅40千米。西递原名西川，距今已有900余年的历史。村子四面环山，有两条溪水流过，又因曾设有古驿递铺，以此得名。据说西递最鼎盛时（清初），村中曾有大大小小的宅院近600座。2000年，这里被联合国教科文组织列入世界遗产名录。

西递坐落于黄山南麓，素有"桃花源里人家"之称，这里保留有数百幢明清时期古民居，建筑和路面都用大理石铺砌，两条清泉穿村而过，99条高墙深巷使游客如置身迷宫，大量的砖、木、石雕等艺术佳作点缀其间，被誉为"古民居建筑的艺术宝库"。

西递村呈船形布局，村中鳞次栉比的古民居建筑群，就像一间间船舱，组成大船的船体；昔日村头高大的乔木和13座牌楼，好比船上的桅杆和风帆；村周围连绵起伏的山峦，宛如大海的波涛；村前的月湖和上百亩良田簇拥着村

◎西递保留的明清时期古民居倒映在河水中，十分婉约

子，恰似一艘远航的巨轮停泊在宁静的港湾里。

古村中现有保存完好的**明清时期的民居120多幢**，大多为三间与四合格局的砖木结构楼房，马头墙、小青瓦，且"布局之工，结构之巧装饰之美，营造之精，文化内涵之深"，都是国内罕见，被游客、学者誉为"世界上最美的村庄""古民居建筑的宝库"。

西递古民居内大都设有**"天井"**，这是徽派建筑的一大特色。天井的设置，一般三间屋在厅前，四合屋在厅中，起到采光、通气诸功用。因过去徽商巨贾为了藏富防盗之需，其住宅大都建有高大封闭的屋墙，很少向外开窗。设置天井，把大自然融入屋中，使"天人合一"，足不出户，也可见天日。还

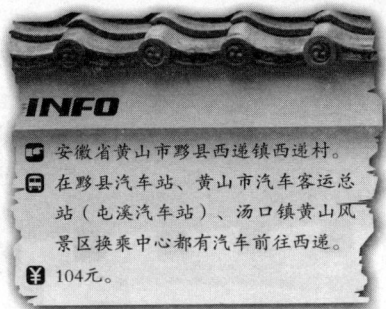

INFO

- 安徽省黄山市黟县西递镇西递村。
- 在黟县汽车站、黄山市汽车客运总站（屯溪汽车站）、汤口镇黄山风景区换乘中心都有汽车前往西递。
- 104元。

有一种说法，就是商人以积聚为本，总怕财源外流，造就天井，可"四水归堂"，即四方之财如房顶上的雨水，汇集于天井内，不至于外流他家，俗称"肥水不外流"。

进入西递村首先看到的就是**凌云阁**，又称走马楼，始建于清代道光年间，相传当年西递首富胡贯三家族为迎

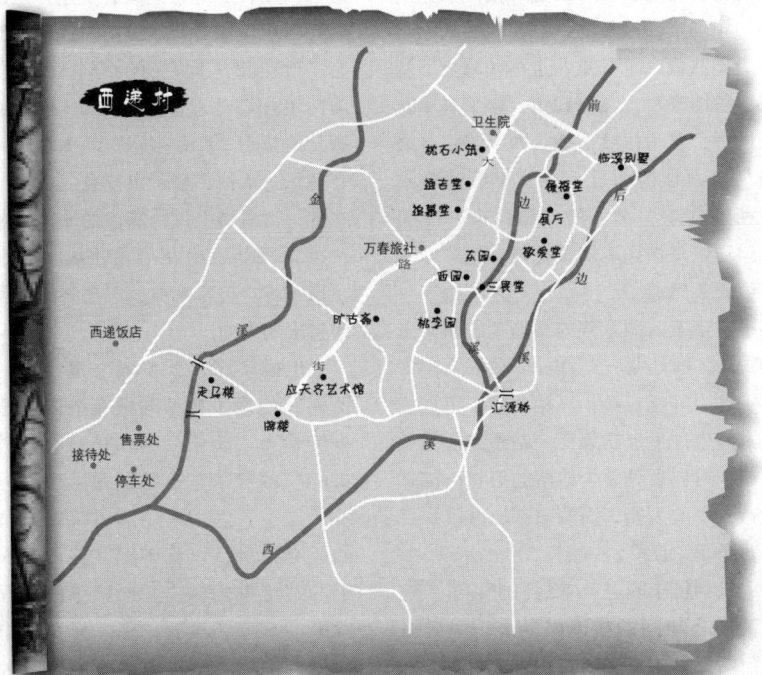

◎船形布局的西递村，有"世界上最美的村庄""古民居建筑的宝库"的美誉

接歙县的亲家、当朝宰相曹振镛的到来而突击营造的。现今的走马楼是依据当年的布局重新修复的，并与相邻的七哲祠遗迹共成一个景点。走马楼分上下两层，粉墙墨瓦，飞檐翘角，楼下有单孔石拱桥，名为梧赓古桥。西溪流水潆绕走马楼，穿桥而过，在这里可领略到"西递八景"之一的"梧桥夜月"美景。现走马楼内表演黄梅戏、抛彩球、茶道等节目。

位于凌云阁东侧的是高大的**胡文光刺史坊**，牌坊是三间四柱五楼的结构青石牌坊，峥嵘巍峨，飞檐迭起，正是胡氏家族地位显赫的象征。站在高处俯瞰西递，可以看到整个村落的形状仿佛一条行驶中的大船，而刺史牌坊恰恰如高耸的桅杆一般矗立在船头。

来到桃李园，就来到村中心了。建于清咸丰年间的**桃李园**，由"一儒一商"两兄弟构思、规划、营造而成，分为前、中、后三进，背向序列三间。前进为共用，二进为经商者所建，三进为儒兄自用。儒者所建的第三进，门额上有"桃花源里人家"的石刻；二厢房用屏门组合而成，上面有康熙年间书法家黄元治草书"醉翁亭记"的木雕；屋内有花坛、水池，显示出儒雅之风，书卷之气；再看墙上这幅漏窗的图案，名叫"冰梅图"，梅花落在冰块上，意为"梅花香自苦寒来"，严冬将过，春天即将来到人间。

出桃李园，就步入清道光年间的**西园**，使用了典型的徽派造园手法，幽静怡人，园中有两块松、石、竹、梅的"四君子"石雕漏窗。画面分成八个层次，运用了中国古代雕刻技艺的所有技法，堪称中国古代石雕作品中的"绝世之作"。而屋中的客厅条案上，至今还摆着"老三样"：东瓶西镜，中间一座古色古香的自鸣钟，象征着"终生平静"的生活追求。而东园的花窗很特别，寓意也很生动，其代表着"落叶归根"的意思。

建于清康熙三十年（1691年）的**大夫第**，为临街亭阁式建筑，是朝列大夫胡文照的故居。在其临街的一面，悬空挑出一座小巧玲珑的观景楼（**绣楼**），在建观景楼时为了方便邻居的行走拉车，有意识地往后退了一步，没有和正房一样齐，并在其观景楼的门楣上留下五个小篆体字"做退一步想"，耐人寻味。有趣的是，近人多将此楼当作古装戏中小姐择婿"热抛绣球"所在，现已成为西递村举办此项民俗活动的场所。

大夫第往东有敬爱堂和履福堂。**敬爱堂**原为西递胡氏十四世祖仕车公住宅，始建于明万历年间，后毁于火。清乾隆年间重建时，改为宗祠，面积达1800多平方米，为西递村现存祠堂之最。这里不仅作为祠堂，还是村中族事商议之室，和族人举办婚嫁喜事等场所。履福堂建于清康熙年间，是清代大

收藏家胡积堂的故居，后堂十二扇木门雕有二十四孝图。

大夫第往西，过了瑞玉庭，有追慕堂和迪吉堂。**追慕堂**为胡贯三追思慕念祖父丙培公，父亲应海公一生、崇文尚义，乐善好施而建。堂内有李世明的功臣画像和供奉着李世明塑像。建于清康熙年间的**迪吉堂**又名官厅，为接待达官贵人的厅堂场所，气度端庄，古朴典雅。

西递还有罗峰隐豹、天井垂虹、狮石流泉、驿桥进谷、夹道槐荫、沿堤柳荫等八景。

古镇攻略

　　1.青云阁：典型的徽派建筑，古色古香，环境优雅，老板娘热情好客，憨厚的笑容会让人感到宾至如归。
　　位置：西递村青云弄，履福堂对面。
　　2.耕乐堂：坐落在村中最高处，分楼上楼下和上下厅房，屋内是古色古香的家具和雕花大床，还有书房和花园，宁静致远，淡然优雅。
　　位置：西递村一线天弄。
　　如果想在外露营，可找地势比较开阔的地方，远离草木茂盛地。而且最好在夏天露营，冬天会非常冷。

南屏村

中国古祠堂建筑博物馆

南屏是寂寞的，虽然它也有近千年的历史，但是一直以来，它都只是个默默无闻的小村子，没有名人从这里走出去，中国现代大大小小的战争也没有把战火蔓延到这里。仿佛这里就是陶渊明笔下的「世外桃源」，外界纷纷扰扰与这里是隔绝的。

南屏位于黟县城西约4千米处，曾名叶村，又名翰林村，后因村北向有屏风山，状如屏风而得名南屏。全村虽然只有1000多口人，却是一个有着1100多年历史的村落。古村今仍完好保存有明清古民居建筑近300幢，幢幢结构奇巧、营造别致。

让人想象不到的是，**进村的路居然**是从一家小院中通过，而且院子里还住着人。院子内，藤蔓交错，枝叶缠绕着石墙，院墙一角围着喝茶谈天时用的美人靠，院中央有矮矮的石桌，石板地光洁锃亮，回廊干净整洁，老人们迈着安然的步子静静地穿过回廊消失在堂屋里，此情此景怎能不让人流连忘返。

在南屏村共有72条巷弄，所以南屏

◎南屏村叶氏宗祠

村又有"古巷迷宫"的美称。**步步高升巷**即长房弄，是72条巷弄中最长、层次感最强的一条，尽头有23级台阶，一级高过一级，因而得名。在十字路口或西字路口的墙上常有刻着"泰山石敢当"的石碑，有三层意思：一是作为路标，意此处为丁字或十字路口；二是保护墙体，提醒村人搬运货物时要小心、慢行，防止碰撞墙体；三是村里人认为在路口处立"石敢当"碑石可起到辟邪的作用。另外，在每家屋角都有凹进去的长条石块，意思是做退一步想，徽商是儒商，他们在造房时就考虑到了邻里关系，"退一步海阔天空，让三分心平气和"，表现了他们宽广的胸襟和以和为贵的处事哲理。还有村中有口特别好玩的三眼井，井绳磨出的痕迹像睫毛一样，甚是诡异。

南屏是叶、程、李三大姓聚族而居的村落，每个宗族都有自己的家

INFO

📍 安徽省黄山市黟县碧阳镇南屏村。

🚌 在黟县汽车站乘坐前往南屏的班车，车程约十几分钟。

💴 成人票43元；宏村+南屏联票147元。

祠、支祠和宗祠，从而形成了南屏恢宏壮观的**祠堂群**，特别是分布在街道两旁的八大祠堂，其中有属于全族所有的宗祠，也有属于某一分支所有的支祠，还有属于一家或几家所有的家祠。这里的宗祠规模宏伟，家祠小巧玲珑，形成一个风格古雅，颇具神秘色彩的祠堂群，不愧为"中国古祠堂建筑的博物馆"。

叶氏宗祠即叙秩堂，位于南屏村的中心，距今已有300多年的历史，坐东朝西，占地近2000平方米，由80多根粗大的银杏木圆柱支撑，分上中下三进大厅。1989年，张艺谋的《菊豆》在此拍摄，叶氏宗祠变成电影中的老杨家染坊：三个方方正正的染布池，一架高高的晒布台和几件叫不上名字来的织染工具，一切都静止在时空中。染坊里的布匹，粗质的纹理掩不住岁月的痕迹，悬挂着的染布飘飘舞动，仿佛那个年代的织女在向你述说。

建于清乾隆年间的**程氏宗祠**，以精湛的石雕艺术取胜。祠堂大门两侧各有一组由护栏、鼓座、石鼓的黟县青石雕，右侧由"三龙腾云"衬着石鼓，左侧是"五凤朝阳"托起石鼓，谓之"龙凤呈祥"，鼓座由两块长方形黟县青雕琢而成，鼓座下面完全是按照国画的格

式来雕刻，除了玉瓶、宝鼎、青狮、白象外，还有题头、落款，并加以篆体印章。令人叫绝的是两边护栏上的"八骏"及"十鹿"图，这两幅石雕身上的梅斑、马鬃均清晰在目，可见当时徽州石雕工匠的技艺高超精湛。

除了祠堂林立，南屏村的古私塾园林和古民居建筑也比比皆是：半春园、倚南别墅、南熏别墅、培阑书屋、陪玉山房、梅园家塾、慎思堂等保存完好，气势恢宏，雕饰精美绝伦。

孝思楼的房主叶坚吾（又名叶新钰）外出经商发迹后，回乡建的一座四层楼房，因其建筑风格大胆地打破徽州传统古民居结构布局，并结合了罗马建筑中半圆拱门及窗户，村里人又称之为"小洋楼"。房子为木结构，与其说是四层楼，倒不如说是三楼顶上升起了一座亭子，面积约10平方米，四周安有栏杆，登楼远眺，南屏村风光尽收眼底。

冰凌阁由正厅、偏厅、回廊三部分组成，正厅系五体连珠式结构，布局精巧。偏厅分上下两层，均装有莲花门，门上为西湖十景图，回廊与正厅相对，曲径通幽。房屋整体布局与北方的四合院有异曲同工之妙。

另外，南屏村的**古水口建筑**尤令人赏心悦目。一座长约40米的三孔石拱桥横卧武陵溪上，桥上有石柱、石栏，桥额为斗大楷书"万松桥"三字石刻。

◎《菊豆》中的老杨家染坊

走过万松桥，迎面是雷祖殿、文昌阁、观音楼和万松亭等古建筑群；后为万松林，有上百株参天古木巍然耸立。林中有南阳书院，还有一泓清泉，名醴泉。昔日雷祖殿大门联曰："有功德于民则祀，能正直而一者神"。殿中壁画造型生动、宏伟气魄，远近闻名。

温馨提示

南屏有锡格蛋茶、麻黄鸡、白乌骨鸡、三黄鸡、红心芋、小红稻、荞麦、雪花藕、烤鸭、豆瓣、腊肉、野鲫鱼、熏羊肉、冰烤番薯、水果饼等美味，备受广大游客青睐。

唐模村

全村同在画中居

对于唐模的风光民俗，谚语称作：「唐模裳越，饿死情愿」，足见其风俗之醇，景色之美。这里紫霞西笋，飞布东横，天马南驰，灵金北倚，处于众山环抱之中。檀干溪穿村而过，全村夹岸而居，远山近水，风景宜人；幽情古趣，独特罕见。故有「全村同在画中居」的美誉。

唐模古村，位于黄山南麓，歙县县城以西约10千米处，是按盛唐时的模式、风范、标准创建的，故得名，后来经过几代人的不断发展，逐步形成了一个聚族而居的村落。

对于唐模的风光民俗，谚语称作

"唐模裳越，饿死情愿"，足见其风俗之纯，景色之美。在唐模，一条檀干溪蜿蜒曲折从村头到村尾穿过整个村子，近千米的檀干溪上还有13座形态各异的石桥，由于桥桥各不相同，当地人称之为"十桥九貌"，其中最出名的是一座

◎历经沧桑，水街依然繁荣，其古韵悠悠，乡情淳浓

廊桥，叫**高阳桥**，建于清朝雍正年间，为唐模水街十座石桥之主桥，位居水街的入口。如今高阳桥连同建于其上的廊房现已改建成茶室，置身桥上，冲一盅黄山毛峰，边细细品茗，边观赏水街的景色，边欣赏茶道表演，边听黄梅戏演唱等，真是一种难得的享受。

檀干溪造就了**水街**，溪水倒映着两岸的青墙白瓦，两岸是避雨的长廊。廊下临河设有"美人靠"，供人来往歇息聊天。历经几百年沧桑，水街依然繁荣，喜庆的大红灯笼仍然高高挂起，其古韵悠悠，乡情浓浓。这种平静祥和、朴素恬淡的生活给人以极大的安定感和无限的憧憬。

始建于明代正统年间的**尚义堂**位于唐模水街上游的显要地段，为唐模许氏宗祠中的一个支祠，祠堂由前庭、中堂和后殿三大部分构成，为三进两院五开

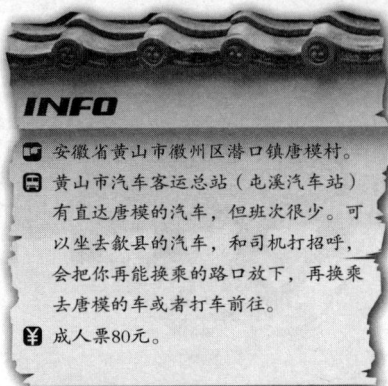

INFO

- 安徽省黄山市徽州区潜口镇唐模村。
- 黄山市汽车客运总站（屯溪汽车站）有直达唐模的汽车，但班次很少。可以坐去歙县的汽车，和司机打招呼，会把你再能换乘的路口放下，再换乘去唐模的车或者打车前往。
- 成人票80元。

间祠堂，祠堂门前还建有一座木牌坊，现仅存中间两柱和一木雕月梁，但仍显示出它昔日的华丽。牌坊两边的上马石和下马石，凸显荣耀。

铭德堂之名来自古训：在明铭德，在亲民在企于止善中。铭德二字，以示感先人德泽之意。此堂具有徽派风格，尽显庄重淳朴、和谐之美，前有天井明堂，宽敞明亮、幽静。其建筑材料尽用珍贵木材，优质青砖，素瓦青石，淡雅有致、古色古香，虽经长年风雨侵蚀，仍然保持原样。堪称"江南一绝"。

檀干园是皖南最大的私家园林，建于清初，乾隆年间曾修葺过，以门外溪堤遍植檀树、紫荆树而得名，人称"小西湖"。人们说忠君铸造了唐模，尽孝则成就了檀干园，和徽州其他地方一样，唐模既出富商，又出达官。相传清初唐模一个姓许的富商，他的母亲想到杭州西湖游览，但山高路远，年老体衰，不便成行。孝子不惜斥以巨资在村边挖塘垒坝，大动土木，模拟西湖的景致，以报孝母亲和乡邻。这个方寸小亭中，藏有历代书法大家的精品，在国内

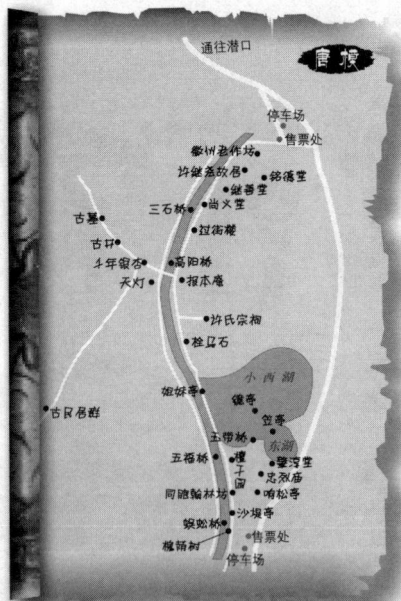

◎全村夹岸而居，远山近水，风景宜人

"天下牌坊数徽州，徽州牌坊一座半"，一座指的是规格最高的歙县许国石坊，另外半座就是唐模这座建于清康熙年间的同胞翰林石坊。在康熙十五年和二十四年，唐模许氏兄弟许承宣和许承家分别考中进士并被皇帝钦点为翰林，这座同胞翰林坊就是为表彰兄弟俩而建。牌坊为三间三楼四柱式，高约16米，宽约9.6米，上面布满了梅花、仙鹤祥云、麒麟送子、鲤鱼跳龙门、喜鹊报喜等寓意吉祥的精致徽雕，因工丽典雅、雕刻精美而被誉为唐模的门户。

绝无仅有。亭中还有碑藏18块，刻有包括"苏、黄、米、蔡"等书法名家的真迹。数百年过去了，这个庭园依旧水光潋滟，岸边垂柳依依，塘中荷叶吐青，安静舒宜，成了古镇的神韵所在。

檀干园边有一棵"天下第一媒树"的槐荫树，已有400多年历史。树端下部中空，犹如一位历经沧桑的老人在张口凝目，这棵树在电视剧《天仙配》里"客串"了为牛郎织女牵线的老槐树，因而人们纷纷在树上挂上许愿的红带，寄托着爱情圆满的美好愿望。另外，作为唐模镇村之宝的**银杏树**，更是随处可见，尤其是那棵相传为汪氏先祖亲手种下的银杏树，树龄高达1400余年，十几人才能合抱。至今郁郁葱葱，果实累累，静静地展开枝叶，荫庇着唐模的子民们。人们在这棵象征着长寿的古银杏树边祈福，以保健康长寿。

建于清康熙年间的**沙堤亭**坐落在离老樟树不远处，又名八卦亭，亭分为上下两层，上层中空，四边有虚阁，八个角的飞檐上各悬铁马飞铃，微风吹动，叮当作响。从不同角度看，每个平面均为八角，故又名八角亭。

由沙堤亭前行便是**同胞翰林石坊**，

温馨提示

唐模农家土菜老母鸡汤成菜汤清见底，肉嫩味鲜，原汁原味不散，香郁诱人。红烧鱼肉质细腻，鲜嫩味醇。另外，唐模尚义堂前厅有镜亭石刻碑帖出售，并有招财进宝的祈福盖章活动。后厅有徽州民俗戏剧表演，为免费观赏。

扫一扫，获取更多
实时旅游资讯

屏山村

屏山春水向东流

屏山村地处黟城东北约4千米的屏风山和吉阳山的山麓，位于西递和宏村之间，由于西递、宏村的名声实在太大，游人便往往忽略了这个美丽的山村，因此保留住了小村的一份宁静与淳朴。在这里你可以体味一下真正的「小桥流水、田园人家」的悠闲自得。

屏山在唐宋时称长宁里，后因村北的屏风山状如屏风，而得名屏山村，又因明清建制曾属徽州府黟县九都，故又称九都舒村。村内居民多姓舒，舒姓是唐朝末年由庐江迁居此地，距今已有1100多年的历史。

屏山村又称风水村，因为它是按风水来规划整个村的布局的，整个村子无处不考虑到风水、阴阳和八卦，最终是为了和谐。

背靠如屏青山、地处黟县盆地一角的屏山村兼有山乡小镇与江南水乡的风景特色：说它是山乡小镇吧，可又有一条小河穿村而过，将屏山村分为左村和右村两个部分，十几座单孔石拱古桥又弯腰弓背地跨河将它们紧紧相连；说它

◎皖南风情浓郁的古民居

是江南水乡吧，可村庄分明又在山丘环抱之中，并无河网交错舟楫帆樯。人们说，还是用那句"小桥流水人家"来状述屏山村的景致最为贴切，只不过这"小桥"是古老的石桥，这"流水"是向东流的一江春水，这"人家"是青砖黛瓦马头墙的徽州古民居罢了。

屏山村自古有"三千烟灶，五里长街"之说，至今村内保存有200多幢明清古名居，有长宁八古桥、庆余堂、成道堂、光裕堂、三姑庙、红庙、长宁湖、玉兰厅、葫芦井、小绣楼等名胜古迹，其中世科甲第祠堂门楼，建筑风格，砖雕石雕，结构形式，无与伦比，被称为徽州门楼第一。

舒绣文被誉为人民表演艺术家，其故居**黍谷堂**位于在古村的中央部位，是一幢前后两进楼房，带有花园和小院。这里的建筑风格与传统的皖南建筑有很大不同，不再使用传统的天井，而用六扇联体莲花门弥补天井采光不足的缺陷。值得一提的是，该屋学堂厅的两侧用的是雕花门装饰墙壁，这在整个徽州也是不多见的。其中大门门楣上方用篆书刻写的"春回黍谷"四字，既让人遥想到舒绣文那曾是清末进士的祖父和曾经执鞭从教过的父母亲的家学渊源，又让人联想到她的电影代表作《一江春水向东流》中的那个"春"字的巧合妙趣。

建于明万历年间的**舒庆余堂**是皖南地区规模最大的明代宗族祠堂，占地约480平方米，整个祠堂气势磅礴。该堂的大门是用水磨砖砌成的双柱三楼大型贴墙牌坊，高约10米，十分宏伟。祠堂内分为二进，主要构架全部用银杏木构造。大柱

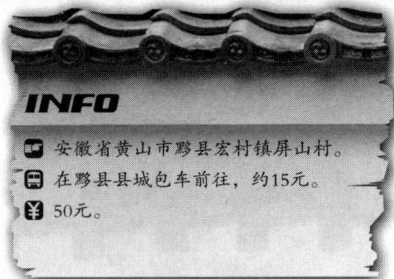

INFO

- 安徽省黄山市黟县宏村镇屏山村。
- 在黟县县城包车前往，约15元。
- 50元。

直径将近半米，气势非同一般。

建于清代的**光裕堂**坐落于屏山村西面，与过村主要道路相隔不远。由过村道路引入的支路从祠堂门前经过，并在祠堂广场前面形成通向村内的4条主要巷道，因此光裕堂在村中处于十分重要的位置。因祠内有彩塑砖雕菩萨罗汉300余尊，所以俗称为"菩萨厅"，祠堂门楼及内部雕饰，十分精美。

屏山村自古尊义重文，诗礼传家，人才辈出。明朝进士舒荣都、当代著名哲学家舒炜光、现代语言学家舒耀宗、现代徽商巨贾舒先庚等都是屏山的骄傲。

温馨提示

抗日战争时期，舒绣文与当时在重庆的白杨、秦怡、张瑞芳一起，被誉为中国话剧界"四大名旦"。在中国戏剧、电影人物长廊中，著名表演艺术家舒绣文的名字与她在《名优之死》《一江春水向东流》等近百部戏剧电影塑造的艺术形象一样为人熟记、被人怀念。

呈坎村

中国风水第一村

走进呈坎，宛若走进一个幽远的桃源，又仿佛走进一个遥远而熟悉的梦，伴着淡淡的轻雾，一些前尘往事和如烟思绪犹如马头墙上的春草悄悄蔓延生长。

被朱熹誉为"呈坎双贤里，江南第一村"的呈坎村位于黄山市徽州区北部，距205国道约5千米，为呈坎乡政府所在地。呈坎古名龙溪，自唐末江西南昌府秋隐、文昌罗氏二兄弟举家迁此"择地筑是而居"易名呈坎以来，已有1000多年历史，是我国当今保存最完好的古村落之一。

呈坎整个村落按照《易经》八卦风水理论选址布局，"呈"即向上为天，"坎"即洼下为"地"；一条古老的龙溪河呈"S"状由北向南穿村而过，形成八卦阴阳鱼的分界线，村庄南北的两座庙宇，像鱼的眼睛分列

◎枕山、环水、面屏的江南第一村——呈坎

左右；村外四周的八座山峰，正好组成了八卦的八个方位；村里面的三条街、九十九跳巷，巷巷相通，犹如棋盘迷宫。所有的一切，构成了一幅完美的八卦图，至今人们仍无法解开其中之谜，这更使呈坎成为中国古村落建筑史上的一大奇迹。

依山傍河而建的呈坎古村落，坐西朝东、背靠大山、地势高爽，选址完全符合"枕山、环水、面屏"的古代风水理论；两条水圳引众川河水穿街走巷，现仍发挥着消防、排水、泄洪、灌溉等功能；众种河绕村而过，故而呈坎村**桥多**，其中著名的有元朝修建造型优美的环秀桥、明代修建的江南单孔跨度最大的石拱桥——**隆兴桥**。

古村内聚集着不同风格的亭、台、楼、阁、桥、井、祠、社及民居，现保存着明清建筑100余处，其中有宝纶

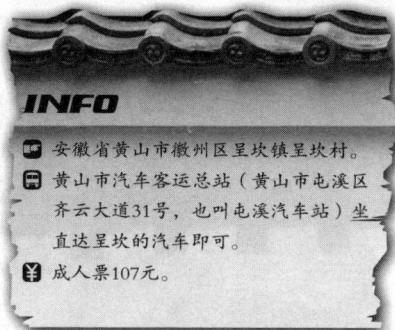

阁、长春社、罗润坤宅等国家和省级文物保护单位3处，精湛的工艺和精美的石雕、砖雕、木雕、彩绘将徽州古建筑艺术的古、大、美、雅体现得淋漓尽致，被中外专家和游人誉为"**中国古建筑艺术博物馆**"。

气势恢宏的**宝纶阁**，原名"贞静罗东舒先生祠"，后殿几层，因遇事中辍，之后重新扩建。宝纶阁是整个祠堂

◎呈坎村口

的精华部分，因"盖之以阁用藏历代恩纶"，故名"宝纶阁"，后来约定俗成地称整座祠堂为"宝纶阁"。宝纶阁由3个三开间构成，天井与楼宇间由黟县青石板栏杆相隔，石栏板上饰有花草、几何图案浮雕，其建筑具有极高的艺术价值。还有横梁上彩绘图案优美、色彩绚丽，虽历400余年，至今仍鲜艳夺目、历久不凋。宝纶阁左右两边为登楼的楼梯，登上三十级木台阶，只见楼上排列整齐的圆木柱，屋顶阁栅外露，饰以水磨青砖。此处为呈坎村的最高点，可远眺黄山天都、莲花两峰烟云。宝纶阁以巧妙的结构，精致的雕刻，绚丽的彩绘，集古、雅、伟、美为一体，被誉为"江南第一祠"。

古匾额是呈坎家族世代荣耀显贵的标志，从宋到清，村中留下了大量的古匾，现保存完好的仍有30多块。其中年代最老的"大司成"匾，距今已有700多年的历史了。宝纶阁享堂屏门上方悬挂的"彝伦攸叙"匾为明代大书画家董其昌题书，长约6.5米，宽约2.5米，每个字一笔就约有2米，堪称"古匾之王"。

长春社俗称社屋，是徽州仅存的古代祭祀土地神和五谷神的公共建筑，距今已有1500多年的历史。

呈坎自宋代以后徽商兴起，贾而好儒，贾德结合，儒政相通，文化教育事业兴旺发达，在徽州文化历史发展中独树一帜、独领风骚，正如朱熹在《罗氏族谱》序中所赞"以进士发科嗣世家业赫，为歙文献称首"。一方水土养一方人，呈坎钟灵毓秀、英才辈出、兴旺发达、经久不衰，是当之无愧的文化村和江南第一村。

温馨提示

呈坎东南的灵山村很宁静，值得一游。村中有一条灵山古水街，街道由青石板铺成。

扫一扫，获取更多
实时旅游资讯

渔梁村

古坝清江温旧梦

渔梁古村的街道、巷道、房屋，都是历史的遗留，很少有现代建筑夹杂其中，因而其古色古香显得更加真实而自然。因为渔梁人的内心深处，都隐隐约约地有一种与传统不肯割舍的坚守。

渔梁村位于歙县县城东南约1.5千米处，形成于唐，之后姚姓迁居渔梁，并发展为村落，其形态似鱼。渔梁依山傍水，古朴洗练，俗称梁下，处于练江的下水口，曾是歙县在练江上的码头，往来集散，生意兴隆。虽说今日的渔梁，已无法复制当年的盛况，但遗留的历史仍能让人感觉它曾经的繁华。

凹凸不平的**渔梁商业街**俗称鱼鳞街，东西走向，长约1千米，至今仍较好保存着古代水埠码头的风貌，垂直该街则衍生出10余条小巷，一色的木排店面，一色石板卵石路面，使商业街极富特色，繁荣的商业街和宁静的巷弄，构成了渔梁村落内部颇具特色的街巷空间。街道两旁清一色的明清建筑鳞次栉

◎渔梁村街道

INFO

- 安徽省黄山市歙县徽城镇渔梁村。
- 乘坐1路公交车至渔梁坝站下即可。
- 免票。

比，高高的马头墙，黝黑的小青瓦，突兀的房檐，本色的木板门构成了一座座徽韵浓郁的民居，和谐而自然。

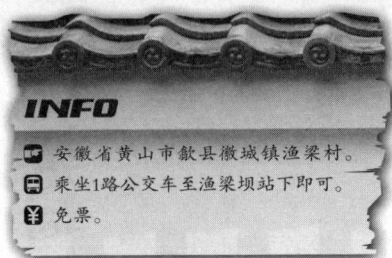

巴慰祖故居，位于渔梁中街，建于清代前期，是渔梁现存规模最大的古民居。故居坐北朝南，分前、中、后三进。前进为客厅，三房，均为三合院。另有东、西厅和后花园。客厅瓜柱柱托雕刻精美，角檐柱上端有丁字拱，中进为梭柱，柱础呈覆盆状，别有特色。经其后人修缮，现故居已改为巴慰祖纪念馆，现藏文物有"爱日居"匾额、巴慰祖书中堂及砚台等。

渔梁街南临新安江，江边船坞犹在，逐级而下，便是著名的渔梁坝。**渔梁坝**是徽商将货物运往江南的集散地、水运码头。渔梁的名称即由渔梁坝而来，渔梁坝是由隋朝一位官员汪华始建，重修于明末，选用花岗岩，徽式风格榫头，将块块巨石牢牢"锁"住。水坝长约138米，底宽约27米，顶宽约4米，全部用清一色的坚石垒砌而成，分左、中、右三个水门，左边长年流水，中、右水门既防涝又防旱。是新安江上游最古老、规模最大的滚水拦河坝，号称"安徽的都江堰"。

站在石坝上，举首四望，整个渔梁古村气象万千，尽收眼底。坝上碧

◎渔梁街南临新安江，江边船坞犹在，逐级而下，便是著名的渔梁坝

波如镜，鱼翔深潭，小舟拨浪，激起涟漪，恬静安闲。坝下乱石嶙峋，浪峰咬石；西岸巍然屹立的紫阳山，林木葱郁；建于明代的紫阳桥，宛若彩虹横卧清波，此桥长约140米，高约14米，宽约10米，在歙县城的三座古桥中最高、最宽，因桥的上游即为徽商行舟的码头，所以桥孔建得比一般桥要高大得多，以便行舟过帆。

新安古道从歙县县城南门起，蜿蜒数里，穿过古代繁华商埠渔梁，通向渔梁坝下的水埠码头，古道依山傍水，逶迤如带，古朴素雅，沿江筑有石质扶栏，还留下了一个美丽动人的传说。相传李白曾来此寻访当时住在此地的诗人、隐士许宣平，他在新安江上乘渡船，并向撑船的渔翁打听许家，渔翁说道"门前一杆竹，便是许翁家"，暗自表明他就是许本人。但李白没听明白，二人就此错过。李白寻访不遇，在此独自饮酒，后人就把这酒肆改名"**太白楼**"。

太白楼旁边就是**新安碑园**，是由明代官员的府邸改建而成，其格局和苏州园林相似，是一座典型的徽州私家园林式建筑。它凭太白楼，靠披云峰，借练江水，临太平桥，以曲折有致而又含蓄丰富的借景表现手法，使这座在弹丸之地依山而筑的园林，显得幽深而又奇巧。它因陈列了两套著名帖刻《余清斋》和《清鉴堂》而驰名。整个碑园由真赏亭庭院、歙池、小天都庭院、两清堂庭院、披云小筑庭院等部分组成，通过蜿蜒幽深的墨妙廊构成有机的整体。每个景区除在适当部位陈列碑帖外，置景各有侧重，或以山水见长，或以石峰为主，或兼有水石梅花。

温馨提示 渔梁的特色菜是从练江里刚捕上来的鲜鱼，味道不错。另外，去渔梁游玩，最好不要选择法定节假日前往。静寂的早晨和安逸的傍晚，那是游玩的黄金时间。若在雨季，渔梁坝会涨水，去坝上玩一定要注意安全。

棠樾村

黄山的勋章牌坊群

牌坊，是历史授予黄山的勋章。

歙县棠樾牌坊群一改以往黄山以木质结构为主的特点，几乎全部采用质地优良的"歙县青"石料为主，既不用钉，又不用铆，石与石之间巧妙结合，历千百年不倒不败，不仅给后人留下精神财富，也留下了文化艺术和建筑技术等许多方面的财富。

棠樾村坐落在歙县之西约5千米处，棠是棠棣树，樾是两树交阴之下。从字义推究，大概过去此村盛植棠棣，而且浓阴蔽日，故有此村名。

棠樾是鲍氏家族的聚居地。**鲍氏家族**原是山东青州人，自宋代开始迁移到徽州棠樾村居住。鲍氏明朝为官，清朝经商，家族昌盛长达400余年。尤其在清代，鲍氏以富商巨贾众多而闻名于世。

棠樾牌坊群位于棠樾村东口，是徽州（黄山的古称）牌坊中最有名的一处，与古祠堂、古民居共称徽州古建三绝。牌坊群由七座牌坊组成，以忠、孝、节、义的顺序相向排列，都是旌表棠樾人的"忠孝节义"的。七座牌坊中有三座明坊，四座清坊。最早的一座是排在第二的"慈孝里"牌坊，修建于明永乐十八年（1520年）；最晚的一座是排在第四的"乐善好施"牌坊，约修建于清嘉庆十九年（1814年）。清乾隆皇帝下江南的时候，曾大大褒奖牌坊的主人鲍氏家族，称其为"慈孝天下无双里，衮绣江南第一乡"。

古牌坊周围伴以古祠堂、古民居、古亭居、古亭阁，在广阔的田园风光、秀丽的山光水色映照下，棠樾牌坊群成为天然的影视基地。《红楼梦》《烟锁重楼》等30多部影视名剧在此拍摄。

鲍氏宗祠敦本堂，又称万世公支祠，俗称男祠。它始建于明嘉靖末年（1561年），清嘉庆六年（1801年）重修，为清代徽州祠堂建筑艺术的典范。最典型的是其"肥梁瘦柱内天井"的徽派建筑特征，屋柱细而高，横梁却很粗，被称为"冬瓜梁"。祠堂内还存有义田规条碑和清嘉庆皇帝上谕碑等17方碑刻，显示着棠樾鲍氏家族的煊赫。

除男祠外，棠樾还有一个独特的女祠**清懿堂**。"清懿堂"三个字巨匾高悬在享堂照壁正中，出自书法家鲍钤之手，另一块"贞烈两全"的横

INFO

安徽省黄山市歙县郑村镇棠樾村。

联票100元（含鲍家花园）。

匾，则是清代名人曾国藩所书。堂以"清懿"为名，取的是"清白贞烈、德行美好"之意，是封建社会对妇女的最高级歌颂。清嘉庆年间，鲍启运"因家祠旧奉男主，未女主，遗命其子有莱重建女祠"。女祠取阴阳相悖之意坐南朝北。女祠堂上有一块横匾"福我云礽"，其"我"字的那一横是断开的，表示鲍家女子的忘我牺牲精神，能够牺牲小我成全家族的大我。女祠一破"女人不进祠堂"的旧例，为国内罕见。

鲍家花园位于棠樾村南350米左右，面积约35000平方米，比棠樾村还大。现经修复重建，成为我国最大的私家园林和盆景观赏地，已正式申报非物质世界文化遗产及吉尼斯世界纪录，被誉为"东方园林之母"。鲍家花园在历史上是一座著名的江南私家园林，与拙政园、蠡园、梅园齐名，原为清代官商鲍启运家的后花园，集山、水、石、林、青砖小径、风雨长廊、亭台楼榭、徽派盆景于一身，沁芬轩、徽风园、观鱼廊、双面曲廊、徽州人家等美景无处不在，令人陶醉。花园收藏盆景作品近万盆，荟萃海内外盆景流派精华，广纳各方花草滕树之名贵，极具徽文化魅力。

◎棠樾牌坊群

歙县
徽州文化大观园

美丽的歙县古城，坐落在黄山脚下，曾经落后的交通和连绵的群山阻碍了它与外界的联系，但却造就了它世外桃源般的环境。步入古城，秀山丽水与古朴建筑相映成趣，让人感觉既像游走于山水之间，又仿佛走进古典建筑博物馆。

歙县位于安徽省南部，新安江上游，身睨世界著名风景区黄山南大门，是东至杭州南往千岛湖，西去瓷都景德镇，北向江城芜湖、铜陵的枢纽，境内群山起伏，河流纵横，气候湿润，物产丰美，为新安江上游的政治、经济、文化中心。

秦始皇统一中国后，在此设县，称歙县，隋为歙州。北宋宣和三年（1121年），改歙州为徽州，元明清

◎歙县境内山水夹峙，风景秀丽

三朝沿用。隋以后的1300多年一直是徽州的府治所在地，为黄山、新安间的首邑，是徽州的政治、经济、文化中心。因此歙县古县城现在被称为徽州古城。

南宋时期，都城由开封迁到临安（今杭州）后，紧临临安的歙县成了京畿腹地，经济文化繁荣发展，徽商兴起，理学扎根，形成"官商学一体"的文化体系。明清时期，歙县商人称雄中国商界，足迹遍布全国各地，出现了"无徽不成镇"的局面。

兴旺之时，大多歙商都回故里购置田地，建住宅，修祠堂，立牌坊，因此，才留下了今天这一座座大气恢宏的**徽派建筑**。而且，他们还资助一些文人墨客，使自己有一种儒雅的生活。在这

INFO

安徽省黄山市。

歙县距黄山机场50千米，坐车40分钟可到；坐火车可到歙县站或歙县北站（高铁站），然后转乘汽车前往。

入城免票，徽州府衙48元。

种社会背景下，朱熹、毕昇、黄宾虹、陶行知等一代代宗师相继出现，并开创了新安理学、皖汉学派、新安画派、徽派雕刻、徽派书版、徽派四雕及建筑等独特的"徽派文化"。

悠久的历史，繁荣的经济，使歙县留下了众多名胜遗迹。**徽州古城**建于

明，现保存有南、北谯楼和部分城垣，城内有大量明清民宅庭园及一些明清风格的街巷，古寺院、古桥、古塔更是随处可见。著名的有斗山街、陶行知纪念馆、徽园、太白楼、太平桥、新安碑园等。

斗山街因依靠斗山得名，在这条长约500米的青石板铺就的老街上，集中了典型的徽州民宅汪氏家宅，官宦人家杨家大院、古私塾许家厅、世代商家潘家大院、千年"蛤蟆"古井、罕见的木盾牌坊"叶氏卤节坊"等。古街犹如一幅长长的历史画卷，向来人娓娓讲述着歙县古老而又凄美的故事。

徽园被誉为"徽州文化大观园"，是在歙县县城中心原徽州府衙一带新建的仿古旅游城。气势宏大，粉墙黛瓦，古朴典雅，再现了徽州城明清时期的风貌，走进徽园，就如走进了婉约的江南，走进了古朴典雅的徽州古城。

太白楼是黄山至千岛湖途中必经之地。双层楼阁，挑梁飞檐，登楼远望，可尽情饱览歙县山光水色、古桥塔影。楼内陈列有历代碑刻，古今名人楹联佳句。相传，唐天宝年间，李白寻访歙县隐士许宣平，结果在练江之畔失之交臂，后人为纪念此事，便在李白饮酒的地方建起了这座太白楼。

除了独特的徽派文化和名胜古迹，

歙县还素有"牌坊之乡"的美称。明清时期的牌坊遍及古城各个角落，最著名的当属许国石坊和棠樾牌坊群。**许国石坊**耸立于古城闹市中心，是明代朝廷为旌表许国而立。它是一座罕见的八足四方仿木构石坊，坊上雕饰镂刻精美细腻，图案错落有致，疏朗多姿，神态各异。**棠樾牌坊群**处于歙县城西约6千米处，七座牌坊按忠、孝、节、义从村外向村内顺序排列，虽时间相跨长达几百年，但却形同一气呵成，浑然一体，令人惊叹。

2000多年过去了，这些风格迥义的石牌坊，仿佛是一本立体史书，默默地讲述着古城过去的故事。

许村镇

徽州第一进士村

许村镇位于歙县西北部，距中国历史文化名城——歙县县城约21千米。许村是一个人文荟萃的历史文化名镇，历代名人对它情有独钟。"十里沙滩水中流，东西石壁秀而幽"是李白对它的赞誉。王安石、文天祥、朱熹、董其昌等曾在此留下了精美的诗文。

许村源于东汉，古名富资里、任公村。南朝梁时，新安太守任昉曾隐居于此，故许村遂为昉溪。唐以后，许氏迁居于此，嗣后人丁兴旺，改称许村。许村有昉溪和升溪两大水系，两条溪流在元代高阳廊桥下汇成为富资河上游注入新安江。钓台是村中昉溪边的巨石，相传任公在此垂钓，乐而忘返。"许村十二景"即由任公命名，而许村古名亦为任公村了。

许村村落采用传统的"风水"理论，整个村落布局保留着"临水而建，双龙戏珠，倒水葫芦"的基本风水态势。辉煌的历史为许村留下了一大批保存完好的明清古建筑，种类多样，布局严谨，工艺精湛，是研究徽州文化不可多得实物资料，在建筑、历史、人类学等方面具有很高的价值。

许村古民居有200多幢，具有代表性的就有许有章宅、许寿山宅、许声远宅、许家泽宅、许献廷宅、许社林民宅等一批明清建筑，徽派楼房特征明显，高墙壁立、"马头起伏"，门罩窗檐，古色古香，其中，许声远宅是被东南大学定为皖清民居的范本。

村口的昇平桥建于明代，三拱，花岗岩石料，长约48米，宽约7米，两侧有望柱、栏板，雄伟秀丽。沿昉溪逆

◎许村风光

行，来到村中央，有建于元朝的**高阳桥**，属双孔石墩廊桥，桥廊里面挂着灯笼，还设有佛座，供着观音菩萨。过了桥右手边是码头遗址。下廊桥往前便是雕工十分精美的**双寿承恩坊**了，它是为许村的一对百岁夫妻而立的牌坊，在全国也是极为罕见的。

与双寿承恩坊相毗邻的**大观亭**，是一座二层的木构架小亭阁，原来建于明嘉靖年间，是当地文人聚会之所。据说登此亭四望，远山近水，村落田畴、古建民居可以尽收眼底。**五马坊**在大观亭的北侧，古代太守或知府的雅号叫"五马"，故名。此牌坊是明代为福建汀州知府升立而建造的，据说由于这个知府在任期间击退过倭寇海匪，立下大功，所以当时皇帝下令从他的管辖地至许村，一路一共建造了99座牌坊，但现只剩下了两三座，此是其一。五马坊上保留了明代早期的重要建筑上雕有的"哺鸡兽"图案，是研究明代的古典建筑的宝贵标本。村内现在还有薇省坊、三朝典翰坊、冰清玉洁坊、双节坊（传说是最小的牌坊）等多座牌坊。

五马坊往前不久就到了当地有名的**墙里门**，砖刻碑文详细描述了这座祠堂宅院的故事，现祠堂已成为许村历史博物馆。**大邦伯祠**为许村的一个

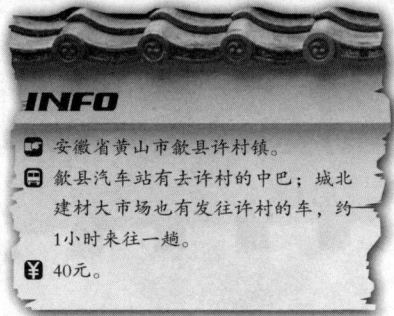

INFO

- 安徽省黄山市歙县许村镇。
- 歙县汽车站有去许村的中巴；城北建材大市场也有发往许村的车，约1小时来往一趟。
- ￥ 40元。

支祠，建于明代，三进三开间，格局很大，祠堂当中是没有门的，都必须从两边进，除非捧祖宗牌位上供时，中间的楼梯才能登。村中还有云溪堂和大墓祠两祠堂。

风格与周边建筑全然不同的**仪耘小学堂**位于昉溪河边上，共有三进，院内桂花满枝的千年金桂煞是好看。有碑刻上介绍，原来这是近代徽州第一所洋式学堂，系许村人两淮盐运使许家泽让德国的儿子请欧洲建筑师设计的。

许村人杰地灵。历史上先后共出进士四十八人，为徽州古村落之最。大学士许国，末代翰林许承尧均是许村后裔。宋王安石为《古歙许氏宗谱传》作序。近代以来，许村继承发扬优良的教育传统，出现了"一门五博士""一门四院士"的盛况，成了闻名遐迩的中华古村落典型。

温馨提示

许村民间文化底蕴丰富，特色民俗活动有舞狮、八月十五舞草龙、舞大刀、嬉花灯等。许村人"舞大刀"，是为了追怀他们的祖先——唐代的忠义公许远。今天，大刀舞是忠烈与壮举的解释，更是武术与艺术的完美交融。

万安镇

罗盘之乡 徽州古埠

万安的文化底蕴深厚，史籍与典故比比皆是。有传奇色彩的「望矸不干」传说；有被唐代封为「徽国公」的「汪王故宫」遗址；有明朝开国皇帝朱元璋避难的仙人洞；有金声讲经论道的「还古书院」；有四月的「水龙庙会」、五月端阳的「赛龙舟」等。

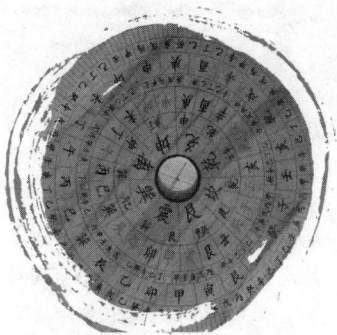

万安镇位于休宁县城东约4千米处。横江由西向东在这里呈马蹄形流过，皖赣铁路、屯景公路横贯全镇，万寿山屹立于镇东。古镇历史悠久，环境优美，资源丰富，400多年前，万安便是休宁县一座商贾云集、水陆两栖的重要商埠集镇。

万安是古徽州重要水陆码头之一，镇区依横江而发展，通过水路东经横江至屯溪，下经新安江直达杭州；西溯横

◎万安镇古民居掩映在油菜花海中

江而上，经休宁县城达黟县渔亭。以商业功能为主的"街"和以交通功能为主的"巷"，构成了鱼骨状的街巷系统格局。万安老街在明、清均被列为休宁九大街市之首，有"小小休宁城、大大万安街"之誉。

古镇传统**商业街**大致可分为三段：富来桥以西为上街，长约200余米，有黄家祠堂、四合院"柿子园"等遗址尚存。富来桥至小学为中街，长约300米，传统店铺错落有致，两侧建筑檐口形成的曲折天际线，自然而和谐。位于皂荚巷的"翠园"等典型清代建筑保存

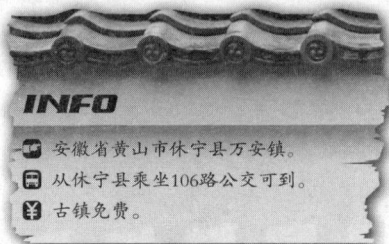

完好，是陶行知的启蒙馆。小学至观音桥为下街，长约500米，除偶尔出现少量新式住宅外，也基本保存完好。如"屯溪巷"内的石板路，因过往的独轮车年积月累的经过，留下了数道深深的辙痕，默默地见证着古镇悠久的历史。

INFO

- 安徽省黄山市休宁县万安镇。
- 从休宁县乘坐106路公交可到。
- 古镇免费。

◎万安古镇中的桥梁

古城岩位于万安镇东侧，虽是低低的一面山峦，却以众多的古迹遗址、悠久的历史传承和"寿山旭日"的奇特景观而闻名于世。在今人眼里，古城岩成了徽州历史、徽州风情、徽州传奇的一个文化符号。

万安镇现存明古塔3座、古桥4座。三塔鼎立，气势宏伟，在黄山市范围内已是绝无仅有。**古城塔**位于古镇东部的古城岩，又称万寿塔，底层红麻石为基座，砖砌塔身，六角七层。翘角挑檐，镂有花卉藤草与波浪图案，生铁塔顶，向东南方倾斜。塔顶1958年坠落，计重约2.4吨。**巽峰塔**在横江南岸玉几山东翼，保存最为完整。塔高约35米，八角七层，砖砌楼阁式，内置168级盘旋形梯道，上达顶层，塔刹为葫芦状，风格颇类唐代佛塔。塔内四壁绘有壁画，线条仍然清晰可辨。**富琅塔**原称水口神皋塔，位于富琅村前，与古城、巽峰两塔相峙。塔八角七层，砖石结构，外观保存完整，内部已损坏。砖砌叠涩出檐，工艺精细。塔砖上有"万历癸巳寅"或"万历癸巳宿"字样。

古城桥又名**高公桥**，位于镇东古城岩下，跨横江水通向水南村，与古城塔、古城岩、横江水共同构成一幅气势宏伟壮观的绝妙图画。富来桥、轮车桥和观音桥均处于镇区内，分别与周围的建筑、溪流共同组成"小桥、流水、人家"尺度宜人的风貌景观。

琅源松萝亦称松萝茶，色、香、味皆优，是我国较早的名茶之一，在明代已盛名远播。清有郑板桥题为："最爱晚凉佳客至，一壶新茗泡松萝。"松萝茶产于万安镇福寺村松萝山，其茶叶片厚，叶脉细，嫩度明；条索紧结、匀壮，色泽辉绿。冲泡后，清香四溢，始饮苦涩，回味甘醇，略有橄榄味，自古即有"松萝山香气龙井"之赞辞。1930年赵公尚编著的《中药大辞典》论述："松萝茶产地徽州，功用：消积，滞腻，消火，下气，降痰。"因其特殊的药用价值，已被广泛誉为"茶中珍品""绿色金子"。

"保无北辙南辕客，信有经天纬地才；前王妙制宜垂远，大道多歧赖指南。"休宁至今仍手工生产一种独特的指南针，这就是全国唯一的木质罗盘——**万安罗盘**。万安罗盘业始于元末明初，发展于明代，鼎盛于清代中期。万安罗盘根据直径尺寸有11种规格，有小、中、大型；按盘式分有"三合盘""三元盘""综合盘"三种。制作罗盘须经过制坯、车圆、分格、书写盘面、上油、安装磁针6道工序，要求严格，准确无误。

绩溪

山清水秀的徽州花园

在中国，经商的人都知道一个名字，胡雪岩；读书的人都知道一个名字，胡适。他们虽然属于不同的时代，身处不同的行业，有着不同的命运，但他们却拥有一个共同的故乡——绩溪。

绩溪地处皖赣通衢，是含中山的低山丘陵山区，西部为黄山支脉，东部为西天目山脉，境内大鄣、大会、大獒三山鼎立，崇山峻岭，重峦叠嶂。而且河流交错，沟谷纵横，2千米以上的天然河流136条，山清水秀，被誉为"百里花园"。

因为绩溪境内山水纵横，可耕地少，为谋生路，绩溪人历代经商，经久不衰。宋代绩商已颇具实力，明清时最是鼎盛。在"田畴不逮婺源，贸迁不逮歙休"的偏僻贫弱小县，绩溪人凭着踏踏实实的作风小本经营，最终使江南商埠有了"无徽不成镇，无绩不成街"之说。在长达六七百年的时间里，绩溪人

◎绩溪山水

创下了辉煌的业绩，经营徽墨、茶叶、菜馆、土杂山货等，足迹遍布大江南北，其中最有影响的，一为徽墨，二为徽菜。

徽墨历史悠久，至今已有2100多年的历史。清代四大制墨名家中，绩溪汪近圣和胡开文就占了两家，胡开文墨后来居上，成为文房四宝中徽墨的代表。胡开文墨庄为上庄胡天柱于清乾隆年间开创，已有200多年的历史，成为京、津、沪等数十个城市、集从业人员上千人的大行业，并于1915年荣获巴拿马万国博览会金奖，使徽墨冲出国境，走向世界，为民族争光。徽州墨模是徽雕中的精品，胡开文的墨模更是独领风骚，店内墨模雕刻能手，人才辈出，清代的胡国宾就是一代墨模雕刻名师。

说到绩溪商人，胡雪岩是个不得不提的人。他幼时家里贫穷，后通过自己

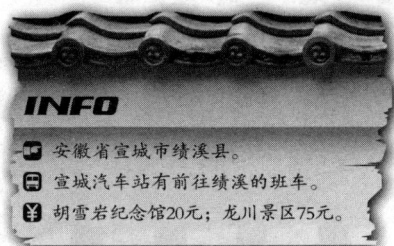

INFO
安徽省宣城市绩溪县。
宣城汽车站有前往绩溪的班车。
胡雪岩纪念馆20元；龙川景区75元。

的努力有了自己的钱庄——阜康钱庄。鼎盛时期钱庄在全国各地分支多达20多处，还曾资助当时的朝廷、兴办工业，被赐穿黄马褂，是中国历史上唯一的官商为一身的红顶商人。清朝同治年间，他筹设胡庆馀堂雪记国药号，后发展成为与北京同仁堂并列的南北两大中药业巨头，成为经商者心目中的圣人，白手起家的典范。**胡雪岩纪念馆**位于绩溪县城，纪念馆占地约近千个平方米馆内以大量的历史文献和珍贵的文物再现胡雪岩发迹的秘诀和做人道理。

勤劳智慧的绩溪人民在漫长的历史岁月中，不仅创造了大量的物质财富，也创造了丰硕的文化果实，这首先应该归功于历代绩人对教育的重视。宋景德四年（1007年），绩溪人建立了绩溪历史上第一个书院——桂枝书院，这也是安徽省最早的书院。宋元丰年间，唐宋八大家之一的苏辙任绩溪县事，在他的倡导下，绩溪文风蔚起，书院大兴，社学和私塾也纷纷建立。此后邑人对文化的追求经久不衰，明代全县书院57所，居省内前列，清光绪间，这里首建毓才坊女校，开创安徽女子学校的先河。

重视教育，必然人才辈出。自古以来，绩溪以"邑小士多，代有闻人"著称于世，涌现了许多名人，是胡适、胡雪岩、胡开文等的故乡。美丽的自然风

◎绩溪油菜花

光，悠久的历史文化，还吸引了众多的骚人墨客。杨万里、范成大、王安石及现代乡人学者郭因都曾在此或留有遗作，或停留观赏。

走进绩溪，如同走进一座徽州民俗博物馆。徽派建筑特色的古村落、古民居比比皆是。这里保存有完整的明清古遗址300余处，号称"江南第一祠"的**胡氏宗祠**旁，严谨的布局和精美石雕仿佛在告诉人们，胡氏家族过去的荣耀；宗祠旁边矗立着的**"奕世尚书坊"**，纪念着曾经做过户部尚书的胡富和做过兵部尚书的胡宗宪叔侄二人；在周氏祠堂基础上建立起的三雕博物馆内保存有千余件砖、木、石雕作品，一刀一锤都凝结着民间匠人的点滴心血；在徽州首座书院——桂枝书院遗址旁，回荡着朱熹讲"经"论"理"之声，其精髓已沁入古朴民风。

恢宏的古祠旁，捏一把黑泥土，就能溢出千年文化；斑驳的残墙上，剥一层灰墙垢，就能闻透百载史香；寂静的乡野里，踏一块青石板，就能溅起亘古的历史记忆。这片神奇的土地，历经数百年风雨的锤炼造化后，滋养出一朵璀璨的徽文化奇葩。

温馨提示

由乡土风味饮食发展成的徽菜，遍及全国，现为中国八大菜系之一。自唐代绩溪人设酒店于长安后，徽菜就得到发展，明清时期已发展到大江南北。

扫一扫，获取更多
实时旅游资讯

江村

风水宝地小杭州

江村群峰拱秀，双溪萦绕，古祠巍峨，牌楼高耸，民居古朴，石道清幽，是一个历经沧桑的古村，是文化、岁月和个体境遇共同形成的温馨家园。

江村建于隋末唐初，咸丰初年人丁达8万余口，号称"小杭州"。古村形似一把太师椅，东南北环山，三面坡，西面开阔平敞，中间是村落建筑，村中双溪环绕，村口为聚秀湖，水口为狮山、象山把守，如太师椅两把扶手。

江村不仅有美名远扬的"江村十景"等自然景观，也有江村总祠、溥公祠、孝子祠、父子进士坊等古朴的人文古迹。古村上众多的民居、老街、牌坊，相对集中连成一片，既与皖南其他古景点有共性之处，又有独特的内涵和神秘的色彩。

江村在设计水口时，赋予村落以深厚的文化内涵：聚秀湖是砚台，牌坊是墨，宝塔（文昌塔）是笔，大地是硕大的纸，寓意江村文风昌盛。龙溪、凤溪从江村的两旁流出在村口汇聚成**聚秀湖**，清亮的聚秀湖把江村所有的美丽都装进去了，湖中躺着的是金鳌山，山那边是绩溪上庄。当年的胡适就是翻过这座山来江村相亲的，江冬秀的花轿也是从山边的小道抬到上庄的。有人说，这聚秀湖是一方砚，能研磨、泼洒出销魂

©江氏宗祠

INFO

安徽省宣城市旌德县白地镇江村。

旌德客运总站隔壁的农工班车车站坐到江村的汽车，约每隔30分钟发一班车。

¥ 60元。

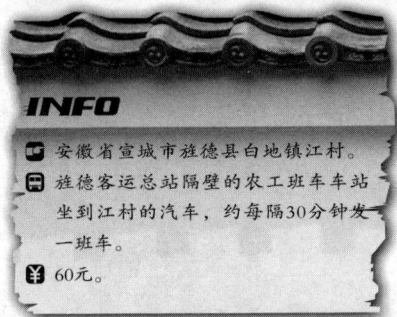

的丹青；还有人说秀湖是一把满弓，能折射出古村人的勇气与智慧，收获财富和幸福。

江村原有牌坊18座，历尽沧桑，保存至今的原牌坊仅有**父子进士坊**二座。金鳌江氏第48代江汉和第49代江文敏均为明朝进士，父子同朝为官，成为当时徽州一大奇谈。父子进士坊是江村后人为表彰其父子而建，父坊正面雕有狮子（威严）、麒麟（吉祥）、凤凰（繁荣），背面"双凤"示江汉、江溥堂兄弟分别中甲、乙科进士，像两只凤凰展翅高飞鹏程万里。子坊，右鲤鱼示"鲤鱼跳龙门"，左龙凤示"龙凤呈祥"。另外，新修复的进士第牌坊，据说是我国民间仅存的一座汉白玉牌坊。

江村所存名人故居有**"三堂一墅两居"**：进修堂（木雕精美）、茂承堂、笃修堂、黯然别墅、江冬秀故居和江泽涵故居。

明代建筑**笃修堂**，是江村现存年代最久的古民居，笃，诚实之意；修，修养之意。是江村近代兄弟博士江绍铨、江绍原及清代光绪年间"叔侄翰林"江树昀、江希曾的祖居，也是清代医学家江希舜的祖居。现只保存了原来的五分之一，堂门两侧有两根扁形的旗杆石，按封建等级规

定，它是身份地位的象征，只有两品以上的官才能用扁形的旗杆石。大门是牌坊式门楼，砖雕精美，次门楼五檐门罩也只有二品以上大官才能采用。门槛很高，要进屋，先得跨上几级台阶（古时门槛越高，身价便越高）。进屋有一道门，中间的是中门（只有七品以上的人物来访才开中门），两边的便是边门，女子也只有在婚丧两天可从中门过。由此可见当时的等级制度之森严。该堂厅房抬首有一块"椿庭衍庆"匾，屋内壁板上面还依稀可见江希曾进士、江绍宗举人的当年捷报。

江村青石**老街**，长约350米，源起溥公祠，止于江氏宗祠，沿街有数家商店，大多为前店后坊式，呈明清风貌，高高的马头墙，青青的蝴蝶瓦，清新典雅。南北走向的老街弯成三曲，不但"山重水复疑无路，柳暗花明又一村"，而且，隔断经商，互不干扰，又相互连通、防风、防火、防寒，如此匠心，可谓是独具一格。

溥公祠又称六分祠，祠主江溥为江氏第48代明朝进士。凡到过江村的游客都被它的巍峨雄姿与气势所吸引，都为它的精雕细镂惊叹而驻足难离，它是江村古村落重要标志。溥公祠第一进为门楼；第二进称享堂，享堂较宽敞，是家庭议事的主要场所；第三进叫寝堂，是供奉祖先牌位的。整个祠堂共有36根圆木柱，天井边22根花岗岩方石柱，为的是千秋不腐。屋脊上面有鳌鱼，即独占鳌头之意，中间的葫芦宝顶和上面的三角倒叉、天狗，形态逼真，妙趣横生，据说有避邪的作用。屋脊下是一副近500百年的壁画，画的中间是"福、禄、寿"三位老寿星，寓意三星高照，

象征江氏先人对美好生活的向往。此画色彩鲜艳如初，堪称江村古建筑彩绘一绝，据考证，作画的颜料是从一种矿物质中提取的，可永不褪色。目前江村的文史资料展览于此。

孝子祠位于老街中段，共三近两天井，据说是全国唯一一座以孝道为主建立的祠堂。祠堂原本为江文昌故居，清光绪年间，后人在旧址上扩建成祠，亦叫"孝友堂"，即孝顺，友善之意。该祠门楣上"明孝子江文昌公祠"几个大字赫然醒目，祠内木柱所有的对联中也都有"孝"字，如"积德篑裘为孝友，传家彝鼎在诗书"。

江氏宗祠系江氏家族的总祠，也是江村的总祠，它有四进两厢两明塘三天井。第一进在民国时期被烧毁，现在可以看到祠堂两边断墙残砖的痕迹，大门外两池清水是用于防火的明塘，两池中间有三步两拱桥通往二门。站在桥上，可见门楼上历遭劫难的雕刻依然精美，它汇集并体现了古徽州砖雕、木雕、石雕的艺术精华。总祠前的石鼓代表威严和肃静，门上"先进何曾崇左道，后来切莫走旁门"，语意双关，内涵丰富。祠堂屏风壁板上雕有之前留下的二十四节气花瓶木雕（现存21块）。江氏宗祠的两口井又称**放生池**，一年四季水位始终保持不变。其上方是**钟鼓楼**，楼上存放着钟、鼓、宗谱等，村中有急事时可敲钟击鼓集合族人，楼下壁板里面陈列着祖宗牌位。

聚秀湖南岸的**狮山古庙**亦叫海神庙、天后娘娘庙，始建于宋崇宁五年（1106年），是皖南徽派村落中仅有的一处妈祖庙。

上好的风水加以村民自古以来"重诗书，勤课诵，多延名师以训子弟"的质朴文风，这里英才辈出。据载，全村共有书屋学校9所，明清时期，江氏族人考取进士、文武举人、明经126人，民国最初十年又出博士、学士17人。

◎文昌塔

查济村

中国巨大的古建筑群

在黄山山脉北部的群山之中，在太平湖北岸，深藏着一个令人称奇的古村落——查济。它的规模之大，在皖南堪称第一，也是中国现存巨大的古民居群之一。它的沧桑之美，能让人看见中国乡村时代辉煌的历史。

查济始建于隋初，兴于宋元，鼎盛于明清。这里的"查"念"zhā"，而不是"chá"。查济是泾县一个具有明清风格的古村落，位于泾县县城西南的泾县、太平、青阳三县交界处，村里的大部分人，都姓查。清代书画名家查秉钧、查春如，当代的武侠小说大家金庸（查良镛），都是查氏家族的后人。

一座座小桥，潺潺的流水，鳞次栉比的古民居，庄严肃穆的祠堂，巍巍耸立的宝塔，飘逸的凉亭，生命力极其旺盛的古树，闲散安逸的村民，一座散发着古朴典雅气息的古村落，让人迷失，仿佛繁杂的历史突然打开一小页，无数往事奔涌而出。

查济民居均徽式建筑，白壁黑瓦，马头墙。房屋结构为多进式，进间有"四水到堂"式的天井，房屋均木质结构，屋梁窗棂木雕传神、图案栩栩如生。村中民风古朴，家家门户大开，任游人出入，即使出门也只随手将门虚掩，不禁感叹。村中一景一物无不透射出它的久远，它的古老，置身村中恍如隔世。

◎绿树环抱中的查济古村落

在查济，素有"奇葩三雕，交相辉映"之说。三雕就是用在建筑上的木雕、砖雕和石雕。在查济的民居、祠堂、牌坊、桥梁、墓室等建筑上，处处散落着三雕的身影，或优雅，或雄浑，或繁复，姿态各异，美轮美奂。从这里，我们可以看到古人对于生活物件的讲究，建造时的敬业精神，一种对于美的不懈的追逐。

二甲祠是村内现存最大的一座祠堂，为明代建筑，门楼高翘的飞檐在空中划出优美的天际线，门楼下精雕"空城计"等戏文图案，门墙下有白石雕花墙裙。门庭极为狭长。进入厅堂，放眼四望周围全为木质，内墙镶板，所谓"见木不见砖"正是二甲祠的独特之处。第一进的镶板上贴满了当年祠堂收支账目，第二进的木雕、石雕精致非常，斜撑上的大型镂空雕"喜鹊登梅"栩栩如生，令人叹为观止，第三进的和合二仙、松鹤延年、孔雀开屏，尽显雕刻高超技艺。二甲祠内石雕、木雕数量

之多，手法娴熟，技艺精湛，堪称"三雕"精品艺术宝库。

建于明洪熙年间的**宝公祠**，至今已近600年历史。进门大梁上的两块浮雕，上刻"狮子滚绣球"，气势之雄伟为世罕见，几十根杏木大柱及柱下石礩尤令人赞叹不绝，由此可见当年的宝公祠是何等的雄伟和精美。

明天启年间所建的**爱日堂**，门枋、石额、墙裙、柱础上、梁柱间的斜撑、斗拱、额枋窗棂和门楣，都有精美的雕饰。

查济的**走马楼**是明代的建筑，正中是客厅，厢房内一个三面雕花的镏金大床，制作考究，图案华丽，大红大绿的缎面被，显现出家族的富有和温馨。

查济唯一残存的元代建筑**德公厅屋**，其幢门楼既是一座厅屋的大门，又是一座可以独立的牌坊。四柱三层牌坊式门楼，五朵斗拱屋面，略带翘角分三层覆盖门楼，古朴典雅、雄浑

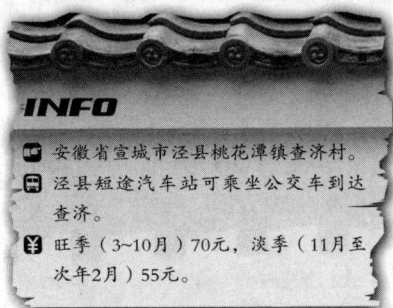

INFO
- 安徽省宣城市泾县桃花潭镇查济村。
- 泾县短途汽车站可乘坐公交车到达查济。
- 旺季（3~10月）70元，淡季（11月至次年2月）55元。

大方。背面以镂雕手法雕出二龙戏珠、丹凤朝阳、鱼跃龙门、狮子滚绣球等吉祥图案，手法娴熟精美。屋内主要结构是以16根非常珍稀的贵重楠木柱为主，显示此厅屋当时在查氏家族的重要性。

据说查济村原有108座桥，现在虽不复有往日风采，却仍存有红楼、天中、灵芝等15座小石桥，建于明代的**红楼桥**是查济最富有色彩的桥梁，为拱形石桥，长8米，宽5米，拱高10米，早时在此桥上曾有一个小红楼，一些文人雅

◎查济古村中的桥梁

士常常来饮酒、品茶。

查济是一个典藏在深山幽谷中的璞玉，岁月的浸润使它变得灰白、雅致；四座群山像巨掌环绕着它，而它就是手掌中的一件修炼千年的珍宝。说查济是深山碧玉，仅仅把它作为一件物什来看待的；而把它看作一位恬淡隐忍的老者，也是可行的，它虚怀若谷，不与世俗争锋，只愿独守家园；转念一想，我又觉得查济是一名款步而行的少女，她的青春无处不在，鲜活的脸庞荡漾着生命的韵律，青山是她的外衣，白云是她的衣袖，林泉是她的血脉，而那千年而下的淳朴敦厚民风正是她纯洁的心灵……

◎查济村古巷道

温馨提示

　　查济有栗子、大障笋、绩溪李、伏岭饼、臭鳜鱼、石鸡等特产。另外，查济广源楼客栈楼顶是唯一能够观赏查济全景的处所。

寿县

保存完好的宋城

寿县是楚文化的故乡，早在春秋时期这里就已经是一方政治、经济、文化的中心。这里也是国粹——豆腐的发源地、淝水之战的古战场。

寿县位于安徽省中部，东邻淮南、长丰，南接六安、肥西，西界霍邱，北濒刊河，与凤台相望，是一座具有2500多年历史的古城。

寿县古称寿春，殷商时是南方诸侯的封地，周代为州来国地。公元前493年，楚昭王攻伐蔡国，蔡昭侯求吴翼护，把国都迁于州来，改称下蔡，寿地属蔡辖。公元前241年，楚国迁都寿春，改名"郢"，并进行了大规模城市建设，当时的寿县人口众多，城区面积大，是2000多年前中国最繁华的大都市之一。秦统一中国后，划江淮之间为九江郡，治所设寿春。汉初封王，淮南王刘长建都寿春，公元前122年，淮南国废，复九江郡制。东汉末年，袁术称帝，以寿春为都，东晋末，为避孝武帝后郑阿春讳，改寿春为"寿阳"。隋

◎寿县古城

文帝废郡，改称"寿州"。唐时属淮南道，宋时设寿春府，府城保存至今。

作为楚国故都，巴水之战的古战场，以及楚文化的故乡，寿县境内人文荟萃，古迹遍地，素有"地下博物馆"之称。最具代表性的就是"神州第一大塘"安丰塘、保存完好的宋代古城墙、淮南王刘安墓，赵大将军廉颇墓，江淮名利报恩寺，华东最大清真寺、道家圣地四顶山、我国"十大趣泉"之一的珍珠泉等。

现存的**寿县古城墙**为中国七大古城墙中唯一保存较完好的宋代城墙，为南宋江嘉定年间重建，周长七千多米，有东、西、南、北四门，四门原都有护门瓮城。城墙上独特的"月坝"型防洪设计堪称天下一绝，任凭城外洪水滔天，城内仍可安然无恙。因为落入城内的水很快通过内城河经古涵流出城外，当城外洪水高于涵洞出水口高度时，月坝内水位跟着长虹

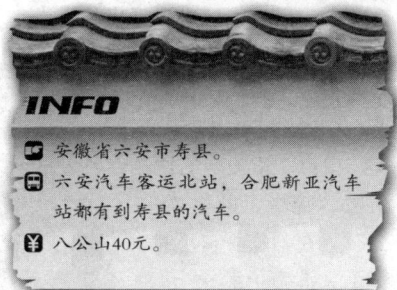

INFO

🏠 安徽省六安市寿县。

🚌 六安汽车客运北站，合肥新亚汽车站都有到寿县的汽车。

¥ 八公山40元。

高而不倒灌入城，还能从月坝水位测出城外水位的高低。1991年安徽特大洪水泛滥，古城被洪水围困50多天，城内居民却安然无恙，生活依旧。

楚幽王墓，是目前国内发掘的楚墓中规模最大、年代与墓主确切、出土文物最多的侯王墓葬，也是可以认定的唯一一座楚王墓。墓内出土文物4000余件，其中青铜器1000余件，楚大鼎重约400千克，是周代最大最重的鼎，器形巨大，纹饰细腻。

安丰塘在寿县城南30千米，古名芍陂，建于平原之上，四面筑堤，周长二三百里，是春秋中叶楚相孙叔敖集民力所建的水利工程，建成之后，纳川吐流，灌田万顷，对楚国的经济繁荣、政权巩固起到了举足轻重的作用，是中国古代著名的水利工程。历经2500多年沧桑，安丰塘至今仍有水面34平方千米左右，蓄水量1亿立方米，1972年联合国大坝委员会名誉主席托兰先生率海内外专家来考察，称之为"天下第一塘"。

古城寿春，历来被称为历史文物之邦，名人荟萃之地。战国四君子之一的春申君黄歇被封于此，后被李园"伏死士"刺杀于寿春棘门之内。为纪

念黄歇，后人在城内建**春申坊**、**春申台**。淮南王刘安招致宾客方术之士数千人，谈文论道，著名的有苏非、李尚、左吴、田由、雷被、毛被、伍被、晋昌，世称"八公"，在刘安主持下撰写了《淮南子》一书，它论述的炼丹术，在化学发展史上有重要意义。

◎寿县古城墙

　　八公山还是豆腐的发祥地。相传淮南王刘安与苏非、左吴等八公在山上论道炼丹，以求长生，结果仙丹未成，却做出了豆腐。公山豆腐洁白细腻，清爽滑利，鲜嫩味美，用当地珍珠泉、玛瑙泉、大泉的优质矿泉水磨制，细如脂，白如玉，无豆浆味，是豆腐品牌中公认的上品。

　　与淮南王有关的寿县特产不只有豆腐，还有淮王鱼。淮王鱼又称回王鱼、回黄鱼，是淮河中正阳关到黑龙潭一段特产的名贵鱼，体型似鲶鱼，呈鲜黄色，嘴扁，身体光滑无鳞，多生活在水底岩石洞穴之中。西汉时，有人把这种鱼献给淮南王刘安品尝，他觉得鲜美可口，给它取名"回黄"，并经常以此鱼宴请贵宾。淮南王喜食回黄鱼传到民间，人们称之为淮王鱼。

◎寿县古城北门

三河镇
皖中商品走廊

三河镇古称"鹊渚""鹊岸"，拥有2500多年的历史，地处合肥、六安、巢湖三市交界处，丰乐河、杭埠河、小南河三水流贯其间，《中国古今地名大辞典》有："三河镇在安徽合肥南八十里，外环两岸，中峙三洲，三水贯其间，故曰三河。"

镇内五里长街，河环水绕，古建筑飞檐翘角，雕梁画栋，青石板路光滑清澈，见证着三河所经历的风雨岁月；镇外，河网纵横，圩堤交错，稻花飘香，碧波万里，风光潋滟，一派"春秋古镇，皖中水乡"的美丽风光，宛若镶嵌在巢湖岸边的一颗璀璨明珠。历史上，

◎不知是你装饰了三河，还是别人装饰了你的梦

三河既是兵家必争之地，又是商贾云集之地，故有"小南京""小上海""装不完的三河""皖中商品走廊"等美誉。令人称道的三河"八古"：古街、古桥、古巷、古炮台、古民居、古城墙、古茶楼，无不向游人佐证和诠释三河的古老。

三河，到处都可以感受到**水**给古镇带来的灵性。它清澈见底，晶莹如镜，俯瞰水面，水中游鱼，河边垂柳拂水，水底云头，皆历历在目，顺流泛舟，你可一边品着香茗，一边悠闲地欣赏两岸风景，尽情享受"小桥、流水、人家"的水乡风光，好不惬意。

水多，**桥**也自然多了，仅小南河上就有9座，有济公桥、天然桥、仙龟

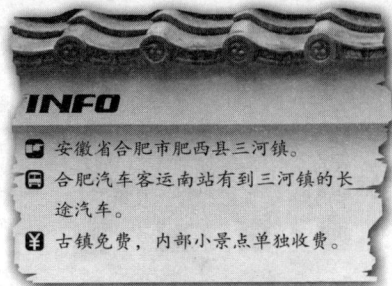

INFO

- 安徽省合肥市肥西县三河镇。
- 合肥汽车客运南站有到三河镇的长途汽车。
- 古镇免费，内部小景点单独收费。

桥、三县桥、鹊渚桥、二龙桥、无蚊桥等，形态各异，桥连着水，水系着桥，形成古镇独特的景观。其中以三孔石条拱形桥——三县桥最为出名，俗称石头大桥。望月桥为拱形踏步石桥，又称圆梦桥，据说，每月十五月圆时，只要到这桥上望月许愿，你的愿望就一定能够

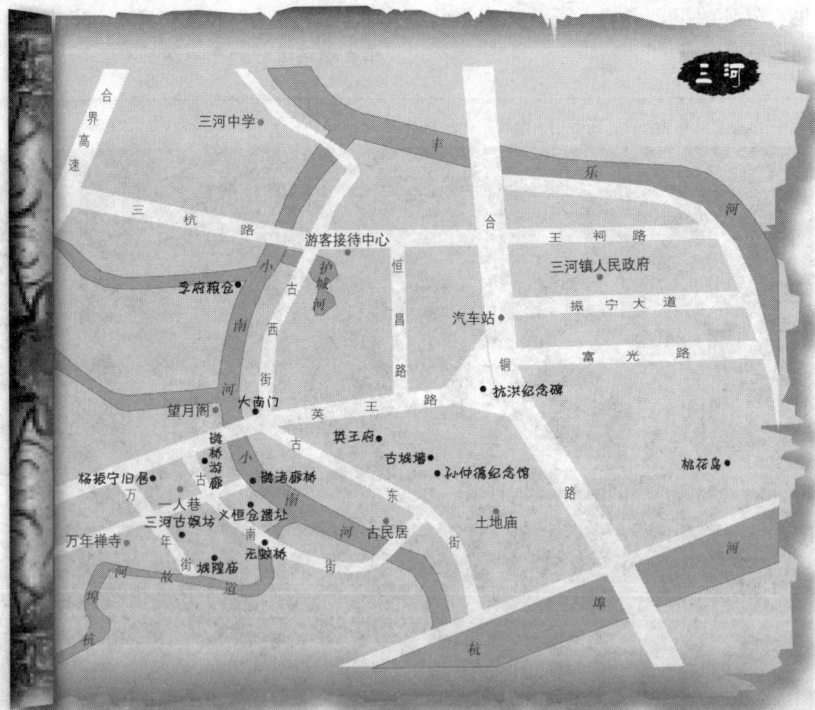

实现……游人徜徉于古桥之中，观赏两岸的风景，水中的游船，不知是你装饰了三河，还是别人装饰了你的梦。

高37米的**望月阁**坐落在风景秀丽的小南河畔，为7层古塔，经望月桥登上望月阁，凭栏鸟瞰，古镇美景尽收眼底，古镇的阁楼、碧水、古民居，构成了一幅绝好的清明上河图，置身其中，眼界开阔，心情豁然开朗。

三河自古为商贸重镇，民间娱乐活动异常繁荣昌盛。现在为了让游客更好地了解古代人们的休闲方式，同时增添现代游客游玩的好去处，古镇风景区搜集整理了古代的一批娱乐器具，恢复建设了三河的**古娱妨**，在这里您既可以更全面了解古镇的悠久历史文化，也可一展自己的实力与风采，为自己的游程增添别样的情趣。

杨振宁旧居位于三河古南街，穿过幽深而有情趣的一人巷，古朴的古宅、宁静的院落展现在面前，让人更深地体会"淡泊明志，宁静致远"的广阔内涵，旧居内通过照片或实物的形式展示了首位诺贝尔奖华人获得者——杨振宁先生的人生历程。

鹤庐位于三河古南街，是四川总督刘秉璋的故居，听其名就有一种闲云逸鹤、择良木而栖的味道。展览厅内主要展示他生平的事迹以及一些当时留下的武器设备，图文资料等。刘秉璋曾经在三河有上百处宅院，而此处是后来唯一一个保留下来并重新修葺过的。

古镇内还有刘同兴隆庄（古商铺）、国粹楼、仙姑楼（供奉求子灵验的七仙姑）、鑫樾阁、万年禅寺等胜景。镇郊的桃花岛则是一座美丽的世外桃源。

三河人杰地灵，境内名胜古迹众多，历史名人辈出。太平军将领陈玉成、李秀成在三河一战击败清军取得了近代史上有名的**三河大捷**。现镇上留有英王府、大捷门、大本营、古城墙、古炮台等遗迹。

三河作为安徽省地方剧种——**庐剧**的发源地，素有"庐剧之乡"的美誉，《小辞店》的爱情故事就发生在三河二龙街。在双休日或节假日，三河都有庐剧的专场演出，建议您在欣赏古镇美景的同时，也来听听庐剧的缠绵动人曲调。

若想更完整的体会皖中水乡的美，当然是选择夜宿三河了，枕水入梦，融入古镇最动人的乐章。清晨，当第一缕阳光还被挡在窗外时，枕边响起的橹声依旧把你包围在水的温柔之中，推窗望外，晨雾缭绕中的小桥人家、行人炊烟就是一幅淡淡的水墨画……

温馨提示

"三河虾糊""酥鸭元宝""八宝酥鸡"等名菜，不仅皮、肉、骨皆可入口，而且营养颇丰。米饺、油炸粑粑、油炸烧卖等名点，更是声名远扬。

扫一扫，获取更多
实时旅游资讯

江西

古镇

田园中的古香古色

汪口村

千烟之地

汪口村，山环水绕，风景秀丽，为徽州府城陆路经婺源至江西饶州的必经之地，又系婺源县城连通东北乡水路，货运可到乐平、都阳、九江等地之码头。明清时期，这里店铺林立，商贾云集，景象繁华。虽经千载沧桑，但留下诸多历史遗迹。

汪口村位于婺源县东江湾镇的西部，向西至景德镇，往南至三清山，向东到黄山，距县城约30千米，交通十分便利。汪口古村落，距今有1100余年历史，因这一汪碧水，故名"汪口"。它是古徽州一方"徽秀钟灵"之地，自宋清代以来，这里文风鼎盛，人文蔚起，人才辈出，有"书乡"之称。

汪口村至今仍保留明清时期的特色和风格，被称为"千烟之地"。其**空间布局**为前低后高，枕高山，面流水，沿溪流由东向西延伸，迤逦展开。村前隔河的向山如一扇绿屏，气势壮观，使汪口发展形成了"山—水—市—居—田园

◎山环水绕，风景秀丽的汪口村，虽经千载沧桑，但诸多历史遗迹保存完好

"风光"的村落布局形态。其村落空间的布局近似网形，以一条官路正街做"纲"，18条直通溪埠码头的主巷道连着错落有致、纵横发展的小巷，将民居织成一个个"目"。村内还有弄堂60余条；石桥2座（聚星桥、曹公桥）；俞运行宅、大夫第、述德堂、慎知堂、生训堂、守训堂、积善堂、存舆斋书院等古房屋多幢。

依河岸而建的**千年古街**又称官路正街，始建于宋代大观年间，繁华于清代初期。古街全长600余米，呈弯月形，青石板路面。全村340余幢古民居，其街面两边就占有150余幢。砖木结构，粉墙黛瓦，一般不设庭院，只有店面、客座和厨房设施。有裕丰号杂货店、利和布店、同茂糕饼店、兆己米店、益春堂中药店和大通商行以及油、米等加工作坊，漫步古色古香的长街，既有清新

寂静之感，亦依稀可感昔日商业码头的繁华。

位于村东头的**俞氏宗祠**号称"江南第一祠"，建于清乾隆九年（1744年），宗祠构造宏大巍峨，为"中轴歇山式"建筑形式，三进院落，主祠堂高达三层。整个祠堂以细腻的木雕工艺见长。刀法有浅雕、深雕、透雕、圆雕、细腻纤巧，工艺精湛，风格独特，被古建筑专家誉为"雕刻艺术宝库"。在这古老的祠堂中，每年的祭祖仪式仍在进行。祠堂采用的是祭祀中最高级别的"周礼"。

建于清乾隆六十年（1795年）的**懋德堂**，是历史上有名的婺源"东门出城第一家"。"懋德堂"之意，是要教诲其子孙后代，为人处世要施行人德。该堂三进五间，院子北面有一间专供闺秀生活起居用的绣楼，造型讲究，雕工别致。正堂檐角、门面上下，砖、石雕构图讲究，物体逼真，呼之欲出，栩栩如生。

建于清乾隆年间的**一经堂**坐落在李家巷中段，主人受古训"人遗子，金满籯（ying，箱子），吾教子，唯一经"的影响，故把自己的厅堂取名

INFO

- 江西省上饶市婺源县江湾镇汪口村。
- 在婺源老北站乘到汪口的班车，大概20分钟一班。
- 包含在婺源通票景点内，通票210元，5天有效。单独门票60元。

◎汪口村内的古建筑

"一经堂"，主张不要将钱财留给后人，要让子孙读书成才。这幢清式楼房为三间两厢，屋内梁、门、槛之木雕精细讲究，古色古香，天井还有非常讲究的排水系统。虽经岁月之沧桑，但现在仍保存完好。

建于清光绪五年（1879年）的**养源书屋**，位于汪口下街桐木岭巷石级顶部。书屋由前院、课堂、塾师室、厨房等组成，占地120平方米。前院内有一棵古木樨。

长120米，宽15米的**平渡堰**形似曲尺，当地人俗称"曲尺堨"，位于汪口村水口河中。由清雍正年间（1723-1735年）经学家、音韵学家江永设计建造。其南端靠岸，北端堰堨头向上折成曲尺形，离岸空有6米宽的舟船通道。平渡堰在不设闸门的情况下，同时解决

了蓄水、通舟、缓水势的矛盾，是中国水利建设史上的杰作。平渡堰的建成进一步促进了汪口商业码头的发展。繁盛之时，汪口村有18个河埠码头供商货转运。堰体虽经200多年洪水冲击，依然片石无损。

汪口村至今仍在使用的方言里，保存着大量古徽语词汇音韵；古村的地方**民俗文化**敦厚淳朴。春节、清明、端午等传统节日都会有着十分丰富的祭祀和娱乐活动。特别是在正月里，还会在拱文亭、文昌阁等场所进行吟诗作对的比赛。在这里不仅可以欣赏到古村落的风景，还可以体会到淳朴的民俗文化。

延村

儒商第一村

延村民居鳞瓦粉墙、高低错落，形成一道道山脊，在蔚蓝的天际间，勾画出宅居墙头与天空的轮廓线，无形中增添了一种空间层次和韵律美。整个村庄没有一步台阶，意味平坦无垠，做人坦坦荡荡，做生意则一帆风顺。

延村始建于北宋元丰年间，原名延川，距县城18千米。延村的建造是从一口井开始，井代表着财源，然后引出"人"字形的两条路，这个"人"字就是所谓的"以人为本"，村落就围绕着这个中心扩展开来，整个村子就是当时社会和文化的体现。村中宅宅相连，所谓"庭院深深深几许"，显得格外的幽远和静谧，形成

◎延村风光

"群屋一体"的规模。古村现存民居56幢，多建于清乾隆、嘉庆年间，是有名的商家院落群。

远观延村**古民居**，外观上是大面积空白的一片粉墙，粉墙上嵌有几个高低有序的小小洞窗，形成整体与局部、面与点的对比效果，体现"道法自然"的意蕴。房屋风火山墙、青瓦坡顶；大门为石库门枋、水磨青砖门面；内分前厅、后堂、厨房等，前后均有浅天井；堂屋内三间两厢、方柱石础、格扇门窗、青石板铺地。屋内梁枋、雀替、门窗等处龙凤麒麟、松鹤柏鹿、水榭楼台、人物戏文、飞禽走兽、兰草花卉等图案，不仅显示出精湛的工艺，而且蕴藏古文化的神韵，令人赞叹不已。最有意思的是，

每家每户都雕刻着老鼠的图形，一是因为老鼠多子多孙，二则老鼠会打洞搬米运粮、聚财有方。

余庆堂这幢建于清乾隆年间的古屋，为商人金时秋所建。天井两侧厢房门板上的木雕相当精致，左厢房锁腰板的"麒麟"喻义"麒麟送子"，"鹿"和"鹤"意谓"福禄寿禧"；二只山羊加天上的太阳就成为"三羊开泰"。古宅的后天井有一口石缸"太平缸"是用一整块黄麻石凿成的，缸内盛的是天上的雨水，叫"天落水"，意味"天降洪福"。令人惊讶的是，这缸水还能预报天气——要下雨了，水则混浊；天放晴了，水则清净。原因何在，至今没人能揭开谜底。

延村著名的书香门第——**聪听堂**，

◎村中宅宅相连，所谓"庭院深深深几许"，显得格外的幽远和静谧

建于清康熙年间。至今屋中仍保存清乾隆年间"桐城派"首领、著名儒学大师姚鼐的墨迹匾额。前厅梁枋和两厢是唐代诗人白居易《琵琶行》"浔阳江头夜送客""枫叶荻花秋瑟瑟""千呼万唤始出来""犹抱琵琶半遮面"的四句诗意木雕图案惟妙惟肖,堪称写意木雕中的精品。

古村民居各个院宅的门楼都是一个"商"字,每户都是高楼高墙,有防火的作用,前院都是四水、三堂,大部分的雨水由大门两旁隐蔽的水管流入家中,阳光和雨水洒入天井中,有"**肥水不流外人家**"的说法。古代聪明的建筑师利用鳌钻洞的本领,让它们凿出下水道。由于鳌长寿,它能干很多年,由它凿出的下水道不会淤塞,保持了院子的清洁干净。南方缺煤,村民烧的都是木柴。奇怪的是,烟囱不是一直向上,而是在厨房屋的墙壁上挖了个洞,做饭时分,雪白的墙上狼烟直冒,形成一道独特的景观。

笃经堂建于清朝初期,房屋主人有三子,按长序,小房在外,二房居中,大房藏内,而房屋亦由外至内,层层拔高。三幢房屋由一条过道贯通,设置窄窄的板凳。外客要见宅人时,须经三兄弟逐级禀报,客人只好坐在这窄板凳上等候。据说,俗语"坐冷板凳"便由此而来。

> **温馨提示**
> 延村是茶乡,每家每户都有讲究的茶道,饭馆吃饭前都会有免费的茶水供应……

理坑村

深山进士村

粉墙黛瓦的淡雅色调、宽大湿润的青石板，碧透的溪流上架着一座有屋檐的红栏木桥，在古老的香樟村旁，便是更加古老的理坑。稻田插着一畦畦绿绿的秧苗，水牛牵在老人的手里，后面跟着三四岁的小男娃……千年古村演绎着天人合一、自给自足，中庸平和的意境。

理坑，建于北宋末年，原名理源，距县城56千米。山溪在当地称为"坑"，这也是理坑的"坑"的来历，而"理"字则是指理坑原来是"理源"，顾名思义，理学渊源之地，素有"山中邹鲁"之美誉。

村人好读成风，崇尚"读朱子之节，服朱子之教，秉朱子之礼"，自古被誉为"书乡"，几百年来，村中出过七品以上的官宦36人，进士16人，文人学士92人，由这些人撰写的著作达330部582卷之多，其中5部78卷被列入《四库全书》，可见理坑昔日的辉煌。

古村内至今仍保存完好的古建筑有：明代万历年间户部右侍郎、工部尚书余懋学的"尚书第"，清代道光年间

◎绿树与高耸的马头墙和谐自然

◎水、桥、民居相映成趣

茶商余显辉的"诒裕堂"，还有花园式的"云溪别墅"，园林式建筑"花厅"，颇具传奇色彩的"金家井"等。这些古建筑粉墙黛瓦、飞檐翘角、三雕工艺精湛、布局科学合理、冬暖夏凉，是生态文明的绿宝石，是建筑艺术的博览园。

理坑的**明清官宅**有120余幢，大部分保存完整，一座座官宦老宅静静地卧在巷弄之中，大气磅礴、宅院幽深、石库门枋、水磨青砖、飞檐门楼，而且只有官宅才能设台阶，台阶的多少，根据官职的大小来定。一般官宅大门两旁的墙体，都有一个浅浅的斜面，呈"八"字形。**民宅**则因不宜张扬，则外秀内精，有精美的"三雕"和合理的格局。埋坑的民居还有一个特点：即外墙角都是在砖中镶进去的石柱，且柱角是被

"削"平的。"削"去的部分正好与墙角线形成一个三棱体。据说这是提醒村民凡事都要"让人三分"。

官厅又称驾睦堂，是明代崇祯年间广州知府余自怡敕建的府邸，后改称"友松祠"。整个建筑气势非凡，为二进，正厅五间，三面回廊。在正厅里，所有的柱子一律都是方柱，象征官厅主

INFO

- 江西省上饶市婺源县沱川乡理坑村。
- 从婺源县乘车到清华镇，再从清华坐到沱川乡的车，或者可从清华直接包车去理坑。
- 不在婺源通票内。单独门票60元。

◎理坑村内的古建筑

人刚直不阿，方方正正。

天官上卿是明代天启年间吏部尚书余懋衡的府第，"天官上卿"代表着主人的官职。前中后三堂，既气派又古朴。这所房子的特别之处在于它的外墙歪歪扭扭，连出三角，大门开在角上，但屋内却非常方正，据说这反映了余懋衡一生为人处世、做官的心态，只要做人方方正正，外表怎样倒没关系。

司马第为清初兵部主事余维枢的居所，坐西朝东，三楼水磨青砖门面，旁有砖柱、单檐、鸱尾，檐下灵芝砖拱四个，花坊刻"司马第"三字。三间两进，前进正厅三间两厢，半浅天井，上堂横梁三眼，雕梁以花卉及戏剧人物为主。前进后堂亦三间两厢。后进三间二厢，也是雕梁画栋。

理坑村边的**山溪**自东北向西南流动，水清澈而具有活力，但是从水流的速度、曲折性来看，似乎有点快和直……为了弥补这种缺憾，当地人作了一定"手脚"来"补拙"：在村口水去

的地方，建了**理源桥**（风水意义上为水口），桥上刻有"山中邹鲁""理学渊源"的字样，另外，在水口和村落中间的河床上，布了一些木条和石碣，以减缓水流的速度，从而达到"水含情脉脉，一步三回头"的效果。

金家井的水是从远处山壁中渗透而来。水质无菌，其醇可口，流量虽不大，却四季不干涸。婺源著名特产荷包红鲤鱼，就是从此井繁衍而出的，此鱼是婺源独有的鱼种，形似荷包，已被选入国宴。另外，古村沿街四处可看到卖绿油油的"小饺子"，那是用艾叶做的"清明果"，有甜有咸，还有自家酿的猕猴桃酒、蜂蜜酒……

温馨提示

傩舞是一种古典舞蹈与彩绘木雕的相结合的艺术。婺源傩面具有50多种，以木头雕做，工艺精致，手法夸张，神气活现，其忠奸优劣、老少妍陋无不神似。

瑶里镇

瓷之源 茶之乡 林之海

当人们被都市的尘嚣压抑得透不过气来的时候，亲近自然、回归自然便成了一种巨大的诱惑。瑶里镇这片古老而又神奇的地方，集自然与人文为一体，融历史与民俗为一身，既有深厚的文化积淀，又有大自然的绿色仙境，是旅游休闲、访古修学、寻幽探奇的绝佳之地。

瑶里，古名"窑里"，因是景德镇陶瓷发祥地而得名，远在唐代中叶，这里就有生产陶瓷的手工作坊。瑶里位于举世闻名的瓷都东北端，地处三大世界文化遗产（黄山、庐山、西递和宏村）的中心，素有"瓷之源，茶之乡，林之海"的美称，镇内明清风格的建筑群、依稀可辨的古窑址、苍凉厚重的徽州古商道，或密集、或星落，无不透着古风古韵，令人驻足沉思、浮想联翩。

古镇河走东西，人居南北，街却纵横交错，踏上青石板铺成的**明清商业街**，昔日有上百幢店铺鳞次栉比地分布在街道两旁，至今仍保存较好，其中以明代商店最具特色。东埠古街是浮梁四大古街之一，由古街、古桥、古码头等组成，是明清之际装运高岭土之地，街道两旁林立的店铺和青石板上独轮车辗出的凹痕，是古代东埠码头装运高岭土繁忙景象的真实记录。

高岭土矿遗址园区是陶瓷考古工作者们研究古陶瓷原料的圣地，也是人们假日休闲的理想去处。你可以沿着绵延数十里麻石铺砌的古山道，探寻散布山间的古矿坑，攀登险象环生的金鸡石，也可以凭立在那依山临水的聚秀亭，观赏那状若游龙的龙口瀑布和形如华盖的古樟林……定会让你流连忘返！

始建于明代中叶的**程氏宗祠**又名惇睦堂，背靠狮山，面临瑶河，由于风水的缘故，其建筑风格不同于其他祠堂，上、中、下三堂的朝向各不相同。建筑内砖雕、石雕和木雕的题材丰富、玲珑剔透、层次分明、栩栩如生，显示了雕刻工匠高超的艺术才能。1938年初，陈毅同志来瑶里主持新四军改编，曾在祠堂内召开抗日动员大会。

狮冈胜览建于清代，依瑶岭，望狮

INFO

- 江西省景德镇市浮梁县瑶里镇。
- 在景德镇曙光路上的市短途客运站，每天有两班到瑶里的车。
- 进入古镇免费，参观小景点收费，五景点联票110元。

◎临水而建的瑶里古村落

山，临瑶河，是一幢中西合璧的徽派合院式民居建筑，融高雅、简洁、富丽为一体，整个建筑精美如诗。房内门窗、房梁上的上百幅木雕，画面生动活泼、做工精细讲究，内容从四大名著、古代戏文到民间传说，可谓包罗万象，无不显示主人的身份华贵、知识渊博。据说，古时这里的大户人家嫁女儿时的一张陪嫁木雕床，得一个木匠做上一年的活儿。

瑶里古镇还是抗日战争中新四军的重要活动基地，陈毅旧居、抗日动员大会会场、新四军驻址保存完好。其中**陈毅旧居**是老一辈无产阶级革命家、开国元帅陈毅同志指导新四军改编，工作生活过的地方。现为陈毅图片展览馆，集中介绍了新四军瑶里改编的过程和陈毅同志的简要生平，是一处人们接受革命传统教育和革命先辈思想熏陶的场所。**宏毅祠**是吴家祠堂的分祠，是吴氏分支进行祭祀祖先和从事其他宗族活动的地方。

到了瑶里，不到**汪湖**，是不能领会瑶里"瓷之源、茶之乡、林之海"的精髓的。走进汪湖的原始森林，就像走进了神话世界，几人合围的香榧、楠木、鹅掌楸密密麻麻地把整个森林遮掩得不见天日，枯树跟前，万木蓬勃，印证着亘古不变的生态自然法则。这座天然的大氧吧里，常使人走在林间口舌生津、四肢增力，疲乏顿消，仿若到了仙境……

瑶里地处山区，多在海拔600~900米之间，森林覆盖率高达94%，空气清新，雨量充沛，气候适宜，十分有利于农作物生长，**茶叶**就是一枝独秀。瑶里制茶历史悠久，是浮梁重要的茶叶产区，属世界三大高香茶之一，历来作为"贡茶"进奉朝廷。以瑶里茶为加工原料制作的"得雨活茶"，1999年被冠名为全国唯一的"人民大会堂特供茶"，2001年列为国宴茶，国内外誉为"中国

瑶里人还有必不可少的茶点，如南瓜豆、红薯枣、豆渣饼、豆豉果、葛根等。走在瑶里街市上，各种土特产琳琅满目，如野生香菇、茶油、火笋、干蕨、苦楮豆腐、柿子饼、锥栗等等，令人目不暇接。还有野洋姜是瑶里的特色菜，但凡到农家吃饭，当地人大都会向你推荐这道野菜尝鲜。

瑶里古村落大多临水而建，自古以来，青山常绿。瑶里境内虽然矿藏丰富，但从未进行过开采，因而瑶河未受到污染，一直是清澈见底。俗话说"水至清则无鱼"，然而**瑶河观鱼**却形成了一道靓丽的风景……

国茶"。

瑶里人在**饮食**上非常讲究，食料多取自天然，花样多，门类齐全，仅早点就有36种之多，特色菜肴有清炖石鸡、神龟偷菇、腊肉泥鳅汤等74种，其中素菜有鸭脚板、长命草、马齿苋、苦蕺等28种。尤其在茶余饭后

扫一扫，获取更多
实时旅游资讯

◎瑶里美食

上清镇沿河栉比鳞次的吊脚楼和船埠头让小镇显现出江南水乡特有的风格，河畔浣纱村妇、捣衣少女、戏水孩童、渔舟片片、白鸭浮水形成了一条韵味十足的古镇风景线……

上清镇位于江西省鹰潭市西南部，距鹰潭市30千米，东至塘湾镇、耳口乡，西连龙虎山镇，南北邻上清林场，西南接金溪县，交通便利，气候宜人。镇内泸溪河自镇东面向西北流过整个镇区，在历史上曾是福建商贾重要的水路。上清镇历经千年，地名也曾几易。唐、五代时，这里叫雄石镇。因唐末倪亚曾在雄石镇任过镇遏使而得名。宋元时期称上清镇，明初称沂阳市，明末又改称上清镇。

上清镇沿河栉比鳞次的吊脚楼和船埠头让小镇显现出江南水乡特有的风格，河畔浣纱村妇、捣衣少女、戏水孩童、渔舟片片、白鸭浮水形成了一条韵味十足的古镇风景线……上清镇是江西鹰潭市龙虎山旅游的亮点，如果没有上清这块土地孕育出来的道教文化，龙虎山要成为中国道教第一山、中国道教的发祥地恐怕是不可能的。古镇上名胜古迹很多，长约2千米的**上清古街**上有长庆坊、留侯家庙、天师府、留侯第、天源德药栈等景点。镇东面有上清宫、东

◎上清宫

◎上清古镇天师府

岳宫，东北面有南宋四大书院之一的象山书院，泸溪河对岸有明朝宰相夏言的故里——桂洲村以及第二次国内革命战争时红十一军和中央红军会师之处。

上清古街虽未经过专家设计，一切都自自然然，无形中有一种自然之美，然而就是在这种自然当中，整条街又孕育着独特的地方民俗风情。沿这条街逆泸溪河水而上，街左边的**房子**皆成阶梯状，每一家房子总比前一家的房子往前凸出1米左右，据说这是当地人预示家事兴旺的象征。上清镇街上的**小吃**也是出了名的好味道，有白皙皙的上清米粉、水嫩水嫩的上清豆腐、朱红朱红的天师板栗等，都让人垂涎欲滴，往吊脚楼一坐，店主定能给你弄个八卦宴来，弄出一桌子的道教文化味儿来。如今的上清古镇，每天有成千上万的游客前来游览，陌生的、熟悉的都愿意到街上走走，体会一下淳朴的民俗风情。

嗣汉天师府原建于龙虎山脚下，至宋代1105年，迁移上清长庆坊，即今天

的上清西头，素有"南国无双地，西江第一家"之美称。整个府第由府门大堂、后堂、私第、书屋、花园、成法宗坊等部分组成。层层叠叠，曲径回廊，甬道贯通，楼房殿阁，形似皇宫，龙柱金壁，雕梁画栋。院内古木参天，周围豫章成林，荫翳蔽日，环境清幽，风景优美。

位于上清镇东端的**上清宫**始建于东汉，这里是历代张天师进行宗教活动的场所，也是祀奉道教教祖太上老君之地。唐代开始修建殿宇，后经宋、元、

INFO

🏠 鹰潭市贵溪市上清镇（龙虎山风景区内）。

🚌 鹰潭火车站广场有旅游专线车直达龙虎山景区，大约为每15分钟一趟。

💰 42元（上清古镇+嗣汉天师府），龙虎山2日通票170元（含上清镇和观光车票）。

◎上清古镇留侯家庙

明、清历代修葺扩建，形成规模巨大的上清宫。有福地门、九曲巷、下马亭、午朝门、钟楼、龙虎仙峰、玉门殿、东隐院及元、明石刻等珍品。**东隐院**在上清宫院内东侧，创建于南宋（1195-1224年），元代初期因该院道士张留孙受到元世祖忽必烈的特殊礼遇，东隐院于是声名大振，是龙虎山上清宫的一座著名道院。

悬棺遗址位于仙水岩一带，仙水岩诸峰峭拔陡险，岩壁光滑平展，绝壁之上，玉棺悬空，岩脚下便是泸溪河，神秘莫测，被称为世界文化史上的一大奇观。在大片岩壁上，洞穴星罗棋布，从泸溪河舟中或地面眺望，可以隐约望见洞口或钉木桩，或封木板，"藏一棺而暴其半者"多处可见，至20世纪70年代末，江西考古工作者才初步将这个谜解开，经过科学清理，出土了大批遗物。可是，离水面高达几十米的悬棺在古代何以安放进去呢？至今仍是一个谜，众说纷纭，现在，您在仙水岩就可以欣赏到按其中一说而举行原模拟悬棺安放表演。在距古镇4千米的地方，还有天门山生态游览区，那里有原始森林、瀑布群以及一些古民居。

温馨提示　"仿古升棺"表演升级版《传奇龙虎山》大型实景演出项目在2009年将与广大游客见面。演出采取现代光、声、电等技术手段震撼再现龙虎山古越民族生活、劳作和情感的动人场景以及该地区源远流长的道教文化。

葛源镇

葛之源头

葛源四面环绕着苍翠的群山，山下，有棋盘似的农田，绿竹掩映的村舍，柳丝低垂的池塘，还有一条玲珑剔透的小河涓涓地绕镇而过。它既没有繁华喧闹，也不算幽静肃穆，既不那么雄伟壮观，也不是小巧玲珑，而神形自然，气韵淳朴，故有现实版的世外桃源之称。

INFO

📍 江西省上饶市横峰县葛源镇。

🚌 横峰县城有直达葛源镇的班车，车程约40分钟。

葛源镇位于江西省东北部，与弋阳、德兴、上饶三县交界，距横峰县城33千米，因漫山遍地野生长着野葛，又处于溪水源头而得名，素有葛之源头、中国葛之乡、中国葛根原产地的美誉。隋末唐初，苏、冯二姓定居在溪水源头，后又有郑、蔡、叶、骆、金等姓相继迁入，至宋代，葛源就已成为繁荣的山区集镇，明嘉靖年间，葛源划归兴安县（横峰县）至今，素有"小小横峰县，大大葛源街"之说。

葛是药食两用植物，被人誉为粮食中的第六谷，具有生长周期短、易繁殖、易管理、生长快、抗逆性强等特点。早在隋末唐初，葛源人就有加工葛粉的历史，在明、清时期，葛源葛粉被作为贡品贡奉朝廷。目前研制开发出了葛粉、葛片、葛茶、葛露等系列产品大量投放市场，其中**葛源豆腐**因其制作工艺传统、独特，加之葛源水质优良，被誉为"葛源一绝"。

古镇仍然保持着山区古老村镇的风韵，土墙、瓦顶、禾基、走廊、拖步、天井构成了独特的农舍房屋造型，明清古街、白石书院旧址、万年戏台等古意盎然的历史文化景观令人回味。古镇之美还体现在麻石板架设的拱桥，结实雄伟，美观大方。在清澈的葛溪源头，有被誉为"葛源八景"之一的石桥古迹。

葛源镇四面环山，一条小河从镇旁流过。葛源山高水美，养育了许多杰出

◎字迹清晰的革命对联

◎葛源小巷

大型活动的中心。

闽浙赣省苏维埃政府旧址坐落在枫林村北山堪路下，大门为一座高大的八字形朝门，内设办公室、财政部银库、警卫排住房等作为红色省府，这里曾是运筹帷幄的中枢。

闽浙赣省军区司令部建于1932年12月11日，至年底由葛源村迁入枫林村，是闽浙赣革命根据地军队的最高机关，房前有一简易朝门，室内分前后幢，中间设天井，共12间。

中国工农红军学校第五分校旧址坐落在葛源村杨氏宗祠，占地1200平方米，室内有门厅、用房及两排对称的6个教室，后院于1982年建一间陈列室。1929年春，为纪念农民运动领袖彭湃烈

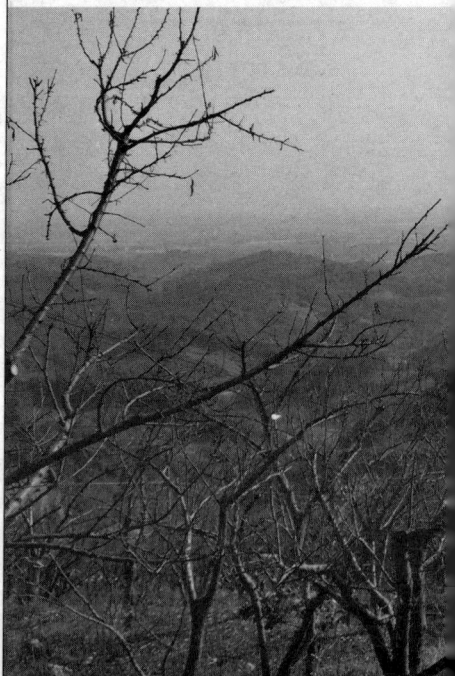

◎葛源镇自然风光

的人才，特殊的地理环境让它成了中国革命的根据地。70多年前，这里曾是中共闽浙赣省委省政府的所在地，建有闽浙赣省委、省苏维埃、省军区、红军第五分校等健全的党、政、军组织，是全国六大根据地之一，在中国革命史上留下了光辉的一页。共产党人方志敏、粟裕等领导着周边88个县的武装力量与蒋家王朝作出过殊死斗争，仅有6万人的横峰就有2万余为共和国英勇捐躯。

中共闽浙赣省委旧址位于山峦叠翠，枫叶掩映的枫树坞，是一幢一字形土木结构的民房，面积为350平方米，是闽浙赣革命根据地党的最高机关。现内有方志敏同志的卧室陈设一如当年。枫树坞红场坐落在枫树坞村头，背靠青翠的来龙山，前临清澈的枫溪河，面积约为一万多平方米，是闽浙赣军民举行

士和工人领袖杨殷烈士修建彭杨军政学校，1932年定为今名，是我军最早的一个军政学校。

中国共产党第一个属于人民自己的公园——**列宁公园**，坐落在葛源村葛溪河畔，占地6000余平方米，是方志敏同志于1931年创建的，因其独特丰富的红色旅游资源，被命名为全国爱国主义教育基地和全国红色旅游经典景区。

"峰峦叠美屏，物华天宝；葛溪绕沃野，人杰地灵"，如今的葛源，青山绿水相拥相绕着平畴沃野，茂林修竹掩映着一栋栋崭新的民居，整洁悠长的老街透露着悠悠古韵，古老的文明和现代的朝气巧妙的融汇在葛源镇的每一个角落……

温馨提示

葛全身是宝，有南葛北参之誉，葛粉是清凉滋补佳品，葛花是上好醒酒药，葛藤是难得的天然纤维原料，其食用、营养价值和药用价值令人称奇，来到古镇，不妨带点回家馈赠亲友。

流坑村

千古第一村

四面环山，三面环水的流坑，虽少了几分柔媚与温婉，却多了几分苍凉、厚重与矜持。水墨渲彩的山水，坑洼不平的卵石巷，深沉朴实的明清建筑，细腻精致的木雕，文采飞扬的名人墨迹……流坑，以她的每一个侧面向你展示着千年历史在她身上流逝的痕迹。

　　流坑村处在乐安东南山区向西部中低丘陵的过渡带上，四面青山拱抱，所谓"天马南驰，雪峰北耸，玉屏东列，金绛西峙"，距县城38千米，距牛田镇8千米。五代南唐开始建村，近千年来，流坑科举之盛、仕宦之众、爵位之崇、经商之富、建筑之全、艺术之美、家族之大、延续之久，在江西是独一无二的，在全国也是少见的。古村集古建筑、历史、艺术、民俗为一体，是中国古代文明的缩影，是古村文化的经典，是一座活的历史博物馆，故有"千古第一村"的美誉。

　　流坑以规模宏大的传统建筑、风格独特的村落布局而闻名遐迩。明代中叶，古村形成七横（东西向）一竖（南北向）八条街巷，族人按房派宗支分巷居住，巷道设置门楼，门楼之间以村墙连接围合的格局。巷道内鹅卵石铺地，并建有良好的排水系统。村中现有明清古建筑及遗址计260余处，书屋、牌坊、古水井、风雨亭、码头、古桥、古塔遗址等一应俱全，有水绅山笏宅、真君阁（镇江门）、三官殿、存仁堂、旌

◎流坑以规模宏大的传统建筑、风格独特的村落布局而闻名遐迩

◎文馆

表节孝坊、仰山庙大戏台、振卿公墓、董蕃昌夫妇合葬墓、环中公祠等古迹。

村中古建筑均为砖木结构的楼房，高一层半，格局多为二进一天井，质朴而简洁，但建筑装饰十分讲究，集木、砖、石雕（刻）及彩画、墨绘于一体，工艺精湛。明代建筑**怀德堂**中的雀（爵）鹿（禄）蜂（封）猴（侯）砖雕壁画和**永享堂**照壁上镶嵌的"麒麟望日"堆塑，堪称精品。数以百计的屋宇，堂上有匾，门旁有联，门头、墙壁上刻有不少题榜、名额，共计682方（处）。

流坑村古建筑代表了江西赣式民居的典型风格和浓厚的地方特色，是我国古典民居建筑中的明珠。建于明末的**理学名家宅**位于中巷中段，是流坑董氏名宦董燧（号蓉山）故居，也是流坑村中十八栋屋宇连成一体建筑组群厅。**大宾第建筑群**又称"村中村"，坐落于中巷西端与沙上巷相接处，总体布局呈长方形，文化气息的浓厚显出大宾第建筑群的古雅别致和雍容华贵。

从宋初到清末，村中书塾、学馆，

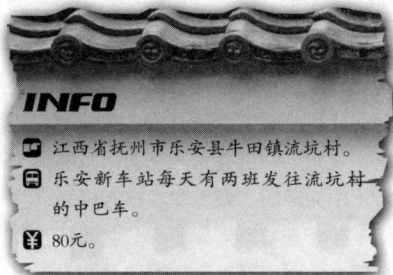

历朝不断，明万历时有26所，清道光时达28所。全村曾出文、武状元各1人，进士34人，举人78人，进入仕途者，上至参知政事、尚书，下至主簿、教谕，超过百人。旅行家徐霞客赞曰："其处阛阓纵横，是为万家之市，而董氏为巨姓，有五桂坊焉。"这里所说的**五桂坊**是为表彰宋仁宗景祐元年（1034年）董氏一门五人同时中进士而建的纪念牌坊，虽然现在只剩一些牌坊的基石，但其昔日的荣耀依稀可见，是"流坑是人才之乡"的证明。始建于明初的**文馆**位于村北陌兰洲大宗祠之西，又名"桂严祠""江都书院"，是集书院、祀孔和文人祭祖聚会的场所，为流坑村保存至今最大的也是唯一的一座书院。

◎流坑村一瞥

始建于南宋孝宗隆兴二年（1164年）的**状元楼**，位于村西龙湖西岸的棋盘街旁，地处古代流坑村落的制高点，是为纪念当年恩科状元董德元而建，系两层砖木结构的重楼，历代有修葺，现存状元楼是晚清重修之物。其前门右侧有一米宽的转折叠式木梯通向二楼。二楼正中为神阁，祭堂左右挂有楹联，门楣上挂着理学家朱熹题的"状元楼"的行楷书大匾，那是流坑人的骄傲。走出神阁站在状元楼匾前，凭栏向东眺望，远处，东华、梅岭群峰竞秀、薄雾缭绕；近处，古村主体尽收眼底，村边古木参天，湖水如镜，树影屋影倒映其中，视野开阔，令人心旷神怡。

翰林楼位于贤伯巷东侧出口处，立其上，前可观顺流而下的乌江之水，后可观村中林立之屋。从楼的建造位置、设计特点来看，此楼既有防御外来侵犯、保护村子安全的关卡性质，又有表彰、纪念明代翰林院编修、国子监司业董氏贤人董琰（字子庄）之意。

流坑村是中国封建宗法社会的一个缩影，村中封建**宗族活动的遗存**随处可见，特别是那版本众多的谱牒和遍布村巷的祠堂，更是难得的人文景观。现在仍保存有明万历十年族谱3本，清代各房谱牒20多个版本，各种宗庙祠堂58座。大宗祠遗址内五根高8米、直径0.7米的花岗岩石柱，傲视苍穹，被称为流坑的"圆明园"。始建于明代的武当阁位于村北面约1千米处，地处流坑村水流汇合处，是融道教、佛教及其他诸神于一庙的综合性建筑物。始建于清康熙年间的屯田公祠坐落于明经巷东端南侧，是祝奉流坑董氏第三代祖董文肇的宗祠，也是流坑幸存至今最大的一座祠堂，祠堂内石柱林立，硕大厚实，气势凝重，给人一种庄重肃穆之感。

温馨提示

在流坑旅游一般要一两天，最好在农历正月初二至十五期间去，你会看到流坑特有的民俗，例如傩舞、何杨灯会、游菩萨等，尤以初八至十一期间最多，不容错过。另外流坑村还有红霉豆腐、红霉鱼、茶薪菇、霉豆腐饼、和状元鱼等特色美食；各处商店售有竹编工艺品、流坑字画拓片等旅游商品。

渼陂村

庐陵文化第一村

吉安古称庐陵，自古文化昌盛。

渼陂古村位于吉安市美丽的富水河畔，是一个古老而又神秘的村落，它以厚重的历史、古典的建筑群、雕琢的明清雕刻艺术以及可歌可颂的红色文化，备受瞩目，被誉为"庐陵文化第一村"。

渼陂村地处庐吉泰交会点，距吉安市20千米，始建于南唐初年，距今已有近千年的历史，全村皆为梁姓。穿梭于渼陂曲折的古巷间，俯仰于渼陂各式古建筑房，这里的一街一巷、一砖一石都渗透着东方的智慧、中国哲学的韵味和庐陵文化博大精深的内涵。300多栋古民居建筑，4座书院，1座古楼阁，4座牌坊和20余座古祠堂、庙宇，无不标志着渼陂是一座集古代农业文化、儒商文

◎文昌阁

化、宗族文化、建筑文化以及近代革命文化于一体的博物馆。

陂头古街是明清时期的商业街，从位于街上的万寿宫、义仓、福神庙等古建筑，可以看出古街当年的繁华景象，据说当年电影《闪闪的红星》中就有这条老街的身影。古街现存古店坊100多家，600余米长的古街呈S形，路面中心用一条条青石板拼接延伸，两边铺以大小均匀的鹅卵石，街两旁的民居大都为砖木结构。这里不仅比较完好地保存了大量的明清房宅、壁坊、匾联、楹联，那些直接书写在墙上的墨迹，居然也比较完好地保留下来。踏着一块块洁净溜滑、油光可鉴的青石板，穿过一条条曲折有致的幽深小巷，依次是节寿堂、孝友堂、明新书院、敬德书院、司马第、

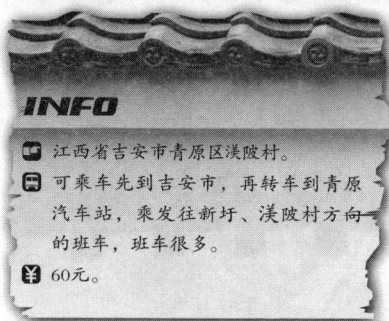

INFO

- 江西省吉安市青原区渼陂村。
- 可乘车先到吉安市，再转车到青原汽车站，乘发往新圩、渼陂村方向的班车，班车很多。
- ¥ 60元。

启公祠、洪庆堂……

翰林第即著名的梁氏祠堂，具有浓厚的文化气息，占地1200平方米左右，有37根褐红色的石柱，每根石柱上均镌刻一副对联。对联的上、下联开头都是同样的两个嵌头字——"永慕"，故又称"永慕堂"。

◎翰林第

渼陂

在翰林第附近的**连理樟**也叫夫妻树，已有600年以上的树龄。

万寿宫现为小学，位于陂头街中段西侧，背村面河，前院两侧拱门上的"天不夜"和"月常明"字匾是当时渼陂街兴旺繁华的生动写照。如今，残墙上一道道纵横交错的裂缝有如时间老人额头的皱纹，向人们诉说着岁月的沧桑。

在**求志堂**内的天花板上，《百少图》和《百老图》两幅大型图画令人叫绝：100名少年和100名老人，或站或行或坐或卧，或张口呐喊或拈须沉思，栩栩如生，呼之欲出。这些文化遗迹，处处闪烁着前人智慧的光芒。

古村中还有毛泽东、朱德、彭德怀、黄公略、曾山、毛泽覃旧居，"二七会议"旧址等。由于红军在渼陂曾经进行较长时间的革命活动，许多建筑物的墙壁上留下当年红军所书的标语。

渼陂村的**牌坊**有牌楼式门的古槐第牌坊、牌坊式照壁的"多留余地"坊和两处贞节坊（为一对母女所立），这两坊之后，均建有节孝祠。现残存者为女儿坊，由于是未嫁而寡，故牌坊明次间均填以砖墙而不开门，仅在明间现拱门形状，坊顶还有"冰清玉洁"字样。

另外，28个**水塘**错落有致地排出八卦图形，象征天上的二十八星宿护卫着这个美丽的村子，而且每地塘下边都有水道相连相通，在不同的季节自动调节每一水塘的水位，很是玄妙。

下元宵节是渼陂最隆重最热闹的节日，渼陂人每年都要过两次元宵节，一次是农历正月十五，一次是农历二月初一。届时，全村要举行盛大的舞龙、彩擎等民俗活动。彩擎表演是渼陂独有的奇技绝活，村童们按照《西游记》里面的人物，扮演成唐僧，孙悟空、沙和尚等角色，端坐在3米多高、循环转动的木架子上，由数个壮汉抬着游走，很是壮观……

温馨提示

在渼陂村可以吃到吉安三宝：乌鸡、金橘、狗牯脑。另外，渼陂以宏大的建筑群、浓郁的文化风情，吸引了众多导演的目光，《山重水复》《井冈山》等电影的很多镜头就是在该村录制的，因此有"电影村"的美誉。

陂下村

樟树下的红色古村

美丽的富水河绕村而过，陂下古村就掩映在浓浓的古樟之中。桥头东端有一棵奇特的合欢樟，树中间长出一棵凉伞树，犹如一位亭亭玉立的少女站在丈夫的肩膀上向远处眺望，又恰似这位少女在毫不保留地展示她的风姿。古樟，给这个古老的村落增添了一份神秘。

陂下村古名潭溪，坐落在美丽的富水河畔西岸，距富田镇2千米。自唐代开基以来，至今已有1000多年的历史，村内97%的人口为胡姓。目前，该村有保存完好的古祠堂36座，牌坊4座，古井18口，其中以十八桌井、南明井最具特色。此外，该村内外古樟群连片生长，沿河一带的千年古樟有10多棵，享有"樟树之村"的美称。

百余米的陂下**古街**始建于清道光甲

◎陂下村建筑

◎陂下古民居

午年，距今180多年。街市不大，可布匹染坊、粮食杂货、醋坊、药铺，样样俱全，很长一段时间非常兴旺，直至新中国成立后才停业。据载，与古街同时建的还有安人亭，这座阁楼式的亭子是州同胡绍劳为了体恤无房无食的孤儿寡母而建的。有趣的是陂下胡姓人家的婚丧娶嫁都必须经过此亭，说是"安人，安人，想平安就过亭"，这种习俗一直持续到现在。古街、古亭，凝重的历史在淳朴的民风里驰骋。

古陂下是个多姓氏的村庄，开始是各个姓氏自建封闭式的巷道，并且有的

INFO
江西省吉安市青原区富田镇陂下村。
可乘车先到吉安市，再转车到青原汽车站，乘发往富田方向的班车，下车后徒步可到。

墙上还留了枪眼。以后人口增多了，就把整个村庄封闭起来，只留下迎龙门、朝天门、延福门、龙川阁四个门出入，形成了"大封闭圈"内套"小封闭圈"的格局，起到了很好的防御作用。正因为有了这种封闭式的巷道，陂下村人多次成功地抵御了土匪的劫掠。

胡姓开基祖胡晃，因军功卓著，仁宗皇帝赐予銮驾48件（现保留有45件，实为稀世珍品），并有御笔题匾嘉赞，清道光皇帝也亲笔题写"黄耇繁衍"匾额，以示赞赏，现仍镶嵌在迎龙门上。

敦仁堂是陂下胡姓的宗祠，是村内最为出名的建筑，始建于明代万历年间，距今已有近500年的历史了。1930年春，陂头"二七"会议之后，邓小平就先期赶到这里传达会议精神，掀起土地革命高潮。毛泽东也于1930年3月22日至27日，在这个祠堂里主持召开了"赣西南物委党的第一次代表大会"。

◎历史悠久的古建筑

祠堂后栋开办了红军学校，朱德、张震都曾住在这里。朱德既是校长，又是教官，向红军将士讲授军事理论知识……

该村还具有光荣的**红色革命历史**，高品位的革命旧址众多，有竹隐堂、乐善堂、志笙堂、潭滨堂、陂下书院、列宁台、鲁公祠等。毛泽东、朱德、陈毅、曾山等老一辈无产阶级革命家曾在这里组织、指挥过多次战斗。至今，该村战壕犹存。虽历经数十载风雨侵袭，墙壁上当年的红军标语仍依稀可辨。

温馨提示

2009年2月24日（农历正月三十），是民间俗称的"下元宵"，陂下举办了首个民俗文化节。是集舞龙、打狮、喊船、唱大戏、放河灯为一体的大型活动，为全国所罕见。其中由该村百余位村民演绎的大型民俗活动"喊船"是江西所特有的民俗，距今已有千余年的历史。

◎陂下古村

白鹭村

赣南客家古村

悠久的历史让白鹭拥有了为数不少的『第一』和『唯一』：中国第一座也是唯一一座以女士命名的女士祠、中国第一所希望小学、江南第一个村级民俗博物馆……

白鹭村位于赣南客家中部地区赣县的北部，距县城63千米，地跨赣县、万安、兴国三县。它依山傍水，沿着鹭溪呈月牙分布，村里的四条主要街道，形成一个大大的"丰"字。村南是龙岗，村北是王屏山，烟峦翠阜，叠嶂绵延成弧状护卫着村庄，五条山脚伸到村后，被称为"五龙山形"。极富神韵的山水环境孕育了明清两朝568个秀才、17个举人以及8个知府、知州、知县的风光历史。

赣南是客家先民南迁的第一站，是客家民系形成的摇篮，也是客家人最大的一个聚居地。白鹭村自南宋形成至今800多年来，基本上没有外来移民杂居，形成同一祖宗的钟氏家族村，它对研究赣南客家史的发展以及新、老、土、客之间的文化交融现象具有比较典型的意义。古村中现存雕饰精美的69座门楼和近6万平方米的明清古建筑群风格各异、蔚为壮观，镶嵌其中的木雕、石雕、砖雕精美绝伦，蕴含其中的民俗文化意境久远，被专家称作研究明清时期古建筑文化的活博物馆。

白鹭"十景"历经岁月沧桑，大多已不复存在。其中三元宫又名三官殿，原址在现乡政府的礼堂，一进为大门和戏台，二进为亭子，后进为神龛，摆有菩萨。戏台很宽敞，院子很大，可容数百人看戏，平时有人烧香敬神。十字街形成于明弘治元年（1488），是白鹭村的老圩，改革开放以后，这里成了居民区。

白鹭村保存有多座古祠堂，其中最值得一提的是王太夫人祠。古时，由于受男尊女卑封建思想影响，祠堂以女士命名者甚为罕见。王太夫人是清代大臣钟愈昌的妻子，其临终前设立义仓，赈灾济贫，为纪念她建立此祠。前后二进，天井宽大。二进明台高40厘米，从二进后天井可拾级而上二楼廊。一进楼

INFO

📍 江西省赣州市赣县白鹭乡白鹭村。

🚌 从赣州乘公交车到赣县，然后在赣县换乘中巴车前往白鹭村。

◎白鹭村古民居

面低于二进楼面，绕天井形成回形楼廊，楼廊等装修简单别致，而"八字楼"比白鹭其他一般门楼宽阔，异常壮丽。特别是门楼上方的灰塑图案十分精美，麒麟、鳌鱼、凤凰、蝙蝠、葫芦、灵芝、万字等图案层次分明，立意深远。其楼上主要用作义仓储存义谷，楼下则成了赤贫子弟读书的场所。大灾之年，大天井成了摆放大铁锅熬粥施粥的地方。因此，王太夫人祠成了当时济难济贫的专门场所，也成了白鹭人心中的一方圣地。

恢烈公祠位于白鹭村偏西的北面山麓，是一座规模庞大、精致典雅的建筑，被人们誉为"山沟里的大观园"。此祠系乾隆年间（1736–1795年）钟愈昌所建，前后三栋连体建筑一栋比一栋精美。后栋占地面积最大，除厅堂楼阁外，还建有花园假山，只可惜在清咸丰年间为石达开残部炸毁，只剩西侧一排边屋。在现存的前栋葆中堂（又称太守敬公祠）和中栋友益

堂内，厅堂楼阁错落有致，楼廊过道纵横交错，曲折相通，入内如迷宫一般，仅大小天井就达16个，与"九井十八厅"相当。在大堂的天井内有雌雄两株、彼此厮守了近300年的罗汉松，雄树粗壮挺拔，只开花不结果；雌树婀娜多姿，只结果不开花……

世昌堂是白鹭村**钟氏宗祠**，是奉祀白鹭村（含周边上坑、洞田、林头、小玉口、大坑等村）钟氏始祖舆公的宗祠，因其字世昌，故得名。现建筑系20世纪40年代末在原址按原布局、原位置重修的，只有天井为原物。祠堂为三进，以重檐架构为特色。祠堂正门门首巨匾横书"世昌堂"，中门巨匾横书"钟氏宗祠"镏金大字，照壁（院墙）上横书"越国世家"黑体字。院外广场宽阔，坦荡如砥，至今仍可见一卵石铺砌的八卦图案。

建于明朝末期的**洪宇堂**，位于世昌堂左侧，系白鹭村钟氏宗族之分祠，属

不住人的"专礼型"祠堂。门前宽阔的土坪是钟氏家族举行盛大活动的地方。其东西两侧山墙为青砖所砌的封火马头墙，正面（南面）是木质结构的门廊，两根硕大的木柱支撑上方的柱坊。柱坊下面正中位置是双扇木大门，两侧均由厚实木板镶铺。柱坊上方系罕见的出五跳如意斗拱结构，俗称木方垒砌的"雀巢"。门楼气宇轩昂，花团锦簇，檐板挑手上雕有许多花卉瑞鸟，制作极为精细。作为祠堂，建筑构造之独特，在全国亦属凤毛麟角。

如今，白鹭这颗古代文化及客家文化孕育的璀璨明珠脱颖而出。其颇具特色的客家民居建筑、风格独特的民俗风情，吸引着众多国内外专家学者到此考察、采风，成为海内外客属乡亲、商人及学者寻根问祖、休闲娱乐的好地方。

◎王大夫人祠

温馨提示

白鹭村民风淳朴、古韵浓郁，东河戏发源于此；芋头节、喝擂茶、打黄元米果、剁鱼丝、烧芋头丸，给病人喊夜唱惊、迎彩灯、抢打轿、烧瓦塔等之类赣南客家民俗风情，古村应有尽有。此外，白鹭芋子外观奇特，肉质洁白无瑕，芋子糊、芋子泥鳅煲、米粉芋子、蒸笼芋子等远近闻名，其中尤以芋包最为出名。

福建

古镇

山环水绕风光好

长汀

最美的客家山城

新西兰作家路易·艾黎曾经说过，中国最美丽江两个山城，一个是湖南的凤凰，另一个就是福建的长汀。静静的青石板、逼仄的古城门、幽深的街巷、百年的老店、热情纯朴的客家人……这便是长汀，犹如一颗镶嵌在汀江之畔的璀璨明珠。即使你走遍了千山万水，依然会对它魂牵梦萦。

长汀，又称汀州，依山傍水，巍然耸立于汀江上游万山之中，素有"一川远汇三溪水，千嶂深围四面城"的美称，是福建省西部闽赣阎罗区规模最大、保存最完整的一座古城。

穿城而过的汀江如一条飘逸的白练，为山城增添了几分"一江春水向东流"的韵致，素有"天下客家第一江"之美称。汀江自上游迂回而下，在崇山峻岭间一路狂欢，流经长汀庵杰乡涵前时，被一座巍峨的石山阻隔，转而从石山下面的一处洞口呼啸而过，形如一条拱形的龙，故名"龙门"。汀江水自龙门"千里汀江一线穿"而出，于洞前积

◎长汀古城墙

水成潭，潭中碧波荡漾。毗邻汀江那<u>丛丛簇簇</u>、千姿百态的成片石林，又与之相映，妙不可言，成为汀江上游不可多得的名胜。

卧龙山在古城内一峰突起，沿江而建的古城墙自东向西呈弧形，东西两端沿卧龙山脊筑到山襟，把半个卧龙山都圈进了城内，形成城内有山、山中有城的城市特色。**古城墙**始建于唐，如今经过1000多年的风风雨雨，仍保存有1000多米，此外朝天门、五通门、惠吉门等5座古城门也风采依然。拾阶而上，鸟瞰全城，长汀美景尽在眼底，宛如一幅丹青佳作，令人心旷神怡。尤其是傍晚，城墙上挂的灯笼会逐一亮起来，映在汀江上，让人有身在秦淮河的感觉。

踏进古城，那保存较好的商业街逶逶迤迤，沿着古城门向前延伸，路面用

河卵石铺就。沿街而筑的房屋紧密相连，有木制的也有土制的，基本是前店后宅，布局严谨。漫步古城大街，依稀能看到当年古城内的繁华。

长汀历史悠久，文物古迹遍布全县，寺庙建筑、古墓葬、古城墙、古城门、古器物、古街区民居、古碑刻、古驿站等，都极为丰富。西门的蛇王宫，蛇王塑像至今保存完好；新石器时代遗址、商周遗址、秦汉遗址，成为古闽族人聚居的实物见证；具有1200多年历史的古城墙、古城门矗立城中；文庙、妈祖庙以规模宏大，名冠古汀州八邑；风格独特的云骧阁、唐寺、宋庙、明清古街区等建筑，以及第二次国内革命战争时期的旧址数不胜数；商周时期的石器、彩陶、青铜器、瓷器、战国货币等文物，奇珍荟萃。

城区开元寺内有一口建于唐代开元年间的古井"八卦龙泉"，井深16米，口径1.72米，上宽下窄，每层都用石板砌成八卦形，和地面的塔正好相反，犹如一座倒置于地底的八角塔，故又称"阴塔"。城区府学内的宋代古井"府学阴塔"，为砖砌圆形，井深13.5米，是我国极为独特罕见的古井，井旁立有石碑。碑文记载，建造"双阴塔"古井

INFO

🏠 福建省长汀县汀州镇。

🚌 可先乘火车到龙岩市、三明市或永安市，再转汽车至长汀。

💰 进古城无须门票，古城内小景点大多免费开放。

◎长汀朝斗岩

意在"镇文风",希望汀州多出人才。

古城长汀,最让人津津乐道的,是那历史悠久的**天后宫**。天后宫坐落在城区朝天门外,是在九口大池塘水中央建立起来的古建筑。相传建于宋代,内供奉妈祖神像,正殿设计非常奇特,为悬山两面坡,琉璃瓦当滴水,厅檐有龙柱和石雕栏杆,其上有丰富的雕饰。从横岗岭横看天后宫,可见其殿宇广阔、雄伟壮观,四周风光秀丽,由于地形恰似金龟,天后宫又名"蛤蟆浮塘"。

长汀自古教育繁荣,书院林立,人才辈出,从宋至清历代科举,汀籍进士70余名,举人260多名,明、清两朝"五贡"528名。在这个弥漫着古典韵味的小城里,自古至今,孕育了一批又一批令人肃然起敬的名字,如唐代的张九龄、宋代的陆游、明代的马驯、清代的纪晓岚等,他们或为长汀的山川风物

写下不朽的诗篇,或在此作出人生道路上的重要决定。

长汀是福建最大的客家人聚居地,客家人不仅创建了汀州,也创造了独特的客家文化。汀州城中的**客家博物馆、客家母亲园**浓缩了汀州的客家历史文化,展现了古城与客家的浓厚渊源。

就像有人说的,长汀是个没办法一开始就给你惊喜的地方,它需要你在这个小镇上慢慢地去体味。所以去长汀吧,漫步在青石小巷里,抚摸着古老沧桑的城墙,静静地走进那小巷深处……

温馨提示

长汀的河田鸡号称是世界五大名鸡之一,用河田鸡做成的菜肴,以香、脆、爽、嫩、滑及易脱骨而广受赞誉,向来被列为长汀菜谱之首。

田螺坑村

世界上最美的土楼群

田螺坑五座土楼係山势错落布局，在群山环抱之中，从下往上看，五座土楼高低错落，颇似拉萨的布达拉宫，整体布局巧夺天工。登高俯瞰，宛如奥运五环旗，又似一朵盛开的梅花点缀在大地上，又像是飞碟从天而降，构成人与自然环境和谐共存的绝景。

INFO

- 福建省漳州市南靖县书洋镇田螺坑村。
- 先从漳州市乘火车到南靖县，从南靖县有至书洋镇的班车。下车后可雇摩托车或者包车前往。
- 100元（包含田螺坑土楼群、裕昌楼、塔下村）。

田螺坑，顾名思义，因地形像田螺，四周又群山高耸，中间地形低洼，形似坑，故曰田螺坑。古村位于书洋镇上坂，距南靖县城60千米，距漳州市区98千米，坐落在海拔787.8米的狐崀山半山坡上，主体由方形的步云楼和圆形的振昌楼、瑞云楼、和昌楼以及椭圆形的文昌楼和其他夯土建筑组成的一个村落。

田螺坑东、北、西三面环有大狐

◎五座土楼是福建最具有代表性的一处绝无仅有的壮景，有"四菜一汤"的美称

崇山和大科崇山山脉，南面为大片梯田。这里古木苍天，空气清新，鸟语花香，珍禽异兽应有尽有，此地山清水秀，成为众生生息繁衍的世外桃源。村落中，**五座土楼**不仅造型奇特，组合美妙，而且疏密得体，错落有致，是福建许多土楼中最壮观、最典型、最集中、最美丽，又最具有代表性的一处绝无仅有的壮景。有人戏称之"四菜一汤"，令人不能不感叹民间语言的生动！

土楼群中年代最早的**步云楼**（方楼）建于清嘉庆年间，最晚的**文昌楼**建于1966年。这个土楼群是在一个较长的阶段内逐渐形成的，清嘉庆年间是此地土楼修建的开始及高潮，有三座土楼在这一阶段建成，此后再无这样大规模的建设活动。五座土楼系三层通廊式楼门，均坐东北朝西南，土楼内，一层是厨房、二层是仓库、三层是卧室，每层用木构回廊连接各户。楼内院是宽敞的天井，各种生活设施齐全，适合大家族聚族而居。几百年来，这五座土楼就是田螺坑黄氏客家家族共有的家园，他们

在楼里不分辈分大小，一律均等，和睦相处，一家有喜，阖楼欢庆。如今，田螺坑人仍延续着这种生活方式。楼内一户挨一户，门洞一个挨一个，不时可看到门口吃饭、井边洗衣、大人闲聊、小孩嬉戏的情景，让人触摸到他们纯朴生活的脉搏。

田螺坑土楼群采用以生土为主的建筑材料，再掺上石灰、细砂、糯米饭、红糖、竹片、木条等，经反复糅合、舂压、夯筑而成。具有聚族而居、防盗、防震、防兽、防火、防潮、通风采光、冬暖夏凉等特点，楼内为木结构，逐层增厚，基础材料用片石垒砌，设有梯口、射击口、瞭望台。据专家考证，田螺坑土楼群中，楼与楼的中心距离都是采用接近黄金分割比例2：3，3：5，5：8……中国古建筑专家罗哲文先生

◎土楼内部

1999年秋到田螺坑考察时，写下了律诗一首《田螺坑土楼群赞》，诗曰："田螺坑畔土楼家，雾散云开映彩霞。俯观宛如花一朵，旁看神似布达拉。或云宇外飞来碟，亦说鲁班墨斗花。似此楼形世罕有，环球建苑出奇葩。"

客家菜口味偏重，以"咸、肥、熟"为特点，盐鸡、酿豆腐和红烧肉、五香卷、润饼、蚝仔煎、茶米等美食不可不尝；还有蕨菜、笋干、茶树菇等等，以及各种野生蘑菇，也是不可多得的上等佳肴。逢年过节，他们用安装在门厅的石碓打制糍粑，敬奉祖先，祭拜神灵，祈求来年丰收，全家人品尝柔软的糍粑，美不可言；每年的冬至前后，田螺坑人还用刚收获的新稻酿制米酒，这种用糯米和清澈山泉配以红曲酿制的米酒，酒味甘甜，香气浓郁。

田螺坑民风淳朴，每三年举行一次的**做大福**，是田螺坑人的迎神赛会活动，也是古村最热闹的节日。农历的十月廿四至廿六作福时，田螺坑人举着旗幡，抬着神轿，吹着唢呐，敲着锣鼓，浩浩荡荡地把村里的土地神和紫云山寺的佛祖迎回村里，那上百面画着各种吉祥图案的幡旗随着迎神队伍在村里穿梭飘扬，蔚为壮观。同时要演戏三天，古乐笙歌庆太平，田螺人沉浸在无限的喜悦之中……

扫一扫，获取更多
实时旅游资讯

古田镇

古田会议永放光芒

古田地处『华南虎的故乡』梅花山自然保护区南麓，群山环抱，溪流潺潺，充满了田园情趣，是一个普通而又非凡的山区小镇，历史令她散发出耀眼的光芒，吸引世人永远的凝视和聆听。凝视，光辉的里程碑；聆听，历史的回声。

古田镇，位于上杭县东北部、梅花山南麓，地处龙岩市新罗、上杭、连城三县区结合部，是著名的"古田会议"会址所在地。全镇地处交通要塞，北通江西，西南达广东，东连龙岩、厦门。古田镇开发较早，宋代即有人家居住，民国期间辟为圩场，新中国成立后，经历年开发建设，已成为繁荣的山区集市。

古田会议会址位于古田镇溪背村，原系廖氏宗祠，建于道光二十八年（1848年），红四军进驻古田后改名为"曙光小学"。1929年12月，毛泽东同志主持的红四军第九次代表大会在此召开，通过了具有历史意义的古田会议决议案。目前，会址大厅已恢复当年开会的原貌。马克思、列宁画像和代表席位、大会会标、主席台以及墙上的党旗都按原样放着。会址左边有荷花池，右边有红军检阅台，后面竖立"古田会议永放光芒"八个红色大字，背后是茂密的树林。

和古田会议会址相对应的古田会议纪念馆，是以古田会议会址为依托建立起来的专题革命纪念馆。多是闽西革命

◎古田会议旧址

作旧址——**协成店**位于古田镇赖坊村，建于1922年，于1960年重修，保存完好。砖木结构，一进两厅楼房，面宽三间。这里原是上杭白砂商人傅光书做土纸和木材生意的地方，1930年，毛泽东在此店写下了光辉著作《星星之火，可以燎原》。毛泽东在信中批判了右倾悲观思想，并阐述了"工农武装割据"的正确道路，初步形成了"以农村包围城市"的中国革命道路的思想。

中共闽西第一次代表大会会址——**文昌阁**位于蛟洋村，始建于乾隆六年（1741年），历时13年建成，后又于文昌阁之左右两侧分设天后宫、五谷殿。系土木砖质宝塔式古建筑，外观六层，实为四层，第四层以上为八角形，第三层以下为四方形，一至三层分别供奉了孔子、文昌帝君、魁星的神像，塔尖为葫芦顶饰，古朴、壮观。整座建筑没有使用一根铁钉，全由古代用的木榫建成。辛亥革命后，文昌阁改办为学校为广智小学，邓子恢等人就曾任教于此，并借此开展革命活动。1929年7月中旬，毛泽东同贺子珍、蔡协民、江华、

◎古田会议旧址——松荫堂

文物珍品，是福建省收藏革命文物最丰富、规模较大的纪念馆。置身其中，仿佛回到了那"烽火连三月"的峥嵘岁月。全馆占地面积约86000平方米，建筑面积11000平方米左右，管辖着古田会议会址、松荫堂、协成店、文昌阁、树槐堂、中兴堂等六处革命旧址。

红四军前委机关暨红四军政治部旧址——**松荫堂**，又名永东楼，位于古田镇八甲村，始建于清嘉庆十三年（1808年），新中国成立后，历经修葺，旧址仍保持原貌，土木结构，一进二厅楼房。20世纪20年代，外国传教士租用此楼设了礼拜堂。1929年5月，红四军第二次到达古田的时候，外国传教士都先后离去。12月中旬，红四军返回古田后就把前委和政治部安扎在此，毛泽东、陈毅等人都住在这里。在松荫堂的二楼卧室里，毛泽东起草了《中国共产党红军第四军第九次代表大会决议案》，为古田会议的胜利召开奠定了基础。

毛泽东《星星之火，可以燎原》写

INFO
📍 福建省龙岩市上杭县古田镇。
🚍 从龙岩市乘坐到古田镇的客车即可。

◎古田镇风光

曾志等人前往上杭蛟洋文昌阁指导召开中共闽西第一次代表大会。会上毛泽东为巩固发展闽西革命根据地分析了有利条件，提出了基本方针，指明了前进方向。大会之后，闽西各地认真贯彻"闽西一大"精神，呈现出一派"寥廓江天万里霜"的喜人景象。

中共闽西特委机关旧址——**树槐堂**位于古田镇苏家坡村。砖木结构，一正两横，正楼分前、中、后三进厅堂，中、后厅左、右两侧是厢房。1929年10月，中共闽西特委从上杭城迁至苏家坡，特委机关就设在树槐堂，在这里领导闽西地方党的各项工作，为建立和巩固发展闽西革命根据地作出了应有的贡献。前厅是印刷所，中厅是特委会议室，后厅是毛泽东创办的"平民小学"校址。随同特委机关来到苏家坡的毛泽东携贺子珍就住在树槐堂后厅左侧的小阁楼，在这间小阁楼里，身患疟疾的毛泽东一边养病一边代表红四军前委指导闽西特委的工作。在树槐堂右侧半山腰上有一天然岩洞——圳背岩洞，是毛泽东当年休息、读书之处，现在当地人都把它叫作**"主席洞"**。

光辉的历史，在静寂的小镇静静地流淌。历史的回声，激荡在小镇的上空，并从小镇飞越群山丛林，光照千秋。

培田村

客家九厅十八井建筑群

钟灵毓秀的自然环境和重要的地理位置，以及客家先祖长期耕读为本和勤勉立业的精神，历经百年风雨，最后形成了培田深厚的历史文化和经济的空前鼎盛，并为后人留下了宝贵的明清客家乡土建筑群，有「福建民居第一村」、「中国南方庄园」、「民间故宫」之美誉。

培田村在连城县的西南部，源溪宛如古代官员缠腰的玉带，绕村而过，著名的冠豸山、笔架山、武夷山余脉自北向南直落此地，好像被三龙怀抱，村外的五个山头，则又像是五虎雄踞，风景宜人。古代这里是通往汀州府的交通要道，元至正四年（1344年），吴姓开基之祖吴八四郎由浙江辗转迁往宣和培田，如今整个培田村约有1000居民，都姓吴。村落由31幢保存完好的高堂华屋、21座吴家祖祠、6处私家书院、4处庵庙道观、2道跨街牌坊和一条古街组成，形成一个布局合理、错落有致、规模宏大的明清建筑群。

古代的客家人，要到汀州考秀才，常常成群结队地通过这条千米古街步行至汀州府，所以有人把这条街称为"秀

才街"。古街两旁层肆茶馆、中药堂、打铁店、豆腐坊琳琅满目，还有几家古玩店、民俗馆和私人面馆，尽展一派古风。在培田村各家各院都保留着很多明清时的百楹联，村内各个角落还存留许多红军的壁画和标语，位于街边的至德居门上的楹联"庭中兰蕙秀，户外世尘静"就生动地描述了培田庭院的幽雅和街市的繁华。另外，都阃府坪中有一幅《鹿鹤同春》图，堪称培田的经典作品。

21座百年古祠分列古街两侧，更是让人目不暇接，各祠堂门庐构造，有"三分厅堂七分门庐"之说，其结构斗拱垒撑，立石柱雕梁，架飞檐翘角，安红门画彩栋，悬金字牌匾，镂雕窗牖墙屏，刻石柱楹联，绘木壁漆画，甚是富丽堂皇。

培田的高堂华屋都采用"九厅十八井"建筑结构。这是南迁的客家人针对南方多雨潮湿的特点，适应客家人聚族而居的心理需求，采用中轴对称布局，厅与庭院结合构造的大型民居建筑。大夫第便是此建筑结构的代表，位于村东

INFO

- 福建省龙岩市连城县宣和乡培田村。
- 可以乘坐到培田古民居的中巴车。
- 50元。

南角，又称**继进堂**，始建于1829年，历时11年建成，尽管厅多井多房多，却井然有序；尽管建筑层层叠叠，采光通风出水却无丝毫滞碍；厅与厅之间既有通道相连，又有门户隔阻，使之各成单元，既利于大家族聚族而居，又不妨碍小家庭各享天伦。它规模宏大，有18厅、24井、108房，可摆下120桌酒席。而房屋的飞檐翘角、雕梁画栋、窗屏、雀替上都有寓意祥瑞深远的精雕细刻。挑梁式梁栓结构以其"墙倒屋不塌"的特点被中外专家称为世界一流的防震建筑。那一眼眼常年涌流清澈见底的井水，则除了供饮用外，还有除燥降温的"空调"功能。庭院前面大多设有月塘，田园广厦连为一体，堪称没有围墙的南方庄园。

官厅又称侍卫府，有9厅18井，四周青砖防火墙古朴厚重，门楼前两坪石狮鼓危坐，石桅杆挺立，月增清碧，五进厅堂层层耸叠。整个官厅形同城堡，开阔、通畅、舒适安逸。中央红军北上前的温坊、松毛岭战役中，官厅是朱、彭、林、罗指挥部。战斗结束，红九军团即由此出发，培田因而成为红军长征前夕的一个出发地。

建于明代的**衍庆堂**，建筑结构与继进堂大体相同。门前一对"门当户对"，蕴涵男女和合、家业兴旺、万代兴隆之理念。在衍庆堂内，常有培田民间乐队演奏十番乐，铿锵悦耳，韵调无穷。

◎培田村古建筑

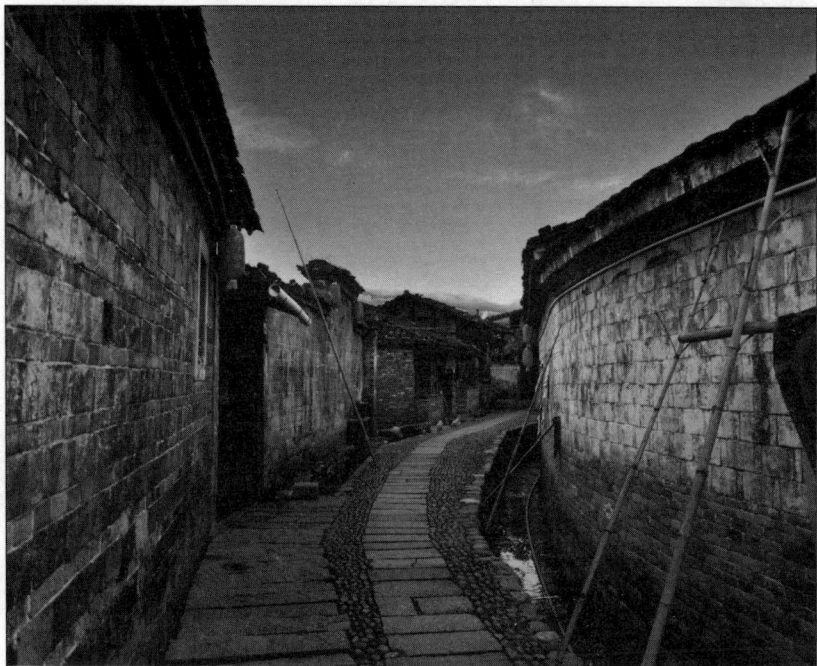

◎培田村古街巷

培田的武风之盛则从至今存放在进士第的练武石、村旁的练武场和习武学校般若堂中可见一斑。村中还有对妇女进行素质培训且"可谈风月"的容膝居、以传授泥、木、雕塑等技艺的修竹楼、学习农耕知识的锄经别墅等。

培田文化是多种文化类型的聚集，它展示的不仅是丰厚的建筑文化，而且包含客家的历史文化、系统的宗教文化、淳朴的民俗文化、古今的名人文化。从门楼上的"水如环带山如笔，家有藏书陇有田"等楹联都不难看出培田先祖们尊崇"唯耕唯读"的人生理念。建于明成化年间的**南山书院**，位于村尾竹木葱茏处，被当地人称为"入孔门墙第一家"。明

温馨提示

培田的风味小吃有八大干、炒雪薯、白斩兔、连城白鸭、焖薯粉等，尤其是客家米冻，这里的百姓过大年都离不开它，进入腊月后，他们开始制作米冻，主要原料有大米、凤尾柴等，它晶莹透亮，色泽鲜黄，质地柔韧，香气扑鼻，是过大年上好的菜肴。

清以来，一批名士曾被聘执教于此，几百年来，南山书院以博大的胸怀容纳笑声，也容纳叹息，但却从不承认自暴自弃与甘于沉沦。

桂峰村

山中理窟 云霞仙境

桂峰环境优美，桂峰八景或天然生成，清新脱俗；或人工雕造，婀娜多姿。古往今来，吸引众多的文人墨客，并留下了数百首诗词歌赋。漫步古村，满目皆古，古道、古街、古村、古书斋、古碑刻、古画、古族谱……

桂峰村位于洋中镇之东北向，村部距京福高速公路直线距离仅500米。四周群山环抱，云雾萦绕，历史上曾被誉为"山中理窟""云霞仙境"。桂峰历史悠久，始建于南宋淳祐七年（1247年），曾名桂岭、又叫蔡岭、岭头。古时，因尤溪至福州的一条官道从桂峰经过，是尤溪内地达官贵人、商贾小贩和艄排工人往返福州的必经之地和食宿的唯一中转站，促使桂峰迅速地繁华起来，素有"小福州"之美称。现存古民居40幢左右，依山就势分布于村中的三面山坡上，层层叠叠，错落有致，村中小桥流水，曲巷通幽。

◎蔡氏宗祠

◎从六世祖厝俯瞰桂峰村

桂峰八景之一的石桥景区古称**石桥皓月**，始建于明万历三十二年（1604年），因桥下有一方巨石如印而得名，是村中最繁华的区域。古桥边有桂树四株，分别在树根上用石头砌成"日""月""书""印"四个形状。石砌古道与小桥流水相映成趣；酒肆茶楼和旅馆商店鳞次栉比；再辅以石碑镌刻，明清时代的繁华街区跃然眼前。四

季桂花芳香四溢，阵阵沁入心脾，人们一踏入景区，就感觉到一股浓郁的文化氛围扑面而至，使人禁不住生出欲探桂峰深幽之念。

桂峰村有路皆石，因为桂峰地势崎岖，各座建筑之间的距离相对窄小，故而要用大量的石材构筑护坡，诸如独立建筑后门山厝的护坡多达14层、高达余30米，这样就形成了各条曲径通幽的小巷，为便于行走，又在各小巷的路面铺上石板条，形成独特的街区路面，其内每幢大厝里都建有独立的书斋，被称为"桂峰村的布达拉宫"。

桂峰村民居建筑群风格相似，由木质结构房、庭院、土围墙、石门组成。木门、石门上雕刻着人物、山水、花鸟等精美图案，工艺高超。现存较完整的一处古建筑是**蔡氏宗祠**，位于石印桥上游，是由明代蔡茂相中进士后回乡修建的，距今已有500多年的历史。据《蔡氏族谱》记载：当时正值盛世，也是蔡氏家族鼎盛时期，"一时拨币兴工，备极辉煌冠冕"。从此，它成为蔡氏族姓最重要的纪念性建筑之一。

始建于清咸丰年间的**后门田大厝**位于村子右侧山边，方向坐东朝西。为三进重檐歇山顶木构建筑，面阔五间，进

INFO

🏠 福建省三明市尤溪县洋中镇桂峰村。

🚌 在尤溪火车站坐"动车站—汽车站"专线，转"尤溪—洋中"班车，到达洋中后可与其他人拼七座面包车到达桂峰。

¥ 20元。

◎桂峰村古民居

深三间，四周筑以围墙。据载，因厝主在该房建筑后期出现意外变故，地面部分还来不及装修，迫使工程中断，故留下一些缺憾。但是，就其艺术氛围来说，不失为桂峰现有建筑的佼佼者，特别是木刻艺术，工艺精湛，数量繁多，堪称尤溪县各类古建筑之最。

始建于清乾隆十二年（1747年）的**后门岭民居**位于村子左后侧山边，为二进制单檐穿斗式木构建筑。中轴线上依次为后堂、厢房、二堂、门亭。左右为横厝，左侧建有华表山门。

建于清嘉庆年间的**石狮厝**位于村子右后侧，因厝藏一精美的石狮而得名。该厝面阔五间，进深三间，为二进穿斗式歇山顶木构建筑。

楼坪厅大厝位于村子后侧，为二进制穿斗式木构建筑，是台胞蔡龙豪先生儿时旧居。因地势陡峭，于右侧另搭一楼板为厅，故曰"楼坪厅"，主体建筑

至今仍保存完好。

蔡氏祖庙位于村中心，坐南朝北，为二进单檐歇山顶木构建筑，是蔡氏最早的肇基之地。祖庙背倚青山，面朝绿水，龙脉雄伟，案堂俊秀，有"飞凤衔书"的美誉。堂上高悬"九峰毓秀""进士""举人""文魁""武魁""五代同堂"等匾额。整座建筑四周环有石砌走廊，屋后有五层花台，花台左右各有一口小水井，清泉汩汩，誉为风水的"龙眼"。祖庙在蔡氏子孙的心目中，有着十分重要的位置。

温馨提示

在尤溪县可以买到许多独具地方特色的纪念品，如朱熹像、挂盘、折扇、小屏风、朱熹诗词挂轴及根雕工艺品、竹编工艺品、民间剪纸等。

下梅村

古建精美　香茶余韵

山护村落，水养邑人，山环水抱营造了一个封闭安宁型的下梅村，村内保存完整的明清风格的古民居分列于长900余米的当溪两旁，古街、古井、古码头、古集市，加上古风淳朴的民情风俗，构成了典型的南方水乡风格。

下梅村在梅溪下游，故名。坐落在武夷山市东部，离武夷山市区约6千米、武夷山国家风景名胜区约5千米，村落生态环境好，具有独特的风水意象。清康熙、乾隆年间，下梅村曾是武夷山的茶市，兴盛一时，是晋商乔致庸万里贩茶的起点。下梅现仍保留具有清代建筑特色的古民居30多幢，西水别

◎邹氏家祠集砖雕、石雕、木雕于一体

业、施政堂、陈氏儒学正堂、邹宅闺秀楼、方氏参军第、程氏隐士居等，还有镇国庙、天一井等古建筑。

邹元老原籍江西南丰，清顺治年间携子茂章、英章迁徙下梅，以经营武夷岩茶为生。他出巨资开掘一条900多米的小运河，称当溪，接通流到村口的梅溪，形成交通水网，并在溪流南北建房70余栋成街，数座拱桥、板桥将南北两岸古民居店铺前的廊道贯通。沿溪畔，是一排弧形靠背长椅，称为美人靠，如今，美人靠成了许多老年村民闲聊和读书看报的好去处。赶集时，廊道和溪桥上更是热闹非凡，桥上和廊道上摆满了农副产品和日用百货，琳琅满目，美不胜收。

下梅村**古建筑群**，以居住建筑为主，辅以教育、休闲、娱乐设施和场厅，建筑结构以砖木为主，利用挑梁减柱来扩大建筑空间。宅内一厅三进、三

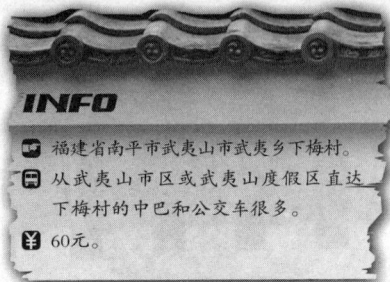

INFO

福建省南平市武夷山市武夷乡下梅村。

从武夷山市区或武夷山度假区直达下梅村的中巴和公交车很多。

60元。

厅四进、东阁西厢、书房、楼台一应俱全。为了采光、集雨、通风，还设置了四方天井。结构精巧的闺秀楼、书阁、花园、经堂、厢房形成了下梅村古建筑的独特风格。每座民居的大门都有精美的砖雕装饰，图案讲究精雕细刻，人物造型生动，环境描绘自然，融人物、花鸟、山水、器皿为一体。古民居的窗，以透花窗格为主，四扇、六扇、八扇隔扇门窗均以斜棂、平行棂的几何图案和吉祥物、动植物及人物图案为主题。在

◎下梅现仍保留具有清代建筑特色的古民居30多幢，古韵浓郁

棂条处理上，有的直线与曲线结合，刚柔相间，有的几何纹与自然纹相结合，疏密相间。还有，一些古宅的柱础、石基和石花架上的石雕图案，也是丰富多彩，雕刻精美。

清代的**邹氏大夫第**是下梅村众多古民居中保存最好的一座。因屋主邹茂章曾获朝廷诰封"中宪大夫"而得名。该宅第为二厅三进建筑构造，设有厢房、书阁等若干间。门楼造型宏阔，石雕、砖雕的图案风雅，工艺之精，令人叹为观止。有意思的是大厅的天井沿，有一长8米的整块石条，在只有沙砾岩的闽北，如此整块的青石条十分少见。大夫第的后花园名为"小樊川"，风格古典而流畅，为典型的江南园林造型。内有镜月台、金鱼井、对弈台、石水缸、镂窗等，屏墙为镶式窗，给人"隔墙花影动，疑是玉人来"的美妙感受。

邹氏家祠建于清乾隆五十五年

（1790年），为砖木结构，是一座集砖雕、石雕、木雕于一体的古民居的代表。主厅敞开式，两侧为厢房，楼上为观戏台，前廊为精巧木柱拱架，造型别致，气势宏大。照壁为四扇合为一体的木雕刻画门，人物造型、生活场景、乡村风情尽显画中，给人以浓郁的生活情调，显示出当时木雕刻画的高超技艺。还有那双波造型的风火墙以宏阔的气势耸立其间，与外围隔开了两重天地。

达理巷位于下梅北街方宅门，约修建于清乾隆二十年（1755年），紧靠方宅参军第，当时下梅首富邹氏建宅于方宅南面，两户人家出墙紧贴，都无法开后门且互不相让。后方氏在塞外镇守边关阵亡，遂为忠烈门第，邹家念方家有功，常资助银两抚恤。方家感激，遂做出让墙之举。邹家开了后门，依傍方家东边风火墙造巷10余丈，耗银数百两。此巷后被美称为"达理巷"，寓"通情达理"之意。

下梅人文景观资源丰富，1992年7月，福建电视台《同安主簿》剧组在下梅拍摄以朱熹为题材的电视连续剧，同年秋，江苏电视台在下梅拍摄电视连续剧《范仲淹》……

温馨提示：下梅村民风古朴，有剪纸、舞龙、唢呐表演；还有传统的农业生产工具、生活用品展览，百代作坊、婚俗活动等；因紧靠武夷山景区，这一带的菜肴以山珍野味为主，有传统的农家宴、红菇、笋干（玉兰片）和武夷岩茶等，展示了古朴的农家生活。

世德作求

廉村

开闽进士第一村

山川因名人而生动，名人借山川而传扬。走进因薛令之廉洁而得名的廉村，这里的狮岩石室、廉岭泉亭、古樟榕树、龟石潮痕、溪南晚钓、凤池云影及其苍苍廉岭、泱泱廉溪仿佛都会向您诉说一章章"清廉"的故事。

INFO

- 福建省宁德市福安市溪潭镇廉村。
- 乘坐福安至周宁或山城等班车都可到达廉村。

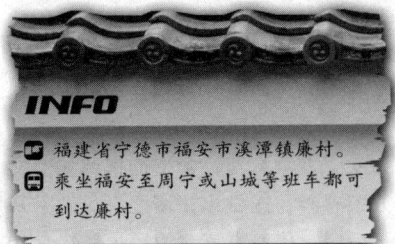

廉村原名石矶津，位于福安市区西南约15千米处，是开闽进士第一人薛令之的故里，因他是福建第一位进士，且为官清廉，唐肃宗便御赐其所在的村为廉村，水为廉水，岭为廉岭。现村内有妈祖庙、陈树安宅、陈住松宅、聪明泉、薛令之故居、薛令之读书处（灵谷草堂）等文物古迹。

走进因薛令之廉洁而得名的廉村，这里的狮岩石室、廉岭泉亭、古樟榕树、龟石潮痕、溪南晚钓、凤池云影及其苍苍廉岭、泱泱廉溪仿佛都会向您诉说一章章"清廉"的故事。

廉村古堡城墙环村而筑，据旧《福安县志》载，古城墙全长1400米左右，墙厚3.6米，现有高度4.4米，是一道坚固的防御工事。六个城门，以儒家道德为核心来命名分别为廉门、忠门、孝门、礼门、义门、信门，如今只有忠门和孝门保存完好，与门前清流明净的廉溪流水、近旁繁茂葱郁的古樟秀色相互映衬，树下就是古渡口，三五成群的妇女们在溪边浣衣，其景和谐自然。

◎古官道

沿溪城墙南边，有保留完好的唐宋**古码头**，用硕大的鹅卵石一级一级铺排，缓缓地伸向溪流。据载，过去这里"渔舟渔货并集，远通建宁府诸县，近通县城及各村落"。因此，它既是直通大海的内港，又是沟通闽东北和浙南的水陆枢纽和物资集散地。沿溪是一条鹅卵石铺就的5米宽的古通道，路旁并立着几方苔迹斑驳的古碑石……

古官道是古代供官吏坐马车行走之道，廉村城堡内官道纵横，保留着宋代的风格，由一条或三条修光的条石，在条石之间用鹅卵石相嵌，有麦穗形，表示五谷丰登，丰衣足食；水波形，表示团结一致；有阶梯形，表示步步高升……造型独特、富丽堂皇。巷陌深处翘然高昂的粉刷院墙，则是建于明清时代的古民居，不少家庭大厅至今仍完好地摆设着昔日造型古朴、雕镂精致的大型木刻屏风。尤其在薛令之故居遗迹前两尊尚存的小石狮，应是廉村历史的最明显的见证。

建于清代的**一门五进士**古民居，依然保持着书香门第的那种古香古色，门楼上"就日瞻云"意为浩大恢宏的气势，远大理想。其大门口匾额上"古处

◎廉村自然风光也十分优美

是敦"四个字正是这一家的祖训，勉励后人要像古人那样和睦相处、敦厚纯朴。其内楹联都是清代的文物，不仅书法功底深厚，而且意境优美或富有哲理，左有"父言慈子言孝职分当尽"，右有"书可读田可耕事业犹存"。其内设有走廊，目的是便于妯娌之间的来往、交流、沟通。

廉村有五座祠堂：后湖宫、陈氏宗祠（即总祠），陈氏长祠、陈氏次祠、陈氏三祠。一个村庄内出现五座祠堂，可以说明廉村当时族系的繁荣发达以及当时廉村建筑和文化的气派。**后湖宫**原明月神祠，建于正德八年（1513年），整个建筑由门楼、戏台、天井和享堂构成，屋内正中摆放着薛令之的塑像，雕像上方的牌匾上四个大字"覆载资生"是唐太宗教育儿子唐高宗的话，其意为"水能载舟，亦能覆舟，为官一任要服务百姓、造福苍生"。享堂左右两侧各立着两块古老的石碑，整齐地刻记着历代重修的过程及捐资人姓名；其内还有一副精美的木雕屏风，当地人称廉村的传家宝，采用镂空雕刻技术，多层透雕，雕工细腻精湛，人物神态栩栩如生。如今，几乎每年的中、高考时，廉村学子都会被父母拉着在后湖宫薛令之的神像前祭拜许愿，希望能"金榜提名"，这也许便是薛令之带给廉村的意义。

建于明末清初的**陈氏宗祠**是廉村最大的一座祠堂，三进建筑，由门楼（连接古戏台）正厅、后堂两厢、后厢所组成。特别是前座的戏台顶上是陈氏宗祠的独特建筑——太子亭，至

今每年的冬至村人都在这里举行祭祀大典拜祖活动，由三个支祠每年轮流推选一个德高望重、三代同堂的长者作为祭首拜祖，宗祠大门（叫仪门）打开，戏台板拆开，从宗祠仪门的门口开始，三拜九叩，要拜三百六十次，由子孙搀扶着，在宗祠后厅中间摆上全猪全羊等丰盛祭品，整个仪式从中午开始一直延续到下半夜，燃烧着火把。同时，唱三天三夜大戏，周围十里八乡的乡亲们都赶到这里看戏。整个场面气氛活跃，热闹非凡。

昔日的陈氏支祠即陈氏三祠，如今汇聚了各行业各领域的近300名知名人士的真实手迹，馆名"**天下名人手迹馆**"便是由当年四大家族之一的陈立夫先生于99岁高龄之时亲笔题写的。走进展馆，右侧墙壁上的一个"廉"字格外引人注目，这个由太阳、房子、夫妻、圆桌、月亮巧妙构成的形象字，寓意深刻。

廉村还是远近闻名的**进士村**，这里有"一门五进士""父子三进士""兄弟三武举"的美谈。在宋代，从1109年到1258年的150年间，廉村薛、陈两姓出了17个进士，自薛令之以来，薛陈两姓进士一共33名。薛令之，字君珍，号"明月先生"，他的《太姥山》是一首堪为闽人山水诗的开篇之作。

温馨提示

廉村的传统产业主要是田草织席等。另外，福安的继光饼，即光饼、挂饼令人垂涎欲滴，若沿着光饼的边沿将之分成两片中间夹上海蛎包，更是别有一番风味。

和平镇

白墙黛瓦的古镇

它是饱含南武夷乡土气息的山歌，从遥远传唱至今；它是一颗古朴的明珠，从遥远雅琢到今天；它是一座历史悠久的博物馆，抖落的是尘埃，留下的是珍贵。它就是奇迹般地保留着300余栋明清古民居的和平古镇。

和平古镇，坐落于闽北重镇邵武南部，是古代邵武通往江西、泰宁、建宁、汀州的咽喉要道。早在唐朝天成元年（926年），和平古镇就有"五天一墟"的繁华贸易街市。曾经发达的贸易，给古镇留下了众多的历史古迹……

和平古镇原有东西南北4个主城门，并在城门上建有木构谯楼，现仅存东、北两座谯，亦已破烂不堪。一条长600余米的旧市街贯穿古镇南北，青石板铺就而成，至今保存完整，由于地形北高南低，街道随形就

◎和平镇建筑

势，形成"九曲十三弯"，远看如一条腾空欲飞的青龙，被誉为"福建第一古街"。主街两面近百条的小巷在高墙间蜿蜒，古朴、幽静、深邃，却蕴涵着勃勃生机。有诗写道："壁剪裁天地，地幽碧落奇。巷深苔藓盛，天小白云稀。"每一条古巷都有一个名字，每个巷名都有一个由来。其中最宽处只有75厘米，最窄处只有50厘米的巷子，叫和气巷。因为两个人在巷子中相遇，必须同时侧身，相互谦让才能通过，故名"和气巷"。潘家巷，封火墙高耸，因巷子里的住户大多姓潘而得名。潘家巷中间有一弯折，站在巷口看，给人以"山重水复疑无路"的感觉；走进去看却是"柳暗花明又一春"。近百条巷子，纵横

INFO

🖼 福建省邵武市和平镇。

🚍 邵武市汽车站乘坐大巴可达。

交错，犹如迷宫……

和平古镇不乏豪门巨宅和有价值的**建筑**。城堡内青石板和鹅卵石铺成的小巷纵横交错，光滑的鹅卵石记载着古镇的繁华与沧桑。和平古民居的朝向，大多是坐西朝东，或坐东朝西。这种朝向导致夏天太阳长时间从天井上方照射至厅堂，使厅堂酷热难当。为了解决避暑问题，这里房子采取了两种遮阳的方法，即卷帘式和轨

◎和平古镇门楼

道推拉式。廖氏大夫第使用的是卷帘式，即用一个转轴来卷放遮阳布。黄氏大夫第朝西的两座合院采取的是轨道推拉式遮阳法遮阳。这种遮阳法就是在厅堂檐前梁枋上设置活动机关，用牡蛎片制成既可遮阳又可采光的遮阳板。若要遮阳就拉动机关的拉线，遮阳板就顺着轨道往天井上方运行，直至完全遮挡住；而将拉线反向拉动，遮阳板便往回运动。

和平历史以来就是邵武南片的政治、经济、文化中心，因此清乾隆三十四年（1769年）设和平分县，置"分县署"和"把总署"，驻兵防守，隶属邵武府治。**县丞署**俗称分县衙门，位于古镇区东南隅的谢傅巷，坐西朝东，两进厅，五开间，构架以抬梁式与穿斗式结合，用材硕大，四根纵梁与横梁形成一个井字顶，使公堂显得更加威武壮观。整幢建筑保留了明代建筑遗风。地面上还有两排半圆小坑，为当时升堂时衙役口念"威武"，手拄水火棒所留。大门外有一块专给犯人枷号示众时站立的方石，称罚站石，一对脚印清晰可见。署衙前右侧原有关押人犯的平房（俗称"班房"）。署衙前一片空旷的坪地，为驻防官兵训练、演武场所，称为"校场"。和平县丞署是目前全国保留最完好的分县衙门。

始创于后唐的**和平书院**从开科取士以来，和平出了137名进士，有进士之乡的美誉。现存的和平书院，北向大门设计匠心独运，顶部形状像一顶官帽，反映了旧社会读书为做官，"学而优则仕"的思想，三扇门形成了一个"品"字，取"万般皆下品，唯有读书高"和"学而优则仕"的寓意，以此鞭策学子勤勉学习。大门上方的木雕月梁为打开

书卷的样子，寓意"开卷有益"。

和平书院初创时是一座黄氏宗族自办学堂，自宋以后，逐渐成为一所地方性学校，吸引了一大批历史上著名人物到书院讲学，如宋代著名理学大师朱熹、程门立雪的杨时都曾到和平书院讲学布道……进入书院正厅，必须登13级青石板台阶，前六级为读书打基础之意，从第七级开始为七品至一品，寓意"步步高升"。步入正厅即为老师讲课的地方，正上方悬"万世师表"新匾一个，透出了古镇居民对传业授道夫子的敬佩之情。走出书院，回首书院的院门口，心间陡然而生敬慕之情。而书院里的神龛和梁栋，书院内学童们"学而时习之"的琅琅读书声，就这样永远萦绕不散于心头。

此外，镇内还有李氏大夫第、恩光宅、谢氏粮仓、旧市义仓、天后宫、万寿宫、三仙宫、延喜宝、岐山公祠、护林碑等等古迹，如深藏于岁月深处的明珠，只要你走近，就能感受到它夺目的光彩。

和平镇民俗文化遗存丰富而奇特，有和平"三绝"——摆果台、观星茶、游浆豆腐；有被称为活化石的傩舞；有独特的龙灯——烛桥；有稻田养鱼、田埂种豆等等，古老的民俗风情与稼穑智慧闪烁着生命与生活的光辉。

温馨提示

和平美食有"闽酒当以为第一"之誉的农家水酒，传统名产"观音茶""和平鲤鱼""和平豆腐""和平米粉"，和平美食的丰饶，让人体味出久远的挥之不下的闲适与温情。

华南古镇

古镇

大鹏所城历经六百多年的历史沧桑，至今仍巍然屹立：雄伟而庄重的城门伟岸高耸；古朴典雅的明清民居保存完好；蜿蜒悠长的青石板小巷宁静而深远；数座结构宏伟、独具特色的清代将军第有序分布……是全国保存最完整的明清海防卫所。

鹏城村

大鹏所城多将军

鹏城村位于大鹏镇东北方向大鹏半岛的大亚湾畔，村落距市区约50千米，距镇中心约2千米，是闻名的大鹏所城所在地。鹏城村有7个自然村，大鹏所城里占了4个。大鹏古城全称"大鹏守御千户所城"，占地11万平方米，属军事要塞，置于明洪武十四年（1381年），洪武二十七年筑城，是明代为了抗击倭寇而设立的，深圳今又名"鹏城"源于此。

大鹏所城历经六百多年的历史沧桑，至今仍巍然屹立：雄伟而庄重的城

◎斑驳的城墙上留下岁月的沧桑，但当年作为南疆要塞的威武仍然可以想象得到

门伟岸高耸；古朴典雅的明清民居保存完好；蜿蜒幽长的青石板小巷宁静而深远；数座结构宏伟、独具特色的清代"将军第"有序分布……是全国保存最完整的明清海防卫所。

大鹏所城有门楼、敌楼、护城河等，清代屡有修茸。城平面呈不规则四边形，城内有东门街、南门街和正街三条主要街道，主要建筑有左营署、参将府、守备署、大鹏粮仓、军装局、火药局、关帝庙、赵公祠、天后庙等。现原有格局基本保留，东、西、南三城门仍保存完好。城内现存主要建筑物有振威将军第、刘起龙将军第等，建筑规模宏伟，保存完好。

建于清道光二十四年（1844年）的**赖恩爵振威将军第**位于古鹏城南门内右侧100米处，建筑面积为2500平方米，为清代府第式建筑群，是古鹏城内保存最完好、最壮观的一座古建筑。其门首横额楷书"振威将军第"五个大字，乃道光皇帝亲笔。门前置一对石狮和一对象征武官府第的石鼓（文官府第为一对石麒麟）。檐板、梁枋等饰金木雕刻，上绘人物故事，花鸟草木及墨书诗词等。将军第为侧门内进，正间为住宅，三套三进三间结构，当心间三厅二天井，左右次间三厅二天井、十厢房两侧间为宾房，三进三间结构。两间前长廊有月门相通，地面铺砖，墙石脚青砖结构。长廊前有倒厢，正间有前院、侧廊，侧间有后院、偏厢。前后院均有水井。建筑材料为青砖墙、红砖地、木梁架、石柱础，瓦顶式样为硬山顶，中有灰脊。整座将军第以一丈多高的高墙围着，气势雄伟，大有"将门府第"之气派。

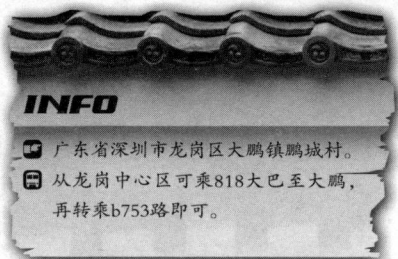

INFO

广东省深圳市龙岗区大鹏镇鹏城村。

从龙岗中心区可乘818大巴至大鹏，再转乘b753路即可。

除此以外，赖氏在鹏城内还有四座将军第。在赖恩爵将军第对面有一座赖世超将军第（又称赖氏祖屋），正街有一座赖英扬将军第以及西门内有二处赖恩爵的长子及第四子的将军第。明代大鹏所城有武略将军刘钟、徐勋，清代的大鹏所城有赖氏"三代五将"、刘氏"父子将军"等，明清两代十几个将军，大鹏所城因之享有**"将军村"**的美誉。

大鹏所城的周围完全被客家人的村落所包围，可城内**民居**却是外观轮廓以"尖锐飞带顶式"为主，又杂有广府筒式民居及五行山墙式民居的种种变体。另外，它还有着一些北方的风格，一般有一进的小院或天井，两侧有居住的耳房。檐口和屋脊都比较平直，有北方官式建筑的样子，不像广东民居檐口用飘起来的形式，屋脊也比较弯曲："硬山顶"的屋脊形式也与客家建筑的"提壶儿"屋脊有区别。至于大鹏民居内部的具体装饰，如花饰、泥塑、灰塑和木雕这些细节部分，则更多带有南方的色彩。因此可以说，大鹏传统民居是广府民居与客家民居文化的"合璧"。另外大鹏民居用的材料等方面比一般民居部高一些：所以房屋质量也更高，代代相传，一直延续到今天。

◎大鹏所城的粮仓

圆筒形的**龙井**位于鹏城村东门外200米处的龙头山下，深近7米，直径约1米，花影绿阴之间，清泉从岩洞中涌出，春夏秋冬，从不间歇，龙井泉水有清热、解毒、提神、健身之功效；夏饮凉浸肺腑，冬喝温润心田，甘甜可口。现在身居海外的大鹏华侨，常带几瓶龙井泉水到异国他乡，送给亲朋品尝，得到广泛的赞誉。

鹏城还有**四桥**：距今160多年的登云桥位于鹏城村西侧，宽约3米，长近10米，由花岗条石构成。民间传说，人只要走过此桥，必将会有"好运"来临。距今约200年历史的荣萌桥位于鹏城东面的三角潭畔、校场尾村旁，距大亚湾数百米，宽2米、长约10余米。民间传说，经此桥出行，万事无有不顺。官坑桥位于大鹏城北九顿山南麓的小溪之上，小溪冬天常常无水，当地人称之为"旱坑"，史载又称"官坑"。桥为

单孔石板桥，小溪两岸各置高丈许桥墩一个，桥面由4条2米多长的花岗岩石条架成，至今坚固如初。福隆桥位于鹏城村西北面，因现在修有公路，行人较少，但"福隆桥"碑载至今保存完好。

古城还保存了独特的**民俗文化**，是岭南文化的重要组成部分：大鹏话、大鹏山歌、大鹏凉帽、大鹏海节、大鹏海胆盎，以及历史沿革、文化特质、生活习惯、性格特征以及世纪末崛起的奥秘，均独具魅力。尤其是独特的古城语言，是研究古代"军语"的"活化石"。

温馨提示

鹏城村美食众多，有元龙、喜糕、豆腐花、粽子、菜头角、发糕、海胆罂、红茶果、煎丸等，鲜滋香醇，味道独特，令人垂涎三尺。

大旗头村

镬耳屋下文渊长

走在清幽雅静的大旗头村，时光似乎倒流一般。200多幢形制一致的清代镬耳形封火山墙的青砖大瓦房，整齐地排成数列，气势壮观村中小巷纵横，仿若棋盘。随便走进一座院落，除了有些凌乱以外，房子的结构都一点没有改变……

大旗头村距佛山市区约43千米，距广州市约50千米，近临105国道、广（州）三（水）高速公路，交通便利。

古村叫郑村，是清光绪兵部尚书衔、广东水师提督郑绍忠（1834~1896）及家族的故宅。因郑绍忠颇得慈禧太后器重，1894年当其六十大寿时，慈禧降旨而建，他让本村所有郑姓人免费居住。不过，现在村子里已经没人住了，村民都搬进附近新起的宅子里了。

走在清幽雅静的大旗头村，时光似乎倒流一般。200多幢形制一致的清代镬耳形封火山墙的青砖大瓦房，整齐地排成数列，气势壮观村中小巷纵横，仿若棋盘。

大旗头村占地约52000平方米，古建筑面积约14000平方米。村内民居、祠堂（裕礼郑公祠、郑氏宗祠）、家庙（振威将军家庙）、第府（尚书第、建威第）、晒场、广场、池塘兼备，布局协调，风格统一；石刻、

◎大旗头村古建筑一角

木雕、砖雕、壁画虽然年代久远，但保存下来的部分，其面貌和工艺水平都令人叹为观止。

古村落为**梳式布局**，前面开阔，背面封闭。这种布局在很多方面都被体现了出来，比如全村后高前低，每家院子的地面也都是斜的，这些均是为了利于排水，每列房屋之间是窄窄的青石板街，街边的石板每隔数米凿空成铜钱的形状，其下有暗渠，可以将每家每户排出的污水顺着地势一直送到村前的水塘再排往河道。石板街的一端是堵死的，另一端修有门楼，遇到匪患，门楼上的铁闸一落，整个村就变成了防守坚固的

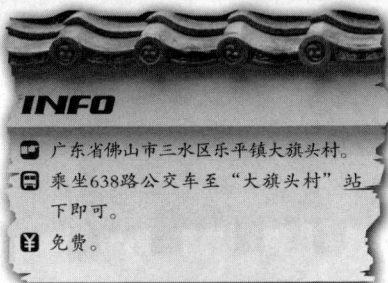

INFO

- 广东省佛山市三水区乐平镇大旗头村。
- 乘坐638路公交车至"大旗头村"站下即可。
- 免费。

大院。

村中住宅的结构布局基本相同，都是三间两廊式样的**镬耳屋**，只是规模大小不同。天井两侧是行廊及厨房，正房三间，中间厅堂由一个木屏风分隔为厅堂和卧房，卧房上为阁楼，放置杂物，

◎大旗头村古建筑

木屏风前有简易神龛，供祭祖先。山墙立面开窗少且小，山墙顶为镬耳式封火山墙，镬耳墙的功能主要是防火，是作为封火墙使用的。镬耳墙又称鳌鱼墙，有"独占鳌头"的含义，墙头中央高两边低，两边的双耳象征着古代官帽的两耳，所以从前只有官宦之家才有资格采用这样的建筑形式。随着时代变迁，一些显族大户和商人地主也逐渐采用这种建筑。

据说郑绍忠这位行伍出身的提督因为没有文化在工作中吃了不少苦头，因此在大旗头村的整体建筑布局中处处设下了对文化的渴求，寄托着郑绍忠对子孙孙都能成为文化人的殷切希望。村头两棵历经百年的老榕树，枝繁叶茂；高三层的文塔像一支倒立的笔，矗立在池塘边；塔下有两方石，大者高三尺许，如砚，小者方块状，如印，大水塘旁的大晒场如纸，组成了"**文房四宝**"齐全的人文景观，为希望后代"读书做官"之意。

按照粤地的**民间习俗**，古村当中先祖所建的祠堂、书塾和家庙等建筑物，作为聚落的空间灵魂和精神核心除非万不得已是决不会被拆除的。为了保留住对于家族和源脉的部分记忆、维系族群的凝聚力，居住于古村或者迁居到古村周围居住的本村人通常会依时对祠堂、家庙等进行洒扫、整理，每遇重要的传统年节便会将留住的和外出的村民聚拢来，按照祖制举行祭拜活动以及团聚仪式，并摆设家族聚集一堂的围宴。同时，外出的本族子弟也多会返乡拜山，或者给家乡寄一些钱请留住的族人代祭……

大旗头村是建筑学、民俗学、历史学等各个学科研究我国古代农业聚落文化和广东文化地理的实例，具有相当高的历史价值、艺术价值和科学价值。

温馨提示

到大旗头村最好的时间是下午4点以后。傍晚的阳光使曲线优美的镬耳形山墙看上去非常柔美。这时如请看门的老人把村首郑氏宗祠第二道大门打开，金黄色的阳光可以穿过大门、二门，一直照射进来，是摄影发烧友们拍片的最佳时机。

碧江村

碧江金楼『金不换』

金楼、泥楼、蚝壳墙、砖雕……碧江近年拂尘惊世，被专家和远近游客总结出古博精真四大亮点。走进碧江，这里，曾孕育过工业文明的胚胎；这里，蕴含着深邃的历史文化；这里，展现了江南水乡民居的秀色古香……

　　碧江村位于大良北面约11千米处，宋代建村，因有一小山岗称碧岗而得名，后用同音字改称碧江。明清时期属顺德四大圩镇之一，造纸、腌笋非常有名，米行等各业兴盛，为广州货物的一大中转站之一，素有"文乡雅集"之称。

　　古村经济与文化的发达，给后代留

◎碧江腌笋

下了丰厚的古建筑资源，清咸丰《顺德县志》中有"俗以祠堂为重大，族祠至二三十区，其宏丽者，费数百金，而莫盛于碧江"的记载。村中现存有金楼、泥楼、职方第、慕堂苏公祠、五间祠、泰兴大街祠堂群、村心祠堂群、砖雕大照壁、亦渔遗塾、苏三兴大宅（怡堂）、德云桥等古迹。为珠江三角洲民居、祠堂标本部落、传统宗族文化、近代工商文化等，提供了完整、重要的物证。

在碧江古建筑群内，游客可穿越400多年的时空，从明朝到晚清，置身于原汁原味的历史场景中，"古"味厚重。碧江建筑群，风格上保留着干打垒、蚝壳墙、水磨砖、镬耳山墙等特色；装饰方面，木雕、砖雕、石刻、灰塑、壁画应有尽有，一座古建一个时代，此所谓"博"。古建筑中以碧江金楼最为知名，楼内巧夺天工的金木作，几乎包罗了木雕艺术中的所有手法，还有刘墉等清代名家的字画、明清家具珍品，以及后花园里堪称碧江的"清明上河图"巨型铸铜壁雕，非亲临其境不能领会其"精"。此外，金楼景点"修旧如旧"，宅第内所有生活用品、摆设、家具等等，全部是与宅第主人有关的同时代实物，此所谓"真"。

古村当地有"碧江多商贾，金楼为至尊"的说法。**金楼**原名赋鹤楼，建于清代嘉庆、道光年间，为碧江苏丕文所建之藏书楼。因楼中精美的花刻木雕装饰多用金箔镶贴，富丽堂皇，故得名金楼。该楼为二层木质建筑，内部雕刻精美，雕法有深、浅、浮雕，以及线刻、镂雕和玻璃镶嵌等，内容遍及各种花卉

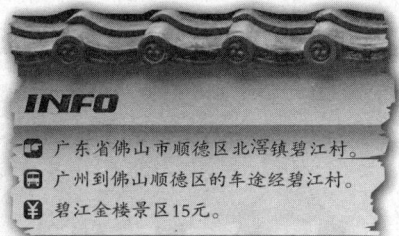

INFO

- 广东省佛山市顺德区北滘镇碧江村。
- 广州到佛山顺德区的车途经碧江村。
- 碧江金楼景区15元。

与动物，施以泥金和贴金，经历了100多年仍金碧辉煌。有"岁寒三友""松鹤延年""兰桂腾芳"等吉祥图画，还有斗笠渔翁、丫髻小童、浣衣少女等木雕人物，无不形神俱备，惟妙惟肖。木雕全都是用柚木、花梨木、酸枝等珍贵木料精雕细刻而成。后花园散落着的一花一草一木也特别的讲究，从佛肚竹到黄金间绿，从100多年的龙眼到200多年的紫薇、青思，无不见证着时间车轮的痕迹。

另外，因为用作书楼，又是木质结构，所以一个小小的碧江金楼就修有三井：院子里的井、正厅里的井以及顶部的藻井。按照五行的说法，木被火克，而火又被水克，院子里的井和正厅里的井主要用来防火、降温，而顶部的藻井，直径很小，上面雕刻着五只蝙蝠，寓意着"五福临头"。

泥楼是与金楼联为一体的传统地方住宅。其庭侧两廊为20世纪上半叶出国留学的屋主改建，使用拱券、柱式等西方建筑符号，现仍留有西式立柱。**职方第**（含见龙门）的整体保存完好，是晚清珠三角广府文化核心区民居建筑的代表。

慕堂苏公祠面阔三间，进深三进，主体结构保存完整。此祠是广东典型祠堂型制，主体结构保存完整，局部雕饰

◎碧江村一角风光

精美，堂塾形式仍具古意。该祠正对面的照壁，是广州陈家祠的砖雕作者之一——砖雕名匠南海梁氏兄弟的代表作。照壁的砖雕完成时间较陈家祠迟4年，刀法更加成熟。

亦渔遗塾为晚清书塾，位于碧江村心三兴巷内，由两座硬山式平房连成，内有小庭院。其门斗、石匾、砖雕、灰雕、壁画、趟栊、脚门、木屏门保存完好……

碧江是一个极具**文化渊源**的地方。科名从宋代就开始彰显，共走出了26位进士和145位举人。著名的碧江名人有宋元祐中制科进士、太尉右丞苏绍箕，宋殿前指挥苏刘义，明布政使苏葵，明末梁若衡，清"惠门四俊"之一的苏珥，还有清乾隆年写出《女学言行录》的李晚芳等等，多不胜举。抗日战争时著名的广雅中学曾暂迁至碧江。叶剑英、郭沫若、沈雁冰等中国近现代著名人物也先后到过碧江，向广雅中学师生和碧江人民宣传革命真理。碧江人还十分注重保护环境，20世纪90年代就获得联合国教科文组织颁发保护环境方面的嘉奖。

温馨提示

金楼以贴金得名，却凭藏娇闻名于世。相传当年慈禧的干女儿、法务大臣戴鸿慈的女儿戴佩琼下嫁时任兵部员外郎的苏丕文，苏丕文将戴佩琼安置在金楼之中伴读，夜夜有美人红袖添香，故传有金屋藏娇的佳话。

沙湾是一个富有历史文化色彩的风情小镇，有着浓重的艺术氛围和文化积淀；沙湾，也是一个幽静闲适的小镇，在这里，聊天、漫步，听广东音乐，于江畔放风筝，任时光在指间情然流逝……

沙湾，一个闻名于穗、港、澳的珠江三角洲的文明古镇，距今已有800多年的历史。因为建在古海湾半月形沙滩畔的"猪腰岗"上而得名，又因位于青萝嶂旁而一度被称为"青萝乡"。

鳌山清代古建筑群位于沙湾镇三善村鳌山脚，由报恩祠、鳌山古庙、社稷神庙、先师古庙、神龙古庙、观音庙等组成，至今保存完好。报恩祠是为纪念清初巡抚王来任上疏力陈迁海之弊，主张解禁复民，挽救了无数生灵，百姓感恩而建的。先师古庙，俗称"鲁班庙"，曾有鲁班等许多手握规、矩、斧、尺塑像，反映当地村民多从事建筑行业……整座建筑布局极有岭南地方色彩，其中的壁画艺术，无论是花鸟、山水还是人物画都栩栩如生，美轮美奂。

始建于元朝的何氏祠堂即**留耕堂**，主要建筑包括山门、仪宫、钓鱼台、享殿、寝殿、东西两廊和村祠。由青砖石、木、牡蛎构成，先后经过三次大修，是番禺区年代古、规模大、艺术精、格调高的何姓族人的祖祠。建筑以多栋梁闻名于世，一共112

◎沙湾镇一景

条木、石柱，也许是寓意祈望何氏多出栋梁之材。它汇集了元、明、清各个时代不同风格的建筑艺术，凝聚了劳动人民的血汗和智慧，加上高超的砖、木、石雕手工艺，闪烁着东方古代建筑艺术的光彩。

始建于康熙年间的**魁星楼**又称"水绿山青文阁"，是源自"鲤鱼跃龙门"、文魁"独占鳌头"传说构想建筑的。何氏先祖以此激励后人发奋图强、勇夺头标。

宝墨园建于清末民初，毁于20世纪50年代，1995年重建，历时八载，由当时占地仅2000平方米扩建到十万多平方米。以弘扬包公清官文化为主线，特具岭南园林建筑风格、南国水乡特色。宝

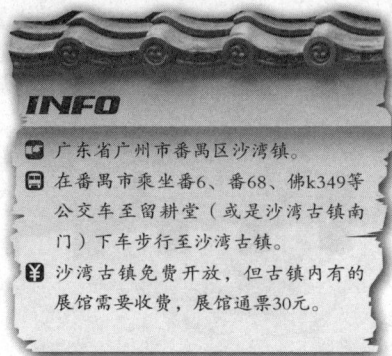

INFO

🏠 广东省广州市番禺区沙湾镇。

🚌 在番禺市乘坐番6、番68、佛k349等公交车至留耕堂（或是沙湾古镇南门）下车步行至沙湾古镇。

💰 沙湾古镇免费开放，但古镇内有的展馆需要收费，展馆通票30元。

墨园内的建筑及景观主要有：治本堂、宝墨堂、清心亭、仰廉桥、紫洞舫、龙图馆、千象回廊和风味食街等。

石门森林公园不仅有梅林，还有红叶3000多亩，每年11月份，这里泼染山红，

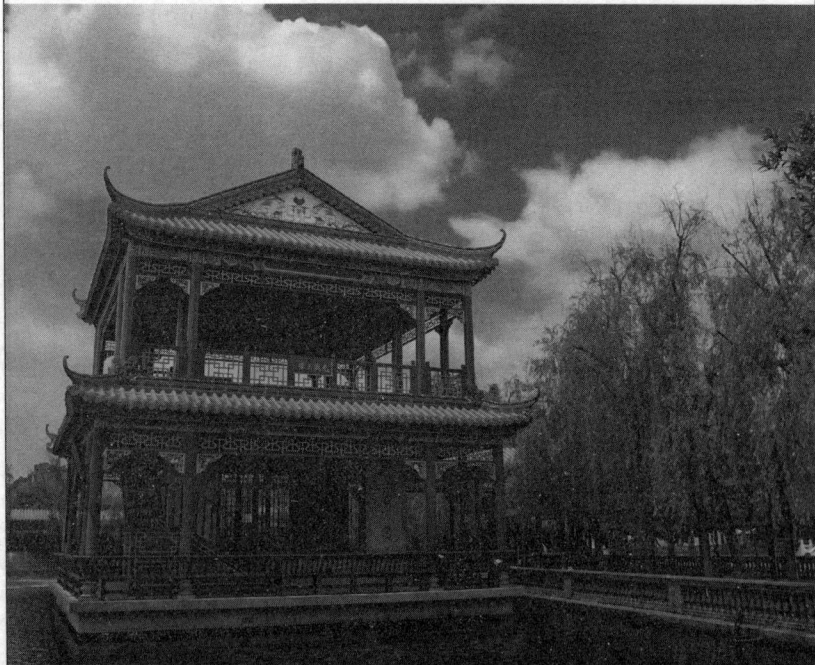

◎宝墨园

漫红嵌黛，瑰丽如画。"要赏红叶石门有，何需千里香山寻。"在这句话的感召下，慕名观赏石门红叶的人，络绎不绝。

久负盛名的**"沙湾飘色"**是沙湾古镇从明末清初流传至今的民间艺术，"飘"即飘在空中，"色"即景色，飘色就是"飘"起来的景色。又因为最先从番禺沙湾镇传播开来，因而得名。"沙湾飘色"因色彩艳丽、色梗钢筋纤细、造型典雅、装置奇妙、内容新颖等特点闻名于海内外。她以游动队式的立体舞台来表演，每一板色都以一个150厘米长、77厘米宽、63厘米高的色柜做小舞台。台面上坐立的人物造型称"屏"，凌空而起的人物造型称"飘"，两者由一条精心锻造的钢枝（称色梗）连成一个有机整体来表现某一故事。

"沙湾飘色"一般是在农历三月初三举办，届时，沙湾东、南、西、北四大村的"一竹三坊十三里"的17个有飘色表演传统的地方便热闹起来。整个巡游队伍连绵二三千米，浩浩荡荡，如一条巨龙，所到之处，鼓乐齐鸣。故有"广东飘色之乡"的美誉。

"沙坑醒狮"闻名遐迩。南海是黄飞鸿的故乡，乡人爱习武舞狮的传统在沙湾得到了发扬光大，被誉为"广东醒狮之乡"。表演时，盘、游、翻、滚、

> 石门香雪坐落在石门谷中，与流溪香雪、萝岗香雪并称广州三"梅海"。观赏石门香雪的最佳时间是每年12月下旬至次年1月上旬。那时，数百亩梅林的梅花竞相开放，投身其间，到处是繁花似雪的美景，风起时，香风阵阵，疏影横斜，一幅幅梅花绽放图赫然呈现在眼前。

缠、穿、戏等技术动作一气呵成，其高低快慢的起伏，极富狮的形神意韵，让人目不暇接。

沙湾，自古以来文风鼎盛，不仅是粤剧的发源地之一，还有**"广东音乐之乡"**的美誉。清末民初，沙湾这块广东音乐故土培养了不少粤剧名伶，如勾鼻章、桂花芹、小生新、生鬼洪、何世杞（新马师曾的师父）等。此外，这块土地，也孕育了广东音乐的代表人物"何氏三杰"，诞生了《赛龙夺锦》《雨打芭蕉》等传世名曲。如今在沙湾，老少妇孺，都能哼上几句。

如今，沙湾镇房地产、旅游等第三产业蓬勃发展。"广东音乐""沙湾飘色""沙坑醒狮""沙湾兰花"和沙湾姜埋奶饮食文化已成为文明古镇的五大品牌。

古镇攻略

沙湾美食也是广东美食，糯米鸡、肠粉、炒牛河、虾饺等粤式茶点，配上及第粥和双皮奶等，一顿上好的早餐新鲜出炉啦！

镇上有许多住宿，以旅馆和招待所为主。

大岭村

奇妙的蚝壳墙建筑

雨后，在大岭村石板街上漫步，常常是在走过几间小洋楼后，便会看见一些历史的痕迹或大自然的一角，比如蚝壳墙砌成的老屋，默默地诉说着沧桑；比如屋顶上的青青狗尾草，在风中轻轻摆动着毛茸茸的尾巴……

　　位于番禺区东北部的大岭村，据说始建于北宋宣和元年（1119年），是石楼镇境内建村最早的村之一。大岭村，原名"菩山村"，王明嘉靖年间才改称"大岭"。许氏是开村始祖，而陈氏是村里人口最多的姓氏。全村5个自然村，背依菩山，前临玉带河（又名大岭涌），各式古石桥跨于河上；古塔立于村西南角；祠堂、门楼、牌坊、麻石巷、古树、蚝壳墙等在村中比比皆是，主要街道呈线形扩展，形成坐东北向西南的聚落格局。

◎大岭村风光

大岭村里有五条**白石街**，建于清光绪二十三年（1897年），上街由五板白石砌成，全长400余米，将原来的红石改砌涌边下街并筑堤630余米，戊戌年（1898年）秋告成，建筑耗银1200余两。由麻石铺成的主街街巷入口处，至今仍有一些保存完好的门坊，如龙津街街门、耀德里门、上达里门等。巷子两旁的老房子拆了一些，但仍有不少青砖镬耳大屋民居，如仅存后座的蚝壳墙祠堂——陈氏的朝列大夫祠，还有与祠堂一巷之隔的姑婆屋至今保存完好。

蜿蜒的玉带河上架有一座由红色砂砾岩建成的**龙津桥**，建于清康熙年间，系一墩两孔拱桥，桥墩两侧建有分水脊，既防止船只冲撞，又减少了水的冲击力，设计非常科学。桥面两旁各有16根望柱，15方栏板，雕有明代风格的卷草图案花纹及暗八仙法器图案，正中一方雕"鲤鱼跃龙门"的图，桥中央镌有苍劲有力的阳文草书"龙津"二字。北侧西端的一方栏板上，镌有一西洋人形象，作棒盘跪献的姿势，更显示了桥的独特。**接龙桥**是玉带河上的另一座石桥，该桥两边景色颇有野趣，偶见几处鸭棚，时有白鸭在河塘中戏水。这边沿河岸生活着不少疍民（因长年累月以船为家，如嗣漂浮十盐水之上的鸡蛋，故得名为"疍民"），他们在岸上搭建具有沙田水乡特色的"茅寮"。

建于清光绪十年（1884年）的**大魁阁**矗立在龙津桥对岸，系三层楼阁式砖塔，以花岗岩和白石为基座，双层水磨青砖塔壁，向上逐层递减，顶为六角攒尖瓦顶，卷翘脊，塔刹是绿色琉璃宝葫芦，高约20余米，直指蓝天。大魁阁顶

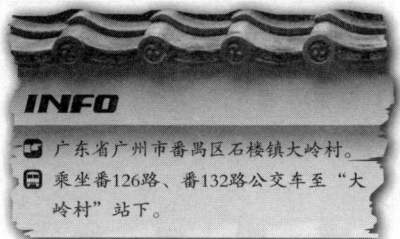

INFO
■ 广东省广州市番禺区石楼镇大岭村。
■ 乘坐番126路、番132路公交车至"大岭村"站下。

层悬着一个喇叭，据说，"文革"时期大魁阁曾经做过广播站，因了这样的用处，故得以保存下来。

古村内还有很多祠堂，有陈氏大宗祠（柳源堂）、进士公祠、佑江公祠、近湾公祠等等。其中最宏伟精美的建筑是建于明嘉靖年间的大岭陈氏十世祖祠——**显宗祠**，又名凝德堂，因建在龙津桥之北，村民又称之为"桥头祠"。整个显宗祠前临大岭涌，坐东向西，为三榀三进结构，头门四层莲花斗拱，硬山脊，饰以灰雕，山墙有砖雕，梁柱以木雕装饰。门墩石左右正面各雕有一身外国装束的西洋人的形象，说明在明代已有陈氏族人任礼部主事，负责接待外国使节的职务，想来这也与该乡后来成为侨乡大有关系，这也是县里古建筑所罕见的。现在，祠堂是村委会的驻地，也是奉村的老年活动中心。

一棵两三人才能环抱的百年菩提树下，掩映着古村内现存最古老而完整的祠堂——**两塘公祠**，三间两进，大部分墙体用蚝壳砌成，所以冬暖夏凉，是珠江三角洲保存较好的蚝壳古建筑之一。以蚝壳砌墙，先用铁线把蚝壳穿成一串连接成整体，然后用石灰浆或蚬壳类浆砌结，此做法常用于次墙或附属房间。蚝壳砌的磨砂玻璃，一般镶嵌到窗户和天窗上，既透光又有隐私作用。此外，

◎两塘公祠

抗战时期，这里曾是广东游击队二支队在大岭驻守的重要据点之一，祠堂瓦顶仍保留了大量枪眼。古祠头门两侧檩头上保留着精美的砖雕，头门上还有"文革"时画的毛泽东的画像，里面堆放着昔日农家所用的"凤柜"……

此外，位于大岭村后冈东北方山脚下的**菩山第一泉**，原是自然的沙滤山泉，水质清冽。过去的富户人家或文人多拿来烹茶，茶味甘香。1958年该泉堵塞，现被村民重挖，用10厘米粗的水泥管引水干路边，泉水长流，供过路人饮用。

大岭村，历经800多年历史沉淀，走出了1个探花、34个进士、53个举人和100多个九品以上的官员；至今，数量众多的大学生也从这里走向世界，小小古村落，其深涵的文化底蕴散发出悠悠的古香。

南社村周围有大片埔田，小山包种满荔枝。村中心的长形水塘由四个水塘相连而成，其形似船。塘边的古榕绿叶婆娑，村屋建筑群依自然山势而建，呈合掌对称状，形成了巷与水塘边相垂直的格局，一派桃花源风光，为茶山一大村庄。

南社古村位于东江之南，寒溪河之东的马头岭与樟岗岭之间，距东莞市中心约18千米，距茶山镇中心区2千米。是一座以谢氏家族为主的血缘村落，始建于南宋，至明朝中期，村落初具规模。明末，村民为了加强防卫，修筑了环绕古村的封闭围墙，设东、西、南、北四座门楼和十七座谯楼。现寨墙残留数段，谯楼尚存一二，清朝康熙年以后，民居和庙宇向围墙外扩建。

南社村周围有大片埔田，小山包种满荔枝。村中心的长形水塘由四个水塘相连而成，其形似船。塘边的古榕绿叶婆娑，村屋建筑群依自然山势而建，呈合掌对称状，形成了巷与水塘边相垂直的格局，一派桃花源风光，为茶山一大村庄。

南社村内现存的**古建筑群**是古围墙内的古建筑和古围墙东门外以关帝庙和尼姑庵旧址为主的古建筑，墙体为红砂岩条石与青砖砌筑，建筑用材讲究，木雕、石雕、灰塑、彩绘精美，施工工艺精湛，建筑质量较好。整个古村传统建筑的形制、结构、体量、用料、工艺、色调以及装饰等仍然保存着明清时期广府农耕聚落的建筑风貌。村内现存祠

◎南社村

堂约30座、庙宇3座、古民居250多间、古井40多口、古墓36座（古建筑群内1座、古建筑群外35座）。这些融家庙、水坊、古井、墓碑为一体的古建筑群落不仅保留了较为完整的明清文化，而且还成了考察早期珠三角地区水乡居民生活状况的鲜有的依据，具有极高的历史文物价值和开发利用价值，被列为东莞八景之一。

在村中的祠堂等重要公共建筑中，还可以解读出崇商得利的文化内涵。不少祠堂的平面布局略呈喇叭口状，即后进尺寸往往大于前进，取"广纳天下财"、"进多出少"之意。其中，谢氏大宗祠、百岁坊祠、社田公祠（百岁翁祠）、谢遇奇家庙、关帝庙、建威第（谢遇奇故居）、资政邸等是古建筑群中较有代表性的建筑。

始建于明嘉靖三十四年（1555年）的**谢氏大宗祠**，是南社村的祖祠，坐落在村中水塘中央北岸，坐北朝南，据说这是风水最好的"藏风聚气"、凝天地灵气于此

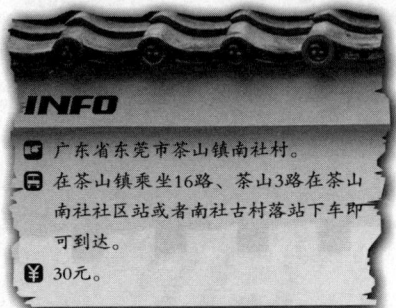

的"明堂"位。歇山顶三开间三进，规模宏大，装饰华丽，体现了广府建筑繁华的风格；首进与二进之间庭院宽阔，满足了谢氏家族议事和聚会的功能，二进与三进之间庭院则较为狭窄，第三进摆放着谢氏历代祖先的牌位，给族人提供一个追思先人的静谧空间。

始建于明朝的**百岁翁祠**，三开间三进院落布局，硬山屋顶，现存明万历二十三年（1595年）《百岁翁祠记》碑刻，现存神台基座及碑座红石雕刻具有明代风格。

资政邸为清光绪二年（1876年）进

◎谢氏大宗祠

◎百岁翁祠

士谢元俊的府邸，坐落在小丘之腰，现存前后两进厅堂，还保持着当年的高贵气派，两廊的花楣精美绝伦，厅中的垂花门镂刻着花卉群鸟，上面的孔雀尾、凤凰头都凸出木外，栩栩如生。

百岁坊始建于明万历二十年至二十六年（1592~1598年）。当时南社村的谢彦眷夫妻都同时超过一百岁，于是朝廷准予建祠，并命名为"百岁坊"。该祠堂正面为三间三楼牌坊，坊祠结合的形式，布局巧妙。

井水和溪水是古村落的**主要水源**，井水是村民的饮用水，水井主要分布在依山势而逐渐升高的古巷旁，巷道由红砂岩条石铺就，下有完整的排水渠道，生活污水通过排水渠道自上而下排放到古村中间的长形水池。

南社谢氏极重门楣光大，在祠堂前设立**旗杆**以褒奖族中出仕之人，出仕者都可以有一根属于自己的旗杆，并刻上自己的姓名和功绩，以激励后人，颇有些像今天的光荣榜。生活在这样的氛围中，谢家子弟白当闻鸡起舞、挑灯夜读了。所以，小小南社，明清时期共9人做过仕宦，有多人成为文、武举人，是南社人才辈出的全盛时期。其中谢遇奇为清同治四年（1865年）的武进士，曾随左宗棠平乱西北，历任副将……

温馨提示

在南社村，除了观赏名胜古迹，还可以到村周围茂盛的荔枝林里感受大自然的气息，清明前后，荔枝花开，群蜂采蜜，香气怡人；夏至时节，蝉鸣荔熟，村民攀摘，鲜果诱人……是您旅游休假的好去处！

塘尾村
围面古民居

东莞地区称村落为「围」，靠近池塘的显著地段为「围面」。塘尾村以古围墙为界，布局合理，是东莞现存较好、规模较大的古代村落，对研究明清时期珠三角的建筑风格、社会文化、风情人情，以至于岭南文明、中华民族的传统文化都有一定的参考价值。

塘尾明清古村落依自然山势缓坡而建，围前三口鱼塘一大二小，分别代表蟹壳与两只蟹钳，围面两口古井代表两只蟹眼，喻义一只巨蟹守护后面的村落和前面的千亩良田。

塘尾村现存268座古民居、21座祠堂、19座书室、10眼古井、4个围门、28座炮楼。这些建筑多为明清所建，红石做门、窗框和砌墙基，水磨青砖清水墙，还保存有大量精美的木雕、石雕和灰塑建筑构件，遗留有历代众多的生活、生产用具。其中，民居与书室结

◎俯瞰塘尾村

合、民居与祠堂结合是塘尾明清古村落的一大特点。

始建于明代的塘尾**古围墙、围门和炮楼**，历代有维修。围墙绕古村落成封闭一周，周长860.8米，高5米，宽0.35米，红石墙基，青砖墙体，每隔4米有一附墙，这里也是东莞市现存最完好的古村围墙。在围墙东南、西南、西北、东北角开有四个围门，村民分别称之为东门、南门、西门和北门。其中东门规模最大，为两层青砖镀耳山墙建筑，围门之上镶"秀把东南"匾额。围墙附有28个规棋不一的炮楼，以28个天文星宿命名。围墙、围门和炮楼组成完整的防御设施，保障塘尾古村落的安全。

塘尾**古巷道**呈井字形网状布局，主要巷道有南北走向的直巷7条，东西走向的横巷4条。巷道由红石条石铺就，

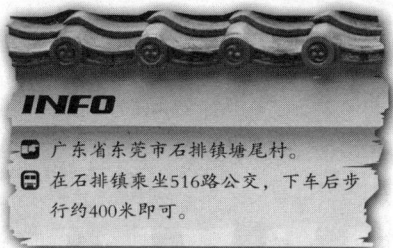

INFO

📍 广东省东莞市石排镇塘尾村。

🚌 在石排镇乘坐516路公交，下车后步行约400米即可。

巷道下面有完整的排水渠。至清末光绪年间，富绅李植忠改建部分红石巷为花岗岩麻石巷，横穿围面，从东门出围到牛过村，可达当时的南社火车站，由北门出围直达当时的木排村石龙渡口，总长度近10千米，现仅存围内300米。

始建于明代的**李氏宗祠**，五开二间三进院落布局，抬梁与穿斗混合梁架结构，硬山顶。民间二十一年（1932年）宗祠辟为东莞第十六间小学，为石排第一间小学。

◎塘尾村

景通公祠始建于清中期，为十世祖景通家祠，三开间二进院落布局，抬梁与穿斗混合式梁架结构，硬山顶。其封檐板、梁架木雕和犁头、横梁石雕工艺精美。

梅公祠建于道光年间，为十二世祖家祠。三开间二进院落布局，抬梁与穿斗混合式梁架结构。此祠保留有从明代十世祖至清代二十二祖的祖先牌位原物，为东莞地区罕见。公祠还摆放了塘尾民间信仰神康王的神像，因而又称康帅府。

守善堂为家祠与民居结合的典型代表。家祠与民居是光绪年间建造的一体建筑，有侧门相通。家祠为三开间二进院落布局，民居为三间一边廊建筑。民居建筑规模和装饰工艺稍逊于家祠。家祠屏风、梁架装饰精美。

宝卿家塾为民国年间李冀南扩建祖居而成，早期为家祠与民居结合的建筑，学冀南与陈伯陶同中乡试后，改家祠为书院。现存有东莞清末探花陈伯陶1919年题书的"宝卿家塾"红石门匾，

古色古香。

建于同治、咸丰年间的**七房厅**与建于光绪年间的**墩睦堂**为家祠与家祠结合的典型代表，七房厅为李松石家祠（乡民习称家祠为"厅"），墩睦堂为李松石之子家祠，皆为三开间二进院落布局，中间有房门和天井相通，其中墩睦堂封檐板、梁架木雕工艺精美绝伦。

塘尾明清古村落有**古井**10眼，分布在各巷道旁公共使用或民居、家祠天井内私家使用。井壁用青砖砌筑，井沿则用整块红石挖空而成，至清末采用花岗岩石。

> **温馨提示**
>
> 塘尾村每年农历七月初一至初七举行的大型民俗活动康王诞，距今已有300多年的历史了。另外，六世祖坟背依一绿意盎然小山冈，面朝一水平如镜碧绿湖。清明后一日，一年一度的祭祖，浩浩荡荡，场面宏大。

赤坎镇

中西合璧的文化古镇

赤坎，一个融合了中西建筑与文化特色的古镇，那一色暗黄的连绵几千米的骑楼，罗马柱上的鲜嫩植物，让人恍如置身于异国他乡。脚下光亮斑驳的石板路，镌述斑斑的巴洛克山花，小弄里飘起的邓丽君的甜甜歌声，更是让人不知今夕何夕……

赤坎镇位于珠江三角洲西南部，广东省开平市中部的潭江之滨，南依百足山，中有潭江贯穿全境，毗邻市区三埠，是昔日开平的县政府所在地。古镇始建于清朝，因建在潭江北岸的红土地而得名，是远近闻名的侨乡，有现存最早的开平碉楼。

在中西合璧的赤坎，600多座**骑楼**延绵3千米，被誉为侨乡一绝、"欧陆风情街"。骑楼依水而建，是侨乡人将西洋建筑和岭南建筑结合的产物，不仅能充分运用马路的空间，同时又能适应南方潮湿多雨、炎热高温的气候特征。是在传统"金"字瓦顶及青砖结构的基础上，融入当时先进的西洋混凝土建筑材料。骑楼一般高至两三层，从下向上依次为柱廊、楼层、山花。楼顶的山花和女儿墙，是西方古建筑特有的元素。大量西方风格装饰浮雕和中国传统吉祥材料纹饰被应用到骑楼墙面的装饰上，整体风格被中西合璧成哥特式、古罗马券廊式、巴洛克式、伊斯兰式和中国传统式。

骑楼下，是紧挨着的各式**商铺**，一应俱全。一个个商铺在老街两旁排开，商铺内外，砍价的、看书的、打麻将的……当暮色降临的时候，老街上开始人头攒动，马仔豆腐角的香味，砂锅里

◎赤坎古镇

◎司徒氏图书馆

吱吱冒着热气的煲仔饭，在小巷的上空弥漫；桥头纳凉的人或摇着蒲扇聊天喝茶，或光着膀子喝着啤酒、吃着夜宵，表情恬然宁静。

大量**文物古迹**也是赤坎镇的一大特色。沿潭江北岸河畔东段的红楼（开平一中）、基督教堂、天主教堂、爱善堂、公福纪念亭等都是赤坎教育、宗教和历史繁华一时的标志性建筑；开平第一家酒楼"华新酒楼"、开平第一所书院"康乐书院"、关族图书馆和司徒氏图书馆两家民营图书馆……成为赤坎侨乡文化的一景，起着倡导文化、发展科技的巨大作用，真实见证大时代的历史变迁。

闻名遐迩的司徒氏图书馆和关族图书馆就如嫣红的花儿一样常年绽放在赤坎这块热土上。**司徒氏图书馆**建于1923年，为庭园式三层中西合璧式楼房，内藏有报纸杂志、各式图书、书画作品、司徒家族的名人事迹等。**关族图书馆**就矗立在赤坎上埠堤西河畔，与堤东的司徒氏图书馆遥遥相望。开馆之初馆内就收藏图书近万册，一些国外的报纸杂志也经常更换。司徒氏和关氏家族与其说在弘扬着家族的文人精神，不如说是通过图书馆这个文化阵地持续向读者传递外面那个更为精彩世界的信息。

古镇往北5千米就是**加拿大村**，又名耀华坊。这里既有各式西方古典别墅建筑和气势磅礴的碉楼，又有自然秀丽的田园风光，是一个古典的华侨村落。

INFO

- 广东省湛江市开平市赤坎镇。
- 可乘坐开平4路和开平616路公交车在赤坎站下车即可到达。
- 古镇不要门票，赤坎影视城20元。

村中十座不同形式的两至三层的别墅建筑，如春如楼、四豪楼等，全部是由早辈加拿大华侨出资兴建自用，故又名"加拿大村"。

加拿大村往北不到1里地就是芦阳村三门里。三门里有开平最古老的**碉楼——迎龙楼**。迎龙楼建于清初，在抗匪和防洪的斗争中，成为典型的开平传统式碉楼，楼高三层，高约10米，碉楼四角突出，每层四角均有枪眼，楼顶为中国传统建筑硬山顶式，底层正面开有一个圆顶门，每层都分为中厅和东西耳房。

赤坎南楼位于赤坎镇窖堤洲藤蚊村，高五层，外面布满弹孔，是侨乡人民为了防御盗贼，于1913年集资兴建的。南楼雄峙于潭江之滨，与北楼隔河相对，都是钢筋水泥建造的古式楼。北靠公路，南临潭江之水，是三埠、赤水水陆交通要道，形势险要，有一夫当关，万夫莫开之势。南楼楼顶设有探照灯，和平时期，南楼是航标，战争时期，南楼是关卡。抗日战争时期，司徒氏七烈士凭此楼抗击日军，坚守7天7夜的英雄事迹，深受后人敬仰，南楼也因而成为侨乡人民坚贞不屈、为国捐躯的不朽历史见证，开平民族爱国主义教育基地。

温情脉脉的流水，虹般优雅的小桥，整齐别致的骑楼，风韵独特的欧陆风情街，也让那些独具慧眼的电影工作者纷至沓来。2004年，位于赤坎镇上埠的**赤坎影视城**应运而成，它重现20世纪二三十年代广州的西关风情，成为外地游客来此感受那个时期文化的最好的人造景观。赤坎，如一个现实生活中的天堂，在这种宁静而悠闲的状态中，时间也会不由自主放慢脚步。

赤坎不仅是市井生活的天堂，更是文化生活的沃土。赤坎镇名人辈出，爱国侨领司徒美堂、归侨飞机设计师司徒璧如、电影艺术家司徒慧敏、画家司徒乔、摄影家沙飞……

温馨提示

赤坎的"煲仔饭"颇为有名，它是用嫩豆腐在平底锅上煎到半黄半嫩，伴上鱼肉糜，使得整个煲仔饭既有着豆腐味又有着鱼肉的味道，鲜嫩滑口。

有人说「到广东不到开平看碉楼，等于没到过广东」。20世纪20年代间，因土匪猖獗、洪涝频警等原因，一些华侨、港澳同胞便拿出部分积蓄兴建碉楼和居庐。自力村碉楼兴建的年代也是开平碉楼最兴旺的时期，是开平碉楼的缩影。

自力村东距开平市区12千米，由3个方姓自然村组成，最早的安和里（俗称犁头咀）建村于清咸丰年间，光绪年间分衍出合安里（俗称新村），民国初年又发展出新村永安里（俗称黄泥岭）。自立村现存碉楼和居庐15座，有养闲别墅（1919年）、球安居庐（1920年）、云幻楼（1921年）、居安楼（1922年）、耀光别墅（1923年）、竹林楼（1924年）、振安楼（1924年）、安庐（1926年）、逸农楼（1929年）、澜生居庐（1935年）等。其中最有名的要数铭石楼（1925年）、叶生居庐（1930年）和官生居庐（1934年）。这些碉楼是20世纪开平华侨与村民主动把外国建筑文化与当地建筑文化相结合的结晶。

绕过村口的榕树，不一会便进入碉

◎自力村叶生居庐

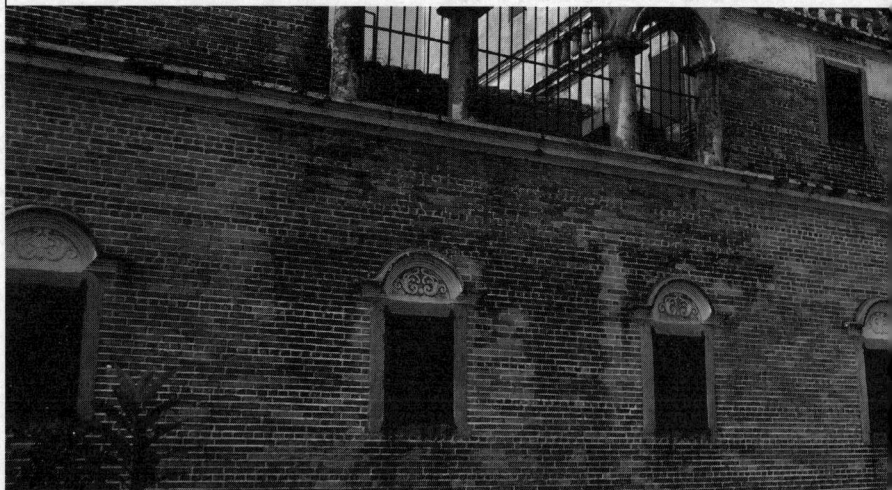

楼集中分布的合安里，正面是两排传统的民居，素面青砖硬山式两面坡瓦顶。女儿墙上的博古脊和灰雕，以及房门上方的传统壁画，透射出历史的沧桑。这里最早兴建碉楼的是**龙胜楼**（1919年），还有修建最晚的5层碉楼——**湛庐**（1948年），湛庐和传统民居之间有宽大的晒场，是村民的公共活动空间。

穿过晒场，一条石板村巷通往村后，十几座碉楼和洋楼散布在田野间。荷花池里清水芙蓉，白的粉的，随风摇曳，送来荷花的芳香，与塘后极有西方建筑色彩的碉楼构成了一幅和谐的侨乡风情画。十几座钢筋水泥的碉楼造型各异，高低不同，最矮的有4层，最高的6层。它们的中下部装饰比较简单，而上部则争奇斗艳，尽情显示出当年主人的情趣爱好和财力的厚薄。其上部结构有四面悬挑、四角悬挑、正面悬挑、后面悬挑；建筑风格有柱廊式、平台式、城堡式的，也有混合式的。为了防御土匪

劫掠，碉楼一般都设有枪眼，先是配置鹅卵石、碱水、水枪等工具，后又有华侨从外国购回枪械。而每座碉楼上西式的山花相中式的楼匾，便成为碉楼正面最吸引人的部位。

流连在楼群之间，随处可以发现这样的中西合璧的创造。铭石楼旁的**官生居庐**的楼门，精致协调，是中西文化最完美的结合。岭南传统的趟栊门变成了进口的钢门和钢门栏，趟拢门的门楣由石刻的"福"字和大幅的浮雕壁画组成，浮雕的造型是典型的西方洛可可艺术风格，在欧洲用于宫廷的装饰艺术走入了中国侨乡平常农民家。

一座碉楼也是一个家族或家庭的生活活动空间，**铭石楼**是方润文的大家庭，也是自力村最美的碉楼。该楼高6层，楼下有一个护院，进入护院，右侧是一排堆放农具、生活用品和佣人做饭的房间。上几级台阶，推开铭石楼的大门，厚厚的钢板门发出沉重的声响，伴随着游人进入充满历史气息的楼内。

一楼正中是大厅，正面悬挂着4幅1米多高的大照片，方润文和原配吴氏居中，梁氏和杨氏按照中国传统的尊卑秩序分列两旁，他们的穿戴，神情反映了各自的文化素养和气质，大家十分和气

INFO

- 广东省开平市塘口镇自力村。
- 在开平长途汽车站有着经过自力村的小客车，或者是在开平市乘坐开平617公交车即可到达。
- 78元。

◎云幻楼

地组成了一个中国传统的一夫多妻的大家庭。4幅大照片也是一个华侨家庭历史变化的见证,大厅两边是厢房,全套的酸枝家具,显示出主人当年生活的富足。二楼到四楼是方润文在家的几个儿子的住房,五楼供放着神龛,十几排祖先牌位在香火的奉敬下,透出家族"从河南到广东"历史的源远流长,镂空的烫金木雕金碧辉煌。五楼外的敞廊宽阔疏朗,古罗马的立柱和拱券精巧秀气。四角各有一个凸出悬空的圆柱体防卫构件,酷似欧洲古城堡的防卫设施,当地人叫"**燕子窝**"。登上四周围着护栏的六楼瞭望台,中间立着一个六角攒尖的绿色琉璃瓦凉亭,凉亭的6根立柱和拱券也是古罗马式样。这个凉亭使厚实庄重的铭石楼仿佛一位穿西装的中国农民头戴一顶改良的瓜皮帽,看似有些怪,实际上很符合也代表了一种中西融合的侨乡文化。

规模仅次于铭石楼的**叶生居庐**,据说始建人方广宽在建楼时将不少金子埋藏于夹墙中,以至于后来墙体曾被雷劈了两次,都是因为金子引雷。

自力村还是一片有着深厚文化底蕴的土地。这里产生过明代大儒——陈白沙,他是唯一入祭孔庙的岭南思想家;还诞生了梁启超这样叱咤近代小国政坛、学界,影响了几代知识分子的巨擘;被毛泽东称为"国宝"的学术大师陈垣也是从这里走出来的,他担任辅仁大学和北京师范大学校长时间之长,在中国乃至世界大学史上也是无出其右……

> **温馨提示**
>
> 在自力村,您不仅可以吃到正宗的开平十佳风味菜,如回味猪手、杀姜鸡、秘制白切乳羊、潭碧白玉伴圆鱼等,还可以吃到广合腐乳和金山大蒜等国内外畅销的土特产品,风味独特。

翠亭村

伟人孙中山诞生地

翠亭村，一个原本十分普通的小山村，却因为诞生于此的世纪伟人——孙中山而闻名于世，走进村中，一种『绿村村边合，青山郭外斜』的诗情画意油然而生，孙中山故居纪念馆将带您走进伟人孙中山的出生和成长初期的社会历史环境……

翠亭村在中山市区东南方17.6千米处，广(州)珠(海)公路主干道旁，北距广州约100千米，南距澳门约30千米，隔珠江口水域与深圳、香港相望，陆地与珠海市毗邻。东望珠江口伶仃洋让翠亭村有了生气，而西靠五桂山则让她有了灵性。据传，在清朝康熙年间，蔡姓人在此建村，因地处山坑边，山林青翠，坑水潺潺，风景优美，且方言"蔡"与"翠"、"坑"与"亭"谐音，又寓意万事亨通，于是在道光初年改称"翠亨"。

在这个树木葱郁、环境优美的小村庄里，保存至今的名胜有杨殷故居、陆皓东故居、陆皓东墓、孙昌墓、翠亨宾馆和中山纪念中学及完整的古民居群等，这些古建筑的装饰艺术极为丰富，其结构、雕刻、书画均展示了中国建筑文化的较高水平，极有研究价值。

孙中山故居纪念馆是以孙中山故居为主体的纪念性博物馆，开放的主要景点有：孙中山故居、孙中山纪念馆、孙中山听太平天国反清故事的雕塑、孙中山试验炸药处——瑞接长庚牌坊、翠亨民居展示区、翠亨农业展示区、中山鼎、警世钟等，逐步形成以"孙中山和他成长初期的社会环境"为主题，兼具历史纪念性和民俗性、立体而多元化的陈列展览体系，充分地展现了孙中山伟大的爱国主义精神、思想体系和革命实践，再现出孙中山出生和成长初期的社会历史环境，使人们更加深刻的了解孙

◎孙中山纪念馆

INFO

广东省中山市南朗镇翠亨村。

从中山市区乘公共汽车或市内旅游巴士可直达孙中山故居纪念馆。

中山这一伟大人物。

传统的中山民居，大厅不开窗，而孙中山亲自设计的房子，不单是二层的回形建筑，还在大厅中开设了四个窗口，用以采光和使室内空气流通，打破了当时中山民居的传统摆设。**孙中山故居**是一座独具特色的赭色砖两层楼房，由孙中山亲自设计，1885和1892年分两期建成。楼房红墙白纹，既有广东砖瓦房的建筑风格，又融汇了西方民居的建筑风格，可以说是一件典型的中西建筑艺术品。楼房外有一小院围住，围墙正门外右侧有宋庆龄手书的"孙中山故居"石刻牌匾。二楼南边的房子是孙中山的书房，1893年冬，孙中山在此书房草拟《上李鸿章书》，发出了"救国救民"的信号。

1956年在孙中山故居前开辟了公

园。1966年为纪念孙中山100周年诞辰，在故居旁兴建辅助陈列馆，馆名由宋庆龄亲笔题写，每年国内外大批游客前往参观游览。

童年孙中山每天跟着父亲耕作，孙中山家里耕种的田有2亩多，土名为"龙田"，现在连同周围60多亩辟为**"翠亨农业展示区"**。"龙田"四周，种植果树和四时瓜菜。田头右角是一排三间典型的南方农村瓦屋，屋内展有孙中山一家和翠亨村农民当年生产状况图片和雕塑。在这里，可以认识一百多种农作物不同的生长状况和水稻的春耕秋收，体会"谁知盘中餐，粒粒皆辛苦"的深刻含义；还可以了解珠江三角洲特有的"桑基鱼塘""种桑养蚕"的生产方式。

景区还设有**"翠亨民居展示区"**，对清末民初时期当地各阶层的家庭状况进行了精心的复原，展示了翠亨村丰富多彩的民间习俗。

翠亨村是名人诞生地。在"驱除鞑虏，恢复中华"的革命斗争中，孙中山及为共和革命而牺牲第一人陆皓东、"四寇堂"老主人杨鹤龄、爱国不求官的杨心如被乡人誉为"翠亨四杰"。

◎翠亨村村口大门

温馨提示：孙中山一生从事革命活动，在国内及世界各地都留下了足迹，人们在翠亨村建了一座"中山城"，展现了中山的地域文化，也反映了不同国家的建筑风格和风土人情，成为国内最有特色的影视拍摄基地之一。

唐家湾镇

山海园林栖居美镇

唐家湾镇东面的淇澳岛向西与海中的金星小岛、唐家半岛遥相呼应，三者呈「双龙戏珠」之势，为唐家湾的天然奇景。有「与近代文明伴生的南中国海第一湾」之说、更有「陆岛相望岭南重镇、风云史迹近代名镇、携故纳今城中古镇、山海园林栖居美镇」之誉。

　　唐家湾镇位于珠海市香洲区北部，由唐家、金鼎、淇澳岛组成。早在700多年前便有文字记载，时称釜涌境。13世纪时，唐、梁二姓因避战祸先后南迁至此，后定名唐家村，如今唐姓仍占全镇常住人口的一半。

　　唐家湾环境优美，北倚青葱翠绿的凤凰山麓，面向浩瀚的南中国海，十几千米长的海岸线蜿蜒而上，山色水影交融，风景宜人。辖区内的淇澳岛是著名的生态岛和旅游度假胜地，湿地生态良好，500多万平方千米的**淇澳红树林**是珠江三角洲地区红树林扩种面积最大的区域，也是目前国内人工种植连片面积最大的红树林。唐家湾镇物产丰富，有淇澳红树林中的泥

◎唐家湾镇古建筑

煨鸡、唐家叠石蚝油、那洲红薯、永丰沙葛、上栅椰菜、官塘木薯等。

唐家湾镇历史悠久，**名人辈出**，如清末兴办洋务企业的唐廷枢，民国首任内阁总理唐绍仪，中共早期革命领袖苏兆征，清华大学的首任校长唐国安等历史名人都诞生于此。他们在我国近代史留下了光耀的篇章，也为家乡留下了共乐园、望慈山房、苏兆征故居、卢慕贞故居、古元故居等大量的名人故居，使唐家湾的历史文化资源难能可贵地统揽文化政治型、军事型、革命历史型、建筑遗产型、民族特色型的价值特色。

唐绍仪故居位于唐家镇山房路99号，由连成一体的前后两座房屋组成，后座为唐绍仪祖父于清朝时修建，前座为唐绍仪于1929年扩建。故居前院种植有姜花、指甲花、炮仗花、桂花等20多种花草。目前看守故居的是唐绍仪的侄孙唐鸿光老人，他平时看守故居，闲来教学生外语，倒也过得轻松自在。如果是夏天来，可以喝上唐鸿光老人自制的薄荷茶。距唐绍仪故居距大约300米处有唐家**共乐园**，这里曾是民国第一任总理唐绍仪的私家园林，也是罕见的民国新派园林绝版佳作。中西合璧，风格淡雅脱俗，清幽宜人。

唐家湾镇山房路12号的**望慈山房**，是唐绍仪为了缅怀母亲在天之灵，于1929年兴建，并将名字镌刻在正门上方。主楼伸出的望台正对母亲梁氏墓地，乡人称之为"望母楼"。据说唐绍仪每天清晨都鹄立于此，凭眺母亲。后来，此楼作为中山县政府办公楼，1985年，成为老人活动中心。如今只要你走进望慈山房，便可看见白发苍苍的老人

◎唐绍仪故居

INFO

📮 广东省珠海市香洲区唐家湾镇。

🚌 乘坐68路、k1、10a路等公交车，下车后再步行约800米即可到达。

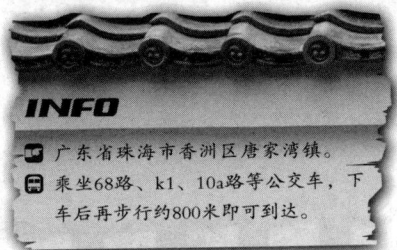

或吹拉弹唱，或围桌"打麻雀"，其乐融融。唐绍仪的孝道，似乎以另外一种形式发扬光大。

唐家三庙位于唐家湾镇大同路与新地直街交会处。由圣堂庙、文武庙、金花庙三座并列而成。建筑布局严谨而实用，采用穿斗、抬梁木构架混合结构，青砖蚝壳墙，各庙之间有水巷分隔，甬门打通，并饰以石雕、砖雕、木雕及彩色灰批主体图画。屋脊有鳌鱼、佛舍利、虬龙、飞鱼、挑檐装饰，屋檐上有精美的浮雕花板，内扉有粉彩国画、诗

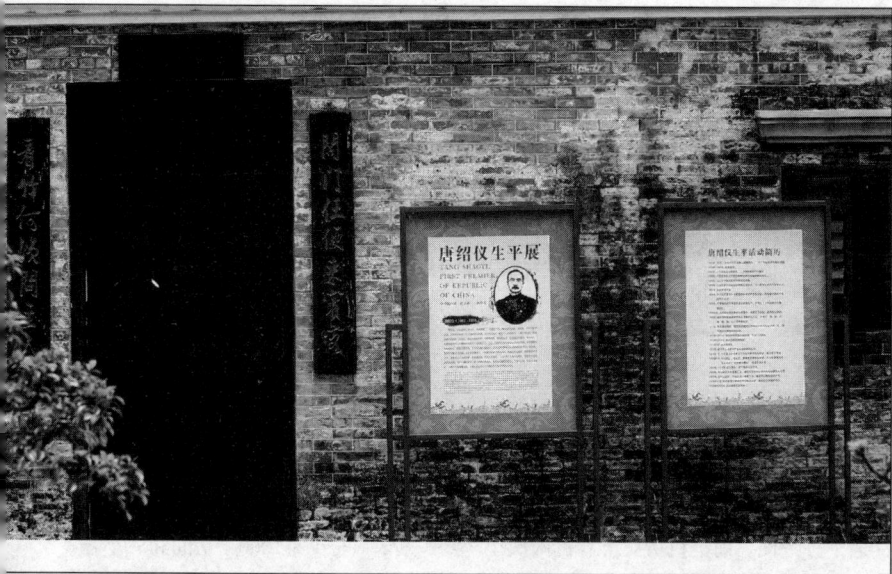

词及立体人物山水壁画等等，同时庙中保存有多通青石碑刻，是研究珠海地方史、宗教史及民俗史的珍贵史料。

据传圣堂庙从有唐姓之始就有了，有碑为证，所以又被称为**唐家祖庙**，庙内供奉的是西方的菩萨；金花庙始建于清初，庙内供奉的是送子的金花夫人等一系列女性神像；建于清初的文武庙推崇道教。很多外人可能觉得三庙并处很是奇怪，但这似乎正昭示着唐氏先人早就领悟了"兼容并包"的精神。

唐家湾镇著名的学塾有鹏轩学舍、礼和学堂等。位于下栅墟的金山书院，始建于清乾隆年间，曾是香山县九大书院之一。唐家湾镇还有记录近代中国人民取得反侵略抗英斗争第一次胜利的淇澳白石街、古炮台和见证农民运动悲壮历史的上栅卢氏宗祠和淇澳祖庙等革命遗迹。据专家介绍，唐家湾的淇澳岛的金星角曾是鸦片战争前夕英美商人走私

鸦片的驿站。1836年7月，淇澳岛村民奋勇抗击，将英美商人驱赶出境，并迫使英商赔偿3000两白银，修筑了白石街，成为中国历史上抗英斗争取得第一个胜利的见证。

唐家湾还有珍珠乐园、珠海国际赛车场、翠湖高尔夫球会等许多富有动感的现代景点。

🛎️温馨提示

在唐家湾徒步穿越凤凰山是珠海驴友的经典线路，但也偶尔有迷路的意外发生，最好跟当地有经验的驴友同行。或者登临"珠海看海第一景"的淇澳东峰，东望伶仃洋万帆竞发，指点香港大屿山飞机起降（天气好时，肉眼能看到），可亲身体验"伶仃洋上叹伶仃"……

前美村

中西合璧的建筑奇葩

宏伟壮观的建筑规模，中西合璧的建筑艺术，古老的潮汕民俗，典雅的日日风情，陈慈黉故居是潮汕文化的一个缩影，是一处集旅游、观光、学术研究于一体的旅游胜地。游览陈慈黉故居，将为您揭开潮汕人与潮汕文化的秘密。

前美村，距汕头市区约10千米，国道324线连接省道安澄公路经过古村，交通十分方便。前美村历史上有过两次致富高峰期，一次是先祖陈廷光在雍正年间因做官而发财，后回家乡做了许多公益事业并大兴土木建设豪宅；一次就是清末民初期间陈慈黉家族及村里的一些达贤在东南亚发迹达到"富可敌国"的程度，他们同样在家乡留下至今令人津津乐道的荣耀痕迹。

古村内现保存有大批完好的清末民初建筑物，这些**老宅**总建筑面积超过3万平方米，至少有1000个房间和50个客厅。在前美村的老屋前漫步，四周的古朴气息迎面扑来。壮观的陈氏祠堂让人迷恋它的奇特、通透和古老。旧迹斑斑的老墙及保存尚好的各种木雕、砖雕、嵌瓷无不显示出当时华侨建筑的独特风格。几十座百年大宅门楣上刻有"通奉第"或"翰林第"或"大夫第"等，

◎前美古村

成片成群，令人叹为观止。这么多的"第"显示的是这里曾经有过许多"显贵"，所谓"大夫第""通奉第""翰林第"，其实绝大多数是前辈们赚了钱以后向朝廷捐个荣誉称号来光宗耀祖、装点门楣。面对这些当年的"豪宅"，可以想象那时候这个前美村是怎样"富甲一方"！

陈慈黉故居堪称中西合璧的建筑奇葩，始建于清朝宣统二年，历时近半个世纪，集陈家几代人的心血。计有郎中第、寿康里、善居室、三庐等宅第，占地2.54万平方米，共有厅房506间。总格局以传统的"驷马拖车"糅合西式洋楼，点缀亭台楼阁，通廊天桥，萦回曲折，进之如入迷宫，乐而忘返。据说以前陈家有个专司开关窗门的佣人，每天清晨开窗，开完所有的窗，又开始关窗，当所有的窗都关上了，天也就暗了。

陈慈黉故居4座宅第的格局均呈正方形或略矩形，坐西朝东的宅第群

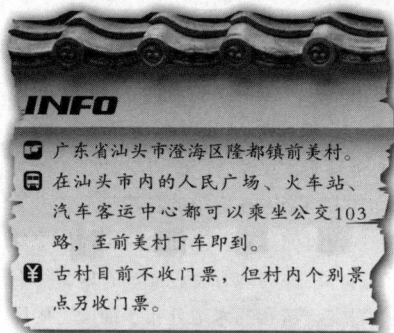

INFO

- 广东省汕头市澄海区隆都镇前美村。
- 在汕头市内的人民广场、火车站、汽车客运中心都可以乘坐公交103路，至前美村下车即到。
- 古村目前不收门票，但村内个别景点另收门票。

向左约200米处有一小溪（俗称"堤仔围"），自西向东蜿蜒而来，向南弯曲围绕宅第，然后向东南蜿蜒而下，归至南溪流人大海，深合风水学的"吉水"和"左青龙"之说；而故居的右面，前美村的主要大道穿行而过，"右有长道谓之白虎"；东向面临一片宽阔的水田，视野开阔，夏天的"过池凤"十分凉快，近百年来这片田野一直没有盖房，也许是为了保持"前有池塘谓之朱雀"的**风水格局**吧。

善居室是陈慈黉故居所有宅第中规模最大，设计最精，保存最为完整的一座。始建于1922年，至1939年日本攻陷汕头时尚未完工，占地6861平方米，计有大小厅房202间。中西文化的交融尤以善居室门窗的装饰表现最为突出，其门楼肚纯属潮汕传统的石刻风格；而各院落、花巷过段的门楼肚，则多以西洋釉瓷砖贴成装饰图案为主，小幅国画石雕为辅的装饰风格。柱式有圆形、方形柱，也有圆形、方形的附墙柱等，比较有特色的是，这些柱的柱础、柱身和柱头为同一根石料构成，一反中国传统建筑柱式风格。另外，善居室宅第别出心裁，做了有趣的变化，改"种树"为"写树"：在前院进入两条花巷

的门匾上用石刻着"五柳""三槐"4个浮雕字，既能符合风水学的"东种桃柳""中门有槐，富贵三世"的说法，又能作为书法和雕刻艺术欣赏，两全其美。

中西交融在宅第的各建筑元素中更表现得淋漓尽致。潮汕金漆木雕历史悠久，因浓郁的地方特色而享有盛誉。在善居室，精彩的**木雕**分布于前厅、中厅和各个天井，有几何图案、吉祥文字、谐音的寓意花纹、传统祥禽瑞兽等；有的集潮汕木雕四大表现手法"沉、浮、通、圆雕"于一身，题材考究，工艺精湛，简直就是一个"潮汕金漆木雕"的艺术博物馆。这里的**石雕**艺术，简直就是木雕的翻版，仅仅是材料的不同而已，这对于坚脆的石材来说，工艺水平之高不言而喻。

在陈慈黉故居北面的**永宁寨**是陈氏家族的发家之地，那是一座占地10000多平方米的正方形巨寨，为陈氏先祖陈廷光于雍正十年（1732）所建。取名"永宁"，是因先祖期望永远安宁，它建在俗称"鼎脐"的低洼地上，坐西南向东北，正对着远处的莲花山，寨墙三面高，一面低，全是灰砂泥夯成，坚如磐石，至今无一处坍塌。四周有沟渠池塘护卫；前面寨池澄清，莲峰倒影，明堂开阔，众水汇聚，据说是"风水"宝地。当晴空万里时，寨前大池清澈如镜，可以从池中看到莲花山的倒影，即前美村八景之一"寨池澄清"。在寨埕中央，地面由许多石板铺成，据说夏夜在此乘凉，从无蚊子叮咬。

文园占地面积1700平方米，共有23房5厅，如今开放成艺术院校的"写生

◎前美村风光

基地"，不仅接待了来自北京、广州、汕头等艺术院校的学生，更有不少画家、摄影家慕名而来。一些影视公司也看中这里作为电视剧的拍摄外景……

现藏于南美陈氏翠南祖祠中的**祝寿古屏**，保存基本完好，是澄海现存的4套屏风中年代最早的珍品，撰序、书法、绘画、雕刻各种艺术汇集一起。昔年绢地的仙山楼阁人物丹青图，现存极少，撰序内容涉及当地的赵、金、许、陈、肖、杨各姓名人，书法清疏灵秀，有成亲王小楷笔法，丹青图楼阁人物，栩栩如生。这副难得的大屏风，实际上是一件家族文物，它的展示，实际上就是在家族内部进行有关家族历史与文化的社会教育。另一方面，地方文物的传世与展示，其意义又超越了一个家族、一个乡村，特别是像寿屏这样的图文并

◎前美村三卢书斋

茂而又具体可考的文物的流传，其实是对于人类文明的一种薪火相传。

目前，前美村在保留陈慈黉故居原貌的基础上增设了陈慈黉家史馆、红头船雕塑、潮汕戏曲馆、木偶馆、潮汕新娘房、潮汕工夫茶馆、老潮州小食馆、书画廊、微雕展馆、潮汕工艺礼品馆、古厨房系列等富有潮汕民间传统文化艺术特色的景观；还有潮汕乡土舞蹈"双咬鹅"定时表演，情趣盎然，让您游兴大增。另外，每年的正月初五至初七，是澄海区莲华镇南美村的社日。社日一般是指古代用于祭祀土地神的节日。在社日到来之时，民众会举行大型的集会竞技，进行各种文娱表演，场面壮观，热闹异常。

温馨提示

在前美村，除了在陈慈黉故居内能吃到专卖本地特色的小吃外，澄海城区及周边地区，有路的地方就有酒楼排档，还有各类海鲜、生猛，丰俭由人；另外，澄海著名的卤狮头鹅、猪头粽，更是不可不品尝的美食。

洪阳镇

粤东古城多史迹

洪阳地处榕江中游平原，由于三面环山，四水归汇，素有「盒底珠」之称。洪阳是普宁故城，名胜古迹众多，普宁古「八景」中就有昆冈松韵、培风宝塔、钱湖渔艇、灵汇甘泉、洪寺幽探等五景在洪阳。

洪阳镇位于普宁市东北部，交通便捷，镇区距揭普高速公路赤岗出口2千米，距潮汕机场约30千米。明万历三年（1575年）普宁县城设于洪阳，旧县治历经明、清和民国时期共374年。1986年12月设洪阳镇。洪阳历史悠久，

◎德安里

胜景、人物史迹众多，有培风塔、德安里、华严寺、林则徐忠魂归宿之处文昌阁、普宁学宫、方方纪念馆、城隍庙等景观。

铁岭即铁山，为普宁的"镇山"，位于洪阳镇南，练江北岸，海拔480米。山中群峦争耸，松涛呼啸，尤以崖涧野生素心兰花闻名。花开时节，香溢四野。现"铁山兰"为普宁市徽，"铁嶂兰芬"为旧时普宁八景之一，有诗曰"山灵钟万物，中有王者香。愿与素心人，攀萝采幽芳。"

"培风起鹏翼，卓荦立中流。俯视城村晓，苍苍云树稠。"**培风塔**俗称乌犁塔，位于洪阳镇后坑村，清乾隆七年

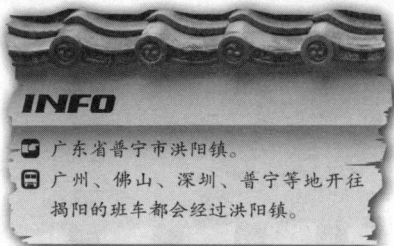

（1742年）建。塔为平面八角形，是用三合土筑成的七层风水塔，里面有奇特的内转石阶可登上各层，逐层有窗可眺望。塔檐以红砖叠涩出檐。第七层里面有藻井，塔顶由大葫芦及其上三轮仰莲承托一个千余斤重的生铁铸小葫芦组成，别具一格。培风塔造型美观，稳重挺拔，雄伟壮丽，历200余年而巍然屹立。登上塔顶凭栏远眺，南瞰洪阳镇全貌，北望榕江江水滔滔，甚是壮观。

方耀故居即**德安里**，位于洪阳镇区东南，是清朝广东水师提督方耀的府第。始建于清同治七年（1868年），包括老寨、中寨和新德安里及绍园。老寨建筑格局为"百鸟朝凰"，中寨和新德安里为"四马拖车"，三寨相连，房屋773间，外置护寨河，总面积4万多平方米，是广东省内罕见的大型府第式建筑组群。

洪寺探幽说的是**华严寺**，"突兀出平川，幽寻泉石好。烟云时一过，遥望小蓬岛。"华严寺位于洪阳镇之北5.5千米，水吼村北侧洪山山巅约200米处。华严寺前围墙环绕，天井之上为大殿，正中供奉佛界三圣佛像……寺外有一古井，以长方形石条纵横架起成一方井，旁有一洼地，泉自井中涌起，由方形石条隙中溢注洼地供饮用。井之年代久，而泉亦长流不息，相传此泉通数里

◎培风塔

外雨堂村之"灵汇甘泉",且井位处高200余米之山巅,令人称奇。另外,山顶还有古塔遗存基石,以及清广东水师提督方耀游踪,镌刻志于山顶大石上。整个洪山,慧花岩最为高峻,而寺周古木参天,意境通幽,寺景与风景配合,是游览观光的胜境。

"灵湫隐蛰龙,玉液清如注。顷刻作甘霖,及时群英吐。"**灵汇泉**,又称灵汇甘泉,建于乾隆至民国年间,位于洪阳镇东北方向距城约5千米的雨堂村。经冬不涸,久旱不竭,井台方形,素面石,泉清澈见底,时见小鱼虾游戏于水面蟹垫居于井底。泉水入口甘甜,泉水仍供村民饮用,相传清皇帝乾隆下江南时,曾造访过此井,对泉水的甘甜赞不绝口。旁边有一清雍正年间建造的祈雨亭一座,有联云:登灵山逍遥天界,临雨堂普济万方。

文昌阁位于洪阳镇东北,清康熙六十年(1721年)初建,同治年间重修,现保存完整。此阁三进九间二天井,红砖地面,中厅有棱形大石柱四根,木结构为抬梁式,屋顶是歇山顶,后进为两层阁楼,祀文昌神像。道光三十年(1850年),钦差大臣林则徐从福建赴广西,途径普宁,驻此处,并在此病逝。林则徐忠正无私的高尚品质和

大无畏的爱国主义精神,吸引着各界人士来到此阁凭吊。

与文昌阁毗邻的**城隍庙**,始建于明嘉靖四十二年(1563年),距今已有四百余年历史,康熙三十四年,知县赵勉周重修中堂及门楼廊庑。四十八年知县安定枚(镶红旗人)重修后堂两廊六司房舍,前后为三厅二天井宫殿式结构,共三进十一间,东西宽约27米,南北60米,总建筑面积约1400平方米。前厅为三山门,门楼左右供奉马宫,门内左右为千里眼、万里望,中厅正殿供奉城隍爷塑像。后厅分三殿,分别供奉城隍夫人、十八罗汉和千手观音,体现了中国佛儒合一思想。正殿与后厅三间,有放生池,池中放养龟鳖,池两旁植木棉树,池中间有拱桥,正殿前天井有参天古榕,正殿两旁廊庑供奉神像。整座城隍庙有大小佛神像共108尊。城隍庙是古普宁县乡民庆贺丰年、祈求太平、联系乡情、结交友谊的民间庙会,是难得的古建筑物,文物价值极高。

洪阳历史悠久,人文荟萃。"洪阳钧天乐社"饮誉海内外,"英歌"队和潮州大锣鼓队、醒狮队等配套完整;灯谜、诗词、书画、"三棋"等声名远扬;"十五夜行头桥""正月摆社"等民风民俗丰富多彩,妙趣横生……

> **温馨提示**
>
> 洪阳镇是蕉柑的主要产地,被誉为"潮果皇后",除此之外,普宁豆酱、普宁酥糖和竹蔗等洪阳名优特产及洪阳小食更是闻名遐迩。

碣石镇

碣石观海　玄武拜佛

碣石镇位于陆丰市南部，东临碣石湾，与金厢镇隔水相望。明洪武二十二年（1389年）设立碣石卫，为全国三十六卫之一，与著名的天津卫、沈阳卫等齐名。故其海岸地貌特征而称碣石，是陆丰市三大镇之一。

碣石镇历史上是依托碣石湾而发展起来的渔商城镇，水路距香港和汕头均115海里，距澳门和广州分别155海里和213海里。

玄武山位于碣石镇北郊，面濒南海，滨於碣石湾，占地0.15平方千米，是佛道两教合一的宗教活动场所；也是粤东一处历史悠久、风景宜人、驰名海

INFO

- 广东省陆丰市碣石镇。
- 汕尾汽车客运站、陆丰汽车总站有直达碣石镇的班车。广州天河客运站每天有大巴直达陆丰。

◎玄武山

内外的游览胜地，还是闽南语系百姓的信仰中心。主要胜迹有元山寺、福星垒塔、古戏台、太平石、四美亭等。

元山寺是久负盛名的佛教古寺，现为陆丰市佛教协会所在地，是粤东规模最大、文物保存最完整并富有历史、科研和艺术价值的名胜古迹。庙宇始建于南宋建炎元年（1127年），明代洪武二十七年改建为玄武庙，明代万历五年扩建为元山寺。经明、清、民国几次修葺，现已颇具规模。元山寺依山势递筑为一组四合院的对称式宫殿群体庙宇，三进殿宇沿多次台阶直通正殿，庙宇格局设计精确，遮阳曲径四通八达，有山门、前殿、中殿、配殿、厅堂、僧房和廊庑等建筑物99间。其整体建筑融宗教建筑、宫殿建筑、民居建筑、园林建筑于一体，具有鲜明的地方建筑特色。寺内金碧辉煌；正门上雕龙画凤，装饰精美；门两边两只石狮威武有生气，宛若两个尽职的卫士日夜守护着元山寺。寺内陈列着众多珍贵的历史文物，其

◎福星垒塔

中有：宋代的"北极真武"铜铸像，明代的"释迦牟尼"木雕像，清代同治皇帝书赐的"威宣岭表"匾额……

元山寺的背后是**"福星垒塔"**（俗称"玄山塔"），历来是南海碣石湾的导航标志，有"佛灯引明"之称。登上塔顶，碣石镇建筑尽收眼底，远眺可见浩瀚的南海，令人心旷神怡，被称为"碣石观海"，是陆丰旧八景之一。该塔始建于万历五年（1577年），为土塔，称"福星亭"，历经多此毁损重建，现为八角形三层阁式石塔，每层分别题有"三元宫""文昌殿""魁垣"，塔的每层四周群龙含珠，姿态各异。数只铜钟挂于顶层，风吹叮当作响，声清韵圆。底座四周刻有飞禽走兽，逼真活脱，特别是前面含珠的石狮，更是活灵活现。另外，塔的东侧有庞然大石，其雄姿轩昂俨然麒麟，名为麒麟石。西侧"起龙岩"，有鲤鱼跳龙门之传说。"起龙岩"前的龙门石，经久风化，形态苍老斑斓，据国家地质专家鉴证为1亿年前产物。四美亭、自得居也环绕于塔的旁西，有良辰美景、赏心、乐趣"四美"的雅称，是游人聊天谈趣，观赏秀丽风光的好地方。

元山寺前面有一**古戏台**，是目前广东省历史最久、规模最大的庙宇戏台。始建于明代万历年间，重建台后基高1.5米，面宽22米，造型古朴，气势雄伟，各种木刻石雕，人物花鸟，千姿百态、栩栩如生。

玄武山山下还有许多鲜为人知的古迹名胜。建于洪武二十七年的**古卫城**位于龙泉山下，环绕碣石重镇，因基垒石，为台而亭之，登高眺山海之胜。建

◎碣石山古民居

于清代的**浅澳古炮台**位于距碣石镇约五千米的天涯海角，是扼守碣石重镇的门户，立身台堡，登山观海，海阔天空，水天一色，帆影点点，尽收眼底。**田尾山**依山隔海，拥有最多的海蚀柱和浪蚀纹沟等造型地貌，退潮时，奇异多彩的海蚀柱造型展现在游人眼前，仿佛置身于浩瀚的海上雕塑公园之中，令人如痴如醉。田尾山下的浅澳村天后宫和成荫古榕树，山顶的花岗岩石蛋的造型"公背婆石"，海上的海底公园和海市蜃楼等，这些海角石林、奇石奇光，形成了天涯风光的旅游景区。

新拓建的**后山园林**接碧生香，植圃栽花，恬适开阔。其间有仿古式建筑，优雅舒适的接待楼和一千多文化座位的斋菜馆，园内有停车场，游客中心，并提供图片资料和咨询服务等。

元山寺在清光绪二十二年（1896

年）举办首届重光庆典，而后定例相延，每十年举办一次。每逢庆典，修缮庙宇、重光佛像，举行开光仪式、水陆法会盛大佛事活动和布置彩街、演戏、燃放花灯烟火、组织舞狮、舞鱼灯、踩高跷、扛大旗等民俗文艺活动，一连数天。家家户户张灯结彩，人山人海，场面壮观，热闹非凡，整个碣石城沉醉在欢乐祥和的节日气氛之中。

温馨提示

碣石名产众多，碣北红江橙，是新开发优良果品，果实皮薄光滑、肉色橙红、汁多渣少、酸甜适中、橙香味浓，被称为"国宴佳果"。碣石海马养殖场填补了中国市场的空白，利用海马生产的海马养颜酒供不应求，称为"南国一宝"。

南岗古排村

千年瑶寨风光独好

亭亭曲曲的山路、别致的吊脚楼、凌空高挂纵横交错的竹水笕、生火烟熏并举的火炉塘、下做牛栏上做储粮的粮仓、原始的酒坊、豆腐坊、榨油坊……一砖一瓦，一门一户，朴素地展现着南岗古排瑶族人千百年前的生活风貌。

南岗古排位于连南县城20千米处，始建于宋代，距今已有约1400年的历史，是目前所存不多的较为古老原始的瑶寨之一，寨中街道横直有序，依山而建的民居古朴整齐，有"大哥排""首领排"的称誉。瑶族是广东省内最古老、人数最多的少数民族之一。

瑶山风光格外迷人，这里是喀斯特熔岩地带，石山林立，拔地而起，奇峰突兀，怪石嶙峋，云蒸霞蔚，紫气如烟。诗人韦丘诗曰"摩天石笋神仙岛"，作家陈残云诗赞"觅景无须到桂

◎石排村风光

林"。这里四季如春，溪河纵横，林海连绵，鸟语花香。春季映山红花似锦，夏天瀑布泻玉流莹，秋来桂花熏香百壑，冬季红枫似火燃山。

南岗古排**瑶居**密密排排，重重叠叠，堆垒上山。往往是前面房子的屋顶和后面房子的地面平高，其间有一条走廊过道，横街直巷，把各家各户串联起来，形成瑶排古寨的格局。远望瑶排古寨，像海市蜃楼，天上人家。登临瑶排古寨，仿佛进入古堡神坛。进入瑶家，好比回归原始社会状态。古风神韵奥秘莫测，风情浓郁扑朔迷离。像大哥排南岗古寨、号称天上雷公地上瑶龙的摩天大山瑶龙寨、久经磨难的油岭大排、享有盛名的三排古寨等等，数百家人组成的古老瑶排，是人们探奇觅胜的风水宝地。

从南岗古排第二道山门，拾级而上，镶嵌"南岗"匾额的山门近在眼前却悬于头顶。数十级台阶后进得瑶寨，满眼都是瑶居建筑依山势错落排列。细看瑶居，都是青砖灰瓦材料，色调安静而统一，四角飞翘。瑶居与瑶居之间紧紧相连，往往是前面房子的屋顶和后面房子的地面平高，中间仅夹了一条石头路走廊。瑶寨中的路和台阶都是由形状不规则的石头铺成，经过石路石阶的串联，寨中300多幢建筑户户相通，形成瑶寨的整体格局。

古寨修建的房屋，别具特色，部分虽然年久失修，但颓门败瓦之间，仍然显露出当年的气势。**寨王的房屋**，门前无比开阔，远处的青山云雾缭绕，连一眼看三省的"三州山"也都拜倒在寨王的门下。据说，站在"三州山"的山

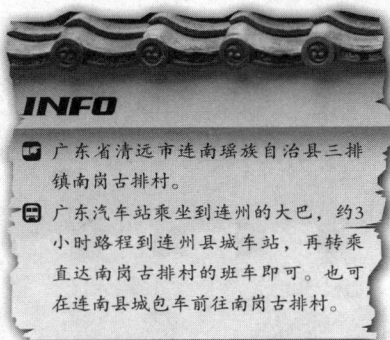

INFO

🏠 广东省清远市连南瑶族自治县三排镇南岗古排村。

🚌 广东汽车站乘坐到连州的大巴，约3小时路程到连州县城车站，再转乘直达南岗古排村的班车即可。也可在连南县城包车前往南岗古排村。

顶，可以看到分属广东、广西、湖南三省的连州、梧州和荆州。在古寨的中间，有一片宽阔的石阶，是古寨的"中心广场"，每逢大事、喜事的时候，瑶族人民就在这片空地上开会讨论，喝酒庆贺。让人对瑶寨鼎盛时期的歌舞升平心怀向往。

瑶寨是**歌舞之乡**，有新春游坡

◎南岗古排一角

◎南岗石排耍歌堂

节、三月三的开耕节、六月六的尝新节、七月七的开唱节、十月十六的盘王节以及耍歌堂等盛大节日，其中，"耍歌堂"已成为连南瑶族自治县传统的民间盛会，被列入国家首批非物质文化遗产名录。还有洋溢着传奇色彩的长鼓舞表演，是连南排瑶世代相传的民间传统舞蹈，表达着人们对忠贞爱情的祝福。瑶家的歌舞讲述的就是瑶家的历史，而且场面生动，充满和谐欢乐的气氛。

漫步在南岗古排村清幽的山路上，看"先生公"念经，看莎腰妹（未婚女子）绣花，看阿贵（未婚男子）酿酒，到梯田里看牛，看瑶家人跳长鼓舞……古老的房子和重峦叠嶂的风景绝妙地配搭在一起，古朴而秀丽，阳光在青砖、黑瓦、枯木间投射下来，照着地上的青苔、石板、野草，这一片景象，清新中又带有一丝苍凉。她像一个素面的山姑，羞涩地躲在葱茏的林中，却有着更令人愉悦的山野之风。

温馨提示

糍粑、竹筒饭、火烟肉、猪肉炒油毛菜、米酒等都是地道的瑶家特产。另外，南岗古排村山势宏伟，古道蜿蜒，沿途可见古树古墓，寨旁的千顷梯田，由山脚向山脊层层延伸，连绵而去，充满韵味，是摄影迷和丹青好手采风的胜地。走到古村对面的小山坡上的观景台，还可以看到南岗古排村雄伟而苍凉的全貌，美不胜收。

大圩镇

水运商埠『小桂林』

明代解缙的《大圩》诗曰：「大圩江上芦田寺，百尺深潭万竹围；柳店积薪晨暮后，壮人荷叶裹盐归。」

虽隔了几个世纪，但诗人用细腻笔触所白描的大圩，仍给人以古朴、优美、恬静、繁荣的感受。

大圩镇位于国际旅游名城桂林市东南13千米处，距灵川县城30千米，东有潮田河，与福利马河相接，西连相思江，可至永福，北面漓江贯穿桂林、兴安、阳朔、平乐、梧州，可上达湖南，下至广州，是水陆交通的要道。

北宋时，大圩古镇已是商业繁华集镇和水运枢纽，别称"小长安"。南宋末设立务税关，驻有务税使，有了固定圩期，沿江立街设坊，长约五华里，因集市规模较大，得名"大圩"，明代时成为广西四大圩镇（其他三圩是宾阳芦圩、苍梧戎圩、贵县桥圩）之首。抗战时期有"小桂林"之称，赶圩人数高达1万余人，泊船多达二三百艘，地方商业文化积淀深厚，特色鲜明。

◎大圩800米石板街

建于民国初期的约800米**石板街**是古镇的一大特色，在水运繁盛、商贾云集之时，各地客商纷纷兴建各省会馆，沿江街道人家经商起家，建有大量的商店铺面。这些店铺一般为两层楼，砖砌侧墙，木板为门，旁边开有方孔小窗。房梁很高，通风透气，多是二进、三进的深宅大院，前铺后坊，从街面一直延伸到江边，俗称"筒子屋"。木头房子容易着火，一烧就是一片，听老人说万寿桥的泗瀛街又被称作"芝麻地"，意思就是店面很值钱，烧得快建得也快，越烧越旺之意。所以在街区之间又有隔火的门楼，沿街多为骑楼，是桂北明清时期汉族建筑风格的代表。

建设街上有几座连在一起的高门大院，非常气派，其中建于清咸丰年间的**廖忠源旧宅**最引人注目。这是一栋两进深的建筑，二层砖木结构，里面摆放着许多的大缸，屋主介绍说是用来酿酒的。天井很宽敞，有大大的鱼缸，还砌有花池，里面的门扇依然是一派古香古色，雕刻有诗、词、书、画，或是飞禽走兽的吉祥图案，栩栩如生。

万寿桥位于镇区东段，是一座虹式单券拱石桥，桥下是马河，又叫徊沙河，东接泗瀛街，西连青极街，远望似青龙卧江，近看桥影如月。万寿桥始建于明万历年间，距今400多年，初为木结构三拱板桥，后毁于水灾，清光绪二十八年（1902年）重修为单拱石桥至今。桥的西面是漓江，是欣赏漓江及对岸螺蛳山的极佳位置。

位于生产街的**清真寺**为来此定居的回民所建，初建于清乾隆年间，是大圩镇唯一的一座清真古寺。进门是个院子，两边是阿訇的宿舍和接待室，二楼的礼拜堂有百来平方米，地上摆着几张草席和布垫，墙上贴着做礼拜的时间表，倚着门口的长廊，可以清楚地看到屋顶下保留完好的精美绝伦的装饰木雕。清真寺后院有两株参天的古松，和寺庙一样古老。

以水运兴盛起来的大圩古镇，自清至民初共建有13个**码头**。码头一般长10米，宽三四米，青石砌成，伸入江中，功能各不相同。如鼓楼码头多装运白果、桐油、日用百货等大宗商品；大码头水面宽平，为竹筏停泊、起运处；塘坊码头为古代水驿塘坊，供官船停泊登岸用。现在江边的货船少了，只有两三个码头停泊着几艘过江的渡轮，或者是停歇着在此修整的游船。天气好的时候，还能看到一群写生的孩子，在色彩流动中勾画着他们眼中的陈迹。这时候，最惬意的便是和衣躺在江边的草地上，看浮云变化，享受一刻古镇午后的宁静与悠闲。

大圩镇古东村的**古东瀑布**是我国唯一一个由地下涌泉形成的多级串联瀑布，是一个因钙华沉积作用可逐渐长高而改变景致的瀑布。八级瀑布形态各异，有的如鸳鸯戏水，有的如蛟

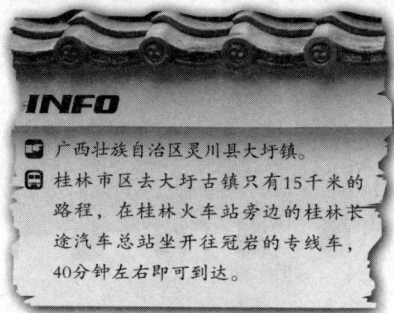

INFO

- 广西壮族自治区灵川县大圩镇。
- 桂林市区去大圩古镇只有15千米的路程，在桂林火车站旁边的桂林长途汽车总站坐开往冠岩的专线车，40分钟左右即可到达。

◎大圩古民居

龙喷水，有的悬于长满青苔的岩壁上，瀑水如布，水纹清晰可鉴，呈白色透明状，犹如喷雾行云；有的水流集中下注跌入深潭溅起层层水雾浪花，犹如细雨蒙蒙，瀑布两岸林木葱郁，荫蔽幽静，水质清冽透明，凉爽甘甜。山脚下亚热带雨林浓郁，藤蔓垂壁，丛林险径，三千多亩的枫树和马尾松，风吹林动，鸟语花香，令人有回归自然的亲切感。到了深秋时节的红枫更是别一番"霜林尽染，漫山红遍，红叶铺满山径"的美景。

巍巍青山两岸走，小小竹排江中游。坐上竹排在古东水淮上轻轻滑行，刘三姐的歌声迎面飘来："且问朋友哪里来，古东水淮坐竹排，有心与我对一对，莫学陶李罗秀才。"悠扬的歌声，俊美的三姐，青碧的山光水色让人如入梦境。

扫一扫，获取更多
实时旅游资讯

兴坪镇

漓江佳胜在兴坪

兴坪镇，有翠竹茂林的田园渔村，洲头绿竹滴翠，农舍炊烟象象，在这里汇集着人间最美的景数，兴坪的照平河水下荡漾着的碧绿的水草，一团团似飘素的长发，随着水流翻翩起舞，在浅浅的镜面下飘逸出一脉脉清绿的柔波……

兴坪镇位于漓江东岸，广西阳朔 县东北部，距县城25千米。三国甘露元

◎兴坪镇风光

年（256年）为熙平县治，隋开皇十年
（590年），熙平县治迁到今阳朔镇的
羊角山下，此处仍为圩镇，"熙平"慢
慢讹传为"兴坪"。

兴坪依山面水，奇峰环绕，兴坪河
在此汇流漓江，形成了面积宽阔的水面
和沙滩，四周的山峰也都顺势形成一个
大圈，人称"镰刀湾"。兴坪有"一
潭、三洲、三条滩、三岩、五井、十二
山"之说，这里奇峰林立，江水迂回，
茂树葱茏，碧潭绿洲，幽岩古洞，田园
村舍，处处是美丽的景色，是漓江风光
荟萃之地，素有"漓江佳胜在兴坪"之

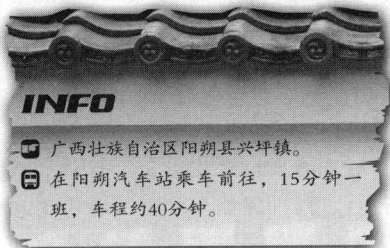

INFO

🏠 广西壮族自治区阳朔县兴坪镇。

🚌 在阳朔汽车站乘车前往，15分钟一
班，车程约40分钟。

说。中国驻联合国总部大使馆悬挂着
的唯一代表中国自然景观的《**黄布倒
影**》，1999年第5套人民币20元券背面
的图案，就是这里。

兴坪老街即是过去的圩场，古镇的
格局，原有的巷道依旧。1千米多的石
板街，从兴坪古镇东南延至漓江榕树
潭、古渡码头。各省的会馆建筑立于古
街的两旁。现城墙轮廓尚清，随处可见
古砖瓦陶瓷残片，只是原来"车马来往
人看人"的繁华县城，现呈现出一派青
山幽幽、村舍几座的肃静氛围。偶尔从
几家门前黝黑的柜台、老式的桌椅、开
着小窗的木窗中，还可以探寻到几丝旧
日曾经商铺林立的痕迹。有些暗暗的街
角里，总有几个做手艺的工匠，编着竹
筐、竹篓、漏勺，还有卖早点小吃的阿
婆，新出炉的包子、油饼，热气腾腾，
最是正宗……

老街的巷道四通八达，从镇中心
的大路，往江边直走，便到了漓江边
的榕树潭古渡，这里浮雕着龙凤的大
石条横倒在石基上，即古渡口的**六角
亭遗址**。沿石阶拾级而上，可见古代
三层八角亭和北帝庙遗址。登山远
眺，对岸渔村，炊烟缕缕，渔船点
点，樯桅如林，鱼鹰游弋。再远处，
群峰依江而立，其上薄薄轻岚，时有
时无，变化万千，美妙至极。始建于

清乾隆四年（1739年）的**关帝庙**位于兴坪古街边，现存偏殿及戏台。庙内的"万年戏台"为桂北地区较为古老又保存完好的清代戏台，对广西的戏曲史及沿革衍变很有研究价值。戏台台口两柱因演戏所留叉眼痕迹20多个，尚依稀可见，台缘横贯着四幅木雕，图中人物栩栩如生，手法生动明快，经鉴定乃是四出传统戏曲浮雕图。

榕树潭古渡旁即为**老寨山**，是兴坪最高的山，山势虽然很陡，但石阶修得相当平整，几乎每一级的侧面都写着字，有的是数字，有的是鼓励的话，但更多的是中日友好的字句。这是一个叫林克之的日本友人出资修建的，老人是位民间的国际志愿者，他一生中的大部分时间都是在尼泊尔、泰国等国家的贫困地区度过的，1996年在云南学习期间，偶然被朋友送来的一幅漓江风光图所吸引，学习还未结束，就跑来游览漓江，谁知就被漓江边的老寨山黏住，再也离不开了。从1997年开始，他便四处筹钱，在老寨山上无偿修建了登山路、"友好亭"、"和平亭"，为中日文化交流与友好贡献了自己的力量。后来他成了兴坪的居民，他的家也是"中日文化交流会馆"，经常接待世界各地的朋友。

下老寨山可乘船至**总统渔村**。村门上有4个大字——东南保障，因旧时土匪横生，兵荒马乱，但只要村门一关，匪徒就不能进村抢劫，保障了村民的生命财产安全。而村门后约10米的地方，是有300多年历史的赵家祠堂，现在已经改作展览厅了。展厅旁边数米便是当地进步文人赵文辉老人的故居，大门口的石板刻着双麒麟，面向内，守住了家里的财源。大门上还有两个圆形的乾坤木雕，与麒麟合称为"麒麟守八卦"。渔村中保存完好的传统民居有40多座，多为清代岭南风格的建筑，其中赵家良屋尤以精雕细刻的门窗图案见长，八仙过海、老鼠偷油、鸳鸯戏水，千姿百态，数不胜数。渔村的确是块风水宝地，历史上28代村民，代代有考取秀才举人进士做官的。

有人打了个这样一个比方来形容兴坪：上帝在桂林地区生下了三个女儿，大女儿是桂林，她亭亭玉立，楚楚可人；二女儿是阳朔，她明眸皓齿，顾盼生辉；三女儿则是兴坪，她验证了民间的一句俗语，越小的女儿越漂亮。如此胜境，一定要去看看。

温馨提示

大自然的鬼斧神工造就了神奇的漓江山水，同时也造就了漓江奇石，它以奇异的形状、丰富的色彩广受游客喜爱。另外，兴坪还有笋干、黄皮果、金橘等各类土特产品，竹、木雕等工艺品，木板鞋、风景画扇等民间工艺品，远近闻名。

黄姚镇
梦中的家园

黄姚是宁静的，无论是日出时分，还是清晨、午后、傍晚，都是那么古朴自然、与世无争；黄姚是碧玉色的，溪水、青山、古榕、绿苔、田埂，甚至连它的空气，都让人感觉是绿的，于是心就变得平静与清澈起来了……

黄姚古镇，位于广西贺州昭平县东北部，与昭平县城及贺州市均相距40千米左右（直距），距桂林200千米。黄姚是有着近千年历史的古镇，发祥于宋朝年间，兴建于明朝万历年间，鼎盛于清朝乾隆年间。由于镇上以黄、姚两姓居多，故名"黄姚"。

黄姚地处漓江下游，素有"诗境家园"之称。镇内有"六多"：山水岩洞多、亭台楼阁多、寺观庙祠多、祠堂多、古树多、楹联匾额多。有山必有水，有水必有桥，有桥必有亭，有亭必有联，有联必有匾，而这一切构成了古镇独特的风景。古镇为典型的喀斯特地貌，真武山等几座奇峰下，姚江、小珠江、兴宁河三条小溪环绕着古镇300多间的明清古民居，古榕翠竹掩映着古镇和溪边的天然怪石，整个镇子如梦中家园一般，令人留恋。

著名的**"黄姚八景"**，如盘道石鱼、金鸡晒肚、南蛇出洞、仙龟爬沙、天然石门、鲤鱼跳龙门等景观，多由奇石浑然天成，虽然规模不大，但是造型奇特，与周围环境协调一致，互为衬托，是古镇风景的神韵所在。

整个古镇按**九宫八卦分布**，没有围墙，以溪流或外围联结的房屋为界。古镇设有许多镇门、巷门，门前都有桥或亭相望，镇内街道以一条主街和众多小巷相连，街街相连，九转连环，起到很好的防卫作用。抗战时期的中共广西壮

◎诗境一般的民居一景

族自治区工委旧址设在这里，就是因为古镇有交通不便和易守难攻的独特地理环境。

黄姚古镇上的街道据说一共有**99999块青石板**铺就，一块不多，一块也不少。这种说法可能是一种理想化的演绎，我们当然不能去一块一块地数，但是却可以充分感觉到当地人对于"九"这个数字的迷恋。中国的传统讲究"水满则溢"，因此形容什么事情都不会"十成十"，总是留一点儿余地要"九成九"——既表示自己的谦逊，也暗含了"九九八十一"的圆满。客家人虽然不断迁徙，却是最不忘祖宗教诲的一群人。黄姚，就是这"九九崇拜"的最好明证。街道两边的店铺依然保存完好，只是已没

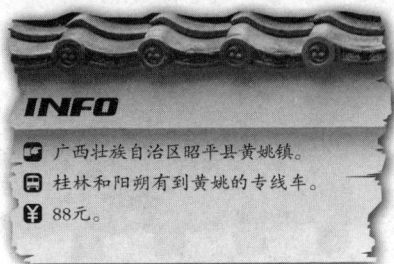

INFO

广西壮族自治区昭平县黄姚镇。

桂林和阳朔有到黄姚的专线车。

88元。

有了昔日的功能，但依稀可以从一些老店铺上看到铺号的名称。小巷里很静，只有偶尔踏到一块专门设计的能发出响声的石板，才会引来几声狗叫。这种设计独特的响石，是专门用来防盗贼的，不熟悉地形的盗贼，一旦踩响了石板，很容易就被居民发现了。

在黄姚乡村的八条青石板街中，有一条街叫鲤鱼街，原来在铺石板时，在

◎整个黄姚没有围墙，以溪流或外围联结的房屋为界，按九宫八卦分布

街中心碰上一块天然石板露出的石脊，石匠们匠心独运，将石脊凿成一条长约两尺的石鱼，突出街中心，高于街面约3寸许，摇头摆尾，形态生动，遂成著名的"**盘道石鱼**"胜景。

在黄姚，每条街曾经都是一个姓氏的居住地，每一个姓氏都有自己的祠堂，现在镇上还有近十座大小不一的祠堂。建于明代的**吴家祠**位于金德街，砖木结构，采自广东佛山的琉璃构件依然富丽堂皇。

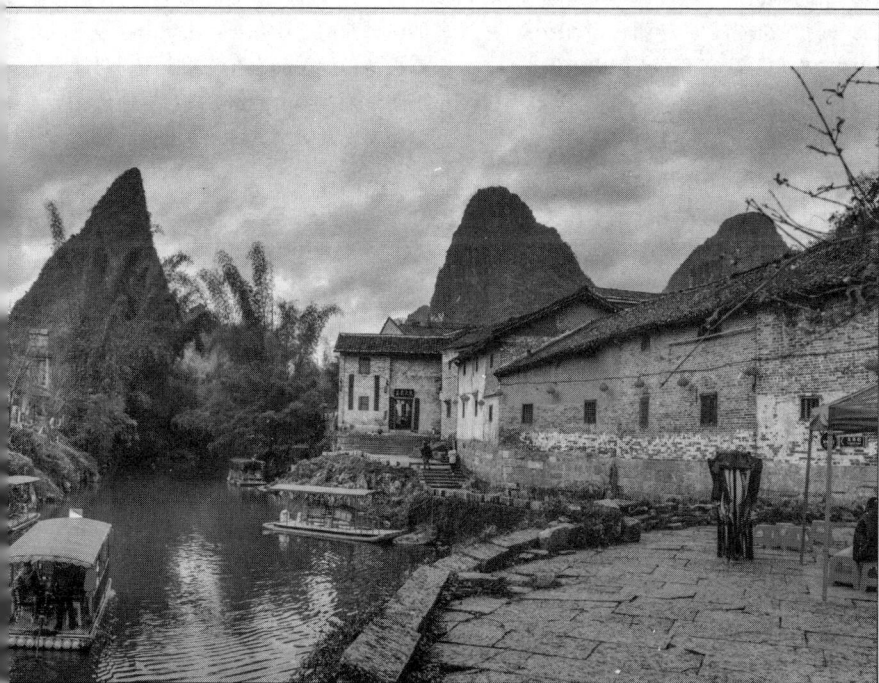

祠堂天井四周是民间画师直接用毛笔绘制的壁画，天井两旁的厢房是专供吴姓学童读书、住宿的地方，体现了吴姓宗亲鼓励族人读书的良苦用心。

文明阁坐落在镇东南天马山西麓，古刹宝亭层峦叠嶂，掩映在绿树丛中。文明阁始建于明万历年间，原有文明首第、豁然亭、惜字炉、天然图画、大堂正殿（供奉关公）、魁星楼（供奉魁星公）等12处建筑物，今仅存8处，阁内历代名人题诗刻石颇多。

建于明代的**古戏台**静静地立在水流湍急的姚江边，显得肃穆沉静。这是一座亭阁式的建筑，大青石砌起的1米多高的石基上，8根木柱支起飞檐翘角的房檐，后面是一个扁长形的房间，用作化妆间。木柱下的柱基上雕刻着精美的图案。古戏台的左前方仅几步之隔的地方，是抗战时期曾驻广西壮族自治区工委的**宝珠观**。从圆形的大门向里望去，一棵巨大的古榕耸立在墙边。这是一个三进的四合院，斗拱飞檐。大殿现在是个展厅，展览着一些历史照片，讲述了昔日中共广西壮族自治区工委在这里的一些情况。

带龙桥，这座建在姚江上的双孔石拱桥，将真武山下的新兴街和永安门内的主街道连在一起。桥用大块的条石砌成，通过铁制的榫头连接，使整个石桥成为一个整体，不易被洪水冲垮。在两边茂盛树木的映衬下，古老的带龙桥显得尤为美丽。过桥后向左拐30多米，沿石阶上行，走进一个写着"新兴街"的大门，就到了**新兴街**，这里主要是黄姚镇梁姓的聚居地，街道地势较高，背依真武山。街门旁有一个高大的砖砌炮楼，站在炮楼里可以一览古镇，确实是个瞭望守卫的好地方。街上还有一所叫"郎官第"的房子，据说是清代曾做过县官的梁都的府第。

大凡风水宝地，必有奇异之处。镇上有一口**仙人古井**，泉水常年翻腾而涌，无论多旱多涝，始终保持不变。传说阴历七月初七上午在泉中取的水，能放置三年而不腐，人饮后百病不生。仙人古井的样子很独特，它由几座方池相连，分为饮用池、洗菜池和洗衣池。从泉眼流出的水先供饮用，然后再依次进入洗菜池、洗衣池，最后汇入河中。

站在黄姚古镇最开阔的地方向四外望，四周几乎都是山，自己就在山谷的最深处。离黄姚最近也是最高的一座山是真武山；姚江对面的是隔江山；形状像一只公鸡的是鸡公山；仿佛是一个酒瓶的叫酒瓶山；还有一座叫螺山，像一只巨大的田螺。因为有这几座山，再加上山脚下那三条清溪蜿蜒流过，所以在传说中黄姚就成了一块**"九龙结穴"**的风水宝地。

温馨提示

来黄姚旅游的最佳时机是每年9月下旬至11月上旬。这段时间当地气候宜人，柿子、山楂等水果也先后成熟，可以享用鲜美的果蔬。此外，每年3、4月间雨季来临，在蒙蒙雨雾中游览古镇将别有一番风味。

扫一扫，获取更多
实时旅游资讯

秀水村

毛氏瑶乡多状元

秀水院是广西名扬遐迩的旅游胜地，也是富川瑶乡威名独具的状元村。古村内有历经千年风雨的古建筑和明清风格的民居村落，更有延绵千载不衰的文脉风水，秀水村保留着上至皇帝下到知县赐封、贺赠的花式各异的匾额，堪称是一个天然的中国文教史博物馆……

始于盛唐的秀水村坐落在潇贺古道东南一侧，位于粤、桂、湘三省（区）交界处，距县城30千米，距梧州市260千米，距桂林市190千米，其地理区位优越，背靠大西南，面向粤港澳及东南亚，正处在梧州—桂林旅游区的中间部位，可以完全融入桂林大旅游圈中。

秀水状元村这里保存了中国最大的明清时期**古民居建筑群**。由水楼、安福、八房、石余四个村组成，有状元庙、庙旁的心心相印树、毛氏宗祠、明清民居、如斯夫戏台等景点。村中的老房子，简朴得与全村官宦世泽、历代绵延的地位颇有点不相称，但它们尖翘灵动的檐角、雪白的照壁、幽深的小巷、青石铺就的村道、爬满青藤的墙头、古老的戏台、苔痕斑斑的古井、大清乾隆年间的拴马石这些细节，却于古朴中显示出了深沉的历史底蕴和高雅的书香门第品质。

一进村头，首先映入眼帘的，是矗立在村头的**毛氏宗祠**，它后倚雄峻高耸的秀峰山，前府石鼓、秀水、黄沙三河汇流。宗祠里面供奉有包括毛衷、毛宪、毛顺良等历代先贤的牌位，供后人祭祀。宗祠的大厅上，立有状元毛自知身着大红朝服、手持书卷的坐像，厅壁则画有毛自知刻苦攻书，钦点状元等故事。当年大宋宁宗皇帝钦点毛自知为状元的诏书，被抄录在塑像之前。宗祠中还建有造型别致的状元楼，正中屋脊

◎秀水村一角风光

INFO

- 广西壮族自治区贺州市富川瑶族自治县朝东镇秀水村。
- 到朝东镇后可以乘坐当地小巴车，5分钟即到秀水村。

上塑着双龙戏珠的图案，四角则檐牙高啄，直指蓝天，恰如一只振翅欲飞的雄鹰，似乎在暗寓着此地人才辈出、一飞振天之意。

据说秀水村毛氏宗祠的大门和各家进士的门楼，宽度都在1.25米至1.55米之间，这正是秦汉时期车舆辕架的宽度，而现在一些大门的两边还立有车轮形的石鼓、半车轮形的石月，门框石槛也被做成古车架的样子。据《毛氏族谱》记载，先人之所以将宗祠大门、进士门楼做成舆辕的样子，

便是要儿孙们记住祖先沿秦汉古道迁徙至此的不平凡经历和创业立寨的艰辛过程。其中**"吉美孚"**门楼最为奇特，这在富川乃至贺州市也是极其少有的。门楼无瓦盖，呈半圆弧顶，白灰粉纸浆糊墙，洋气十足，门楼内街边的一些房子亦建成洋楼别墅的模样，直接嵌在粉墙上的"吉美孚"三个行书黑体字的门楼名称、形式也与村中"文魁""进士"流檐盖瓦、烫金悬匾的门楼名称、形式大相径庭。

仙娘庙前的小曲桥头，立有仿古牌坊"坦川"。进入门楼，有一平坦如镜，占地颇广，清澈透明，其圆如月，不溢不涸，这就是秀峰八景之四的"天然王镜"，又名"坦川"，俗称"仙娘井"。仙娘庙就在仙娘井旁，里面供奉的是曾率领义军与强贼斗智斗勇的本房祖姑黄氏仙娘。与仙娘庙遥遥相对的是古朴典雅的塔川庙戏台，龙头、狮身等

◎秀水村建筑

飞檐雕刻，栩栩如生，内绘彩图，八仙过海、仙鹤梅竹是秀水建筑内部常见的彩绘图案。

状元庙里有这样一副对联："富水奔腾孕育廿六进士，秀峰挹爽造就一代状元。"故秀水村别称**"状元村"**。秀水村建于唐开元年间，立村建寨距今已有1300多年的历史，始祖毛衷，是唐开元年间进士，为广西贺州刺史。该村自唐繁衍发展至今，有一个宋代状元和二十六个进士。自我国恢复高考制度以来，该村考取全国各重点名牌及普通院校的大中专生人数就达120多人。据考证，秀水村自唐代以来之所以出了那么多的状元、进士和举人，也与**潇贺古道**有极大的联系。古道不仅加强了商贾贸易，货物流通，而且也便利了人才来往，信息交流。一些外地的秀才、举人沿古道到此任教，传授知识，开阔了村人的视野，增长了村人的见识。而村中

的有识之士也沿古道外出求学、应试、入仕、经商，拓宽了他们成才、创业的机会。潇贺古道促进富川乃至桂东地区的经济发展，人才成长，社会进步，由此可见一斑。

位于毛氏宗祠对面的"凸"字形**古戏台**，后有百年古樟的绿荫遮蔽，秀水河伴村而过，是当地群众节日文化生活的重要场所，每年的传统节日，如春节、八月初二、九月初八，古戏台上都会唱大戏，桂剧、彩调剧都曾在这儿上演过。其中，九月初八是秀水一年中最重大的节日，因为这天是他们老祖宗的生日，届时，那戏常常是通宵达旦地演，观众也饶有兴致地从掌灯时分看到东方欲亮。

走出村子，夕阳西下、薄暮冥冥。遥远的东北方，是一列灰蓝的远山，山形恰似一个仰卧的巨人。人们说，那是湘桂交界的**毛公山**，山前突兀一峰，恰如一枚巨大的玉玺。人们又说，他们这里的毛姓，正与湖南湘潭韶山的毛姓同宗。村头当年潇贺古道上的石桥，正是在伟人毛泽东逝世的前夜轰然坍塌的……种种似真似幻的传说，就像一片绚丽的迷雾，给秀水这个本来就充满着传奇命运的小村，增添一层扑朔迷离的色彩……

温馨提示　游览古村胜景之余，也不要忘记品尝一下秀水的美食，位于石余村口的秀峰饭店丰俭由人，风味以腊味、野菜为主，偏向湘菜口味，农家风味十足，定能让你大饱口福。

大芦村

广西楹联第一村

大芦村有其独特的古建筑、古文化、古树，其中，尤以明清朝代的三百余副楹联文化最具特色，有着鲜明的地方文化和宗亲观念特征，其内容丰富，格律工稳，辞藻隽永，韵味无穷，以修身、持家、创业、报国为主要内容，被授予『广西楹联第一村』的称号。

有着"中国荔枝之乡的荔枝村""水果之乡的水果村"美誉的大芦村位于灵山县东郊8千米处，距今已有400多年的历史。清代横州诗人吴必启曾这样描述大芦村的风光："宅绕清溪耸秀峰，松林鹤友晚烟笼。小楼掩路斜阳外，半亩方塘荔映红。"

大芦村具有民宅建筑古老、文化内

◎外翰第

◎镌耳楼

容丰富、古树众多、生态环境良好四个特点。村内明清两代劳氏古宅共有九个群落，目前开放游览的有镌耳楼、三达堂、双庆堂、东园别墅和富春园等五个群落，依山傍水，古静幽深，其内珍藏的文天祥手迹等大量文物珍品，见证着历史的辉煌；悬挂于门楣、楹柱上的三百余副明、清时期创作的传世楹联，可谓点睛之笔，有着珍贵的人文历史研究价值和欣赏价值。村宅周边山岭、田地所植果树郁郁葱葱、连绵不绝，与古宅互相辉映，显现出一派和谐、协调、优美的田园美景。

镌耳楼是劳氏家族的发祥地，即祖屋，又名**四美堂**。其建筑布局按国字形建造，由前门楼、主屋、辅屋、斗底屋、廊屋和围墙构成，二五布

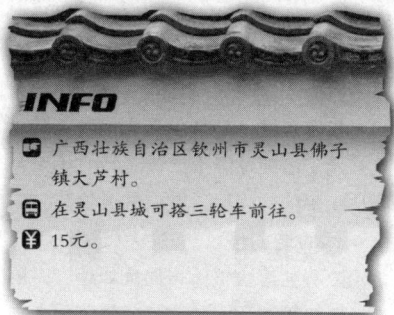

INFO

- 广西壮族自治区钦州市灵山县佛子镇大芦村。
- 在灵山县城可搭三轮车前往。
- 15元。

局，明朝嘉靖二十五年（1546年）始建，崇祯十四年（1641年）自前门楼和主屋第二进营造镌耳状封火墙，至清朝康熙五十八年（1719年）完成这一群落的整体建设。房屋结构功能齐全，明末清初岭南豪宅的建筑风格特征明显，透露出强烈的宗法制度观

念意识。其内悬挂的楹联亦折射出当时家教的森严，如：祖屋四座檐柱对联"天叙五伦惟孝友于兄弟，家传一忍以能保我子孙"；祖屋四座顶梁对联"知稼穑之艰难克勤克俭，守高曾其规矩不愆不忘"；祖屋四座屏门对联"好把格言训子弟，须寻生计去饥寒"；祖屋四座川柱对联"勤与俭治家上策，和而忍处世良规"；等等。

清康熙年间（1694–1719年）建造的**三达堂**是劳氏老二房发祥地，原名灰沙地院，清乾隆十一年（1746年）大芦村劳氏开基200周年之际，老二房以孙子辈首发三支，对应当时由老长房居住的祖屋称谓"四美堂"，取达德、达材、达智之义为居所起堂号"三达堂"，寓意"三俊"。张挂于堂内的楹联尽显典雅，如：四座水柱外侧对联"堂上椿萱辉旭日，阶前兰桂长春风"；五座第一进大门对联"春深松柏当庭秀，日暖芝兰入室香"；横门及大院届门对联"门前琪树双环翠，户外方塘一监清"；等等。

东园别墅，是劳氏第八代的劳自荣兄弟建于清朝乾隆十二年（1747年），简朴无华的前门楼，宽广的大地院，三位一体的老四座、桂香堂及其附属建筑，匠心独运。整体布局犹如迷宫，局部设置典雅别致，装饰工艺精湛，文物丰富珍贵，氛围静谧祥和，是古宅因地制宜营造法式和书香书家伦理观念的综合体现。其建筑风格也与其屋主劳自荣性情廉介、器量宽宏、崇尚实行追求脱俗的性格相呼应，如：上书房对联"涵养功深心似镜，揣摩历久笔生花"；下书房对联"鱼跃鸢飞皆性道，水流花放是

文章"；二座对联"东壁书有典有则，园庭诲是训是行"；老四座上书房对联"东天天才可济世，园地地富能兴家"。

清朝道光六年（1826年），劳氏第十代的劳常福、劳常佑兄弟俩亲建**双庆堂**，寓意"兄发弟泰，才行并关"，门户自成体系，而有过道相通，房屋高广、宽敞、明亮，注重居所的实用性和舒适感。眷饰、檐饰、和椅、床榻、器具精工雕绘，讲究气派和排场。

大芦村古宅中人还保留着许多"十里不同风"的习俗。每年农历七月十四日闺族吃茄瓜粥"以示不忘祖德"，至今不易。而农历八月十八的**庙节**，又叫"岭头节"或"跳岭头"，是大芦村最热闹的节日，有戴面具的祭祀性民间舞蹈。祖屋镀耳楼后背山参天盖地的古树下，他们世代传授的"老师班"，在天幕月光下，拍击长鼓，表演传统民俗舞蹈"跳岭头"，亲朋乡邻云集，怡然自乐。庙节这天除了看民族舞蹈等表演外，最重要的事莫过于宴请亲朋好友到家中做客，品茶尝果，还有在饮酒、吃饭前吃这个节日最具代表性的小吃牛红生……

温馨提示

大芦村庙节时所吃的牛红生主料有：牛肉、牛百叶、牛肚等切成丝，牛红（血）切成方块，分量较多，配料有绿豆芽、南粉、金菜等，然后把不同的原料放进开水镬内烹制，待牛红煮到九成熟时，马上舀入一个钵中，上席时牛红刚刚熟，再撒上炒过研碎的花生，吃起来味道浓郁而鲜美，脆滑可口，使人颊齿留香，回味无穷！

崖城镇

官游都道小苏杭

明代时崖城已经有「弦诵声黎民物庶，官游都道小苏杭」的盛况。唐宋以来历代名人被贬到此地；唐朝的鉴真和尚曾留下了一批准备带去日本的佛教经典；元代「纺织之女」黄道婆也曾到崖城水南村学艺……

崖城镇位于三亚市西部，是汉、黎等民族聚居的地方。崖城镇的区域环境优越，海陆空交通便捷。它距三亚主城区45千米，至三亚凤凰国际机场33千米。

古崖州城即现在的崖城。海南从南北朝起置郡设治，自宋朝以来，历代的州、郡、县治均设在这里。古城池始建于宋，原系土城，南宋庆元戊午（1198年）始砌砖墙，此后历经数代的拓址扩建，布局完整、设施齐全、具有防御性等功能。历经沧桑，曾经的恢宏大减，古城现保存着南门

◎崖州古城墙

（文明门）、北门西侧50米城墙、西北处长200米、宽约30米的护城河、护城河中的一座砖拱桥等。

建于民国初年的崖城镇**南洋骑楼街区**，原规模宏大，有"民国第一街"美誉。现仅存一条街道，长约220米，宽7.5米。街道建筑为中国南方骑楼，具有南洋建筑风格，为商住综合楼房，下为商铺，上为居室，间有一些公共建筑如会馆等，大部分保存基本完整。骑楼街是古城十字核心视通走廊的外延，也是连接城东区的节点。

崖城镇4个区的**古民居**绝大部分建于清代，大都相对保存完整。有一些虽然局部残损或局部改建，但古貌依然。廖永瑜祖居是目前崖城镇规模最大、保存较好的民居，系宗法式建筑。它通过南北与东西两条轴线进行改造，结构布局基本保持完整。林缵统故居为二进呈三合四合院落布局，占地面积600平方米，原貌保存基本完好。位于水南村中坊的盛德堂已有800多年的历史，为唐朝名相十子世孙裴闻义于南宋任昌化知军时旧宅，南宋抗金名相赵鼎和名臣胡铨贬崖居此，胡铨题匾"盛德堂"而得名。现存正屋一间，壁联下联"门庭诗礼千年道学永相承"清晰可辨。盛德堂独立于古建筑群组之外，其南、西为水田，东面为椰林，西面和北面为现代民居和掩映其间的椰林，周围环境保存良好。

崖城学宫是目前海南省保存下来的级别最高、规模最大的古代官办学校（州学），也是中国最南端的孔庙。始创于宋庆历年间，历史上屡经迁建，至清同治十一年（1872年）最后一次修

INFO

海南省三亚市崖城镇。
由三亚市区乘坐至崖城镇中巴即可。

建，形成了完整壮观的建筑群组。至今大成殿、大成门、东庑、西庑、天子台、昆明池等重要建筑保存完好，建筑构件和细部也完好无损，鼓镜式莲花石柱础带有宋代风格特征，七架抬梁式木构架局部比例仍有明代的风格特征。学宫建筑群对称、严谨、协调，具有鲜明的地方特色和文化价值，是古崖州传统建筑的典范之作。南门（文明门）、少司徒牌坊和学宫一起构成了崖州古城的基本中轴线，与解放路、学前街、轿夫

街等一起构成了崖州古城的十字核心视通廊。

值得一提的是崖城镇**保平村**，0.25平方千米的面积上竟存有70余处民居，其建筑特色鲜明、保存完整，是截至目前海南发现规模最大的、连片而建的明清民居建筑群。其中一处清代建筑中还有保存完好的神龛，上雕龙凤麒麟、鹤松梅竹，工艺十分精细。

古老的**大旦港**位于水南大旦村，曾经是优良海港，一度繁华，是古崖州对外通商贸易的重要交通港口，各类移民迁入崖州大多经由此港，由于年久失修，已于清道光年间荒废，但现仍存其貌，以古老的形貌俯视着水南的子孙后代在这片肥沃的土地上继续繁荣发展。晒经坡位于大旦港附近，是鉴真和尚五

次东渡日本时，遇台风避港于大旦港晒经所用，其后鉴真和尚留振州一年，受戒讲律，后人将大坡称为"晒经坡"以示念之。

在中原文化的浸润下，崖城的**民族民间文化艺术**绚丽多姿。民间传承的黎族民歌、苗族民歌、迈歌、军歌、苗族龙舞、纺织技术、竹编、藤编、金银首饰工艺、铁具打铸技艺、剪纸、木刻、石雕、布艺、妆军（迎神赛会）、迎神张灯等，都是崖城镇传统文化的奇葩。

◎崖城学宫是中国最南端的孔庙，也是古崖州传统建筑的典范之作

中和镇位于儋州市南岸地区，距市中心那大镇45千米，珠碧江划城而过，距今已有1000多年的文明历史，是海南已知最为古老的城邦。中和镇，汉朝建墟，称高坡，是儋州古城所在地，为唐、宋、元、明、清及民国历代儋州（军、县)治所的所在地，是海南保存面积最完整的古城址。

古城池建于明洪武六年（1373年），由知州田章拓址筑基，指挥周

INFO

- 海南省儋州市中和镇。
- 海口西站乘至洋浦的中巴车，在高速路洋浦路口下车后，转乘当地的风采三轮车，约10分钟就可到达。
- 东坡书院门票25元。

旺运石建筑。城上筑雉碟814个，城内设供休息，睡觉用的窝棚27间，辟门4个，即东门德化门、南门柔远门、西门镇海门、北门武定门。各个城门上均建有敌楼（谯楼），城门外筑有月城，沿城池四周挖有护城壕沟，后又增筑门垣，楼铺、壕堑、吊桥、四角楼。但历经沧桑，多次修茸，今尚存北门、西门及一面城墙。

始建于1922年的**复兴老街**，古老而又具有时代特色风格。老街的街道路面均用青石铺砌，长约250米，宽7.5米左右。青石规格各不相同，最长的有1米多，最短的有十几厘米。而街道两旁的骑楼既沿袭了清代民间建筑风格，又兼有民国时期建筑特点，其楼面上的灰泥浮雕图案及镂空纹样均清晰可见，只是历经沧桑变得有些陈旧老化了。

东坡书院坐落在中和镇东部，是苏轼谪居儋州时讲学的场所。经历代增修，载柱酒亭、载酒堂、奥堂龛等建筑古色古香。载酒亭，为重檐歇山顶结构，上下两层，上层四角，下层八角，各角相错，角角翘起呈欲飞之势。亭的

东西两侧是莲花池，亭、池相依，倒影成趣。堂中绘了苏东坡居儋三年的生活情景图录。书院内大殿和两侧耳房，展出苏东坡许多书稿墨迹、文物史料和著名的《坡仙笠屐图》。来还有郭沫若、邓拓、田汉题咏的诗刻及书画名家的艺术作品。书院大殿在载酒堂后面，两者相隔一庭院，左右两侧是廊舍，与载酒堂相边，形成一个四合院，庭院中有一棵上百年的芒果树，叶茂阴浓，使整个庭院显得幽静肃穆。东坡讲学的彩雕陈列大殿正中，苏东坡、功儒家黎子云等人物形象栩栩如生。馆前东坡笠屐铜像矗立在姹紫嫣红的鲜花丛中。

桃榔庵坐落在中和镇西南方，苏轼谪居儋州时的故居。桃榔庵旁有一方面积约十余亩的清水池，苏轼当年曾在此种植莲花和观赏莲花，并写下了诗篇留传后世"城南有荒池，琐细谁复采。幽姿小芙蕖，香色独未改"。清水池至今仍长满莲花，每逢夏季，莲花盛开，清香飘溢。

东坡井位于桃榔庵西方东坡井村边，是苏东坡谪居儋州时的重要遗迹，

◎东坡书院载酒堂

村因井而得名。东坡先生于绍圣四年（1097年）四月贬儋安置时，目睹当地黎汉百姓多饮沟渠腐水，每因饮水不洁而患病。自己也曾尝饮当地的井水，觉得当地井水"百井皆咸"，于是他择地并带头凿引井。后人为了纪念这位先贤，称此井为"东坡井"。道光二十六年（1846年）重修东坡井时于井的右侧位了一块碑记。该井深7米余，内经86厘米。四周井壁全用方石块砌成。井栏高20厘米，造型成波浪状，目前保存完好。

始建于唐代的**宁济庙**位于州前街，是祭祀六世纪南方越族首领洗夫人的庙宇。光绪二十七年（1901年）城民捐资新建神阁，八角亭及修葺正殿和头门等。1920年之乱复遭毁坏。城内居民捐款恢复中进祠宇及头门等。近年来，中和民众为纪念民族英雄洗夫人，又集资重修正殿、头门及八角亭（柔惠亭）。

魁星塔耸立于中和镇内，塔身高7.5米，分八面七级，全部用条石或方石块雕砌构筑而成。塔座呈方形，塔的第五级北面辟有金钱形窗，第一、三级南面各开一个方形窗口。此塔顶部为石榴状造型，塔身外形如竹笋状，底座宽而尾部尖，每屋平出短檐，首层拱门狭小不能进入，塔身内部空心，造型别致，工艺精美，具有较高的科学、艺术、历史价值。

华中古镇

千载沧桑韵犹在

古代即是中国四大名镇之一，岳飞的朱仙镇大捷使得这里名震全国，至今岳飞庙依然巍然挺立。现今年来，她如一位化淡妆，着褒裳的美女，从历史深处，款款走来。其岳庙、木版年画中，无处不在的素朴、恢宏、庄重气息，让人耳目一新。

朱仙镇位于河南省开封市西南约23千米处，得名于战国的朱亥。朱亥本是一位屠夫，因勇武过人，被信陵君聘为食客，以后曾在退秦、救赵、存魏的战役中立下了汗马功劳。传说，朱亥原来住在朱仙镇北一个名叫仙人庄的村子里，由于当时的人称朱亥为朱仙，所以朱亥到了镇里后，人们就把这个镇称为朱仙镇，至今，镇里还有仙人街、仙人桥之说。自唐宋以来，这里一直是水

◎岳飞庙

陆交通要道和杂货集散地，明末清初最为繁盛，与景德镇、佛山镇、汉口镇合称为中国四大名镇。

历史上的朱仙镇，既是商业重镇，又是有名的古战场。建于明成化十四年（1478年）的**岳飞庙**，坐落在镇西北隅，占地12000多平方米、三进院落，与汤阴、武昌和杭州的岳飞庙并称为全国四大岳飞庙。当年就是在朱仙镇，岳飞大败金兵，取得震惊朝野的朱仙镇大捷。新中国成立后经重新修葺，现已修复山门、门前照壁和"五奸跪忠"铸像。庙内前院正殿岳飞彩绘塑像两边，分立着岳云、狄雷、何元庆、严成方四位岳飞的爱将，正是他们挥动八柄大锤，将金兵打得落花流水，并留下"八锤大闹朱

◎朱仙镇石狮子

仙镇"的故事。大殿左右檐柱上是一副对联，上联"一笑十牌凭浩气"，下联"常思三字仰精忠"。后院大殿里有岳飞夫妇的塑像，东西厢房里分别供着岳飞的儿子和儿媳的塑像……尤其《道紫崖张先生北伐》《满江红》等碑，字体苍劲奔放，为碑中上品。

古时的朱仙镇庙宇众多，据说，凡天上有的神仙，在朱仙镇都能找到其庙宇，人称"七十二庙"，故朱仙镇又称"聚仙镇"。**清真寺**位于朱仙镇东南隅的老虎洞街，始建于明代，清乾隆三年

INFO

- 河南省开封市祥符区朱仙镇。
- 郑州汽车东站每天都有到朱仙镇的车，或在开封市乘坐306路公交即可到达。
- ¥ 岳飞庙30元。

（1737年）重修，是开封境内现存最大的一座伊斯兰教清真寺。清真寺坐西向东，由前山门、南北厢房及大拜殿、碑楼组成，具有浓厚的民族色彩。山门的两边是极具特色的八字山墙，覆镶绿色琉璃瓦与宝瓶的单檐山顶，更显玲珑有致。山门前后起支撑作用的柱子很多人都喜欢摸几下，因其上面的花鸟虫鱼雕刻得过于精致而如活物一样。雄伟高大、庄严肃穆的大拜殿是清真寺的主殿，由前中后三殿组成。大殿上悬挂有皇帝御批字样。行走在大拜殿，相思槐、大型木刻古兰经、未雨先知石、古文碑、凤凰亭等一一呈现于眼前。

贯穿朱仙镇南北的**贾鲁河**，当地人称之为东京运粮河。如今的贾鲁河水极浅，却水色如墨。河上的大石桥和二板桥把全镇连成一体，与古色古香的旧民居、高大气派的新式楼房，共同组成了一个幽雅、玲珑、别致的古镇，极具南方水城的神韵。

朱仙镇木版年画与天津杨柳青、江

◎朱仙镇建筑细节

◎朱仙镇"五奸跪忠"铸像

苏桃花坞、山东潍坊、四川绵竹、河北武强的年画并称为中国四大著名的年画产地。其中，朱仙镇木版年画来源于乡土，盛行于民间，历史最为悠久，可谓中国木版年画的鼻祖和发祥地，被誉为中国的"国宝"。它有五大特点：一是线条粗犷，粗细相间；二是形象夸张，头大身小；三是构图饱满，左右对称；四是色彩艳丽，对比强烈；五是门神神码多，严肃端庄。朱仙镇木版年画中最多的就是门神，文门神有五子、九莲灯、福禄寿等，武门神常是戏曲中的忠臣义士和各类英雄好汉。

朱仙镇的木版年画产生在唐代，盛行于明清，如今享誉国内外。据说，生产年画的作坊在极盛时达300余家。鲁迅先生生前曾给朱仙镇木版年画以很高评价，俄罗斯亚历山大三世博物馆收藏的一幅《四美图》年画也是金代时朱仙镇所产，价值连城。岳庙东侧的**关帝庙**，是现在朱仙镇年画的社址，门前的大石狮子气势威严，极为醒目，徜徉其内，如步入一个艺术的殿堂，门画、灶画、中堂、桌裙、门头、影壁、斗方、对联等琳琅满目，其内容更是丰富多彩，大多取材于人们熟悉和喜闻乐见的题材，从历史戏剧、演义小说到神话故事、民间传说应有尽有，最为著名的是长坂坡、铜锤换御带、撞山、岳飞大破金兀术、祭塔、哪吒闹海、罗焕楼等。这些故事，构图饱满、对称、线条粗犷、简练，多用美好雅致的吉庆图案点缀，而且色彩艳丽深沉、庄重浑厚、经久耐晒，为古镇独有。

"年画像一张精美的艺术名片，把朱仙镇和世界联系在了一起"，这是姚敬堂老人的一句名言。河南省启动的"河南民间文化遗产抢救工程"，将开封朱仙镇年画列为抢救之首。2004年8月，**中国木版年画博物馆**在朱仙镇建成。这标志着木版年画民间文化遗产抢救工作的重大突破。目前，该博物馆馆内收藏有明代年画雕版2块、清代雕版23块、民国时期雕版28块。馆内还首批接收到日本友人捐赠的中国清代以来的木版年画1055幅、两块清代双面年画古雕版和相关研究资料。

扫一扫，获取更多
实时旅游资讯

◎钧瓷

神垕镇处于四山包围的四地之中，它是生产瓷器的天然宝地，南山的煤，西山的釉，东山的瓷土，孕育出中国五大名瓷之一的钧瓷。神垕镇留下了太多的钧瓷遗迹，像一个天然的钧瓷博物馆，展示着钧瓷的年轮，而钧瓷的秘密，也遍布每个角落……

神垕镇
中国钧瓷之都

神垕古称神垕店，明代称镇，民国初年设神垕镇，1961年先后称神垕镇，1968年改称神垕公社，1981年改建神垕镇至今。古镇位于禹州市西南30千米处，东接禹州市鸿畅镇，南临郏县，西与禹州市磨街乡交界，北与禹州市文殊乡相连，是禹州市、郏县、汝州市三县（市）交界处的经济、文化、商贸中心，更是驰名中外的钧瓷文化发祥地，是5000多年陶瓷文化积淀而成的具有典型区域特色的历史文化名镇，被称为"中国钧瓷之都"。

神垕镇历史悠久，早在夏、商时期这里就有人类居住，从事农耕和冶陶。自唐代出现钧瓷以来，神垕逐步发展成为中国北方陶瓷中心之一。明清时期流行一首民谣："进入神垕山，七里长街观，七十二座窑，烟火遮住天，客商遍地走，日进斗金钱。"由此可见当时之繁华。

神垕老街位于神垕镇中心，俗称"七里长街"，由东、西、南、北4座古寨和红石桥、关爷庙两个行政街道组成。肖河（驺虞河）从西向东穿过老街，驺虞桥连接着东西两个寨。老街有多座寨门，寨墙高大坚固，而且都有炮楼，古时主要用作军事防御和抵挡匪患，防范洪灾。每个寨子都有一个文雅的名字，如东寨为"望嵩"，西寨为"天保"等，而且和城门一样，用青石丹书镶嵌在寨门之上。同时，每个寨子都有不少传统建筑和富有地方特色的民宅、胡同……

沿老街两侧布置的**神垕建筑**，景观独特，保存完好，建筑类型丰富，主要建筑包括宗教建筑、民居建筑、特色市场和店铺等。其中，主要宗教建筑有伯

INFO

- 河南省许昌市禹州市神垕镇。
- 禹州市有前往神垕古镇的班车，约1小时到。

灵翁庙、关帝庙、文庙、白衣堂等；主要明清民居有郜家院、白家院、温家院、霍家院、王家院、辛家院等。祖师庙位于天保寨北、乾明山顶，主体建筑为祖师殿，硬山式建筑，有月台，面阔三间，进深二间。其大殿东侧为松柏翁郁，苍翠欲滴的神垕革命烈士陵园。灵泉寺白果树位于镇区东郊的凤翅山南麓，由神垕镇牌坊向西北方向1千米，树龄1500年以上。树后一泉，水质清醇，古名灵泉，俗名扳倒井，原有灵泉寺，其建筑今已重建。

禹州为中国古代"四大瓷都"之一，神垕是钧瓷的主产地，因煤、瓷土、釉土资源蕴藏丰富而名闻中原。神垕得天独厚的自然和物质条件，促进了神垕陶瓷生产与商贸经济的发展，加之钧釉开陶瓷铜红釉的先河，更有窑变"入窑一色，出窑万彩"之特色，所以有"家有万贯，不抵钧瓷一片"的珍贵价值。

神垕钧窑遗址位于镇区西南5千米的下白峪、刘家门一带，经北京大学考古文博院2000年对它的考古发掘证明，神垕钧瓷的生产始于唐代，盛于宋。目前，神垕钧瓷生产厂家58家，其中孔家钧窑、荣昌钧窑、苗家钧窑、金堂钧窑等已成为规模、档次较高的大型企业。2008年5月6日至10日，国家主席胡锦涛在中日和平友好条约缔结30周年之际，对日本进行国事访问。钧瓷"和樽"担当友好使者，作为国礼馈赠给日本政要。钧瓷作为国家重要领导人外事活动礼品，已经成为一种新的文化现象，这不仅彰显了钧瓷艺术博大精深的文化内涵，更体现了钧瓷艺术具有极强的民族特色和旺盛的生命力。

唐宋以来的灿烂钧瓷文化，使神垕中外驰名，与此同时，许多**古典传说**也为古镇增添了神秘色彩和历史文化亮点。历史上汉高帝略地赏猎于大刘山；汉光武帝在神垕境内的传奇遗迹；汉将邓瑜在这里屯兵打仗，智退敌兵的故事；李自成起义军兵驻神垕；清代捻军两次攻克神垕；抗日战争时期，闻名豫西的神郏抗日根据地和壮烈的乾鸣山保

◎神垕镇风光

◎神垕古窑

卫战；钧瓷职业学校；地下党组织斗争经历，历代窑民不屈不挠的罢工斗争；更有那历经沧桑的伯灵翁庙和神奇的"金火圣母"等神话传说。

创建于2001年的**神垕古玩市场**占地面积约74800平方米，平时为生产、销售仿古陶瓷的专业街道，每逢周二、三开市，摊位上珍品陈列，多为瓷器、铜器、玉器、古钱币、像章、古书、字画等。古玩市场呈现出三大特点：一是古玩交易的品种呈多样化，包括铜器、玉器、石器、木器、首饰、字画等数十类上千个品种；二是外地客商来神垕交易人数成倍增加，使神垕已经成为知名的"中原潘家园"、全国卖品集散地；三是仿古作坊也直接上市交易，"前店后坊"传统式生产销售布局成为神垕古街

的一道风景。此外，古玩市场附近还聚集了二郎台、老君庙、白云堂等诸多古迹景点，使古镇、古街、古玩融为一体，相映生辉⋯⋯

温馨提示

神垕民间文艺有高跷、旱船、龙灯、舞狮、大响等，每逢节庆，则由各行业筹资聘请河南地方剧种的梆子、曲子、越调等剧团演出，其中当地各窑场自供自演的"一把泥"（窑工）剧团演艺及行头最好，也最著名。地方特色传统小吃在上坡口一带，有火烧夹牛肉、烩羊肉、油酥火烧、盛茂祥的糕点等。

临沣寨

中原第一红石古寨

临沣寨内明清民居规模集中，错落有致；寨外河水环抱，芦花飘扬，红色的寨墙，绿色的护寨河，青青的芦苇、雪白的芦花和各色的水鸟，构成了天然合一的美画图画。被誉为"中原第一红石古寨"。

临沣寨始建于明末、重修于清同治元年（1862年），坐落在碧波荡漾的北汝河畔，位于郏县东南12千米处。临沣寨原名水田村，据《水经注·河水》记载："柏水经城（宝丰）北复南，丰溪自香山东北流入郏境，至水田村。一由村南而北，一由村北而东，环村一周，复东北至石桥入汝。"因村在二水之间，故称"水田村"。

临沣寨为一洼地型古村落，周围千亩芦苇、百亩竹园。临沣寨现存布局完整的明清四合院十余处，古建筑100余座，古寨墙、寨河、寨门、祠堂、寺庙、井、桥、墓葬、古树等一应俱全。古村寨博物馆，有"汝河南岸第一府"之称的朱镇府等明、清代古建筑群在这里俯拾皆是，成为中原民居文化中一块不可多得的**文化瑰宝**。

建于清同治元年（1862年）三月的**红石寨墙**，呈不规则的椭圆形，占地面

◎古寨墙和寨门

◎临津寨一角

积约7万平方米，为纯一色红石砌筑而成，围长约1100米、高6米多的寨墙上有城垛800个。寨内东西两条主街与南北两条主街呈"井"字形交错，居民沿街而居。

临沣寨共有3个**寨门**，按八卦的三个方向设置，其中西北门因临沣溪而取名"临沣"，这也正是今天临沣寨寨名的由来，寨门上方红石匾上有楷书"临沣"二字，下边两扇榆木大门上包的铁皮已锈迹斑斑，铁皮上"同治元年""岁在壬戌"的字样仍清晰可辨；正方向的南门叫"来曛"门，取自《诗经》"曛风南来"一句；东南门叫"溥（柏）滨"门，取自"利溥渠之滨"之意。

临沣寨的每个寨门上都有灭火水槽，还有用于对外射击的高低不等的枪眼。寨门外边均有两道防洪闸门和向寨外排水的暗道，设计精巧，防守自如，使人不得不叹服100多年前临沣寨人的智慧。临沣寨寨墙外是绕寨一周长达1500米的护寨河，据说当年与寨墙同时完工的护寨河宽15米、深4米，而今的护寨河宽仍有10米左右，深约2米。临沣寨南门一侧，沣溪潺潺汇入护寨河，与红石寨墙构成一道靓丽的风景线。

朱家大院分为三部分：朱氏三兄弟中的老二朱振南的宅子建于道光十一

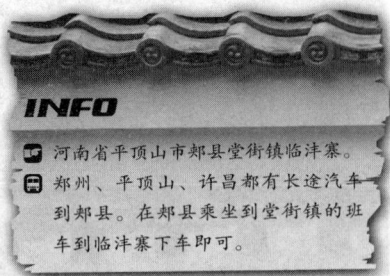

INFO

🚩 河南省平顶山市郏县堂街镇临沣寨。
🚌 郑州、平顶山、许昌都有长途汽车到郏县。在郏县乘坐到堂街镇的班车到临沣寨下车即可。

年（1831年），高耸的屋脊，灵巧的窗棂，以及东西厢房的门楣之上悬挂着"迁善""补过"的家训……老大朱紫贵的宅院建于道光十五年，三进院的内宅布局严谨，有正房、东厢房、西厢房，均是砖木结构的二层楼房，青砖黛瓦与檐下挂的金灿灿的玉米相互辉映，古朴、厚重而又和谐。正房的屋门下部设有两个枪眼，门槛下设有供猫通过的猫眼，屋内还设有小姐的绣楼。在朱紫贵宅院的东边，有任清代盐运知事的老三朱紫峰的宅院，即号称汝河南岸第一府的朱镇府，建于大清道光二十九年（1849年），高大的门楼，精美的砖雕、木雕、石雕，斑驳的彩画，每隔几步一个拴马桩，可想象当年朱镇府的显赫和繁荣。

临沣寨不仅具有极高的建筑史学价

温馨提示

古建筑专家到临沣寨考察后认为："临沣寨民居建筑从明至清，在时代上没有缺环。它们集中地出现在一个村落中，这在中国实属罕见。在北京城里现存的9999座古代建筑中只有一间半是明代民居，想不到临沣寨居然有3间。临沣寨填补了中国古建筑在村寨方面的空白。"

值，还有丰富的**古代文化**。从风水上来说，临沣寨两面临河且处于洼地，能聚水聚财，属于风水宝地；从城门设置上来说，完全按照八卦设置；而从象形上来说，它则像一个小船，所以临沣寨理所当然成为名副其实的历史文化名村。

◎临沛寨民居

赊店镇

天下第一店

赊店自古就有「天下第一店」的美名，水运盛行的清代，这里为水旱码头，南船北马，总集百货，是河南省四大名镇之一。天下一绝的山陕会馆见证了赊店镇昔日的繁华与兴盛其中尤多秦晋盐茶大贾。

赊店镇地处南阳市社旗县县政府所在地，是社旗县政治、经济、文化中心，潘、赵二河在此交汇，三面环水，镇贯三岗，南（阳）驻（马店）公路、方（城）枣（阳）公路也相交于此。传说，西汉末年，群雄大战。西汉皇族刘秀怀光复汉室的雄心，率强兵骁将在古

宛城起事。后寡不敌众，带领一队人马落魄而逃。逃至一古镇，见一酒馆，众将狂饮，精神倍增，共议再举大事。酒过三巡，大计商定，唯缺帅旗。刘秀走出酒店，抬头见一酒幌在萧萧北风中飘荡，正中一个"刘"字，大喜。遂除酒幌为帅旗，一路征战，所向披靡。称帝

◎赊店陕西会馆

后念"刘"记小店赊旗有功，封此店为赊旗店，酒为"赊店老酒"，此镇称"赊店镇"。

赊店镇是历史上著名的"茶叶之路"中转站，这里的"广盛镖局"曾经威震江湖，是历史上"十大镖局"之一，也是华中地区唯一的大镖局，被称为"华中第一镖局"。清道光三年，山西平遥商人首创"日升昌""蔚盛长"等票号，商业重镇赊店随即也开设了"蔚盛长"等七八家票号分号。票号开出的银票可汇兑全国各地，解决了商人贸易携带现银不安全的顾虑，镖局的业务锐减。情势所迫，广盛镖局于1830年歇业，至此，华中第一镖局落下帷幕。如今，戴二闾在赊店的广盛镖局已修复，在那五间坐西面东的门头前，高高飘扬着广盛镖局的镖旗，里面的大院落，

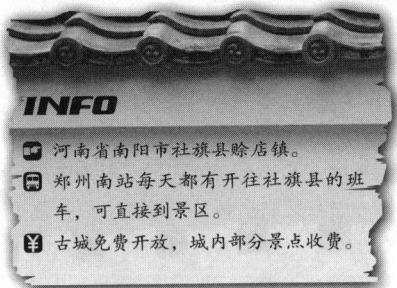

INFO

📍 河南省南阳市社旗县赊店镇。

🚌 郑州南站每天都有开往社旗县的班车，可直接到景区。

💴 古城免费开放，城内部分景点收费。

成了今天赊店旅游业中的一大景观。招待商贾的客厅、估完价谈成镖礼后的签押房、存放镖箱的仓房、镖头居室、镖师居室以及练武都成了后人寻找中国镖局历史驻足沉思的地方。

社旗山陕会馆 位于赊旗镇闹市中心，始建于清乾隆二十一年（1756年），经嘉庆、道光、咸丰、同治、至光绪十八年（1892年）竣工，共历六帝136年。系当年寓居此地的山陕二省商人集资兴建的同乡会馆，因馆内敬奉关公，又名关公祠、山陕庙，是一座商业会馆类建筑与关帝庙建筑完美结合的古建筑群。主体建筑呈前窄后宽之势，整体建筑分前、中、后三进院落。位于中轴线上的建筑有：琉璃照壁、悬鉴楼、石牌坊、大拜殿、春秋楼。两侧相陪建筑有木旗杆、铁旗杆、东西辕门、东西马厩、钟、鼓楼、东、西长廊、腰楼、药王殿、马王殿、道坊院等。其中春秋楼及其附属建筑于咸丰七年为捻军所焚，现存建筑152间。其建筑集宫殿、庙宇、商馆、民居、园林建筑之大成，特别是其装饰艺术，如木雕、石雕、砖雕、琉璃、彩画、宫灯、刺绣品等，其镂雕之精巧、内容之丰富、色彩之华丽，堪称绝品。被业内专家公认为"中国第一会馆"。

悬鉴楼兴建于清嘉庆年间，高24米，为三重檐歇山顶建筑，面南为山门，檐廊宽敞，面北为戏台，这种勾连搭结构独具匠心，极富特色。戏台上方悬匾之上又出一飞檐，形成八角高挑、飘飘欲飞之势。楼之上下左右以技艺高超的木、石雕刻及风格独特的彩画艺术装饰得美轮美奂。而且左右辅之以敞开式的钟、鼓二楼，一反它处古建筑多将封闭式的钟、鼓楼置于神殿两侧之常规，使之形成风格别具的乐楼组群，三楼翼角交错，似分似连，相映相衬，形成一个完美的艺术整体。社旗山陕会馆悬鉴楼当之无愧地被称为"中国古戏楼之最"。

道坊院又名掖园宫、接官厅，位于山陕会馆西北隅，西跨院之最北端，其东傍春秋楼遗址，西邻绿布场街，为管理会馆之道士起居兼接待往来官府显贵之所。自南至北由门楼、凉亭、东西厢房及接官厅组成。其建筑布局错落有致，建筑形象小巧典雅，室内外空间亲切宜人，兼收北方四合院和南方园林及民居建筑之长，实为不可多得之小筑佳构，亦为研究会馆与官府之复杂关系的最好例证，在全国现存会馆类建筑中独此一家，堪称"全国之最"。

社旗山陕会馆其装饰工艺最为独特，其**琉璃照壁**将海漫式与盒子式两种风格完美结合于一体，将各种琉璃烧制的吉祥植物、吉祥动物、神兽、匾额与楹联、变形"福""寿"字等图案巧妙组合成一幅内容丰富、寓意深刻的完整画面，既有相对独立的"盒子"装饰，又有海漫式的画面效果；主次分明，衔接自然；既富丽堂皇，又和谐流畅；既

给人以直观的美感享受，又富有厚重的文化内涵。为此可称为"全国会馆类建筑照壁装饰艺术之最"。

社旗山陕会馆馆藏40余件清代**刺绣珍品**，其中5件被国家文物局确定为国宝文物一级品，并征调两件远赴瑞士、丹麦等国作为国宝珍品文物展出，为此称之为"全国清代民间刺绣品之最"亦当之无愧。

山陕会馆对面就是**南北瓷器街**，长约310米，是中原规模最大、保存最完整的明清一条街，居72街之"首"，曾以经营全国各类瓷器闻名的老街，仍然清一色挂着20世纪六七十年代的招牌，三尺见方的木板，桐油漆打底，上书黄色简体草楷……新修复的挹爽门、广盛镖局和福建会馆，与老街上的山陕会馆、票号、厘金局、石牌楼和木牌楼等一起，构成了中原地区规模最大、保存最好的明清古建筑群，是研究明清代商业文化的活标本，吸引着各地的游客前来观光。

温馨提示

社旗山陕会馆铁旗杆是"武庙"即关帝庙建筑的特有装饰，堪称全国现存古建筑"铁旗杆之最"；社旗山陕会馆的木雕装饰艺术与石雕装饰艺术两相媲美，并称"双绝"；慈禧太后御笔亲书"龙""虎"二字更可称为全国会馆之最；社旗山陕会馆现存商业道德规则碑亦可称为全国之最……

荆紫关镇

一脚踏三省的古镇

荆紫关，一个地处三省交界处的古镇，听名字很容易想起那漫山遍野的紫色荆花，据说清朝初年时这里确实如此。如今，时过境迁，这个一脚踏三省的历史文化古镇，依然充满了诗意和浪漫。

荆紫关镇距淅川县城75千米，东至本县的西簧乡，西接湖北郧阳区白浪镇和陕西商南县白浪镇，南和本县的寺湾镇接壤，北与西峡县西平镇相连，境贯丹江，道扼隘口，西汉时始为草桥关，元为荆籽口，明为荆籽关口，清为荆子关，民国初取荆花呈紫色之祥意，改"子"为"紫"，荆紫关之名遂延续至今。

荆紫关镇形成于唐，兴盛于明清，它背负群山，下临清流，西接秦川，南通鄂渚，凭着优越而独特的地理位置成为历代贾客竞商云集和兵家逐鹿之地，成语"朝秦暮楚"充分说明了它在历史上的重要作用，古称"豫之屏障"。

明清时期，是荆紫关的黄金时代，曾出现"三大公司、八大帮会、十大骡马店和二十四大商号"的繁荣景象。如今镇内700余间明清建筑错落有致，古香古色；沿丹江河而建的吊脚楼更具江南情调；规模宏大的山陕会馆、平浪宫等古建筑群向人们展示着昔日的辉煌；

◎山陕会馆内景

竹海密林中的千年古刹法海寺规模宏大，气势雄伟……

荆紫关古关门 在荆紫关镇南街最南端。砖石结构，跨街而立，高7米，宽6米，进深1米，中间是拱门，顶部有砖砌斗拱，门楣上书"荆紫关"三字，进入关门，古代建筑群便映入眼帘。青石铺砌2.5千米的**荆紫关古街道**呈南北走向，两侧700余间清代民间商业建筑风格的板门店铺，木板嵌成的房门昼抽夜闭，房屋多是进出几层院落，两边厢房对称，均有一堵两米长的封火硬山，高低错落，相互重叠。

荆紫关镇西部的白浪街是古镇的门户，**一脚踏三省碑**便位于这条街中心，属豫、鄂、陕三省的交界点，西与陕西

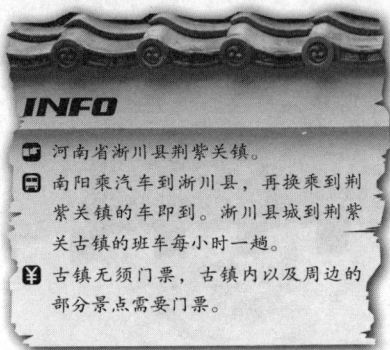

INFO

🏠 河南省淅川县荆紫关镇。

🚌 南阳乘汽车到淅川县，再换乘到荆紫关镇的车即到。淅川县城到荆紫关古镇的班车每小时一趟。

💰 古镇无须门票，古镇内以及周边的部分景点需要门票。

省商南县汪字店乡接壤，南与湖北省郧阳区洋溪相连，因境内有白浪河故名。据权威人士言，中国版图三省交界之地共有40余处，而独有此地三省均设有基层政府。三省界碑原为一块顶角朝天的三棱石，上面分刻河南、湖北、陕西之

◎荆紫关古镇建筑

省名字，故被誉为"一脚踏三省"之地。1987年三省乡镇自发集资，在此建立了一座小巧玲珑的三棱大理石塔式碑。通高5米，三足碑座，中空，碑顶部似塔式，三根贺珠状柱子支撑之角檐及塔顶，顶中心饰圆形葫芦状作装饰。碑身用绿、黄色大理石贴面，为锥状三面体新界碑。

始建于清代的**平浪宫**位于荆紫关南街东侧面，取"风平浪静"之意，坐东向西，面对丹东，中轴线上现存大门楼、中宫、后宫及配房数间，另有钟鼓楼各1座。现有房舍22间，均为硬山式建筑，面积460平方米。大门楼面阔3间，进深2间，硬山式建筑，灰色瓦顶，门楣上方嵌大理石匾额，横书"平浪宫"3字。门南侧面题"风平"，北侧面题"浪静"各2字。大门楼两侧面各开一边门，边门外侧面是钟楼和鼓楼，为四角攒尖顶，三重檐，木结构，灰色瓦，砖雕花脊，顶部安有宝珠和塔刹，上书有"风调雨顺"4字。额枋上有木雕花草，梁架做工精致，结构完好，造型优美。沿中轴线往后是中殿后殿。

创建于清道光年间的**山陕会馆**位于荆紫关古街东侧面，是山西和陕西两省商人集资创建，面积4000平方米。坐东向西，面临丹江。现存建筑6座，房屋29间，皆在中轴线上。依次有大门楼、戏楼、过道楼、钟楼、春秋阁（中殿）、后殿、卷棚等。大门楼3间，门前有青石阶，门两侧各伏1造型奇特的石狮子，门楣与檐间有两层石雕图案，庄重威严。戏楼3间，系两层硬山式建筑，下层为通道，上层中间为戏楼，北

间为乐队室，南间为化妆室。楼的前后檐桁有木雕组画"唐僧取经"等6组，雕绘精湛。

位于荆紫关古街道东侧的**玉皇宫**又名禹王宫，坐东向西，面江而建，是专门为治水有功的禹王所建造的，现存建筑分前宫、中宫、后宫三大部分，具有浓厚的清代建筑风格。

始建于明代的**清真寺**位于古街西侧，坐西面东，系硬山式建筑，房顶盖灰板瓦，拱券门，后曾屡次修复，现状基本保持原貌，该寺为伊斯兰教礼拜场所，为研究穆斯林建筑以及该教在当地的传播发展历史提供了实物标本。

始建于677年的**法海禅寺**位于荆紫关镇东北部猴山西南麓，原名莲花寺、大寺，为唐代西峰禅师所建。据说寺院原来规模很大，占地百余亩，可惜现在仅存8座29间房院。前殿和大雄宝殿保存都比较完好。进入宝殿，大雄宝殿中间是慈颜笑口的如来佛，他神态安详，高高在上，俯视着芸芸众生。大佛头顶上有一只展翅大鹏的塑像，分站两边的是栩栩如生的两个神童。整个建筑错落有致均为硬山式砖木结构，典雅古朴。寺周围还有鬼斧神工的溶洞群，清幽神秘的八龙泉，悬崖绝壁上的千佛洞、万佛洞，佛光照垂帘等胜景多处。

📞温馨提示 在荆紫关镇白浪街生活，是很惬意的事，在一条街上购物，可以逛尽三省店铺；在一条街上听曲，河南豫剧、陕西秦腔、湖北汉剧均可大饱耳福。晚上入睡，再"夜卧两省"，趣味无穷！

浚县

大伾山神韵

浚县是个有历史、有风景的地方，因为地处偏远，很少人知道，保留了古城的原汁原味，所以显得很清静。但这里山虽不高，却承载了道佛两教。小城不大，却出现了子贡、贾护、王梵志、谢偃等众多圣人学者。

浚（xùn）县古称黎阳，位于河南省北部，北接"七朝古都"安阳，东临油城濮阳，南靠电子城新乡，西依煤城鹤壁。县城在广阔的豫北平原上，夹在突兀对峙的大伾、浮丘两山之间，面对黄河故道，形成"两山夹一城"的古城格局和独特的天际线。

浚县是个有历史，有风景的地方，因为地处偏远，很少人知道，保留了古城的原汁原味，所以显得很清静。在2000余年的历史长河中，浚县名流辈出。春秋时的端木赐（子贡）是孔子七十二贤之佼佼者，西汉经学家贾护是《左氏春秋》的重要传人，唐初的白话诗人王梵志开创了我国通俗诗的先河，其诗被称为"梵志体"，明代的王越"出将入相，文武全才"。

浚县古城始建于明代，古意犹存，

◎浚县社火

现存浚县古城墙、文治阁、黎公祠、翰林院与翰林府等古建筑。

浚县古城墙闻名遐迩，有"南京到北京，比不上浚县城"之说。该城墙始建于明洪武三年。今仅存西门北沿卫河一段，南北长700米，有"观澜""允淑"两小门。

文治阁屹立在县城中心，原名中心阁，高峻壮丽，庄重典雅，为古城的标志。阁始建年代失考，明万历三十年（1615年）移钟于阁上，又称钟鼓楼。康熙四十八年（1709年）重修，改名"文治阁"，取"以文为治"意。文治阁通高约20米，上下分楼、台两部分。四面券洞，相对通行。平台上建筑，高10米左右，分两层，为重檐四角攒尖顶。平台上有水泥栏杆，凭栏四望，古城风光一览无余。

另外，古城南门内有**黎公祠**，亦称子贡祠，明弘治十二年（1499年）知县刘台创建，现祠为光绪元年（1875年）

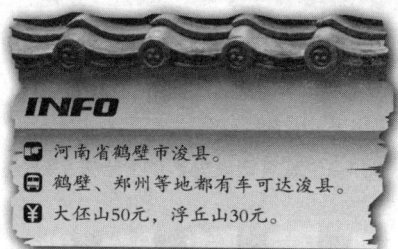

INFO

河南省鹤壁市浚县。

鹤壁、郑州等地都有车可达浚县。

大伾山50元，浮丘山30元。

知县张宝禧与子贡后裔端木继敏重修。县城西大街有翰林院与翰林府，是子贡后裔第78代孙端木照琛于清光绪二十二年（1896年）兴建的。城内外还有升仙塔、北关文昌阁、恩荣坊、子贡墓等古迹和清代民居。

大伾山、浮丘山这两座在千里平原上突起的秀丽青石山峰，松柏苍翠，聚集着大量的人文景观，是古城的两颗明珠。

大伾山虽然海拔只有135米，但因当年大禹治水登临此山，被载入我国最早的史书《尚书·禹贡》中，历代称为"禹贡名山"。独特的地理优势，吸引

了无数历史名人或登临高歌、或赋诗摩崖。千百年来，有十几位帝王将相亲临大伍山，汉光武帝曾于山上筑坛祭天，陈子昂、王维、岑参、范成大、王阳明等20多位著名诗人墨客留下脍炙人口的诗篇。

浮丘山 因山势若浮舟而得名，东峙大伍，西扼卫河，北视古城，形势险峻。两山现有佛道建筑9处，亭台楼阁、寺庙、宫观遍布。北魏的天宁寺，因保存有"八丈石佛七丈楼"而闻名遐迩。大石佛高22.37米，后赵主石勒依西域僧人浮图澄之言在大任山东麓依崖凿成，以镇黄河，距今已1600余年，是全国最早、北方最大的一尊大型摩崖造像，它所包含的宗教文化、石刻艺术、历史政治等早已引起专家学者的惊叹。大石佛附近有著名的唐代《大任山铭》摩崖题记及藏经阁、丰泽庙、龙洞、吕祖洞、禹王庙、阳明书院、壶天道院等胜迹。

以浮丘山为中心的浚县正月会，规模盛大，范围涉及城内、南关、西关、东关和大伾山，方圆数里，又称浚县山会，又因赶会者多上山朝拜老奶（碧霞元君），故俗称老奶会。浚县正月会兴起于明代中期，会期自正月十五至月底，为时半月。远近香客由会首带领，高挑朝山进香旗，直趋碧霞宫，燃放鞭炮，焚香叩头，祈祷保佑，浮丘山顶鞭炮声昼夜相继，大殿前铁火；池内香火昼夜不熄。县城四关四街人流如潮，水泄不通，县城四郊道路车水马龙，"家家户户香客满，送往迎来不得闲"。豫、冀、鲁、皖、晋商贾如期赴会；绸缎、布匹、京广杂货等一应俱全。

◎浚县古城墙

凤凰

湘西美丽的苗家边城

凡是读过沈从文的《边城》的人，无不为书中所描绘的湘西边城所倾倒。小城不大，但却充满了诗情画意，缓缓流动的沱江水，临water而建的吊脚楼，还有那身着大襟绣花衣服的苗族姑娘……这就是凤凰，中国最美丽的小城。

凤凰地处湖南西部，因其境内有一山酷似展翅而飞的凤凰而得名，自古以来一直是苗族和土家族的聚居地区。小城历史悠久，城内，古老的城楼、明清的庭院，风采依旧；城外，南华山国家森林公园、黄丝桥古城、南方长城……遥遥相望。

小城依山傍水，红色砂岩砌成的城墙伫立在岸边，南华山衬托着古老的城楼。**城楼**是清朝康熙年间修建的，锈迹斑斑的铁门上，虽然没有了当年的威武。但历经千年之后，它却更像一位老者，和蔼得伸开双手，迎接小城之外的客人。

◎凤凰雕像

清浅的沱江穿城而过，从刀耕火种的原始蛮荒中走来，带给凤凰古城超脱的灵气，也带来了今日的辉煌。远远望去，你会发现一道彩虹跨越沱江之上，这就是始建于明代洪武初年的**虹桥**。虹桥由紫砂岩石砌筑而成，为三拱石桥，桥面上的风雨楼记载了小城的沧桑历史。

小城中最有名气的当属那一幢幢临河而建的**吊脚楼**。古色古香的吊脚楼一半悬于沱江之上，用根根木柱支撑，一半依地势先用石头砌基，再用木板搭楼，组建而成，极富特色。每当雨后初晴，沱江之上升起一层薄薄轻雾，错落有致的吊脚楼倒映在水中，使得古城犹如一幅浓墨淡彩的中国山水画。

凤凰主街道不宽也不长，仅有500多米的样子，但却给人一种古风古韵的感觉。街道是用一块一块的青石板铺就而成，街道两旁，一家家极富民族韵味的店铺比肩而立，有蜡染、纸扎、扎染、印花布店、小客栈、银饰作坊……偶尔还会看见三三两两的外国人在这里寻寻觅觅，或坐在小客栈里浅酌慢饮，或钻在工艺品店里精打细算，一副悠然自得的样子。

一方水土养育一方人，凤凰还孕育了众多的传奇人物。如清末民族英雄田兴恕、郑国鸿，民国叱咤政坛的熊希龄，近代国画大师黄永玉等，然而，最令凤凰人骄傲的就是文学巨匠沈从文。

是沈从文让这个原本远离都市、交通闭塞的边城名扬天下。他那清闲灵动而又意蕴浣浣的《边城》，勾起了无数人对凤凰的神往。每年，都有无数游人来此一睹小城风貌，也有无数文人学子来此朝拜他们心中的文学巨匠。

沈从文故居坐落在小城中营街，是一幢青瓦木板结构的四合院，带有浓郁的湘西明清建筑特色。四合院分为前后两进，轻轻踏入，镂花的门窗，古色古

◎古城中的吊脚楼

香，室内摆设俨然老人生前的样子。走进四合院的展览室中，可以用心去凭吊一下这位文学巨匠的生平事迹。

凤凰城内聚居着苗族、土家族、汉族等多个民族，多元文化在这里交织沉淀。原汁原味的楚巫文化、韵味独特的凤凰土话、别具一格的苗族服饰，还有具有原始戏剧"活化石"之称的傩堂

INFO

🏠 湖南省凤凰县沱江镇。

🚆 乘火车到怀化或吉首下车，然后从当地坐直达车到凤凰。

💴 进入古城免费开放。游览八大景点（沈从文故居、熊希龄故居、杨家祠堂、东门城楼、古城博物馆、崇德堂、万寿宫、虹桥艺术楼）加沱江泛舟（白天游），通票128元。

戏、地方风味十足的阳戏以及苗族神秘而隆重的祭祖礼拜活动和各种格调高雅的民间工艺，构成了凤凰独具特色的民族风情。

徜徉在凤凰古城，漫步于沱江水边，迷失于小城街巷，仿佛置身于沈老的《边城》之中，时光倒流之感油然而生。

古镇攻略

凤凰古城的住宿都很有特色，可以是临河而建的吊脚楼，也可以是依山傍水的民居，身处其中，既有山野自然的原始秀美，也能体会浓厚的人文情怀。

1.迎曦楼江景客栈：地理位置得天独厚，吊脚群楼、黄永玉画室、江西会馆等一览无余，房间宽敞明亮，设施齐全。

位置：凤凰古城沱江边沙湾24号。

2.木禾居茶颐民宿：坐落在古城中心地带，北临沈从文故居，西靠南门城楼，外观古朴典雅，雕梁画栋，内有亭台楼阁，飞檐翘角，极富民族特色。

位置：凤凰古城南门沱36号。

扫一扫，获取更多
实时旅游资讯

里耶镇

天下秦城 承载轮回

古镇古街，古朴自然，秀山丽水，秦井汉道，见证繁华。里耶本是『深待闺中人未识』的古镇，随着2002年，里耶古城、古井、古简的惊世大发现，声名鹊起，引起各大新闻媒体的广泛关注，人们不禁惊喜的感叹：原来里耶竟是这么一个充满神奇的地方⋯⋯

里耶，位于湖南省武陵山腹地，隶属湘西土家族苗族自治州龙山县，土家语是"开拓这片土地"的意思，土家族的先民正是在这里由渔猎而转向农耕。早在6000多年前，就有人类居住，但由于交通不便，经济文化一直较为落后，是一个偏僻小镇。直至清康熙年间始建街道和码头，雍正年间设置里耶塘，并渐成集市，一度繁荣。凭借其优越的交通位置、深厚的文化积淀和曾经十分繁荣的贸易，它

与王村、浦市、茶峒并称为湘西四大古镇，亦有"小南京"的称呼。

古镇居酉水北岸，这条在沈从文笔下美丽了无数次的河流，就这样在里耶青翠的山间流淌。沿岸有上、中、下三处码头。在酉水的臂弯里，一排排古色古香的建筑，一条条四通八达的街道，一座小巧玲珑的古城，一群面河而居的土家族后人⋯⋯这就是湘西山区最具韵味的风景。夜幕降临，一百多只乌篷船停泊岸边，船上灯火与岸上万家灯火交

◎里耶古城民居

◎里耶古城老街

相辉映，形成古埠独特的风景线。

现在的**里耶古街**成形于清代初期，古街大小商铺鳞次栉比，商号招牌颇具古风，或用梓木黑漆匾额，或用楠木茶华条屏，均镶边包角，亦有用各争帷作酒帘、茶帘的，题字或金色或绿或朱红，古色古香，别有雅致。改青石板街面为三合土泥鳅背街面，每条街道都可直通河码头。临街建筑的房屋多大是前店后家两进式三开间的木房子，每户之间均建有码头形的青砖封火墙，大户人家更是庭院深深的"印子屋"即常称的封火桶子。沿街望去，家家是挑水屋檐，弧形望板，铺台货柜，陈列有致，南北

杂货、花纱布匹、陶瓷什锦，琳琅满目，处处熙熙攘攘，那南腔北调的叫卖声与浓浓乡音交织在一起，构成里耶古镇商通四海的繁华景象。

建于清雍正十年（1732年）的**文昌阁**，占地四亩，是尊孔介文举行祭礼的

INFO

🏠 湖南省湘西州龙山县里耶镇。

🚌 可在吉首市汽车南站坐长途巴士直达里耶镇（途经花垣县），或从龙山县汽车站坐旅游专线车到古镇。

¥ 进入古镇免费，部分景点另售票。

地方。朱红殿柱配绿琉璃瓦面，皇皇庄重；鳌鱼飞檐悬挂着十八颗风铃，清风徐来，叮当有声，遐迩可闻。

雅麓庵位于里耶镇后雅麓山，山静林幽更显鸟语花香。清末拔贡胡锦春有《登雅麓山》咏赞："得闲结伴升登临，小住禅房万籁清；最是绿荫深浅处，子规恰放两三声。"古庵淡雅隽秀，空灵小巧，处处充满诗情画意。

临西水河的**婆婆庙**是为纪念土家族远古首领向老官人的夫人冲巴妮而建。庙前400多前的古树婆娑，建筑精致，石雕彩塑匠心独运，是中国土家族地区保存得最为完整的一处母性崇拜的祭祀胜地，其祭祀文化和建筑工艺，具有独特的价值。

在2002年的考古发掘中，**里耶一号古井**出土了大量的竹、木简牍近36000枚，字体属古隶，内容多为官署档案，涉及当时社会政治、经济、文化的各个层面，极大地增添和充实了秦代的历史文献和档案资料。被考古专家们称为"中华第一井"。考古专家还惊讶地发现里耶秦简中有上千枚无字简牍，但这些无字秦简依旧具有很高的研究价值。专家认为，里耶秦简是极为重要的百科全书般的日志式实录，它是继兵马俑以后秦代考古的又一惊世发现，蕴涵着巨大的学术价值。里耶秦简博物馆正在建

设中。

由于秦王朝只有15年短暂的历史，文献记载不多，保留下来的遗址也很少，里耶古城的发现成为研究秦史的最关键性的资料，弥足珍贵。从古城出土的建筑材料、陶片、青铜兵器以及生活堆积物来看，此城应是战国时期楚国修筑的军事城堡。里耶古城的北城墙和西城墙现保存相当完整，城墙高2米，底部厚24米，系夯筑而成，墙两面护坡用大卵石垒砌。古城墙外有6米宽、3米深的护城河，形成有城有池，固若金汤的防御格局。

里耶，这个被秦简唤醒的古镇，经过漫长的沉寂后，被越来越多的人所关注，走进里耶，你便走进了湘西风景中最为精彩的篇章！

古镇攻略

在漫长的生活中，里耶人形成了自己独特的美食文化，创造出许多诱人的美味。将肉经过熏烤制作成腊肉，炒上大蒜，全村都可以闻到香味；用鲜豆腐加以盐和花椒，装进罐内存放10至15天，制作好的霉豆腐绝对是上等佐餐小菜；还有牛肉汤锅、甑子饭、粉蒸肉等独具特色的小吃，定使人胃口大开，垂涎三日。

住宿方面可以投宿当地农家，既能尝到主人亲手下锅的手艺，还能和他们聊聊天，听老人讲述一个个发生在这里的传奇故事。

芙蓉镇

米豆腐香飘芙蓉镇

王村也许没有多少人知道，但芙蓉镇却无人不晓。看电影就知道刘晓庆，知道刘晓庆就知道《芙蓉镇》，只要你到了芙蓉镇就看见满街的刘晓庆米豆腐。王村虽然历史悠久，但直到电影《芙蓉镇》的拍摄才闻名全国，故王村又名『芙蓉镇』。如今，镇上景流行的对联就是『致富源于刘晓庆，发财全靠芙蓉镇』。

芙蓉镇位于猛洞河风景区，居永顺县城南26千米的酉水北岸，距今已2000多年历史，秦汉时称酉阳，是土王的古都。五代十国时，名溪州，又称下溪州，彭氏土司王朝建于此，故名王村，数百年间为湘西政治、经济、文化中心。王村借酉水而得舟楫之便，上通黔川，下达鄂泸，卓有"楚蜀通津"之誉。

从码头开始绵亘贯穿古镇的青石板路就是**五里长街**。踏上古街，似乎踩在被悠长岁月遗落的碎片上面。走进挂有"土家观瀑吊脚楼"牌匾的民俗博物馆，从手摇脚踏的棉花机、阄猪鸣号的羊角到世代相传的雕花牙床，近百件散发着乡土气息的民间用具，展示着土家族古老丰富的历史。这栋三层的小楼，一半落在河岸上，另一半却是由水泥柱支撑着，水泥柱直插河底，任水流日日夜夜地冲刷，小小的吊脚楼仍稳稳当当站在那里，任凭时间的流逝。如果坐酉河里的渡船，从江心去看，便更能领会到它的特色韵味了。

镇中**113号老宅**曾经是《芙蓉镇》

◎芙蓉镇风光

拍摄刘晓庆卖米豆腐的场景，米豆腐2
元一碗，那酸辣的味道令人回味无穷。
每当夜幕降临，长街上的小吃店昏暗的

灯光下：鲜甜的桂花鱼，以及肥美的
"天下第一螺"，清心透凉的冰镇土家
自酿糯米酒，和米豆腐一样成为古镇令

◎芙蓉镇

人最难忘的美味。还有米豆腐店旁边的"贞洁牌坊"和"豆腐西施",一样被人们牢牢地记住。

老宅对面的**古玩店**有张清代的大床,非常精美。因为床头上方有一半弧的滴水状木雕装饰,故名"滴水床",又称"牙床"。大饱口福之余不要忘记走进古玩店一饱眼福哦!

溪洲铜柱被土家族视为神物,原立于桃李茶梨桔比比皆是的花果山六角亭,现存于王村民俗风光馆内。公元940年,常年交战的楚王马希范与溪州刺史彭士愁握手言和,划疆而治,特铸5000斤铜柱,铭刻战争经过与议和条款于柱上,佐以为证。其铜质精纯光润,八面所镌颜、柳体阴文,虽经千载风雨洗刷,霜雪蚀磨,仍清晰如初,是研究土家族古代历史的重要文献。

古镇**牛角岩**也一定要去看看,这是一片石林奇观。那里的石笋,有的像蘑

INFO

📍 湖南省永顺县芙蓉镇。

🚄 高铁有芙蓉镇站。也可以在永顺县城或吉首市乘车前往。

💴 108元。

温馨提示

古镇老街鳞次栉比的店铺中,最特别的是几家土家族织锦商店,在这里您不仅可以驻足欣赏姑娘们的巧手和梭子在织锦机上飞动的潇洒,还可以慢慢观赏陈列品的艺术特色,若您是个多情之人,不妨认准一个美丽的姑娘为你现织一件,今后或许也能增添几分"睹物思人"的乐趣。

菇,有的像走兽,有的像少女,有的像武士,远看就像天然盆景一般。其中有一巧石,形如牛角,人吹能响,声如号角,故称"牛角岩"。

住在王村的百姓几乎都是土家族,土家族人自称"毕兹卡"。虽然他们在服饰等方面都已汉化,但他们还是保持了相当多的传统民族习惯。"覃后晒皮"是土家族一大民族节日,农历六月初六日,土家人晒衣服,传说这天是明初土家首领覃后王殉难忌日;"哭嫁"为新娘出嫁前要大哭三天三夜,以示不忘父母养育之恩和姐妹惜别之情。还有被专家认为是"中国舞蹈最古老的源头"的茅古斯舞别具特色,传统的茅古斯身穿草裙、赤身裸体,动作粗野奔放。1995年,中央台春节联欢晚会第一个节目就是一段茅古斯舞。

古镇攻略

同样是临水而居,芙蓉镇的吊脚楼和江南水乡的粉墙黛瓦是两种不同的韵味。这里群山掩映,绿树成荫,鸡鸣犬吠,农舍成片。

芙蓉镇是土司王避暑纳凉的行宫别院,因此夏季是来这里旅游的黄金时期,可以近距离接触大瀑布。

芙蓉镇的石板街上卖着很多当地特产,像牛角制品、自酿米酒、竹编制品等。当地推荐的美食有天下第一螺,鱼大哥等。

扫一扫,获取更多实时旅游资讯

曾经的人间天堂

靖港古镇的老人说，靖港古镇方圆数百里的老人也说：那里曾经是人间天堂；那里曾经让人神往。还有民谚说「船到靖港口，顺风也不走」……

靖港原名芦江，又名沩港，系沩水入湘江口。明《一统志》云："在长沙县西北五十里，自宁乡市流至东北入湘，唐李靖讨萧铣驻兵于此，百姓德之，故曰靖港。"

靖港镇位于望城区西北部，地处湘江西岸，大众垸中心，距县城10千米，昔为天然良港，水路畅通，曾为湖南四大米市之一，又是省内淮盐主要经销口岸。民国中期，与津市、洪江同为湖南省繁荣三镇，素有"小汉口"和"小香港"之美称。

靖港镇历史人文荟萃，集河流、庙宇、古建筑于一体，环境优雅，风景秀丽，旅游资源丰富。唐将李靖讨萧铣奠定基业，曾国藩的湘军与太平军当年在此交战，地下湖南省委办公遗址、红军高级将领刘畴西烈士、革命母亲陶承等的故居犹存，宗教场地"朝有千人作揖，夜有万盏明灯"，

◎天然良港靖港

杨泗庙、观音庙、紫云宫等远近闻名。规模较大的中、晚清清砖木结构建筑宏泰坊、八音堂、杨寿福堂以及"八街四巷七码头"等更是有口皆碑，令人叫绝……

靖港古镇东入口广场和西入口广场，分别位于靖港古镇东、西两端入口

处，是出入靖港古镇的两大门户。其中**西入口广场**是靖港古镇的标志性广场，该广场集停车坪、标志牌坊、游客接待中心、芦江码头等于一体；东入口广场紧临湘江，凸现了古镇400多年前的古建筑"紫云宫"的记忆，该广场集门楼、牌坊、植被、停车场、雕塑于一体，与湘江一岸相承。

长约1000米的麻石老街，因街中段临江有半边，又名**"半边街"**，是长沙地区保存下来最完整的一条古街。街上大多是清代建筑，由于70年代防洪将沩水河截流，靖港昔日千帆填满靖港码头的景象一去不复返。行走街上，还可寻

INFO

- 湖南省长沙市望城区靖港镇。
- 望城汽车站搭乘104直达靖港古镇。

觅当年一栋栋清代建筑风格的粮行、南货铺、竹木店、金银首饰店、药铺、红粉楼、槽坊酱园……

1733年，一座名叫"**宏泰坊**"的妓院在靖港古镇开张。如今，濒临倒塌的"宏泰坊"被修葺一新，它印证了靖港古镇昔日的商业辉煌。现在已经成了青楼历史文化博物馆，砖木结构，共有三进，木楼雕花，精巧别致，奢华的装饰重现当年的风花雪月。坊内展示了中国几千年的妓院文化，用图画、文字、雕刻、陶艺、实物等形式较全面地讲述了青楼历史的起源、发展和消亡。宏泰坊用很多古代名妓的感人故事赞扬女性的坚强与伟大：第一名妓苏小小，吞簪自尽的李师师，击鼓抗金的梁红玉，怒沉宝箱的杜十娘，倾国名姬陈圆圆，芜湖名花潘玉良，才情兼备的小凤仙……历

◎靖港民居

史一去不复返了，人们对这座青楼遗址应当有了新的感悟。

八音堂，初名宁乡会馆，坐落在古镇保健街上。始建于1861年，高约4米，中有木楼戏台，厅中两根四方形花岗石柱将会馆隔成前台和后台大厅两部分。如今前台是一座休闲茶楼，芦花水泅的云游茶总是备受青睐。后台是一个古戏楼。古镇的民间艺人唱着腔调十足的地方戏，或一曲弹词，或一段地花鼓，又或是要一段皮影戏，让人感受靖港原汁原味的韵律。

此外，古镇上还有省委旧址博物馆、杨泗庙、芦江古戏院、临水古戏台、靖港古镇博物馆、入口广场、当铺、民间手工作坊、曾国藩文化园等景。位于镇西郊的**汝洋湖荷花生态公园**内，有"荷塘月色"、青少年农耕文化教育示范基地、桃花岛、芦苇荡等多个生态旅游点，是适合您度假、休闲的绝好选择。

靖港镇民俗美食丰富多彩，有地花鼓、皮影、山歌、划龙船、放风筝等艺术形式；有木屐、纸伞、风筝、圆木等传统手工艺；有香干、火焙鱼、三月三日吃地菜煮鸡蛋、七月半烧包等美食和风俗。

张谷英村

江南第一村

张谷英村规模宏大、布局巧妙、设计巧夺天工，集建筑艺术、民俗文化、宗亲文化、耕读文化、明清风貌之大成。故誉其为浓缩中国明、清、民国等时期湘楚民居特色的"博物馆""我国传统民居的瑰宝""中国湘楚明清民居之化石""江南第一村"……

张谷英村建于明代洪武年间，至今已有600多年历史。位于岳阳县以东的渭洞笔架山下，青山环绕，溪水淙淙。相传风水先生张谷英原是江西人，官宦出身，为躲避战乱举家迁移，经过细致勘测后，选择了这块宅地，便大兴土木，繁衍生息，张家的后世子孙便以其始迁祖的名字命名他们的住地为张谷英村。

古村呈半月形分布在山脚下，以主屋为大门，背靠青山，门前的渭溪河成了天然的护庄河。大门门楣上有一幅太极图，为全族人保平安、佑富贵之意。大门里的坪上有两口大塘，分列左右，寓意龙的两只眼睛，既用来防火，又可观瞻。屋场内渭溪河迂回曲折，穿村而过，河上大小石桥47座，屋宇墙檐相接，参差在溪流之上，形成**"溪自阶下淌，门朝水中开"**的格局。傍溪而铺的一条长廊，廊里铺有一条青石板路，沿

◎张谷英俯瞰

途通达各门各户，连接每一条巷口，巷道纵横交错，通达每个厅堂共有60条左右，最长的巷道有150多米，居民们在此起居可以"天晴不曝晒，雨雪不湿鞋"。檐内，浑圆的梁柱上刻有太极图，屋下镂雕的是精巧的小鹿。窗棂、间壁以及隔屏大多以雕花板镶嵌，图案有喜鹊、梅花、猛兽之类，栩栩如生。

张谷英村几经沧桑，基本上保留了原状。比较完整的门庭有当大门、王家塅、上新屋3栋，3栋门庭各自分东、西，南方向设置，主庭高壁厚檐，围屋层层相围，分则自成系统，合则浑然一体。规格不等而又相连的每栋门庭都由过厅、会面堂层、祖宗堂屋、后厅等四进及其与厢房耳房

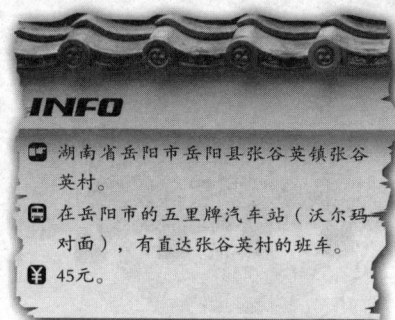

INFO

- 湖南省岳阳市岳阳县张谷英镇张谷英村。
- 在岳阳市的五里牌汽车站（沃尔玛对面），有直达张谷英村的班车。
- ¥ 45元。

等形成的3个天井组成。顺着屋脊望去，张谷英村整个建筑就变成了无数个"井"字。大屋场中最大的一个**天井**，大约有22平方米，既可以采光，又可以通风。天井内有一座花岗岩砌成的花坛。天井一角的地下有下水

◎张谷英村街道

◎当大门

道，雨水可以从下水道一直流到渭溪河里去。一般天井的左右两侧房屋对称。正面的会客堂屋比较高，常达10米左右，屋里冬暖夏凉。正屋后面是偏房，用来作牛栏、猪圈、柴房、谷仓和堆放农具，老人和孩子在屋前的天井里乘凉和嬉戏。从这里往里可以看到上下九重天，一个天井围合成一重天，然后向四周按长幼辈分展开庞大的枝叶。

建于明朝万历年间（1573年）的**当大门**位于张谷英村龙形山前，也就是龙口上。门前有溪，溪上有两座八字形的石桥，被称为"龙须"。大屋内有大小堂屋和天井各24个，住房422间，建筑面积9200米，其整体形状酷似一把打开的折扇。大屋门前的民俗文化广场是张谷英村村民逢年过节玩龙、舞狮、演戏、集会的地方。广场有两条石道，道上嵌有不同形状的一百个福字，预示步步有福，载福而归。

龙珠石位于当大门前、龙形山口处，直径约3米、高2米，形状酷似一颗珍珠。相传，当年有两条大龙同时争抢这颗珍珠。结果被张谷英大屋后龙形山的真龙抢到，张谷英村因此而人丁兴旺；而另一条长垅山的懒龙没有抢到，结果长垅山就只能用来种地，因为要人们经常给它松动一下皮。

建于清朝乾隆年间的**王家塅**是整个建筑群中保存比较完整的清代建筑，由张氏第十六代云浦公所建，他的建筑风格近似于岳阳楼，是一个典型的"丰"字形结构，屋脊上有"双凤朝阳""大鹏展翅"的造型，正堂两边各有巷道一条，叫"双龙出洞"。有"洞庭天下水，岳阳楼外楼"的美称。巷道纵横交错，成十字穿堂状，宛如民间迷宫，门庭严谨，高墙耸立，有古园林庙宇风格，颇为壮观。

建于清嘉庆十三年（1808年）的**上新屋**位于龙形山尾，由张谷英16世孙绪彬公所建，共有房屋172间，具有明清时期古庄园建筑雏形。从外观上看，结构严谨，高墙耸立，从高处俯视，像一个飞机模型。整个房屋以木结构为主，以青砖、花岗岩结构为辅，有六进七井八横堂。堂屋地面全是六寸方砖铺成的各种图案。堂屋两侧、天井回廊相互对称，四通八达。

建于清代嘉庆年间的**百步三桥**，位于张谷英古建筑群的中部，在不足百步的距离中，依渭溪河水回环曲折之势拱起三座花岗岩石桥，形如弯曲散布的仙网。石桥两岸建筑鳞次栉比，桥下流水潺潺，宛如一幅清新的图画。

张谷英村边**渭溪**似一条狂怒的黄龙，离渭溪几米远处有口长寿井，井水纯净透明，而边上的渭溪却金黄混浊，井水水位要高于渭溪水位近两米，枯水季节也是如此。"井水不犯河水"这句成语在张谷英村得到了印证。润丰亭位于渭溪河中上游，王家坡右侧。内有张谷英人亨时用过的轳辘水车、脚踏水车、手推水车等汲水用具因张谷英人历代过着以农耕为主的自给自足的田园生活。

民俗展览馆位于畔溪长廊的一处较高的房屋里，馆内分年俗、岁俗、婚俗、家族、丧葬、耕读共六部分，从多方面介绍了张谷英的民俗风情。馆内陈列有张谷英古代生产生活用具，如木头制的土榨油机、抗旱用的脚踏水车、古代人用的洞房用品等1320多件物品。集中体现了古村人刀耕火种，自给自足，怡然自乐的田园生活。由于这里古朴典雅，保存完好，现已成为许多影视作品不可多得的外景基地。

张谷英村民风淳朴，**人文荟萃**。世世代代一直尊奉孔孟之教，重礼仪、教育，孝敬父母，尊老爱幼。他们日出而作、日落而息，族内人团结和睦，而且不以族大而欺压附近异姓邻居，与邻村人关系友善，互相帮助，许多老人主动帮助年轻人照看孩子，享受天伦之乐。白天劳力出工后，屋场里也没有关门闭户的现象。张谷英村人以读书为光荣，以不识字为可耻，喜好读书的风气代代相传。科举时代曾有40多人取得过功名。近年来则有百余人从大专院校毕业，还有博士生和留学生。张谷英村人不但爱读诗书，也精武术，不少人还练就了一身好武艺。

高椅村

耕读文化完美典范

高椅村民多少年来，保持着原始古老的生活习惯，烧紫草、住木屋，村里到处可见身体健康的高龄老人，是闻名的长寿村。这里民风淳朴自然，凡有客人到来，侗家人总是用山歌和「拦门茶」招待贵客，环走全村，村内还是沿用古老的篾竹席晒谷……

高椅村原名渡轮田，古代时是一个渡口，后因村寨三面环山，一面依水，宛如一把太师椅拥抱村子，故改今名。古村位于沅水上游雪峰山脉的南麓，巫水的西面，距怀化市80千米。村里85%以上的人姓杨，都是侗族，据说是南宋诰封威远侯杨思远的后裔。文物古建专家高度评价说："高椅古民居是一部古村落发展建筑史书，对于研究中国封建社会后期南方社会基层结构的政治、思想、文化教育都具有重要的历史、学术价值。"有"古民居建筑活化石""民俗博物馆""耕读文化完美典范""江南第一古村"等美誉。

◎高椅村古民居

◎高龄老人随处可见

高椅村现保存着明洪武十三年（1380年）到清光绪七年（1881年）间修建的**民居**104栋，这些古民居以五通庙为中心，呈梅花状外延分为老屋街、坎脚、大屋巷、田段、上下寨五个自然群落。西部俗称"老屋街"，主要为明早期建筑，北部俗称"田段"、主要为明晚期建筑，东部俗称"大屋巷"，主要为清前期建筑，南部俗称"田段"，分上、下寨，主要为清中晚期建筑。其中以老屋街和老屋巷开发最早，至今尚存有明代建筑5栋，清顺治、康熙年间建筑6栋；以大屋巷发展较晚，现存清道光、咸丰年间建筑较多，保存也较完整。

在林立的古屋之间穿行，在青石板巷道中徘徊，巷巷相连，忽左忽右格局，令外来者有步入迷宫的感觉。一色的青砖封火高墙，两端成梯状的翘角马头高耸，夹峙着一条条青石板铺就的小巷，纵横交错，曲折幽深。每家每户独自的小院各自"天人合一"，又与邻家户户相通，是典型的明代江南营造法式，同时又有浓郁

的沅湘特色兼侗家风格。走进大门，照壁上方尚留有色彩斑斓的绘画，或大禽猛兽，或松菊梅兰，或瓜果牛羊，从中可以看出当时的主人是武将还是文人或者农家。飞檐脊饰更是各有不同，极尽精美。院子里都是木质的两层穿斗式结构的小楼。厅堂、居室的门雕、格扇、栏杆都十分精巧。

不同的老宅子上体现出不同年代的**建筑风格**。如老屋巷村民畅运滨的一栋两层楼房建于明代早期，两开间，单进式，木质且为穿斗结构，四周围封火墙，两侧山墙砌三斗马头墙壁。墙基以

◎高椅村巫水河

片石坚砌，高墙底部有一铭文砖，阳刻，直排四行楷书。房屋方位坐西北朝东南，建筑装修十分简洁，梁柱均为素面，客厅开敞。而到了清乾隆时期，此期间在老屋街、大屋巷、田段等处的建筑都有了一些新的变化，改变了呆板沉闷的建筑手法，开始讲究装饰，如窗雕、桌椅雕花等。

清嘉庆年间（1796—1820），老屋街贡生杨盛之家塾三子，创办学馆。后三子杨跃楚拔贡，弃官还乡，继承父，开设学堂，题名"**清白堂**"，又称文学馆，是一座四面封火墙的单进三开间木

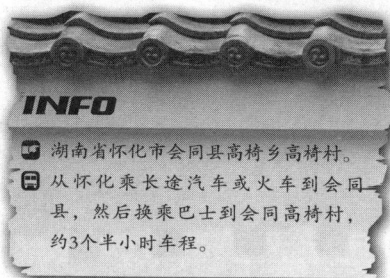

INFO

- 湖南省怀化市会同县高椅乡高椅村。
- 从怀化乘长途汽车或火车到会同县，然后换乘巴士到会同高椅村，约3个半小时车程。

质穿斗式两层楼房，至今保存较好。

清同治年间（1962—1875年），由大屋街富户方绅集资兴建了**醉月楼**，作为文人学士聚会及娱乐消遣场所，宣统初年（1909年）改办成女子学馆，从外

◎宁静的高椅古村

地请来一老秀才讲学，由求学者（多为地主富豪之女）轮流供养。抗战胜利后，洪江兴办了洋学堂，女子学馆被废止。醉月楼保存至今。

高椅村是高椅乡乡政府所在地，从附近的山上望去，巫水穿山绕岩而来，蜿蜒到山堂山脚，兀地一"弓"，弯成一张巨大的"牛轭"，银光闪闪地摆在一块平阳地边。村内屋舍俨然，巷道纵横，黑瓦白墙，马头墙参差如精巧图案。牛轭，意在耕田；太师椅，用于读书。不知是有意还是巧合，耕读思想成为这个古村600余年里的灵魂。据说，高椅人并非不善于经商，他们是在洪江、常德、宝庆以至于南京上海经商，即使富足以后，仍将本村本土保持"耕读传家"的原型。自古以来村中没有商店铺号，没有工场作坊，基本上没有商业气息，有的只是浓郁的耕田读书的**耕读文化**氛围。据《绅衿录》统计表全村先后出举人3名、进士2名、贡生9名，其他廪膳生、秀才、千总等共计293名。

高椅村民俗丰富多彩。从初一到元宵，侗寨各地都有**舞龙灯**的传统习俗；元宵灯节后，还要举行象征着送龙王回龙宫的烧龙仪式，届时，周围狂欢的人们，或朝龙灯燃放鞭炮，或用松柴点火扔向龙灯处，于是，一年一度的舞龙灯，便在熊熊火光中结束了。**傩戏**是高椅村的侗族人世代身传口授而流传下来的一种古老而神秘的民间原始艺术，又称"杠菩萨"。高椅傩戏班子能表演30多个剧目，其中常表演的有《郎君杀猪》《和神》《送下洞》《划船求子》《杠梅香》等，剧目短小精悍，情趣浓郁。秋冬季节，很容易看到侗族的戏班子演员戴木雕脸壳，身着戏装，背插堆尾，连跳带唱地表演被称为"中国戏剧活化石"的傩堂戏。

温馨提示

高椅村有柚子蜜饯、玉兰片、天麻、宝田茶叶、腊肉、爆辣椒、血粑香肠、高椅红坡贡米、傩戏面具、竹编工艺等特产。另外，高椅的每栋建筑都是坐北朝南的木质房屋，走在这外表相似又户户相连的建筑间，一定要提防着迷路，听说导游也常常只走熟悉的路而已。还有，高椅村周边自然风光优美，走出古村，还可以游览鹰嘴界自然保护区，绝壁溶洞，小溪飞瀑……

干岩头村

湘南古民居精华

走进干岩头村，满目的黛瓦白墙，绵延在青山脚下，飞檐翘壁，直指湛蓝天空，在蓝天白云、青山绿水的村衬之下，明清古民居群，尽显其典雅大方，气势恢宏，蔚然壮观之势，令人崇敬之情油然而生。

干岩头村位于富家桥镇西南部，地处湘南五岭山脉南麓。村院一律坐南朝北，依山傍水而建，南倚锯齿岭，东临鹰嘴岭、凤鸟岭，西靠青石岭。周家大院是一处古民居群落，其建筑装饰的雕绘技艺之精湛，历史文化含量之丰富，民族气息之浓烈，内容题材之广泛，表现手法之丰富，无不让人叹为观止。

周家大院始建于明代宗景泰年间（1450—1456年），建成于光绪三十年（1904年）。宋代理学家周敦颐后裔于明中期迁移至此生息繁衍，历26代近600年，故名周家大院。大院典型地体现了古代建筑的风水思想：三面环山，前景开阔，两侧山势层层叠叠，蔚为壮观，两条小河汇集于大院前方中间，河上有小桥，桥上有不同

◎远眺干岩头村

雕饰的栏杆，而旁边山上还有传说中的何仙姑故居。

周家大院平面呈北斗形状分布，规模庞大，由老院子、红门楼（周希圣故居）、黑门楼（因门漆黑漆而得名）新院子、子岩府（周崇傅故居）、四大家院，六个院落连成一直线，各院相隔不足百米，其间有鹅卵石小道将六大院落连成一体。从整体上看，六座院落有分有合，浑然一体，既各自独立成院，又相互和谐勾连，保存完好。其内极尽高、浅浮雕，镂空雕，圆雕手法的作品，将动、植物和人物组合雕饰得神形兼备，姿态万千，凸显出"天人合一""物我为一"的精妙。精雕细琢的石刻艺术群，门墩、门槛、门当，尤其是造型殊异的上百种、数千个石柱础，让人仿佛在读一部洋洋洒洒石

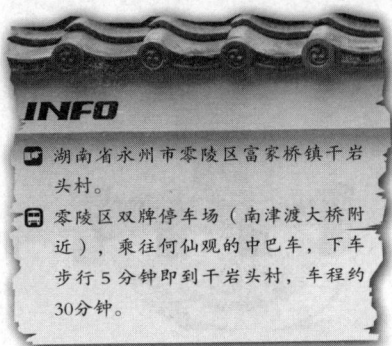

刻艺术的大书。这些**雕刻**把个周家大院装点得风生水起，如同一首凝固的音乐。

大院的居家生活**功能**非常齐全，每一座大院都是依山麓坡度的趋降由高而低递级构建，每一进都可拾级而上，加上院外掘有排洪渠，院内设阴阳沟，天井坪铺青石，室内地砌火砖，防洪排水和防潮湿功能也极为完

INFO

湖南省永州市零陵区富家桥镇干岩头村。

零陵区双牌停车场（南津渡大桥附近），乘往何仙观的中巴车，下车步行5分钟即到干岩头村，车程约30分钟。

◎周家大院

善。每栋房屋的两端构筑高出屋面的封火山墙，外观造型呈三级跳马、翼角飞翘之势，不仅给原本静态的土木建筑以展翅欲飞的动感，而且增强了防火功能。有的还专门构筑了吊楼式炮楼，开设了瞭望、御敌的枪眼，从而综合形成了大院的安全防护体系。每个分支大院的门楼，前有旷坪，后有天井，形成了家族议事、祭祖、红白喜事聚会的理想场所。

周家大院**红门楼**为官至南京户部尚书的周希圣所建，在六座院落中尤其引人瞩目。房屋建筑制式是重檐屋顶，显示了主人不一般的地位和身份。如今的周希圣故居，只保存了门楼和一进旧堂屋，门楼上的"尚书府"匾额依然显耀着历史的光芒。

六座院落中保存最好的是**周崇傅故居**，为四进正屋，北边是三排横屋三栋，南边是二排横屋三栋和花园，南北外墙长约120米，纵深100米左右。三排屋之间用廊亭连接，每栋横屋前有两个天井，一走廊一堂屋两厢房。房屋的窗子大多是支摘窗，分上下两部分。院落里的石雕木刻雕琢精细。整座故居布局井然有序、平稳中和、不偏不倚，表现出典型的儒家文化口味。其"向心性"的布局，体现"中庸"的"择中"观念和"中心"观念。正大门楼上一对联："石蕴玉而山辉，水含珠而渊媚。"道出了该院落的文化底蕴。

周家大院现在还保存两处**私塾**，其内讲堂及其供奉孔子牌位的神龛以及宿舍、园子、操坪等遗迹和私塾教育制度下特有的讲台、书桌、戒尺、太师椅等

仍存。徜徉其间，仿佛闻到了那从岁月深处飘来的翰墨书香，听到了一阵阵稚童"咿咿呀呀"的读书声。

周氏家族既家教严谨，又尊师重教，且倡扬耕读，使得这里**人才辈出**。几百年来，从封建时代科举选拔的秀才、举人、进士到现代高考脱颖而出的大学生、研究生，有数百人之多。

干岩头村**自然景观**也很独特。村后山的脊背上耸立着一座上粗下细，似一把巨伞撑于广宇的奇石，岩脚可供百余人躲雨，当地人称其为雨伞岩。雨伞岩西侧100多米处山梁上有三座巨石，略呈犬牙交错状，叫隐师岩。从北侧远眺，雨伞岩与隐师岩浑然一体，酷似一骆驼负薪而行。村东700—800米处，有两石紧密相连呈柱状，乍看似一把巨型的戒刀，村人称其为戒刀岩。远望此岩，移步换形，诡谲多变。在北侧的松树弯村观此岩，恰似一对夫妻抵头相拥，窃窃私语，背上还驮着一个小孩，谓之夫妻峰。峰后有巨石，岩顶曾建寺院，叫寺院岩。从松树弯出口处仰望，夫妻峰与寺院岩相连，酷似一猿猴，叫"猿猴望月"。从东侧的高福岭脚村仰望，夫妻峰与寺院岩相叠，成为"金龟唤伴"……

温馨提示

干岩头村乡土特产有水竹凉席、野产竹笋等，农家美食有零陵血鸭、米粉肉、松花皮蛋、老鸭笋尖、喝田螺、烟熏腊肉、尖椒爆田鸡、酱板鸭、水煮鳝鱼、野味异蛇等，各具风味。

重庆古镇

古镇

山水间的桃花源

丰盛镇

长寿之乡多奇观

丰盛镇坐落在海拔500米的山区，空气清新，气候宜人。有着得天独厚的自然环境，庇佑着一代又一代的丰盛人。它安静、祥和、与世无争，使这里成为人们心中美丽的梦想之园。

丰盛镇位于重庆市巴南区东部，距重庆市区60千米，是商贸、田园景观型古镇，文化底蕴深厚。丰盛镇历史源远流长，文化积淀深厚，据《巴县志》记载，丰盛场镇建于宋朝；明清时期，丰盛镇商贾云集、店铺林立、商贸发达，素有"长江第一旱码头"之称。

丰盛镇坐落在海拔500米的山区，空气清新，气候宜人。有着得天独厚的自然环境，庇佑着一代又一代的丰盛人。丰盛镇有天平寨、共山寨、老鸦寨、铁瓦寨、关山寨、升平寨等13个古

◎丰盛老街

寨遗址。其中**冠山古寨**保存较为完好，有古民居3处；而**铁瓦古寨**景色最为壮美，黎明时，站在海拔815米的铁瓦古寨之上，清新的空气扑入心田，群山峻岭置于脚下，好似进入仙境一般；东面而望，青山绿水尽收眼底，一轮红日冉冉升起，向着苏醒的大地投射万丈光芒；西向看去，则似有一尊硕大的卧佛映入眼帘……镇内历史上有规模较大、香火旺盛的寺庙有紫云寺、铁瓦寺、云香寺、法祖寺、官房寺、兴福寺及老街区的文庙、女王庙、江西庙。

丰盛的地理位置很独特，地处涪陵、南川交界点，掩映在丛山峻岭之中，山高林密，物产丰富，既是安居乐业的理想之地，又是强人觊觎出没的险恶之穴，融合了防御与民居特点的碉楼建筑应运而生。镇内最出名的碉楼，当属修建于晚清时期，距今有130多年历史的**欧式碉楼**建筑。全楼分为两个部分，主体为居家的底座和大门，用巨石垒成，相当坚固，绝对安全。上面有望台，墙体上有射击孔，只要敌人一出现，就能马上发现并抵御。

走进欧式碉楼，顶楼的正门、门洞上额是意大利文艺复兴晚期的作品，门洞线角带有哥特建筑痕迹，窗上装饰又

有小亚细亚风格，在楼顶两耳廊中门两侧柱及柱头上的卷花菜，是科林斯柱式格调。整座碉楼构思精巧、灵性十足，其中又透着几分悬念。置身楼里，不禁浮想联翩，再一次对古镇的过去有了新的认识。

宜人的环境，规律的生活，使丰盛镇人大多长寿。经专家考证，丰盛是著名的**长寿镇**，100岁以上的老寿星常年保持有3—4人；90多岁老人中，还有不少能挑肥、锄地、务农、经商；镇内70岁以上老人1500余人，均超过"长寿之乡"和老年型国际标准。

与寿星同样成为古镇骄傲的，还有镇上的数棵**百年古树**，最为出名的就是丰盛中学内的两株不知年岁的银杏树和树龄150年的金钱树。鹤发童颜的老人们，精神矍铄地漫步于百年石街中，休憩于百年老树下，成为古镇一道特别的风景。

丰盛镇地下暗河，在距镇政府东南1千米多的地方，由4个泉组成，由北向南，依次是三潮水、干洞、龙潭和磨坊湾。其中**三潮水**为间歇涌泉，每次涨潮时间长，且大潮中有小潮，此现象为其独有；退潮时间与涨潮时间间隔短，仅数分钟，每天可潮涌数次；在其下游的龙潭及附近地下暗河均有潮汛，形成一个间歇泉群；涌水量大，是距重庆市区最近、最壮观、持续时间最长、间歇时间最短的间歇泉。但是，因为潮洞每日的起落并无确切的固定规律，而且月份不同时间也不同，所以要看地下潮河和三潮水，就得提前赶到那里去等候。地下潮河一般在10:00-13:00有一次，三潮水是14:00-17:00有一次。

距镇政府3千米的**响水湖及其瀑布群**，有公路直达。湖面0.3平方千米，为地下水补给，水质极好。大堤下有10千米饮水渠，并有最高达20米的12级瀑布群及水潭，瀑布声震如雷，水气飞溅，彩虹悬空，景色十分迷人。此外，距镇政府4千米的天然枫树林保存着约200余亩枫树，是重庆市主城近郊面积最大的一片天然枫树林，为秋季观赏红叶的最佳去处。

紫云响石产于丰盛镇东西山的黄壤土中，最初由紫云寺的和尚发现而得名。手摇石头响声悠扬，十分动听；石头形体各异，多呈椭圆形，大者直径半米多，重达数公斤，小者10—20克。石腹中空，有固体小石子或是液体物资在内，用手摇晃即出声响。含液体的民间称"水响石"，量极少；含石子的，称"石响石"。被专家誉为"千金易得，一石难求"，它具有极高的观赏价值，又有收藏价值，十分稀少珍贵，是赠送贵宾的上好礼物。丰盛镇还盛产优质大米、花菇、西瓜等农产品，味道鲜美，是巴南区的绿色食品生产基地。

INFO

🏠 重庆市巴南区丰盛镇。

🚌 从南坪汽车站有班车直达丰盛。

金刀峡镇

渝北小江南

从黄楠树荫下榄桥而过，恍如跌进明清时代的画卷之中。数百米长的清代民居长廊、飞檐斗拱、黛瓦素墙。青石铺筑而成的街道顺黑水滩河蜿蜒、民舍、庭院、街巷皆布局严谨，此呼彼应。古镇依山停水，阴阳迭分，优美的自然环境与人工建筑巧妙地融为一体。

INFO

- 重庆市北碚区金刀峡镇。
- 重庆汽车北站、朝天门汽车站、北碚汽车站都有直达金刀峡汽车，在中途偏岩下车即可。
- 古镇免票，金刀峡80元。

重庆市北碚区金刀峡镇由原来的金刀峡镇和偏岩镇合并而成，位于华蓥山南麓，距北碚主城区46千米。现在说的金刀峡古镇，实际是**偏岩古镇**。偏岩建于清朝康熙年间，明末清初的连年战乱，迫使一部分湖广老乡举家迁徙，他们将这块大山深处的蛮荒之地，建成了一个商业发达、文化繁荣的川东经济贸易中心。古镇历300余年，保存较完

◎金刀峡镇风光

◎金刀峡

好，得名于镇子北边一处倾斜的岩壁。

古镇依山傍水，阴阳迭分，优美的自然环境与人工建筑巧妙地融为一体。古镇中段，一青石板桥横跨小河连接镇外，以桥为界，主街被拦腰分为上、下街。主街用青石铺筑而成，顺黑水滩

河长约400米。街道两旁的店铺鳞次栉比，店铺建筑多为木竹结构，或以木板为墙，或以竹编篱笆糊粉为墙，简陋中透出清新、素朴的气息。**上街**当交通要冲，店铺林立，其北端为公众集合之地，现存武庙、禹王庙、戏楼。主街几无梯坎，空间序列依地势起承转合，节点处多为公共活动休闲空间，如庙宇戏楼或酒馆茶肆等。主街临河侧建筑略低于依山建筑，使后者亦可获得良好的视景与河风，其整体谦让精神令人叹服。

青石老街上，可以看到当年的客栈与商铺还在，只是出售的物品已不再是山货与兽皮；茶楼与酒馆依然热闹非凡。老街中部那座当年名震三县的**九合栈商号**，虽已残破冷落，但在古镇房屋中仍然鹤立鸡群。楼高三层，底层大堂开敞，中间有楼梯引向天井般的中堂，中堂前部为回廊楼阁，左右各有扶梯通达上一层楼阁。楼阁花窗与栏杆层层均的木雕装饰精

巧别致，华丽富贵，在默默地向人们述说着古镇昔日的辉煌与骄傲。

禹王庙与戏台是古镇的公众集合之地。禹王庙为一纵向木穿斗大堂式建筑，灰瓦粉墙，朴素大方。堂内曾供禹王牌位与塑像。禹王庙前是一古色古香的戏台，戏台上层空间开敞，四周梁柱间饰以雕刻精美的古代戏剧图案，戏台下为暗层，专供杂勤之用，节庆之时，周围乡邻与来往客商云集于此，看戏娱乐，热闹非凡。

古镇环境与建筑空间各有特色，如上街北端的武庙大殿，墙体下实上虚，为室内营造出迷离的神光；楼高三层的"九合栈"，其室内空间既吊脚就山又舒展大方，功能分区与山地吊跃空间契合，可称佳构；而下街南入口两棵百年鸳鸯黄桷树对立相思桥头，古根渡桥相合，枝叶互拥互抱，遮天蔽日私语百年，与映桥清溪、老屋半廊一起浑成古意。

金刀峡距镇政府驻地约12千米，海拔880米，是一处保持着原始古老神奇的峡谷自然风景区，以势雄伟，以峡著险，以林见秀，以岩称奇，以水显幽，被誉为"金刀归来不看峡"。约上亿年的峡谷幽邃景观为主，以岩溶地貌为辅，兼有大量的地质上称壶穴碧玉串珠的深潭绝景。沿着1.5米宽的水泥石板道路到惊魂台下1200级的千云梯即到峡底。

峡谷为南北走向分为上峡藏刀洞和下峡景区，全长8.3千米，小景点多集中于上段。主要有獠牙洞、犀牛洞、三级长瀑、怪石滩、悬天飞瀑、二龙洞、一帘幽梦、喷珠溅玉等45

◎金刀峡栈道

个景点可供游人探险、攀登、踏足。其中上峡藏刀洞景区主要以泉、瀑、崖、潭为景观，在中部有一藏刀洞（自生桥），把峡两岸连接成一个洞穴。传说明末勇将张昆，别称张金刀在此地获得宝刀效命夏王明玉珍，金刀峡也由此而得名。下峡景点分布于上下两段，上段有独特的峡谷幽邃，石壁如削，两山岈合，垂直高度超过百米；下段有洞穴群，飞瀑群，古钟乳，堪称全国最长的峡谷十里仿古栈道。

镇郊还有**胜天湖**、**大塘溶洞**、**七星石林**等景，风光秀丽。

涞滩镇
渔火燃波影

在被渠江环绕的涞滩，除了领略古镇风韵，欣赏石刻艺术外，还可以尽情品若以明清风格为代表的建筑文化，以文昌宫戏楼为代表的戏曲文化，以渠江鱼为特色的饮食文化及纯朴的民俗文化，还可以赶庙会、参加素食文化节等。

涞滩镇位于重庆市合川东北32千米处渠江西岸的鹫峰山上，始建于晚唐时期，兴盛于宋代。在被渠江环绕的涞滩，除了领略古镇风韵，欣赏石刻艺术外，还可以尽情品若以明清风格为代表的建筑文化，早在1956年，因有晚唐石刻、宋代古镇、清代民居及大量完整而又相对集中的文物古迹，被公布为四川省重点文物保护单位，入选十大中国最美村镇。

不大的涞滩，由**上涞滩**和**下涞滩**组成。下涞滩在渠江边，紧靠渠江码头，是一条青石铺就的老街，脚下青石板经过几百年的踩踏，坑坑洼洼，泛出柔和的光泽。老街沧桑、安静，街两侧民居都是风格古朴的木结构，房顶用当地产的小青瓦铺就，规整而致密；屋脊上用瓦、三合土组合出或写实、或抽象的图案；房檐伸出1米多，粉白的墙面和黑褐色木门窗在色调反差中寻找着平衡。

上涞滩比下涞滩大很多，主要建筑和人口均集中在此。两滩间相隔咫尺，形似兄妹，一高一低，一上一下，一刚一柔，互为照应。上涞滩坐落在雄视渠江的鹫峰山上，寨墙高筑，其势巍峨，如龙盘虎踞于山势之间。**涞滩瓮城**建于同治元年（1862年），整个瓮城呈半圆形，长约40米，半径约为30米，设有八道城门，是目前重庆地区唯一保存完好的军事防御性堡垒建筑，具有极高的历史、艺术、科学、和鉴赏价值。尽管当年绵延环抱的古城墙已不复存在，但断垣残墙透出的气息也足以让人联想起一个战火连绵的年代。清代修建的**文昌宫戏楼**是古镇的精华，整个戏楼临崖建立，呈四合院建筑，布局严谨。戏楼平台外檐雕刻有三国戏曲故事，雕工细腻，层次深远……

由于傍着渠江，涞滩古寨商贾云集，街市兴旺，兴于宋代的千年古刹**二佛寺**也香火不断，是盛极一时的风水宝地。二佛寺中现存全国最大的禅宗石刻摩山崖造像群，保存完好的主要龛窟有42个，全部造像计1700余樽，集中镌刻在**二佛寺下殿**的南、北、西三面崖石之上，其中主佛像释迦牟尼佛通高12.5

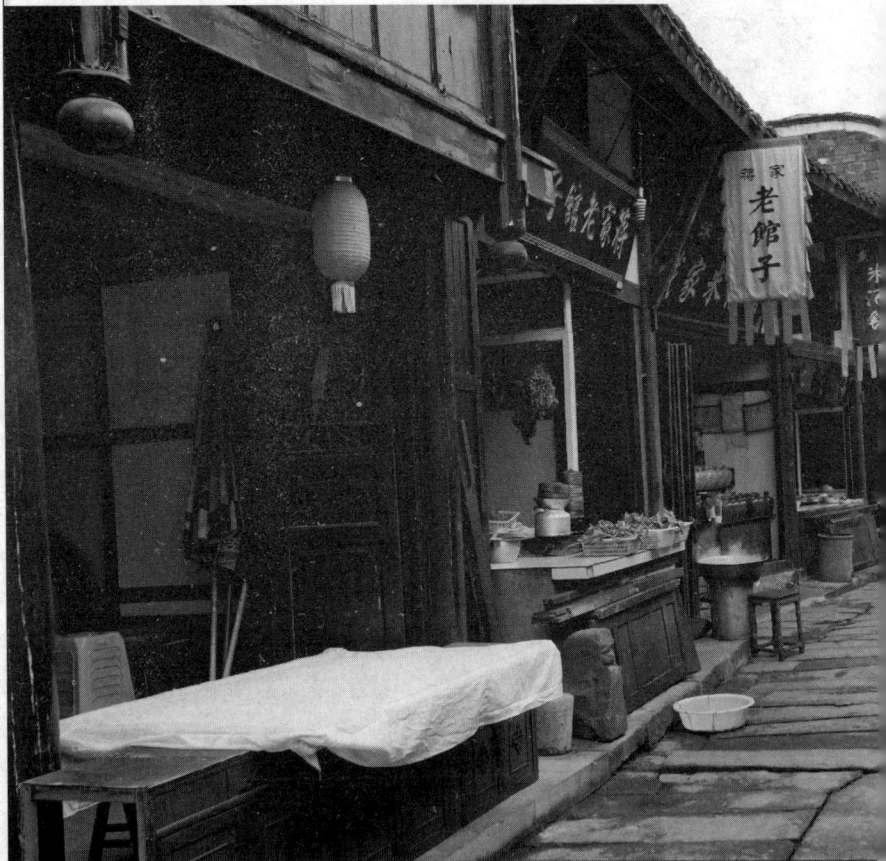

◎老街沧桑、安静，街两侧民居古朴而整齐

米，为全寺造像之冠，据寺内明正德十三年碑记"全蜀大佛有三，而宕涞滩镇鹫峰盖其二佛也"而得名。它依北岩镌凿，身着褒衣博带式袈裟，衣纹流畅，左手抚膝，右手呈说法印，双脚垂下呈善加趺坐。该像在雕琢时充分利用力学原理，头和肩与岩壁完全分离，长后移，稳定性强，数百年来，硕大的头压积在颈部，却安然无恙。

二佛寺上殿位于鹫峰山顶，是一座呈四合院布局的院落，它占地面积5181

温馨提示

涞滩有一家"古镇客栈"，占尽天时地利的优势。站在客栈四楼的天台上，就可以把整个镇子尽收眼底。东边，顺着一片灰瓦的屋顶，可以看到如练般的渠江静静流淌；西边，是一片暮霭中的田园，夕阳正慢慢地退去。

平方米，十分宏伟壮观。沿其中轴线而上，依次为山门、玉皇殿、大雄宝殿（即佛爷正殿）和观音殿，左右分设社仓、禅房等建筑。山门高约7米，完全由石头建成，上面雕刻了100多个动物和人物，造型栩栩如生，十分精美。由于历经磨难，寺内文物只有大雄宝殿内四根石柱还保存完好，每柱高约13米，由整条巨石制成，挺拔壮观，让人敬畏，堪称历代建筑一绝。山门牌坊的石刻浮雕，玲珑精美，是难得的历史文化精品。

如果有时间，最好在二佛寺过夜，当夜幕降临，平静的江面上，水波潋滟，一轮皓月倒映在江中。这时，如果站在上殿山门前的月台坝，可以观赏碧波荡漾中水月交相辉映的景象，体会到《涞滩赋》中那"渔火燃波影，古街放鸡鸣，瓮城锁敌情，绝壁锁乾坤，洪都独钓姜公影，仍扶香台在封神"的诗情画意。

镇西的**双龙湖**为1983年竣工的人工湖，湖面宽广，碧水盈盈，岸线曲折，有4个全岛，147个半岛，100多个湖汊港湾。水中倒影粲然若画，气势极为壮观。如今，这颗水上明珠成为观光、休闲、避暑的好去处。

安居镇

危城三面水

安居倚靠在一派风光绮丽的山水美景之中，密集的古镇村屋星星点点，台阶入水的河岸码头、水道港湾，在绿水轻烟中慢慢地延展，一道道石梯，显出当地独有的酱褐色土质，衬托着两岸都郁葱茏……处处都是说不出的纯朴、明静与清秀。

安居因境内有大安溪（琼江）而得名，自古为水陆要冲。唐代诗人有"危城三面水"之句，说的就是它险峻的地势。安居镇历史悠久，建场1500多年，建县240多年。明初时便为铜梁、大足、潼南、合川等县的物资集散地，且商贾繁荣。安居倚靠在一派风光绮丽的山水美景之中，密集的古镇村屋星星点点，台阶入水的河岸码头、水道港湾，在绿水轻烟中慢慢地延展，一道道石梯，显出当地独有的酱褐色土质，衬托着两岸郁郁葱茏……处处都是说不出的纯朴、明静与清秀。

纵观历史，这里一直是有利的军事重地，远征的部队在此驻扎的印记比比皆是。商业更是发达，诸如生丝、标

竹、麻制品、大米、白酒等物产，销售兴隆，直至川东和沿海一带。镇内宗教文化建筑集各家宗派之长，尽显不同艺术风格，有代表佛教文化的波仑寺、道教文化的元天宫、儒家文化的文庙、民俗文化的妈祖庙，还有翰林院、祠堂等，彼此借鉴，相映生辉，突显出安居兼容并包的地域文化特色，见证着当时商贸繁荣通达的热闹景象。

很早就听人说古安居修建**城门**时，可能是出于军事考虑，一共设了8个门。东为紫气门，西为挹爽门，南为星辉门，北为承恩门、引凤门、迎龙门、安庆门、小南门。现在人们能够看到的，只有十字街上的两座城门了，其中引凤门修建于明代，高15米、宽7米、厚5米……

始建于明弘治年间的**会龙桥**，长15.8米左右，有3个孔洞，起初是用砖做基底，后来又被石头取代了。只是听名字，就可以想到那时人们的美好心愿，与龙交友抑或乘龙而去吧。站在桥上，可以一览无遗地望到镇里最精彩的景色。

妈祖庙原来是福建会馆，主要是沿海渔民用于祈祷神灵保佑的宗庙。在安居鼎盛时期，驻留了很多客家人，他们念念不忘自己的祖宗和传统，决定将自己的文化沿袭下来，于是就在古镇小心地带修建了妈祖庙。抬梁式结构与穿斗式结构相结合的徽式建筑风格使这座妈祖庙独具魅力，吸引着广大游客的眼光。

古镇最让人愉悦的就是具有徽式建筑特征的建筑——**马头山墙**，它仪态万方地踞立在苍穹之下，造型高低错落，富于变化。踱步进入院内，恍然发现，一切都构思得那么精妙，庭、院、台的布局**丝丝相扣**，讲述着一个个带着海浪和潮汐的故事。在这个奇异的环境中，愈发让人思念客家话语的呢哝。

很多地方都有自己的骄傲，而最让安居人自豪的就是毗邻而建的王翰林、吴翰林大院里气宇轩昂的翰林们。同朝同地出4位翰林，这在中国文化史中是少有的，特别是王楼山、王汝嘉父子二人

◎安居古镇天后宫

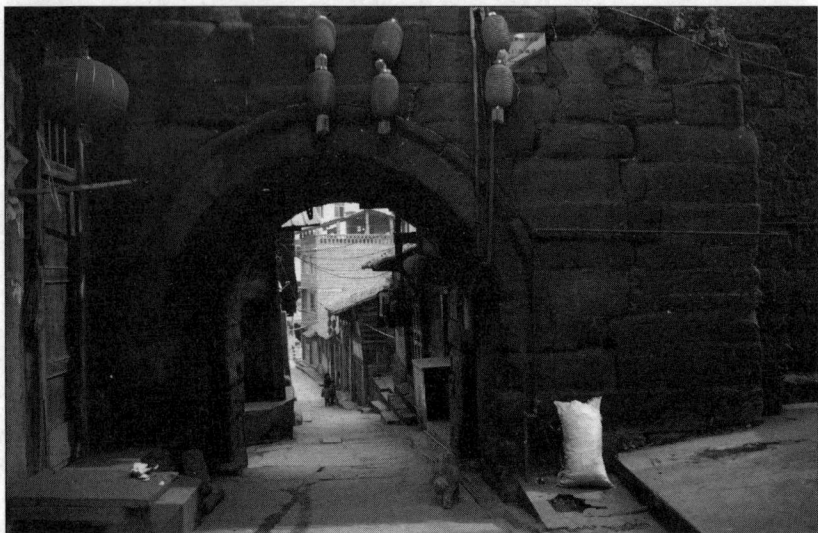

◎安居古街

均入翰林学士。两座**翰林大院**处于安居古镇老区中心，倚山而立，采用多重进深的中国传统四合院建筑布局手法，为规范的厅堂式木结构建筑，檐下雕龙画凤，后墙的壁画栩栩如生。房间里的陈设很典雅，大部分木雕、彩绘装饰和小木作装饰部保存完好，镏金的花饰、物品，展现出主人的风雅。

波仑寺位于城东，现已开发成波仑公园。寺旁古碑上记载：唐高祖元年（618年）有异僧自什邡柬此建寺。明万历年间修大雄宅殿。清康熙雍正年间庙僧两次募金修葺。邑人胡述虞有记，寺有二井：一在点头石下；一在山之麓，味甘冽。寺内历史遗迹遍布，有宋代书法家米芾在波仑寺石壁上书写的"第一山"题记，由明代邑人谭思刻；有唐代诗人韩愈在波仑寺石壁上书写的"鸢飞鱼跃"；有清代翰林王恕为波仑寺禅堂所题的"法界弹宗"匾额……

波仑寺旁的**古罗汉松**亦是古镇一大风景。相传这棵树是一个叫姚自敏的邑贡生从旭川挖掘，培植于此的。树高二丈有余，叶似水波罗，即使在冬季也不会凋零一片叶子，夏季则结满了累累果实。人们还未走近，就能嗅到浓郁的香烛气息，稍近，就能发现携带着人们美好愿望的红布垂挂在那株异常壮丽的大树上……

安居古镇文化历史悠久，民俗风情独特，如龙舟竞渡、民间彩扎、川剧座唱、龙灯艺术表演、书法美术、摄影等，都是当地群众喜闻乐见的活动。

扫一扫，获取更多
实时旅游资讯

双江镇

双溪环绕的古镇

街是老街，宅是老宅，古老的双江是新旧并存的现在进行时。已经油漆斑驳的老宅开成了门面房，卖着现代生活用品；枯藤老树边走着时尚少女，漂染成黄色的头发，白色的长靴，不是游客，是古镇上的新生代……断壁残垣下，时代的气息依稀可见。

双江镇建于明末清初，距今已有400余年。古镇地处涪江下游，距离潼南区县城10千米，与四川省遂宁市相邻，双江水路、陆路交通便捷，镇外是宽阔的涪江长年通航，上可至遂宁、绵阳，下可达合川，是渝西北的重要门户。

双江镇外浮溪、猴溪环绕，镇内古街石板铺路。今存有中街、东街、上西街、下西街、南街、北街、兴隆街、水巷子、老猪巷9条街道。古镇有禹王宫、兴隆街大院、源泰和大院、邮政局大院（即杨闇公旧居）等规模大、颇具清代民居建筑风格的大型古民居20余座，被专家们誉为"难得的清代民居建

◎双江古镇戏楼

筑群"。

在长约700米的"清代一条街"
上，楼台错落，庭院深深，古色古
韵。尤其占地5400平方米的**杨氏民居**
在众多古民居中独具特色，外虚内实
的建筑效果，充分显现出古镇特有的
历史风貌和巴渝遗韵。院中有大小房
厅51间共108门，由七间三进组成。
每进均有天井、栏杆、回廊、花台，
宅后还有花园。建筑虽有明显的中轴
线，但并不受中轴线的束缚，而是根
据地处的条件富于变化，空间组织灵
活紧凑。院落中以抬梁式与穿逗式相
结合的手法设计敞厅。宅外的风火砖
墙呈驼峰形，线型优美简洁。宅内各
进既独自成院，又能通过廊道与其余
各进相通。隔扇、漏窗形式多样，柱
础、斜撑、运托、挂落、垂柱等图案
精美，门窗、隔扇做工考究。尤以高
浮雕、透雕手法雕刻的历史戏剧人
物、花卉图案最为精致。

双江镇的正街上，曾住过一位早期
的革命者——中共第一届省委书记杨闇
公（杨尚昆的四哥）。新中国成立后，
杨闇公故居被辟为陈列馆。此馆是木结
构的穿斗中式建筑，共二进四重，临街
一面是一个一楼一底的店铺门面，这里
自清末起就是双江镇的邮政代办所，由
杨家经营。中共潼南地区第一支部成立
后，这里曾作为掩护地下党活动的场
所。两进各有一大一小两个天井，天井
两侧为厢房，有杨氏兄妹学习的书房。
后一进的小天井两侧是卧室，陈列着
《杨闇公日记》及一些图片。

前国家主席杨尚昆的出生地**四知堂**
保存完好，位于猴溪上游，依山临坝而

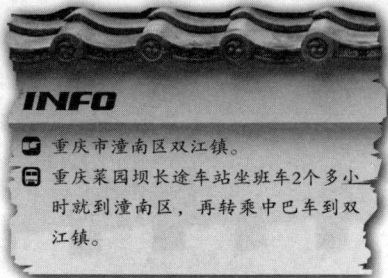

INFO

- 重庆市潼南区双江镇。
- 重庆菜园坝长途车站坐班车2个多小时到潼南区，再转乘中巴车到双江镇。

建，为木结构悬山顶的四合院建筑。其
建筑设计采用"步步递进，层层升高"
的传统习俗，建筑布局更独具匠心。
"四知堂"之名取于杨氏先祖东汉太守
杨震"夜拒贿金"的典故。该室以"四
知"的"四"字作为建筑布局的组合形
式，前后厅面阔五间，之间于东西两侧
建厢房，面阔四间，形成一个大四合
院；东西厢房外侧，又各建一通外厢
房，皆面阔八间，内外厢房之间建有天
井和信道。四知堂建筑用材十分考究，
笔直圆木为柱，上下大小一致，雕梁画
栋，脊檩点金，门簪以金形装饰，屋脊
砖雕灰刻，皆为仙人、金童、花卉、琼
阁，其颜色艳丽，灿烂夺目，门窗装饰
尤为精致，檐下及柱间雕刻精细，均用
多线雕或透雕雕刻出蝙蝠、牡丹、仙
桃、喜鹊，表现出主人对福禄寿喜的祈
望，其雕琢技艺精妙绝伦，堪称古民居
建筑的奇葩。

距今200多年的**禹王宫**内的古戏
台，虽经历史沧桑而留下斑驳烙印，依
然是飞檐翘角，高大恢宏，古朴苍雄，
蕴含着丰富的历史文化内涵和地域特
色。走进这座古民居，恍若走进时间隧
道，让你感叹这历史文化的悠久与多
彩。它与双江那溪流环绕，翠竹掩映下
的古街石桥老榕树的小桥流水风光，构

◎杨尚昆故居

成了渝西北古镇自然与人文相辉映的独特文化景观。

双江的**湖广会馆**由于当时来往的同乡颇多，且都很富有，因而规模显得极其不凡。戏台气派华丽，高高的歇山顶，四角飞翘，装饰着琉璃筒瓦。两厢还有"耳楼"，地位较高的客人可以坐在耳楼的雕花栏杆后看戏，不必担心前面有人挡住视线，舒舒服服地喝茶，吃点心，细细品评演员们的技艺。所有的交情、生意，就在这一谈一唱中顺其自然地进行着，风雅而且亲切。

河街丁字口茶楼是一栋典型的清代商业建筑，木构件有很强的装饰性，斜撑、走廊、垂花柱、窗棂、门楣，都有精美的花纹图案。底楼过去是"堂厢"，楼上是"雅座"……

除了这些清代古迹，这里还有蒋介石的行辕，国民党高级将领白崇禧的官邸，以及原"国民党陆军机械化学校"

旧址，这些都是抗战时期国民党政府内迁重庆的遗留物。

温馨提示

双江素有制作凉粉的悠久历史，闻名遐迩，在中国美食节暨首届重庆国际火锅文化节上，潼南名小吃陈凉粉荣获"消费者最喜爱的特色小吃"称号，潼南凉粉又数起源于双江镇的陈凉粉最具特色，深受广大游客的青睐。此外柑橘、板栗、蜂蜜、大红西瓜等都是古镇的特产。

松溉镇

长江畔 一品古镇

「一品古镇，十里老街，百年风云，千载文脉，万里长江」，这就是松溉镇，居住在喧嚣城市的人，一踏入古镇，即可感受到松溉镇的「三清」：清幽的环境、清洁的石板路、清新的江风，还有令人叹为观止的「松溉七绝」让人流连忘返……

松溉镇位于重庆永川区最南端的长江北岸，距重庆永川城区约40千米，顺江而下到重庆市区有143千米，溯江而上到四川宜宾有229千米，因境内有松

◎松溉民居掠影

子山和溻水而得名。

溻，顾名思义当然是因为有水利灌溉之故。但松溉之溉却不能读成灌溉之溉，而只能读作既然之"既"。其实最早起这个名字的时候也是读"溉"的，相传古时候有一个本地读书人中了举，然后在外乡做了官。多年之后衣锦还乡省亲，随口一说，竟将家乡的名字读错了。尽管本地人先前都不是这么叫的，但小镇好容易出了个做官的人，于是乡亲们也就只唯上不唯实，改口跟着老爷叫"松既"了，镇名就这样被一代一代传了下来。2005年，松既镇更名为松溉镇。

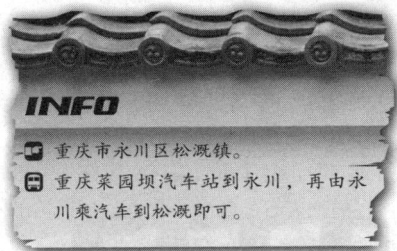

INFO

- 重庆市永川区松溉镇。
- 重庆菜园坝汽车站到永川，再由永川乘汽车到松溉即可。

律动的建筑遗存、优美的自然景观、丰富的人文遗址以及独特的码头文化，给到过松溉的人留下了极为深刻的印象。松溉古镇有**七绝**：一是明清建筑，主意是吊脚楼、四合院、穿斗屋；二是祠堂和庙宇，以罗家祠堂、陈家祠堂和清洁寺为代表；三是石板路，蜿蜒曲折5千米；四是夫子坟，即注经大师陈鹏飞之墓；五是古县衙，又称老官庙；六是陈公堰；七是长江温中坝，是重庆长江上游面积最大的中坝。

松既现在的新街子、半边街、观音阁、黄桷树、核桃街以及大阳沟、正街、临江街等老街的石板路和民居大部分还完好地保存着。其中**黄桷树街**算是这里的商业街，有杂货铺、豆花店，店门口的高粱酒坛腆着圆鼓鼓的肚子，招揽着客人；也有做麻花、麻糖等吃食的作坊；还有木匠铺和篾匠铺，买个竹编的小工艺品，倒是极好的纪念。

大族总是要修建祠堂，给祖先安一个居所，以求得他们在天之灵的庇佑。建在松子山街上**罗家祠堂**，最初是明朝初年修起来的，后来历代子孙又多次整修扩建，现在看到的祠堂早已不是明代的原貌了。现在，正祠的横梁、石墩以及两堵封火墙上，都清晰地雕刻着花草、鸟兽、石龙，还有人物，甚至战争场面，精致的画面之下，不知又埋藏着多少故事。

松溉人称**古县衙**为"老官庙"，从正街上鱼市口处踏上20多步油光石阶梯，便可窥视其貌。它的四个厅的地基石板如旧，前厅衙门口还存留有一个垫木柱的油光石的园墩，它也是几百年历史的见证物。后厅背后有较宽的空地，是用围墙围住的，现存有两株古老的黄桷树，后厅后门可直通诸家巷街。站在古县衙前厅遥望，气象万千！

陈公堰系明代水利工程，同时也是一处优美的自然景观，故又称"飞龙洞"，距今已有千年以上的历史，洞壁上有清朝乾隆时期的文字石刻和

◎青瓦、白墙、红门，尽显富贵

繁体的"飞龙洞""陈公堰"的文字石刻，洞壁上还刻有一尺见方的一个图腾石像。这里有飞泻的瀑布、深深的水潭、奇特的洞中之洞、黑乎乎的大圆石，四周绿树成荫……

温中坝又名中坝，地处滔滔长江之中，约有几百亩，长度约为1000米左右。春天，这里绿草如茵，野鸭成群，也是工人们采沙采石子的好季节；夏天，江水猛涨，温中坝远看就像一条大鲸鱼浮在江面上，近看则草木茂盛无比，生机盎然；秋天，农民在上面种的农作物收获了，岛上一派丰收的景象；冬天，大水退去，中坝风貌全现，是游人踏沙采石的好时节……

古镇外有一个**压旗山村**，这里安葬着陈鹏飞（字少南）。陈鹏飞是南宋时期有名的经学大师，与苏东坡、张子昭一起，并称宋代的"注经三杰"。陈鹏飞因为得罪了当时的权贵秦桧，被秦桧诬陷贬了官。后来陈鹏飞就回到故乡，与妻子定居松溉，设馆教学，满腹的学问而落得教授蒙童"人之初"。最后陈鹏飞终老于松溉，葬于旗山之阳，即**夫子坟**。

青紫山又名"金子山"，是由几座连绵起伏的山坡组成的，山上除了人家和几十年前栽种的松树以外，还开发山坡种植了有许多果树，现有新修的公路和石阶盘曲而上。山上还有20世纪70年代用于存粮的"深挖洞"。

温馨提示　松溉的盐白菜、高粱酒、松溉醋、长江鱼、盐花生等美食闻名遐迩、令人回味无穷。

中山镇

天赐的蓝琥珀

薄雾中的青瓦屋顶，悠悠流淌的笋溪河，隐匿在半山腰的中山，如半抱琵琶的美女。轻轻地推开古镇土家吊脚楼上的窗子，川流不息的小河，郁郁葱葱的青竹，端庄质朴的民居古庄园、古寨、古堡、古寺庙、古桥、古墩，便异彩纷呈地呈现你眼前，如诗如梦如画……

中山古镇始建于南宋时期，距今已有800多年的历史，俗称三合场，又名龙洞场，地处江津区南部山区，距重庆市区125千米，与国家级风景名胜区四面山一脉相连，是重庆十大古镇之一。

依河而建的古镇，由龙洞、荒中坝、高升桥三条小街连接而成。以前，三合场老街曾是繁华的水码头，为川黔山区的商品集散地，目前尚存的南宋题刻共82字，记叙李脊用、鱼子仙等泛舟游览一事，境内还有汉代古墓葬枇杷岩墓群……踏在幽幽的青石板路上，一种古老而和谐的感觉涌上心头。

古镇内一条约1500米长的**青石板路**，狭窄幽深。老镇子里没有什么年轻人了，多为坚守故地的老人。两旁的这些清代建筑掩不住岁月的痕迹，将阳光从搭界的两篷屋瓦中泻洒下来，留下残红的斑驳。青石板路随笋溪河一起蜿蜒。街后就是笋溪河，那水流的颜色就像一块天赐的琥珀，发出荧荧蓝光。一整块巨大的红砂岩铺在那里，已经被千百年人们的脚步磨得窄窄浅浅了，两岸横卧着一块五六米长的石条，通往镇外新建的宾馆。

◎三合场老街

古镇商铺建筑最具代表性，依山势形成的商街纵向长1000多米，层层递进，其风雨场的过街建筑几乎都是能遮风避雨不见天日的"封闭式"建筑，这种**廊檐**的设计，充分考虑到了巴蜀地区雨晴不定的特点。建筑多为两层"吊脚楼"，下层为铺面，楼上可住人，铺面开间做得较大，且易组合；整座古镇全系青色瓦片盖顶，红漆木板竹篾夹墙，圆柱承重，古朴凝重中透出原汁原味的巴渝人家风韵。

古镇现居有200多户人家，民间传统的经营业态如铁匠铺、中药铺、剃头铺等**老铺**依然存在。暖阳斜照着射进狭窄的老街，给灰暗黝黑的街面一隅镀上一抹金黄，古镇顿时有了勃勃生气。踏着块块黛青石板铺就的老

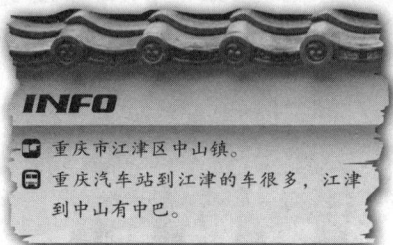

INFO

- 重庆市江津区中山镇。
- 重庆汽车站到江津的车很多，江津到中山有中巴。

街，在弯弯拐拐的石梯小巷穿行，穿场而过的风中不时弥漫着阵阵草药的清香，铁匠铺里飞溅的炉火和叮叮当当的打铁声，和谐得竟有一种不需雕琢的艺术风味……另外，镇上还有一种特殊行业——驮马运输，对于这"地无三尺平"的山区，这种运输方式至今仍被需求并保存。

离古镇3.5千米处有一水库，名为

◎客家中山镇

龙洞水库，是当地的水力发电站。水库不宽，但是比较长。离岸边不远处的水很浅，河沙也十分柔软，非常适合游泳和休闲。一些远道的游客，总会脱下鞋袜，在这里快乐地跑上一小段。最让中山人骄傲的是，这时保存着整个西部乃至中国罕有的自然资源的奇迹：在遮天蔽日的原始森林中，深藏着距今6500万年的侏罗纪大裂谷。两万多亩桫椤树王国，如活化石般见证着中山镇的千年兴衰。中山古镇还发现古石槽。文物专家表示，中山古镇始建于南宋，距今约900年历史。此次发现的石槽，有可能就是古时留存的下水道。

回首古镇，那些河边的建筑群巧妙地镶嵌在山水之间，那一座座用木柱支

温馨提示

"烟熏豆腐"是中山镇人的最爱，也是这里有名的小吃。烟熏豆腐制作工艺独特，必须用细细的草秆烧成灰，在上面放一块竹子编的小篦子，利用烟的温度将放在上面的白白嫩嫩的大块豆腐慢慢熏至金黄色，然后用一根细细削过的竹签子插好，两面刷上特制的辣椒酱，外焦里嫩，别有一番风味。

撑在岩体上错落有致的吊脚楼群体，迎风矗立。红漆木板，竹篾夹墙，圆柱承重，就如同传说中遗忘的古迹，流露出淡淡的江南水乡的气息。

塘河镇

桫椤摇曳马头墙

静静的塘河挽着她，茂密的竹海掩映着她，这里就是美丽的塘河古镇，她像一个悠闲的老者，远远绝空寨，独自徜徉在这充满天籁的山光岚气之中，她那深沉的步履如同阵阵低沉中透着强劲的音符敲击着我们的心房，她那斑白的双鬓展现着岁月的沧桑……

塘河镇位于江津区西南边陲，南面与四川省合江县南滩乡接壤。塘河镇始建于明代，早在明清就成了重要的物资集散地，起初主要有王、孙、陈三姓人家，后逐步扩大，形成规模。塘河古镇主要由塘河场古街区、石龙门园、延重寺三部分组成，大部分完整保存下来。

塘河镇的镇口、塘河支流上有两座古桥梁：一座是**江合桥**，连接着川渝两省市，另一座为**麒麟桥**，横跨在修竹掩映的脱家溪上。麒麟桥的中间

◎塘河镇建筑多以青石为基、砖木为墙、奇檐斗拱、雕梁画栋、美不胜收……

两个石桥墩上刻着龙王的儿子麒麟，背负着厚重的桥板，守候着身旁那个同样古老的水碾。

塘河古街区占地28000平方米，现存明清以来不同时代特征风格的古建筑15000多平方米，古镇街道依山而建，从河畔码头起呈阶梯状蜿蜒上扬，约长600米的主街连接着横街子、庙巷子两条小街，由三道寨门把持着。拾级而上，沿街建筑多以青石为基、砖木为墙、奇檐斗拱、雕梁画栋、错落有致、美不胜收……

在古镇重重叠叠的房宇间，几栋巴渝罕见的徽派风格建筑间插其中，让人称奇叫绝。建造于明代的**王爷庙**，至今还保持着原貌。正殿和戏楼均为飞檐画壁，戏楼台额上犹存的松、竹、梅和篆楷文字更显当年卓越风姿。王爷庙街对

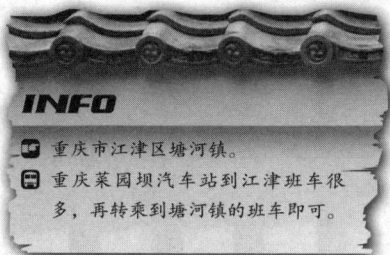

INFO
- 重庆市江津区塘河镇。
- 重庆菜园坝汽车站到江津班车很多，再转乘到塘河镇的班车即可。

面的**龙门号**是古时塘河撑船人休闲聚会之地，马头山墙、卷棚斗拱、撑弓雀替、结构之精巧、工艺之精湛、足见作为船帮会馆的龙门号当时胜极之至。沿街而筑的**朱家洋楼**更是别具一格，它将中西方建筑技艺巧妙融合为一体，把西方的建筑文化插进这重重叠叠的中式建筑中，在这边远的山区能见证中西文化碰撞这一结晶，怎不叫人称奇叫绝。

始建于清光绪十八年（1892年）

◎塘河镇风光

的**孙家祠堂**又名沿重祠，占地3000平方米，整个建筑为宫殿式，屋脊全是镂空黄绿琉璃砖砌成，两边有高耸的圆穹式和重檐式封火墙，是目前江津乃至重庆都相当少见的保存完好的宗祠建筑的典型代表。

距古镇街区2千米的**石龙门庄园**建造于清乾隆初年，占地2000平方米，建筑面积13200平方米，建有房屋520多间，因其规模之宏大，气宇之非凡而被江津区（今江津区）确立为文物保护单位。整座庄园设计精巧，匠心独运，气势恢宏。穿堂叠殿，九道中门九道关，形成阴森恐怖"龙门阵"；两厢十八天井珠联璧合为"八阵图"，蔚为壮观。进入庄园，穿房越院，重重叠叠，犹如进入"八卦迷宫"分不清东西南北。

位于塘河场下游1千米处岸边的**河油榨**，为民间故事二十四孝"安安送米"的发源地。至今河油榨还存有一块大扁石盘，相传为姜安插状元旗之石座。

位于塘河镇西南的**滚子坪风景区**，集山、水、林、洞、瀑为一体，融雄、秀、幽、险、奇于一坪，绘人文、风景成一画。风景区内主要瀑布有倒流水、水口庙、九重天等16处，瀑布大都内隐洞穴，形成别具一格的"水帘洞天"，

令人心醉神迷。景区内密布一万多株桫椤，置身其中，更是仿佛进入神话般的远古时代。

此外，散落在塘河古镇四周的千担岩汉墓群、红岩硐寨群、天台寺白云寺、肖家滩古堰滩长坡陡、32111英雄钻井队的英雄纪念馆，还有那饮誉渝州的"荔枝映日"……都存留着许多自西汉以来的历史遗迹，是研究巴蜀历史文化发展的珍贵资料。

千百年来，古镇形成了独特而厚重的民俗民风，每逢佳节赶庙会、唱大戏、祭神灵，热闹非凡；蓑衣斗笠店、街边刺绣房，受编竹席屋、火红的铁匠铺，守旧的茶房酒馆，比比皆是；川剧座唱、石刻技艺、结婚坐花轿、塘河放竹排、渔舟荡悠悠，好一派悠闲的生活画卷，走进塘河，人们会情不自禁地融入保存完好的自然生态景致和传统历史文化的感召中……

扫一扫，获取更多
实时旅游资讯

东溪镇

川东第一山水小镇

东丁河、福林河和綦河交汇于东溪古镇，3000余棵古老的黄葛树密布成西南地区最大的黄葛树群，加上明清穿逗结构吊脚楼民居，形成「小桥、流水、人家」的清幽意境，被誉为「川东第一山水小镇」。

东溪古名万寿场，唐高祖时设丹溪县，唐太宗时改为东溪镇，当时的古驿道曾是出川入黔的必经之地。现在的东溪镇地处川黔公路线上，位于綦江南部。

东丁河、福林河和綦江交汇于东溪古镇，3000余棵古老的黄葛树密布成西南地区最大的黄葛树群，加上明清穿逗结构吊脚楼民居，形成"小桥、流水、人家"的清幽意境，被誉为"川东第一山水小镇"。

东溪镇内有一村、二碑、二石、三宫、三瀑、四街、五桥、六院、七巷、八庙、九市，众多景点让人流连忘返；太平渡口、琵琶古塞、贞节牌坊、石刻木雕、川剧评书、龙灯舞狮，各类景观令人叹为观止。东溪一直是美院师生的写生地，还是电视剧《傻儿师长》的外景地。

进入东溪，可见明朝成化年间的川黔青石板古道穿场而过，古道在镇中顺沟而下綦江河，改水路入黔。沟的起伏落差很大，有着丰富的层次感和节奏感，沿沟形成的三四处怪石突兀的溪流和瀑布，很是壮观。小镇民居随起伏的地势而建，或岩上岩下架梁铺瓦，或依坡筑坎垒阶踏步，古老的穿斗式吊脚楼，疏密有序，天然而成，具有十分典型的山乡风情。

古镇邮局位于书院街丁字路口的地方，看上去很不起眼，门楣上刻有字，左右环绕着两个对称的圆形花纹。多年以来，这里一直被当作平常

◎东溪镇

人家的民居住所，直到2002年2月三峡博物馆的考察人员来此，方才鉴定出它竟然是有着百年历史的一个老邮局。而那一对看似平淡无奇的图案，居然就是当年的邮徽。这间百年前的老邮局，是重庆市现存最古老的邮局。跟现在的邮局一样，邮递信件和汇兑是它最主要的经营项目，并实行严格的损失责任赔偿制。

也许是年代久远岁月无情吧，在东溪镇乡民的记忆中，这么一段名噪一时的历史正在渐渐被淡忘，因此，要想在小镇中直接找到这些遗迹不是件容易的事。几经周折，找到了隐在村尽头树阴间的一座石拱桥。据说，镇上原本是没有桥的，是太平军抵达之后建起了这座桥，当地人将之称为**太平桥**。该桥在风雨中迎来了火热的变革，也在风雨中送走了小镇的青春，桥头桥尾雕立的4只生满青苔的石狮子，似乎在无声地向过

◎东溪老建筑

路的人诉说着历史。

在太平桥桥头，有几座老屋，一看就是很古旧的建筑了。但让人惊异的是，这几座老屋从结构到风格，都与镇上其他的民居建筑不一样，倒是跟广西金田古盘营中所设的"太平寨"有几分相似。唯一不同的是，金田的"太平寨"是高脚楼，骄傲坦然地睥睨众人。而这里的老屋，安宁地坐落着，散发出一股无法言喻的平淡与素雅。

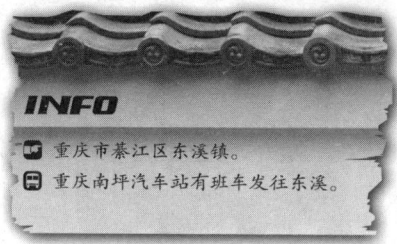

INFO

重庆市綦江区东溪镇。

重庆南坪汽车站有班车发往东溪。

东溪是一个充满了历史韵味的小镇，当年石达开率太平军远征，长驱入川后在这里召开了一次重要的军事会议，制定了显现他战略眼光的"东溪决策"。东溪在记录这一段历史的同时，留下了众多太平天国时期的遗迹。

东溪镇还是綦江地下党活动最早的中心地区。1945年春，川东特委巴县中心县委决定在东溪成立中共綦江县委，并设东溪支部。同年春，将东溪支部改为东溪特支。1949年1月，中共川南二工委决定，将中共津綦特支改为中共川南二工委大一区。1949年上半年，綦江区先后建立城郊、东溪区委和铁路特支。同年7月，中共川东特委决定，撤销川南工委，成立綦南中心县委。8月，綦南中心县委决定，成立中共綦江县委，下设城郊、东溪区委和铁路特支。东溪地下党先后组织几次反帝反封建和抗捐斗争，为人民的解放事业谱写了可歌可泣的篇章。

温馨提示 东溪古镇宽宽的街面两侧，竹篓、竹筐、竹椅和木桶、木风车等琳琅满目，彰显其繁华，大饱眼福的您不要忘记精选一件心仪的小礼品赠送亲朋好友哦！

西沱镇

千里盐道上的土家古镇

自贡出产的川盐自古以来就享誉川内川外。早在宋代，川盐就通过西沱转运至湖北恩施、利川、来凤一带，西沱镇就是千里盐道的起点和转运站，被古人称为「盐镇」。

西沱镇原名西界沱，古为"巴州之西界"，因地临长江南岸回水沱而得名。古镇地处三峡地区川江支流，万州、忠县、石柱三区（县）的交界处，北与"长江明珠"——石宝寨隔江相望，是长江支流龙河上游广大山区土产山货的集散地，也是黔江土家族地区唯一的长江港口。

西沱在汉代时就已建有码头，由于得深水良港之利，到了明清时期，西沱已是长江岸边商业贸易往来的重镇。川盐、百货、丝绸、蜀绣等天府特产，经长江上游的成都、重庆、涪陵等地运到西界沱，再由古蜀道，越川鄂边关的七

◎云梯街抑扬顿挫，如同从天而降的登云梯

◎西沱镇

曙山，进入鄂境，古人称这条古道为"千里盐道"。清代《石柱直隶厅志》上说的"水陆贸易，烟火繁盛"则道出了它的繁荣景象。

始建于秦汉时期的西沱古镇**云梯街**，号称登天云梯，依山取势，垂直长江，依崖蛇行从江边一直延伸到方斗山脚下的独门嘴山巅，全长约2.5千米，113个石阶台面，1124级石阶踏步，中间设有2个大的转折平台，80个小的间歇小平台，形成一种抑扬顿挫的节奏感。向上仰望，如同从天而降的登云梯，故而被称为登天云梯，这条街也因此得名为"云梯街"，又称"通天街"。站在街顶极目远眺，浩瀚的长江水，巍峨雄伟的方斗山，飞檐凌空的石宝寨都能够尽收眼底。

在古镇沿着云梯街拾级而上，古代往来贸易的客商纤夫与贩夫游者是看不到了，但**商号**和客栈至今仍保留

着旧日的痕迹，有的现在仍在经营。民国年间，这里的永成商号与和成商号还曾是中共地下党的联络点。而白布缠头、背着背篓、运送小商品的背夫至今也尚未绝迹。紫云宫、禹王宫，万天宫、桂花宫等古建筑遗迹也夹杂在民居当中，还有至今保存完好的汉砖及罕见的第三冰川纪巨大的古树化石群……让游人增添了许多凭古思旧的审美情怀。

黄昏的时候，**站在月台山**上，残阳如血，落日的余晖为古老的云梯街民居涂抹上了一层淡淡的金黄，天边的云霞

INFO

🏠 重庆市石柱土家族自治县西沱镇。

🚌 重庆汽车站有开往石柱县的班车，到达石柱后转达班车前往古镇。

变幻着各种色彩和图案，夜幕徐徐降临，楼阁、民居、山峦、岩石、树林慢慢变成了剪影。云梯街开始出现三三两两的灯火，渐渐连成一串，然后慢慢与倒映在江水中的灯火相连……这就是"火龙入江"了。

下盐店是清代建筑的杰作，依山面江，与驰名中外的旅游胜地忠县石宝寨隔江相望。现存有正厅、回廊等，四周依稀可见洁白高翘的石砖封火墙，除了封火墙外，其余楼厅没有一砖一石全用楠木等珍贵的木材修建，木板壁用桐油抹遍、坚硬耐磨。金黄色的木楼掩映在重重叠叠的古民居之间，风采别具。盐店大厅走廊上的绕万字格木雕栏喻义着吉祥如意，同时又为古建筑增加了不少情趣，那雕刻在飞檐上的鸠尾神兽气势庄严、情调奔放。

下盐店的盐仓为封闭式建筑，墙壁全用木板，木板与木板之间吻合得天衣无缝，玲珑剔透，古色古香，具有浓郁的土家族民族情调，古代土家族人建筑技艺之高超着实令人惊叹。其回廊、正厅挑梁斗拱上有运用线雕、立体雕、浮雕、镂空雕等手法制做的精美雕刻，或为飞禽走兽，或为花鸟草虫，或雕龙刻凤，或流云仙女；还有完整的神话传奇故事，格调古雅，耐人寻味。

祭祀孔子、关公的**二圣宫**后殿，"余音绕梁""副魁"木匾保存至今。更有记录长江水文变化的水文石刻资料：陈家河长江峭壁上刻着"庚午年大水至此"7字清晰可读，对岸岩石上深刻的"大清同治庚午大河水涨"10字历历在目……

在西沱古镇还发现了中国第四座张飞庙，占地500平方米，是传统的四合院建筑，正殿和后殿间有小天井，寺庙四周有高大的封火墙。后殿的木墙壁上，绘着赵云、关羽以及张飞的白描绣像。正殿梁上写有"清光绪年间重建""西界沱"和"同善堂"等字样，写有清光绪年间重建张飞庙的事由，还能清楚地看到彩绘的丈八蛇矛及三国故事。

2009年，三峡大坝蓄水175米水位时，西沱古镇部分淹没于水下，其中云梯街的永成商号、下盐店、二圣宫、禹王宫都全部被淹没，但云梯街的大部分依然得以保存。下盐店建筑已经被易地搬迁至"云梯街"上段，作为川东传统居住建筑的一种类型保存下来，开放为民俗博物馆，供参观。

西沱是土家人聚居区，具有浓郁的土家风情。土家人最喜欢饮**"咂酒"**，也喜欢以"咂酒"待客。这种酒用大麦或高粱制成，贮醪槽注水于坛内，注入开水，插上竹竿，客人主人轮流吸饮，饮完加水，味尽而止。坐落在七曜山下的土家山寨，家家户户都有泡菜坛、酸酢肉、酸辣椒、坛子酒。每年冬至过后开始杀年猪，请人吃"刨汤肉"；用柏树枝熏烤，制作成色彩洪亮的"巴山腊肉"；用猪血制作"血豆腐干"……

温馨提示

与老云梯街平行的，是西沱镇新近修筑的新云梯大道，共有13个平台、320个青石阶，比老街略短。两边的店铺出售着展现土家风情的商品，并有土家风情园供游人参观休息。

龙潭镇

把竿何日钓龙潭

就像上天特别的恩赐，龙潭镇风景如画，美在天成。境内的处处名胜，交相呼应；各色的龙灯花灯，翩翩起舞；汩汩流过的两眼清泉，灵异喜人。

龙潭镇位于渝东南武陵山区腹地，因伏龙山下两个状如"龙眼"的余水洞常积水成潭，古镇自"龙眼"之间穿过，形如"龙鼻"，因而得名。龙潭自蜀汉以来，曾相继为"县丞""巡检""州同""县佐"所在地，已有1700余年的历史。

龙潭镇风景如画，美在天成。境内的处处名胜，交相呼应；各色的龙灯花灯，翩翩起舞；古镇顺湄舒河而建，规模庞大，保存完好。现存3千米的石板街被磨蹭得光可鉴人、青幽如玉，古老的海生物化石时隐时现；50多座土家吊脚楼翘角飞檐，形态美观；街上店铺林立，巷道相互连通；封火墙壁垒森严，气势恢宏；四合院古朴幽静，颇具特色……

湄舒河自古以来就是连接酉水汇入沅江，通往江浙的大通道，自雍正末年

◎龙潭古镇

废除土司制度，取消"蛮不出洞、汉不入境"的禁令后，古镇上盐号、商行、店铺林立，有"货龙潭"之称。江西商人会馆万寿宫、湖南商人会馆禹王宫等相继建立起来，促进了当地少数民族与汉族的融合。抗日战争时期，龙潭古镇成为沦陷区民众避战的大后方，1.5平方千米的小镇上云集了8万人，商贾云集，人烟阜盛，使龙潭一时蜚声全国，被誉为"小南京"。

跨过横亘在龙潭河上的老大桥，便进入古镇，一条全长约3千米的**石板街**从瓦厂弯（牌坊）经永兴街、中心街、永胜街至永胜下街的梭子桥（垮纸厂沟）。顺河街起自福兴桥、下抵江西潭，长度很短，全用方块青石铺成，因年代久远，经历了无数沧桑岁月，板面变得格外光滑。镇子上的街面多数为5行石板，最宽的也只有9行，如果遇到高

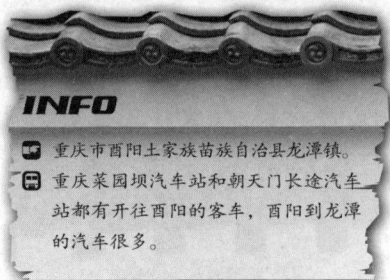

INFO

🏠 重庆市酉阳土家族苗族自治县龙潭镇。

🚌 重庆菜园坝汽车站和朝天门长途汽车站都有开往酉阳的客车，酉阳到龙潭的汽车很多。

低不平处，就垫成梯形阶坎，自然形成7~10级不等，沿龙潭河平行布置。

古镇内的**风火墙**，高达数丈，层层叠叠，铺排开去，俨如巨龙身上齐齐散开的鳞甲，间或铺排着大大小小的天井，看上去蔚为壮观。房舍多建有青灰色楔子护墙，约1米左右，用铁或木料砌成。一层楼形像一枚方印，名"印子屋"，森森的封火桶子让主人感受到了无法言喻的安全与隐蔽。

龙潭镇砖木结构的**民居**鳞次栉比，

◎龙潭老街

建筑工艺各有千秋,一般人家是"三柱四骑""三柱六骑"。大户人家则是"四合天井"大院。青石柱砌成古朴典雅的大朝门,院内有"中堂",用作祭祖、迎宾和办理婚丧大事。临街底层用木板装修或砖泥砌成的柜台,是主人出售货物的门市。文昌宫、轩辕宫、万寿宫等古建筑,画栋雕梁,飞檐翘角,秀丽美观。

走在老街上,著名的**禹王宫**并不明显,穿过五六米长的一个黑洞洞的门楼,一个全石板铺就的天井豁然就在脚下。天井四四方方,迎面一蓬苏铁郁郁葱葱,四周都是两层木质穿斗结构老屋。站在天井里回望,来时的门楼原来是旧式的戏台,青瓦屋面,高高的翘角微微向上,横额上依稀还有二龙戏珠的彩绘。戏台面向观众的一面已经用落地木板窗封了起来,让人很想上去一探究竟。无奈有铁将军把门,原来已经有人在这戏台上居住,咀嚼如戏的人生了。

走出禹王宫,顺着老街,不一会便来到**吴家大院**,大院有围墙、大厅、四角天井、厅堂和左右正堂、厢房。房屋为木结构,门窗、屋檐、门厅中部有喜鹊报春、五福临门等栩栩如生的木雕、砖雕。从宅院后门出来,跨过两三米宽的小石桥,站在小溪对岸,吴宅别致的走马转角木楼高高建在牢固的石基之上。为了保证屋内地面平整,那因地势高低而错落修建的屋基,以及旁边与邻居凛然相隔的马头封火墙,使得大宅门内的一切再也无法泄露出来。

春秋阁是当地老人特别喜欢的地方,因为这里有一位赤胆忠心的关云长。在关公像前,一位河北诗人题有楹联"匹马斩颜良,河北英雄齐丧胆;单刀会鲁肃,江南名士尽低头",字迹有力,铁画银钩。

1939年抗日战争时,镇上兴建的**抗战建国阵亡将士纪念碑**,由国民党陆军第2军103师师长何绍周题词"惟我将士,民族之光,牺牲热血,固我金汤,勒石纪勋,百世勿忘"的碑刻也存放于此,古往今来的爱国之情得到了完美的体现。

龙潭镇**人杰地灵**,是革命先驱赵世炎,原北京市委第一副书记刘仁,孙中山大总统府秘书、同盟会员王勃山,瞿秋白夫人王剑虹的故乡;著名作家沈从文20世纪20年代住在龙潭,写过18岁古怪"女匪首"王幺妹的动人故事;著名女作家丁玲也描写过古香古色的龙潭中学;著名戏剧作家田汉在他离别龙潭时,吟了"酉阳孤塔隐山岚,巨石撑天未可探,闻道鲤鱼多尺半,把竿何日钓龙潭"的七绝……

温馨提示

龙潭每年春节都会举办盛大的灯会,火树银花。夜幕中,鸭子龙、脱节老龙、火龙与狮子灯、篷篷灯、花灯、牌灯并驾齐驱,翩翩起舞,与龙潭镇上沉睡的神龙交相呼应。

四川古镇

古镇

天府中的繁荣家园

黄龙溪镇

万般风情集一身

有诗这样赞黄龙溪："十里锦江平如镜，落日水溶金。青山掩映斜阳里，堤岸柳絮飞。千年古榕笼古寺，夜听钟鼓声。琼枝碧月迷人醉，游子乐忘归。"这里有青石板铺就的街面，飞檐翘角的木质吊脚楼，镂刻精美的栏杆窗棂，古庙内的缭绕青烟……

地处成都以南约40千米的黄龙溪东临府河（锦江），北靠牧马山，其历史可追溯到公元216年。黄龙溪古称赤水，古谚有云："黄龙渡清江，真龙内中藏。"黄龙溪得名于此。这里历来是成都南面的军事重镇和江防据点，蜀汉丞相诸葛亮更是把这里作为蜀国南征的起点，以重兵驻守，奠定了治蜀的一大

◎远眺黄龙溪古镇

功绩。

黄龙溪由正街、横街、新街、上河街、下河街、背街、巷子街等七条老街组成，这些老街总长1千米，有着"川西一绝"之誉。古镇内的**黄龙正街**原始风貌保存最为完整，也是最热闹的一条街。正街的中间为敞开的码头，站在码头上可见河对岸有一株巨大的榕树，树下是一个露天茶铺，迎风摇曳的布招隐隐可见。在这里找一把竹椅，泡一碗茉莉花茶，那真是一种绝好的享受。正街两头各有一座寺庙，北头的叫镇江寺，南头的叫古龙寺。奇特的是这两座寺庙都建在街中间，山门都向街而开。在两寺之间，还有一座处在民居中间的小庙潮音

◎黄龙溪老街

寺，若不留意，就会忽略过去。

镇江寺位于黄龙正街北端，是千年码头王爷坎上的一座古刹。往右下几步石梯坎，就是滚滚的锦江水。镇江寺原为清初移民兴建的镇江"王爷庙"。寺内塑"镇江龙王爷"神像，寺外千年古榕树遒劲粗大的树干上，常常挂有人们祈福的红布条，这给古树平添了些许灵性与神秘。

INFO

- 四川省成都市双流区黄龙溪镇。
- 成都新南门车站、金沙客运中心站有班车直达黄龙溪。
- 不收大门票，部分景点另收费。

古龙寺在古镇黄龙正街南端，供奉黄龙祖师。寺庙山门低矮，但进去后却别有洞天。里面有气势恢宏的殿堂，精巧别致的佛塔，古味十足的三县衙门和宽敞的庙坝。在庙坝上有两棵盘根错节，枝繁叶茂，树龄在800年以上的大榕树。粗大的树干需十人才能合围，更令人惊异的是，树上枝丫间建有一座小庙，形成庙在树上的奇特景观。建于清代的**三县衙门**在古龙寺内，是华阳、仁寿、彭山三县的"联合办事机构"。衙门大门两边有副对联，嵌入了黄龙、龙爪、鸡翅、白马、马头、虎岩六个地名，道出了三县衙门的管辖范围。如今这个古味十足的衙门曾被众多的影视剧组选中为外景，如《海灯法师》《国际大营救》……

距今已有300余年历史的清代**古戏台**，又称万年台，位于古龙寺进寺庙的

门顶上，是一座保存完好的全木结构的戏台，省内已不多见。戏台青瓦红墙，飞檐翘角，屋脊正中有弥勒佛，两端有鱼、龙脊饰，显得古朴典雅。古戏台的功用是酬神、娱宾；现在，遇节气也有演出，平时当地老人都喜欢来这里喝茶、摆龙门阵。

古镇最有特色的莫过于**茶馆**，路两

◎黄龙溪古镇西寨门

旁、河堤上、竹林下，一字展开的竹台、竹椅、竹凳，还有花花绿绿的太阳伞，成为古镇上一道诱人的风景。喝茶对于古镇上的人来说，那是与吃饭并列的头等大事，马虎不得。他们用本地产的茉莉花，冲在盖碗里，一些茶馆有时也有上好的竹叶青、峨眉雪蕊这样的好川茶。一碗茶两三块钱，便可以坐一天，尤其是老人们，大清早上馆子遛鸟兼喝茶，花钱不多，却是一种悠闲、雅致的享受。

古镇里明清木柱青瓦的吊檐**民居**比比皆是，没有官府和大宅，老式民居的一砖一瓦间无不流露出质朴气息。民居的门前屋顶细部尤为精彩，木雕、砖雕、绘画等工艺技术精湛，造型生动。院落之间廊庑穿插，厅堂轩昂，体现传统古建筑的鲜明特点。做生意的人家，厅堂内挂满了横幅字画，用玻璃镜框镶嵌起来，精致而隽秀，与周围的古建筑浑然一体。因为这里原汁原味的古镇风情，1983年，峨眉电影制片厂的《卓文君与司马相如》就选这里做外景地，后来，《海灯法师》《芙蓉镇》《家》等多部影视剧也在此拍摄。

每年正月初二晚上至正月十五日元宵节的**"烧火龙"**是黄龙溪最驰名、最传统的文化体育活动，以其精湛的技艺和独特的烟花配方，享誉海

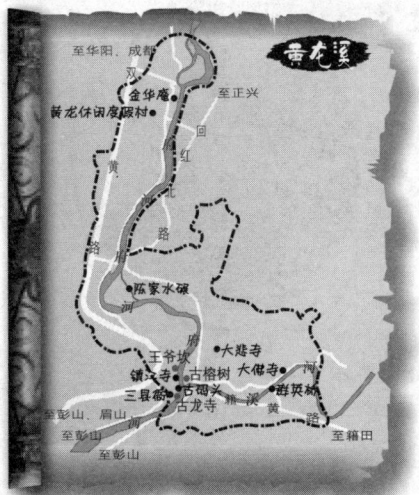

内外。此习俗源于南宋，至今已有800余年的历史。先民根据"龙见武阳赤水"和"龙生九子"等故事创造了独具特色的"火龙灯舞"。节日期间，娱乐活动丰富多彩，有烧火龙、彩龙表演、南狮表演、漂河灯、燃放孔明灯、燃放烟花爆竹、举办焰火晚会、听川剧座唱等精彩迭出的节目。"谁家见月能闲坐，何处闻灯不看来"，在五彩烟花绽放中，人们扶老携幼，倾城而出，涌向了街头。于是，小镇就成了欢乐的海洋，到处都是明亮的灯火，欢乐的人群，浓郁而吉祥的节日气氛在小镇经久不散。

古镇攻略

十里锦江，青山斜阳，千年老树，夜半客船。古镇历史悠久，民风古朴，在群山掩映之中寻一处清幽之地，静静体会大自然与心灵融合的声音。

松月客栈：位于古镇锦江河畔，免费提供宽带上网，同时可赏玩明清家具、字画，品尝古镇特产花茶。

扫一扫，获取更多实时旅游资讯

洛带镇

西部客家第一镇

好茶是慢慢品味的，好书是慢慢体会的，古韵依存的洛带，亦是如此。她那保存完好的千年老街，具有明清风格的民居与客家会馆建筑群，上千年的悠久历史和多种文化，需要你在如烟的细雨里，如烟的往事中细细品味。

洛带位于成都市东面18千米处，是一个具有1800多年历史的客家古镇。洛带原名甄子场，据说当年甄子场内有一池塘，塘中有一口八角井，池井相通，水中有东海鲤鱼，食之可延年益寿。刘禅欲得鱼而不慎掉入井中，被救起时玉

◎江西会馆

带却落入井底，此地遂改名为落带镇，后演变为洛带镇。

古镇老街以一街七巷为代表，在这些古街古巷中，有许多明清风格的古建筑，按照功能，大致可分为民居、府第、宗祠和会馆。

洛带客家民居一般分为祖屋和普通民居两大类。**大夫第**位于下街大夫第巷15号，是巫氏家族的祖屋，是洛带镇建筑最早而又保存最好的客家民居的典型代表，建于乾隆末至嘉庆初。因屋主巫作江曾被清廷诰赠为"奉直大夫"，所以名为"大夫第"。今祠堂、园林部分已毁，但主体建筑保存尚好。大夫第主体建筑由大门、过厅、院坝、前中后三堂、东西花厅、厢房及通街厅道和一个附属小四合院组成，排列十分对称，譬鳞山式顶，木结构穿尊房。大夫第前堂后天井的东西花厅，为卷棚式建筑，花厅为作南北向的房廊形，做工考究的各式花格木窗雕琢的花鸟虫鱼形态逼真，惟妙惟肖，堪称民居中的珍品。该建筑保持了客家长幼尊卑分明的住房格局，在同一院落中，又以中间的正房高于两边厢房，保持了客家民居建筑中的护卫意识。其内有至今还在进行生产销售的酿酒作坊，是洛带镇现存较少的古作坊之一。

洛带镇**普通客家民居**清新素雅，为单四合院式，"二堂屋"结构，门外为小晒坝，门内为天井，天井上正中为堂屋。民居的通风和采光都很好，并且冬暖夏凉。门前则大多挖有荷塘，再远处，是竹林和菜地。"欢会酌春酒，摘我园中蔬"，如果你想远离城市的喧哗，想体验一下自得其乐的客家生活，

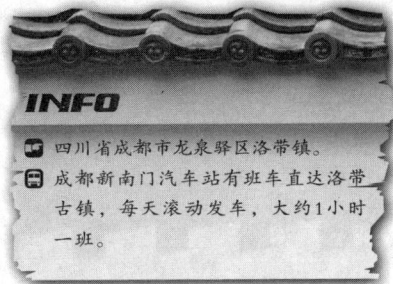

INFO

四川省成都市龙泉驿区洛带镇。

成都新南门汽车站有班车直达洛带古镇，每天滚动发车，大约1小时一班。

那就不要错过洛带，高亢嘹亮的山歌中尽情享受宁静淡泊的现实生活。

四川是中国5大客家人聚居省之一，洛带镇的最大特色，就是有成都坝子最大的一方客家文化"码头"，来自广东、湖北、江西、川北等地的客家人，经过许多代，依然保持各自的传统、语言、习惯，成为川人中的特色一族，而且，还保存了许多带有客家人风格的客家会馆，是名副其实的"客家名镇、会馆之乡"，被誉为**"中国西部客家第一镇"**。

其中清乾隆十一年（1746年）由广东籍客家人捐资兴建的**广东会馆**规模最大，是洛带镇的标志性建筑，又名"南华宫"。主体建筑由戏台、乐楼、耳楼及前中后殿组成，呈中轴线对称排列，复四合院结构，气势巍峨，其封火墙建筑风格在四川是独一无二的。馆内石刻楹联条幅保存完好，联文取意及书法镌刻堪称上乘。其中"云水苍茫，异地久栖巴子国；乡关迢递，归舟欲上粤王台"一联最能反映客家先民拓荒异乡的创业艰辛和对故乡的思念之情。该会馆是迄今为止四川省乃至全国保存和维修得最好的最雄伟的会馆。

湖广会馆位于古镇下街，是湖广籍移民于清乾隆十一年捐资修建的，因供

奉大禹，又称禹王宫。会馆有一个恢宏而庄重的大门，进门后，顶上是戏台，两侧是厢房，上面是大殿，中间是一个宽敞的天井。据说，天井没有下水道，但无论下多大的雨，即使街上已洪水漫溢，天井里也不会积水，此为一大奇迹，传为大禹保佑之故。

江西会馆又名万寿宫，位于古镇江西巷，与湖广会馆隔街相望。清乾隆十八年（1753年）由江西籍客家移民筹资兴建。透过万寿宫牌坊，可见江西会馆匾额。会馆是复四合院格局，有两个天井，主体建筑由万年台、院坝、牌坊、前中后三殿和中后殿之间的一个小戏台组成。会馆虽无巍峨雄伟的楼层结构，但也小巧紧凑，华美温馨。

客家公园位于古镇公园巷，始建于1928年，主要建筑为四馆、三亭、一祠、一池。园内花木繁茂，甚为幽静。最具特色的是园内开设的"女茶社"，专供客家妇女品茗，不纳男宾。今天"女茶社"已不存在，但有一个平民化的大茶园，供人休闲娱乐。

四川客家博物馆成立于2003年3月，为全国唯一一家综合性客家博物馆。集中展示了四川客家人入川、安居、创业的历程及成就，反映出客家人坚韧、勤奋的精神。馆内陈列的文物多为龙泉驿区出土历代铜器、陶

器、铁器、石刻、陶俑、铁币及燃灯寺部分文物。

洛带客家人的传统习俗是**火龙节**，据说其舞龙的传统源自江西籍刘姓客家人，定居洛带之后，将这一传统引入了洛带及周边地区，至今刘姓家族仍聚居在洛带镇宝胜村，以扎龙舞龙为业，最后形成了一套独特的舞龙程式：接龙、祭祖、迎龙归巢、杀鸡出龙、舞龙点睛等。

汶川大地震发生后，洛带古镇部分设施遭受损失，经过修复后现已全面开放。

古镇经常会邀请众多艺术家参加一系列原创艺术活动，打造出"成都宋庄"的品牌。

古镇攻略

东山别院客栈：古镇内上街78号。客栈在古镇最繁华的街道中，楼中有一间书法工作室，部分房间中设有古筝，廊道上摆放着文房四宝，一股浓郁中国风迎面而来。

火燄客栈：古镇内三峨街999号27栋。房间内设施齐备，拥有宽敞的中庭和优雅舒适的餐厅。

安仁镇

川西坝子上的庄园

顺着蜿蜒小河，穿过青青垂柳林。远处一座座村庄掩映在白茫茫的晨雾里，就像一幅由画家刻意泼墨的水彩画。当你漫步在这个掩映在苍松翠竹下的川西坝子时，立刻会被眼前古镇古色古香的古典神韵所震慑。

安仁位于大邑县东南13千米，始建于唐武德三年，至今已有1000多年历史了。镇名取"仁者安仁之意"。古镇现存的建筑多建于清末民初时期，中西式样结合的风格，庄重、典雅、大方的各式院落，造就了安仁镇特殊的建筑风貌，号称"川西建筑文化精品"。

维星街、裕民街、树人街是古镇保存得较好的老街，街两旁是青瓦木结构房子。其中完好保存了下来的刘氏庄园，主要由三部分构成：老公馆、新公馆、珍品馆。

刘氏庄园老公馆，位于古镇以东500米处，修建于20世纪二三十年代，"文化大革命"时期又叫"收租院"，是名噪一时的"阶级教育展览馆"，现为刘氏庄园博物馆。其建筑整体呈不规则多边形，四周有高墙围绕，内有大厅、接待室、雇工院、小姐楼、收租院、后花园、佛堂等。整个庄园，山墙

◎远眺安仁古镇

压顶，重门深巷，迂回曲折，宛若迷宫。其中1965年塑造的收租院组塑栩栩如生，深刻地揭示了新中国成立前封建地主阶级残酷剥削农民的真实情景、是中国农村的真实写照和艺术缩影，被誉为"雕塑革命"和"超级现实主义的先驱和成功之作"，被列为新中国成立以来雕塑领域取得的两大成就之一。

建于20世纪40年代初的刘氏庄园新公馆位于老公馆北面的古玩街上，距老公馆300米，现为**"川西民俗博物馆"**，内分婚俗厅、生产生活厅、民间工艺和民间文化厅三个部分。新公馆除了有大量的房屋外，还有四个花园，两个网球

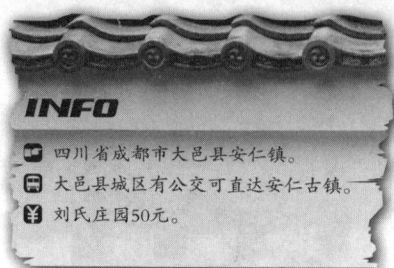

INFO

- 四川省成都市大邑县安仁镇。
- 大邑县城区有公交可直达安仁古镇。
- 刘氏庄园50元。

场，以及望月台、戏台等。和壁垒森严、封闭凌乱的老公馆相比，新公馆落落大方，布局规整，更显豪华气派。

始建于1923年的**刘湘将军故居**位于古镇的吉祥街。从外面看，这个封闭式

◎安仁老街

院落似乎没有特别之处，但进入已经修葺的大门后，便可见这传统的"三进式"布局，一条小溪从前院、内宅院、后院穿越而过，潺潺的流水，增添了公馆内的动感和野趣。尤为独特的是，院落与院落之间，院落与共园之间用多种花墙隔断，营造了一种江南园林"隔墙不隔景"的视觉效果。内院称为"川西第一"的四合院，红柱抱壁，雕梁画栋，气势恢宏，其建筑全为两层楼房，从雕花、装饰的纹样中，能看到西方的一些建筑因素。

建川博物馆聚落通过文物、图片、历史资料再现了当年抗日战场的场景，

是目前国内民间资金投入最多、建设规模和展览面积最大、收藏内容最丰的民间博物馆。聚落内建有抗战、民俗、"文革"时期艺术品三大系列20余个分馆。步入其间，让人仿佛回到了那个战火弥漫的年代。

世代祖传的**"面人黄"**历史悠久，是古镇的传统工艺品，"面人"是以小麦粉为主要原料，采用蒸、煮、揉、捏等工艺，辅以各色颜料精制而成，是深受广大群众喜爱的一项民间传统面塑艺术。于每年3月18日—22日进行的**"春分会"**是安仁镇的传统节日，至今已有百年的历史。届时有各类烧烤、小吃、马戏、歌舞、杂技、川戏、套圈、游乐、各项演出等各类活动和小吃，还有各类首饰、衣服等百种商品售卖；正期（3月21日）还有游行、烧龙灯等各类传统活动，期间每晚还有坝坝电影等。

安仁镇现已形成三大区域：刘氏庄园、建川博物馆聚落、安仁古镇历史文化街区。保存完好的历史文化街区以及规模浩大的公馆建筑群受到国内外影视剧组的青睐，从1978年长春电影制片厂到安仁拍摄电影《革命军中马前卒》起，至今已有一百多部影视剧在安仁拍摄，安仁古镇已成为国内闻名遐迩影视拍摄基地。

扫一扫，获取更多
实时旅游资讯

平乐镇

天府南来第一州

白沫江自西向北流经平乐古镇，碧水萦绕，鸥鸟出没，竹涛阵阵，而那极具川西风情的沿江建筑楼，都都蕴蕴的千年古榕树群，更是一幅活脱脱的中国西部「清明上河图」，身处其间，如临仙境。

平乐古镇位于邛崃市西南18千米处，古称"平落"，迄今已有2000多年的历史。史前蜀王开明时期，平落这块四面环山的平坦绿色小盆地即因修水利、兴农桑而起聚落，平落因此而得名。平乐镇以"秦汉文化·川西水乡"风情著称，有"一平二固三夹关"的美誉。

如今，逝去的岁月不动声色地带走了她昔日的繁华，却留下了有着特色民居建筑样式和街区风格的小镇。小镇的街多沿江而建，其格局多多呈鱼骨状，长短不一、曲直有度。靠江一边，吊脚楼伸出长长的基柱，推窗

◎川西水乡风情浓郁的平乐镇

便是清风习习的水乡。连接东西两岸交通的有两座桥，上游是乐善桥，下游是兴乐桥。两桥之间有码头，石梯巷道从码头直通街市。

建于清同治元年（1862年）的**乐善桥**为七孔石桥，有"邛南第一桥"之称，长约120米，高16.6米左右，宽10米。此桥桥洞一改普遍的半圆形，而采用桃形，别有深意。这种拱形十分罕见，在川西堪称一绝。乐善桥从采石到竣工整整花了十年时间，听当地人说，当年桥修好后，用作撑拱的木料拆下来后，修建了八店街。历史上，平乐古镇有两大手工业，一是造纸，二是冶铁。在如今的八店街上，仍有一处据说已经传了十六代的铁匠铺。

兴乐桥头有一棵遮天蔽日的**黄桷树**，树龄有1500多年，当地人视为神树，来此旅游的游客多在此留影纪念。夏天，这里是喝茶的好地方，浓荫下总是茶客满座，喝茶、摆龙门阵……异常热闹，脚下是澄清如练的白沫江，远望是乐善古石桥。

长庆街紧邻江面，是有名的竹器街。踏着红砂石板一路前行，只见街道两边一色的竹编制品，敞口背篓最多，簸箕、竹筛、扁担、长扫帚等也不少。有几家铺子里甚至摆放着工艺讲究的竹编瓷胎花瓶、茶具、酒具等。整条街飘荡着若有若无的竹篾的清香。

古镇中的明清建筑**银家大院**保存最为完整，有七个天井，构成了"七星抱月"的布局。整个院落内的构件精美，窗饰花纹多样，柱础的石雕生动传神，院落面积大，空间布局合理且有曲径通幽的意趣，从形制到装饰都显得构思精

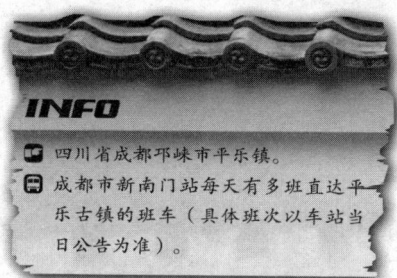

INFO

🏠 四川省成都邛崃市平乐镇。

🚌 成都市新南门站每天有多班直达平乐古镇的班车（具体班次以车站当日公告为准）。

巧而典雅，不失为川西四合院落中的精品之作。龙门坐西朝东，正堂坐北朝南，整个建筑采东西南北四方之灵气，采光通风都很好。没有中轴线而有些错落的建筑形制显然是经过风水先生的测算而建。

平乐在明清时代是著名的产纸基地，除了远销西北外，还通过水路到达江南一带，在成都有"成都草纸半平乐"之说。银家是有名的纸商，在成都开有"银福兴"纸庄，在川西一带享有极高的声誉，这座豪宅便是银家当年不胜风光的历史记录。

坐落于镇东骑龙山脚下的**观音院**，是唐代初建之川西大院，今院内有造型逼真的铜雕观音和观音的33种化身中著名的千手观音、净瓶观音、骑龙观音、骑虎观音等。至观音院再前行约300米，即到南方丝绸之路——**秦汉古驿道**，脚下便是2000年前古人留下的浩瀚工程了。

素有"乡土人家，世外桃源"美誉的**花揪山**位于镇北，站在山顶极目四眺，只见远处层峦叠翠，走在山路上，只见两边树木葱茏，溪流淙淙，美不胜收。走累了，可以去高山之巅、被竹林掩映着的**李家大院**，在这里，品味着山泉沏泡的花揪贡茶（有"天下第一圃"

◎平乐古镇游船

美称），听着远山时高时低的山歌，看着檐上的野草和壁上的青苔，看着蓝天上的云舒云卷，现实沉重而枯燥的生活，在不经意间已渐行渐远，而心境是那样地澄静空灵。

镇西南河畔有天工应物风情园，原名王家大院，是古朴典雅、极具特色的四进合院。此处往西不远是**金鸡沟**，可野炊野营，可寻古探幽，确实是自然生态游的上好选择。驱车前往镇西南的**芦沟竹海**，那里有鬼斧神工的大自然，有古老的造纸作坊，当你站在那口巨大的、像默片一样充满历史质感的竹篁锅前，你会情不自禁地感叹先人的智慧和吞吐日月的激情。

平乐古镇经常开展有狮灯、牛儿灯、女子龙灯、腰鼓灯等上街巡演的**民俗活动**。古镇江边的竹筏游弋，赏景戏水等项目定能让您流连忘返。晚上可以在河边边欣赏夜景边品古镇烧烤，观看竹麻号子等具有川西坝子浓郁地方特色的文艺节目，还可以到白沫江畔放河灯、孔明灯等，寄托美好的心愿。静幽的灯光下，与朋友和家人一同感受古镇的那份恬静和温和。

温馨提示 平乐镇特色小吃丰富主要有麻饼、羊肉火锅、烧血旺、竹笋烧鸡等。工艺品有烫画、手编草鞋、乌木制品等。

扫一扫，获取更多实时旅游资讯

都江堰

水利工程举世闻名

都江堰是古代蜀国先民聚居地之一，由于李冰在此创建举世闻名的水利工程都江堰而为世人所知晓。境内古迹众多，寺院、园林及各文物保护点密集地分布在城内外，形成山、水、城、林、古堰交融的鲜明特色，既是历史悠久文化古城，也是著名的风景旅游胜地。

都江堰市地处岷江上游和中游结合部的岷江出山口，位于成都平原西北部，因举世闻名的都江堰水利工程而得名，被誉为"天府之源"。

都江堰市自古以来就是四川盆地通往川西北少数民族地区及青海、甘肃的交通要塞、商贸咽喉和军事要地。历代均在城西设关，部署军事设施。历史上素有"川西锁钥"之称。早在殷商时期，居住在这里的蜀国先民，参与了讨伐纣王的战争。秦并蜀后，大力经营蜀地，秦昭王三十年（前277年）遣李冰

◎都江堰周边的古建筑

入主蜀郡，冰率西蜀各族人民凿离堆、除水害，创建都江堰。东汉时，张道陵在青城山"结茅传道"，使青城山成为道教发祥地之一。北宋淳化四年（993年），永康军青城县味江（今都江堰市青城山镇味江村）爆发了王小波、李顺领导的农民起义，后其攻克成都并建立了"大蜀"政权。

都江堰是一座具有2000多年历史、因堰而兴的城市。自秦国蜀郡太守李冰创建都江堰水利工程后，这里先后为道、郡、军、州、县所在地，并逐步发展成为成都平原西通藏卫、北达甘（肃）青（海）的交通枢纽，川西北重要的物资集散地。明、清以后，人口增加，水陆交通便利，经济更加繁荣，和临近州县相比独具大埠风貌，享有"小成都"之美誉。

岷江是长江上游的一条较大的支

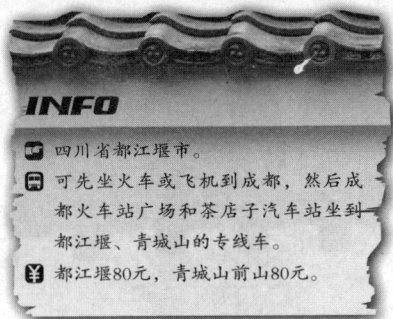

INFO

- 四川省都江堰市。
- 可先坐火车或飞机到成都，然后成都火车站广场和茶店子汽车站坐到都江堰、青城山的专线车。
- ¥ 都江堰80元，青城山前山80元。

流，发源于四川北部高山地区，每当番夏山洪暴发的时候，江水奔腾而下，由于河道狭窄，古时常常引起洪灾，洪水一退，又是沙石千里。而岷江东岸的玉垒山又阻碍江水东流，造成东旱西涝。秦昭王后期李冰任蜀郡太守期间，在深入调查研究，总结前人治水经验的基础上，精心选择成都平原顶点的岷江上游干流出山口处作

◎俯瞰都江堰水利枢纽，青山绿水组成一幅美丽的画卷

为工程地点，在公元前256年前后建成了著名的**都江堰水利工程**。

都江堰水利工程由鱼嘴、飞沙堰、宝瓶引水口三大主体工程组成，科学地建成了分流、防洪、排沙、航运、引水灌溉等多功能水利设施。它的创建，使灾害频繁的川西平原成为"水旱从人，不知饥馑"的天府之国，为秦灭六国的统一大业和天府之国的历代政治、经济和文化发展发挥了巨大的作用。2200多年来，都江堰一直连续使用，至今仍发挥巨大效益。是中国和世界水利史上的奇珍，被誉为"活的水利博物馆""水文化摇篮"。

四川人民敬李冰如神明，于494年至498年间修建了一座二王庙以纪念李冰父子。**二王庙**原名"崇德祠"，寓意李冰治水有功，人们推崇他的恩德。宋、元两代，李冰父子先后敕封为王，故将崇德祠改为二王庙。现存建筑位于都江堰工程之侧，为清代重修。庙宇负山面水，峰峦簇拥，重重殿宇从山脚逶迤而上，楼、亭、殿、祠、照壁、围墙，迂回幽深。庙内多处刻有治水"三字经""六字旨""八字格言"，有大量历代赞颂李冰业绩的碑刻、诗文、匾额、楹联。

都江堰城西南有一个**离堆**，此为李冰开凿宝瓶口后形成一处孤丘。这里三亩悬崖绝壁，下临惊涛骇浪，与附近的山、水、城、堰、古迹、梁津相辉映，雄伟壮观。离堆之上，有一座伏龙观，观中纪念李冰，相传古时岷江中有孽龙为害，李冰父子决心为民除害，遂邀请二郎真君前来除害。二郎带着"梅山七圣"与孽龙苦斗，终于打败孽龙，追到青城山下，将孽龙捉住，用铁链锁在离堆之下。观下深潭，传为李冰锁孽龙处。

◎青城山山门

为了弘扬民族传统文化，传承李冰精神，1990年起都江堰恢复传统的放水节，经过历史沉淀的清明放水节作为中国水文化最具独特性和唯一性的民俗活动，被列为中国首批非物质文化遗产，延续了两千年多的水文化在飞滚的浪花中将世世代代传扬下去。

都江堰内市区西南15千米处的**青城山**是中国道教的发祥地之一，为道教十大洞天中的"第五洞天"，有"神仙都会"之称。东汉时，道教创始人张陵来此山结茅传教，逐渐发展成为道教圣地。

青城山分为前后两山，方圆120千米，形如城郭，葱郁苍翠，四季常青，素有"青城天下幽"的美誉。山内有36峰、38宫、8大洞、72小洞、108景。山间沟壑纵横，幽深莫测，多奇险胜境，可观云海、日出、圣灯，被称为"天下第五名山"，秦时就是皇帝敕封的国家祭祀山川的圣地。

青城山不仅风光无限，区内文物古迹众多，摩崖石刻丰富，宫观建筑巍峨雄伟，亭阁廊榭古朴典雅，匾额楹联多出名家。东汉以来，青城山既是道家隐居的灵境，又是历代名人学者云集之地。唐代杜甫、岑参、贾岛、宋代陆游、范成大，明清的杨升庵、郭庄以及近代名人张大千、徐悲鸿等，都曾旅居青城山，留下了许多珍贵墨迹。

古镇攻略

都江堰的美食是很典型的川菜风味，麻辣兔肉、竹叶牛肉、火腿鸡丝卷、夫妻肺片、麻辣串串香、烤鱼等，还有最不可错过的就是火锅，刘一手、德庄、孔亮等都是代表。
市区宾馆住宿很多，以中档为主。

扫一扫，获取更多
实时旅游资讯

尧坝镇

人杰地灵占尧天

古镇有诗曰："尧坝场九龙聚宝，东岳庙万马归槽。站在山顶八方看，百个小山聚城环。尧王想要立帝都，连数三遍九十九。脚站一个未曾数，传至而今佳话多。"古人赞曰："物华天宝称福地、人杰地灵占尧天。"

尧坝古镇位于川南黔北结合部，处于泸赤路中段，距合江37千米、泸州22千米、赤水27千米。古镇历史悠久，是合江最早的六大古寨和八大古镇之一。北宋元丰年间，合江设置二乡六寨，尧坝寨为军事要寨，居六寨之首。南宋嘉定年间，合江划分一乡七里二十都、六寨十九集市，尧坝居白马里第13都，称为尧坝集市。新中国成立后改为尧坝镇。古镇有诗曰："尧坝场九龙聚宝，东岳庙万马归槽。站在山顶八方看，百个小山聚城环。尧王想要立帝都，连数三遍九十九。脚站一个未曾数，传至而今佳话多。"

始建于明清，长1000米的青石板**老街**南北走向。北街是由新房子周其宾为代表的周氏家庭修建，南街是由武进士李跃龙为代表的李氏家族修建，素有"周半场、李半场"之说。小青瓦房屋林立在街道两旁，上街房高低起伏、错

◎东岳庙

落有致，下街房宁静平和，瓦脊成一线连贯，形成有节奏、有韵律的民居群落。家家有巷道和天井，户户有木楼，房屋进深一般为四至六间屋，房后有小路与水井相连。墙壁为夹竹壁、古朴的木板壁或厚实的大方砖壁。有的房屋为了防火，户与户间还建有风火墙。门多数为木质双扇，大门两侧是装卸方便的板门，也有置木榫逗格子窗，繁复而新奇的图案，或雕饰灵动的吉祥灵瑞于图中，随处可见石雕、石狮等。古民居群中，武进士李跃龙公馆、绅士周其宾公馆、茶馆、染房、酒肆、客栈、戏楼、石雕、木雕、窗棂、亭台等古风犹存，清华大学著名古建筑教授陈志华称之为"川南古民居的活化石"。

进士牌坊 在古镇南头老街入口处，是清嘉庆年间嘉庆皇帝为嘉奖武进士李跃龙而建造的。为四柱三门三重檐石质牌坊，坊饰不多，简洁而古朴。坊上匾额题字上为"营守府"，下为"赐进士第"。由于年代久远，风剥雨蚀，一些石片已经剥落，有些文字已风化难识。如今，进士牌坊不仅是李跃龙个人的显赫与荣耀，更是尧坝历史上辉煌的一页。

始建于明朝万历年间的 **东岳庙** 位于老街中间，依九龙聚宝山而建，由山门、万年台、城隍殿、东皇殿组成，庙前有火神庙墙，旁边有一灯杆，高近20米，上挂12盏玉皇灯。古庙所有建筑沿中轴线展开，呈阶梯形，逐渐升高，形成三级。第一级为戏台，戏台在临街山墙背后，两边席楼是古时有钱人看戏的座位，台前29步石梯是古时穷人看戏的座位；戏台

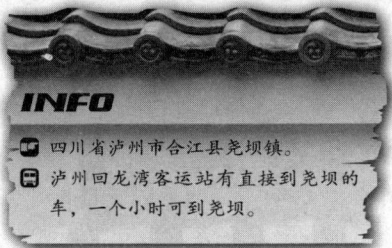

INFO

四川省泸州市合江县尧坝镇。

泸州回龙湾客运站有直接到尧坝的车，一个小时可到尧坝。

前端护栏由上下两块木雕组成，上块为"群仙图"，下块为大战长坂坡等三国古战场画面。第二级是灵官殿，供奉道教护法神将王灵官、财神赵公明、文昌帝和弥勒菩萨，两边有城隍殿、尧王殿和禅室云房、客舍厢房。第三级东皇殿，是古庙的最高层，供奉东岳大帝。相传，每年农历三月二十八日是祭祀东岳大帝的日子。人们多在这一天举办东岳庙会，祭祀大帝，以禳灾祈福。

大鸿米店 在老街中部，为清嘉庆年间武进士李跃龙所建。米店坐东向西，为两层木质回栏式结构，分上下两层，为雕栏串花结构，里面是宽敞而典雅的楼阁，内有天井，是江南乒璐的四合院。米店两侧高耸的风火墙完好，独具一格。著名导演黄健中曾在此执导拍摄了影片《大鸿米店》，大鸿米店也因此而得名。影片拍完后，一些影视道具被收藏店内，其中大鸿米店的铺匾就是当年拍电影时挂上的。另外，凌子风的《狂》也是在此拍摄的。

古镇陈列馆 属明清仿古建筑，又结合了现代的审美意识，占地约600平方米，共分为3个馆。第一馆为"沧桑尧坝"，介绍了尧坝的沿革，包括24个望娘滩，24个半边山的传奇，尧王

◎古戏台

传说，夜郎古道风光，鼓楼山风情等内容，以绘画、诗词为主。第二馆为"川南民俗"，集中介绍了川南民风民俗的特点，如犁头、纺车、风簸、水车等生产工具及茶楼酒肆中的生活用具，为观众提供了认识川南黔北风土人情的实例。第三馆为"木雕精粹"，展示了明清及民国时期的各种家庭生活用具，如床、桌、茶桶、烟具等。第四馆为"汉代石棺"，展示了合江汉棺的部分藏品，让人领略合江及尧坝深厚的历史文化沉淀。

这块钟灵毓秀的土地人杰地灵，孕育了清嘉庆年间武进士李跃龙、反清斗士任大容、近代革命斗士梁自铭、著名导演凌子风、现代美学奠基人王朝闻、著名作家李子英、打工文学扛鼎者周崇贤、著名美术设计师杨洪烈等一批名人，产生了聂郎出世、刘珍望母、白猿献果、尧王数山、九龙聚宝等数不胜数的民间传说，令人神往。

尧坝镇汇集了川黔两省的浓厚历史文化和古风民俗，形成独具特色的中国西部川黔古镇，是享誉川黔的影视基地。尧坝旅游资源丰富，植被完好，山水纵横，四季繁花争艳，景观奇特，素有"彩林之乡"的美誉。

扫一扫，获取更多
实时旅游资讯

福宝镇

恬静如水的福天宝地

福宝青山翠叠，三条江如三条玉带从身旁流过，河岸绿竹摇风，恬静如诗。高低错落、鳞次栉比的屋宇千姿百态，排排吊脚木楼随山势起伏，错落有致。小巷、寺庙、院落、建筑……构成了一幅幅游旎的山乡风情画，令人沉醉。

福宝镇地处川黔交界，四川盆地南缘，位于合江县东南面42千米处，四面环山。福宝青山翠叠，三条江如三条玉带从身旁流过，河岸绿竹摇风，恬静如

◎散发着悠久历史文化和建筑艺术芬芳的福宝吊脚楼

诗。福宝古镇始建于元末明初，到明末清初已"积众数百家，可为巨镇"，成为川南大漕河流域政治、经济、文化的交流中心。福宝建镇时，因地处山区，交通极不方便，镇上居民谋生艰难，于是把希望寄托在神佛身上，建庙宇以兴场，将镇名取之为"佛保"。明末，佛保场遭遇一场大火，镇上民居建筑几乎尽焚，重建时，在正街上挖到一个直径2米多的鹅卵石，谓之为宝，遂改名为佛宝新场。新中国成立后，更名为福宝场。

位于回龙街北端古镇入口处的**土地庙**建于清道光年间，现在这里是古镇售

票处。说是庙，看起来更像是一处民居，因为福宝的庙一般都不大，庙门更小。另外，现在宫和庙大多已残败，多数都住有人家。不过，无论这些宫和庙的现状如何，其残存的遗件，像庙匾、石狮、柱础、石碑……无不显示出当年香火的旺盛及浓郁的人文氛围。

建于清道光二十年（1841年）的**回龙桥**，长25米，宽4米，拱高6米。桥的中央部位镂雕有一条龙，雄跨于白色溪上。桥面全用大青石铺就，栏杆是大青石雕刻而成的歇山式房顶式样。该桥是当时福宝大漕河唯一的一座石拱桥。现在桥栏大部分已经拆除，两旁建起了门面，开成了店铺，桥面宛然已成街面，全然没有了从前的韵致。倒是桥下依然水波荡漾，波心偶有鱼的影子，但很快沉入了河底。河两边的绿草青青，倒映在河中，美丽得让人想伸手打捞。

沿回龙桥而上，是回龙街。由于整座古镇建在一座小山包上，福宝镇的街也得依山而建，参差错落。长约450米的**回龙街**至今保存完好，脚下是青石板铺就的路面和起起落落的长条石台阶，两旁多为明清风格一楼一底的川南民居。若下到回龙河边仰望，那一排排高大凌空的**吊脚楼**，给人一种强烈的视觉冲击，其吊脚楼之高，令人骇然。时见撑伞的行人在石梯间上上下下，呈现出一幅幅朦胧的、雨中小镇的诗意画。在回龙街两旁，有九龙巷、刘家巷、包青巷、柴市巷、鸡市巷等五条巷道，掩映在其中的寺院、佛塔、雕塑、绘画等散发着悠久历史文化和建筑艺术的芬芳。

福宝古镇最有名的景观是三宫八

◎仰望那一排排高大凌空的吊脚楼，给人一种强烈的视觉冲击

INFO

四川省泸州市合江县福宝镇。

可以先到泸州，然后在泸州广场汽车站乘坐发往合江县城的汽车，每15分钟一班，然后再从合江汽车站乘坐去佛宝风景区或天堂坝乡的汽车，在佛宝镇下车即可。

层，每层每边都刻有精美的浮雕图案。因是天后宫烧钱化纸的地方，所以又叫"字库"，俗称"化钱炉"。据说，从前镇里的文人很爱惜字画，虽然有不如意的作品，也不乱扔，要选一好日子，放到"字库"中焚烧。后来，镇上的人把这里视为圣寺，建亭保护，惜字亭也由此名闻天下。站在树下，仰望着遒劲枝条拥着的惜字亭，顿然萌生思古之悠情。辨读着风化后仍依稀可见的铭文"千画归字库，一字入曹仓"，历史上佛宝古镇的鼎盛文风顿时在脑海中勾勒出来。

福宝镇保留有浓厚地方特色的高胜山歌、民间器乐演奏、传统灯戏、狮子翻高台、猴子爬高竿、佛宝唢呐、合江傩戏等民间艺术。

庙，即清源宫、万寿宫、天后宫、五祖庙、土地庙、张爷庙、禹王庙、火神庙、灯棚、王爷庙、观音庙。随便走进一宫庙，都可见框架穿隼，雕梁画栋的戏楼、厢楼、天井、板壁，各具特色，精彩纷呈。

三神宫（文昌帝君、火神、财神）俗称**火神庙**，建成于清嘉庆十三年，坐落于回龙街南端，是古镇的制高点，也是欣赏、拍摄古镇的最佳位置。突出对火神的崇拜，其原因有二：一是历史上福宝被大火烧过；二是镇上的房子是木结构的，连墙都是板壁或编竹抹泥，火灾隐患严重。

始建于清乾隆五十五年的**惜字亭**，位于天后宫的一棵大黄桷树下，八边形，仿八卦图形，高8米，共6

温馨提示

福宝美食有竹笋、野菜、佛宝豆腐干、佛宝老腊肉等；这有酥饼、豆腐干、山花蜜、梅子酒、叶儿粑等小吃，其中最具特色的是"蜂拥豆花餐"。

李庄镇

万里长江第一镇

东有周庄，西有李庄。周庄的特色是「江南春雨杏花，水乡小桥人家」；而李庄的特色则是「传承文化有功绩，工艺四绝堪称奇」。历史在这个江边小镇上留下了美好的传说和纯朴的民风，留下了小青瓦四合院和青石板街巷，留下了著名的「九宫十八庙」古建筑群……

万里长江，宜宾伊始。位于宜宾市东面19千米长江南岸的李庄古镇，享有"万里长江第一古镇"之美称。李庄从梁代大同六年设六同郡起，至今已有1400多年的建制史。它依长江繁衍生息，形成了"江导岷山，流通楚泽，峰排桂岭，秀流仙源"的自然景观。

李庄至今完整保存着18条明清古街巷。这些街巷道路皆由条形或方形石板铺砌而成，街巷的名称多根据其位置、特征或集中从事某一商贾活动而命名。如位于李庄军民街口栅门外侧的羊街，古时为牛羊的交易市场。**席子巷**，因加工、出售草席而得名的

小巷，是李庄古街巷的代表，这条建于清代初年的小巷长约60米，宽不过2.5米，整条街都是一楼一底的木建筑，穿斗结构，二楼清一色的吊脚楼，上有屋檐，这一来就把不宽的街覆盖了，街两旁的檐口仅40厘米的距离，站在街市往上眺望，仅看见一丝天空，故而席子巷又被称作一线天。这条青瓦遮挡了外界的喧嚣，人们不急不缓地过着悠闲的日子，步履都那么舒缓。

李庄镇西的**张家祠**，因堂内有两广总督张之洞题写的"宏我汉京"匾额而名闻天下。这座宗祠的主体为四合院式木结构建筑，上为正祠，下为厅房。其厅房的50扇窗门别具特色。每扇均用上等楠木精工雕刻了2只仙鹤，形态各异，栩栩如生，四周配以飞彩流云，谓"百鹤祥云"窗。据说一扇窗门的雕刻工价当时是14两银子，而清朝时期一个正一品的官员一个月的俸银也才15两，由此可见造价之高。梁思成先生在考察时也为这样精湛的建筑艺术而赞叹，曾将张家祠百鹤窗、文昌宫、奎星阁、禹

INFO

- 四川省宜宾市翠屏区李庄镇。
- 宜宾南门客运站乘坐发往李庄的郊县公交即到，行车时间大约40分钟。
- 20元。

◎李庄镇慈光寺

王庙九龙碑并称为**"李庄四绝"**。

值得一提的是，抗日战争时期，故宫博物院的数千箱珍贵文物曾历经艰辛转运来李庄，就放置在张家祠内保存，长达五六年之久。这期间，中央博物馆、中国营造学社、金陵大学、同济大学等十多家国家级高等学府和研究机构纷纷迁驻李庄，知名专家学者云集，使这里成了抗战后方的文化中心之一。中国营造学社的梁思成先生就在李庄写下了他的名著《中国建筑史》，张家祠内也举办过包括有"北京人"头盖骨化石在内的多次文物展览。

◎李庄古建筑

坐落在李庄古镇附近石牛山上的**旋螺殿**闻名遐迩，最初名叫文昌宫，供奉文昌帝君。这座三层重檐的八角形建筑始建于明万历二十四年（1596年），25米高的建筑采用抬梁支柱法，进深和面阔均为8米，藻井顶部为八面合成，网络状的花纹从左至右盘旋而上，呈螺旋状，故名"旋螺殿"，构思精妙，做工精美绝伦。更堪称一绝的是，整座建筑没有使用一颗铁钉。上、中、下三层檐下均有斗拱承受屋面重量，结构之巧，运用力学之妙，被古建筑专家梁思成先生赞誉为"其梁柱结构之优，颇足做于当世之作"。

位于李庄镇尾长江之滨凸出部位的**奎星阁**初建于清光绪年间，现存为1998年所建，通高5层，临近江边，上下航行的船只10里开外即可看见，因此它具有导航的作用。魁星阁曾被梁思成赞为"是上海到宜宾长江江边建造得最好的亭阁"。

建于清道光十一年（1831年）的**禹王宫**，又名慧光寺，是古镇现存最大的清代建筑，由一主一次两个四合院构成。主院有山门、戏楼、正殿、后殿、魁星阁及厢房等建筑，其山门、戏楼均为重檐歇山式顶，檐下饰有如意斗拱。大山门外上方的"慧光寺"三个金色大字，苍劲古朴、韵味独具。大山门上有赞颂大禹治水的匾额，匾额上"功莫山河"四个字，端庄大方，透着浓浓的历史沧桑。1940年国立同济大学迁驻李庄，其校本部就设在此。寺内的戏台，据说是四川保存最完整的古戏台之一，戏台台基上单钩栏上绘得古代戏剧故事浮雕，做工精细，形象逼真。1942年5月同济大学35周年校庆就在这里召开，同济大学和江安国立剧专在这里联合上演了曹禺的名作《雷雨》和《日出》。寺内高2.7米，宽1.3米的九龙石碑是李庄"四绝"之一，雕刻有九条穿梭遨游于云海中的神龙，除正中的一条外，其余八条均呈对称状分布的左右两边，每条龙均可从中仔细分辨出头、身、尾，龙口中还含有一颗可以转动而不脱出的宝珠。寓意为大禹和河之龙制服，疏民天下九河通大海，天下从此没有水涝灾害，造福万民、二说有九州江山一统之意。梁思成先生说，如果把北京故宫内的九龙石刻比做是一顶王冠的话，李庄的九龙石碑就是这顶王冠上的一颗珍珠。

建于清道光二十五年（1845年）的**天上宫**，用来供奉天上圣母，由大山门、古戏楼、正殿、后殿和厢房组成，属于复合式建筑。因为是由福建籍移民所建，因此兼具了福建会馆的性质。里面建筑以木刻艺术巧夺天工著称，堪称一绝，特别是后殿正前方的四根承檐龙凤斜撑，表达了对天上圣母的尊崇。戏台的正面镂刻的是戏剧故事人物，人物情态各异，惟妙惟肖。曾被作为粮仓的天上宫，直到1998年才恢复为佛教用房，它供奉了16尊缅甸玉佛，或许因为玉佛上贴有真金，天上宫后来更名为"玉佛寺"。如今的天上宫可以说是香火旺盛，特别是遇到庙会的时候，附近三乡五邻的善男信女都会慕名而来，参加这一盛会。

李庄是个古风古韵浓郁的小镇，这里的**民俗活动**也别有一番情趣，例如舞草龙、放龙灯、划花船、表演"牛儿灯"、川剧清唱等等，都是年节里乡亲们喜爱的文娱活动，特别是"舞草龙"，舞得尤为热烈红火，成为李庄代代相传最具独创性的民俗活动。如今的舞草龙早已被赋予了新意，成为表现李庄人喜庆欢悦气氛的最佳形式。别小看这些不甚起眼的草扎之龙，它舞出了李庄人的气质，李庄人的名声。

温馨提示

李庄特色美食最具代表性的是"一花二黄三白"，即花生、黄辣丁（学名黄颡鱼）、黄粑、白肉、白酒和白砂糖精制的白糕。其中用没有喂饲料的农家猪，再加以上好的调料和巧妙的方法烹制而成的李庄白肉，肥肉肥而不腻，咸香味美。另外，卤牛肉也算得上一绝：不拌调料为五香味，回味悠长；拌调料之后香辣可口，百吃不厌。

扫一扫，获取更多
实时旅游资讯

昭化镇

蜀国第二都

昭化镇西依牛头山，嘉陵江、白龙江、清江河环绕东、南、北三面，形成天堑。为古代入蜀之必经之地，古人称其"北枕秦陇，西凭剑关，全蜀咽喉，蜀门锁钥"。

昭化位于金牛古道和嘉陵水道交汇处，距广元市32千米，从公元前316年秦灭巴蜀置国始建葭萌县起，至今已有2000多年的历史，是川北最古老的古城镇，有"巴蜀第一县，蜀国第二都"之称。

"虽弹丸之城而有金汤之固"，千百年来许多重要的历史事件和战争都发生在这里。三国时，刘备曾领兵驻此，东征西讨。费祎也曾在此开府治事。《三国演义》中的许多故事，如张飞挑灯夜战马超、姜维兵败牛头山……也都发生在这里。这里有很多三国遗迹，是"三国游"的一个重要游地。

昭化古城墙始建于东汉末期，为土城。明代正德年间包筑以石，整座城池呈葫芦状，有东、南、西、北四座城门。清嘉庆十年建东、西、北三门城楼。清乾隆三十六年因防洪封闭南门，现南门仅存遗迹。现东（瞻凤门）、西（临清门）、北（拱极门）三门尚存，但城楼已毁。在这三座城门中，临清门（西门）是出亲门，嫁闺女时，要从此门出亲，据说现在民间还有这一风俗。

出昭化古城西门，沿着蜀道爬山而行，约7千米处就是**牛头山**。《三国演义》中"姜维兵困牛头山"的情节，说的就是这里。牛头山形似一座巨大的牛头，故而得名。天雄关在其间，所以又称"牛头雄关"。此关四周群峰昂首，与剑门峰遥相呼应，关上原建关羽庙一座，有大桩殿、牛王履、姜维殿、娘娘殿等，因历经战乱，庙已被毁。至今只有天雄关石门尚存，14坎石碑和一些石柱、石鼓经受了战乱和风霜的考验，依然挺立在山巅。

牛头山土庙遗址前，有一椭圆形，直径约3米，深2米的古井，名曰**"姜维井"**。据说呈当年姜维兵困牛头山，将士无水饮用，姜维焦急万分。当夜诸葛

◎寓鱼跃龙门之意的龙门书院

亮托梦给姜维，要设坛拜水。于是姜维立即派人挖一口井，搭起祭台，燃点香烛祭拜。拜了一天一夜之后，便派两名士兵去井边察看，回报说"无水"，姜维当即将两士兵斩首，后又一名卫士前去察看。此卫士去井边一看，确实无水，但怕回去又要杀头，于是便仔细观察井的四壁，突然发现有一块湿处，于是他找来一些乡民挖井，不到一个时辰，便见泉水汩汩流淌出来，很快积了半池水。卫士非常高兴，飞报姜维说："有半池水。"姜维大喜说："有半池水也够饮用了"。从此后，牛头山：这口井就一直保持着半池水，从未满过，也从未涸过，水位始终保持不变。后来人们为怀念姜维拜水，就把这口井称作"姜维井"。有趣的是这口井的水随嘉陵江清而清，随嘉陵江浊而浊，堪为一大奇观。

龙门书院位于城西，始建于清乾隆三年，初为仓房，乾隆二十二年改建为"临江书院"。嘉庆二十二年更名为"葱岭书院"，后来又改名为"龙门书院"，寓鱼跃龙门之意。清道光十九年，清政府在此增设考棚，使之成为学子求取功名的地方。现在，在书院大门外的石墙上还留有三个"拴马石"，是当年专供远道骑马来应试的学子们拴马用的。

怡心园位于城东，是一家有名的饭馆。这是一处保存得较好的清代木结构建筑，属昭化鲁氏祖业。这组建筑通体为长方形，中轴线上有前厅、中厅和正厅，三厅之间由天井和长廊连接，组成一个"王"字，两侧配以厢房，合围成长方形四合院格局。现前厅经营饭铺，

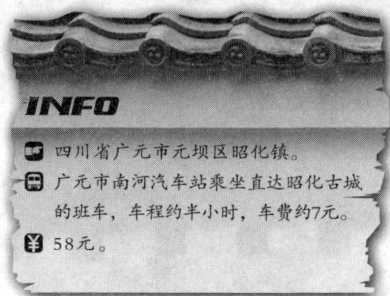

INFO

四川省广元市元坝区昭化镇。

广元市南河汽车站乘坐直达昭化古城的班车，车程约半小时，车费约7元。

¥ 58元。

中厅用于聚会、休闲，正厅以及上面的阁楼供人居住。

费祎墓位于昭化古城东门1千米处的路边一农舍旁，现存土墓一座及石碑二块供人凭吊。费祎墓历代有培修，自明代以来规模更加宏大，墓地四周有围墙、神道、牌坊、碑亭、费公祠、草堂等。现在的费祎墓仅存土半堆，高约3米，墓碑二块，上题"汉尚书令费公敬侯墓"。现在当地的老百姓还亲切地称他为费大将军。

女皇祀庙皇泽寺前的嘉陵江水域正是杨氏当年感龙孕而生武则天的"利州江潭"处，昭化镇妇女每年正月二十三（相传为武则天的生日）到皇泽寺凭吊，举行庆祝活动。每年的九月一日举办**"女儿节"**，就是为了纪念中国历史上唯一的女皇帝武则天，是古镇最具魅力的一种民间文化活动。

扫一扫，获取更多
实时旅游资讯

恩阳镇

早迟恩阳河

恩阳镇内两河交汇，四面青山环绕，东系山脉有鳌科寺，北系山脉有白云寺，西南边是高耸入云的义阳山，千佛岩从南直插河边，文治寨居中直奔恩阳大桥，佛尔岩顺着小河直下两河交汇处文昌宫，这五处山系气势雄伟，有五马奔槽之说……

恩阳镇位于巴中市西南17千米，是一个历经1400多年风雨的巴山小镇。古镇历史悠久，名胜古迹众多。南北朝梁普通六年（525年）始置"义阳郡"。新中国成立后称恩阳镇。古镇山川秀美，交通便捷，商贸繁荣，素有"小上海""早迟恩阳河"（意为必停留之地）之说。

恩阳古镇在历史上最辉煌的时候，有37条古街，至今保存完好的还有9条街。其中明朝民居一条街即古镇今天的**老场街**最具特色。据说这是由明朝年间一位姓彭的人组织自己的兄弟修建的，这条街有民居约50家，房屋以两层居多，阁楼雕花建筑，下层为防火墙。老街沿着河岸随地形而建，高低错落、

◎恩阳古镇

层叠弯曲，体现出古镇与自然的完美结合，是韵味十足的步行街。

古镇有特色的街还有上正街和下正街，也是**红军文化遗址**最多的街，1932年12月，中国工农红军第四方面军由鄂豫皖经陕西转战巴山，解放巴中，建立川陕革命根据地。在长约400米的街道上，有原中共川陕省仪阆县委、恩阳县委、恩阳财政委员会、法庭等各类行政机关遗址13处，"红军胜利万岁""粉碎川陕会剿"等红军石刻标语，带我们仿佛回到了那个血与火的红色年代……

古建筑具有浓郁的川北民居风格，明清时代建筑至今仍完整地保存着传统的格局，基本上是土木结构，木质穿逗式，三开间、二开间、单开间均存，均系青瓦屋面。建筑群中文昌阁、禹王宫、武圣宫和万寿宫等最具代表性。修建于明代的**文昌阁**是恩阳古镇的标志性建筑，鸾楼高20米，典雅庄重。

古镇的民居以依山傍水的**吊脚楼**

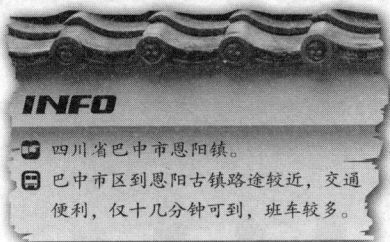

INFO

四川省巴中市恩阳镇。

巴中市区到恩阳古镇路途较近，交通便利，仅十几分钟可到，班车较多。

最有名。主要集中于古镇内邻河的油坊街一带，兴于唐，盛于明清，整个楼阁飞檐翘角，雕梁画栋，有的在房顶伸出，有的从房的中部伸出，有的从楼脚下伸出，并有凉梯相连，韵味十足。吊脚楼以三层和两层居多，最高的达到四层。

古镇的灵魂是水，恩阳位于巴河岸边，水码头曾盛极一时。水码头旁的**起凤桥**建于清朝中期，青石铺就，有彩凤飞天的优美传说，是《唢呐在金风中吹响》《巴山游击队》等电影的外景地。**恩阳大桥**位于镇郊，桥内侧有一个是琵琶滩与将军石。琵琶滩上有五块大石头

◎恩阳古建筑

◎恩阳镇街道

立于滩尾，每块高约6至7米，组合成琵琶状，当水位上涨从中流淌时，便会有美丽的琵琶之音从中传出，优美婉转，胜似天籁。恩阳大桥的桥墩下面就是老恩阳的闹市区，卖卤菜、炒货、干鲜、小吃、衣服、鞋帽的摊点一家接一家，到夜幕降临街上也有生意。

古镇的**提糖麻饼**已有500多年的历史了，其做法有72道工序，道道精细，条件柯刻，选上等的精面、糯米、大麦、红糖、芝麻、麻油、香油等8种天然原料制成，刚出炉的提糖麻饼形如满月，色泽金黄，满月上还有密密麻麻的白芝麻，黄而不焦，皮酥心脆，来到古镇，这样的美食一定不要错过哦！

恩阳镇历史文化源远流长，赛龙舟、娶亲、灯会、庙会等**民俗活动**久负盛名，佛教文化在民间广为传播，镇北有白云寺，镇西有文治寨、千佛岩，镇东有登科寺，镇东南有巍峨的义阳山、普贤寺。另外，古镇还有许多神奇优美的传说，如红梅恋萼、白支拥凤、五子登科、千佛论法、犀牛望月、马鞍披霞、仙女梳妆、琵琶断弦等远近闻名……让你充分体会一道文化资源深远的民俗风景线。

扫一扫，获取更多
实时旅游资讯

阆中与丽江、平遥、歙县并称为中国四大古城。虽然它没有现歙县城那种小桥流水的江南风光，也缺乏平遥那种浑然天成的大气，但阆中却以它特有的厚重历史和完全民居化的特色，向人们展示它独特的魅力。

阆中位于四川北部，地处嘉陵江西岸，山围四面，水绕三方，形成天然屏障，2000多年来，一直为蜀道南路的"咽喉之地"。

阆中古称阆苑，相传为中国远古帝王伏羲诞生的地方。战国中期曾为巴国别都，巴国据此与七国并驾争雄，为经济、军事上雄踞一方的重镇。公元前314年，秦灭巴，秦惠王始置阆中县，为全蜀最早建县之一，至今已有2300多年的历史。

阆中古城位于嘉陵江畔，原建在距今县城10千米的白沙坝，称"张仪城"，汉初迁今城址，后经张飞扩建，城池以条石和青砖修筑。明洪武时又大加扩修，内外俱瓷以石，上覆以屋，开4座城门，门上建月城。弘治年间，知府张翼重修，"城壕一丈五尺，阔二丈五尺，池水四汇而达于江"。

古代的阆中，是川北重镇，也是秦入蜀的孔道。陆路有米仓、金牛大道，水路有嘉陵江横贯其中。南北往来，必经阆中，自古以来即是兵家必争之地。三国时，刘备定益州后，派张飞驻守于此达7年。唐高宗时，滕王元婴先后镇守阆中，任阆中刺史。顺治四年（1647

◎俯瞰阆中古城

年），南明大将赵荣贵与清李国英驻军决战阆中，赵荣贵驻守阆中达4年之久。顺治八年（1651年），清平西王吴三桂率大军入川，与赵荣贵在阆中决战，赵战败被杀。历代农民起义军也把阆中视为争夺的据点。

现在的阆中古城依山傍水，山、水、城融为一体，素有"阆苑仙境"之美誉。山水配置天造地设地呈现"玄武垂头、朱雀翔舞、青龙蜿蜒、白虎驯俯"的风水意象图案。

古城阆中的建筑风格也体现了我国古代的居住风水观，由于地理环境的封闭性，古城风貌得到了天然保护。现存古城整体格局形成于唐宋时期，主体为明、清建筑，59条古街南北纵横，60多座古民居院落汇集其中。古城内的街名多有其特殊含义，每条街都有一段历史，如状元街、学道街、管星街、三陈街、醋房街等。

古城内的**民居**，南北兼容，既有北方的四合院，又有南方园林式，还有奇特徽派民居。民居的布局讲究寓意，除体现传统的风水理论外，按天井沿有"多"字、"品"字等形式。民居的门

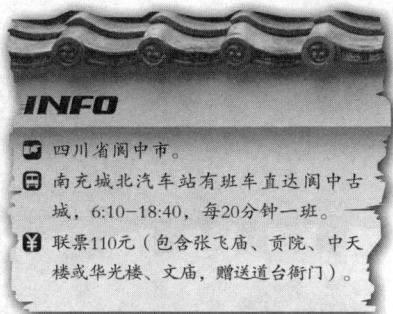

INFO

- 四川省阆中市。
- 南充城北汽车站有班车直达阆中古城，6:10~18:40，每20分钟一班。
- 联票110元（包含张飞庙、贡院、中天楼或华光楼、文庙，赠送道台衙门）。

窗雕刻技艺娴熟精良，题材广泛丰富，被誉为"巴蜀古建筑的实物宝库"。

悠久的历史为古城留下了众多的遗迹，这里有全国最大、保存最完整的清代贡院；有古城的风水坐标白塔；有被誉为"阆中第一楼"的光华楼；有伊斯兰教徒所向往的巴巴寺；还有为纪念张飞而修的汉桓侯寺等等。

城东嘉陵江对岸塔山之巅的**白塔**，是明中期建造的楼阁式风景塔，也是古城阆中的风水坐标。除塔檐外，塔身通体白色。塔高36.24米，八面锥体形，犹如巨笋直插云天。沿塔内螺旋梯登至塔顶，极目四望，嘉陵江秀色尽收眼底。遗憾的是，汶川大地震发生时，高达12层的白塔被震

◎汉桓侯祠

塌6层，受到严重破坏。

巴巴寺位于江畔的蟠龙山麓，是伊斯兰传教的圣地。"巴巴"是阿拉伯语"祖先"的意思，阆中巴巴寺是伊斯兰教第一位在中国传教的祖师先哲阿卜董拉希墓地。现寺庙占地13000多平方米，寺内砖雕和木雕非常精美，园林和墓群结合，具有我国西部的建筑风格。

在阆中古城现存楼阁中，**华光楼**是建造最早又最宏伟壮观的一座，被视为阆中古城的标志性建筑，有"阆苑第一楼"的美誉。现存建筑建于清末，楼高36米左右，是一座过街门楼，三重檐，歇山式盔状屋顶，盖翠绿色琉璃瓦，除石砌基座外，楼上全为木结构。内有梯可以层层攀缘，四周游廊挺出供人凭栏，更有诗文匾额供人赏叹。

除了丰富的历史遗迹，阆中的自然景观同样丰富多彩。市区南郊的锦屏山风景区，山势独特险峻，海拔480米，面积20多平方千米，汇儒、释、道于一山，自古就有"嘉陵第一江山"的美称。

温馨提示　阆中是一座有着2000多年历史的"醋城"，到醋澡堂用醋淋浴已经成为人们招待客人、消除疲劳的好方法。

莫洛村

千碉之国

丹巴县以其瑰丽的嘉绒藏区文化和素有「千碉之国」美称的古碉建筑群为世人所瞩目。而莫洛村更是以其典型、特有的石砌藏寨建筑和规模宏大、形态各异、建设集中的防御性碉楼群成为丹巴县申报全国历史文化名村的价值核心。

莫洛村距丹巴县城5千米，三面环山，西临大渡河，地势由东北向南倾斜，系高山峡谷地貌。全村以藏族为主，少量汉族杂居，相当完整地保持着嘉绒藏民族传统的习俗和居住文化。大量石砌的碉楼与藏寨村落融为一体并相当完整地传承至今，是研究中国石砌建筑不可多得的活化石。走进丹巴嘉绒藏区莫洛村，当地人会告诉你，"嘉绒"即"女王的河谷"，这里古时是东女国，国王是个丹巴美女……

记载中，在东女国，国王与官吏皆女子，国内的男人，不能从政，仅任征战与种田之役。因女子少而贵，且位高权重，故为多夫制，女王则侍男者众。当时东女国4万余户，散布在山谷间80余座聚邑中，所居之处均筑"重屋"，即碉房；民众住六层以下，唯女王居九层。可见，东女国擅建高碉且建筑水平高超，女王则高高在上。

碉楼是御敌的坚固工事，丹巴境内现存340余座，大概可以分为四种：要隘碉、烽火碉、寨碉、家碉，尤以家碉、寨碉为多。而丹巴民居碉房楼顶的

"煨桑"塔是女性生殖崇拜的象征。修建在屋后的高碉与居住的楼房紧紧相连，属于家用碉。家碉较为矮小，一般用作贮藏室，防御匪盗，遇有战事，亦可防御；寨碉则是保护村寨、部落和地区的战争工具，与城栅的功用相类似，又比城栅更灵活；要隘碉建筑在要隘险

◎青山围绕的美丽藏寨村

道上，有许多则矗立在悬崖峭壁之上，用于防御阻止敌人的进攻；烽火碉则用于传递战争信息，也同时具有其他高碉的作战功能。高碉墙壁厚实坚固，居高临下，俯视敌人，远则箭射枪击，近则滚石檑木，进可以攻，退可以守，敌人暴露在原野地之上，自己躲在坚碉之中，以逸待劳，以守待攻，伺机而动。

女性掌权、女性崇拜、多夫制、无固定性伴的走婚（爬房子、钻帐篷、顶毡衫、抢手帕等）、尚青、居碉楼等等

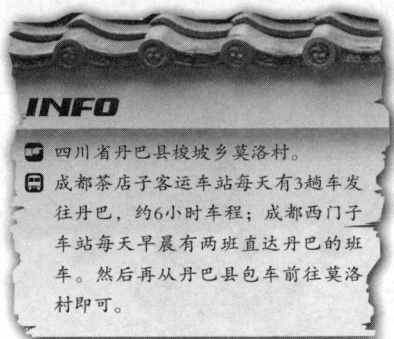

INFO

- 四川省丹巴县梭坡乡莫洛村。
- 成都茶店子客运车站每天有3趟车发往丹巴，约6小时车程；成都西门子车站每天早晨有两班直达丹巴的班车。然后再从丹巴县包车前往莫洛村即可。

的**东女国文化**元素，在雅砻江流域和大

◎藏族建筑错落地分布于青山绿树间，非常漂亮

渡河流域影响至今。婚姻形式除对偶婚外，还存在一妻多夫、一夫多妻、母系单系家庭，另外，从妇居的家庭也很普遍。这些婚姻形式和家庭组成，无不是以女性为中心。然而，东女国是女性国家而不是母系氏族社会，母系氏族社会是早期原始社会，但东女国却是独特的世界上少有的由女人全面管理的国家，代表的是一种文化，有着深刻的内涵和意义。

过去梭坡乡习俗是家中女人为大，孩子跟母系家庭。男子晚上"**顶毡衫**"到女子家过夜，夜聚晨离。即一到晚上，几个男子相约，头顶一件毡衫（披风）遮脸，到女子聚集的碉房对歌求爱，直唱到三更半夜，女子们唱累了，倒睡在锅庄旁。这时，男子进屋找到自己心仪的女子，若是女子也心仪该男子，就会让位允许男子躺在自己身边谈情说爱，情到浓时，男子则可带走女子，到女子屋内过夜，行夫妻之实，天亮男子必须回自己母亲家。

◎古村盛会上身着节日盛装的人们正在载歌载舞

莫洛村在川西地区，青藏高原东缘，横断山脉地区的甘孜藏族自治州的藏族服饰形成独具地域特色的康巴服饰习俗，俗称**康装**。今丹巴女子服饰传承了东女国尚青服饰及男子赭面之俗，即以青（黑）色为美。这一带的女人多是美人胚子，她们喜欢盘发髻，着长裙，衣饰古典华美，气质优雅端庄，充满古韵意味，一如从历史中款款走来。

在任何藏区**酥油茶**都是最有名、最普遍的饮料。它是由牛奶中提炼的奶酪加藏马茶加盐搅拌而成的。酥油茶除与主食糌粑同时食用外，也当作每日没食用的饮料。用酥油茶待客，是藏民族古老的传统。无论你走进牧民的帐篷，还是农民的泥土小屋，或走亲访友，主人总会打好醇香的酥油茶请你品尝。藏胞出远门，亲友前来送别会献上一条洁白的哈达，敬上一碗酥油茶，祝远行者逢凶化吉，一路顺风。

藏族的另一种饮料**青稞酒**是用青稞发酵后酿制而成的，在西藏男女老少都喝此酒，藏族人民在过节前都要酿造大量的青稞酒。从藏历四月到八月，几乎所有的传统节日和非传统节日，宗教节日和非宗教节日，都要提上甘甜醉人的青稞酒，到绿茵的草地上，三五成群，搭起各种色彩的帐篷，一边喝着青稞酒，一边尽情歌舞，显示出藏族酒文化的魅力。

温馨提示

藏族人民对于亲朋好友久别重逢，拦手贴于脸颊相亲；见所敬重之人将袒臂之袖搭于肩上，屈腰双手平伸或竖大拇指以示敬礼；平常相见伸舌头也属敬礼；亲朋远行或初到，替他牵马以示敬礼；还有合掌磕头，参拜佛像，朝觐活佛，与佛顶礼时磕响头及磕长头（一步一磕拜）。

迤沙拉村

彝族第一村

站在迤沙拉几百亩的葡萄沟上眺望，原野上清新的微风中沁入酸酸甜甜的气味，令人如痴如醉。可以听见彝人古乐婉约的音韵里，飘出彝族少女美妙的谣曲。迤沙拉，仿佛一块凝固历史的古老岩石，又好似一幅流动异彩的美丽画卷，生动诱人，妙不可言……

迤沙拉村始建于明洪武年间，距今已有600多年历史。古村是攀枝花市的"南大门"，东临金沙江，与凉山州会理县隔江相望，北与大龙潭乡接壤，距镇政府8千米，距攀枝花市中心区60千米，108国道和成昆铁路纵贯全境，交通便利。迤沙拉为彝语的读音，译为汉语是"水漏下去的地方"。全村彝族占据了总人口的96%，是汉族和彝族生活习俗高度融合的"中国第一彝族自然村"。迤沙拉民族文化旅游区由核心里颇彝族文化山寨区、古驿道旅游区、诸葛大营、葡萄沟现代观光农业区等数十个景点组成。站在迤沙拉几百亩的葡萄沟上眺望，原野上清新的微风中沁入酸酸甜甜的气味，令人如痴如醉。

迤沙拉以其悠久的移民历史和独特的驿站地位，以其处于金沙江畔我国两个最大的彝族自治州凉山和楚雄州的结合部的优越地理位置，从而成为我国移

◎迤沙拉村一瞥

◎俯瞰迤沙拉村

民史、西南驿道史、民族村镇史、彝汉交往史等一系列重大民族历史文化问题研究的最理想的对象。不大的迤沙拉村内，却蕴藏着大规模的民族历史文化宝藏：中国彝族第一村；汉彝文化的融合体；诸葛亮"五月渡泸，深入不毛"就在附近的金沙江拉乍渡口，诸葛亮率兵经迤沙拉到方山屯兵，方山如今还存有诸葛亮遗迹，三国文化遗迹丰富；南丝绸之路上的一个重要驿站；"最后的史迪威公路"遗迹；1000余亩的攀西葡萄沟；中国五大名砚——苴却砚的盛产地；独特的谈经古乐、歌舞、饮食文化，以及与凉山彝族服饰迥然不同民族服饰……国内罕见，开发价值极高。

古代西南驿道即古南丝绸之路西段自成都出，经雅安、汉源，到西昌、甸沙关、会理、攀枝花的拉乍，再过云南

的永仁、大姚、姚安，在南华与东线相并，然后向大理、保山而去，直到祥云，自祥云出境，进入缅甸。迤沙拉则是从拉乍进入云南的第一个**驿站**，南方丝绸之路由成都而来，经西昌–甸沙关–会理–鱼乍，过江进入云南地界的拉乍渡口驻扎于驿站迤沙拉，据说，该渡口曾有一大石碑，上刻"蜀滇交会"四个字，而作为古驿站的迤沙拉，至今还有着马道的遗迹。

迤沙拉村内都是彝族，但却有毛、

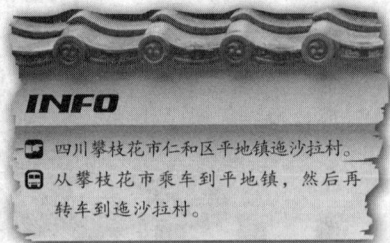

INFO

🚗 四川攀枝花市仁和区平地镇迤沙拉村。

🚌 从攀枝花市乘车到平地镇，然后再转车到迤沙拉村。

但眷恋先祖故地，倾慕秦淮文化，顽强固守和保留下来很多汉民族的文化特质和民风民俗。村里的彝族男人也绝对不穿查尔瓦，彝族妇女不披羊皮褂，每家每户的堂屋里，只设神龛，不置锅庄，与西昌和楚雄等地的彝族，风俗习性迥然有别。

迤沙拉村的**建筑**，非常讲究布局和街巷设计。村子里街巷门肆、骡马客栈，大多依照祖先留下的体例而筑。村民家家有院，土木结构，一正两厢，四合五井，白墙青瓦，高瓴飞檐。"廊腰缦回，檐牙高啄，各抱地势，钩心斗角"，板壁雕刻、太阳纹饰，"只刻不画"，颇多江南神韵遗风。走进迤沙拉的高墙小巷，让人顿生仿佛置身江南农村小镇的奇异感觉。

迤沙拉村的里泼彝人是个奇特的民族群落，里泼的"里"是指女人，"泼"指男性，里泼就是女人勤劳智慧，男人健壮勇敢。迤沙拉，有着厚重的历史文化积淀，见证了中华民族历史上一次特殊的民族大融合的全部过程，走进它，就如同走进了一个连通几百年甚至上千年历史的时空隧道，透过这扇小小的窗口，探询彝汉文化水乳交融的源流变迁，或者揭开那些早已湮没尘封的历史文化之秘，我们总有或多或少的惊奇和喜悦。迤沙拉就是镶嵌在攀枝花这块宝地上的一颗璀璨的历史文化明珠。

张等汉族人的姓氏。经专家艰辛慎重考证，村子里的彝族毛姓人家，与韶山毛氏同祖同宗，一脉相传。

现在迤沙拉村的彝族人，绝大多数都是明朝戍边将士的后人，因此，他们称自己的老家在南京或者是江苏、江西一带。600多年来，他们始终**难忘故土**风情，代代吟唱同一首歌谣："南京应天府，大坝柳树湾。为争米汤地，充军到四川。"村子里的彝族人，其实几乎都是彝族和汉族的后裔。数百年来，他们虽然汉被夷化，

云南贵州

古镇

贵州

文化多元原味浓

黑井镇

失落的盐都

月朗人家的晚上，红砂石砌成的石碑坊漠然矗立，五马桥边的万家灯火，诉说着一个遥远深邃的繁华世界。绵绵秋雨中，武家大院风化的石柱脚、黑井文庙中斑驳的石墙都在展现着一种破而不衰的风貌。

黑井镇位于禄丰县西北部玉碧山下，距县城98千米，距楚雄市76千米，地处"曲径高山险，山峦裕接天，万山相对峙，一承送溪烟"的龙川江两侧。《天龙八部》中说道，"云南产盐不多，通国只白井、黑井、云龙等九井产盐"。黑井，就是古大理国仅有的九个盐井之一。辉煌的盐业，使这里在相当长的一段时期内经济实力雄厚，在云南的财政税赋中占有举足轻重的地位，成为"富可敌省"的滇中经济重镇，从而留下了丰富的历史遗迹。只是，现今的

◎每一个逝去的繁华背后，总有一些建筑或古迹值得缅怀

◎黑井镇武家大院

黑井已经成为一个逝去的盐都

黑井镇内，现尚存有大井盐井遗址，即**"黑牛盐井"**。为斜井，深80米，井口有石砌券门，高2.2米，宽1.2米。修建在文庙后面的庆安堤，则是黑井人为了生存与产盐战胜自然的结晶。据查，由元代至今，共发生特大洪灾17次，为防洪、防泥石流，清光绪年间，朝廷拨巨款重修建了庆安堤，堤坝施工精细，极其牢固，黏合材料由糯米、石灰、豆浆、胶泥土混合而成，并用铁铆扣接红砂石垒砌起来，堪称一道百年的"小长城"。

作为昔日的"盐都"，虽然辉煌不再，但是一些传统的**工艺**还是被保留了下来。任何人都可以在这里体验一把制私盐的全过程。盐坊里有很多木桶，最初的矿盐是储存在木桶里的，从小木桶

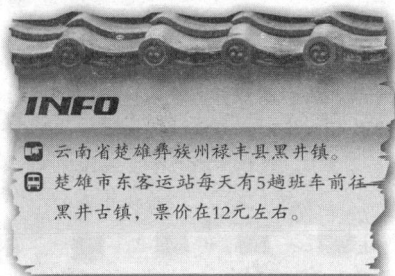

INFO

- 云南省楚雄彝族州禄丰县黑井镇。
- 楚雄市东客运站每天有5趟班车前往黑井古镇，票价在12元左右。

里把盐舀进砂锅，用一个柄把它使劲压平压紧，再用一根细木棍在盐巴上涂上特制的图案，最后把砂锅放到火上烘烤，20分钟后，一块"私盐"就烧制成功了，再把它用一块印有官印的红布包好，花上几块钱就可以带回家了。小镇上的每个人都仿佛对盐了如指掌，他们对自己的知识自豪得无以复加。对外乡人的诘难，他们通常不屑作答，宁愿带

黑井古镇

飞来寺　和尚坟
三寺　三元宫　天生碑
二寺　直觉禅寺
二圣庙　香山寺
一寺　大龙祠
李贤者泉　上凤坊
武功将军墓　中　凤　坊　晒盐台　武家大院
天恩井　德洋井　浴济井
下　凤　坊　文庙　龙　沟　河　史家院　白石泉井
武家院
庆安提　古盐坊
利　润　坊　益厂
小武家院　五马桥　龙　川　河
诸天寺　德　政　坊　节孝总坊
售票处　黑井镇政府

你去亲自体验一把，让事实说话。在这里随便进一个小餐馆，都可吃到她的特色盐焖菜。据老板介绍，它是利用黑井煮盐，由卤水成沙，装入大锅成型，用煮盐剩下的炭将沙中的水分烘干，利用这种文火，将猪、鸡等的肉和内脏埋入大锅盐沙中，第二天将食物直接取出，味道清香，呈色淡黄，食之不腻。

每一个逝去的繁华背后，总有一些建筑或古迹值得缅怀。在一面破旧的土墙的尽头，始建于清道光十六年（1836年）的**武家大院**赫然耸立，它华丽霸道，气势十足，咸丰帝亲笔御书的"画荻芳徽"的匾额高贵得让人望而生畏。整个建筑群呈"王"字结构，大院坐西向东，大门开向北方，正对武庙南角上元代修建的风水塔。站在大院南厢房三楼，可鸟瞰黑井镇全貌。据说武家大院的每一片瓦上都有《西厢记》的图案，

如此耗费周折，实属少见。

出武家大院往西北方向走，便进入了金泉山。山上陡峭的绝壁上，有一座始建于明代的**飞来寺**。从飞来寺往东看，与它隔江相对的是海拔约1900米的玉碧山。险峻的玉碧山上，居然有一个相对平缓的小山包，其上还有一座方形密檐式九级实心石塔。从飞来寺往东北方向看，整个黑井镇尽收眼底。

诸天寺位于玉壁山西麓龙川江东岸，始建于明崇祯十年（1637年）。大殿的佛座上有三组明代的透雕花砖，花砖上雕有"鹤叼小鱼""天马行空""蜂戏牡丹"等图案。飞来寺修建在龙川江西岸、金泉山的悬崖上，与诸天寺隔江相望，地势十分险要。

始建于元代的**五马桥**位于黑井镇德政坊北端，横跨龙川江。清康熙年间（1705年）重修时改为石墩、木梁、石

面拱桥。1972年再重修，在石桥墩基础上，改为钢筋混凝土结构的平桥。桥高10米，宽8米，长60米。

黑井文庙建于明代，以前是用来专门祭祀儒家创始人孔子的地方，现已改建为学校。文庙大殿正中放着"大成至先师"的圣贤牌位，前檐为6层象鼻凤头斗拱，排列密集，装饰华丽，庙内现存有明清及民国时期的碑刻4块和花卉动物浮雕5幅，其中《九狮戏珠球》图堪称仅存的上品之作。

建于清光绪二十七年（1901年）的**贞节牌坊**，四柱三门，三门上镶有大理石，横梁上均有浮雕，上立有石厩，石阙由三层龙头象鼻斗拱组成。三层斗拱共有68个龙头、54个象鼻。斗拱之间，雕有"牛郎织女""八仙过海"等图案。该牌坊无论从规模和华美程度看，都是云南少见的石牌坊。

黑井镇南1.5千米摆衣汉村的田中，有座**文笔塔**，为正方形九级密檐石塔。塔基用大条石砌成，塔的周身由小条石砌成，正北有一拱门可人塔内。该塔无塔刹，顶上有一铁锅覆盖。正北第三层开始有龛，第八层龛中有一亭阁。相传建塔之地原有摆依（傣族）居住，他们搬迁后，汉人继而居之，故名摆衣汉，平淡之中，不经意地透露出历史的万种风情。

每逢黄金周期间，古镇内都会举办不同的活动，例如古滇剧表演、用古钱、穿长衫、游古镇、耍龙、舞狮等。平时每逢周日是附近村寨的人来此赶集的时间，镇上煞是热闹。

现代化的制盐工艺早已经取代了古老的制盐方法，昔日的"盐都"也渐渐的落寞了。或许正因为如此，才使得黑井保留古色古香的唐宋风貌的巷坊，也成了一座十分珍贵的古盐文化博物馆。

◎黑井镇贞节牌坊

大理

千年风花雪月

如果用一个成语来形容古城大理的话，「风花雪月」是再恰当不过的了。「下关风，上关花，苍山雪，洱海月」是古城千百年来大理留给人们最深刻的印象。

云南在中国的边陲，大理在云南的边陲，它东临洱海，西依苍山。冬无严寒，夏无酷暑，风光秀丽，物产富饶，是一座具有2000多年的高原古城。

大理古城位于苍山中和峰下，又名中和镇，始建于明洪武十五年（1382年），原有四座城门，每一城门上都有一座城楼，城垣四角立有角楼，后毁。现城高8米，周长3650米，四周繁花如锦，外观宏伟壮丽，至今仍保留着雄伟壮观的南北城楼，城楼上"文献名邦"四个大字格外引人注目。

进入古城，一条大街由南向北横贯其中，与两边纵横错落的深街幽巷，形

◎崇圣寺三塔

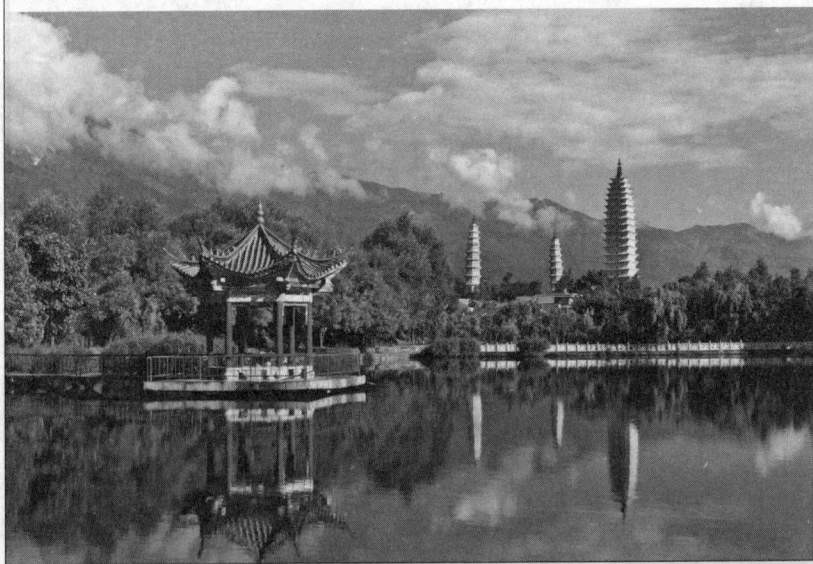

大理古城

成了棋盘式的格局。古城内，房屋皆白墙青瓦，三坊一照壁，四合五天井，为典型的**白族民居建筑**。每家每户的小院里，都有一个或大或小的花园，花园里种植各种名贵的山茶花、杜鹃花等，四季鲜花竞放。从苍山下来的清泉流经古城内的每家门前，形成"家家流水，户户养花"的景致。

苍山洱海是传说中大理最美丽的地方。苍山因山色苍翠而得名，山上十九峰南北走向绵延40余千米，平均海拔4000米左右。终年不化的苍山雪，是最负盛名的大理"风花雪月"四景之最。在风和日丽的阳春三月，苍山山顶在太阳的照射下，仿佛是一个冰清玉洁的水晶世界。苍山顶上，十八溪奔腾环绕于十九峰间，溪水滋润着山麓坝子里

的土地，也点缀了苍山的风光。

苍山的云变幻多姿，时而淡如青烟，时而浓似泼墨。夏末秋初，雨后初霁，苍山十九峰半腰不时会出现一条玉带似的白云横束在苍翠的山腰，长亘百里，竟日不消，妩媚动人，这就是著名的"玉带云"。传说玉带云是玉女的彩带变成的。相传玉女仙子来到人间，目睹苍山采石人的穷苦辛劳，毅然与一采石青年结合，立志用点石成玉之术把苍山所有的石头都变成玉石，大功未竟，就被王母逼迫回宫。玉女飞升之时，采石青年拽住不放，最后仙子的玉带飘落苍山腰间，化为千古玉带云，玉女点过的石头就变成了大理石。美丽的传说为风光秀丽的古城增添

INFO

云南省大理州大理市

从火车站乘坐8路、三塔专线等公交车都可以到达大理。

洱海古称叶榆泽，因为其形似人耳，势如大海而得名，为中国七大淡水湖之一。洱海是一个风光明媚的高原湖泊，面积约240平方千米。湖水一望无际，波光粼粼，烟波浩渺，时有渔船出没，渔夫撑篙的身影瘦长优美，形成一幅绝佳的水墨画。洱海湖光与苍山积雪相映，被称为"洱海月"，为大理四大美景之一。在洱海最南端的团山，有一座洱海公园，这里是观赏苍山洱海美景的最好地方。

苍山脚下、洱海之滨，还有一处闻名遐迩的游览胜地——**蝴蝶泉**。泉水清澈见底，串串水泡，由泉底汩汩冒出。泉边立有一块高约3米的大理石碑，正面刻有郭沫若手书"蝴蝶泉"三个大字和咏蝴蝶泉诗的手迹，背面是徐霞客游大理蝴蝶泉的一段日记。泉边有一株高大古树横跨泉上，此树因花形似蝶，因此人们称为"蝴蝶树"。每当夏季来临，"蝴蝶树"开花，苍山洱海之间的蝴蝶成群来此聚积，翻飞起舞，最奇的是万千彩蝶交尾相接，倒挂横于泉止的蝴蝶树上，形成无数蝶串，垂至水面，蔚为壮观，被称为一大奇观。如今，因为气候原因，蝴蝶渐少，但每年农历四月十五日前后，仍有著名的"蝴蝶会"。据说蝴蝶会是为了纪念白族青年坚贞爱情的民俗节日。届时，青年男女盛装邀伴携侣，络绎不绝。

崇圣寺三塔位于苍山应乐峰下，是大理"文献名邦"的象征，由主塔千寻塔和两座小塔组成，气势雄伟。千寻塔高69.13米，为唐代的典型塔式之一，16层，是中国现存座塔最高者之一。分立主塔之西的南、北小塔均为五代时期大理国所建造。两塔形制一样，均为10层，高42.19米，为八角形密檐式空心砖塔，外观装饰成阁楼式。三塔布局齐整，成鼎足之势，高耸蓝天，点缀出古城大理的历史风韵，虽经历了千年风雨剥蚀和多次大地震，依然完好无损。三塔与远处的苍山、洱海相互辉映。

温馨提示

在大理，三道茶本来是白族喜筵上招待贵客的风俗，现在多作为民俗表演了。第一道茶，称之为"清苦之茶"，寓意要立业，先要吃苦；第二道为"甜茶"；第三道茶称之为"回味茶"。三道茶意寓着"一苦、二甜、三回味"的人生哲理，也代表了三种人生境界。

古镇攻略

1.风情大理客栈：位于古城文献路81号，距离著名的南门古城楼仅100米远，背倚苍山，面朝洱海，内部装潢集古典和现代于一身，是云南十大最具特色的客栈之一。

2.苍岳别院：质朴古老的院落，内有花园、鱼池、鸟语，还有雕花门窗、青石小巷，三层观景台，苍山洱海、三塔、古城都尽收眼底。

大理沙溪镇

茶马古道中的幸存集市

千年的远山，千年的古道，千年的戏台，湮没在诗人的春雨之中，沉淀着渐渐远去的文明。古老的集市上仍旧聚散如昔，斑驳的楼台上依然锣鼓铿锵，好像穿梭在时光的隧道里面，置身在光阴的交界；又好像时光在这里早已停歇了匆匆的脚步，一切都和昨日的昨日一般，没有任何的变换……

沙溪位于云南大理剑川县西南部，是一个青山环抱的小坝子。这里山清水秀、气候宜人、物产丰富，是一个以白族为主，汉、彝、傈僳族共居的少数民族居住地，被人们誉为"山美、水美、坝子美、姑娘更美的鱼米之乡和歌舞之乡"。

黑惠江上，有一座叫**玉津桥**的单孔石桥，是沙溪东通大理的第一桥，也是进出沙溪的必经之地。该桥建于1935年，跨空12米，高6米，桥长35米，宽5米。虽然年代不久，但其造型古朴大方，颇具气势，可称寺登街一绝。桥栏四角上雕刻着神态威严的石狮子，桥正中雕着一条石龙，龙头向北朝黑惠江源头剑湖方向。桥拱顶上有石雕鳌头，另一侧是石雕鳌尾连接黑惠江下游，护

◎沙溪古戏台

栏尽头有4只传说是黑惠江鱼的"娃娃鱼"石雕。整座桥的石雕构思巧妙，极具艺术性，引人遐思。

沙溪镇是茶马古道的重要组成部分，同时，它也拥有茶马古道上唯一幸存的集市——**寺登街**，它有完整无缺的戏院、旅馆、寺庙、大门。走进寺登街，便走进了那段茶马古道上马帮兴盛商贸繁荣的历史。据一代又一代人传说至今，沙溪寺登街是这条通道上重要的交通枢纽，每天，成千上万的马帮从这里穿过，给这里的区域经济和文化带来空前的繁荣。

寺登街东寨门用土基砌成，宽度仅容纳两匹马同时通过。它用自己饱经沧桑的面容，诉说着古集市的历史。街上的**欧阳大院**是一座建于清末民初典型的白族"三坊一照壁"式民居，高大的照壁上方是一幅幅精彩的水墨画，其上鱼虫花草如沐春风，灵动可爱。房屋基本上是木式结构，剑川木匠的精湛技艺在精致的格子门和木雕窗等木构件上发挥得淋漓尽致。由大院深入，便到了后花园。这是一个自成体系的小院，其间树木丰茂，花香扑鼻。花园的旁边还有当年的马圈和客房等，也是一样的古朴，细微之处无不体现出主人的匠心。如今，欧阳大院已成为仿古客栈。

沿着寺登街石板路往下走不远，在一片老屋中出现了一个四方形的集市，这便是被当地人称为**"四方街"**。四方街全部用大块的条石铺成，历经几百年的沧桑岁月，有的石头已经磨损得失去了形状，但是石板上的马蹄印仍然清晰可见，记载着当年的热闹与繁华。街上有三个门，分别通向不同的地方。站

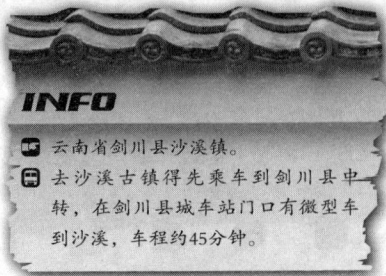

INFO

📮 云南省剑川县沙溪镇。

🚌 去沙溪古镇得先乘车到剑川县中转，在剑川县城车站门口有微型车到沙溪，车程约45分钟。

在街前，仿佛闻到了马锅头的味道——盐巴、酒、汗混合而成的气味。经过南寨门，一条狭窄、深长的古巷道悠然而来，似乎可以看见来自远古盐井的井盐以及驮盐的马队、马锅头。两边残旧的古铺悄然耸立在巷道两边，还有那独特的柜台。这种柜台的台面是在屋外，而柜台储藏部分又是与屋内相连。看着这些柜台，一股浓浓的商业气息扑面而来，使人不禁想到古时马帮进寨门过巷道的情形。

四方街的西面是国内仅存的明代白族阿吒力佛教寺院——**兴教寺**。阿吒力是佛教进入白族地区后形成的一个分支，又称白密。这个教派允许修行人在家带发修行，南诏时在大理达到鼎盛，只要是白族，几乎家家建有佛堂。兴教寺为三进院落，大雄宝殿明间无柱，威武肃穆，外庑回廊环绕，是典型的藏传佛教的建筑布局。天王殿威严大方，显示出结构上的精细严密，匾题"广兴三教"。

四方街的东面是**魁星阁戏台**，始建于清嘉庆年间，光绪四年（1878年）重修。戏台为三重檐魁阁式戏台，第一层为戏台，其上为亭阁，最上层为魁星阁，戏台的木雕与建筑形式都具有鲜明的剑川风格。戏台出角十四角，前台后

◎沙溪歌会

阁，结构独特，此种山乡古戏台，全国少有。戏台是古镇的文艺活动中心，每到农历二月初八、四月初八等赶庙会的日子，人们就要在这里搭台唱戏，热闹一番。白族人家寺登街上的建筑多为典型的白族特色建筑，"三坊一照壁"和"四合五天井"随处可见。民居的大门多半为弧圆拱状，上方滴水勾头，翘角飞檐镶嵌配饰紧凑巧妙。在沙溪始终流传着："没有到古戏台上表演过，就不能称是沙溪人"的规矩，可见四方街古戏台在人们心中的位置。

每逢星期五便是沙溪的街子天（赶集日），外边来做生意的小贩与沙溪四方八寨赶集的人流汇集，还可以见到寺登街经济繁荣文化灿烂的痕迹。每逢民族节日，全镇白族儿女依然会身着节日盛装，弹着龙头三弦，齐聚四方街，在

戏台上载歌载舞，其中最为热闹的当数每年农历"二月八"**太子会**。太子会是纪念佛祖释迦牟尼出家的盛大民间宗教活动，有迎太子、游太子、送太子等内容。届时，男女老幼着绿挂红，从四面八方云集到兴教寺和回女街，抬着太子、佛母的神像举行游行庆典，锣鼓队、佛教队、道教队、洞经乐队等轮番登场，再加上古戏台上表演的大戏，寺登街上人声鼎沸，舞乐连天，灯火绵延，通宵达旦。

石宝山位于镇北4千米，因山上的红砂石都有龟背状裂纹，如狮似象，于是得名。山中有开凿于唐宋年间的17个雕刻精细、形象生动、内容独特、地方民族色彩浓郁的石窟，是我国最南部的石窟群，体现了汉藏文化的融合，享有"西南敦煌"的美誉。

巍山

南诏古国的发祥地

云南大理州有座古城，如果熟悉了快节奏的城市生活的人来到这里会发现，原来生活可以这样缓慢而悠闲，仿佛外面的一切都与自己无关，这就是巍山。古城历史悠久，或许就是这悠久的历史赋予了巍山人神情气定的生活性格。

INFO

- 云南省大理州巍山县。
- 大理下关客运站到巍山的班次频繁，车费约十几元，1.5小时左右可达。
- 巍宝山60元。

巍山地处哀牢山和无量山上段，位于云南省西部大理白族自治州南部，气候温和，民风淳朴，是一座非常适合居住的小城。

巍山古城又名蒙化城，为古代南诏国的发祥地，现存的古城池建于明洪武二十二年（1389年），至今已有600多年的历史了。城如方印，忠武、南薰、威远、拱辰四谯楼分列东南西北，星拱

◎北门拱辰楼

◎星拱楼

楼居中为印柄。城内25条街，18条巷，呈棋盘式格局，明清风貌宛然。

北门**拱辰楼**是古城的标志物，它建于8米多高的城郭上，原为三重檐城楼，后改为二层。现楼为歇山顶，高16米，登楼可俯视全城风光。整个建筑古朴典雅，阁楼南北檐下分别悬有"雄魁六诏""万里瞻天"的匾额，书法气势磅礴，浑厚有力，南诏王统一六诏的雄风依稀可见。

古城以**星拱楼**为中心，街道小巷呈井字状分布开来，古民居分布小巷两旁。民居多为白族的"三坊一照壁、四合五天井"的土木结构，至今保留着明清时期的格局。巍山人喜欢养花，尤其是兰花，家家户户的庭院都呈现出花卉争奇斗艳的场景。同时，美丽的兰花也体现了古城人古朴清新的居住环境，和谐自然的生活气氛以及高雅的审美情趣。

古城之外，龙于城遗址、大小寺、巍宝山建筑群、圆觉寺、南诏蒙舍城遗址、太阳宫、白塔、三鹤洞摩崖题刻、文昌宫、文华书院、乐岳庙等数不清的名胜古迹诉说着巍山那千百年的风霜雨雪都抹不尽的辉煌历史。

圆觉寺掩映在参天古柏林中，背山面城，风景秀丽。从山门拾级而上，一进三院，步步登高，有四大天王殿、大雄宝殿、后殿等建筑。整个寺庙结构严谨，流水潺潺，环境幽静，游人不绝。

城南**巍宝山**是南诏发祥地，南诏始祖细奴逻曾在此耕牧。相传山前的土主庙即为其家庙，如今，这里已经成为彝族土主崇拜的中心和源流。山上峰峦叠翠，高峻挺拔，风景秀丽。因相传，太上老君曾在此点化细奴逻，所以出现了老君打坐石、仙人洞、洗心洞、七星井等幽胜。而且自唐至清，地方政府和道教信徒在山上建起玉皇宫、文昌宫、龙潭殿、老君殿等多座宫观殿宇，瞻仰朝拜者不断。

南诏在巍山经营90多年的时间

◎古城街道

里，建造了龙于图城、蒙舍城、梅子箐城三个都城。1300多年过去了，三个古城的建筑都消失在了历史的长河里，只留下了珍贵的遗址。在巍山古城北约20千米的岘岓图城山上，有一面积约300平方米的缓坡，传说这就是南诏国的第一代都城——岘岓**图城**的遗址。遗址上躺着成堆的舍殿石柱础，莲花大方砖，以及数百件唐代佛雕石刻造像和新石器时代的各类工具以及各类工艺品。这些历代遗迹，不仅记录着边陲古国的历史，同时也反映了边疆少数民族文化与中原文化的浓厚渊源。

岘岓图山旁，有一处名叫"火烧松明楼"的地方，是传说中的南诏王"火烧松明楼"的遗址。相传原南诏主细努逻的六个儿子分管南诏的六诏，小儿子皮逻阁野心甚大，试图一统南诏，

于是在唐开元二十六年（738年）6月24日，用易燃的松树明子建了一幢"**松明楼**"，邀请五诏主来祭祖。邆赕诏主皮逻登妻白洁夫人，感到南诏王居心叵测，打一只铁镯戴在丈夫手臂上，正当五诏主在松明楼作乐时，皮逻阁放火烧松明楼，五诏主均被烧死。五诏妻子无法辨认烧焦的尸体，只有白洁夫人认出丈夫手臂上有铁镯。后白洁夫人起兵抵抗，以身殉情。后人为纪念白洁夫人，每到农历六月二十五日，就在各村点起火把，各家扎小火把，村里村外遍地火把。据说，这就是彝族"火把节"的由来。

"火把节"作为彝族的传统节日，流传至今。他们每每在日落时分，会燃烧一堆篝火，备上米酒。在芦笙和笛子的陪伴下，跳起当地特有舞蹈，气氛好不热闹。

诺邓村

千年白族村

走进诺邓，犹如在解读一本鲜活的史书。在这里，你能感悟到诺邓千年古盐井文化曾经的辉煌，更会为她那巧夺天工的建筑艺术由衷的赞叹，当然，也会为她多姿多彩的山地白族原生态文化所陶醉。

诺邓村，地处世界自然遗产三江并流风景名胜区南端的云龙县，距县城7千米，距大理州州府所在地165千米。自唐代南诏时期以来近1300年村名一直没有改变，是滇西北地区年代最久远的村落，故有"千年白族村"的美誉。

诺邓是一个因盐业而发展起来的古村落，长期以煮盐为生，曾一度是封建社会滇西地区的经济重镇。新中国成立后，海盐大量开发，诺邓失去了盐这个经济支柱，从此尘封于世，渐渐在人们记忆中淡化。位于村口的那间屋子，就是**诺邓井旧址**，如今仅有一口盐井，周围常年有水渗出，像块沼泽地，在干一

点的地方有白色盐颗粒……是研究中国古代盐井文化的活教材。

明清民居依山而建，上边家的门口往往是和下边一家的房顶同高。向上望去，民居层层叠叠，错落有致。由下向上建有：龙王庙、古江西会馆、万寿宫，古榕树、黄姓家族的"题名访"和玉皇阁前的"棂星门"。再上去就是玉皇阁建筑群，其周围全是高大的古黄连木，树高多达30余米，最古老的树龄已有800多年……

诺邓的三四百户人家主要分布在村中的山洼和西北阳坡上。诺邓村至今家家户户都养马，从这些马匹身上，依稀可见从前马帮的影子。如今村子的**古**

◎俯瞰诺邓

宗坪和**回民坪**就是昔日藏族和回族的马帮、牛帮常驻之地。

诺邓村**古建筑院**落是目前国内罕见的保留完整的古老的传统建筑群落，建筑式样有"四合院""一颗印""三坊一照壁""四合五天井"等建筑布局。建筑依山而建，构思奇巧变化，无论是四合院，还是"三坊一照壁"式结构，平面组合都巧妙地结合山形地势特征，充分体现人与自然的和谐。村内现保存有始建于明代的玉皇阁道教建筑群；有目前滇西地区现存最大也是最古老的清代的木牌坊——棂星门；还有建于清康熙年间的文庙……众多古建筑星罗棋布，是中华民族建筑文化精髓在西南边

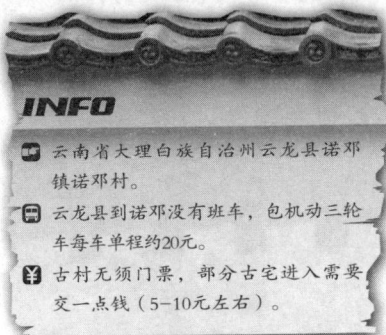

INFO

- 云南省大理白族自治州云龙县诺邓镇诺邓村。
- 云龙县到诺邓没有班车，包机动三轮车每车单程约20元。
- 古村无须门票，部分古宅进入需要交一点钱（5-10元左右）。

疆少数民族地区交汇融合、一脉相承的生动展示。

元代建筑**万寿宫**，是诺邓村现存最古老的建筑。最早为元代时期外省客商的会馆，明初，会馆改作寺庙，原称

◎错落分布的诺邓古民居

"祝寿寺"，现存明代碑记有诗："朝贺明时习拜舞，万年祝寿听山呼。"到明末清初，又改庙名为"万寿宫"。从"万寿宫"演化过程可见宋元以来诺邓经济繁荣情况，而这种建立在古代生产、流通基础上的繁荣又极大地推动着地方社会文化生活的发展。

经济兴则文风盛。诺邓文风盛行，在明清时达到了鼎盛，**人才辈出**，在清代云龙中进士的三人中诺邓有两人，举人，贡生，秀才则不胜枚举。在历史上有被称为"滇中儒杰"（举人黄桂）、"蜚声朔北"、"文章为天下士知"者，可见其科名鼎盛、人才辈出。

诺邓是个白族与内地汉族的混血

儿，这里的先民是白族，族谱却是由内地迁来的，不管曾经是什么族种，后来都逐渐被当地白族文化同化与消融，形成了今日诺邓特有的内地汉文化与当地白族传统文化相结合的独特民族文化。至今，诺邓村依然完整的保留着**山地白族原生态文化**：有白族古老的地方戏曲"吹吹腔"；有展现白族原生态歌舞的白族"打歌""山歌"；有体现道教与地方民族原始宗教相融共生的古老的音乐形式"洞经古乐"；同时也有白族特有的民间宗教信仰"本主崇拜"。这些存活于诺邓的非物质文化，从不同角度深刻地记录了千百年来大理，乃至云南地区在文化、经济、政治和社会民俗方面的历史进程。

凡在中国大地上见到的寺庙、牌坊、会馆、祠堂、府第、巷道、墓葬……在诺邓这个小小的村落里都有，是一个集历史与人文景观和谐统一的古村落，村周围还有天池自然风景区；天然太极图奇观；虎头山道教建筑群；顺荡梵文碑火葬墓群及被誉为记载着云龙县历史变迁的"桥梁博物馆"古桥梁等。诺邓宛如一个动态的博物馆，历史在这里再现，一切物质的和非物质的文化精髓在这里延续……

> 温馨提示
>
> 诺邓火腿是云南三大名腿（还有宣威火腿、鹤庆圆腿）之一。用诺邓出产的"锅底盐"腌制，色香味俱全。早在前清时代就经"南方丝绸之路"出口缅甸、印度、越南等东南亚国家。但因产量不高，远没有其他两种火腿有名。

丽江

极具古韵的文化之城

丽江，一个能够让人去了就不想离开的地方，也是一个能够让人忘记时间的地方。这里兼有山乡之容，水城之貌。泉水连接着每户人家，开门即河，推窗即柳，真是「家家临溪，户户垂柳」。

丽江位于云南西北部，川藏交界处，是纳西族聚居地，是全国唯一的纳西族自治县。这里冬无严寒，夏无酷暑，有"高原春城"之称。

丽江古城在南宁时期就已初具规模，至今已有近千年的历史。古称"大研厢"，因其居于丽江坝中心，四面青山环绕，绿水萦回，形似一块碧玉大砚，故而得名。

古城坐落在海拔2400米的高原台

◎从黑龙潭远眺玉龙雪山

地上，以大江深峡、高山险关为依托，北依象眠山，西枕狮子山，南临文笔山，形成了三山为屏，一川相连的地理背景。它是中国历史文化名城中一座没有城墙的古城，据说是因为丽江世袭统治者姓木要，若筑城墙，就如"木"字加框而成"困"字，因而古城未筑城墙。

古城四周依险设塔门关、石门关、九门关、太子关和邱塘关五座关隘。土司衙署位于城南，周围建宫室苑囿，城北是以四方街为中心的商业区，城东为旧时流官府衙所在地，至今格局仍存。

水可以说是丽江古城的设计者。玉泉水自城东北黑龙潭涌出，向南蜿蜒而下，到双石桥下分成东河、中河、西河三股支流，进而又分为无数细流，穿屋

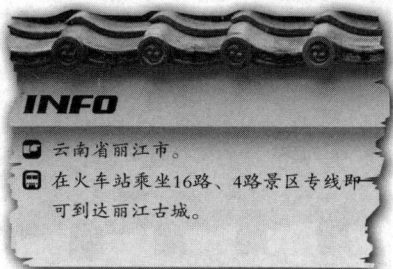

INFO

- 云南省丽江市。
- 在火车站乘坐16路、4路景区专线即可到达丽江古城。

绕户，流遍全城。河不宽，一般都只有两三米，那一条条清溪旁垂柳轻指，葱翠的树林掩映着溪流，也掩映着溪流旁的人家。在这高原古城里，居然也有江南水城般的"家家流水，户户垂柳"的风光。

有水就有**桥**，水网上飞架有345座桥梁，其密度为平均每平方千米93座，廊桥（风雨桥）、石拱桥、石板桥、木板桥形式各异，数量众多、风格独特的桥梁使古城丽江成为名副其实的"桥城"。

明代木府的首领木得是一个聪明的统治者，虽身处西南山区，却不闭关自官运亨通。他迈开双腿，走出了西南大山，一直走到中原的明代都城。在那里，他被辉煌的紫禁城所折服，被浓厚的中原文化所吸引。回到纳西后，他积极引进中原地区的生产技术和文化教育，广交中原名士，又从内地引起建筑、开矿、工艺等各方面的人才到丽江。其中最重要的一件事就是筑城。于是，丽江城里便有了一座食中原皇宫风格的王城——木府。

木府占地达40万平方米。整个建筑坐西朝东，依地势建有忠义坊、仪门、万卷楼、光碧楼、玉音楼走廊、宫驿等数十个院落和狮子山"御苑"，规模宏

◎丽江古城老街

大，殿宇壮丽，被称为"丽江紫禁城"

丽江寻常百姓**民居**，格局式样大多是三坊一照壁，门多东门，厅廊宽敞，天螺大方，门窗雕饰花鸟等图案，极富文化气息，体现了纳西民族的艺术造诣和审美情趣。而且古城居民喜欢在庭院种植花木，摆设盆景，素有"丽郡从来喜植树，古城无户不养花"之称。

古城的**大街小巷**均用红色角砾石铺筑而成，雨季不泥泞，旱季不飞尘，经过几十代人的行走磨压，显得精亮滑溜，光耀夺目，与整个城市环境十分协调，是大研古城特有的景观。四方街位于古城中心，象征着"权镇四方"，自古商旅云集，贸易兴盛，也是节日聚会处。街上的每条巷道均由五彩花石铺就，显得光滑夹带，是古城最有特色的

丽江古城
▲象山
玉泉公园
鑫源宾馆
象山路
东巴文化博物馆
天王宾馆
五凤楼
森林生物展览馆
方国瑜墓
雅阁嘉宾馆
月亮湾大酒店
高快客运中心
古路湾宾馆
新大街
玉泉宾馆
福慧路
香格里拉大道
百鹤宾馆
海丽酒店
市政府◎
丽江大酒店
海关
百货大楼
玉河广场
文庙武庙
玉璧金川大酒店
酒吧街
东巴宫
法院
古城区
双石公园
四方街
市医院
财鑫酒店
方古楼
狮子山公园
木府
崇贤寺
香格里拉大酒店
花马国客栈
三眼井
红山茶大酒店
白马龙潭寺
丽江客运中心
长水路
祥和路
丽大路

地方之一。

漫步古城大街，沿街店铺林立，这里没有哪家店的老板站在门口拉客，任由你进或者不进，似乎你的到来都与他无关。只有当你走进店铺，对某一物件感兴趣的时候，店主才会起身告诉你这物品的历史、功用及价格。而在没有客人进让的时候，他们大多拿一本书斜躺在睡椅上，一页一页地翻着书卷，好像外面的世界与他无关……

万古楼为古城丽江的标志性建筑，东巴文中为"千年万代楼"，纳西语称"温古轮"，意为观览畅怀于制高点，因谐其音，名为"万古楼"。楼为塔式五重檐全木结构建筑，总高33多米，象征原丽江纳西族自治县33万各族人民；13个飞檐翘角比喻玉龙山雪岳十三峰；主体柱子16根，都是通天木柱，是中国全木结构斗拱建筑一柱通顶不连接的第一楼，同时也反映纳西族东巴象形文字中有开天九兄弟、劈地七姐妹的传说，寓意纳西儿女共同创造美好的世界。登上万古楼，东观可览小桥流水人家的丽江古城，北眺可见神奇美丽的玉龙雪山。

丽江古城是极富山水风貌的。美丽的**玉龙雪山**，呈南北走向横亘于丽江坝子北端，南北35千米，东西12千米，山

丽江的民情风俗丰富多彩。农历二月八日的"三多节"是丽江市的民族节，隆重热闹。火把节一连3天杀猪宰羊，点火驱邪，跳笛子舞、葫芦笙舞，极富民族特色。还有棒棒节、龙王庙会、七月骡马会等等赛歌赛马活动，各种文艺演出为丽江古城更增迷人的色彩。著名的丽江雪山音乐节是中国最早的大型户外音乐节，集合了新生代民谣、实验先锋音、迷幻电子音乐等多种音乐主题，自2002成功举办以来，已发展成为国内重要的音乐节品牌。

顶终年积雪，宛如一条"玉龙"横卧云表。山上有冰瀑布、冰碛石等古地貌和变幻无穷的景致。就连徐霞客这位已经经历了千山万水的"游仙"也不禁为丽江的山水所倾倒。在他的笔下，丽江古城是这样的："坞盘水曲，田畴环焉。中有溪自东山出，灌溉田畴更广。又有水西南自文笔山，沿南山而东转，随东圆岗之下，经三生桥而乐，与二水会，于是三水合而成漾共江之源焉……"

丽江是都市漂泊者的港湾，是失意落魄者的疗伤地，是艳遇的天堂，也是心灵放纵的花园。早晨起来迎接第一束阳光，看着古城在云蒸霞蔚的天空中醒来，古朴善良的居民又开始了新一天的劳作。傍晚沿着玉龙雪山汇成的河流听潺潺流水，观灯红酒绿，还可以点燃一盏河灯，寄托远方的思念。

李宅院精品客栈：客栈位于五一街，离古城最繁华的四方街只需10分钟路程，周边多位早期住民，古朴安静。一层是农家乐，能品尝到地道的纳西小吃，三层还有特色烧烤，和来自四面八方的朋友围炉而坐，话尽天南地北。

扫一扫，获取更多实时旅游资讯

和顺镇

美丽的滇南侨乡

而水冲刷后晶莹光亮的青石板路、风水月台上摇曳着的香樟树、街头巷尾随处可见的牌匾、依山傍水的宗祠、倒映古村楼阁的龙潭……儒家文化所独有的宁静与儒雅浸润着这座边远小镇，恍惚之间，仿佛到了江南水乡。

和顺古称"阳温暾村"，"阳温暾村"为当地土话，意为微暖、不冷不热的村落。后来，因为村边有河，顺村流过，便称为"河顺"。清代时，又有人

◎和顺犹如群山环抱中的桃源仙境

和顺

艾思奇故居
元龙阁
李氏宗祠
中天寺
刘氏宗祠
寺脚
财神殿
张兰亭故居
尹祥珍故居
后头坡
贾氏宗祠
张氏宗祠
迎荷客栈
刘家大院
民国人瑞
司马第
张宝廷故居
尹氏宗祠
洗衣亭
亚元故居
卫生所
举人巷
寸氏宗祠
和顺图书馆
文昌宫
贞节牌坊
至腾冲
停车场
至中和乡
售票处

INFO

- 云南省腾冲市和顺镇。
- 腾冲市的城区乘坐6路公交车可直达古镇，票价1元。
- 通票80元。

认为用"河顺"作地名欠雅，便改称"和顺"。古镇地处腾冲坝子的南部边缘，离腾冲市区4千米，镇内一江穿流，数溪潆绕，东翔来凤，南腾黑龙，西架马鞍，北摆鼓顶，有"火山环抱中的桃源仙境"之美誉。是滇南著名的侨乡，归侨、侨眷占全镇人口的80%。

和顺侨乡风光绮丽，大盈江水环绕和顺坝蜿蜒流淌，从断崖泻下，形成一道飞珠溅玉的瀑布，即著名的"龙洞垂帘"。沿大盈江而下，有吸水洞、薄刀岭、小叠水、独石峰、大石壁等自然奇景。鳌峰寺古老雄伟，附近魁阁有众多

◎艾思奇故居

碑铭石刻。镇内古建筑保存较多，祠堂、牌坊、亭阁、月台、石栏数不胜数……

和顺镇头小河绕镇而过，两座石拱桥跨河而建，形似双虹卧波，故名**双虹桥**，据传建于清道光年间。两桥造型精美，桥畔绿柳成荫、风景如画；桥下群鸭戏水、鱼翔浅底，一派高原水乡的恬美风光。

创建于1928年的**和顺图书馆**，曾是全国最大的乡镇图书馆。大门居高临下面对着"双虹桥"；二门也建在一个高台上，该门为仿苏州原东吴大学门面建造的三门洞西式铁门，正中那道门的门头有胡适等文化名人题写的横匾。进入二门，迎面有一幢两层五开间中西合璧式楼房，其中两次间各向前突出半个六角亭。整座楼房屋架轩敞，柱少梁多，外表华丽，内部素雅，室内通明透亮。图书馆现有藏书7万多册，其中2万多册是古本木刻线装书和20世纪初的出版物，精品、珍品也不少。这些图书，很多是旅居各国的和顺籍华侨以及和顺商人捐赠的。

和顺前辈出国"走夷方"，时刻挂念家中的亲人。为了家乡妇女洗衣有个遮风避雨的地方，从清光绪年间开始，逐步沿河修建6座形态各异的**洗衣亭**，不论是烈日下，还是风雨中，农妇都可以在亭内洗涤、休息，是和顺最独特、最温柔的公益建筑。和顺还有凉亭7座，湖心亭2座，构成了和顺独特亮丽的景色。

建于清代道光年间的**文昌宫**，是历史上和顺侨胞经济实力的雄厚和重教兴文之风兴盛的重要标志，是和顺文化的摇篮，曾是1940年由华侨捐资创办的益群中学旧址。由大殿、后殿、魁星阁、朱衣阁、过厅、两厢、大门及最前面的大月台组成，左右楼阁下镶嵌的《和顺两朝科甲题名碑》记录了和顺历史上出了8个举人、403个秀才。殿阁雄伟、雕梁画栋、石栏回环，气势轩昂。现被辟为腾冲神马艺术馆、魅力名镇展厅。

张家坡一带田园气息更为浓烈，难怪从前有句民谣称"张家坡，鬼来

温馨提示

和顺古镇的腾越神马，是雕版艺术的原生态，是世界雕版艺术的根。它的魅力，吸引着不少人到此寻根探源。在这里您也可以亲自制作几幅，作为家中的装饰，或者作为对朋友的赠品与祝福。

拖！"说的大约是从前的张家坡夜晚特别僻静。张家坡一过，便是和顺西南方向的边界了。游览和顺的东片，大体得按原路回返到和顺图书馆前的"双虹桥"。

顺着河边的石条路往东大约行走半千米，便是风景如画的**水碓村**。水碓村旁有一龙潭，龙潭三面环山，一堤为廊。堤上古榕荫蔽，潭中水洗白云，风光十分秀丽。龙潭的南畔，也就是帅头坡与来凤山结合处，有一座经清朝乾隆二十七年（1762年）重建的明代**元龙阁**。元龙阁前面为碧波荡漾，水体澄澈的龙潭，背后是名木古树参天的黑龙山。由山门、龙王殿、三官殿、魁星阁、观音殿组成，构思奇巧，结构紧凑，主体建筑魁星阁重檐六角攒尖顶，檐枋雕刻精美。阁上悬有楹联："元精含斗极，龙脉焕天枢。"上下联的首字为"元""龙"二字，故名元龙阁。站在百尺楼上往下看，水碓村的湖光山色便尽收眼底了。

艾思奇纪念馆坐落在龙潭北侧的小山坡上，陈列着艾思奇的大量图片实物。这是一座中西合璧式砖木结构的四合院，院内串楼同栏，点缀西式阳台，古朴典雅，为中西合璧的房屋建筑风格。

和顺，也因她特殊交通位置，借助丝绸古道与世界各国进行贸易交流和文化交流，促就了和顺特有的性格：包容、谦和、和和顺顺。和顺有一句顺口溜叫：罗马的钟，捷克的灯罩，英国的花窗，德国的盆。古朴的，现代的，徽派的，江南的，欧式的……这些相貌各异的建筑毫无隔阂地结合在一起，和谐得让人惊叹。选一个飘雨的日子，看河边杨柳依依，岸边芳草萋萋。碧波荡漾的池塘，含苞的荷花妩媚动人，徐风迎面送来荷花的清香，深呼吸，心情明净起来了，惬意得不知所以。

◎和顺风光

和顺美食以当地盛产的野菜山珍为主，如炒饵块、鸡枞、蕨菜、山葱、香椿、癞鼻龙江鱼等，口味多偏辛辣。还有街头小吃如白嫩滑口的稀豆粉，可炒可煮、酸中带甜的棕包菜，都非常受欢迎。

扫一扫，获取更多实时旅游资讯

娜允镇

土司留下的傣族古镇

总览整个娜允古城，孟连坐南朝北，依山傍水，背靠古树葱郁的金山，俯瞰群山环抱的坝子，清澈的南垒河从金山、银山间蜿蜒南流，充分体现了傣族"寨前渔，寨后猎，依山傍水把寨建"的古老的建筑理念和审美观念。

娜允，系傣语谐音，为"城子、内城"之意，位于云南省的孟连傣族拉祜族佤族自治县，东与县内景信乡相连，西与县内富岩乡、公信乡毗邻，南与县内勐马、芒信两镇接壤，北邻澜沧县拉巴乡。1289年（傣历六五一年）傣王罕罢法在孟连建傣城——娜允，元朝朝廷在此设"木连路军民府"。随着土司制度的建立和巩固，孟连土司也形成了一套比较完整的统治机构。1949年（傣历一三一一年）4月，孟连解放，孟连土司制度告终。孟连历代28任土司，统治长达660年。

总览整个娜允古城，孟连坐南朝北，依山傍水，背靠古树葱郁的金山，俯瞰群山环抱的坝子，清澈的南垒河从金山、银山间蜿蜒南流，充分体现了傣族"寨前渔，寨后猎，依山傍水把寨建"的古老的建筑理念和审美观念。这里的房屋是傣汉两个民族的不同风格合

◎孟连大金塔

◎孟连宣抚司署

璧的建筑群。娜允由**三城两镇**（上中下城和芒方岗、芒方冒）组成，从上到下是按照登记顺序布局的。土司时代，上城是土司及家奴居住的地方，中城是官员和家属的居住地，下城则是下级官员的住处，芒方岗和芒方冒是林业官和猎户居住的寨子。

经1878—1919年之间重建的孟连**宣抚司署**位于上城的最高处，占地约1万平方米。傣语称为"贺罕"，意为金色的王宫，是孟连历代傣族土司的官衙和住宅，是全国唯一的傣族和汉族相结合的民族古建筑群，也是云南18座土司衙门中保存最完好的一座。整个建筑由门堂、议事厅、正厅、东西厢房、粮仓、厨房等建筑组成。大门为典型的汉式建筑，三开间牌楼式，檐下有星罗棋布的华美斗拱，门前有13级台阶，居高临下俯视着广阔的孟连坝子，显得气势庄严。雄伟的议事厅为三重檐歇山顶干栏式楼房，分上下两层，底层空旷凉爽，

过去是大臣们休息的地方。按傣族的规矩脱鞋上二楼，满目皆是各种珍贵的藏品和讲述宣抚司署历史的壁画，精致的竹编艺品、珍奇的贝叶经、金银饰品、其中还有朝廷赐给历代土司的官服、旗帜、金伞和写有汉、傣文字的公文及宣抚司的生活用具等等，特别是一袭清朝皇帝御赐的蟒袍，绣着云朵、飞鸟、腾龙、浪花，光彩夺目，可谓是华丽无比。

上城佛寺始建于1869年（傣历一二三一年），坐西向东，占地5000

INFO

🏠 云南普洱市孟连傣族拉祜族佤族自治县娜允镇。

🚌 思茅汽车客运站每隔一小时有发往孟连县的班车，6—7个小时可到孟连。到孟连县后，娜允镇就在县城内，步行即可到达。

多平方米，由大门、佛殿、僧房、八角亭、两座缅式佛塔等建筑组成。主体建筑佛殿长约29.4米，宽20米左右，通高12米，挂瓦屋面，歇山顶三重檐，外廊有24棵圆柱，柱下有鼓形柱础。旧时上城佛寺是土司家族的专用佛寺，其他人是不能进入的，如今则成为娜允所有傣族佛教徒烧香拜佛的地方。国外的傣族到娜允古镇朝拜，也大都住在上城佛寺里。

中城佛寺坐西向东，始建于1910年（傣历一二七二年），由大门、侧门、佛殿、佛爷与和尚住房等建筑组成。主体建筑佛殿为抬梁式三重檐歇山顶围廊建筑，屋脊正中饰宝顶，挂瓦屋面，面阔五间，宽17.8米，长22.8米。内柱6排24根，均用金粉贴印花纹饰；外柱24根，覆盆式柱础。柱头镶饰有彩色玻璃仰莲。大殿隔板贴印宝塔、佛像、孔雀、乐舞、花卉等图案。檐枋有木雕，墙后有傣族民间壁画……在旧时，中城佛寺是居住在中城的傣族官员们的专用佛寺，如今则向一切教徒和游人开放。

傣族信仰的佛教为**小乘佛教**。金塔是小乘佛教塔文化的象征。1433年（傣历七九五年），第八代土司刀派金派4个头人到缅甸曼德勒迎奉小乘佛教进孟连，从此佛教便慢慢地成为全体傣族人民的信仰，佛寺成为傣族人眼里最神圣的地方。宗教活动与民俗活动相融合，形成傣族独具特色的文学、艺术、音乐、舞蹈和建筑。

以娜允为中心的孟连还是傣族4大支系的**文化交会点**。在这可找到这4个支系历史、民居、服饰、音乐、舞蹈、风俗习惯等的差异，这在全中国没有第二个地方。

古镇娜允的傣族居民，至今仍保留有许多**传统习俗**。男孩长到七八岁时，有的父母就会把他们送到佛寺削发为僧，学习佛教经典。成年男子还有文身的习俗，文身时用缝衣针在身上刺成虎、象、孔雀、缅桂等动植物图案，并写上一些佛教经文，再擦去皮肤上的血迹，然后涂上靛叶液或墨汁。据说，文身的男子能避邪免灾。妇女们则热衷于传统的编织，特别是老年妇女，几乎每天坐在古老的编织机前用五颜六色的棉线编织各种图案……

傣历十二月十五日的**开门节**（千盏灯节），是傣族等民族的传统节日，开门节，象征着三个月以来的雨季已经结束，这天稻谷收割完毕，故也是庆祝丰收的节日。即日起，关门节以来男女间的婚忌即解除，男女青年可以自由恋爱或举行婚礼，开门节这天，男女青年身着盛装去佛寺拜佛，敬献食物、鲜花、蜡条、钱币。

娜允在东南亚傣族人民的心目中，是一个神圣的地方，又是一座鲜活生动的古城，少数民族同胞们依然在这座古城里生产、生活。2001年，云南省人民政府将孟连娜允古城列为傣族历史文化名城，同时，孟连娜允古城也是中国现存最后一个傣族古城。

温馨提示

娜允镇多民族以傣族、拉祜族、佤族为主，其传统节日主要是四月十二"泼水节"、五月一日"神鱼节"、四月八日"葫芦节"和十月二十日"新米节"，全镇各民族和谐聚居。

白雾村

万里京运第一村

漫步乌蒙腹地的雍琏明珠——

白雾，你会领略到许多幻得幻离的景象，村后的石山，如仙猿仰卧，俯视金沙江，见证白雾的沧桑；村前的千亩良田里，随着时间的变化，或碧浪翻滚、或稻花飘香、或蛙声如潮、或黄如金毯……村子的中央，柳浪婆娑，小桥流水人家……

白雾村距会泽县城约30千米，建村至今已有2000多年历史，文化遗产丰富，古迹众多，保存完好的古老民居民宅达3000余户。明清时期的白雾村十分繁华，各省前来押运、采购铜的官员特使、商人等常驻于此，并建起了会馆、祠堂、庙宇等10余座，商号150余家。古村是万里京运的第一站，因此有"万里京运第一村"的美誉。如今，这个村仍然保持着古老淳朴，山峦叠翠，古韵幽幽的风貌。

是白雾村所在的镇子，而白雾村**白雾街**在历史上很长时期都是娜姑镇政治、经济、文化的中心，娜姑镇绝大部分古建筑均集中在白雾街上。清新秀美的自然景观同完美艺术的古建筑相结合，充分展现人与自然的高度和谐。长约2千米的白雾街为东西走向的一字

◎建筑精美的三圣堂

街，铜运古道穿街而过。街道两旁有明清时期建筑风格的古建筑24座，寿佛寺、张圣宫、万寿宫、三圣宫、财神庙、太阳宫、祠堂、常平仓、养济院、大戏台、天主教堂等古建筑坐北向南排列。保存完好的古老民居鳞次栉比，马店、驿站、各类店铺组成集镇市容。

白雾村内原有建于清咸丰十年（1860年）的**城堡城墙**，围白雾街主街建成，呈长方形，东墙长317米，南墙长350.5米，西墙长273米，北墙长300米。城墙均高5.8米，厚3米，内外墙用石块垒砌，中间填土夯实。东面据得胜桥设卡，南面依城墙置栅子，西、

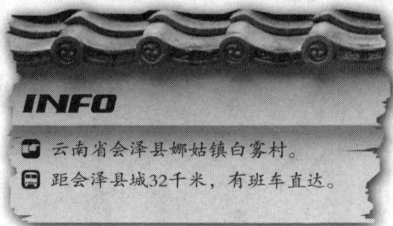

INFO

　云南省会泽县娜姑镇白雾村。

　距会泽县城32千米，有班车直达。

北两面筑有拱洞形城门。城墙四面设8座炮台，城门上的炮台高出城墙1.3米。如此层层设防，显示出当年白雾街的富有和繁荣。

陈氏住宅的正面有着最具当地民居建筑特点的"猫弓墙"，顺高高的石阶而上，两进院，是典型"四合五天井"

◎白雾村远眺，蓝天白云与大山古民居组成一幅美丽的风光图

和"走马转角楼"建筑形式。天井的地板用条石铺成了"双喜"图案，可见陈宅的奢华和典雅。据说，当时在大院的照壁、门楼和后围墙上曾开了很多高低不一的射击孔，护院的士卒可以方便地向外射击，由此可见此院又透着浓浓的杀气。

会馆林立，也是历史上铜商文化的一种反映。娜姑古刹，大多建在景色秀美的山水间，依山傍水，融寺庙建筑和园林建筑为一体，一片田园风光。有些寺庙在当时是一些地方的会馆，如财神庄是云南会馆，寿佛寺是湖广会馆，太阳宫是通海会馆等。

在白雾，还有大批的**古交通**和**古水利建筑**，宽2米，长55千米的石匠房运京古道，穿崖凿石，蜿蜒曲折，路中青石板上，马蹄踩踏的痕迹清晰可见；在白雾的村内村外，分布着建于清朝时期的长聚桥、福来桥、得胜桥等众多的古建筑桥梁，在现代交通中，仍发挥着十分重要的作用。另外，白雾四面的山上，唐载阳墓、陈运泰墓、赵氏墓等古墓群及林立的碑、石刻等，同样令人目不暇接，叹为观止。走进白雾，你会找到先人们"人定胜天"的斑驳印迹。

建于清代嘉庆年间的文庙聚孔子、关圣和文昌于一堂，所以又称"**三圣**

◎白雾村古民居

宫"。为三进院落，大小七个天井，布局严谨，典雅别致，结构独特。一斗三升的门楼，三门四柱木石结构的牌坊，两重檐歇山顶的奎楼柱网排列规整，飞檐翘角，雕刻玲珑剔透。东西阁楼，互为依托，独具匠心。天子台衬托出大殿庄严肃穆，技艺精湛。大殿的天花板上，工匠巧夺天工，彩绘了三国演义、大禹耕地、孟母教子等故事。古往今来，多少文人墨客和官员，游文庙、登奎楼，吟咏抒怀，独寄风雅。

文庙自建成以来，均为学子就读之所，原白雾街民间文化团体**崇正学社**便在这里活动。它的成立，为白雾村人做了三件至今仍被人们代代相传的大事。一是"圣谕宣讲"；二是修建了白雾大戏台；三是搜集整理了道教的洞经古乐。随着历史的演变，"圣谕宣讲"退出了历史的舞台，而洞经古乐在白雾村却演奏至今。

建于清光绪二十一年（1895年）的**戏台**在白雾街中西部，云南会馆对面，中间隔着昔日的米市。到这里看大戏，是当年白雾村人的一项重要文化活动。戏台，是抬梁与穿斗相结合的木结构建筑，四翼角上翘，屋面盖青筒瓦片。台底层为店铺，上为戏台，左右设上、下场门，门首悬"出将""入相"小匾。戏台前的米市，可容纳二千多人。戏台竣工后，常年有京剧、川剧、滇剧、梆子、花鼓或花灯艺人登台演出。在如今的白雾戏台的后台墙壁上，还残留着当年各地艺人在此台演出时的题词、留言和剧目等。现除戏台内装琴板拆除外，其余均保存完好。

白雾村的繁华，正是由于铜商文化强有力的推动。古老的繁华虽已消逝，但古老淳朴的特有气质却留了下来，古风犹存，令人回味无穷。

温馨提示

在白雾村中的白树间挂上吊床，观蓝天白云，听溪流鸟鸣，闻稻花之香，再到农家品上几碟纯天然的水果蔬菜，定会让你忘却尘世的喧嚣，找回世外那份难得的轻松惬意。

郑营村

云南第一村

郑营村内的宗祠、楼阁、学校和典型的民居建筑，真宝塔古刹的巍峨壮观、宫殿寺庙的飞宇轩昂、楼阁亭台的玲珑别致、古典园林的幽静淡雅，形成了别具一格的历史文化特色风貌，有"云南第一村"的美誉。

郑营村坐落于石屏县城西南10千米处，西向秀山，北向赤瑞湖，山水秀丽，风光优美。随着明初年间一位浙江籍的郑姓落籍赤瑞湖湖畔后，原名"普胜村"的村子便成了郑氏家族的繁衍地，并改名为"郑营"。明朝后期演变成了一个多姓氏聚居的大村落，现村内主要有郑姓、武姓、陈姓、李姓，各姓自立宗祠。

郑营有着"耕读家风"的沉淀，"绿水长流"的底蕴。郑营人来自杏花烟雨的江南，把那里浓厚的文化气息播

◎郑营村建筑非常古朴，自成韵味

撒在滇南赤瑞湖畔，小桥流水人家，营造着对遥远故乡的记忆。祠堂、书院、庭院、街巷，处处透着江南的婉约与细腻，而郑营人的精神世界里，也铭刻着"万般皆下品，唯有读书高"的烙印。在村内的三街九巷中，不经意地一瞥，进士宅、司马第、翰林居就跃然眼前，正如民谣所说："五步三进士，对门两翰林。举人满街走，秀才家家有。"如今，街道是石板铺成的青石路面，民房多是坐南朝北，保持着地方特色的大四合院。

陈氏宗祠由陈鹤亭建于1925年，坐南朝北，祠门为牌坊式砖石结构，三开间，瓦顶，门框均用砖石拱券，匾联皆用青石阴刻镶嵌在砖壁上。从陈氏宗祠祠门沿中轴线而进，依次有石桥、中殿、正殿。中殿和正殿前各有一个院子，两侧均有对称式的偏殿楼阁。中殿前的石桥为单孔石拱桥，桥上有栏板望柱，望柱头为石雕十二生肖。中殿建在0.75米高的石台基上，四周有廊，单檐歇山顶、抬梁式。正殿为重檐歇山顶、抬梁式建筑，三开间，二进间。正殿上下有两层楼，建造在1.2米高的石台基上，更有两座1.95米高的石狮柱础抬高，显得高大雄传、庄严肃穆。整座宗祠雕梁画栋，工艺精致，被专家称为中国近代优秀建筑。

始建于光绪年间的**郑氏宗祠**，位于陈氏宗祠东面约百多米处，为土木砖石单檐硬山顶两进四合院建筑结构，建筑结构严谨，精美的雕刻清晰可见，工艺水平精湛。

在民居中，位于郑营村中心区的原陈载东的住宅最显眼。**陈氏民居**为一抬梁穿斗式四合院，坐南朝北，依大门而进是下堂院、中堂院、上堂院。整个建筑厅堂高大、装饰精湛，尤其是雕刻部分玲珑剔透、线条流畅、刀工精细、形象生动，雕花格子门、窗均为贴金、图案亮丽完美。是现存居民建筑中，保护的最完好、最精美的民居，显现出石屏独特的艺术造型和内涵及历史文化的渊源，被专家誉为近代民居建筑典范。

长春阁、郑营村玉皇阁始建于1929年，木石结构，坐落在郑营村后卧云山山腰石崖上。其内塑有佛像，阁内香烟缭绕，游人络绎不绝。

郑营村目前居住着汉、彝、傣、哈尼等民族，以汉族人为主。村内有汉、彝、傣、哈尼的传统节日。其中彝族民歌**"海菜腔"**独绝天下，曾在CCTV民歌大赛获原生态唱法第一，更有女子舞龙队，拍成电影《花腰新娘》……

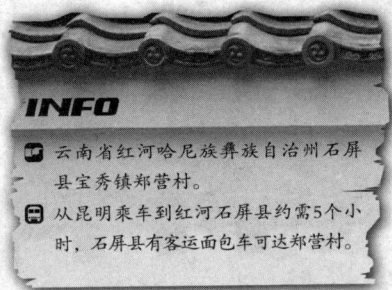

INFO

- 云南省红河哈尼族彝族自治州石屏县宝秀镇郑营村。
- 从昆明乘车到红河石屏县约需5个小时，石屏县有客运面包车可达郑营村。

温馨提示 郑营村特色小吃有石屏煎鱼、石屏豆腐、包浆豆腐等。村子周边是大片杨梅林，入夏时节，游人可以亲自到杨梅园中采摘酸甜的杨梅，体验采摘的乐趣。

东莲花村

重门深院中的一方传奇

东莲花村是典型的回族村落，坐落于红河支流米汤河畔，三面环水，环境优美，民风民俗浓郁，民族文化多姿多彩，30余处具有独特建筑风格和深厚历史文化内涵的古建筑至今保存完好，较完整地反映了当地的传统文化风貌和地方民族特色。

东莲花村位于巍山彝族回族自治县东北部，坐落在有"红河源头第一镇"美称的永建镇的坝子中央。村子四周林木葱郁，田园丰沃，水流潺潺，鸟语花香。村旁建有池潭如镜，风景如画，水流常年从村中、村周流过。村中道路整洁，各户庭院栽花种树，民风淳朴，村民生产生活秩序井然，充分体现了人与自然的和谐。

东莲花村传统**马帮文化**特色集中，华侨、侨眷和马帮是紧密相连的，正因为有了走南闯北的马帮，才有了今天的华侨、侨眷、侨属。2007年末，全村有278户1065人，缅甸、泰国等华侨及侨

◎东莲花村风光

属侨眷100多人。清代曾有7位马帮锅头聚居于此，民国时期，巍山的马帮大多是由回族马帮组成，在茶马古道上赫赫有名。马帮锅头们通过几代人的辛勤劳动建盖起了各式庭院，形成了独特的村落风貌，是马帮文化在东莲花村的集中体现。村内至今不仅完好保存着四面相呼的5座碉楼及古民居28座，还完整保留了回族村庄风貌，在宗教、古建筑、民族饮食、回族风情习俗等方面保存着丰富浓厚的传统文化。

马家大院古建筑群多采用"六合同春"布局，角楼林立，重门深院，"三房一照壁""四合五天井""走马转阁楼"等建筑工艺十分精湛，无论是照壁还是雕花，都体现出中国传统文化和伊斯兰文化的和谐并存、水乳交融。

马如骥旧居是马家大院古建筑群当中的典范，以"一碉两院三门四阁五堂六天井"为特色是，打开厚重大门，映

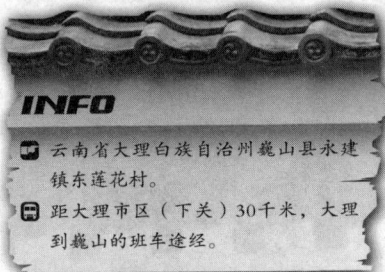

◎古村回族民居，伊斯兰民族风情浓郁

INFO

- 云南省大理白族自治州巍山县永建镇东莲花村。
- 距大理市区（下关）30千米，大理到巍山的班车途经。

入眼帘的是四个刻在大理石方框的大字"世守清真"，显示了主人虔诚的信仰。虽然经过岁月侵蚀，但院落的每一个角落，无论是精心装饰的门楣还是匠心独具的花窗，依然令人感到当年的气魄和独有的魅力。其二楼藻井的彩绘至今依然清晰美丽，有《三文笔》《阿文学校》《鸡足山庄严塔》等。尤其是彩绘《上海街景》，不仅惟妙惟肖地再现了当年十里洋场上海滩的风华，还体现了马帮商人的开放胸襟和开阔眼界，体现了对现代化生活的向往和对未来的憧憬，被专家视为不可多得的珍贵资料。

马家大院的精美，还往往在细节当中展现。迄今仍有淙淙碧水的古井，井栏四周雕刻美丽的折枝花卉；就连本来不起眼的马厩后墙墙砖上，也刻有"好鸟枝头亦朋友，落花水面皆文章"的诗句……

始建于清朝初年的东莲花**清真寺**是传播回族文化的中心。经过多次扩建，在1924年腊月竣工的东莲花清真寺礼拜堂、宣礼楼建筑风格独特，成为该村一道最为庄严肃穆的风景线。整个清真寺都是土木结构，把中国传统出阁架斗、雕梁画栋的建筑风格和阿拉伯伊斯兰美学观念完美地结合在一起，庭院内绿树成荫，花香飘逸，与东莲花规模宏大的

◎清真寺成为古村一道最为庄严肃穆的风景线

古碉楼、古民居建筑群结合在一起，浑然天成，和谐交融，构建起了具有独特风貌的伊斯兰古村落文化底蕴。东莲花清真寺大殿上，1926年陆军少将杨盛奇提赠的匾牌"诚一不二"至今仍在，从这块匾牌上可以看出东莲花回民对民族信仰的虔诚和坚定。

东莲花村是典型的回族自然村落，**伊斯兰民族风情**浓郁。村里精通古波斯文、阿拉伯文的学者比比皆是，宗教生活严谨，经堂教育兴盛，宗教人才辈出，素有"小麦加"之称。村民信奉伊斯兰教，至今还完整保留着穆民的古老风俗。一年一度的古尔邦节、圣纪节、开斋节等伊斯兰传统节日体现出浓郁的伊斯兰风情，回族"一苦二甜三回味"的三道茶、婚礼习俗、丧葬习俗等传统

文化代代相传，油香、树皮、馓子、牛干巴、乳扇、清真糕点等传统清真食品美味可口，多年来深受各族群众喜爱。其传统礼仪、民族服饰、饮食文化与民族工艺等都遵循穆斯林传统，极富特色。

温馨提示

马家大院的主人马如骥从政期间，广结商、政、军要人和各地巨商为至交，为蒙化县的马帮在茶马古道上走南闯北，经商贸易疏通了各道关卡，为当时蒙化成为滇西地区物资转运集散地作出了积极的贡献。村内由他献计献策出钱出力带领村民修筑的防洪石堤，至今仍造福后人。

建水

滇南『民居博物馆』

在九州之巅，彩云之南，有一座古韵悠长，极富中原色彩的边陲小城。千百年的历史为小城遗留了众多的名胜古迹，被誉为『古建筑博物馆』和『民居博物馆』。同时，也成就了古城人民古朴和宁静的生活。这就是建水。

建水古称步头，亦名巴甸。唐元和年间，南诏国于此筑土城惠历城。明洪武二十年（1387年）扩建为砖城。如今，在建水城外，远远就能望见古城楼上的四个大字"雄镇东南"，气势磅礴。

建水作为滇南的政治、军事、经济和文化中心达7个世纪之久，形成了以汉文化和少数民族文化相互交融而又各具特色的多元一体的边地文化，建水古民居将这种文化体现得淋漓尽致。进入古城，各式各样的古民居呈现眼前，既有哈萨克尼族的蘑菇房、竹顶房，也有彝族、傣族的土平房，还有汉族的平瓦房。这些民居外雅内秀，形制规整，空间丰富，色彩淡雅，而且几百年过去了，至今保存完好。

◎建水古城双龙桥

古城历经百年沧桑，文物古迹丰富，人称三箭之地一寺，五箭之隔一庙，七里之遥一桥，八里之远一塔。其中包括全国大型文庙之一的建水文庙，临安首寺指林寺，雄镇东南600年的朝阳楼，在我国古桥梁史上拥有重要地位的双龙桥，独具一格的文笔塔和素有"滇南大观园"之美誉的朱家花园……

朝阳楼雄踞县城中心，又称迎晖门。它建于明洪武二十二年（1389年），是当时建水城的东门城楼，历经600余年的风雨洗刷，至今仍旧巍然屹立。城楼共有三层，由48根大合抱的木柱和无数粗大的木梁接成坚实的构架，覆以三层歇山式的屋顶，檐角飞翘，画栋雕梁，气势宏伟。朝阳楼上，一座重千余斤的大铜钟悬挂门口，钟上雕刻的飞龙，活灵活现，四周阁楼上还刻有飞禽走兽，栩栩如生。

始建于元代的**建水文庙**，是国内仅次于曲阜文庙的大型文庙。它位于建水古城西北隅。历代多次增修扩建，现占地114亩。庙为六进院落，总体布局仿曲阜文庙而建，规制严谨，气势宏伟。主要建筑有一殿一亭一阁二庑二堂三祠八坊，其中以大成殿最为壮丽。

文庙以西就是被誉为"临安首寺"的**指林寺**，是云南省尚存的元代建造、宋式做法的大型木结构建筑之冠。据碑刻记载，大理国统治此地时，这里是一片茂密的森林，一只鹿常出没其间。一天，有人逐鹿至林中，鹿忽不知去向，只有一异人前来，指着森林对众人说："鹿居此久矣，汝辈为何取它？"言毕，亦复不见。众人皆惊诧，以为遇到神人仙鹿，便立小庙，绘塑神像以祀，

◎建水文庙

许愿求神者认为灵验，香火日盛。元代元贞年间，郡人何昌明于此大兴土木，请来中原工匠，改建为一殿二塔，并根据前人所说仙鹿之事，书"指林寺"匾悬于门楣。后经明清两代的扩建重修，现已成为滇南最早的禅宗寺院。

建水城内的建新街，有一组规模宏大的清代民居建筑，这就是著名的**朱家花园**。它是清末富绅朱渭卿兄弟建造的家宅和宗祠，始建于清光绪年间，前后历经约30年，于宣统年间终告落成。朱家花园占地2万多平方米，主体建筑呈"纵三横四"布局，为建水典型的并列联排组合式民居建筑群体。整座建筑布置精美，院落层出迭进，巷道行曲通

INFO

- 云南省红河州建水县。
- 可从昆明、石屏、蒙自、开远、宜良等地乘坐火车或动车到建水。
- 无须门票，城内部分景点单独收费。

建水古城

幽，被称为滇南"滇南大观园"。

城西五千米的泸水与塌村河会合处有一座双阁十七孔大石拱桥，这就是久负盛名的**双龙桥**，因两河犹如双龙蜿蜒盘曲而得名，是云南艺术价值最高的桥梁。双龙桥始建于清乾隆年间，全长150余米，宽3米，全部用凿得很平整的石料镶砌而成。从远处看双龙桥，十七个桥孔一字排开，孔孔相连，倒映于水天一色之中，组成一幅自然美卷。

建水最初是大海的意思，这里的水源远留长。因为水，一口口历史悠久、保留完整的**古井**也成为这里的特色。这里的水井名称高雅，如醴泉、渊泉、溥博泉，水井的设置也别具一格，除了单眼、双眼、方的、圆的、上圆下方的、上方下圆的等等。古池旁，现代的人们

依然用最古老的方法从古井或古池中汲取生活用水，这是千百年来建水人民保留的生活习惯。

如果说建水的历史给你一种回到过去的感觉，那么古城东30千米处的**燕子洞**则会给你一份走进大自然的好心情。燕子洞被称为亚洲最壮观的洞穴之一，洞外有3万多平方米枝叶茂盛的天然林地，洞内巢居百万白腰雨燕，每年春夏，燕飞如万箭齐发，十分壮观。

扫一扫，获取更多
实时旅游资讯

青岩镇

曲巷深处听足音

青岩悬崖下的厚土里掩藏着明代镇边将士的铁甲，古驿道斑驳的方砖上回响着叮当的马蹄声，路旁不羁的民居、翘檐上朽损的木雕顽强地昭示旧时辉煌的荣光，路边残破的碑石讲述着一段奇异的往事……不长的路程，仿佛穿越了一个时空隧道，人逐渐从远古走来。

青岩位于贵阳花溪区南12千米处，小镇迄今已有600多年的历史。历数百年历史沧桑，经多次整修扩建，青岩由土城而渐成街巷纵横错综的石头城，是贵州四大古镇（青岩、镇远、丙安、隆里）之一，与花溪公园、天河潭同处于花溪风景名胜区内。

青岩悬崖下的厚土里掩藏着明代镇边将士的铁甲，古驿道斑驳的方砖上回响着叮当的马蹄声，路旁不羁的民居、翘檐上朽损的木雕顽强地昭示旧时辉煌的荣光，路边残破的碑石讲述着一段奇异的往事……

古镇旧城四周均为城墙，巨石构筑于悬崖之上，城门上大书"定广门"三个字。城门左右两边逶迤的城墙上筑有敌楼、垛口、炮台，颇富山寨城堡特色。气势宏伟的**定广门城楼**与石板古道、古牌坊交相辉映。青岩在朱元璋时代曾在此屯居过大军30万，几百年前那些威武的士兵就从这里注视着远方。城楼如今早已是门户洞开，供游人自由参观凭吊。站在城楼上，尽可以将古镇的面貌一收眼底。

贵阳境内喀斯特地貌发育典型，镇内石砌的围墙、路面、柜台、庭院及石碓、石磨、石碾、石缸随处可见，极富地方风貌，故被誉为"青岩石头城"。青岩镇**古建筑**始建于明朝万历年间，至清道光年间达到鼎盛，其代表性建筑有九寺、八庙、三洞、二祠、一宫、一院、一府，以及八座牌坊。至今，镇内书院、佛庙、道观、天主教堂等文化教场林立，年

◎青岩牌坊

复一年、日复一日地依着自己的"本分",护着自己的礼仪……

青岩古镇明清间建筑依山就势建造,布局合理,石雕、木雕工艺精湛,蕴含着古朴而浓郁的地方特色:纵横四方的青石板路和弯曲狭长的小巷;分列两旁的古老的石柜台和木柜台;门窗间精雕细刻的小棂;石坊上倒立的石狮……无不引发思古之幽情。

赵以炯是贵州历史上第一位状元,**赵以炯府第**就坐落在小镇北街,其房屋的布局和庭院的布局以及房屋门窗精湛的雕刻工艺仍然保持着100多年前的风格。门楣上那块木质牌匾上"文魁"二字苍劲有力,从门口可以隐约瞥见悬挂在正堂墙壁上的赵以炯画像,时光冲淡往事,只留下泛黄的痕迹。屋内四壁张贴着主人的诗文书画,字迹清晰隽秀。

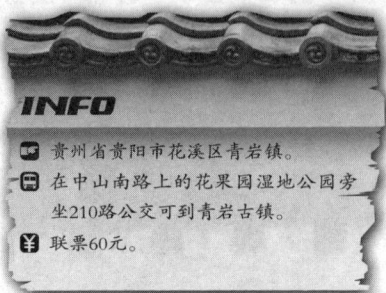

INFO

- 贵州省贵阳市花溪区青岩镇。
- 在中山南路上的花果园湿地公园旁坐210路公交可到青岩古镇。
- ¥ 联票60元。

站在门口环顾,古朴的墙瓦,精致的翘檐,迷离的漏窗,沉寂的木雕和剥落了亮漆的桌椅,人们仿佛还可以触摸到这书香府邸的萌动生机。迎着慵懒的夕阳走出府门,回头望,古旧的桌椅在暮晖中依然反射出五彩的纤细光痕,绚丽夺目……

牌坊是青岩古镇的标志。古镇原建有八座石牌坊,现在仅存三座。北门外

◎不长的路程,仿佛穿越了一个时空隧道,人逐渐从远古走来

的"赵彩章百岁坊"、定门外的"周王氏媳妇刘氏节孝坊"、南门内的"赵理伦百岁坊",均是南北向,高9.5米、宽9米,呈四柱三间四阿顶式。四立柱南北两面有石鼓护柱或狮护柱。节孝坊的正中横梁上刻有空雕《二龙抢宝》《五龙图》,雕刻十分精美,中间还嵌圣旨立匾。贞节牌坊宏伟壮观、令人赞叹。然而,走过牌坊下的游客,又有多少人清楚古坊上铭刻的女人曾付出过怎样的代价呢……

古镇内古老的寺庙、肃穆的天主教堂和基督教堂,被人称为**"三教并存"**。站在定广门上远远望去,尖顶的教堂与巍然的百岁坊遥遥相对,东西方文化矛盾而又统一地在小镇上合理地存在着。初一、十五,寺庙里香火不断,而周日到教堂做礼拜的人也络绎不绝。

偏远的地方多宗教场所并不足为奇,奇的是,镇民与生俱来的、对外来事物的宽容与大度,使本不属于这方天地的宗教信仰也在此生生不息。

延续了数百年的**风俗**如今依然在青岩历久如新,每年正月间的舞龙、跳花、正月初九至二十的苗族跳场、正月十五的龙灯会,农历五月初五的"游百病",农历二月十九、六月十九、九月十九的观音会等等,都是十分热闹的民俗活动。

扫一扫,获取更多
实时旅游资讯

天龙镇

屯堡文化韵味浓

600多年来，生活在天龙古镇的屯堡人，依然固守着祖宗过去的荣耀，他们身着长衣大袖，每逢节庆，男人们跳着地戏，老年妇女念着佛歌，青年人山歌阵阵，寂静而热情的古镇，巷道如故，堡垒矗立……

天龙镇位于平坝西南面，距县城约13千米，是黔中的"黄金通道"。天龙屯堡最早是顺元古驿道上的一个驿站，名叫饭笼驿，后来有管事的人嫌饭笼名字太不雅致，从而改名为"天龙"。镇境内资源丰富，有石灰石、镁、煤炭、大理石、山砂、高岭土等矿产资源……

天龙屯堡的语音、服饰、民居建筑及娱乐方式与周围村寨截然迥异，据说，这里的居民都是600多年前明朝派驻屯堡军户的后裔，人们把他们称为"屯堡人"，这里独特的汉族文化现象就被人们称之为"屯堡文化"。屯堡文化既有自己独立发展、不断丰富的历

◎天龙古镇九道坎

程，也有中原文化、江南文化的遗存，既有地域文化特点，又有中国传统文化的内涵。一方面，他们执着地保留着其先民们的文化个性；一方面，在长期的耕战耕读生活中，他们又创造了自己的地域文化：屯堡人的语言经数百年变迁而未被周围方言同化，至今仍保存着北方语音的特点，屯堡妇女古旧的装束沿袭了明清江南汉民族服饰的特征，屯堡人的信仰与中国汉民族的多神信仰一脉相承，屯堡人的花灯曲调带有江南小曲的韵味，原始粗犷的屯堡地戏被人誉为"戏剧活化石"，屯堡人以石头营造的全封闭格局的防御式民居，既有江南四合院的特点，又有华东四合院的布局，构成安顺特有的地方民居风格。

九道坎属天龙镇内最早期的石头建筑，置身其中，真有点像走进迷宫一样的城堡中，煞是有趣……**陈蕴瑜将军故**

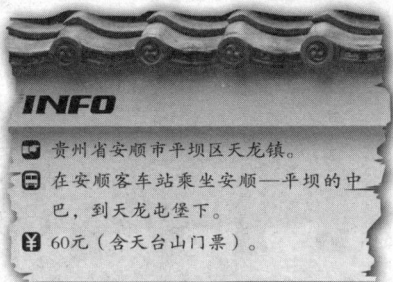

居坐西北向东南，为一正两厢一照壁的三合院格局，既继承了江南传统民居的建筑特色，又吸收了近代建筑工艺的精华，堪称贵州高原近代民居的佼佼者，现故居被定为"爱国主义教育基地"，向游客开放。

民国时期，天龙镇有一户人家**四世同堂**，户主鲍老太君早年丧夫，但她十分重视对子女的教育，这户人家出现了很多人才，其中有北大毕业的郑培泽，还有黄埔军校毕业的郑培珍。当时的教育总长任可澄为她题字"萱围春霭"。萱：指一种香草，多用来比喻女子的贤惠（这里指母亲）；围：是古代宫廷太后所居住的地方（这里专指堂屋）；春霭：祥云。说明鲍老太君居住的地方祥云笼罩，是一块风水宝地。

昔日的屯堡男人身负保卫城镇等任务。而屯堡女人则安守着"男主外、女主内"的习性。她们除了主理日常家务外，还会念经祈福，祈求上天保佑随时须候命往战场拼命的家中男士。即使到现在，这习性仍然未改。例如乾隆年间重修的**三教寺**内，前来上香的绝大部分都是镇内的女士，她们身穿传统屯堡的大袖口蓝色长袍，上完香、祈过福后，总会围在一起聊天、做女工，待时间差不多便回家煮饭。三教寺内有山门、两厢、正殿等建筑，始

◎天龙古镇四世同堂

建年代不详，寺内供奉有儒、释、道三教创始人，体现了屯堡人尊崇儒术，兼信释道的宗教文化信仰。

天台山位于屯堡后边，摩崖石刻众多，喀斯特地貌随处可见。在路边还有一株植于明代的古银杏树，几个人才能合抱。从古银杏树边向山上望去，始建于明万历十八年（1590年）的**伍龙寺**矗立在山顶的悬崖上，它是用石板垫死山的缝隙而建，与山岩石浑然一体，被建筑专家赞誉为"石头建筑的典范""深山明珠"。寺院古老的山门两侧有石刻对联"云从天出天然奇峰天生就，月照台前台中胜景台上观"。寺院分内外两部分，外部均用石块砌垒，墙壁上开极少的猫窗，有军事堡垒的防御功能；内部构件精雕细琢，特别是大殿前的木雕，一幅一个人物故事，生动逼真，各栋建筑更是灵施巧布，在有限的山岩上，创造出了丰富的建筑空间。寺内前殿供佛祖，后殿供玉皇，清末设学馆，是一处佛道儒和一的场所，此种文化现象在全国也是很少见的。另外，站在山顶可以俯瞰整个天龙屯堡，是采景的绝好地方。

如今的天龙，以屯堡文化旅游开发为龙头，着力打造"四个经济区"：一是天龙屯堡文化旅游开发经济区；二是天台、二官酸辣椒加工销售经济区；三是芦车坝、雷家硐、新华瓜果种植经济区；四是高院、竹林、打磨生态种养经济区……

温馨提示

游贵州天台山、天龙屯堡文化旅游区，可以品尝到名扬中外的美食：带皮牛肉煲、屯堡灰鹅等，当然，从这里您还可以买到地道的地戏面具、傩面具、屯堡服饰、蜡染、屯堡银饰、屯堡古酒……

云山屯

演绎明朝的旧事

云山屯是明代军屯、商屯遗存的实物见证和屯堡文化的典型代表。主要由民居、寺庙、屯门、屯墙、屯楼、古街道等组成，建筑风格既有江南的门、窗、楼、室等细节在局部处理上的风韵，又融入了贵州特有的石头建筑的特点，蕴涵着古老的民族文化。

云山屯位于距安顺市约20千米的七眼桥镇的云鹫山的奇峰下峡谷中，始建于明洪武十四年（1381年），这里的居民由于都是古时屯堡军户的后裔，所以人们把他们称为"屯堡人"。

600多年前，明洪武帝朱元璋为加强边疆地区的统治，在江浙招募士兵，让他们携妻带子进入贵州，居住在设置的卫所里，战时出征，闲时屯垦。当时卫所广布全省各地，军户达数万人之多。历经沧桑，而今这些卫所的遗迹大多散落到了历史的时空中了，但在"黔之腹，滇之喉"的安顺，至今还保存着一些卫所旧址及当时人们生活的遗风，云山屯就是其代表。

云山屯是明代军屯、商屯遗存的实物见证和屯堡文化的典型代表。主要由民居、寺庙、屯门、屯墙、屯楼、古街道等组成，建筑风格既有江南的门、窗、楼、室等细节在局部处理上的风

◎古村内古老的民居

韵，又融入了贵州特有的石头建筑的特点，蕴涵着古老的民族文化。

依山势而建的**云山屯村寨**，状如一条昂首摆尾的巨龙飞行于云鹫山的半腰，只有前后屯墙的两个城门，前屯门用巨石垒砌而成，两旁的城墙，高7—8米，厚约1.5—2米，屯墙全长1000米左右，上有炮眼和垛口，各处制高点还有众多的哨棚，一旦发生战争，即构成了一套系统、完善的指挥和作战体系。其建筑风格分三部分，前面龙头部属明朝建筑风格，中间龙身部为清朝建筑风格，后面龙尾部为典型的民国时期建筑风格。

从唯一的屯门进村，穿过深数十米的门洞，便是长约600米的**屯堡一条街**，它有许多小巷巧妙地与各户的三合院、四合院、碉楼等相连接，形成了攻防相济的通道。随着屯田制度的衰退，加之豪商富贾的涌入，这里的商业贸易

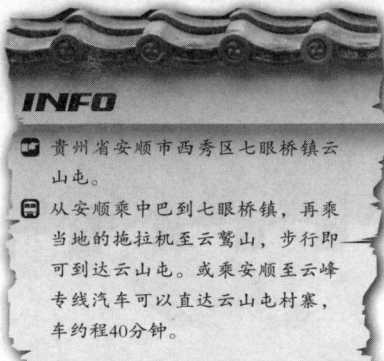

INFO

- 贵州省安顺市西秀区七眼桥镇云山屯。
- 从安顺乘中巴到七眼桥镇，再乘当地的拖拉机至云鹫山，步行即可到达云山屯。或乘安顺至云峰专线汽车可以直达云山屯村寨，车约程40分钟。

曾繁荣一时，布号、米肆、药铺等遍布全屯，著名的德生昌中药铺遗址至今仍存。近年来，由于交通道路的变迁，其往日的兴旺与繁荣已逐渐逝去。

云山屯的**民居**大多采用穿斗木构架结构，构架承重，围墙只起围护功能。围墙用石块砌成，选择的材料由大到小，使墙体表现出明显的层次感。房屋

◎云山屯庄严古老的村门

的板壁、支柱、窗户、门楼等均有镂雕花纹，或名人诗句，或松菊竹梅，或鸟雀凤鹤，绚丽多彩，寓意深刻。整个云山屯的建筑群体中，融汇了从明代以来历朝历代民居建筑的发展演变过程，这些建筑是一段过程凝固的历史。

沿着云鹫山崎岖的石阶而上，便可到达古树掩映的**云鹫寺**，寺庙由三部分组成，最早的是建于500多年前的大佛殿，清康熙年间增修玉皇阁和关圣庙，民国初年再添待漏桥和化纸塔。玉皇阁为重檐式攒灵歇山顶建筑，是当地古寺的代表。从高处放目远眺，西面苍山如海，东向良田万顷，让人有登东山而小鲁、登泰山而小天下的感觉。

旧时的地方志书把屯堡人称为"**凤头鸡**""**凤头笄**"等，是因为已婚妇女的簪子酷似凤头而得名。云山屯的男子头包青布帕，身着扣边长衫，系腰带，穿草鞋或布鞋；妇女以纱帕为头巾，腰间系织锦丝质长腰带，打结于臀后，脚下是鹰勾尖头平底绣花软靴，腿扎白布绑腿，宽衣长大袖的大襟长袍，衣领、袖口、襟边均饰有花边。据说如此之装束是明代遗留下来的。

云山屯有许多独具特色而又韵味无穷的**节日文化**：正月初九的玉皇会，正月十六迎汪公，六月初六土地会，六月二十四敬雷神……其中以迎汪公最具屯堡特色。传说汪公叫汪华，系安徽歙州休宁人氏，隋时为徽州地方官，后率部归唐，被封为越国公，因随唐太宗李世民征战有功，改封九官太守，死后谥为徽州府越国公忠烈汪王，遗骨归葬于歙州城北岚山之上。由于屯堡人有安徽来者，所以他们把故地轶亭也随之带入。正月十六这天，屯堡人要把汪公从平日香火侍奉的汪庙中请出来放在红色的轿子里，由村中德高望重者为前引，鸣锣开道进行游乡，轿过的每一家都要烧香鸣炮奉迎，整个过程大约需要一天一夜的时间。

作为数百年前留下的历史"化石"，云山屯和它所代表的屯堡文化，已经成了黔中一道亮丽的人文景观……

温馨提示

正月和七月到云山屯，还可以见到当地人的傩戏。傩戏的主要剧目有《八仙图》《铡美案》等，表现形式以唱腔为主，道白为辅，此表演至少已有150多年的历史。演出时要戴面具，内容大多取材于"说唐""三国"等故事，多为武戏。

安顺旧州镇

未有安顺已有旧州

四季的风雨阳光中，旧州成为很多人梦里的天堂。有人赞其风景曰：河畔望苍茫，岸远堤长。疏疏密密岸垂柳。最好韶化三月景。浓绿成行，曲路幽芳，百啭莺藏。轻烟细雨翠云乡，少妇倚楼窥月光，妙煞春光。

历史文化古镇旧州，位于黄果树大瀑布的故乡——贵州中西部城市安顺东南面，距安顺市区36千米。旧州，原名安顺州，元至正十一年（1351年）起为安顺州治所。明成化年间，安顺州迁往阿达卜（今安顺城），与普定府同城而治，改成安顺府，留下作为治所百年的古州城，为此百姓都称之为"老安顺州"，简称"旧州"，故有"未有安顺已有旧州"之说。

旧州城三面环水，一面枕山，街道按阴阳五行布局，古城墙为葫芦型结构，为全国唯一。作为黔中文化的发源地，旧州有绿色藤蔓掩映的古城墙，有旧石器时代的猫猫洞古人类文化遗址；有风光秀美的旧州八景；有神秘的仙人掌环形古墓群；有土司墓葬、土司宫殿、古驿道以及城隍庙等古遗址；有旧州溶洞和四面青山环绕的鹅项水库等人文景观；有远销海外的松林村芦笙工艺产品和蜡染产品；有富于民族色彩的农历"五月二十八"民族传统节日；以及

◎山环水绕的旧州，街道按阴阳五行布局、古城墙为葫芦形结构，为全国唯一

©旧州镇文昌阁

由原始傩舞演变而来的屯堡地戏和名声大震的詹家地戏队……

在百花争艳的季节走进旧州，型江河岸上小草肆无忌惮地伸着懒腰，蒲公英叶子凶猛扩展开来，依依的垂柳在温暖的阳光下悄悄长出淡绿枝芽。远远望去，型江河两岸紧紧相接，中间的河水宛若一条细小的"墨水"，在河两岸的缝隙里缓缓流去。新街上，日继增多的

朱红门楼让人产生一种幻觉……

走过街道是炊烟袅袅的**文昌阁**，它前方是有着"小桥流水、人家"之称的河风亭，后面是让人感慨的二十五眼桥。楼阁倒影于水中的景致，宛若江南一幅水墨：深邃、优美。站在桥头，河风拂晓而过，河的两岸，柳绿在微风中摇曳。视野处有一朦胧的影子，仿佛白居易在低吟诵诗："日出江花红胜火，春来江水绿如蓝。"多美的意境，多有生命力！

来到古镇旧州南面3千米处的**詹家屯**，如今村道两侧的石墙上，仍保留着许多各式各样的枪窗，隐蕴含着战乱年月的凄风苦雨。它是古城旧州东南之门

INFO

- 贵州省安顺市西秀区旧州镇。
- 安顺有直达旧州的中巴。

户，是历你兵家必争之地。村内的古建筑大多为明清时期遗存，集中了屯堡古建筑的风景，建筑风格为多穿斗式木架构的四合院，平面布置常为三开间，前后均有浅天井，天井内青石铺地，建筑构件雕刻精细完美，堪称屯堡建筑的精品。村内**叶氏旧宅**是为民国时期南京军阀设计绘图建造，耗时13年，建筑工艺气势宏伟，精妙绝伦，历经"文革"沧桑后，惜于1986年毁于一旦，空留残砖断垣在风中萧瑟，如今门前的系马石犹存，站在垣下，仿佛风起铃响，清脆悦耳，令人遐思不已。另外，詹家屯的培风寺、五显寺也远近闻名，高峻的马头墙仰天昂走，门楣雕刻和彩绘流金溢彩；木雕神像工艺精湛高超……

旧州村寨的屯堡先辈在行军打仗、屯居耕作中，为解决军队和家属的吃饭问题，利用驻地的原材料，把肉类、蔬菜等烹饪原料通过腌制、油爆、蒸、炸、炒等烹调方法进行加工处理，制出不同的菜肴。屯堡筵席就是屯堡人用来招待客人、庆功、家人团聚、办红白喜事时精心制作的筵席。**屯堡菜宴**主要包括开味碟、凉菜、大菜、小吃、汤等，讲究原料本色本味，可冷吃，在行军打仗时随时取用。如鸡辣子微辣鲜香，口感极好；腊肉腌薰味浓，肥而不腻；霉豆腐、盐蛋等都有不同的风味和营养价值。

跳花节是安顺苗族最为隆重历史最为悠久的传统节日。"跳花"一词仍汉名，因坡上栽有花树而得名，跳花的地点称"花坡""花场"，跳花日期全都在农历正月间举行，现仍有24处固定跳花坡。此外还有跳地戏、舞龙、抬菩萨、吹木叶、唢呐、芦笙、唱花灯等丰富多彩的民俗娱乐活动。

如今，在夜郎古地上，旧州吸纳了来自中原的农耕技术，加以良好的农业水利设施和自然条件，培育了旧州"珍珠米"品牌，形成了优质米、优质山药、优质折耳根种植基地，有安顺"米粮仓"的美誉。商业、手工业、作坊工业也因此得以快速发展，成为商贾云集之地。

温馨提示

"贵州小吃看安顺，安顺小吃看旧州"。茨菇、甜饭、红烧肉、酸菜等极具地方特色的"家常菜"，让你在咀嚼中细细品味古镇里别有风味的生活。尤其值得一提的是，旧州郭氏筵席获"屯堡筵"代表作被载入《中国名菜大典（黔菜卷）》。

扫一扫，获取更多实时旅游资讯

丙安村

丙安村

安静的明清古城堡

由于至今只有一条水路可到城堡脚下，少了外界的纷扰，丙安村基本保持了明清以来赤水河谷的古城堡原貌。走在小镇上这里的旧屋、旧瓦、旧墙飞檐中，都透着历史的沧桑。

丙安村位于川黔古道上，距赤水市区12千米，三面环赤水河。丙安是从明清时代走过来的，相传丙安原为"炳滩"，后因是常发生火灾，人们认为可能与"炳"字从"火"有关，于是改"火"为"水"，此后果真少有火灾。汉字规范后便改为"丙"。1962年建人民公社时，就改叫"丙安"了。据说是为铭记治理赤水河，使大、小险滩恶水变为平安之水的功绩而命名的。

历史上丙安一直是川南入黔的古道上一重要场镇，村子两端朦胧古风的寨

◎丙安村

子门保存完整。上、下两道寨子门均为宽2.1米，高7米，小巧别致。门前的高石阶是下船而上到村子的唯一通道，两寨门旁，各有一株苍劲古朴的大黄桷树，沿崖壁掏出一凹槽，错错落落地建有许多**吊脚楼**。这些年代久远的老楼多掩映在绿树丛和芭蕉林里，悬空楼、虚脚楼、无底楼、独柱高脚楼，参差不齐，错错落落，别有风韵，沿崖壁修筑的石阶延伸到河滩边。

在古村里仅有一条狭窄石板街，长约400米，从古至今一直是周围几个村寨商品交易的重要市场。从地图上看像幽幽古色的"葫芦"**石板街**，别有风韵。进入寨门，先让你领略狭窄压抑的"一线天"街景，转过急弯便看不到街道，仿佛进入了死胡同，但只要你走近再拐个弯，一条宽敞的石板街便展示在你眼前，使你心旷神怡，如入仙境，风骨诗文顿生灵感。

脚踩着这条带有青苔的石板街，看着不见油漆印迹的木板墙，阳光从两边瓦屋滴水檐之间撒下来，像一张张发黄的老照片，沧桑而古朴。沿着这条旧石板路走下去，你就会走到过去，走到遥远的明朝清代。丙安历来为上下客商歇息之地，因而丙安场上客栈、饭店、茶馆比比皆是，镇上多数居民以此为业。外来商贾也相继在场上开店，湖南、湖北人还在此修建禹王宫，即两湖会馆。

◎古村民居建在半山腰，小溪流水门前过，风光如画

自清乾隆年间赤水河进行大规模治理后，丙安成为来往盐船、商贾停泊过夜之地，场市更加繁荣。如今，老街店铺里卖着手编的草鞋、粗犷的竹工艺品，敞开门的堂屋里，围坐一桌老人玩着古牌，或许这牌的年代太久远了，少有年轻人参与……

丙安距河滩14米高，三面临水，地形险要，易守难攻，亦兵亦农，是**兵家争夺之地**。当年太平天国石达开"负气出京"遭清政府围追堵截，逃至川南后，余部选择丙安场为根据地，遗憾的是刚入河谷口即被清政府派兵截住，未能加愿，最终全军覆没。长征时期，红军四渡赤水时，红

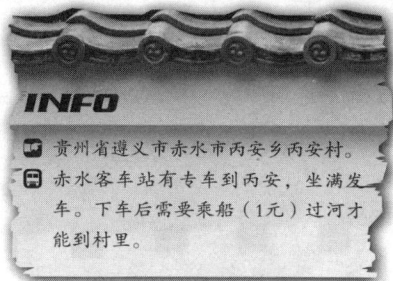

INFO

📍 贵州省遵义市赤水市丙安乡丙安村。

🚌 赤水客车站有专车到丙安，坐满发车。下车后需要乘船（1元）过河才能到村里。

一军团军团部曾驻师镇上指挥渡河作战，取得了战略性的胜利。

神秘古玄的**清石桥**长28米，宽1.4米，桥墩和桥面均为巨型条石砌成，就像埃及金字塔一样，不知前人是怎样砌成的。桥上分别有两条雕刻精巧的石龙和两只石狮，两只石狮早年被洪水冲毁，现只存两条石龙。

另外，丙安的**自然景观**也充满了奇趣。神奇古朴的迎客瀑堪称赤水河畔第一瀑。宽7米、高14米的瀑布从百年榕树脚下泻出，好似白龙投水，跃飞河上。惊险古湍的大丙滩下丙滩渡悬流数十丈，滩下水深14米，河水湍湍，立于船头，会感急流震吼，青山飞驰，而头晕目眩，胆战心惊，却又有惊无险，刺激快活。

温馨提示

丙安村弄船者日出暮归，迎来送往的船娘在橹上系一块红绸，既是风俗也表情愫。

怪不得码头上方半山腰间有一株古老的黄桷树，只有根扎在半山腰，整个树干完全横卧在空中，探出身子俯望着赤水河。也许这株老树把小镇昨日的浪漫情怀与现在的怀旧伤感交融在一起了。

在贵州东部的潕阳河畔，有一座古老而美丽的苗乡小城——镇远，潕阳河里『S』形穿城而过，巧夺天工地将小城构筑成一个天然的阴阳八卦图。得天独厚的青山秀水和古朴幽静的水城特色将这里打造得仿佛超然世外，如梦如幻。

镇远

太极古城 水陆都会

镇远位于贵州省东缘，黔湘两省交界处。这里风光秀丽，是中国目前保存最为完好的四座古城池之一。

镇远是一座历史悠久的苗乡古城。西汉时属武陵郡，汉高祖五年（前202年）始设潕阳县后，历代王朝先后在这里设置县、州、府、道。从元代至1949年的700多年间，这里一直为州府所在地。20世纪50年代初，这里为镇远专署和黔东南苗族侗族自治州首府，后来州属迁往凯里，改镇远为县。

镇远群山夹峙，诸水汇流。优越的

◎青龙洞建筑群

◎山水夹峙的镇远古城

山城地理位置，使得这里成为历来兵家必争之地。明洪武初年，明太祖为了将一直未肯臣服而踞守在云南的元朝巴扎剌瓦尔密一举扫平，发动了多次"平滇"战争，在此"屯田驻军"。清嘉庆二十四年（1819年）林则徐第一次路过此地时写道："府治依山为城，山隙处补以睥睨，望之若无城。"

镇远有"滇黔锁钥""湘黔咽喉""黔东重镇"之称。中原地区的大批商人沿长江入洞庭到镇远，使镇远的经济、文化变得繁荣兴盛。同时，他们也在此处建立自己的会馆，其中，规模最为宏大、建筑风格最为雄伟壮观的会馆叫"天后宫"，是当年福建客商和为官人士共同筹资修建的，因而又被称为**福建会馆**，是镇远八大会馆之一。

风光秀丽的美景和繁荣昌盛的经济吸引了不少显贵要员、文人雅士。据传，三国时期著名的军事家诸葛亮七擒孟获时率兵抵镇远，在潕阳河畔留下诸葛洞遗址。吴三桂曾领兵到镇远屯兵操练，留下吴洞遗迹。另外，明代贵州奢香夫人、清代文学家吴敬梓、讨袁将领李烈钧、爱国将领林则徐及冯玉祥等都曾在此留下足迹及赞美篇章。

清幽碧绿的潕阳河流经古城时，在此形成"S"形的大拐弯，将古城一劈为二，并蜿蜒成形，巧夺天工地将镇远构筑成一个阴阳八卦图。南北两端的府城和怀城成了太极图上的阴阳两点。城中古民居依水而建，古老的街道两旁分

INFO

- 贵州省黔东南苗族侗族自治州镇远县。
- 镇远位于黔桂铁路上，交通极为便利，有多班火车经过镇远。
- 青龙洞60元。

布着各式各样的小吃店和服装店。小城周围则是俊秀的青山。青山绿水将古城打造成了"九山抱一水，一水分两城"、山水城浑然一体、天人合一的独特的**太极图古城风貌**，被中外游客誉为"东方威尼斯"。

至今古城内仍保留有**卫城墙**。城墙始建于明洪武二十二年（1389年），周长3.07千米。城墙原有垛口1800多个，筑有城门及城楼5座，周建关卡10多座，戒备森严。防洪护城堤三堵，雄伟壮观，被誉为"贵州长城"。

卫城的尽头倚山而建的是**青龙洞建筑群**，于明弘治、嘉靖年间修建，为中国古代三大"空中建筑"之一。建筑群由青龙洞、紫阳洞、中元洞、万寿宫、香炉岩和祝圣桥等6组33栋大小单位古建筑组成，建筑面积6000多平方米。建筑布局傍崖贴壁，临空飞峙，五步一楼，十步一阁，而且集多民族、多地区建筑艺术之大成，精致典雅，雕塑逼真。明、清时期，这里是道、佛、儒三教圣地，印度、缅甸等东南亚国家佛教僧人曾来此传经拜佛。

横跨潕阳河上的**祝圣桥**，历史悠久，新中国成立后，一直是东南亚各国使节到北京的交通要道。据史料记载，缅甸使者数次路过镇远，都是由此桥而

北上的。据说，20世纪50年代初，印度总理尼赫鲁来访时，就曾向周恩来总理提及镇远的青龙洞和祝龙桥，因为他在年轻时到过镇远，这里的美景给他留下了深刻的印象。

镇远山清水秀，景色迷人，除了美丽的潕阳河、壮观的青龙洞古建筑群，周围还有被誉为"贵州的九寨沟"之称的铁溪风景区、广为历代名人盛赞的名城镇远二十奇景以及众多千奇百怪、千姿百态的溶洞奇石。

在2000多年的历史长河中，镇远不仅积淀了悠久厚重的历史文化、众多瑰丽的文物古迹，更还有那绚丽多姿的民族文化吸引着人们。生活在这里的苗族、侗族人能歌善舞，每逢节日，男女老少便齐聚一处，展示歌喉，扭动腰肢。清代吴敬梓在其名著《儒林外史》中称誉镇远为"歌舞池"。

古镇攻略

当地招牌美食有红酸汤舞阳鱼和猪蹄豆花锅，都是经过晒、翻、揉、搓等几十道工序制作，吃起来鲜嫩爽口。除此之外这里还有姜糖、猕猴桃干、豆腐乳、果酒等土特产。

扫一扫，获取更多实时旅游资讯

黄平旧州镇

金盆 银碗 玉带 圣水

旧州古镇有史可考已达2300余年，地势平坦开阔，文化发达、人杰地灵，是国家级风景名胜区 舞阳河的重要组成部分。旧州镇依偎傍着"金盆"（万亩大坝），"银盆"（舞阳湖），"玉带"（舞阳河），旅游景观奇妙独特，美不胜收，是旅游休闲度假的好去处。

旧州古镇，是春秋战国时期的产物，距黄平县城25千米，原是黄平县城所在地。城周九里三分十八步，辟东、西、南、北门，历史为贵州的一个水陆交会点，省内外货物常由此转运。商贾往来，市井喧闹，是贵州商业重镇，黔东南州的历史名城。据《华阳国志 南中志》记载："汉且兰国邑，在今贵州黄平县西之老黄平，系贵州东部最大之一湖迹平原，农业发展在黔东南地区为最早，故秦汉时已能建成且兰国邑"。

走在古镇宽阔平整的街道上，观两旁排列整齐的"印"字砖木结构房屋，

一壁高大森严的封火墙，显得幽静典雅，古色古香。这里的房屋仍保留着明清时代的建筑物色，古朴精湛，气派壮观。以姓氏家庭为单元所建造的风火墙隔层下的各式庭院，很有讲究，防火性能极佳，高出屋面约为1米的风火墙体宽约30厘米，层层向上，绘有精美图案，个性鲜明。院内其雕龙画凤，花草鱼虫的木制门窗，家居设置，墙屋墙面，仿佛使人走进一种极高的艺术殿堂，饱览一番古式民宅的风雅秀姿。

仁寿宫坐落在古镇中街，原为江西临江会馆，始建于清乾隆五十一年

◎黄平旧州

（1786年），是一组高风火墙封闭式建筑，占地面积897.6平方米，有戏楼。戏台楼房与东、西厢楼相连，有正殿，三步廊，其雕刻精美，工艺精湛，是现今较好的古建筑之一。天后宫位于西下街，今为福建会馆，始建于清道光十七年（1837年），现天后宫四周围砌高风火墙，占地1220平方米，今有两殿及厢房4间，有四廊、面阁、藻井、花台等，主祀海神天后……

文昌宫是一座四角形三层高的古阁，阁高约15米，阁底面积约16平方米，建于明清时代，兀立水中，犹如绿带上镶着的明珠，独有风采，河岸有一座小桥可通阁里，以供游人入阁观景，也是古人对月临流琴棋书咏之处。如今文昌宫已经成了老年人的活动中心。

旧州镇西门外的老里坝处，**五孔连拱石桥**横跨㵲阳河，桥长67.7米，宽7.3米，高9.2米，为明黄平知州古德恒创建。康熙二十七年桥被大水冲毁，乾隆三十七年重建成为五孔石拱桥，是黄平通往遵义、重庆的要道。

旧州是红六军团和中央红军长征先后经过的地方，现在还留存着一些革命活动的遗址遗迹。当年红六军团长萧克与法国传教士勃沙特翻译法文版《贵州地图》的天主教堂至今犹存。**旧州天主教堂**位于黄平县旧州古镇东门出口处，其建筑特点为色彩协调自然的哥特式建筑，部分采用中国传统手法，可谓中西合璧。诵经堂、起居楼是旧州天主教堂的两个组成部分。诵经堂东西朝向，房墙全为古方砖修建，且横竖相间排列。东面房墙体超出屋脊1米，顶上中部高两端低，

©黄平旧州民居

仿风火墙结构，壁上有三个圆形窗子，一大二小，其下有两个拱形门。西面房墙体因屋内设有讲经台，为菱形结构，上有三个圆形窗，下面两侧有两个小拱形门，堂内可同时容纳400余人做弥撒。南北面房墙每边有8个竖长顶尖形窗子。另各有二个拱形小门，排列整齐，互相对称。屋内有六根相距3米的大柱顶住房屋顶众横梁。屋顶内侧天花板结构独特，中部有五处为尖塔形结构，如四把张开的巨伞，极为巧妙。起居楼南北朝向，两层建筑，房墙砖木相间，用巨大木柱

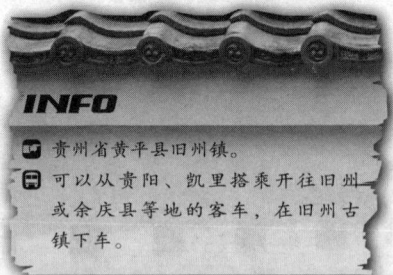

INFO

- 贵州省黄平县旧州镇。
- 可以从贵阳、凯里搭乘开往旧州或余庆县等地的客车，在旧州古镇下车。

支撑屋脊横梁，东西面都有拱形窗、拱形门。整个房屋上下层都隔有多间面积不一的单间，二层四面设有走廊。房顶木瓦结构，飞檐翘角，气势不凡。

旧州的"九宫、八庙、三庵、四堂"，与今全国历史文化名城、原府城的"七寺、八阁、九座庙"的总数相等。城郊更有鼓台仙境、翁播龙潭、陡岩赤壁、万营占候等绚丽壮美景点，且近年来新建成了集长江三峡之雄伟，桂林山水之秀丽，四川九寨沟之幽雅的潕阳湖，更深受游人青睐，游览价值很高。

旧州古镇有着"金盆、银碗、玉带、圣水"的美誉。潕阳河畔的万亩大坝是旧州人民休养生息的"金盆"。盆地中央是抗战期间的军用后备飞机场，该机场始建于1939年，原只作为一个临时迫降的机场，随着抗日战争形势的变化和军事上的需要，旧州机场被选为西南中心机场。60多年过去了，现在主副跑道仍在，基本保持完整。机场与古镇相互映照，为游客旅游增添了更多的情趣。潕阳河绕旧州古镇而过，蜿蜒穿过崇山峻岭，流向施秉，形成九曲十八弯的河道，居高处鸟瞰恰似一条"玉带"，这里的人们居住在山清水秀的、人杰地灵的土地上过着安居乐业的幸福生活。

温馨提示

旧州的十二生肖泥哨，装饰考究，内涵丰富，因而有贵州省"泥哨工艺之乡"之称。另外，旧州的民间刺绣、桃花、蜡染、纺织工艺也很独特。牛蹄剁成块，与鸡块、辣椒焖炒而成的牛背筋则是色香味俱全，香辣之味令人难以忘怀。

西江镇

载歌载舞醉苗疆

银角闪亮，花带缤纷，眼就花了；山风沁人，青草芬芳，听一曲火辣的山歌，人就醉了；篝火炽旺，舞步狂欢，接过妹子抛过来的绣球，心就乱了；就这样爱上西江了！

烫的苞谷酒，喝一杯浓

西江镇地名是苗语音译，苗族名"鸡讲"。古镇位于贵州省雷山县的东北部，西面是郎德镇，东北面紧靠巍峨的苗岭主峰——国家级自然保护区雷公山。西江是全国最大的苗寨，清澈见底的白水河由东向西流过西江大寨，与河水平行的一条不宽的街道也穿寨而过。是一个保存苗族"原生态"文化比较完整的地方，素有"天然博物馆"的美称。

◎西江千户苗寨是典型的黔东南苗族民居建筑——吊脚楼

西江苗寨是典型的黔东南苗族民居建筑——**吊脚楼**，材料源于雷公山森林中的优质杉树。这种全木质结构歇山式穿斗挑梁木架楼房，修建在30度–70度的斜坡上。屋基是呈上下两级梯形的平台。两级屋基上下高差约2米，进深约3–5米，梯级堡坎用鹅卵石砌成坚固的保护。有了这两级约100平方米的平台，整幢房子的支撑立柱便可以安放在上面了。从侧面看，西江的房子一般多为五柱头，大一点的可以是七柱头。最外面的一根柱子悬空而挂，同上面一级屋基持平形成了"吊脚"，所谓"吊脚楼"即由此而得名。

有些吊脚柱的端头还刻有骑筒瓜以作装饰。"吊脚楼"的斜面大屋顶用青瓦或杉树皮盖顶。每幢房子一般

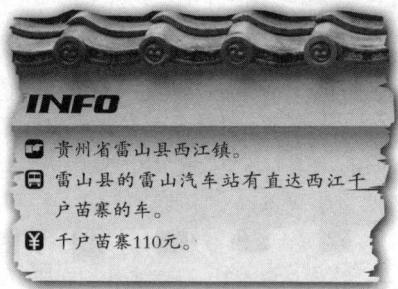

INFO

- 贵州省雷山县西江镇。
- 雷山县的雷山汽车站有直达西江千户苗寨的车。
- 千户苗寨110元。

是三大间正房，然后在三大间正房两侧还各搭两个偏厅。由于正房的空间很大，主人还可以根据需要再从中隔出小间。"吊脚楼"的板壁用七分厚的本板封装间隔。新打造的木楼露出杉木肉质的自然本色，光鲜夺目，十分耐看。上百年的老屋，经过岁月的剥蚀和摇撼，其构架变得伤痕累累，歪斜扭曲，其色灰黑，木头也暴露出了根根纹理，犹如衰朽暴露的筋脉，古拙枯涩、令人感叹。

西江的吊脚楼通常分为三层，最底一层用于牛栏、猪圈、鸡舍，堆肥、放柴。中间一层为人居住，正中间为堂层，设祖先牌位，家庭祭祖、宴饮、接客多在此举行。堂屋前面留有一个别有情调的空间，在檐柱中装上空花曲栏长靠凳，俗称"美人靠"，苗语叫"阶息"，这是供人在此歇息小坐，凭栏远眺之处。堂屋两边的两大间则按需要隔成睡房、客房、烤火间、存物间、通道等。最顶上一层也隔成数间，用于存放粮食、晾衣、堆置各种杂物。

苗家的**民族服饰**鲜艳夺目，花色品种多样，银饰制作工艺精湛，驰名省内外。女青年节日盛装，头戴银花、银梳，别簪银角，包银围布片，戴耳环，

项挂3~4只花纽式银项圈；还有的着古式盛装，穿大花便衣（衣角、衣肩、衣袖都订上各式银花片）、黑绉裙，外系24条花带和大花围腰，手上戴三四只银手镯，全身打扮得银光闪闪。

西江苗族妇女自幼喜欢绣花。有绉绣、平绣、叠绣和贴绣，尤以**绉绣**驰名。绉绣是用八股、十股或十二花线织成各色花带，然后绣上花、草、鸟、鱼、虫、兽等图案，订在衣领、衣袖、衣角、背带上，富于立体感。

苗寨接待很多客人时，就会在风雨桥上摆长桌宴，**风雨桥**跨河而建，有廊和亭，既可行人，又可避风雨。这些兴时于汉末至唐代的古建筑，结构严谨，造型独特，极富民族气质。整座建筑不用一钉一铆和其他件，皆以质地耐力的杉木凿榫衔接，工艺复杂，装饰讲究，廊顶上竖起几个多重檐的亭阁式宝顶，桥、廊、楼融为一体，大大超出了桥的实用性功能。在风雨桥上展开长凳长桌，将饭菜一碗碗摆放齐整，点上蜡烛（可驱赶苍蝇），那种热烈、喜庆、祥和与欢乐的长桌宴，令人终生难忘！

西江苗寨有许多**传统节日**，像农历六月中旬的"吃新节"、十月苗年"芦笙节"和"鼓藏节"都是苗族很隆重的节日。其中，十三年一次的"鼓藏节"（苗年）最为隆重，上一次鼓藏节是在1999年。节日期间，家家宰猪杀牛，户户请客敬酒，苗族姑娘身着盛装，伴着笙歌，掀起一片银色的海洋、歌舞的世界，故西江有"芦笙的故乡"之称。节庆中，"游方"为苗族青年男女在节日里进行的一种公开择偶活动，他（她）们用歌传情，寻觅终身伴侣……

西江苗寨人民向来好客。节日或平时，客人来到苗家，全家老少都热情接待，主人双手捧来一碗碗香喷喷的米酒，敬给客人，以示对客人的欢迎。若遇节日请酒迎客，礼节更加隆重。每逢苗年，家家都做甜酒，煮冻鱼款待客人……西江依然延续着祖先的传统和精神生活，使得其神韵丝毫未损。时至今日，西江正以无比旖旎的风情召唤世人。

◎西江苗寨

增冲村

文化之乡的侗寨第一楼

增冲村的民居建筑以山水、田园为依托，以鼓楼为中心，以风雨桥为纽带，按八卦五行学说的理念向四周布局，三面环水，四面环山，景观结构好，其建筑体现了侗族的典型特点和风格，浓缩了侗族文化的精华。

增冲村位于从江县西北部，地处黔、湘、桂3省交界的九洞地区，距县城95千米。"增冲"为汉语地名，原称"正通"，有"通扫地方的富足之地"之意，距今已有600多年历史。村内有国宝增冲鼓楼，距今已有330余年历史，是全国现存最古老的侗寨鼓楼。此外还有康熙井、风雨桥、红豆

◎耸立于村子中央的增冲鼓楼

杉、古墓和24幢建于乾隆年间的封火墙房屋等景观。

增冲是一个神奇而富有**诗意**的侗寨。由一条清澈见底的小溪三面绕寨，防火水渠贯穿全村，村中水塘比比皆是，因此增冲从古至今就从未有过火灾隐患。古民居与吊脚木楼鳞次栉比，溪边村妇浣纱，白鹅戏水，鲤鱼跃塘，织布声、石碓声，间杂鸡鸣犬吠，在袅袅炊烟中勾画出一幅静谧恬淡的乡间生活画卷。长满青苔的青砖巷道曲径幽深，精美的石雕俯拾即是，眼前孩童嬉戏，老妇纺纱，楼阁里村妇织绣，不时有侗歌声飘出，让人顿觉时光倒流……

增冲鼓楼是全国现存最古老的侗寨鼓楼，层叠高升，八角飞翘，红檐耀眼，屹立于寨中，气势恢宏，与寨旁的3座风雨桥争相媲美。登临鼓阁，凭栏眺望，木楼花桥、山水风光尽收眼底。长廊阁宇式的风雨桥，横躺寨头村脚的溪流河水之上，形成侗寨的主要标志，

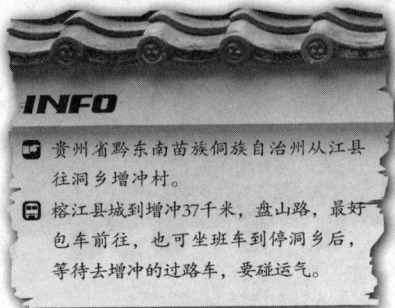

INFO

🚌 贵州省黔东南苗族侗族自治州从江县往洞乡增冲村。

🚍 榕江县城到增冲37千米，盘山路，最好包车前往，也可坐班车到停洞乡后，等待去增冲的过路车，要碰运气。

为侗寨增添了神话般色彩。鼓楼、花桥、村庄、田园连成一个整体，相照辉映，如花似锦，别有洞天。

侗寨第一楼**增冲鼓楼**始建于清朝康熙十一年（1672年），系13层木结构，瓦顶为重檐式古建筑，双层楼冠，葫芦宝顶。楼高约26米，中立4柱登顶，每根柱直径0.8米，高15米，构成鼓楼主干。每层外竖8柱，形成放射性八角形，柱高3.5米，层层向上，每层用8根短瓜柱依次叠竖收刹，紧密衔接，直至11层。11层的上面再立两

◎俯瞰增冲

◎朴实的增冲妇女正在家门前的水边洗衣服

层八角伞顶宝塔楼冠，构成鼓楼的顶部，宝顶直插云空，犹如奇天弄云的两把艳丽彩伞。鼓楼各层分水瓦脊采用猕猴桃藤浆与石灰拌和为黏合剂叠瓦而成，表面刷石灰浆，洁白耀眼，久不褪色。檐角曲翘，泥塑鸟兽。封檐板面彩绘龙、凤、鱼、蚱等图案，檐下点缀精雕木花，古朴庄重。鼓楼底层开三扇大门，地面铺满青石板，正中挖一火塘，四壁悬挂对联、匾额，门楣上"万里和风"匾系清道光十年（1830年）信地侗寨所赠，体现了侗族人民之间的亲密友谊与侗族地区的祥和氛围。楼内设有楼梯，蜿蜒而上直至楼阁，楼阁正中置一长2米、直径0.5米的鼓，为寨上的"信鼓"。

增冲村鼓楼之美，不仅美在它那"秉亭子之清幽，兼宝塔之奇伟"的造型，更美在它是侗族文化的代表，是传播民族文化、体现民族团结和兴旺的象征。1997年，原国家邮电部在地方选题邮票中，发行了具有浓郁民族特色的贵州《侗族建筑》**邮票**一套四枚，其中首枚就是"增冲鼓楼"，邮票的发行把增冲鼓楼这一恢宏的侗族建筑明珠推向全国乃至世界。

增冲村是**文化之乡**，这里人人能歌善舞，爱唱侗族大歌，侗歌从20世纪50年代开始发现，唱响全国，80年代唱响巴黎，震惊了世界音乐界。侗族没有自己的文字，因而自己的历史、社会知识、生产生活、伦理道德等都靠歌声来记录和传承。歌师对弟子口传心授而在侗寨拥有超然的权威，是天然的长老和寨老。在侗乡，生死、嫁娶和节庆都有侗族大歌的演唱。古村还是**歌海之乡**，踩歌堂（哆耶）是一种集体性、祭祀性的舞蹈，是侗族先祖贯公和也降创造的，据说参加跳这个舞能消灾祈福、保佑平安。寨上有侗歌队、侗戏班。每逢节日，侗寨欢聚于鼓楼歌坪举行热情洋溢的"踩歌堂"，"抬官人"和开展各种精神文明文体活动。

> **温馨提示**
>
> 增冲村风味食品有红肉（紫血肉）、鱼生、烧鱼、鱼肠酱、虾酱、黑米饭、黄米饭、扁米、侗果等。他们的民族传统节日很多，正月十五、春社节、斗牛节、清明节、乌米节、插秧节、六月六、吃新米节、八月十五、芦笙节等。每次盛会，人山人海，热闹非凡，甚为壮观。

肇兴寨

鼓楼之乡

神奇的土地，古老的民族，迷人的文化，这儿有您感受不完的人文风情，民族风情，山水风情；还有别具一格的吊脚楼，耸入云霄的木鼓楼……肇兴寨带您走进一个远古而又充满传奇色彩的世界！

肇兴寨亦名**肇洞**，为贵州省黎平县肇兴乡人民政府驻地，距黎平县城72千米，坐落在群山环抱的山间坝子之中，肇兴河清澈透明，蜿蜒曲折，穿寨而过。全寨为全国最大而又最古老的侗寨，被称为"侗乡第一寨"，是黎平最具代表的民族风情及建筑群。远观肇兴全景：中间凹，四周高山，呈长方形，块块聚落，似船状形。

肇兴寨历史悠久，寨中有鼓楼5座，花桥5座，戏台5座。寨中一条主要街道由东而西，两旁建有学校、乡政府

◎依山临水而建的肇兴寨村

INFO

- 贵州省黔东南苗族侗族自治州黎平县肇兴乡肇兴寨。
- 黎平汽车站有直达肇兴的客车。
- 80元。

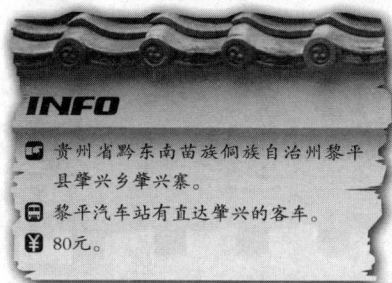

和民居，干栏式吊脚楼，鳞次栉比，错落有致，全部用杉木建造，硬山顶覆小青瓦，古朴实用。

进入肇兴寨，先得走过风雨桥，即**花桥**，有鼓楼的地方就有花桥，站在桥上就可以看到戏台。故有"五楼五桥五戏台"的美称。与现代的桥相比，它最大的特色是有瓦盖成的顶，能让人们避雨、躲冰雹。而且，桥两边各有一条长凳，供人们休憩。夜幕降临后，一对对青年男女在桥上对歌，唱得人情意荡漾。

鼓楼与花桥相映成趣，从上往下数依次为仁团鼓楼、义团鼓楼、礼团鼓楼、智团鼓楼和信团鼓楼，5座鼓楼恰如5朵荷花，分布在仁、义、礼、智、信五个自然寨。鼓楼均为木质结构，用四根大杉木为主柱，直达顶层，另立副柱加横枋竖立于其上，向四周伸展，全以木榫、木栓穿合，不用铁钉，结实牢固，扣合无隙。鼓楼，由全寨人集资修建，是吉祥、兴旺的象征；是侗寨和侗族族姓的标志；是侗族群众休闲的场所；是年轻人社交的场合；是接待客人的地方；是集会议事的要地；是传递信息或报警的工具。鼓楼具有历史悠久、造型美观、结构独特、用途多样等特点，具有十分重要的历史、科学、艺术价值和民族民俗文物价值。

肇兴寨不仅是鼓楼之乡，而且是**歌舞之乡**，寨上有侗歌队、侗戏班。每逢节日或宾客临门，侗族群众欢聚于鼓楼、歌坪，举行"踩歌堂""抬官人"等民族文娱活动。歌类尤其出名，有侗族大歌、蝉歌、踩堂歌、拦路歌、琵琶歌、牛腿琴歌、酒歌、情歌、山歌、河歌、叙事歌、童声歌等。侗歌声调婉转悠扬，旋律优美动听，尤以多声部混声合唱扣人心弦，轰动海内外。每隔一年于中秋节举行一次的芦笙会，主、客竞相吹奏比赛，笙歌阵阵，热闹非凡，极为壮观。

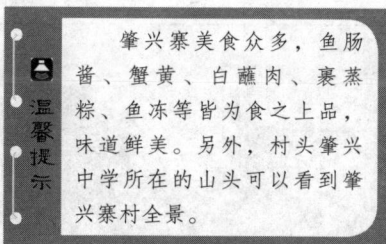

温馨提示

肇兴寨美食众多，鱼肠酱、蟹黄、白蘸肉、裹蒸粽、鱼冻等皆为食之上品，味道鲜美。另外，村头肇兴中学所在的山头可以看到肇兴寨村全景。

古镇攻略

肇兴邮政招待所和文化站招待所附近有许多小店，卖当地特产纪念品等，也有很多当地人在那里兜售自己做的手工艺品，价钱不贵，很适合馈赠亲友和收藏纪念。住宿方面可以投宿当地居民家。

扫一扫，获取更多实时旅游资讯

隆里村

壮观的军事城堡

历史沧桑巨变，隆里古城虽已失去了昔日军事城堡的威严，但是散布在古城各个角落的古街、古宅、古桥、古井、古祠、古墓、古碑等仍散发着迷人的光彩。而作为一座保存完好的集图腾与宗教、历史与现实于一体的古城堡，它又是研究民族历史文化的活化石。

隆里位于锦屏县西南边沿，距县城64千米，南与黎平县敖市接壤，距黎平县旅游景点天生桥23千米。古村原称龙里，清代名为隆里，谓"隆盛之理所"，始建于唐代，是明朝的重要军事城堡。虽经历600多年风霜侵蚀和火灾的劫难，但整座城貌依然是我国南方高原保存最好的古城之一。现存古民居以陶家大院、科甲第、武举第和两座王氏宗祠(所王和西王)最为完整和最具典型。古城周围存留有多处文物古迹，村内的王昌龄祠、状元桥、状元墓都是后人为纪念王昌龄而建的。

隆里古城始建于明洪武十九年（1359年），是明朝"调北征南"，"屯田戍边"形成的军事城堡，城中的各条道路关口要隘、城墙、瞭望楼，均系古代军事布局。古城墙是用卵石框边筑成的土埂，周长1500米，高4米，宽3米。四个城门设置虚虚实实，让人感

◎隆里古城

到"明通暗塞，暗通明阻"，而且颇为讲究：东门是财门，南门是喜门，西门是水门，北门是鬼门。隆里迎亲、出殡等，只从东门进出，是不走北门的。走进城中，这里的街道有着与众不同的特点，就是每一个街口都是"丁"字形的，代表着人丁兴旺。隆里古城建筑的风格实现了人与自然的统一，它超前、合理的规划布局，令现代人望尘莫及。隆里古城有72姓，72口水井。隆里古城建筑是王昌龄边塞诗派、京城建筑及当地劳动人民智慧的相结合的体现。古城四周，有著名的"龙标八景"。

状元桥始建于明万历二十二年（1594年），是为纪念唐朝诗人王昌龄贬谪隆里而建，因王昌龄曾中博学鸿词科第一，隆里人尊称他为状元，故修桥以状元名之。该景旧时为黎平府的八景之一。

建于清嘉庆年间的**陶家大院**是古城中最有代表性和保存最完好的古民居，位于古城东北角，为三间搭两厢型建筑，四周围高封火墙，天井是青石板铺成，一侧放着青石板做的太平缸，雕蟠凿龙，十分精美。天井旁的厢房高悬一大匾，上题"广厦华居"。堂屋里的雕花木窗雕工精细，四方桌用料为上等的红木，两旁的椅子是狮脚龙凤椅。

相传唐朝著名诗人王昌龄因一首《黎花赋》而遭人中伤，被朝廷贬谪龙标尉。其好友著名诗人李白同情其遭遇，遥赠诗一首："杨花落尽子归啼，闻道龙标过五溪。我寄愁心与明月，随风直到夜郎西。"来到隆里之后，王昌龄又写许多脍炙人口的诗词，并创立了**龙标书院**，传教授学，以变风俗。为封建时代培养了不少人才，旧时为黎平府八大书院之首。现在建筑为清朝雍正年间张应诏回乡后重修。

隆里民族**传统文化**厚重而又多彩，唱汉戏、吟故事、玩龙灯被视为三大民族文化瑰宝，蜚声国内外。正月元宵是舞龙活动的高潮，为隆里的"狂欢节"，是古城一年中最热闹的日子，这天除表演舞龙技艺外，玩花脸龙是当地特有的风俗，其花脸龙表演活动由傩戏演变而来，舞者均画脸谱，相传取材于宋朝建国初期蓝季子会大哥赵匡胤的民间故事，为全国独一无二。舞龙的人要"开花脸"（像京剧的花脸），扛龙尾的人是花脸龙的主角，这位打扮滑稽的丑角，把街边上的稀泥或者是用糍粑裹着地上的脏水往观看者的脸上、身上抹，一副狂放不羁之相，于是人们呼叫着四处躲避；不过据说被抹的人会有一年好的运气，所以人们心里都是很高兴的。

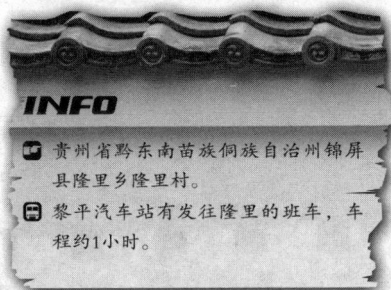

INFO

- 贵州省黔东南苗族侗族自治州锦屏县隆里乡隆里村。
- 黎平汽车站有发往隆里的班车，车程约1小时。

温馨提示　隆里古城有许多传统的名点小吃如隆里腌鱼、重阳酒、米花、麻叶、菜粑粑、印盒粑、油炸辣椒等，口味独特，回味无穷。

西部

古镇

部

原生态古村镇

惠远镇

伊犁九城之首

惠远镇曾是清政府统辖天山南北的最高行政、军事长官伊犁将军的驻地，是闻名中外的"伊犁九城"之首，积淀了厚重、丰富的历史文化底蕴，在新疆乃至中国近、现代史上具有特殊的地位。

惠远镇位于霍城县东南，距县城9千米，面积138.6平方千米。"惠远"之名乃乾隆帝亲赐之名，是取大清皇帝恩德惠及远方之意。

惠远古城曾是新疆的政治、军事、经济、文化中心，位于伊犁河谷下游开阔地带，距霍城县东南7千米，距伊宁市38千米，历史上伊犁是新疆通往中亚的重要通道，清代乾隆为了加强在伊犁地区的治理，在此设伊犁将军，建惠远城，并陆续在其周围建起八座卫星城，统称为"伊犁九城"，其中，惠远城被称为"伊犁九城"之首。

由于战乱、沙俄侵略，惠远城内建筑物亦遭战乱毁坏，许多建筑被拆除。此后惠远城垣逐年被伊犁河水侵蚀，地下遗存的文物多被伊犁河水淹没，城内建筑物已荡然无存，今尚存北、东面部分城墙和老东门土墙墩。如今的惠远城是光绪八年（1882年）

◎惠远城门

◎惠远古城俯瞰

清政府在惠远旧城北7500米处仿照旧城所建。

伊犁将军府旧址位于惠远古城内，现尚存庭院、曲径、回廊、凉亭及一对石狮子。尤其惹人注目的是门口两尊石狮俯卧雄视，南方石狮细腻的形态与新疆雕刻粗犷的技巧融汇其中，它们不同于一般北方石狮的凶猛威严，显得淳朴、憨拙。据说当时人们将狮子铸造成了类似沙皇的形象以示讽刺。将军府的主要建筑为四合院式，土木结构的飞檐式"人"字梁平房，房檐朴素淡雅，无画梁雕刻。院内古树参天，4棵古树是见证着古城的沧桑历史。

钟鼓楼是俯瞰惠远古城全貌的好地方，位于惠远古城中心，四条大街分别通向四城门。钟鼓楼是中国传统的三层三檐歇山顶砖木结构建筑，画梁雕栋，巍峨挺拔，雄浑壮丽，熠熠生辉。钟鼓楼曾于1927年、1964年、1981年三次进行维修，现保存完好，

是全疆仅存的一座有较远历史的传统高层木质结构建筑。

惠远古城还曾是一代名人荟萃之地，洪亮吉、祁韵士、邓廷桢、林则徐、徐松等都曾谪居惠远……

INFO

■ 新疆维吾尔自治区伊犁哈萨克自治州霍城县惠远镇。

■ 从乌鲁木齐乘飞机到伊宁市，再换乘汽车到霍城县。然后包车前往景区，价格100元左右。

¥ 进入古城免票，景点通票125元。

扫一扫，获取更多
实时旅游资讯

独特精巧的八卦布局，古老神秘的文化内涵，与现代文明的完美结合构成了我国唯一建筑完整而又正规的八卦城——特克斯。站在熙熙攘攘来人往的繁华街道上，你能真切地感受到那种古老神秘玄之又玄的中国易经文化。

特克斯

世界最大的八卦城

位于新疆维吾尔自治区西北部、伊犁河上游特克斯河流域、天山北麓西部特克斯——昭苏盆地东段，隶属伊犁哈萨克自治州，主要聚居的是哈萨克民族。

特克斯是伊犁河主要支流特克斯河的名字，准噶尔语意为"野山羊众多的地方"。公元前2世纪前期，乌孙人由甘肃西迁至新疆伊犁河流域，占据了伊犁河流域中最富饶的特克斯河流域天然大草原，建立了历史上著名的乌孙国。在此生息繁衍长达500余年，是2000年前西域举足轻重的第一大国。

乌孙人是今天哈萨克族的主要族源，据《汉书·西域传》记载，乌孙国为与汉朝联姻，以千匹良马为聘礼求娶汉朝公主。元封六年（前105年），汉武帝以宗戚江都王刘建的女儿刘细君为公主，嫁给乌孙王猎骄靡为右夫人，史称"江都公主""乌孙公主"。乌孙公主去世后，太初三年（前102年），汉武帝为了维持与乌孙的联姻，又以楚王刘戊的孙女解忧为公主嫁给了乌孙王军须靡，后嫁接位的翁归靡，其子孙相继为乌孙王。解忧公主的侍者冯嫽嫁给了乌孙右大将为妻。

冯嫽遍访天山以南诸国，先后两次为巩固乌孙政权往返长安，赢得了乌孙人民的敬重和信任，人们尊敬地称她为"冯夫人"，她是我国历史上第一个杰出的女外交家。另外，她还擅长书写隶书，是我国书法史上最早出现的女书法家。

特克斯在西汉时是乌孙国政治、军事、经济、文化中心之一，现存近两万座乌孙古墓的分布和出土文物见证了乌

INFO

- 新疆维吾尔自治区伊犁州。
- 如果坐飞机可先到伊宁机场，然后转车前往；坐汽车可先到伊犁或乌鲁木齐，然后转班车前往特克斯。

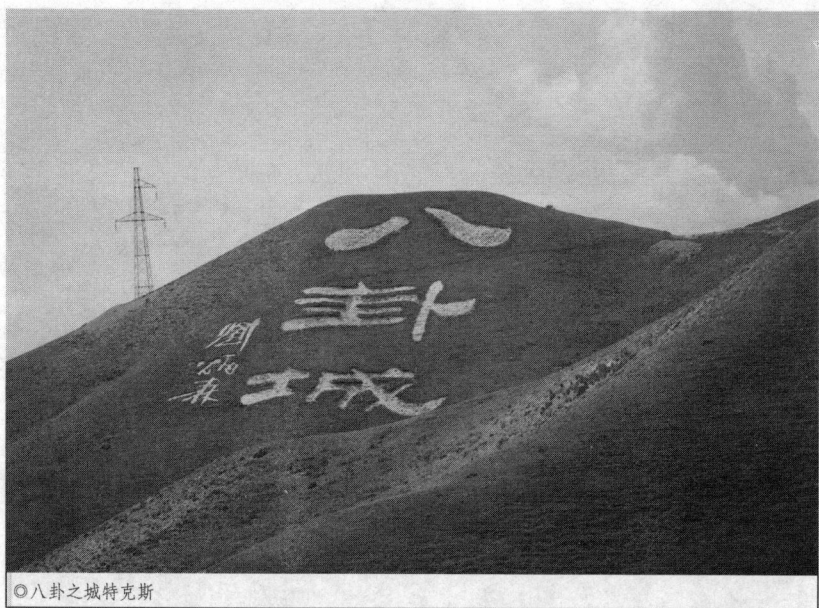

◎八卦之城特克斯

孙国的强大和昌盛。

乌孙古墓分布在依山傍水的草原上，分别属于塞种、乌孙、突厥三个时期，是活跃在特克斯河谷的古代民族遗存的见证。目前，在特克斯草原上已发现十七尊草原石人、十一处鹿石岩画。出土文物有中西合璧、中原文化与草原文化合一、佛文化与伊斯兰文化相融合的精美器皿，如铜斧、铜鼎、铜箭头、铜币、牛头形及月牙形饰件等文物。

伴随古墓的还有**草原石人**，煊赫一时的突厥人曾活动于伊犁、特克斯河谷。突厥人死后，按照他们的习俗要停尸帐前，宰杀马、羊等牲畜祭祀，择吉日殡葬。墓前往往竖立死者石像，死者生前作战打死过多少敌人，就在其墓堆放多少石头，以铭记其功绩。散落在草原上的一尊尊石人，是我国古代突厥人历史文化的象征。

县城坐落在四山合围的半山腰平缓处，四处看去全是山。据说，由于原县址科布背山面河，地域狭窄，无发展前景，1936年，任伊犁屯垦使兼警备司令的邱宗浚亲临查勘，召集4个千户长及著名阿訇商议迁城大事，1937年春在克孜勒库热选定新城城址。邱宗浚取《周易》中"天地交而万物通，上下交而其志同"的意思，设计了**八卦格局城区**建设图。1939年夏开始动工兴建，特克斯县县长班吉春特聘一位俄罗斯水利技术员按八卦图形打桩放线，用牛拉20张步犁犁出了八条射线，奠定了八卦街道的雏形。

整个县城占地面积近7平方千米，以城中心太极"阴阳"为两仪，按八卦方位向外辐射八条主街，每隔360—380米设一条连通八条主街的环路，由中心向外依次共设四条环路。一环八条街，

◎俯瞰特克斯，八卦城格局清晰显现

二环十六条街，三环三十二条街，四环六十四条街（六十四条街按八卦方位形成64卦，易学者认为是"满卦"）。整个县城环环相连，路路相通，迷宫般的64卦街道布局，景象奇特，真的是凝固在大地上的一部《周易》八卦城。

县城中心是占地40000平方米的**八卦广场**。广场内每条街根据"八卦后天图"定位，用彩色石砖铺有相应的三画卦符号，供人们辨别八卦城的方向，并放置相应寓意的雕塑。广场中心建有**观光塔**，塔上有两个圆球体，远看似明珠，所以又称"草原明珠"。登上观光塔俯瞰特克斯全境，八卦城别具一格的特色尽收眼底。

特克斯还是柯尔克孜族《玛纳斯》史诗的起源地之一。《玛纳斯》史诗是我国历史上少数民族的三大史诗之一，有当代《荷马史诗》的美称，是柯尔克孜民间文学的代表和精华。特克斯的柯尔克孜民族乡是北疆最大的柯族聚居地。《玛纳斯》的主人公玛纳斯就诞生在特克斯草原上，民间艺人至今传唱着《玛纳斯力史诗》。

温馨提示

八卦城有两奇：一是城市马路上没有一盏红绿灯，因为根据专家和学者提议，既然八卦城各道路环环相连、条条相通，就不会发生塞车和堵路情况，故而。二是八卦城容易使外地人"转向"。据说一位外地司机严重超载，车到八卦城后，为了躲避交警便趁夜间选择一条自认为偏僻的道路，结果一次比一次绕得远，最后还是没有躲开那个交警。

古道悠悠，丝绸重镇，哈密瓜的家园，木卡姆的故乡，纯朴的鲁克沁人民……这里就是迷人的鲁克沁镇。

传说一个阿古柏士兵爱上了一位名叫阿拉木汗的美丽姑娘，她就是鲁克沁人，但作为入侵新疆被打败了的一名士兵，他必须离开这里，临别之际，他唱了《阿拉木汗》这首歌……

鲁克沁镇

十二木卡姆的发源地

鲁克沁镇位于新疆吐鲁番市鄯善县城西45千米，全镇总面积137平方千米，是吐鲁番十二木卡姆艺术的发源地、吐鲁番郡王府遗址所在地。在清代曾一度成为吐鲁番地区政治、经济、文化的中心。

鲁克沁是吐鲁番**十二木卡姆**（世界非物质文化遗产）的发源地，形成于公元前206年，和中国古代的风、雅、颂一样起源于祭祀和劳动，后因社会动荡等多种原因，几近濒灭。到17世纪初，生活在鲁克沁镇的木卡姆文化艺术家艾力尼亚孜·谢依合开始重新整理，然后历经四代艺术家的演唱和研究，发展至今。十二木卡姆是维吾尔族民间艺术宝库，最显著的特征是"无鼓不歌、无鼓

◎鲁克沁是吐鲁番十二木卡姆的发源地

不舞、鼓变乐变、乐变舞变"，它集音乐、舞蹈、歌唱于一体，有着独特的艺术魅力，其词曲美妙动听，舞蹈优美动人，群众基础十分广泛。鲁克沁也因此被命名为"民族艺术之乡"。

全疆第一个**木卡姆传承中心**于2006年9月建成，面积1500平方米。整体建筑立足于鲁克沁郡王夏府的基本风格，在造型上，别出心裁，尤其是44根高大的立柱，线条流畅，雕刻精细，色彩绚丽，图案秀美。前厅凉棚共600平方米，由4排11根高8.5米的白色立柱构成；后厅为半地下室的上下两层，共900平方米，内精外拙，古朴自然，保留了吐鲁番民居黄黏土建筑的风貌和特点。

鲁克沁镇有着悠久的历史文明和灿烂的民族文化，在汉代作为军事要塞，因遍植柳树而得名柳树；唐代称柳中城；清代乾隆年间，吐鲁番郡王额敏和卓在此设鲁克沁郡王府。全镇现有16处历史文化古迹，其中**柳中城遗址**为自治区级文物保护单位，哈尼力克买的力斯清真寺为新疆第二大清真寺。

现在鲁克沁郡王府城周边还遗留着许多文物古迹。在内城正西有清代吐鲁番郡王额敏和卓的郡王府遗址，大约建于1758年，当地人称**王爷台**。台基长57米左右，宽40米，约高12米；全系黄黏土夯筑起来的，土质非常坚硬，台上建有一座三层宏伟宫殿，是中国古代传统建筑式样，大殿为飞檐立柱，雕梁画栋，粉宫画邸，珠帘绣幕，堪称金碧辉煌。上到最高一层眺望，近可以看到鲁克沁全景，远可以看到吐鲁番胜金口一带。在城东北隅沙坎儿戈壁滩上，有一块古墓群，墓茔还一堆堆清晰可辨。

城东阿曼夏（南渠）南滩也有古墓地，近年来挖掘出土的文物有马鞍、刀剑、木工用具、各种陶器、木器等。城附近的德杭苏（北渠）有郡王花园建筑遗址，当年曾是山石草木，水塘亭树，供郡王玩赏的风景胜地。城东北10千米的斯尔克甫山口是古代佛教圣地，原来有一座高达十余米的佛塔，呈四方形，四面方格内都塑有大小佛像，千姿百态，有鬼斧神工的奇观。一条溪水从山口流出，穿行在峰峦幽谷之中，曲折宛转流向农业灌区去。在15世纪前，这里的佛教建筑才渐渐废弃。

甘洌甜美的天山雪水，清澈的坎儿井，肥沃的土壤，独特的地理条件，不仅孕育了甘甜香美的哈密瓜、葡萄、孕育了新疆独一无二的甜石榴、大蜜枣，尤其是鲁克沁的哈密瓜远销全国各地及东南亚国家，成为无可代替的支柱产业，也使鲁克沁赢得了**"中国哈密瓜之乡"**的美誉。

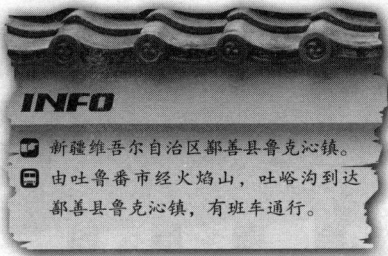

INFO

- 新疆维吾尔自治区鄯善县鲁克沁镇。
- 由吐鲁番市经火焰山，吐峪沟到达鄯善县鲁克沁镇，有班车通行。

温馨提示　在鲁克沁镇你可以一边享受着春日暖暖阳光的同时，充分领略史诗**"吐鲁番十二木卡姆"**斑斓万千的逼人魅力，还可以体验新疆民族歌舞文化博大精髓……

麻扎村

火焰山下的古村

麻扎村这个神秘的古老村落，给人带来了无限的诱惑，它的文化，它的历史，它的宁静，让人仿佛置身于世外桃源。这里的居民们日出而作，日落而息，恬淡的生活气息俯拾即是，溪边那穿着鲜亮的民族服饰洗衣的妇女，如时光隧道的卷顶窑房下那散步的蒙纱老妪……

"麻扎"是阿拉伯文的音译，意为"圣地""圣徒墓"，主要指伊斯兰教显贵的陵墓。麻扎村坐落在火焰山南麓吐峪沟大峡谷南沟谷，西距中国地势最低、气候最炎热的新疆吐鲁番市约47千米，东距吐鲁番鄯善县城约46千米，有着1700多年的历史，是迄今新疆保存最好、最古老的维吾尔族村落。村子掩映在白杨和桑树之中，一条不宽的河从北向南穿村而过，沿河两边，建着零散的维吾尔族民居。宏大的清真寺与杂乱的居室并立于沟谷，完整地保留了古老的维吾尔族传统和民俗风情。

在麻扎古老的村落中，有新疆最古老的原生态葡萄园，一棵葡萄三亩地的"葡萄王"比比皆是。村中居民们继承

◎远眺麻扎村

了两千多年来用黄黏土建造房屋的传统习惯，一些建筑还遗留着佛教文化和伊斯兰教文化交相融合的印记，是至今国内一座保存完好的生土建筑群，被誉为**"中国第一土庄"**，当地流传着这样的俗语："土房土房，土坯砌房，不用木材不用砖墙，冬暖夏凉干净舒爽。"整个村子都是土黄色，土黄的山、土黄的屋，有独立成房的，也有沿山势连成一片的，远远望去，似乎空无一人。家家户户由弯曲和深浅不一的小巷相连，即使从屋顶走也可达到串门的目的。古老民居的门窗都很古朴，但又蕴藏了深厚的文化。门框上刻有各种纹样的木雕门楣，有花卉形状、几何形状和果实形状。窗框窗格上的纹样也是多种多样，反映房屋主人的职业、爱好或地位。

在麻扎村，有座著名的麻扎——艾

◎保存完好的麻扎村古建筑

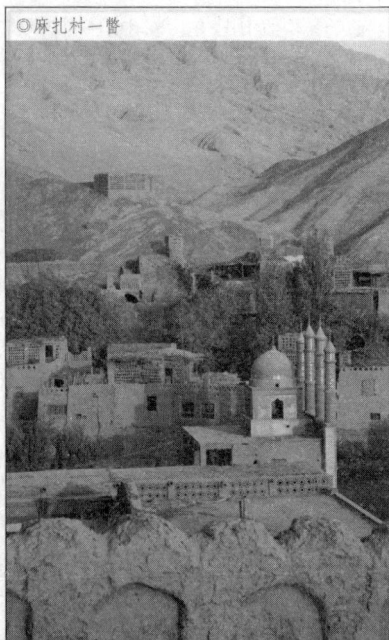

◎麻扎村一瞥

苏哈卜·凯赫夫麻扎，是新疆古老、著名的两个麻扎之一，也是世界伊斯兰教七大圣地之一，距今已有1000多年的历史了麻扎村也因此得名。

INFO

- 新疆维吾尔自治区吐鲁番市鄯善县吐峪沟乡麻扎村。
- 坐班车只到吐峪沟乡，去麻扎村还有几千米路，可坐摩托车或徒步1小时左右到达。
- 麻扎村30元，千佛洞20元。

另外，在麻扎村内的**清真寺**是麻扎村人共同设计参与建造和施工的集体作品，它们既是宗教文化的产物，也是历史文化的积淀，科考价值很高。

在艾苏哈卜·凯赫夫麻扎的西边不远处，有一个**千佛洞**，是佛教传入中国最重要的驿站之一，是新疆著名的三大佛教石窟之一，也是吐鲁番市现存于高昌时期最早、最大、最具有代表性的石窟群。洞内的石窟、壁画是研究我国佛教文化、佛教美术史、建筑史的历史依据和实物资料，具有不可估量的历史和艺术价值。现存有编号洞窟46个，其中9个洞窟壁画保存较好。

漫步在村子的小路上，看不到现代化的交通工具，只有毛驴车慢悠悠地在小路上穿行；一条从坎儿井引出的小河穿行在村子的中央，河边绿树成荫，孩子们在那里嬉戏打闹。平时村子很安静，每逢节日，他们穿上自己最漂亮的衣服，齐聚街头，跳着维吾尔族最古老的"麦西来甫"舞蹈，使用古老的维吾尔语交际，相互表达节日的问候……

温馨提示

麻扎村是一座反映新疆东部伊斯兰文化背景下村落格局形态的典型代表，对研究伊斯兰文化和干旱少雨的沙漠绿洲文化的形成、发展有着重要的实物资料意义。

同仁是我国著名的热贡艺术之乡，是一个会聚了诸多色彩却又不张扬的地方。这里的人们或许没有多深的科学文化知识，但是你不能不感叹他们的民族特色，不能抹杀他们的民族情节，不能忽略他们淳朴、善良美好的心灵，不能忘记他们的热情、友好与豪迈，更无法将他们遗忘。

同仁 热贡艺术之乡

同仁位于青海省东南部，地处黄土高原和青藏高原的交错地带，位于青海省东南部。东邻甘肃省夏河县，西连贵德县南接泽库县北与循化、尖扎县接壤，履带冷暖干旱气候区，是天然的避暑胜地。

同仁在历史上是游牧地区，秦汉以前，这里被称为"羌戎之地"。汉宣帝时，同仁北部为屯田之地。唐中宗时，这里是金成公主的汤沐邑，赐予吐蕃。宋代同仁建"热贡城"。元明两代，有中央屯军的伸入，形成以隆务寺为中心的青海最大的藏传佛教政教合一的统治体系，并逐渐发展壮大。

同仁是热贡艺术之乡。史传隆务河流域曾经居住着12个藏族部落，被称为"热贡十二部"，其中隆务镇的位置东可经洮泯下四川，入西藏，西可越河湟达新疆，700年前就是安多地区藏传佛教的中心，藏传佛教寺院众多。现隆务镇老城有南北城门各一，街区风貌基本完整，仍保留有隆务寺、二郎庙、清真

◎隆务寺

寺等古建筑。

隆务寺 藏语全称"隆务大乐法洲"，初属萨迦派寺院，后改宗格鲁派，为藏汉结合式建筑，是青海南部地区最大的寺院。下属年都乎寺、吾屯下寺等几十个小寺。寺内设有显宗、密宗、医宗、天文四大学院，是黄南地区重要的宗教文化学府，其规模、地位、影响仅次于甘肃省拉卜楞寺和青海的塔尔寺，历来高僧辈出，著述甚多。

正是由于当时同仁地区的寺庙林立，许多艺术人才汇聚同仁。苏州、中原地区来的艺术工匠，从敦煌艺术及国外艺术画廊中汲取了丰富的艺术营养，并结合青海本地的民间艺术特色，加以融合、总结，创造出了藏传佛教艺术这个独具特色的流派——热贡艺术，奠定了热贡艺术的雏形，古迹称"吴屯艺术"，后经十世班禅大师更名为"热贡艺术"。

热贡即藏语对同仁地区的称谓，意为"金色的土地"。这种艺术是艺术种类多样的综合性艺术，主要类型有绘画（唐卡）、雕塑、堆绣、图案、版画等。作品内容大多取材于指教故事的神话传说，采用天然矿物为原料，画工精细，颜色鲜艳，永不褪色。其在使用金粉的技巧方面尤有独到之处，使其在同类艺术品中别具一格。

早期的作品手法粗放古朴，色彩单纯，绘画带有较典型的印度、尼泊尔风格。其笔调雄迈，人物、山水、花鸟、草虫生动传神，画面给人以雄浑、博大之感。目前在隆务寺、年都乎寺、吾屯寺院里仍能见到早、中期匠师们留下的气势宏伟的巨幅壁画和技术精湛的唐卡。

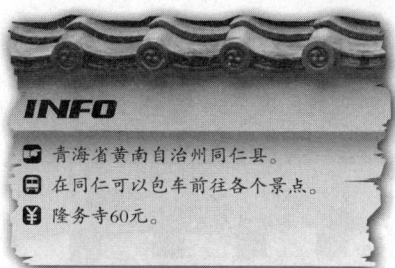

19世纪以后为热贡艺术的近代时期。这个时期的作品色彩鲜艳，笔法细腻，特别追求装饰趣味，同时大量用金，使画面呈现出金碧辉煌的效果和热烈的气氛。

热贡艺术作为藏传佛教艺术中的一个流派区别于其他藏族地区艺术，也是这一时期表现得最为突出，作品一经拿出，即知是热贡地区的佳作。几个世纪以来，热贡艺人四处作画，足迹遍及甘肃、四川、内蒙古诸地及印度、尼泊尔、泰国、蒙古等国，给这些地方留下了数以万计的精美艺术晶，赢得了很高的声誉。

同仁不仅是闻名的热贡艺术之乡，还拥有众多独特的自然景观，尤以位于类扎县西北部的**坎布拉风景名胜区**为代表。景区总面积近40平方千米，拥有以奇峰、方山、洞穴、峰壁等丹霞地貌，境内的"仙女聚会""强起岗""南家沟"等风光尤为独特。

热贡藏乡"六月会"是流传于黄南藏族自治州同仁县境内的一种具有独特风格的民间习俗活动，已有400多年的历史。农历六月十六日"六月会"正式开始，最先是由村里的法师带领神轿一班人，进每家每户做法事，神轿里供的是夏琼神，为的是祛灾避邪、保护全村家家户户人畜平安，五谷丰登。

郭麻日村

不一样的端午风情

郭麻日村是同仁土族集中的地区，为同仁古寨之一，其古寨城墙是为军事防御而建造，对研究中国古代屯守和现代战争城防学具有重要价值。还有郭麻日寺、时轮塔风格别具，端午风情令人倍感新奇……

郭麻日村位于同仁县隆务河以西8千米处，**古寨城墙**始建于明代初期，以夯土版筑，呈长方形，开东、西、南三门，东门为正门，寨内仍有土民居住，巷道布局星罗棋布，错综复杂，如进入迷宫一般。每一处寨门顶上都设置嘛呢经轮，是古寨建筑独具特色的地方。为改善狭小的寨内空间，当地居民均修建了二层木结构楼房，和青海乡村民居庭院宽敞的特点形成了反差。寨内民居庭

◎庄严精美的时轮塔

院多为四合院式，房屋为土木结构平顶房，一般民居都有飞椽花藻之类。屋内一般以木板作隔扇，室内有护炕木板、护墙木板墙围，且多雕花草于其上。房屋一般面阔三间，正面以木板隔墙并装上木板条方格小花窗。佛堂设在二楼，佛堂所在的房屋一般都是上房，和佛堂不同向的两边厢房一般做卧室。院落中央一般都有竖挂经幡的旗杆，还设有桑台，具有明显的藏式特点。

古村里最有名气是**郭麻日寺**，藏语全称"郭麻日噶尔噶丹彭措林"，意为"郭麻日具喜圆满洲"，初建于明万历年间。叶什姜活佛为该寺建三层楼式弥勒殿1座，首创正月祈愿法会，成为该寺依怙，是叶什姜活佛的下属寺院。1981年开放，现有大经堂、弥勒殿、建

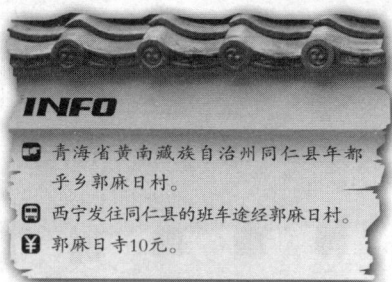

INFO

青海省黄南藏族自治州同仁县年都乎乡郭麻日村。

西宁发往同仁县的班车途经郭麻日村。

郭麻日寺10元。

隆务仓和堪布仓昂欠（府邸）等，其信仰者主要为郭麻日村群众。

郭麻日寺主殿周围有12座小塔，塔顶为圆拱鼓形，塔拱内部设有佛堂。塔基周围环绕藏式平顶小屋，内置嘛呢经轮。整座佛塔建筑结构严谨、布局新颖别致、造型较为特殊、建筑雄伟，构思奇巧，典雅大方，充分显示了热贡地区藏传佛教建筑艺术的高超和热贡艺术及技艺的精湛。

郭麻日寺前的**时轮塔**，为藏区最大的佛塔，其颜色之艳，建筑风格之特、造型之美、耗资之巨、民族特色之浓，在我国藏区首屈一指。1994年，此塔由该寺住持设计，高五层，其基座是一圈转经长廊。此塔仿造古印度波罗奈城鹿野苑释迦牟尼初转法轮所在地佛塔的造型，历时5年建成，高33米，塔基周长33米，占地面积约1156平方米，下面基座成佛寺的门廊形式，层叠而上，塔心中以十世班禅的袈裟等衣物及生活用具装藏。可沿塔内的盘旋式阶梯逐层登高，沿塔的外壁上塑有菩萨、观世音和35尊般若佛像。主塔四周有小塔，塔顶设有佛堂，是安多地区最高最大的佛塔，故又称"安多第一塔"。

郭麻日村民在**端午节**清晨起床后，于太阳出来之前，家中全部人员

◎佛事上的古村人

到自家麦田中打滚，沾染晨露，并到隆务河边洗脸、洗澡，因为传说端午节这天麦苗上的甘露及河水都是神水。尽管已是夏季，但清晨的河水仍冰凉清澈，而青年男女则分区洗浴，以祛病驱邪，年纪稍大者洗脸洗脚，象征性地洗浴。妇女们在日出之前将家中所有盛水器具打满，而后做韭菜包子。其挑来的新水先要叫家中老幼喝一口，再做他用。从河边回来时要折柳枝、掐鲜花。男人们主持在门顶插柳枝和鲜花，同时要给家中小孩用柳条扎一条插满鲜花的腰带，小孩身上的柳条和鲜花要在太阳出来后去掉。这天早晨还要给家中的马、驴等牲口剪一些鬃毛和尾毛，以祈六畜平安。还要在野外采集一种有气味发臭的草，名叫"赛日埃松"，采回后晒干，可备药用，主治皮肤病之类疾病。

韭菜包子蒸熟后，要先给出家为僧的亲戚送去，并召回已出嫁的女儿共享。僧人又往往是主持本家日常佛事的**阿卡**，当地土语称"安确"，汉语意为"先人"。每家都有一个自己的"安确"，一年中逢年过节都要送食品给"安确"，以示尊敬，并附有请其勿忘为本家的先人（亡人）诵经祈祷。对当年家中有丧事的亲朋好友亦馈赠美食，以示慰藉和情谊。这些都忙活完后全家人共享端午包子。吃完早饭，每家都要有人到一个名叫"吉东"的山上煨桑，同时还要到村里各自"措哇"（部族）的"本康"（供神的宗教场所）煨桑。之后家中男女老少到河边玩耍娱乐。这天往往要着新装，条件好的家庭则在河边扎帐篷游玩一天。

端午节后，村民开始进行抵挡冰雹、暴雨的祭祀仪式。即每年在某固定的田埂自然土堆上，插上三叉树枝，并用树枝捆成人形（藏语称"赛日孕"）。并有专门的僧人负责全天候观察天气，一旦有暴雨及冰雹候兆，便吹法号阻挡，如若无效，寺内要转动一种特殊的经轮，俗信其所产生的风能将乌云吹散，此经为万不得已时使用。这种观天象活动直到秋收为止。据说此仪式以前由部落头人主持，现在由各分队队长或选出的年轻人主持，逐年轮流，并无咒语之类。

温馨提示　站在郭麻日寺塔顶可俯瞰郭麻日古寨全景。

萨迦镇

灰色土上的第二敦煌

萨迦镇是一个深深隐藏在后藏偏僻之处的小城，这个似乎与外面断绝了一切往来的小城，神秘、敏感、寂寞又令人震撼……

　　萨迦镇位于西藏日喀则市萨迦县城西部的仲曲河上游，系萨迦县政府驻地，距日喀则150千米。被誉为"第二敦煌"的萨迦寺就建于此，萨迦，藏语意为"灰色土"，萨迦寺就以其地土质呈灰白色而成名。

　　萨迦寺分南北两寺，可惜北寺已毁，现在只有始建于1268年的萨迦南寺尚存，坐落在仲曲河南岸的平原上，面积为14700平方米，平面呈正方形。有两圈城墙，城墙上有垛口，为了利于防守，除修有坚固的寺墙外，还修建了四个城堡和四个角楼，远远望去，对称、壮观。外面还有护城河，城门为"工"

◎融藏汉建筑风格于一体的萨迦南寺

字形，整个平面图是大"回"字套着小"回"字，颇有一点战争防御的味道。城墙的颜色除了紫红色以外，还间有黑、白两色，这是西藏喇嘛教中萨迦派寺庙的特有标志。紫红色象征文殊菩萨，黑色象征金刚护法神，白色象征观音菩萨，三色成花，因而俗称"花教"。从整体上看，南寺融藏汉建筑风格于一体，是藏式平川式寺庙建筑的代表。

萨迦南寺的主体建筑为**大经堂**，位于寺院的正中，面积约5700平方米。正殿由40根巨大的木柱支撑直通房顶，最粗的木柱直径约1.5米，细的也有1米左右。其中前排中间的几根柱子，被称为四大名柱，即"元朝皇帝柱"（据传为忽必烈所赐）、猛虎柱（相传此柱由一猛虎负载而来）、野牛柱（相传此柱为一野牦牛用角顶载而来）、黑血柱（相

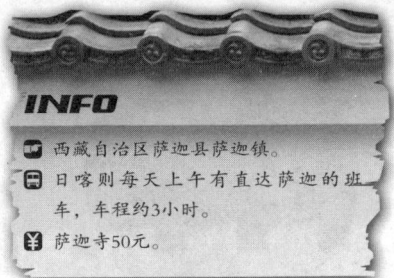

INFO

- 西藏自治区萨迦县萨迦镇。
- 日喀则每天上午有直达萨迦的班车，车程约3小时。
- 萨迦寺50元。

传是海神送来的流血之柱）。正殿高约10米，大厅可容纳近万名喇嘛诵经，内供三世佛、萨迦班智达及八思巴塑像。在大经堂北侧的是萨迦法王的宫殿，其南侧和后部是僧舍。

萨迦南寺的第二层，主要有平措颇章灵塔殿、卓玛颇章灵塔殿及专门珍藏各类藏文图书的贝竹康等建筑。从南寺大殿出来，经廊道而至前院，再沿数十级长梯，即可到**大殿顶层**。平台的西、南两面有宽敞的长廊，廊

◎萨迦南寺俯瞰

墙上绘有珍贵壁画，南壁绘有萨迦祖师像，西劈绘有大型曼陀罗（坛城）。萨迦寺内所藏文物极其丰富，其中尤以经书最为著名。萨迦寺的图书资料集中在北寺的乌则、古绒的藏书室和南寺的大殿，藏书的总数约有24000函左右。这些经书部部都由金汁、银汁、朱砂或墨汁精工写成。南寺大殿的藏书数量最多，且保存完好，其中最大一部名为《八千颂铁环本》经书，长1.31米，宽1.12米。这些经典中有的珍本和孤本，是极为宝贵的文化遗产。因此，有些学者认为萨迦的藏书和壁画可以同敦煌相比美，称之为第二敦煌。除此之外，萨迦寺还存有历史档案文件十多箱，印版2000余块等。

萨迦寺另一重要殿堂为**欧东拉康**，内有11座萨迦法王灵塔，殿内墙上绘有

八思巴早年的画像和修建萨迦寺的壁画，殿后堂有反映西藏历史上的重要事件即萨班与阔端会晤的壁画。欧东拉康的南侧有座普康，是该寺修密宗的僧人诵"普巴（多见橛）经"的处所。

萨迦王朝当政时期是政教合一的地方政权。因此，萨迦寺除了具有规模宏大的寺院外，还有一些官署府邸之类的建筑。公元1265年八思巴回萨迦寺时，为他自己建立了一个喇让（原指西藏宗教领袖的住所，后演变为宗教领袖办理政教事务的机构），专门管理他的私人财物和有关事宜，后分裂为4个喇让：细脱喇让、拉康喇让、仁钦岗喇让和都却喇让。

萨迦寺每年都举行或大或小多次法事活动，其中规模较大、独具特色的要算每年藏历七月的**夏季神舞**和十一月十九日开始的**冬季金刚神舞**法会。神舞表演时，舞者都戴着萨迦寺护法神和各种灵兽面具，神舞用简单的故事情节，形象地反映了藏传佛教密宗神舞的灭杀魔鬼的基本内容。每年适逢这两个法会时，成千上万的远近僧俗群众都要赶到萨迦寺朝拜观瞻，祈祷神舞能给人间带来幸福和吉祥。

温馨提示

萨迦美食主要是糌粑、酥油茶和青稞酒，牧区还有牛羊和牛奶制品。另外，若想拍摄两江环抱寺庙和周围鳞次栉比的僧房和藏式民房组成的壮观景色，需要到镇对面的达玛拉大山的山腰，可以在乘车路过时停下拍摄，那里可以很容易就选到好的角度。

昌珠镇

追寻文成公主的足迹

昌珠镇是典型的西藏历史村镇，寺庙位于整个村镇的制高点，也是镇中最宏伟的建筑。整个村镇围绕着寺庙展开，主要街巷都通往寺庙，方便村民前往转经祈福。独特的富有民族特色的城镇风貌和街巷空间完好地保存至今。

昌珠镇位于乃东区中部，得名于昌珠寺。1960年建昌珠乡，1965年改公社，1984年复置乡，1987年将克松、荣如乡并入，后改昌珠镇。

◎昌珠寺

昌珠镇是典型的西藏历史村镇，寺庙位于整个村镇的制高点，也是镇中最宏伟的建筑。整个村镇围绕着寺庙展开，主要街巷都通往寺庙，方便村民前往转经祈福，独特的富有民族特色的城镇风貌和街巷空间完好地保存至今。

昌珠寺位于贡日山南麓，由松赞干布主持修建，是西藏最古老的寺庙之一，也是吐蕃时期西藏第一座佛堂之所在，距今已有1300多年的历史。"昌珠"，在藏语中意为鹰和龙。相传，文成公主初入藏时，夜观天象，日察地形，发现吐蕃全域的地形极似一仰卧的罗刹女，非常不利于吐蕃王朝立国，须

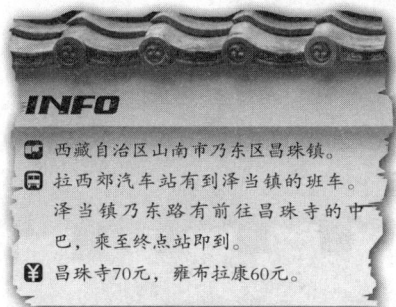

INFO

- 西藏自治区山南市乃东区昌珠镇。
- 拉西郊汽车站有到泽当镇的班车。泽当镇乃东路有前往昌珠寺的中巴，乘至终点站即到。
- 昌珠寺70元，雍布拉康60元。

在罗刹女的心脏和四肢建庙以镇之，于是昌珠寺便屹立在了罗刹女的左臂上。关于建寺还有另一种说法，传说建寺前此地乃是一个湖泊，湖中有恶龙作乱，被松赞干布化身为的大鹏降伏后才得以建寺，因此将这座镇妖之寺取名为"昌珠寺"，也是为纪念松赞干布降伏妖魔的善行。

昌珠寺由大殿、转经围廊、廊院三部分组成，共二层，砖木结构。主要建筑是**措钦大殿**，底层供养松赞干布、释迦牟尼、观世音的塑像。二层殿名"乃定学"传为昌珠寺中最古老的殿堂，主供莲花生佛像。主殿里供奉着一幅当年乃东泽措巴的珍珠唐卡，是寺院的镇寺之宝，这幅用珍珠串起成线条绘出的《观世音菩萨憩息图》（坚期木厄额松像），是元末明初的西藏帕竹巴王朝时期，由当时的乃东王的王后出资制成的，是一件世界罕见的珍宝。

据说昌珠寺在建寺初期，还曾有一尊能说话的度母像供在主殿里。另外，在**托且拉康殿**内，至今还仍保存着一个土灶，上面还放有据说是当年文成公主曾使用过的一个陶盆，而"托且"在藏语中的意思是"谢谢"或"感谢"，所以该名意味深长。

◎昌珠寺佛塔

昌珠寺内的跳神面具也十分精致漂亮，另外该寺还存有吐蕃时期的壁画，与墙壁上细腻的新绘壁画相映成趣。由于传说莲花生大师和米拉日巴等著名的佛教高僧都曾在昌珠寺附近修行过，其修行地遗址仍存，所以昌珠寺一带仍为许多佛教信徒的朝拜圣地。

走出昌珠寺，对面就是昌珠广场和民俗文化村，在这里你可以感受到与寺庙里完全不一样的现代气氛。广场边的德瓦林卡俗称"**过林卡**"，到了7~9月，林木郁郁葱葱，很多群众都会结伴来到这里休闲娱乐。每年8~9月间的"望锅节"，村民们都要在这里举行隆重的仪式，佛号阵阵，桑烟缭绕，人们抱着莲花生、菩萨、班禅、文成公主等人的画像，背着经书，喜庆丰收，感谢苍天的恩赐。另外，在民俗文化村，你不仅可以尝到藏族的传统美食，还可以欣赏到具有浓郁民族特色的歌舞及古老

的藏戏……

雍布拉康位于雅砻河东岸的扎西次仁山上，在昌珠镇南7千米，传说为公元前2世纪第一任西藏王聂赤赞普所建，被认为是西藏最早的建筑，属黄教寺庙。"雍布"是"母鹿"的意思，"拉"即"后腿"，"康"就是宫殿。因为扎西次仁山酷似一只卧着的母鹿，而雍布拉康修建在母鹿的后腿上，故得此名。扎西次日山东北方向约400余米的地方有一名为"**噶尔泉**"的泉水，四季长流不息，据说此泉水能治百病，到雍布拉康朝拜的老百姓多来此喝水净身。

雍布拉康分为碉楼式建筑和殿堂两部分。碉楼式建筑可能是晚期宫殿的遗址，殿堂传为松赞干布所建，供奉着松赞干布、文成公主、赤尊公主以及大臣禄东赞和桑布扎的坐像。看着文成公主的塑像，仿佛看见文成公主拥着羊皮袄，在酥油灯下做着女红……

温馨提示

昌珠寺是松赞干布和文成公主的冬宫，至今寺庙里还供奉着他们的不少遗物。其中一件是文成公主用过的锅灶。据说，不论男女，只要摸一下文成公主用过的锅灶，就能做出可口的饭菜。还有，珍珠唐卡——《珍珠观音菩萨憩室图》与由文成公主亲手缝制的释迦牟尼唐卡均保存在昌珠寺大殿楼顶二层最靠后的一间房里，平时游客稀少时不开放，需要去找管钥匙的人将门打开。

江孜

苏毗王都 英雄之城

在西藏年楚河流域，有一座古城——江孜。千百年来，年楚河在经历了无数次的岁月变迁后，就像一个沧桑的长者，无时无刻养育着这片土地上的人们。然而江孜为世人所知，还是因为县城中心宗山遗址上诉说的那段悲壮激烈的历史……

江孜位于西藏自治区南部，地处冈底斯山与喜马拉雅山之间，雅鲁藏布江支流年楚河上游北岸，拉萨、日喀则和亚东之间，是通往亚东、日喀则的交通要道，战略位置非常重要。

江孜的建城历史可追溯到1300多年前，其时是西藏高原苏毗部落的政治中心。当时的部落酋长巴占贵因地势险要的山头可构筑宫室，以作王都，便于宗山上修建一座规模宏大的宫殿，这是宗山第一个建筑物。不久，吐蕃王朝统一西藏，定都逻些（今拉萨），苏毗部落渐趋衰亡，江孜随之日益冷落。

后来，割据江孜的贵族打金帕巴自称法王，其子贡桑丹帕虔信佛法，重建宗山，营筑富丽豪华的经堂，祭

◎江孜古城

把祖先。藏传佛教布敦派（即夏鲁派）创始人布敦·却勒朗杰对雄伟壮丽的宫殿大加赞美，认为这是世间的明珠，堪与天界的无量宫媲美，称得上"杰卡尔孜"（藏语意为殊胜、顶峰），简称为"杰孜"，后变音为"江孜"，江孜繁荣一时。

古城江孜地处萨迦、日喀则、亚东关口通往拉萨的必经之地，且地沃物丰，所以很早以来就成为佛教徒和商贾游人汇集之处，在西藏享有盛名。

白居寺是江孜标志性建筑，寺庙的建筑艺术和雕塑和绘画风格除了吸收汉族的艺术风格外，更融汇了尼泊尔、克什米尔、印度等地艺术色彩，形成了独特的江孜风格，成为这一时期西藏艺术的典型代表。

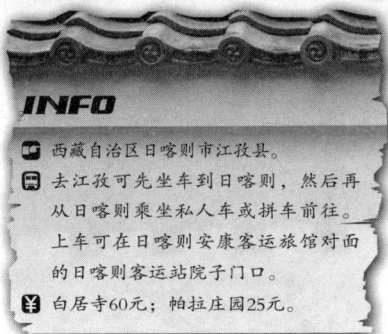

白居寺内有一座蜚声国内外的白色

INFO

- 西藏自治区日喀则市江孜县。
- 去江孜可先坐车到日喀则，然后再从日喀则乘坐私人车或拼车前往。上车可在日喀则安康客运旅馆对面的日喀则客运站院子门口。
- 白居寺60元；帕拉庄园25元。

◎宗山城堡，昔日的威严依然可见

佛塔，堪称西藏群塔之首。塔藏名贝考曲登，因塔有八角，俗称**八角塔**。塔高30余米，造型优美，雄伟坚实。它是由近百间佛堂依次重叠建起的，殿堂之内藏有众多佛像，据说多达10万尊，故白居塔又称十万佛塔。

在江孜，还有一处保存完好的贵族庄园——**帕拉庄园**。帕拉庄园是目前西藏保存最完好的奴隶主庄园，位居十二大庄园之列。庄园原建于江孜江嘎村，1904年英军入侵时被焚毁，抗英战争结束后，帕拉庄园重建于江孜城西南年楚河的另一侧，距离江孜4千米的班久伦布村，随着帕拉家族权势的增大，帕拉庄园的规模日

益扩展。现存主体楼高三层，设有经堂、会客厅、卧室等，房内雕梁画栋，富丽堂皇，并陈列着大量的图片和实物，也是旧西藏贵族和农奴两种不同生活的真实写照，是旧西藏的缩影。

然而，江孜最享盛名的还是它作为一座"英雄城"的光荣。县城中心的山顶上屹立着一座城堡，这便是闻名中外的**江孜宗山抗英遗址**。在这里，曾有过一段可歌可泣的抵抗外侮的历史。

19世纪中叶，英军在中国东南沿海发动侵华战争的同时，又从西南边疆入侵西藏。1904年4月，英军占领江孜，企图进犯拉萨。集结在日喀则一带的西藏民军获悉这一情况后，依托宗山地形优势进行还击，用土炮、土枪、刀剑、梭镖、弓箭，甚至牧羊用的抛石器"厄尔多"与侵略者展开殊死搏斗。战斗持续了8个月之久。最后所有勇士在弹尽粮绝的情况下，跳崖殉国，写下了光辉而悲壮的篇章。

如今，在宗山前面的广场上，矗立起了一座江孜宗山英雄纪念碑，以缅怀一个世纪前的抗英英雄们。

江孜达玛节已有500多年的历史。据说在萨迦王朝时期，江孜法王帕巴桑布在群众中享有很高威望，他死后，他的弟子每年做祭把礼仪以表纪念，这就是达玛节，后因战乱中断。公元1408年帕巴桑布的儿子贡桑绕帕任江孜法王后恢复祭把。这一年藏历4月10日至4月27日，贡桑绕帕为其父念经祭把，并进行娱乐活动，内容主要有展佛、跳神等宗教活动和角力、负重等娱乐活动。到了公元1447年，又增添了骑射、藏戏、歌舞等娱乐活动，一直延续至今。

山西古镇

古镇

大院和窑洞的古事

平遥

中国保存最完整的古城

历史悠久的山西，为中华文明留下了众多优秀的文化遗产，如远古的黄帝蚩尤之战的传说，近代的晋商传奇，现代的煤矿事业……在此之中，人们的视线总会被一座古城所吸引。它虽然拥有2700多年的悠久历史，但却完整得保留了昔日的古风古貌，被称为中华民族的"文化瑰宝"，这就是地处山西中部的平遥古城。

平遥地处山西省晋中地区腹部，太原盆地南端，距太原90千米。汾河穿境南流，南同蒲铁路、大运公路由县城西北侧而过，地处要冲，交通便利。自古就是商贸集散市场，有"拉不完填不满的平遥城"和"小北京"之称。

平遥，史称古陶，相传为帝尧的封地。古建始建于公元前827年～前782年间的周宣王时期，为西周大将尹甫驻军于此而建，是一座具有2800多年历史的文化名城。明洪武十三年（1370年），出于军事防御的需要，在原西周旧城垣

◎平遥古城俯瞰

◎平遥古城建筑

的基础上扩建了今天的砖石城墙。古城历尽沧桑，几经变迁，城内街道、古建衙门、市楼、商店、民居等仍保留有完整的明清形制，是中国现存最完整的一座明清时期的古代县城。

鸟瞰**平遥古城**，其布局令人称奇道绝。这个平面呈方形的古城，形如龟状，故有"龟城"之称。城有六门，南北各一，东西各二。城池南门为龟之头，城门和瓮城外门都向南，任由龟头自由伸缩，门外两眼水井象征龟的双目；北门似龟尾，瓮城外门折而东向，如龟尾东甩，这里是全城的最低处，城内所有积水都要经此流出。瓮城东西各二门似龟脚，三座瓮城外门向南开，如龟正缓缓伸腿屈肢向前爬行。唯东门瓮城外门不向南拐，而向东开，其实是此门正对由京都而来的官道，便于交通。有趣的是，传说是怕神龟爬向别处，用一根无形的绳索半其左腿拉直，牢牢拴

在城东北8千米以外的麓台塔上。

平遥古城墙位于县城中心位置，是明洪武年间在西周基础上扩建的砖石城墙。城墙总长6100多米，高10余米，城墙上以砖石铺就，可以并行两辆车马。中段有多处敌台，四周有高大城楼。外墙每隔5米就有敌台一个，环城还有小敌楼72座，垛口3000处，寓意孔子3000弟子、72贤人的象征。

INFO

- 山西省晋中市平遥县古陶镇。
- 可先坐火车或飞机到太原，然后从太原火车站、太原建南客运站乘车到平遥。平遥也有高铁站。
- 通票125元。

◎平遥古城外景

古城民居多为四合院形制，现存传统四合院3700多。它们大多布局严谨，沿中轴线有几套院组成，中间多为矮墙、垂花门楼分隔，形成二进和三进的"日"和"目"字形基本布局形式，左右对称，尊卑有序。四合院内大多装饰精美，门口通常建有砖雕

照壁，檐下梁枋有木雕雀替，柱础、门柱、石鼓多用石雕装饰，配以沉重乡土气息的剪纸窗花，体现了明清建筑风格与山西民俗文化的协调统一。

平遥最令人刮目相看的是它曾是中国的金融中心。清朝时，平遥就有"小北京"之称，当时仅平遥西大街就集中了数家大规模的票号，被称为"大清金融第一家"，其中最著名的就是以"天下第一号""汇通天下"闻名于世的日昇昌票号。

日升昌票号开设于道光四年（1824年），是原平遥"西裕成"颜料庄经理雷履泰把颜色行改组成经营汇总业务的商行，取"如日初升，繁荣昌盛"之意，得名。后来分号遍及全国，甚至在美国的旧金山、纽约都可以看到"日升昌"的字号，足见其财力之盛。现在，

温馨提示

在民间俗话"平遥古城十大怪"中有一条是"房子半边盖",俗称"肥水不流外人田"。这是因为平遥民居为单坡内落水,将房屋建成单坡是因为山西干旱,且风沙较大,这样能增加房屋临街外墙的高度,而临街又不开窗户,则能有效地抵御风沙。对外紧凑的布局更好地显示了对外排斥,对内凝聚的民族性格。

当你走进城内西大街路南的日昇昌票号原址中,那楼宇环环相扣,高墙层层呼应,经过几百年的风雨洗礼,仍能感受到大家气势。

除此之外,平遥内外,还有众多文物古迹,其数量之多,品位之高实为国内所罕见因此有"中国建筑的荟萃和宝库"之称。坐落于古城东南隅的**平遥文庙**,始建于唐贞观初年,由三组建筑组合而成,中为文庙,左为东学,右为西学。庙前是东、西、南三座牌坊,庙内为四进,棂灵门、大成门、大成殿、明伦堂、敬一亭和尊经阁依次排列在中轴线上。其中,大成殿为金大定三年(1163年)重建,至今保持原貌,是我国现存各级文庙中历史最久的殿宇,也是全国文庙中仅存的金代建筑。

走进这座拥有2000多年历史的城市,仿佛踏入一座古老的博物馆,随便你走进哪户人家,都会值得细细观看,随便你触摸哪样东西,都会拥有上百年的历史。那高高的院落,精巧的飞檐,没落的深宅大院,仿佛都在诉说着当年的辉煌。

古镇攻略

平遥的餐饮特色和山西大多数地方一样,以面食为主,早餐是馒头稀粥,中午是各类面食,打卤面、刀削面、板面等,面身筋道结实,菜料十足。其中明清一条街是这里最繁华和最有风味的一条街,这里的饭店也有着自己的招牌。长生源的黄酒点心以黄酒为原料,香酥可口,油而不腻。云锦成的面食种类齐全、物美实惠。

扫一扫,获取更多实时旅游资讯

祁县

晋商聚集的金融古城

说起祁县或许大家不是很熟悉，但要说起恐怕就无人不知，无人不晓了。电视剧《乔家大院》的热播使大院真正火了，古城内的众多古街巷、古寺庙、古店铺、古民宅，是县城明清时期商业兴盛的历史见证，它和平遥一样，被誉为是镶嵌在山西高原平川上的璀璨明珠。

祁县为山西晋中市辖县，位于山西省中部，太岳山北麓，汾河东岸，多条公路、铁路纵横交错，是山西省重要交通枢纽。这里山河壮丽，土地肥沃，特产丰饶，自古就有"金祁县"之美称。

距今已有1500多年历史的祁县古城，始建于北魏孝义帝太和年间。古城具严谨、周密的布局设计，精巧细致的建筑工艺。古城东西长850米，南北700米，周长3千米，整个城池形同古代官

◎祁县古城民居

◎祁县度量衡博物馆

吏所戴的纱帽，故有**"纱帽城"**之说。旧时城墙砖砌到顶，外筑护城河，设四道城门，门顶筑有匾额，十分雄壮。虽然因战争的破坏和风雨沧桑，城墙不复存在，但城内建筑保存完好，风韵格局依旧引人注目。

整个古城，集古街巷、古寺庙、古店铺、古民宅于一体，结构合理，而且井然有序，浑然一体，建筑专家称之为"一城四街二十八巷四十八院"，是研究中国古代县城建置、街道规划、民宅建筑和商业网点布局的实物资料，也是明清时期商业兴盛的历史见证。

祁县是晋商的主要集中地。历史上山西人以善于经商著称于世，祁县商帮是晋商的杰出代表，其经商史发端于宋，初具规模于明，大盛于清。

INFO

🏯 山西省晋中市祁县。

🚌 可由太原乘车直接前往祁县城，也可以乘坐南下的长途车在大运公路祁县城路口下车，再乘坐出租车或摩的进入县城。

💴 乔家大院115元。

祁县商帮的商号遍布全国，甚而远至俄国西伯利亚、莫斯科、朝鲜、日本及南洋各地，曾垄断某些地区的金融以及绸缎、皮毛、茶叶、粮食等贸易。清朝的京师粮店，几乎全是祁县商帮的，祁县城成为当时全国闻名的商业金融名

◎乔家大院

城。其中，作为祁县民族商业资本家投资最多、规模最大，对国计民生最有影响的行业，当数票号。

光绪年间，为票号最盛时期，全国有60余家票号业，祁县就占了21家，具有举足轻重的地位，故有"执全国金融牛耳"之誉。其中渠家和乔家是祁县的巨商大贾。

渠家原籍在上党的长子县，明初时，渠家发迹始祖渠济因生活所迫，带领他的儿子忠义、忠信来回往返于上党与祁县之间作土产生意，有了部分积蓄之后，大约在明洪武二年（1369年）迁到祁县，经过几代人的艰苦创业，到第9代结束了摊贩生涯，开始在祁县城内设立自己的商号。清同治、光绪年间，渠家的商业发展到了鼎盛时期，商业字号遍及全国的各大城市及水旱码头。

乔家最初以"走西口"（与北方的蒙古乃至俄罗斯贸易）发家致富，以后随着乔家商业的不断扩大，形成了以复盛公为首的乔家复字号19家，从业人员达四五百人，"复盛公"商号奠定了整个包头市的商业基础，因而在内蒙古包头城里流传有这么一句口头禅："先有复盛公，后有包头城"。

现祁县古城内仍然保留有完好的乔家大院和渠家大院，被誉为祁县古民居的"双璧"。**渠家大院**位于祁县城内东大街路北，始建于清乾隆年间。作为当时祁县的首富，渠家几乎占据了祁县城东所有的土地，所以又有"渠半城"之称。从外观看，渠家大院如同一座戒备森严的城堡，气势壮观。大院内部为全国独有的五进穿堂院，院内布局合理，主侧院主次分明，石雕栏杆石雕门，堪称民宅建筑艺术的佳作。

乔家大院位于祁县县城东北12千米处，始建于清乾隆二十年（1755年），以后多次扩建。整个宅院占地8700平方米，宅院周围封闭的砖墙高10余米。整个宅院布局呈"馆"字形，由6幢大院19个小院共313间房屋组成。全院以一条平直甬道将6幢大院分隔两旁，院中有院，院内有园，布局严谨，设计精巧，气势宏大，被誉为"清代北方民居建筑的一颗明珠"。著名影视剧《大红灯笼高高挂》就是乔家大院拍摄的。

扫一扫，获取更多
实时旅游资讯

梁村

『神池泉涌』出晋商

梁村『一街五堡』的『凤凰展翅』状布局结构是古式民居珍贵的杰出范本。总长1060米的古源街北真武庙『凤头高昂』，东和堡、西宁堡雄居东西似『凤展双翅』，中有南乾堡、昌泰堡腹中藏祥，村南天顺堡如『凤尾高扬』。

梁村位于平遥古城东南约6千米处的丘陵地区，有一泉——源池神泉，一塔——渊公宝塔，一湖——尹库，一古戏台，一古道——平沁古道，两街——古源街、西街，三墓——赵王墓、北宋冀氏古墓，四碑——四通古碑，五堡——东和堡、西宁堡、昌泰堡、南乾堡、天顺堡，五寺——祝福寺、真武

◎梁村手工艺品

庙、观音堂、老爷庙、源祠，十槐——十株古槐。另外，祁县城东南10千米的梁村遗址，范围约2平方千米，是仰韶文化晚期的遗物。

梁村的建筑历史悠久，村内五堡各具体系，可上溯至夏商时代，五代十国已成堡形。东和堡呈"北斗七星"之状分布，南乾堡、昌泰堡、天顺堡则分别呈"玉""土""王"字形分布，合古代"土生玉"之文化。*堡内街道狭深，高墙耸立，大院连连，属当今极为罕见、保存较完整的晋商故居。*

五个古堡容纳了梁村的大部分民居建筑。其中尤以天顺堡和南乾堡保存最为完整，东和堡年代最久，地势最险，西宁堡两面环水，景色最秀，昌泰堡以四合院为多，较为简陋。各个古堡的围墙皆由黄土夯实，南乾堡现在还保留着部分堡墙，墙顶大部分地方有1米多宽，孩子们可以在上面跑着玩耍。村内现存的20多孔土窑洞（靠崖窑）是远古时代居民"洞居穴存"的历史遗存，主街道为砖道，并实行"户户通"。不同历史时期、不同阶层，古色古香的民居豪宅演绎着梁村的历史文化，展示了人文和社会经济发展的历史轨迹。

梁村**古庙**建筑为一绝，村中有大庙、堡中有小庙，小庙分散，大庙集中，积福寺、广胜寺等五所大庙集中建于村北，相距仅100米左右，形成了庙群建筑之特色，广胜寺僧人众多，佛事齐全，香火旺盛，已被定为佛教定点活动场所，在这里游人不仅可欣赏到古代建筑艺术、雕塑、绘画艺术，还可参与和欣赏各种佛教活动。

梁村自然环境得天独厚，地处汾河支流——惠济河夹角之地，南连太岳高峰孟山，北衔尹回中型水库，地势似两条出山蛟龙，龙头相聚，龙饮河水，被誉为平遥八大明景之一的**"神池泉涌"**即在该村。境内有2000多亩湖泽湿地，3000多米湖岸线，湖内碧波粼粼、鱼跃鸟飞，湖边绿树成荫，与周边采摘农业、观赏农业，相映相衬，为游人提供一个休闲娱乐、垂钓、游泳、观赏自然风光的圣地。

梁村自古为风水宝地，人杰地灵，**英贤众多**，著名的"蔚泰厚"票号经理毛鸿翰，商人冀桂、邓万庆，清代举人、民国议员冀鼎选等名人皆出自该村，明清时期该村经营店铺票号的掌柜、经理多达百人……游人在这里既可以看到晋商兴衰的足迹，还可以体验晋商富豪的家庭生活，深刻体味"先有神池梁村，后有平遥古城。平遥四百零八村，不数源祠数梁村"的内涵。

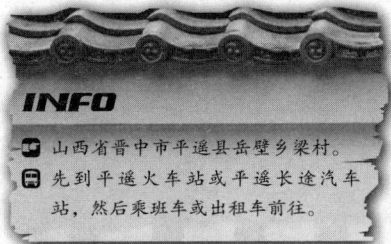

INFO

山西省晋中市平遥县岳壁乡梁村。

先到平遥火车站或平遥长途汽车站，然后乘班车或出租车前往。

温馨提示 平遥梁村有丰富的民俗文化，如古典婚礼、社火、庙会、刺绣、剪纸等，给游人提供了了解北方汉民族文化的活标本。另外，梁村古有"北方小江南"之称，藕根、大米、长山药等名优特产久负盛名。

张壁村

罕见的古代袖珍城堡

张壁村是我国现有比较完好的一座融军事、居住、生产、宗教活动为一体的、罕见的古代袖珍城堡，她浓缩了世界建筑史上的精华：古堡地道、宫殿庙宇、鱼型巷、龙型门、孔雀琉璃碑等比比皆是，堪称一部厚厚的史书。

张壁村又称张壁古堡，位于介休盆地东南三面沟壑、一面平川的险峻地段，距介休市城区10千米。虽然面积仅有约0.1平方千米，却集中了夏商古文化遗址、隋唐地道、金代墓葬、元代戏台、明清民居等许多文物古迹，特别是隋唐地道、刘武周庙、琉璃碑等为全国罕见、张壁独有。

建于隋末唐初的张壁古堡，状如**龙形**，南面堡门上一座石雕龙头，象征龙首；门外有9条红石铺路，象征龙须；进入城堡，一条长约300米的街道以石板铺地，象征龙身；街道中央铺设的3列红色长石条，象征着龙脊。街道两侧典雅的店铺和古朴的民居，琉璃覆顶、金碧辉煌的庙宇，抱柳的古槐左不经意

INFO

- 山西省晋中市介休市龙凤镇。
- 介休火车站有通往张壁古堡的专车。
- ¥ 旺季60元，淡季50元。

间为古堡平添了些韵味。

目前，古堡内保存完好的民居主要集中于户家园与贾家巷的嘉会堂。此外，张壁古堡还保留着中国多数古城均已消失的隋唐城市遗存的里坊，在龙街与几条小巷的丁字巷口，游人仍可看到保存至今的巷门，他们是各个里坊唯一的出口。关闭巷门后，各个里坊就成为相对封闭的堡中之堡，里坊之间既可各自为战，又可相互呼应，是一套完好的内部防御体系。

张壁古堡的地上，是易守难攻的**防御体系**。由于张壁是顺塬而建，因而南高北低。堡北的左、中、右三面各有一条向下延伸的沟，沟深难测，十分险峻。堡南有三条通道直达堡外；堡西是窑湾沟，有深达30多米的峭壁陡坡，让人望而却步；堡东居高临下，是最天然的防御沟堑，可谓"易守难攻，退进自如"。

古堡充分利用依山退避，难攻易守的地理优势，在地上筑垒构城屯甲藏兵，地下则建有长达3000米、上下三层攻防兼备的**古地道**。地道内，宽处可并行两人，窄处仅能通过一人，大部分区

段高度不足1.8米。随着逐渐深入，地道内的陷阱、通讯道、探望孔、伏击道、逃跑口、排水门等一一呈现于眼前，为了便于呼吸，地道内还开有通沟堑外的气孔。

张壁村的西场巷有一座很考究的民居，它正房的东次间里就有一个地道入口。这个入口藏在房间里的一个黑漆大柜中，十分隐蔽。为保证照明，地道洞壁上每隔一段就有一个供人们放置油灯的小坑。昏黄的灯光下，它们充满了诡异的色彩，让人不由地联想到那个战火纷飞、刀光剑影的年代。另外，张壁村有十余口水井，目前已发现至少有8口和地道相通。井内侧壁上开洞口，

◎张壁村古巷

有的井壁上左右有相对的两个洞口，搭块板子便可通行，撤掉板子便断了后路。但如此庞大的工程，在史集上竟没有丝毫的记载，由此可见此工程的高度保密性。

除了颇具规模的军事堡垒，众多的**宗教庙宇**也是张壁的一个亮点：张壁堡内现存16座祠庙，真武殿、空

王殿、三大士殿、二郎庙、可汗王祠、关帝庙等各自分布在南北两门附近，且大多建于城墙之上。这众多的庙宇中，尤以明代**空王佛行宫**最为著名，建于张壁村北门的丁字门顶上，大殿三间，殿内塑有空王佛像，山墙绘有空王佛成佛的故事壁画。殿顶的明代三彩琉璃装饰，刀工细腻，烧制精致，形象逼真，栩栩如生。珍奇的是，在空王佛行宫的前廊下有两尊罕见的琉璃碑，东侧的石碑记述了空王佛修炼成佛的艰苦历程，西侧的石碑记载空王佛行宫修建的经过。

张壁村**传统手工业**源远流长。唐代以前，洪山采坪沟已开设三窑，即煤窑、泥窑、碗窑。唐末宋初，洪山陶瓷业和县城酿醋业已规模生产。介休陶瓷以洪山白瓷为主，其印花刻花器制作笔意泼辣奔放，不失民窑本色。唐、宋时期，介休已有烧造琉璃记载，到明代，介休琉璃烧造达到极盛，现存张壁古堡、城内城隍庙、师屯北广文济寺、灵石资寿寺等琉璃建筑皆为介休匠人杰作。

张壁，这个神秘的城堡式村落，就像她的特产山西陈醋，唯有细细地品味，才能穿过所有的扑朔迷离，一领她"古庙神佛异，明堡暗道奇"的独特风采。

扫一扫，获取更多
实时旅游资讯

静升镇

晋中第一镇

静升镇是一个充满传统文化色彩的山庄古镇，在这里可以看到传统文化艺术在民间生活各个角落的渗透，体现着不同时代的历史风貌，以及人们的寄托和追求，同时也造就着理想空间，把人们的信仰、愿望有节奏地安排布局于起居生活的各个部分……

静升镇位于山西灵石县城东北12千米处，坐落在风景秀美的绵山脚下，依山傍水，一条大街横贯东西，九沟、八堡、十八街巷散布于北山之麓。静升古

◎静升镇古建筑

称"旌善"，后取意"居静穆祥和、歌舞升平之地"而易名"静升"至今。

据有关史料记载，远在新石器时代，古镇静升就有人类繁衍生息，商代则是"内"部落生产劳动、安居乐业的地方。到清康乾盛世，农商发达，经济繁荣，民间修庙宇，建民居，大兴土木，静升镇经历了第一次大规模的发展时期，被誉为"晋中第一镇"。古镇现存大大小小的店铺、典当行、水井、石板小路、戏台等依稀可见当年静升的繁荣景象和独特的人文气息。

王家大院是顺山而建的混合型四合院，有一种意想不到的效果，那就是当

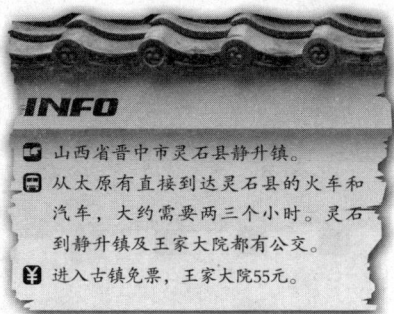

INFO

山西省晋中市灵石县静升镇。

从太原有直接到达灵石县的火车和汽车，大约需要两三个小时。灵石到静升镇及王家大院都有公交。

进入古镇免票，王家大院55元。

你站在每一院的高台上远眺时，都会有天地宽阔、心旷神怡之感。王家大院，先后经历了清朝康熙、雍正、乾隆、嘉庆几个时期的修建，建筑规模宏大，拥有"五巷""五堡""五祠堂"，总面积达25万平方米以上。目前，以"中国民居艺术馆"开放的高家崖建筑群与以"王氏博物馆"开放的红门堡建筑群东西对峙，一桥相连，皆为黄土高坡上的城堡式建筑。王家大院是一座充满情趣的民居，他依山就势，随性生变，层楼叠院，错落有致，气势宏伟，功能齐备，再加匠心独运的精美砖雕、木雕、石雕，装饰典雅，内涵丰富，实用而又美观，兼容南北情调，具有很高的文化品位，有"华夏民居第一宅""中国民间故宫""山西的紫禁城""王家归来不看院"等美誉。

建于元代的**文庙**和王家大院相映生辉，现在主体建筑尚在，鲤鱼跃龙门午壁、魁星阁、文笔塔三处附属建筑保存完好。鲤鱼跃龙门午壁高7米，长10米，厚1米，里外同一形象、同一方向石雕镂刻而成，上刻8条鲤鱼击水扬波，冲浪争雄，其中有一条破浪而出，鱼尾龙头，一跃而变成巨龙，跳过龙门飞腾于太空，体现了在同一时间和空间

◎静升镇王家大院

鱼龙突变的全过程。

村民们把这座石雕称为"九龙壁",建筑时间比大同、北京九龙壁早一至两个朝代,堪称民间石雕精品。

文笔塔高26米,底部周长12.3米,塔基为青石方形,砖砌结构,下粗上细,宛若毛笔竖立,直指蓝天。虽经数百年风剥雨蚀,至今依然完好,足见其建筑艺术之高超。形似毛笔的文笔塔,塔周墨、砚、水齐全,据说是象征着王家才思泉涌,文人不断,由此可见王氏祖先独具匠心的巧妙构思。

红庙又称为"东社",位于静升村中部,建有正殿、东西配殿和戏台等,占地面积734平方米。因此庙红墙、红门,人们俗称"红庙"。静升村西的后土庙称"西社"。每年农历六月十九是红庙的庙会,四面八方的乡民们涌向静升五里长街,看戏、吹糖人、跑马戏、耍猴、练拳脚、卖狗皮膏药……应有尽有,这时农民们也车载担挑,用自己生产的五谷杂粮、瓜果蔬菜去换盐油酱醋,犁耧锄耙——各取所需,使庙会成为古镇民间传统文化活动中的一道靓丽的风景线。

另外,静升还有"文化之乡"的美称。具有百姓喜闻乐见的背棍、抬阁、高跷等传统的**民间文化艺术**形式。每逢传统节日,村民们都有自发组织上街表演的习惯,加之当地世代延续的多姿多彩的民俗风情,使得这块古老土地成为历史文化涵盖面甚广的重镇。

温馨提示

具有王家大院特色的纪念品有绢扇、足银镀金狮子滚绣球、王家醋等。另外,山西省因地势较高,东南面又有山岭阻挡海洋气流,故较邻近的华北平原气温低,降水少,昼夜温差较大,所以最佳旅游季节在5—10月。

师家沟村
大山里的庄园

坐落在黄土高原山地的师家沟，是一处可与名扬三晋的王家、乔家大院相媲美的晋商民俗建筑群，她以特有的古老、神秘、幽静吸引着游人的目光……

师家沟村位于汾西县城东南5千米处，在霍州市西北，周围群山环抱。村内珍藏着一处庞大的清代建筑群——师家大院，为山西古建筑的精华，山西当地流传有这样一句话："北观乔家堡，南游师家沟。"其规模之大，设计之独特，集砖雕、木雕、石刻艺术为一体，为我国古建民居研究提供了重要的实物资料。其气势宏伟的景观洋溢着黄土高原的阳刚之气，可以说师家大院是一部山地建筑的经典，是耕读文明的窑居典范。

与乔、王两家大院所不同的是，这里的地形地貌与建筑特点巧妙结合，师家沟村所处山形好似凤凰，而大院所处恰为凤凰的心脏，放眼望去，建筑群依山就势，北高南低，三面环山，南边临河，避风向阳，自然布局错落有致，鳞次栉比，统呈阶梯形状，真是一块天然的风水宝地。

师家大院古建筑群位于师家沟北侧，创建于清乾隆三十四年（1769年），相传是由师家四兄弟做官发达后始建，历经清嘉庆、道光、咸丰、同治四朝70余年逐步扩建而成，分主体和附属两部分。主体建筑由5座二层、三层楼阁四

◎建筑群呈阶梯形状依山就势，三面环山，避风向阳，自然布局错落有致

合大院组成，连同附属建筑共有31座院落。其大多数窑洞的房顶高达4米左右，进深很长。居住其中，冬暖夏凉，非常舒适。

师家大院**布局**呈阶梯状，院落建筑格式多样，各具特色。每座庭院中，都建有客厅、过厅、正房、偏房、书房、绣房及长工房等。各房各院之间，以传统而富于变化的园门、耳门、楼门、偏门、暗门相连，形成了楼上楼、院中院、房套屋、门连门的奇异布局。

院落门前以**巷道**相连，狭长巷道采用传统的月洞门分隔空间，院与院之间又巧妙相通，或走暗道，或出偏门，或上楼门与其他院落相互联系，真可谓是"走进一家院便串全村门"。主体建筑一周有一条用长方条石铺成的长达1500余米的人行道，因路面下暗筑排水沟与各院相连，路面难有积水，故又有"下雨半月不湿鞋"之说。整个村落既有水平方向的空间穿插，又有垂直方向的空间渗透，充分体现出丘陵沟壑区依山就势、窑上登楼的特点，又融入平原地带多进四合院的空间布局。师家大院主体建筑的外围，建有酒坊、醋坊、油坊、药店等，体现了封建社会自给自足的特点，也反映出其经济、文化封闭的局限。

在师家大院中，处处可见精美的**石、木、砖雕**以及依稀可辨的彩绘。师家大院现存有门楼、花草、人物、琴棋书画等木、石雕刻10余套，雕刻精致，艺术精湛，已成为我国雕刻艺术研究的珍品。门额、门匾、木刻牌区163处，砖刻牌匾47处，字迹功力深厚，刚劲有力，尤其是"东山宅""北

海风""南山寿""敦本堂""清白家风"等牌匾，风格独特，神韵非凡，实为难得的书法艺术精品。尤其值得一提的是以"寿"字图为主的窗花隔扇，其图案竟达108种，据说，一是表示师家的108种生意，一是表示山西的108个县。

由于其建筑的奇特、典雅和繁华，在清朝就享有"天下第一村"的美誉，它的营建思路也值得今人借鉴。另外，使师家沟闻名遐迩的一个重要原因，是师法泽之孙师鸣凤与清末名臣曾国藩兄弟的深厚交往，师家因此成为仕官达贵，文人学士的周游之处，被誉为"三晋第一村"。如今，师家大院在经历了200多年的岁月风尘洗礼之后，正从山沟里走出，向世人展现它的容貌。

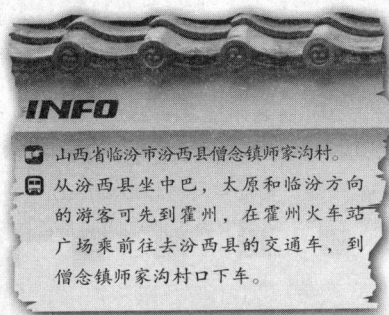

INFO

🏛 山西省临汾市汾西县僧念镇师家沟村。

🚌 从汾西县县坐中巴，太原和临汾方向的游客可先到霍州，在霍州火车站广场乘前往去汾西县的交通车，到僧念镇师家沟村口下车。

温馨提示 师家沟美食有六味斋酱肉等，还有稷山板枣等特产。但村中经济和旅游的配套设施尚不发达，吃住可在淳朴的古村农家解决。另外，冬季去汾西比较寒冷，部分山区冰雪路滑，要注意安全。

新绛

晋南唐代卧牛城

新绛，如同一幅酣畅淋漓的国画，讲究山水意境，民情神韵，自然之趣。在仅有2.5平方千米的古城里几乎囊括了唐、宋、元、明、清等多个朝代的文物古迹，在这里，几乎走一步就可以看到一处名胜。

新绛古称绛州，位于山西省西南部，汾、浍二河穿境而过，临汾盆地西南边缘，北靠吕梁山，南依峨眉岭，南北高中间低，是运城盆地的一部分。

新绛是座历史悠久的古城，春秋时曾为晋都，一直山西南部的政治、经济、文化中心。隋开皇三年（583年）州治从玉璧迁至今县城处，距今已有1400多年的历史。

新绛古城是一座唐代古州城，古城因形似卧牛而称为"**卧牛城**"，一条大街纵贯南北为牛脊，左右62巷称牛肋，南北城门分别为牛眼和牛臀，南门内东西天池为牛眼，北部唐塔为牛尾。整座城池建筑格局不同于一般县城的"方城十字，对称中轴"，所有建筑皆依自然地势修建而成。如今，古城历经1400余年的风雨洗刷，至今仍然完好地保存了唐代的形制。

就像三晋大地的许多名城一样，新绛的每寸土地都写下了悠远的历史变迁，隐藏着无尽的故事。远眺绛州城，从西至东，绛州三楼、绛州大堂、唐代宝塔，雄踞高垣之上，巧妙利用空间，创造了生动而变化的城市轮廓与风貌，这组古建筑群成为古绛州的重要标志。

新绛之奇，奇在**绛州大堂**。绛州大堂位居新绛县城西高垣之上，是全国目前保存最完整的三座州衙大堂之一。大堂始建于唐，面宽七间，进深八椽，单檐歇山筒瓦顶，1000多年来，一直是州府衙门的正堂。大堂高大宽阔，中心有一块已碎裂成多块的"鱼儿跪堂石"，意为鱼

儿喝水各凭良心。唐初，左将军张土贵奉命在此设帐募军，寒窑出身的薛仁贵风尘仆仆来投军，走上了报国平寇的军旅生涯。

黄昏时分，沐着瑰丽的霞晖夕岚，钟楼、鼓楼、乐楼构就了一帧绝美的剪影。在绛州大堂前，依地势高低，品字形三足鼎立，错落有致地排列着这**绛州三楼**。乐楼最低，为昔时唱戏的舞台，虽已大为破败，你仍不得不承认她的古朴华美。楼前一带宽阔的慢坡隐然而高，直抵跨道矗立的

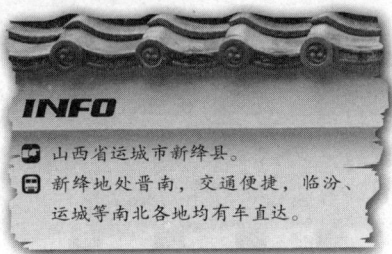

INFO

山西省运城市新绛县。

新绛地处晋南，交通便捷，临汾、运城等南北各地均有车直达。

鼓楼。鼓楼建于元至正年间，石基砖墙，垛堞起伏，三重檐歇山顶，覆以琉璃筒瓦，气势雄伟。钟楼内悬金代天德三年铸造的万斤大铁钟，钟声悠

◎新绛古城

扬，静夜可闻15千米；连接鼓楼和乐楼的七星坡（俗称衙坡），坡面嵌埔七颗石星，呈北斗七星状。相传古时子夜时分，可看到七星坡的石星发光，七星坡既可行人，亦可坐在坡上看戏、乘凉和观绛城夜景。绛州三楼，因势而建，连同近代的哥特式天主教堂及龙兴宝塔，雄踞高垣之上，遥相呼应，浑然一体，成为古绛城的重要标志。

新绛之美，美在**绛守居园池**。此园位于新绛县城西部，历代俗称"隋

园""莲花池""新绛花园""居园池"等，是我国现存唯一的隋代州府园林，也是中国北方著名的园林之一。园内盛设亭台楼阁，假山小桥，清水环绕，古柏参天，百花争艳，颇具自然山水园林特色。唐宋诗人、学者岑参、欧阳修、梅尧臣、范仲淹等皆有咏绛诗篇。

在县城中心大街上，遥遥就能望见那矗立于街尽头的秀拔的**古塔**。塔共13层，高约43米，呈八角形，塔顶曾多次腾烟，一连数日，成为百年之谜。拾阶百余级，登临高台。台上建寺，始建于大唐开国初年，原名碧落观，由于北宋开国皇帝赵匡胤的寓居而身价倍增，改名龙兴宫。后又因僧侣占居，而改名**龙兴寺**。寺内有一座碧落碑，碑文书法奇古，行笔精绝，以篆体俊秀著名。碑文刻于唐总章三年（670年），乃唐朝初期韩王元嘉四个儿子为母祈福而立。

除了丰富的历史景观之外，新绛还是闻名遐迩的手工业城。文献记载，春秋战国时期，这里就能筑造工艺精湛、造型精美的鼎、釜、碗、勺等青铜器。唐代绛州的铸造、纺织、冶炼、木雕、纺织、酿酒等业都十分发达，被称为"七十二行城"。

新绛的戏曲艺术和民间艺术丰富多彩。古绛州为锣鼓杂戏的发源地和元杂剧的主要活动区域，境内出土大批宋、元戏曲人物砖雕，明清戏剧舞台遍布城乡。绛州鼓乐，可上溯至唐初，武德三年（620年），李世民击败刘武周后，曾与军民在当地擂大鼓奏《秦王破阵乐》庆贺胜利。近年绛州鼓乐走上国际舞台，蜚声海内外。

汾城镇古称太平县，位于山西省临汾市襄汾县西南部，吕梁山脉、姑射山东麓，镇区距襄汾县城18千米。这里历史上一直盛产棉花和小麦，故素有"银太平"之称。这里的古建筑群较好地保存了历史原貌，汾城的学前塔，北膏腴

的大砖塔，太常九龙沟的普救寺塔，西圪瘩的金代大钟，北膏腴的北魏大钟，文庙的碑林……置身此间，细细品味古镇文化的浓厚积淀，意蕴隽永！

城隍庙建于明洪武二年（1369年），建筑面积约4000平方米，由影

◎汾城古建一瞥

壁、石旗杆、左右牌坊、山门、过亭舞
台、献亭、大殿、钟鼓二楼及西庑组
成。屋面琉璃构件保存完整，正脊与垂
脊花鸟怪兽、仙人彩马、鱼龙变化、五
颜六色、光彩夺目，不失为明代琉璃佳
作。城墙原为土墙，明崇祯四年（1631
年）县令魏公韩大兴土木，"采石为基
垒以砖"，现以西墙最好。

城隍庙东侧的**李氏民居**建筑年代不
详，但从建筑风格上判断为清代建筑无
疑。现存一进院落，坐北向南，正房面
阔三间，进深三椽，悬山顶式建筑。**魁
星阁**，砖木建筑，飞檐翘角古韵犹存。
从它身边走过，仿佛感到了当时人们对
主宰文运兴衰的魁星神的虔诚以及对文
化的渴求。

始建于唐的**文庙**北接城隍，南跨试
院而连社稷，在古建筑群中居于中心地

◎汾城建筑群

位。其布局之完整、保存之完好，在北
方乃至全国也不多见。该庙建筑面积约
为6000平方米，主要建筑有影壁、棂星
门、泮池、大成门、名宦祠与乡贤祠，
东西两庑、月台、大成殿、藏经楼、启
圣祠（内供孔子五代祖先）等。文庙东
北侧的**王氏知府宅第**为明万历年间的建
筑，该院落为一进四合院式结构，正房
坐西向东，面阔三间进深三椽悬山顶式
建筑；与正房相对的西面为一间悬山顶
式的垂花门楼，南北为面阔三间前檐硬
山顶式建筑。

城隍庙和文庙前后相依，仅以一
套条道隔开，但又被横街矗立的两座
木排坊连接在一起，城隍庙的石制旗

INFO

山西省临汾市襄汾县汾城镇。

临汾尧庙汽车站到襄汾的车10分
钟一趟。襄汾县城到汾城镇的车
也很多。

◎汾城城隍庙

建于金大定二十三年的**洪济桥**位于南关石坡下，东西向，桥身为单砌单券单孔拱桥，桥上东西纵向建桥廊五间，木石结构，单檐歇山顶。古镇有三座商铺，分别位于镇中古街和洪济桥东。古街中的两座商铺紧紧相连，坐东向西，南侧商铺面阔五间二层，为清乾隆二十四年（1759年）的遗构。北侧商铺为面阔三间二层的药铺，名为"世德堂"，建于清光绪二十二年（1896年），二层直棂窗、梁架结构均保存完好。洪济桥东商铺为面阔五间二层，保存完整。

杆和五彩琉璃影壁，就贴在文庙的后墙上。两庙除高低错落五颜六色的琉璃顶建筑之外，还有数人合抱的千年古柏，郁葱参天，蔚为大观。空中望去，红墙绿瓦被浓绿点缀分开，古朴神秘之感，油然而生。

位于十字街中心的**鼓楼**，始建于唐贞观年间，清康熙年间重建，清道光与民国重修。十字歇山重檐阁楼式建筑，通高15米左右，底座为十字券洞式拱洞通往四街，分上下两层，下层周砌女儿墙，四面开门，内部以木梯登二层，二层置木栏杆，可远眺四方。上下两层均以木斗拱承托出檐和翼角，外观威严华丽。

太平米醋是襄汾的特产，有着悠久的历史，创始于北魏兴盛于唐。太平米醋采用优质小米、大曲、豌豆、大麦芽等原料纯粮精酿，经深层发酵而成，无化学成分，属纯绿色产品。中医认为米醋性味甘平，有活血化瘀、消食开胃、止血、止痒、解毒、养肝、降血脂等功效。

温馨提示

　　每年农历三月十六日是汾城镇尉村延续流传多年的、全国唯一的鼓车节，也是唯一的村民自发无组织无统领的民间活动，意在祈福庆丰，强健体魄。现在，鼓车文化已申报联合国非物质文化遗产。

窦庄村

乡村城堡建筑的代表作

窦庄古村落是一处典型的防御性古堡类建筑群，该建筑群跨越元、明、清三个大的历史时期，建筑的设计、布局、雕琢，处处都显示着劳动人民的智慧。古堡内的建筑种类齐全，设施完善，充分反映了当时居民的生活方式和生活状态。有"金郭壁、银窦庄"之说。

窦庄位于沁水县东南部沁河河畔，距沁水约50千米，西依榼山，三面环水，环境优美，文化深厚，是晋东南地区明代中后期名重一时的大型古堡建筑群。村中现存古建筑除大量民宅外，还有庙宇、楼阁、祠堂、书房、校场、法庭、地牢、城墙、城门楼、牌坊、店铺和大量的碑刻等。

窦庄古城堡开启了乡村城堡建筑的先河，它是乡村城堡建筑的代表作，是研究当地社会生活、经济发展、民俗民风的重要物证，被誉为研究明清时期北方民居建筑的最具典型代表作。

窦庄古堡周长约2000米，高约12米，墙头宽约1.5米，整体布局呈"卍"字形，分东、西、南、北四条街和四条小巷，在街、巷与城墙交接处设城门楼，东、西、南、北四大四小共建有八座城门楼，加上祖居尚书府所修小城——"瓮城"，共九门，故有九关，合称**九门九关**。因城堡布局形状类似紫禁城，故当地人俗称其为"小北京"。由于年代的久远和风雨的冲刷，原来九座宏大的城门现只剩下了四座，唯有南

北两座巍巍的城门还在显示着古城过去的森严。南门门头镶嵌砖匾上刻"南门"二字，城楼顶建有炮台瞭望孔。前挖深壕用以排放村西之山洪，也为护城河，并设有吊桥相通。小北门砖圈拱顶并装有铁门，开门出入方便，闭门无处可通，小门即内城门，此所谓外城门通街，内城门通巷，与小北门所通者为九宅巷，即小北关，为九门九关之一关。

迈入村中那一座座名门大院，院内的楼房砖墙修筑得坚固整齐。楼面那刻满木雕的栏杆、门头、窗棂、石柱、雀替工艺高超，大门内外的砖雕照壁精巧别致。历时三年而成的**常氏宅院**，是清

◎佛堂

末官僚窦庄贾四爷为报恩而随女陪嫁的一处豪宅大院，规模宏大，风采依旧。

窦庄古堡东南入口120米处有一座四合小院，为**窦氏宅院**，其北面正房为两暗三明，东西为低矮的土夯小屋，梁檐下记有"大宋"字样，瓦大而厚，全为扣瓦，墙垣为木柱顶梁式造房结构。整体建筑古朴典雅。

张氏宅院，为窦氏守茔人张氏所建。明代以来，张氏一门勃兴，便在旧址重建府宅，修建有尚书府上、下宅。上宅总体布局为棋盘六院，建有五凤楼、望河楼、天桥、大花园、小花园。府门朝东，高9米，宽5米，高大峻伟，门头以砖雕斗拱装饰，石匾阴刻"尚书府"。下宅由三个院落组成，位于城堡西街，南院为两进院，各自有门，街口处设四柱三门式的砖、木、石牌坊式大门楼，平面呈八字形，明楼歇山式，斗拱前挂一竖匾，三横坊间两块花板，上板书"天恩世锡"四个大字，下板书"兵部尚书张五典张铨"九字……

贾氏宅院为三院串连建筑，典型的砖雕门楼，典雅间显示着威严，豪华中透露着精细。门、墙上部均有砖雕斗拱飞檐，筒瓦结顶，门头砖匾刻"怡善"，左、右两边凸刻"忠""孝"二字，刚劲有力。其藏宝房建造更为独特，该建筑为贾氏储藏珍贵物品之所，在选址和设计上周全缜密，建造上独具匠心，此建筑独处一所，周围不与任何建筑相连，而且筑体光滑，以防贼人攀房入室。结构设计为地上两层，地下暗室一层，而出入口与室内地板伪装一体，隐不可辨。整体基础采用巨石构筑，墙体为青砖实砌，白灰灌缝，墙体

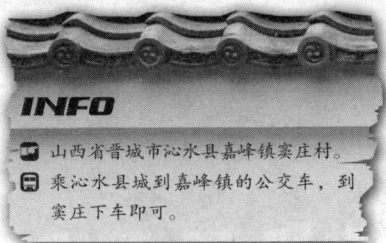

INFO

山西省晋城市沁水县嘉峰镇窦庄村。

乘沁水县城到嘉峰镇的公交车，到窦庄下车即可。

厚五尺，建筑为"丁字形"，窑洞相互支撑，无梁无檩，无易燃建材，真可谓是苦心之作。

还有位于村北的吏治建筑**古公堂**，由公堂和地牢两部组成。走廊宽阔，石柱支撑斗拱飞檐，左右厢房高于主大厅。前面布局门小窗大，中央主大厅为主审厅，两侧建筑为"和议厅"。距厅堂20米西南地下5米处有砖拱窑洞8孔，为牢狱建筑。内置石磨，墙上置有铁环，通道口高处修筑砖堡以看守牢内要犯。据考证，此类建筑早于洪洞苏三监狱，是我国现存非常罕见的一处吏治类古代建筑。

窦庄古堡共有古代庙宇13处，现在尚存的有佛庙、财神庙、火星庙、观音堂等。其中建于元至正六年（1346年）的**佛庙**为一进院落，有正殿三间、耳殿及东西配殿、大门楼。正殿坐北面南三开间，前出廊，悬山顶。前施四根小八角石柱，上施大额枋，额枋之上施平板枋，施柱头斗拱四垛，明间补间斗拱一垛，为单翘单昂斗拱，昂为真昂。

温馨提示

窦庄在昔日被誉为"小北京"，明末流寇之乱中，张氏母子与女眷童仆拒敌死守，曾三次击败流寇的进攻，窦庄因此也被称为"夫人堡"。

西文兴村

西文兴村以始建于明永乐年间的柳氏民居闻名遐迩。该居所依山而建，西高东低，四周青山绿野，风光秀丽，起势作『凤凰展翅』。总占地面积达30余亩，为典型的明清城堡式庄园建筑。

西文兴村位于太行、太岳、中条三大山系环抱之中的沁水县城西南25千米处的历山脚下，处于"沁水煤田"中心腹地，距太原378千米，距郑州228千米。古村为柳宗元后裔隐居太行的居所，村内90%的人皆为柳姓，是目前我国北方唯一的以同祖血缘世代聚居的原始古村落。民居内现仍存有"河东世泽"及"司马第"两块门匾，道出了西文兴村与河东大诗人柳宗元的渊源。

村落骨架主要是一条环绕几个大院落的环形通道，其中一条最宽的街道牌坊街，位于村落南部，东西走向，**两座石牌坊**左右分列在街道上，成为永庆门左右两边的标志性建筑。石牌坊完全是仿木结构，一座上书"青云接武"，一座上书"丹桂传芳"。牌坊年代久远，石材已风化疏松，石牌坊下的石狮的轮廓都有些模糊，但保存得相当完整。

柳氏民居以中华宗教制度建筑为总布局，融明清建筑艺术精华为一体，集南北建筑风格为一身，巧妙借用皇宫建筑工艺手法与历代名人格言书法为装饰，真实地记载了河东百世书香，文人由明代的

"官而商"到清代"商而官"的社会发展史。举目南眺屋拱翠，挥手东指三台左抱，侧身西观九岗右环，回首北望鹿台挺秀，是谓之"环山居"。

柳氏民居平面设计为万字形的皇家图案；整体布局为"福禄双全"。整个建筑大体分三部分：村南端为**外府区**，包括柳氏祠堂、关帝庙、文庙、柴房和左右过亭等，文庙内又设有圣殿、小学堂、纸帛楼；**中部区**为东西走向的村内小街和街东端的文昌阁、校场以及两个高大壮观的石牌楼等；全封闭式的**内府区**设有铁丝网、警铃、地道、防火墙等防护设施，在四角建有小戏台、观光亭、赏景楼、府门楼，要想进入内府区，只有通过西南角的府门楼和东北角观河亭下的砖拱门楼。三区之间，总长约1.5千米的18条明清古街道纵横交错……

柳氏民居受其书香门第影响，府院建筑的创意及**文化蕴含**都达到很高水准。不仅题材多样，构图缜密，而且在运用传统吉祥图案喻事和谐音表现手法方面都令人大开眼界。如以莲花、桂枝表示"连生贵子"，用一根绳子串三个

◎柳氏民居

铜钱表示"连中三元",以五蝙蝠展翅围绕"寿"字表示"五福朝寿"等,类似图案仅"行邀天宠"门楼就有30多种。柳氏民居内还留存有大量名人丹青,大家墨宝、家训碑碣以及精美壁画,令人叹为观止。其中仅名人书画碑就多达40余通,特别是南宋著名理学家朱熹、明代书画家文徵明,明代哲学家王阳明的书法碑刻十分珍贵。还有唐代著名画家"吴带当风"之称的吴道子的墨迹画碑,其《圣人十哲图》取材孔子向十大弟子讲述尧舜故事的场面,堪称绝世之作。另外,内府的8个府匾"行邀天宠""承德第""武德第""青云接武""中宪大夫"等古痕斑斑,至今犹存。

建在村口的**魁星楼**建于清嘉庆末年(1811年),目前的建筑是在原楼台上复修还原的。城台券门上有两块石刻,南为"光照艺林",北为"三台左抱"。登上阁楼,可尽览四周远近山景,是村里的最高点。

穿过楼台,紧挨魁星楼的就是重建于1559年的**关帝庙**,是西文兴的主庙。其外观呈长方形,内部中央为庭院,四面有建筑围成四合院。庭院北面台基上坐落着大殿。大殿对面的庭院南面是一座戏台,既可祭祀关公大帝,又可热热闹闹看戏作乐,关帝庙成了古村最重要的公共活动中心。

中宪第位于西文兴村的中心部分,与司马第隔街相望,与堂构攸昭相串联,比磐石常安要大一些。在东西向的中轴线上自西往东排列着正房、厅房与

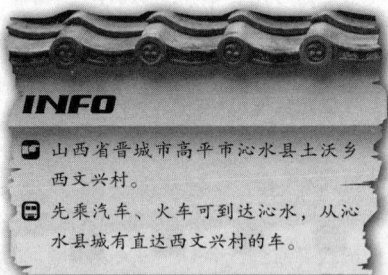

INFO

🏠 山西省晋城市高平市沁水县土沃乡西文兴村。

🚌 先乘汽车、火车可到达沁水,从沁水县城有直达西文兴村的车。

西文兴村文化底蕴非常深厚，从村落选址、规划布局、居民建筑、细部装饰以及风俗民情等，都有非常丰富的文化内涵，是研究柳宗元文化的活化石，也是一个深藏儒家思想、传承封建礼教的建筑博物馆，可谓"古香古色、古风犹存、古箴古训、寓意深刻。"

温馨提示

柳氏祖茔位于柳氏民居2千米之北山，这里沉淀着柳氏的阴宅文化。左青龙右白虎为金龟探水宝地，松柏青翠、日光云影、泉水甘露……在这里既可观山看景，也可自采鲜果，在领略古色古香的古民居之余，还可尽情地陶醉在大自然的生态美景之中，饮纯净的山泉甘露，品原汁原味的特色山果。

倒厅。其大门装饰是现存宅院中最突出的。三间开两层高的门脸，中央屋顶高高耸立，檐下有层层木刻，雕花的柱础与门前石狮，更显出她的华丽气派。

司马第也是一座由前后两座四合院串联而成的大型住宅，住宅的大门设在西南面，倒座两侧耳房的位置上。门上为四层字牌，最下层书刻"司马第"三字。在门前外墙置有上马台，设四步台阶上台基，门洞左右有抱鼓形的夹杆石。门两边的门枕石上各有一只石狮，迎着大门是一座精美的影壁，由砖雕、石雕、木雕组成，形式古雅，内容丰富。后院侧门上方书"河东世泽"四个大字，大门两侧也饰以抱鼓石和石狮门墩。司马第在中轴线上的三幢房屋的楼上，把脊檩两旁的叉手和瓜柱旁的合踏以及梁头都做了装饰处理，在正房与倒座的底层屋顶木梁上加上了装饰性的替木，这些装饰虽不多，却使司马第显得讲究。

◎柳宗元塑像

皇城村 山西第一村

皇城村原名中道村，位于晋城以西20余千米，晋阳高速公路擦肩而过，交通条件便利。皇城村枕山临水，依山而筑，居住着234户人家，有着许许多多引以为自豪的历史遗迹，被美誉为"山西第一村"。村中的陈廷敬故里"皇城相府"城墙雄伟，官宅民居，鳞次栉比，是一组别具特色的古代建筑群，是中华文明古国的一个缩影。

层楼叠院，错落有致的**皇城相府**是陈廷敬为母亲修建的。据说，陈廷敬在京城做官时，母亲特别想去京城看看，但因母亲年迈，不方便出远门，于是他就在家乡为母亲建了类似于紫禁城的府第。陈廷敬既是康熙皇帝的老师，又是

当朝宰相，还是《康熙字典》《佩文韵府》的总阅官，因为他号午亭，所以皇城相府又叫"午亭山村"，即当地老百姓心目中的"皇城"。

皇城相府始建于570多年前的明代宣德年间，到清代康熙盛世时形成了今日的格局。建筑面积为6万平方米的皇城相府，规模宏大，开城门九座，城墙总长1700米，大型院落19处，整个建筑群分为内城和外城两部分。御书楼金碧辉煌，河山楼雄奇险峻，中道庄巍峨壮观，斗筑居府院连绵，藏兵洞奇妙无穷，南书院曲径通幽，西花园风景别致，紫芸阡御碑林立。皇城相府是集官宦府第、文人故居与地方民居为一体的明清建筑群。被专家称为"中国北方第一文化巨族之宅"。

中道庄为皇城相府的旧称，习惯指皇城相府的**外城**，主要建筑有外城城墙、冢宰第、点翰堂、小姐院、翰林院、书院、花园及功德牌坊等，是一组规模宏大的清代城堡式官居建筑群。

御书楼位于中道庄城门前，俗称"皇阁楼"。整个建筑雕梁画栋、斗拱

飞檐，金碧辉煌，红柱流丹，是皇城旧八景之一。此楼始建于康熙五十年，上存康熙帝亲赐御书"午亭山村"匾额，其上浑圆雄健、气势磅礴的字体庄重威严，令人肃然起敬。楹联"春归乔木浓荫茂，秋到黄花晚节香"的诗，是康熙皇帝对陈廷敬一生品行的高度赞扬。

功德牌坊是进入皇城相府后最为醒目的牌坊。入院第一座牌坊是一座大牌坊，四柱三楼，通体石雕而成，基周瑞兽相拥，坊额雕龙刻风，气势恢宏、壮观，正面上方刻有"冢宰总宪"四个大字，对陈氏家族官文化加以概括。再往里进，为小牌坊，仍是通体石雕，两柱一楼，上载从明代嘉靖到清代顺治年间陈廷敬父辈所授官职，这同样成为陈氏一门荣耀的标志。

相府大院，是陈廷敬的宅第，名为**"大学士第"**，为皇城外城的主体建筑，为一进四合院。相府大门后有"冢宰第"雕刻，有"大学士第"匾额，还有八字影壁。正北大堂是相府大院的主要建筑，也是陈家世代沐浴皇恩的标志性建筑，门上悬有康熙皇帝御笔手书"点翰堂"匾额。整个房舍是具有地方特色的双层出檐楼房。大院内，斗拱、门窗、楼栏、影壁等装饰构件工艺精湛，雕工极佳，整个院落气势不凡，富丽堂皇，风格幽雅别致，成为一处"宫文化"的封建礼制与地方传统工艺完美结合的典范。

相府**内城**，也称为"斗筑居"，为陈氏家族明代修筑的城堡式建筑，是陈家人日常生活的地方，由八个独立封闭又巧妙相连的四合院组成。120多间藏兵洞层层叠起，荣山公府、御史府、陈氏宗祠、世德院、树德居、麒麟院比肩而立，每个院子门前的两个石刻雄狮、门枕石和雀替、影壁均保留完好。步入院中，雕梁画栋的房屋，举步可见，其门窗的精巧华丽，让人叹绝。这些门窗都有凤凰戏牡丹。万寿无疆、五福捧寿以及奇花异草等图案，每一个图案都是那样形象逼真。用手触摸着这些门窗以及室内陈列着的檀木太师椅、八仙桌、龙头几、雕花床、脚踏，如触摸着一段并不遥远的历史。

内城城墙，建于明代末年，城内遍布藏兵洞，城头建有垛口，东南、东北二角设有文昌、关帝二阁，整体构造坚固、雄伟。沿木制楼梯，拾级而上，到达顶层，楼外美丽如画的风景，一览无遗。

始建于明代崇祯五年（1632年）的**河山楼**，取"河山为圃"之意，是陈氏家族为了抵御外敌侵扰而建的防御性建筑物，是皇城相府的标志性建筑。整体为砖石结构，同时能容纳千余人避难。楼分为七层，楼内有楼道相通，可容千余人避难，三层以上才有窗户，进入堡垒的石门高悬子两层之上，通过吊桥与地面相通。为了便于探知敌情，河山楼楼顶不仅建有垛口和垛楼，而且还专辟有利于转移逃生的秘密地道。为了对付可能出现的长期围困，河山楼内还备有水井、碾、磨等生活设施，储有充足的粮食。

建于明末崇祯十五年（1642年）的**南书院**原名"止园书堂"，位于相府城南，居于相府止园花园内。这个书院的建成，为陈氏家族子弟提供了一处学习深造的园地，这里成了培养陈氏家族人才的摇篮。陈氏子弟在这里受到了严格的文化教育，陈廷敬兄弟及其族中成员，大都是在这里接受教育进而走向仕途进入清廷官宦行列的。明清两代，陈氏一共出现了41位贡生、19位举人，并有9人中进士，6人入翰林。康熙皇帝对陈廷敬有"房姚比雅韵，李杜并诗豪"的评价。乾隆皇帝亲书"德积一门九进

◎远眺皇城，令人陷入古时钟鸣鼎食、诗侣酬唱的繁华梦境

士，恩荣三世六翰林"的楹联，对陈廷敬及陈氏家族予以褒奖。

西山院因地处樊河西岸山麓而得名，院额原为两朝御史陈昌言所书。

它是陈氏先祖道教组织"金顶会"的活动场所，每年农历三月初三，周围村落居人联集，捐银献物或议修庙宇、设建道场或跋涉千里敬朝武当，三年一易。

皇城相府如今成了一处影视基地，近年来，陆续在这里拍摄了大型电视连续剧如《康熙王朝》《契丹英后》《双城古堡》等专题影视片，多集文化影视片更是多不胜数。

紫云阡即**陈廷敬墓地**，位于皇城村北约500米处的静坪山坳，主要建筑有石牌坊、御书挽诗碑亭、十通高大的神道碑、四对石像生和陈廷敬墓等。皇城村附近还有九女湖、工业园区（矿区）、新农村等景区。

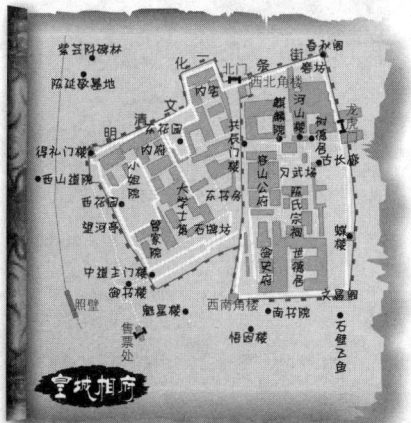

郭峪村

中国乡村第一『城』

郭峪村是太行山麓一座唐初建置的城堡式村落，城堡依山傍水，城墙雄伟壮观，城头雄堞林立。城内豫楼高耸、古庙森严、官宅豪华、民居典雅，是中国乡村独具特色的古代建筑群，具有「山上山、庙中庙」的奇特景观。

坐落在樊溪河谷中游的郭峪村，位于北留镇以北8千米处，与"皇城相府"所在的皇城村仅数百米之遥。现郭峪村由三部分组成，即郭峪、侍郎寨和

◎郭峪村汤帝庙

黑沙坡，至今仍保留着老狮院、小狮院、陈氏十二宅、王家十三院等明代民居40院1100多间，另有豫楼、汤帝庙、戏台等古建筑，从数量上来说比皇城相府还多。

明崇祯年间，为抵御流寇侵扰，郭峪村修建了的兼备居住与防守功能的**郭峪城**，为辅助城墙又增建窑洞，一边居住，一边防守。窑有三层，共628眼，故名蜂窝城。有城门3座、敌楼10座、窝铺18个，转角有木亭。其中东门为村之正门，紧濒河岸，为三门中位置最低一座，门洞上书"景阳"，因此郭峪又叫景阳城。城墙非

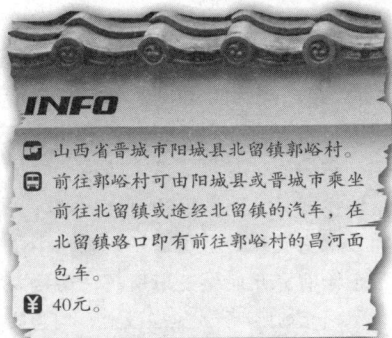

INFO

🏠 山西省晋城市阳城县北留镇郭峪村。

🚌 前往郭峪村可由阳城县或晋城市乘坐前往北留镇或途经北留镇的汽车，在北留镇路口即有前往郭峪村的昌河面包车。

💰 40元。

常坚固完整，据说当时可以骑马在城墙上环城一周。现尽管只剩下一段，却仍是巍然耸立、气势不凡。

村子西南角有一处水门，称西水门，是为防洪而建的，因此村中**街道**的走势大体为南北而稍偏向西南，从东到西依次为后街、前街、中街。除此之外，还有上街和下街与之相连，形成一个烦琐的街巷网络。街道两边大多是两层楼的明代古居，灰白色的墙砖。由于郭峪自古就经济繁荣，是樊溪河谷的商业中心，南来北往的煤贩、脚夫在此走街串巷，歇脚留宿，各种服务生活的店铺应运而生，街道上车轮滚滚，格外热闹。

建于明代的**老狮院**是皇城相府之"相"陈廷敬的祖居。在中道庄另辟新居之前，陈氏先辈就居住在这里。老狮院门楣上多达三层的木制匾额，青青的石条台阶，黑灰色门柱、斗拱，历经岁月冲刷，书写着陈氏家族的辉煌，记载着陈氏家族的沧桑。

始建于明崇祯十三年（1640年）的**豫楼**，位于郭峪村中央，为村中抗匪自保的军事建筑，数百年风采依旧。"豫"与"预"通，防御、居

安思危之意。豫楼四角垂直，四墙平展，高30米，共有7层，底层墙厚2米。第一层为暗层，系单孔砖拱窑构成。内置有石碾、石磨、水井、暗洞，暗洞通过石门，进入暗道，暗道由砖拱成，共两条，均可通向城外。第二层为五孔砖窑构成，朝东正中门额上镶有泽州庠生王珩所题"豫楼"二字，有炮眼4个。三层以上，均为梁檩木板盖顶。七层之上四周为砖堞。砖堞之上，又起檐封顶。豫楼雄居城中，登顶可瞭望方圆数十里。

建于元代的**汤帝庙**俗称大庙，位于西门内，尚存20米高的挑角戏台及罕见的九开间大殿，为清初拆旧整修。该庙规模宏大，庄重肃穆，气势非凡，分上下两院，上院前沿有石栏，中有石梯可通上下。北面为正殿，面宽九间，进深六椽。东西殿各三间，角殿各三间。下院东西两面为两层楼房，各下下10间，上为看楼，下为住房及客房，南面上为戏台，下为山门，两旁又各有角楼，为储藏室，门外西侧有钟鼓楼。该庙是村中的社庙，以前村内的重大事情都在这里商定办理。

良好的生活环境，造就了郭峪鼎盛的**文风**，由唐至清，考取功名者多达80余人，特别是明清两朝，包括陈氏家族在内，郭峪一共产生了15位进士、18位举人，也出现过一门四进士的科举世家和担任侍郎等职的官宦人家。他们把儒家礼制观念体现在村落、户宅的建筑上，有着深厚的文化底蕴和很高的历史价值。

◎郭峪城

温馨提示

炒凉粉是晋城民间传统风味小吃，口感软嫩，香辣可口，至今已有100多年的历史。另外，持有古城门票的游客白天还可到平遥大戏台均可免费观看演出。

古镇攻略

郭峪村住宿设施很不健全，可到阳城或北留镇居住，也可借投当地民居，通常为每晚15元—30元。

竹林山大酒店/阳城新阳东街169号
金凤凰国际酒店/城北陵沁线与鸣凤小区的交汇处
山水假日酒店/阳城县新阳西街水村

娘子关镇

天下第九关

『天下第九关』闻名遐迩，『水上人家』浪漫温馨，中山石长城历史悠久，水帘洞瀑布引人入胜，人间仙境张果老洞，平阳湖色、崇岩胜景、五龙泉水、承天古寨……引无数文人墨客留下优美的赞咏诗句。

娘子关镇位于平定县东北部45千米处，与河北省井陉县毗邻，扼晋冀两省咽喉，为山西的东大门。镇内山峦起伏、百泉喷涌、雄关巍巍、长城蜿蜒、溶洞瑰奇，是远近闻名的旅游胜地。

娘子关，史称万里长城第九关，相传唐平阳公主率兵驻此，因此而得名。关城坐落在悬崖之上，背靠峰峦起伏的绵山，居高临下，桃河水由西南折向东北，环绕关城奔腾而下，现存东、南两座关门和长约650米的城墙，是长城著名关隘，也是出入山西的咽喉。娘子关又名苇泽关，有关门两座，中为居民区，外城门为砖砌门洞，上有平台，似为检阅兵士和瞭望敌情之用，内城上为门楼，筑构坚固，关城两翼之长城依山势蜿蜒，成为晋冀间的天然屏障。关内现存关帝庙、真武阁等古建筑。相传当年董卓带兵来到下董寨村，见周围悬崖峭壁、山势险要，遂建起"董卓垒"，并派兵驻守，苇泽关随即建成。

娘子关瀑布又名飞泉，位于娘子关城堡东门附近约300米的妒女祠下，因临娘子关而得名。该瀑布是泽发水的源头，人称水帘洞，山坡谷中泉眼累累，形成悬泉。瀑布由多股泉水汇流而成，沿悬崖峭壁倾泻而下，悬空如白练挂在石壁前，形成高达十几丈高的飞流。"海眼"是最大的泉眼，泉水翻滚，激起层层浪花，响声震耳。瀑布旁有"趵

◎天下第九关

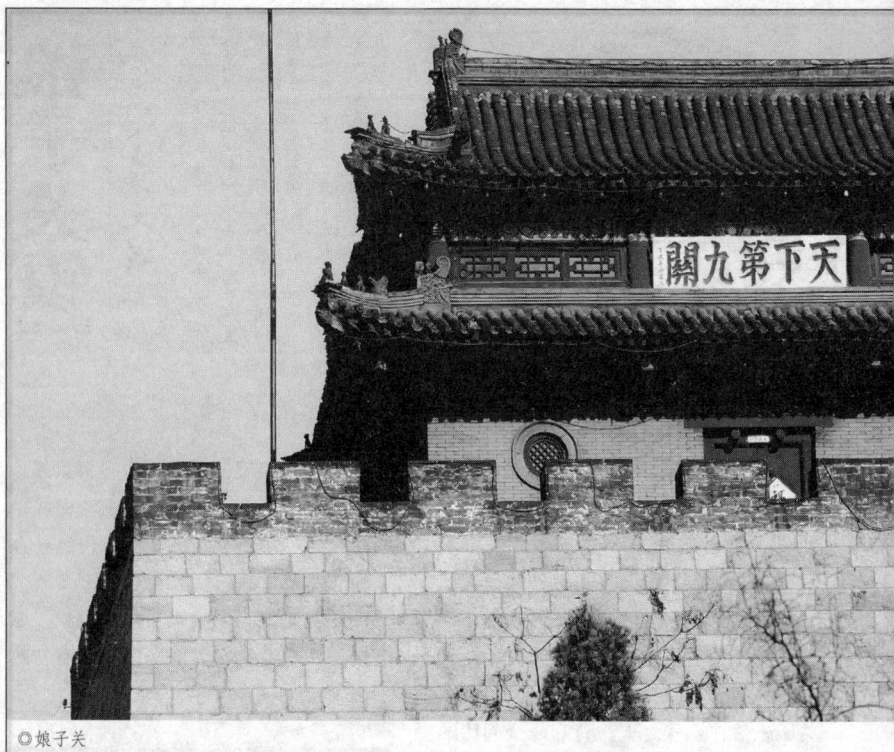

◎娘子关

突泉"突突喷涌，并有诸多小"趵突泉"相映衬。一股股水流喷吐冒出，浪花纷飞，日夜不息，常年涌流，给娘子关带来了无限的生机。郭沫若有诗赞曰："娘子关头悬瀑布，飞腾入谷化潜龙。茫茫大野银锄阵，叠叠崇山铁轨通。回顾陡惊溶碧玉，倒流将见吸长虹。坡地二十六万亩，跨过长江待望中。"明代乔宇有《瀑布泉诗》："回头形势接绵山，为看悬泉数往还。石乳下通沧海底，浪花高叠翠峰闲。"

寻幽静小径可下到**桃河河谷**，再抬头仰看水帘洞瀑布，只见瀑布宛若一匹白练从天飘然而降落于桃河河谷。瀑布在下跌过程中，时而急流而下，时而又为顽石所阻，水石相激，溅起浪花无数，四处飘洒散漫，并迸发出雷鸣般的声响。若再绕道去对岸山腰观赏水帘洞瀑布，则又可见到水帘洞瀑布的另一番景象了。那被水烟云雾笼罩得一片迷蒙的峡谷，在阳光的照射下，形成了道道七彩霓虹，横跨峡谷，绚丽多姿，蔚为奇观。金代大诗人元好问有《游天悬泉》："诗人爱山爱彻骨，十月重来犯冰雪。悬流百里行不前，但觉飞湍醒毛发。"

如今在娘子关一带已就地修建了电站，既用于发电，又可用来灌溉。娘子关瀑布，亦从此增添了一点现代化的风采。

水上人家是娘子关的独特景观，悠悠石磨转乾坤，浩浩清泉亭下流。游人

INFO
- 山西省阳泉市平定县娘子关镇。
- 太原建南汽车站、石家庄长途北站到阳泉的汽车很多，票价约25元。阳泉长途站内换中巴可直达娘子关。
- 娘子关75元。

带上长矛、大刀、钢鞭、剑、战旗等道具上街，锣鼓擂起社火便开始，热闹非凡。此外，娘子关镇**河灯**是流传于娘子关的一种古老习俗。每年农历六月六日是祭河神的节日，俗语有"六月六，大河大水斗一斗"之说。是日，为祈求河神的护佑，村民在晚上成群结队将灯放于河中，河灯随水漂流，灯光与水色互相辉映，构成了一道美妙水乡夜景。

据说娘子关村的"水磨面"，不会像电磨那样，因产生高温而损失原粮的养分，故而色佳味美又易保存，做成的农家饭食，细腻耐嚼；磨出的圪针根粉，可以做蚊香的原料，是娘子关的一大特产。

温馨提示

至此，可观水映青树，听水击轮盘，尽享水寨独特风情。这里的屋舍院墙是由附近山上的青石砌筑，古朴大方，它们既是民居，也是作坊。当地老百姓凿石成磨，削木为轮，利用引聚的水流力量，在石屋里、磨坊中，日复一日地歌唱着那悠远的山歌，形成了千年古村的一大景观。据载，早在唐宋时期，娘子关就是周围的一个重要商贸集镇；到民国年间，当地因水而发展的水磨，因关而兴旺的旅馆，更是声名远播。

每年正月十六娘子关镇诸多村庄都要表演**社火**，是村民欢度新春佳节的重要形式，有武打、耍叉等，其内容多为模拟古战场故事。届时，村民自发组织

扫一扫，获取更多
实时旅游资讯

代县

杨家将镇守的边关

代县历史悠久，古迹星罗棋布。文庙规模宏大，名振三晋；杨忠武祠影响波及海外；依石崖而建的悬空结构赵杲观；还有挺拔俊秀的阿育王塔以及白仁岩寺、柏林寺、凤凰观、太宁宫等众多古建筑遗址无声地诉说着代县的过去。

边靖楼矗立城中，威镇三关。

代县古称代州，位于山西省东北部，雁门关下，北踞北岳恒山余脉，南跨佛教圣地五台山麓，滹沱河穿境而过，地处要冲，历代为晋北政治、军

◎代县边靖楼

事、经济、文化之重地。

代县古为代国，春秋时属晋，战国时属赵，秦、西汉为太原郡广武县，东汉改属雁门郡，三国时为雁门郡治，隋开皇五年雁门郡改称代州。明洪武二年始改代州为代县，清雍正二年升为直隶州，历为州、郡、道行政治所。民国元年改为代县至今。

代县地势险要，由东北向西南倾斜，南北部为山区，中部为平原，中国著名关隘雁门关居于其间，素以关山雄固、军事要冲而闻名于世。2000多年来发全在县境的大小战争达1700余起，历代无数英雄名将在此建功立业。东周战

国时，赵襄于诱杀其姐夫，吞并代国。赵国名将李牧，据险保卫了赵国江山。汉高祖刘邦出雁门被围困平城。隋炀帝被围代州，召李渊救驾。郭子仪、薛仁贵转战代州。北宋名将杨业父子在此唱了一曲千秋忠义之歌。李自成在代州大战十余天后才直抵京城，在现代史上的直、奉、晋军阀混战，抗战时期伏击日寇、夜袭阳明堡飞机场等都在代县这块土地上金戈铁马，浴血沙场，留下了千古传颂的英名。

悠久的历史，特定的军事战略地位，为代县遗存了丰厚的文化遗产。代县城池历经沧桑，屡毁屡修，尚存西门瓮城与北西两面城墙。城内外尚有东段景新石器时代遗址，汉代长城遗址、城堡遗址，隋代枣户城遗址，明朝砌筑的39堡和12联城遗址等。另外，还有边靖楼、阿育王塔、雁门关、杨忠武祠、杨七郎墓、赵杲观、白仁岩寺、柏林寺、凤凰观、太宁宫等古建筑遗址。

雁门关又名西陉关，在代县城西北20千米雁门山腰，与宁武关、偏关合称三关。附近峰峦错耸，中有路，盘旋幽曲穿城而过，异常险要，为历代戍守重地。现关城为明洪武七年（1374年）所建，万历年间复筑门楼。今存关门3座，内有战国寸赵国北边良将李牧祠旧址，尚有碑石数通。其中有明代《武安君庙碑记》，载李牧率兵屡胜匈奴事，并叙述明代战乱时雁门关仍为军事重地。古人称为"三关冲要无双地，九塞尊崇第一关"。

明初，雁门关南不断受元朝残余势力的骚扰，明王朝为了加强这一带的防卫，以吉安侯陆亨为指挥使，大集州境

军民进行了加固长城要塞、扩建州城等一系列军事设施工程，边靖楼为这一工程中最高大的建筑，用于守望了敌、指挥作战及驻兵。

边靖楼俗称鼓楼，在代县城内。创建于明洪武七年（1374年），成化七年（1471年）火焚后增台重建。整个建筑由砖券洞基座和楼身两部分组成。楼上可容纳千人，是重要的驻军营垒，战事紧张时楼上的兵士可以迅速从十字大街调动到四城门上及各要害部位。无战事时，晨钟暮鼓又起了报时作用。随着时光的流逝，边靖楼逐渐失去了原有的军事意义，成为后人游览登眺、赋诗抒怀的胜迹。

INFO

🏠 山西省忻州市代县。

🚌 从太原、大同、包头、呼和浩特、忻州等地都有直达代县的汽车；也可以在北京、太原等地乘坐火车前往。

💴 边靖楼20元；雁门关90元。

代县曾是杨家将镇守边关的地方，也是杨家后裔的定居地。在县城东20千米的鹿蹄涧村坐落着杨氏宗祠——**杨忠武祠**。杨家祠堂坐北朝南，门前有石狮子、木旗杆、两株古

◎代县雁门关雁塔

槐、两座牌坊。对面是戏台,称"颂德楼"。祠堂正门面阔3间,下悬"奕世将略""一堂忠义""三晋良将"3匾。因杨业战死后追赠太尉,谥"忠武",故祠堂亦称忠武祠。祠分前后两院,前院有东西厢房各3间,奉祠杨氏后裔。后院正殿5楹,东西厢舍3间,内塑杨业及佘太君坐像,八子彩塑分立两侧。祠内的"宗祖图"碑上,铭刻杨业后裔世系。

在代县城西南23千米天台山沟掌里有**赵杲观**,又名天台寺。相传春秋末期,赵襄子灭代,代王夫人摩笄自杀于夏屋山,其余姬妾由丞相赵杲引护外逃,隐居此石洞中。后人建祠祀奉,僧侣居此。赵杲观分南北两洞。"仙阁登云"景观最为奇险,一座三层飞檐的阁楼一半嵌入山洞、一半悬于空中,下无蔓藤可挽,上无石阶可寻。唯一的道路是一条从阁中悬垂而下的十数丈铁索链。从崖底手握铁链,上不见阁,下临万丈深谷。登阁凭栏远眺,确有"赵杲观离天二指半"之感。

代县物华天宝,引得历代名人墨客流连吟诵。南朝的鲍照,唐代的陈子昂、李白、王昌龄等,北宋的范仲淹,元代的元好、萨都剌等名家,都为代县的山川见物写下了不朽的诗篇。其中元人萨都剌,自幼随祖、父居代州,及第后为官各地,创作了许多抒写江南美景、塞上风光的景物诗,名冠元代诗坛。他生前把多年诗作自辑为《雁门集》,传世至今。

代县民间流传着道情、庙堂音乐等民间艺术。道情原为道家宣传教义的宗教艺术形式,后被群众文化吸收利用,成为地方小剧种。代县道情具有浓厚的乡土气息和地方特色,道白用方言,风趣幽默,民间剧团和艺人活跃于乡间;庙堂音乐本是佛、道教在寺庙进行宗教活动的音乐,后走出寺庙,进入民间丧事,成为民间的鼓乐班形式,活动于乡间。

代县人素有剪纸、作画的传统,明清以来,民间画匠画师颇有名气,画铺生意兴隆。20世纪80年代初,新崛起的民间绘画声名远播,1988年被命名为中国现代民间绘画画乡。

◎历史岁月沧桑的雁门关

扫一扫,获取更多
实时旅游资讯

碛口镇

九曲黄河第一镇

一条条青石，一排排大瓮，一个个油篓子，一座座饮马槽，都让我们真切地感受到碛口镇历史的辉煌与商业氛围的浓郁……

碛口位于山西省临县城南48千米处的黄河边上，是一座倚在黄河东岸吕梁山怀抱里的典雅古镇。碛，字音同"气"字，指黄河上因地形的起伏而形成的一段一段的激流浅滩。黄河水在这片浅滩上遇到大小不同的石块，浪花飞溅发出巨大声响，激起雪一般的浪花，形成一道奇丽的景观，碛口因此而得名。碛口从清代乾隆年间兴起，明清时期极度繁华，因长期占据北方商镇龙头位置，故有"九曲黄河第一镇"和"水旱码头小都会"的美誉。

大同碛地处碛口古街西南500米的湫水河入黄河处，是秦晋峡谷间最大的一个碛。黄河进入大同碛，河面急剧收缩为百米左右，河水涌向落差约10米、长3000米的倾斜河道，顿时水流湍急、浊浪排空、咆哮如雷、声震十里，观者

◎水旱码头小都会——碛口，是倚在黄河东岸吕梁山的怀抱里的典雅古镇

无不惊叹。

明、清两代建成的一条条街道，散发着古老的韵味。**主街道**顺着卧虎山，从东开始，沿湫水河西去，再逆黄河北上，时曲时折。有十八道弯的古镇后街却只有200余米，街道都用石头铺就，两旁建筑完全依地形而建，店铺都是平板门，因为地势低，又曾经多次被洪水浸入，所以这里街面的房子都造高台基，叫高圪台。主街道南有二道街、三道街，一条比一条短，形成了梯形的建筑格局。

沿湫水河，上行不远，转到碛口背后，有一个三面环山、一面临河的小村庄，因它是在湫水河的转弯处，故得名**西湾村**。

西湾是单姓村，都姓陈。西湾村是明清碛口繁荣时经济力辐射所及村庄之一，整个村子都是当时巨商陈家的领地，故称**"陈家大院"**。整个民居宅院长约250米，宽约120米，占地3万多平方米，以体现金、木、水、火、土的5条石砌街巷将40余座宅院连为一体，以高墙围护，形成了一个庞大的城堡式封闭空间，仅在南向留大门3座，寓意天、地、人，当是道家天、人合一思想的建筑体现。每一层的屋顶是上一层的院子，每一院落都有小门相通，院院相连，巷巷相通，走进一院就可通过小门游遍全村，真可谓"村是一座院，院是一山村"。整个建筑群，布局合理，防洪排水畅通，特别是大门、垂花门、照壁、厅堂上的木雕、砖雕、石雕更是独具匠心，沿街沿巷的石匾，各具神韵，是典型的吕梁风格的四合院，是研究黄河流域民

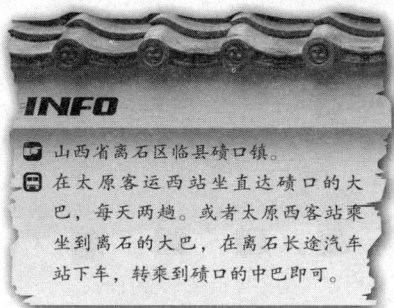

山西省离石区临县碛口镇。

在太原客运西站坐直达碛口的大巴，每天两趟。或者太原西客站乘坐到离石的大巴，在离石长途汽车站下车，转乘到碛口的中巴即可。

俗和明清建筑的极好材料。

创建于明代的**黑龙庙**，位于碛口镇卧虎山，主要由山门、正殿和乐楼组成。庙宇依山傍水，奇伟壮观，叠于石崖之险。乐楼巧夺天工、不用音响设施十里之遥可闻，拾级登顶，千岩万壑、百里黄河、尽奔眼底。每年的农历正月和七月初一的**黑龙庙会**，秦晋两省四乡群众观光游览者络绎不绝。有古风古韵的"社戏"活动，有千古一绝的《狮子啃绣球》等地方小戏、碛口腰鼓，以及陕北皮影、剪纸、八音会、民间说唱等，都是极具黄土文化特色的风俗风情。

李家山村位于碛口古镇以南5千米，它并不是一座山，而是以李姓为主要居民的村庄，故而得名。古村的地形是在一沟的两坡上，似凤凰的两翅，所以又名"凤凰山"。古村建筑主要分布在"凤首"和"两翼"地带。现在村内有大大小小有百十米个院落，400多孔（间）住舍，西面清代建筑群，虽有一些破破烂烂，却还基本保存完好。另外，当年李氏家族适应碛口镇的商业需要，专门养骆驼跑运输，因此该村是以居民为中心而兼骡、骆驼憩息为特点的

村落。

　　李家山村的**住宅**以窑洞式建筑为主，依山就势，从山底一直建到山顶，一气呵成，形成了"立体村落"。照壁上、门楼上、厦檐上和窑洞门窗上的砖木雕刻，精美绝伦。因为黄土高原的土层结构是垂直肌理，易崩塌，因雨水冲刷而导致的山体滑坡是常有的事故，所以李家山村修有大小石排水沟，最高的落差有30-40米。

　　窑院的大门多位于左前方，入口方向或垂直或平行于正房，又或偏转约45度。院内挖有地窖，用于贮藏土豆、萝卜、红薯等。窑院内有的还有碾和磨，"左青龙、右白虎"，碾是龙，磨是虎，所以碾和磨分别在院的左侧和右侧。窑院的正房多用于住人，厢房则可住人也可存放粮食。倒座房一般用作牲口棚和柴草房。正房

和厢房大多不带前檐，外墙顶部只设出挑约1米的"没根厦檐"，起遮雨护墙的作用。因为厦檐出挑距离较短，檐下无法容纳灶台，灶台便安置在正房尽端与厢房之间的空地上，再架个顶，就成为夏天使用的厨房。正房和厢房窑洞内的炕床大多安排在靠窗的位置，灶床内侧为灶台，在冬天可取暖与做饭。窑院两层时，正房和厢房窑洞的屋顶就做了二层窑洞的院。

　　李家山村民居的形态在8种以上，这些无论豪华的清代建筑群，还是穴居生活的土窑洞，无不附着中华民族的灵魂，都在这里将自然风光与人文景观融合，蕴藏着丰厚的民情风俗和黄河文化。

　　新窑院又称子寿楼，位于后地院南40米处，据说是李带芬出资帮助其侄子李子寿修建的。该院非常宽敞，建筑质

◎李家山古民居

◎依山就势的窑洞式住宅

量很高，保存也很完整。水磨青砖对缝砌筑，做工精细。院内的地窖与一般窑院的垂直挖下不同，而是采用阶梯状下挖。倒座房的东墙外设有石质拴马扣……

东财主院是东财主李登祥在同治五年（1866年）建造的，为两层窑院，其窑院的大门是李家山村建造水平最高、装饰最豪华的。**后地院**位于大村西侧山坡上，是西财主李带芬所建，其规模比东财主院规模还要大。因其字香亭，所以该院又称香亭楼。

在凤凰山的左翼沟里，是旧村，也被称为小村，村民说在李姓迁来之前，这儿叫陈家湾。小村和大村相比，建筑风格完全是两个天地。村内

至今还有人住着**"一炷香"**独门独窗土窑洞，有人说他们还是过着原始穴居生活，的确，就住房而言，这样说一点儿也不夸张。还有村子里多以土窑接口子，石拱窑洞，砖瓦建筑等都是很少见的。

另外，占地200多亩的**麒麟滩**位于李家山脚下，平平的、长长的，为水浇地，甚为肥沃，盛产著名的花椒、辣椒和红枣，别有一番味道。另外在这里还可以捡到许多美丽的黄河石，看到许多奇形怪状的黄河巨石。

如今，古镇昔日的繁华虽早已成为过眼云烟，但历史的辉煌却留下了灿烂的文化，造就了古韵犹存的碛口镇。

京津冀鲁

古镇

厚重古建故事多

古北口汇聚了浑然天成的自然景观，背有卧虎山、蟠龙山双峰耸立，其地中有潮河、汤河两水穿镇而过，地形地势暗合《易经》风水学说，是天人合地，藏风聚气之地。风水承载香火、英雄佑护生命，这就是活着的古镇——古北口。

古北口镇

长城下的燕京门户

从夏商开始，古北口就是各族人民生生不息的宝地，无数的战争也没能摧毁生存的意志。古镇位于北京市密云东北部，古北口长城文化文物旅游区就坐落在这里，"七郎坟、令公庙、琉璃影壁靠大道、一步三眼井，两步三座庙"形象地说明了古北口景区内独特的人文景观。

古北口与居庸关东西对峙，是华北平原通往内蒙古高原的要道，白古称为雄险，有"地扼襟喉趋朔漠，天留锁钥枕雄关"之称。镇域内长城景观由卧虎山长城、蟠龙山长城、司马台长城组成。其中的**蟠龙山长城**，尤以未经修缮而保持历史原貌著称，故有"南控幽燕、北悍肃漠"的美誉，古北口保卫

◎古北口镇风光

INFO

- 北京市密云区古北口镇。
- 可在东直门乘坐直达古北口镇的直通车到达景区。
- 古镇免费，司马台长城40元。

战纪念碑、将军楼等镶嵌期间，其中二十四眼楼不仅是这段长城的精华，更是长城建筑史上不多见的珍品。

登上雄、朴、变、险、奇的**司马台长城**，视野豁然开阔，北国风光，百态千姿，层峦叠翠，湖光山色，尽收眼底。雄伟的长城犹如一条巨龙飞舞奔腾于奇峰峻岭之间，登高望远，东望雾灵主峰，四季叠重；西眺蟠龙（蟠龙山长城）卧虎（卧虎山长城），望断尽头；南观水库明珠（密云水库），宛如山间明镜；北赏山涛云海、塞外风情：清风涌浪，鸡犬相闻；男耕女作，纯朴民风；泥土芬芳，沁人肺腑；峥嵘气象，令人心旷神怡。另外，司马台长城的空中长城、天池、鸳鸯湖更堪称长城线上的奇景，令人惊叹不已！

有着美丽传说的**杨令公祠**，坐落于古北口河东东门里，凝聚了古北口人强烈的爱国热情和对英雄的无限敬仰。令公祠的东边有吉祥钟，寓意着美好的祝福。从空场处往远处看，可以看到雄伟

◎古北口战役阵亡将士墓

的卧虎山长城全景。每年阴历的九月初七，来自全国各地的人都来这里上香。古北口镇还举行庙会，有扭秧歌的秧歌队、卖土特产品的商贩，非常热闹。

坐落于古北口镇南关外国道西侧长城脚下的**古北口战役阵亡将士公墓**，是一座用黄沙土堆积而成的高大墓丘，俗称"肉丘坟"，高6米，底部直径15米，墓的四周用青砖砌着2米多高的花墙，东南方向有一门，门楼高3米。挽联"大好男儿光争日月，精忠魂魄气壮山河"，横批"铁血精神"；充满豪气。在这里长眠着长城抗战中的三百多名抗日英雄，每年都有许多人前来拜祭英灵。关于肉丘坟，有着许多令人敬佩的抗战故事：

1933年3月4日，古北口战役打响，日军上有飞机掩护，下有大炮坦克开路，抗日军第25师师长关麟征受重伤，几个团长阵亡，伤亡惨重，且战且退，

为了给主力转移争取宝贵的时间，145团七名战士只剩一挺机枪，还死守日军必经的一个小山头——帽儿山。日军见山势陡峭难攻，就用飞机轰炸，山顶沉寂了，日寇一排排地从四周爬上来，这时战士们又开始扫射，敌人一片片地被打倒。为了节约子弹，战士们又搬起石头往下砸。日军久攻不下，第二次动用飞机大炮轰炸。三个战士牺牲了，只剩四个人了，子弹用完了，他们就用石块砸，石头搬没了，敌人冲了上来，战士们就用刺刀拼杀，直到全部牺牲。帽儿山失陷，日军原以为山上有几十甚至上百人，上了山一看只有7个人，对他们的英勇精神十分敬佩，给他们竖起"支那七勇士之墓"的墓碑。

古北口共有十八花会，河西称"隆福老会"。传说，清乾隆皇帝路过古北口，遇上河西在起会，乾隆看后很满意，特赐该会黄杠箱会一个节目，由河东东山乡民排拣，并赐名"隆福老会"。所以，后来百姓们都称之为"皇会"……

温馨提示

古北口镇民俗旅游突出多民族的特点，主要有回族、满族及汉族等民族，可接待不同习惯要求的游客，令人有返古归真之感。

温馨提示

古北口镇位于司马台长城西侧，古北水镇则位于司马台长城东侧，是近年新打造的旅游度假小镇。要注意两者的区别。

爨底下村

大都市旁的世外桃源

爨底下村，群山环抱，袅袅炊烟，自然景观与人文景观结合得恰到好处，俨然让人体会到"采菊东篱下，悠然见南山"的乡土田园情怀，足以让你触摸到明清京西古道上的每一份繁华与沧桑。

爨底下村又名"古迹山庄"，始建于明永乐年间（1403—1424年），全村都为韩姓，位于京西明代"爨里安口"险隘谷下方，距北京90千米，在山上俯瞰群山环抱中的爨底下，村落整体布局呈"元宝"状。"爨"原意有灶的意思，当年在建这个山村时，主人为其取名"爨底下"，意为躲避严寒，或许有避难之意，观景寓意，让人大有世外桃源之感。1958年简化地名改"爨"为"川"。

爨底下村，群山环抱，袅袅炊烟，自然景观与人文景观结合得恰到好处，俨然让人体会到"采菊东篱下，悠然见南山"的乡土田园情怀；故村内，一条蜿蜒东西走向的紫石、青石砌成的小巷，看去幽雅漂亮。古民居以500多间、70余套精巧玲珑的清代**四合院民居**为主，随山势高低变化，分上、下两层，呈扇形向下延展，建筑布局严谨和谐，变化有序。基本由正房、倒座和左右厢房围合而成，部分设有耳房、罩

◎历经岁月沧桑，爨底下村现已变得残旧，但仍然保持着数百年前的风貌

房。主要分为山地四合院、双店式四合院及店铺式四合院。四合院的附属建筑主要有门外影壁、门内影壁、门楼、拴马桩、上马石、荆笆棚等。每一户的门廊结构各有不同，因其造型色彩、门钉个数及门前台阶级数的不同而显示着门第的高低。几乎所有的院落都是雕梁画栋，精工细作。高大的门楼两边是精致的壁画。门扇上细巧的门、门阀及门外带有装饰的拴马桩等，是我国首次发现保留比较完整的山村古建筑群，被称为北京地区的"布达拉宫"。

建于清代早期的**广亮院**又称"楼儿上"，位于村落中轴线的最高点，是古村四合院中等级最高的院落。南北二进，院落分东、中、西三路，即三个相对独立的院，构成一个大四合院，共有房45间，门楼为中型如意门，七级台

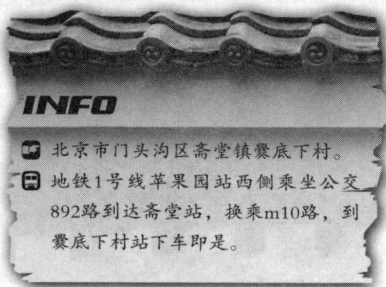

INFO

📖 北京市门头沟区斋堂镇爨底下村。

🚌 地铁1号线苹果园站西侧乘坐公交892路到达斋堂站，换乘m10路，到爨底下村站下车即是。

阶，门口地面由两块石板铺砌，一块青石喻"脚踏青云"，一块紫石喻"紫气东来"。正房五间，其建筑装饰非常精美，充分体现了当时主人的地位。

南坡梁是村前一座景色峻美的山梁，沿山石铺砌的步道，登上山梁，可俯瞰古村全貌，还可观看到金蟾望月、神龟啸天和蝙蝠献福等自然景观。在第二次世界大战时期曾是击退

◎远眺爨底下村

日本侵略者进攻的战场，现为爱国主义教育基地。

爨底下村属清水河流域，绿树成荫，村后1.2千米处，有古道"一线天"，是通往河北、山西、内蒙古的必经之路。曾为京西古道上一处繁荣的商品交易客栈，电影《投名状》就曾在这里拍摄过。另外，《侠女十三妹》《华容道》《迎春花》《追杀袁世凯》《手机》等几十部影视剧曾在古村内选址拍摄，故爨底下村又是京西传统教育基地和影视基地。

爨底下村寺庙众多，有财神化身的关公庙（大庙），有盼子的娘娘庙，有保佑太平的观音庙……村民们世代相安而息。建于清康熙五十四年（1715年）

的**关帝庙**，位于村东半山之上，是村民祈雨、祭天、转灯、游庙等多种活动的场所。大庙的建筑等级也是村中最高的，有高大的台基和檐廊，建筑十分精良。

爨底下民俗丰富多彩，每座四合院的大门口都有一个门神龛**供奉门神**，其位置在院门右侧，建门楼时嵌在墙里，在龛洞四周的砖上雕刻有各种纹饰，龛内墨书门神爷神荼、垒的名号。**拜祭关帝**是村中的主要祭祀活动，祭祀目的是保护村庄平安，祛病除灾。商贾到此上香是为了行商安全，招财进宝，故而香火一直很盛。**社戏**即被列为世界非物质文化遗产的燕歌戏已经有400多年的历史，目前只有在北京的门头沟区才能看到。

爨底下是一座融自然美、人工美、社会美于一体的聚落环境，是一幅古朴秀丽充满生机的田园画卷。她记载着古村发展的历史、先人建村的智慧和创造实践，在村里至今仍保存着各个历史时期的文物和遗存，具有活化石般的珍贵价值。古村历经时代变迁与沧桑，至今保存完好的古村风貌、厚拙朴实的山地四合院建筑艺术、浓厚的乡土文化积淀和诱人的田园风光，令人陶醉惊叹。

温馨提示 爨底下村特产有各种应季野菜、瓜果，尤以4月份最多，有香椿、槐花、黄杏、嫩玉米等。除此之外，一年四季都有柴鸡蛋、卤水豆腐干和好多山草药可以购买。

灵水村

京西举人村

灵水村曾出过多名举人和两名进士，民国时期，这个小村庄走出过6名燕京大学的学子，故称京西举人村，又有「灵水先生遍京西」，灵水教师桃李满斋堂」之说。斑驳的房舍、寺庙的残壁……甚至连那些千年古树的枝叶里都仿佛记忆着灵水村的学子们埋头苦读的情景。

灵水村位于妙峰山的西南方，距北京城区78千米，始于汉代，形成于辽金，村落古老庞大，并遗有大量的明清三合院、四合院古民居。村中多有古庙遗址，如龙王庙、文昌阁、五道庙、天仙圣母庙、白衣庵、魁星楼以及和泉水

◎俯瞰灵水村，古民居若隐若现于浓枝密叶中

势西北高，东南低，略呈长方形。在村子的南岭上观整个村落似**龟形**，龟为"四神煞"之"玄武"，是主管北方的灵物，是吉祥和长寿的象征。玄武（龟）头朝南，尾朝北，三条东西走向街道与南北走向的胡同构成分明的龟纹，龟纹的大小块是由四合院组成的。有人说，灵水村的村名的"灵"字就由村落整体布局而来。古时灵水有72眼水井，井井有水，水源充沛，"灵物"与"水"相配，村子得名为灵水村。

灵水村自古以来就有"灵水八景"之说，由于历史变迁，几经传抄，从而形成了多种不同的说法，根据变化现在

INFO

北京市门头沟区斋堂镇灵水村。

在地铁1号线苹果园地铁站乘892路到斋堂站下车，再打车到灵水村，或者乘坐m22路公交车在军响站下，步行即可到达。

有关的胜泉庵、灵泉禅寺等。在庙中又有古树相伴，所以该村内多有古树名木。深厚的历史文化积淀赋予了千年古村落儒雅、质朴、恬静和深邃之美。

古村为群山环绕，毗邻莲花山，地

重新确定的**八景**为：东岭石人、西山莲花、南堂北眺、北山翠柏、柏抱桑榆、灵泉银杏、举人宅院、飘雨山庄。

众多举人出现在灵水村，构成了世代乡村的"士大夫"风情，灵水村的宅院和民居建筑风格追求"仕者风范"。"超越建制"的九间九檩大宅院及刘知府的五套院、谭瑞龙的大宅院纵深相连、左右互通。其中**举人宅院**即刘增广的故居是村中最具特色的。这是个四合院建筑，门前照壁、倒坐房后的拴马桩俱在，北房内的木雕隔扇保存完好。东侧有过道通往后院。四合院为清代建筑，硬山式，砖墙磨砖对缝，顶复合瓦。

位于村落中轴线中部78号宅院的**大门楼**为砖仿木结构，悬山顶，墙壁磨砖对缝，墙体厚重。顶部为砖仿木双层椽头，两侧悬山出檐，砖雕雕刻精美。整座门楼除大门外，没用一根木料。据说，这是村中现存唯一的一座元代民居建筑。门楼上部外侧檐下刻有莲鱼的砖雕图案，象征"连年有余"。

村西北莲花山下有**灵泉禅寺**，这座建于汉代的寺庙现在只剩了山门。灵泉寺原名瑞灵寺，是古籍记载的门头沟区境内最早的寺庙，现在是村小学校。一进山门便远远看见院内两棵高大的银杏树，在阳光的照耀下，黄色的叶子闪烁着金色的光，这里就是八景之一的灵泉银杏了。银杏树为雌雄异株，这两棵树本来都是雄性，不能结果，但西侧那棵的一个树叉似是先人将雌枝嫁接在雄树上而能结果了。

村西有南海火龙王庙、天仙圣母庙、观音堂、二郎庙，这四座庙宇紧紧相邻。**南海火龙王庙**居于建筑群的中央，相传建于金代，明嘉靖十五年（1536年）重建。现主要殿堂已无存，只存拔券山门。山门为青砖歇山式建筑，有吻兽、青砖刻匾，周围刻有莲瓣，中刻"南海火龙王庙"并有款刻"大明嘉靖岁次丙申重阳吉日造，曾林乡重修"。

院中两株直径达两三米的千年古柏，一株金代古柏躯干的树洞中间寄生了直径20厘米的桑树，桑柏两树，枝繁叶茂，姿态奇绝，人称"**柏抱桑**"；另一株金代古柏粗干下部的杈中，寄生出的榆树直径达70厘米，榆柏两树，苍黛交映，情趣盎然。人称"**柏抱榆**"，是灵水村中的"灵水八景"中两景，也是北京的"古柏奇观"中的两大奇观。

为纪念清末刘知府赈灾赊粮之义举，灵水村每年立秋的"秋粥节"传至今日已变成了"**金榜节**"。立秋时节，闻讯赶来的准备高考的学子们到这里吃"举人粥"，感悟先人的"中举之道"。另外，灵水村的地方小梆子戏别具特色；"九曲黄河灯"远近闻名，每年举办一次转灯活动，届时，桑峪、军响、东胡林、西胡林几个村子的人都喜欢到灵水观看转灯场活动，场面煞是热闹。

琉璃渠村

中国琉璃之乡

琉璃渠村因出产的高品质页岩石料可加工烧制成釉色艳丽、绚丽斑斓的琉璃制品，所以长久以来被称为"中国琉璃之乡"。古村窑火700多年不熄，至今生产的琉璃仍是宫殿、寺庙不可或缺之物。故有"没有琉璃渠，就没有紫禁城的金碧辉煌"之说。

琉璃渠村位于北京市门头沟区龙泉镇镇域北部，背靠九龙山，面临永定河，依山傍水，是经历辽、金、元、明、清五朝的千年古村，琉璃烧造工艺是该村传承千年的技艺。从元代起，朝廷即在此设琉璃局，清乾隆年间北京琉璃厂迁至此地，后又修水渠至此，村子因此得名。目前，琉璃渠村保存有北京唯一一座黄琉璃顶清代过街天桥、西山大道古道遗址、龙王庙、古戏台、三教庵、白衣庵、五道庙、老君堂、山神庙等传统建筑和文物古迹，这些遗迹大部分骨架尚存，保存完好。

琉璃是中华民族灿烂的文化，是国粹，是中国古代艺术的瑰宝。琉璃渠村出产的琉璃制品历来为明、清皇宫的专用制品，新中国成立后，这个村的琉璃制品还曾被用于建筑人民大会堂、毛主席纪念堂、历史博物馆、钓鱼台国宾馆、北京西站等场所。为使其琉璃品制作工艺代代相传、延续下去，琉璃渠村的部分学校还专门开设了琉璃品制作课程，让当地的孩子从小就能够接触到琉璃品制作的每一个过程，将这一传统手工艺发扬光大。为让更多市民亲身感受这里千年琉璃文化，"全国首届琉璃文化节"在该村举行。

清乾隆二十一年（1756年）创建的**过街楼**位于琉璃渠村东口，俗称灯阁，亦称三官阁，是琉璃渠村的标志。过街

◎琉璃文化墙

◎琉璃渠村牌楼

楼下部为城台状，由砖石砌成。东额“带河”，西额“砺山”，皆是琉璃烧制。城台券洞上有殿堂3间，东向，建筑精良，为硬山琉璃瓦顶建筑。正脊内外侧均是琉璃五彩花卉，檐下悬琉璃匾额，西为“三官阁”，东为“文星高照”。前后栏墙由六角形几何图纹“龟背锦”琉璃面砖装修。琉璃饰件皆为本地烧制，是北京地区琉璃烧造业历史悠久的实物见证，具有较高的历史、艺术和科研价值。

琉璃厂商宅院是清代两进四合院建筑，位于过街楼南，是清代琉璃窑厂主赵家的官宅院。赵家在此主持烧造琉璃达200多年之久，为宫廷建筑烧造了大量琉璃制品。该宅两进，南、北房为清水脊硬山合瓦顶，两侧耳房、角廊、配房10间为卷棚顶。建造精良，保存完好。

INFO

- 北京市门头沟区龙泉镇琉璃渠村。
- 乘坐892路、929路等公交车在琉璃渠站下车即可到达。

邓家大院在后街东口，据说是一卖油商人所建，三进院落，临街门为拱形，可走车马，前后院子有穿厅门和过道，砖雕精美，院落静谧，木雕隔扇、地砖、火炕完整，曾有电影镜头以该宅为背景。

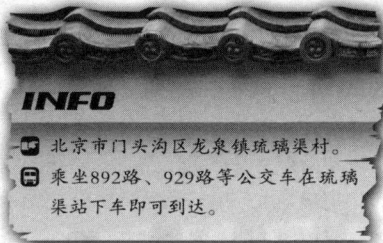

建于明代的**关帝庙**和过街楼遥遥相对，在琉璃渠村的西口，紧邻古道，俗称老爷庙，这是一座完整的四合院，坐西朝东，有正殿三间。庙内原来供奉关帝像。殿内琉璃须弥座，龛台造型精美，两侧的琉璃台上有周仓、关平的立像。庙前有明、清碑刻六块，记述历代重修经过及捐资人姓名，并有修建庙前石桥、戏楼的记载。

万缘同善茶棚是通往妙峰山香道上最大的茶棚，位于村北。它是一座古庙宇式建筑，面向大道，背靠青山，茶棚建造精良，殿院宽敞，有正殿六间，院内方砖铺地，院前部为柏木乌头门和木栅栏。茶棚门外两侧墙壁上镶有五彩琉璃构件，题有"万古长青"四个大字。棚院四周环以红墙。茶棚院内外有古井一口，旁置大石槽，石槽侧面刻有"万缘同善茶棚"字样，石槽原是贮水饮畜之用。

丑儿岭山庄位于门头沟区琉璃渠村南面的山坡上，种植各类果树20000多棵，是集休闲娱乐于一体的庄园，其内还有一个小型农家动物园，饲养了鸡、鹅、羊、牛等家禽、家畜，专门供游人尤其是儿童近距离接触，另有一番情趣。

温馨提示

琉璃渠村园区既引进了大樱桃、薄皮核桃、葡萄等优良品种；还种植独具山野风味的毛桃、盖柿、山杏等果品。此外还套种甜玉米、英国芸豆、倭瓜、黑豆、绿豆等优良小杂粮。每到水果采摘季，园区则开展丰富多彩的采摘游园活动，游人可以来采摘、游玩、住宿，体验"吃农家饭、住农家院、观自然景、赏民俗情、享田园乐"的民俗旅游生活。

古镇攻略

林美宾馆/门头沟区水闸西路1号

北京嘉福宾舍酒店：位于潭柘寺景区内元宝山西侧。宾舍依山而建，风景怡人，整体外观为明清时期建筑风格，并融合了四合院和北方园林的建筑形式，集亭、楼、阁、廊为一体，与元宝山东西相照，浑然天成。

杨柳青镇

中国木版年画之乡

杨柳青镇初名「流口」，后复名「柳口」，元末明初更今名，为「有柳说」。《杨柳青谣》中有「杨柳青青河水黄，河流两岸苇蒿长」，故得名，为「名人留说」。还有传说中的「御赐钦定说」……其扑朔迷离的名字由来，更让人迫不及待地想走进古镇一览杨柳青的风采！

我国四大名镇之一杨柳青镇位于天津市西青区西北部，是天津市最大的卫星城镇。杨柳青镇历史悠久，文化底蕴深厚。明清时期，是运河漕运重要枢纽，成为中国北方商贸流通和文化交流集散地，商业繁荣，它孕育出了中国四大木版年画之首的杨柳青年画、享誉津京的杨柳青风筝和剪纸等民间艺术

◎杨柳青古夜景

奇葩，杨柳青砖雕石刻、民间花会等也为一时之大观。被誉为"北国小江南""沽上小扬州"。

杨柳青明清街，又称**民俗风情旅游街**，坐落在杨柳青民俗旅游区中心，是旅游必经之地。周边毗邻"一院"石家大院、"一河"御河、"一阁"文昌阁、"一寺"报恩寺、"一庙"关帝庙、"一家"御河人家、"一堂"安氏祠堂、"一馆"平津战役天津前线指挥部旧址陈列馆等近10个旅游景点。明清街是一组青砖灰瓦，磨砖对缝的仿清代商贸建筑群，采用长街和葫芦罐式相结合的建筑模式，东高西低，以两层为主，局部有一层或三层。街上建有仿古青石牌楼一座，是中国石牌坊之最。丰

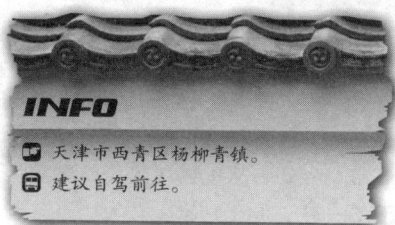

INFO

天津市西青区杨柳青镇。

建议自驾前往。

实的历史遗存、独特的民俗传统、荟萃的旅游景观、配套的服务设施，尽现明清街地处风水宝地所蕴藏的无限商机。

位于镇中的清末建筑**石家大院**以其规模宏大、建筑华美而驰名华北，有"津西第一民宅"的美誉，是中国迄今保存最好、规模最大的晚清民宅建筑群。整个建筑包含12个院落，所有院落都是正偏布局，四合套成，院中有院，

院中跨院，院中套院。而且其建筑设计富有寓意：从南向北各门基逐渐升高，意为"步步高升"；每道院门有三级石阶，意表"连升三级"；在前檐与山墙交界处，从山墙向院墙伸出条状青石一块，异于别家，意为"石"家高升。装点建筑的砖木石雕，随处可见，每一图案也都蕴含故事，如砖雕"丹凤朝阳""平升三级"（刻屏中插三大戟）等。

设在石家大院的**杨柳青博物馆**，汇集了民间工艺的精华，展有名扬中外的杨柳青年画简史陈列、天津砖雕陈列、天津民俗陈列、石府复原陈列四部分。馆藏丰富，艺术精美，是海内外人士游访的胜境。

值得一提的是，石家大院内的石府戏楼是中国北方最大的民宅戏楼，与牌坊、文昌阁合称为杨柳青三宗宝。其中，**文昌阁**始建于明万历四年（1576年），其建筑艺术在国内堪称一绝，是目前华北地区唯一保存完好的明代楼阁式建筑。系砖木结构，三层，六角形，通高15米。屋脊六面的檐角上挂有阁铃，清晨轻风拂过，铜铃发出一阵阵清脆的铃声，划破历史的沉寂，唤醒远近沉睡的人家。

杨柳青镇民间艺术丰富，起于宋代、兴于明代、盛于清代乾隆年间的**杨**

◎文昌阁

柳青木版年画，曾出现"家家会点染，户户善丹青"的兴旺景象，被推崇为中国木版年画之首，深刻影响了国内近百种年画，过年贴年画由此成为北方地区习俗。

温馨提示

每年腊月二十三到正月十六，杨柳青古镇都会举办杨柳青民俗文化旅游节，届时，在石家大院、年画馆、杨柳青广场明清街等地点，会有秧歌、堂会、灯谜等节目表演。

古镇攻略

杨柳青的美食和天津差不多，嘎巴菜、大梨膏、煎饼果子、麻花、耳朵眼炸糕等，在镇上食品店和商场都能买到。

镇上的住宿以宾馆、招待所为主。

天华宾馆/杨柳青镇明清街

同盛和赶大营四合院/杨柳青镇巨龙古玩城8号院

正定

华北古建筑宝库

正定历史上曾与保定、北京并称为「北方三雄镇」，素以「三山不见，九桥不流，九楼四塔八大寺，二十四座金牌楼」而著称。在这里，寺有寺的传说，塔有塔的故事，历史名人又有不同凡响的经历和传奇。

正定位于河北省西部，石家庄市市辖县，地处太行山东麓，为山前倾斜平原的中上部，是一座传统风貌保存完好的古城。

正定历史悠久，春秋时期为鲜虞国，战国时期为中山国，赵灭中山后归赵，秦置东垣县。汉高祖十年（前197年）代相陈豨造反，叛将赵利守东垣，次年，汉高祖刘邦率师攻克东垣，为表示从此天下真正太平，改名为真定。此后，一直是府、州、郡、县治所，有"燕南故郡""京师屏障"之称，是当时北方政治、经济、军事和文化中心，与北京、保定合称为"北方三雄镇"，至今正定南城门上还镶有"三关雄镇"的石刻匾额。清雍正元年（1723年），因避世宗名讳，才改真定为正定，并一直沿用至今。

正定地面地下文物丰富，民俗民建具有特色，古城建筑格局与传统风貌保存完好，享有"古建筑宝库"的美称。其中**正定古城墙**始建于北周，是正定现存最直观的文物，它真实记录了正定近千年来的社会发展。除现存城门外，已多为土城。

◎正定凌霄塔

◎正定古城南门

正定寺庙林立，素有"九楼四塔八大寺，二十四座金牌坊"之称，著名的有隆兴寺、临济寺、文庙、澄灵塔、须弥塔、凌霄塔、华塔等。寺有寺的传说，塔有塔的故事，历史名人又有不同凡响的经历和传奇，共同构成了正定旅游文化丰厚的基石。

隆兴寺是保存较完整的隋代佛教寺院，始建于隋开皇六年（586年），初名龙藏寺，清康熙四十八年（1709年）改为现名。寺内保存了宋、元、明、清时期不同风格的古代建筑和铜铸、雕塑、壁画等佛教艺术品，其中尤以主体建筑大悲阁内矗立着的高大铜佛铸像——正定大菩萨最为出名。这是一尊千手观音菩萨，铸于北宋开宝四年，高22米左右，有42臂，分别执日、月、净瓶、宝杖、镜、金刚杵等法器，面部表情安详恬静，仁慈庄重，形神兼备，充分表现了宋代雕刻艺术的高水平。它与沧州狮子、定州塔、赵州大石桥被誉为河北"四宝"。

开元寺始建于东魏兴和二年（540年），至今仅存钟楼及须弥塔。钟楼为砖木结构，通高14米，是一座两层楼阁式建筑，底层体现了浓郁的唐代建筑艺术风格。上层部分木制构件，虽经后代屡次修葺，但其外观依然保持唐代建筑风貌。

临济寺亦始建于东魏，唐大中八年（854年），山东人义玄禅师主持该寺，创立了佛教禅宗的一个主要分支——临济宗。义玄圆寂后，其徒建舍利塔。塔为八角九级密檐式，唐懿宗赐名为"澄灵塔"，被中外佛教界视为临济宗的圣地。正定城内还有始建于唐代的天宁寺凌霄塔、广惠寺华塔，古朴精美，具有很高的历史和艺术价值。正定古城现存约8000余米的明代城墙，城内县文庙大成殿是五代时办的遗存。

历史上，正定兴文重教，早在商周时期已出现学馆教育，西汉以后，幼童识字习学之风颇盛，州、县皆立官学，民间塾馆也常兴不辍。明清府学、县学轨制齐备，书院、私塾盛行。明代曾两

度出现一门三进士的情况。戊戌变法后，新学之风吹遍全县，历史上涌现了秦末汉初南越王赵佗、三国蜀汉名将赵云、宋初大将高怀德、元代戏曲家白朴、史学家苏天爵及清代收藏家梁清标等名人。

祖先留下的文物古迹和文化遗产为正定旅游业奠定了雄厚的物质文化基础。自1986年以来，正定依托众多的文物古迹，不断开发新资源，先后兴建了荣国府、宁荣街、西游记一、二宫、封神演义宫、探险乐园、军事游乐园、野城和赵云庙等一批旅游新景观和游乐场所。一处处现代化旅游新景点与古城内规模宏大的古寺古塔珠联璧合，相映生辉，每年吸引着数百万中外宾客前来观光游览。

正定的民间传统表演艺术极为丰富，其中常山战鼓在正定城内非常流行。鼓队一般有20~100名鼓手，各自腰挎一鼓，站成圆圈队形，锣鼓钹居中，鼓槌系彩绸。1997年香港回归活动中，常山战鼓就被邀请进京参加庆典活动。

INFO

河北省石家庄市正定县。

可在石家庄乘坐地铁1号线转164路或者观光1号线即可到达。

古镇攻略　　正定美食的历史非常悠久，传统风味小吃有扒糕、崩肝、豆腐脑等，还有如聚丰饭店的干锅鸭头、大馅水饺、好家排骨等店都是当地特色的代表。
　　正定县城不大，住宿以中小宾馆为主，离石家庄也不远，可以选择到那里住宿。

扫一扫，获取更多
实时旅游资讯

于家村

于谦后人建起的石头村

于家村是石头的天地，石楼石阁、石房石院、石街石巷、石桥石栏、石梁石柱、石门石窗、石鼎石案、石榻石龛、石磨石碾，比比皆巨石……高低错落，光影相谐，奏出一曲凝固的乐章，折射着建筑文化之美。

于家村位于河北省井陉县中西部，"不到村口不见村"的民谚形容得恰如其分，于家村好像一座天然城池，四面环山四面有门。东门清凉阁、西门西头阁、南门观音阁、北门龙天阁，但不管到哪里，目之所及，手脚所触都离不开石头。1998年11月1日被河北省民俗学会命名为"于家石头民俗村"。

于家村也称石头村，距今已有500余年历史。说起于家村，就不能不提到明代的民族英雄于谦，因为这个村里的于姓都是于谦的后代。说到**于谦**，就要提到公元1449至1457年间中国明代的"夺门之变"的政权大变故，而"夺门之变"中的重要人物于谦本是浙江人，他被杀害后，其后人就逃到了石家庄以西井陉的太行山中，这才有了今天的于家石头村。

于家村在建村之初，因为缺水，对用水、节水非常重视，制定了严明的**用水纪律**。清朝乾隆三十九年"柳池禁约"碑，对水池管理和池水分配都做了明确的规定，这对解决旱庄人、畜用水起到了重要作用。"整饬村规"碑中关

于禁赌的规定很是详尽："……有开设赌场群聚玩钱者，一经查出，罚写戏一

◎近观于家村古民居

台，歌舞三日……"如不听罚再送官处罚金……

庙供神、阁为门、戏楼歌舞，这是传统古村落的**基本建筑格局**。但令人吃惊的是，于家村这个深山小村却建有古庙、古阁、古戏楼22座之多，且全用石头建成："四道村门三道是庙，六条街道四条有阁，八座大庙四座庙院，四座戏楼其形各异。"这里家家户户的房屋都连成一片，毫无隔阂，即便是在过街处也有同心桥相连；这里民风淳朴，宾至如归；这里的居民恪守传统村规民约、宗祠家训；小院、老人、孩子质朴中透着亲

切，处处流露着和谐的音符，传唱着500多年来的"家之歌"。

于家村400多户人家，共有石头房屋4000多间、石头街道3700多米、石头井窖池1000多眼、石梯田2000多亩、石头用具2000多件、石头碑碣200多块（现尚存数十块）。于家村的先人们对建房布局和街道设置都有明确规范，东西为街，南北为巷，不通的称为胡同，全村六街七巷十八胡同纵横交错，每条街道均以乱石铺就，街依房连，房与街齐，规划有序，参差呼应，充满了诗情画意。住在这里安定、平静、祥和，可称得上真正的"**风水宝地**"。

清凉阁坐落在村东口，是一个富有传奇色彩的建筑，又名神仙阁，是于家村的标志性建筑。此阁始建于明万历九年（1581年），相传由力大无比的于喜春一人所建。清凉阁原拟九层，但修至二层时，于喜春在悬挂风动匾时砸伤手臂，继而病故未能如愿。如今在清凉阁的石板路上仍可看见当时于喜春受伤后留下的血迹斑斑。

清凉阁共有3层，第三层是村民用木砖补葺的，构思奇巧，雕梁画栋、五脊六兽、斗拱重檐。西门高挂扇形镏金匾，南侧嵌有圆雕龙头、扇形匾上书"清凉阁"3个镏金大字；东门悬挂有风动石匾，其制作奇特，大风不动小风动，石块相撞声音清越。据说它是采用当地的一种风鸣石制成，密度极高，击打之声清脆悦耳。然而，更为奇特的是这座巨石建筑竟然没打根基，且不填辅料，以天然石基为基础，块块巨石就地而起，从上到下完全干搭垒成。巨石有的长过数米，有的重达数吨……整个建筑充满古朴粗糙之美。有专家称赞其集美学、力学、建筑学、数学、几何学、物理学于一体，可谓建筑史上之奇迹。

始建于明末的四合楼院是一座上砖下石的巍峨建筑物，建筑面积近千平方米。有房屋百间，分为东西两院，建筑宏伟高大，古朴典雅，宽敞豁朗，冬暖夏凉。正房楼上"客位"房内粗梁大柱，没有隔间，宽阔高大，气势恢宏。"客位"窗前是长长的走廊，站在这里向前眺望，南山之景尽收眼底，楼下西厢房后面有一排小房，分别是长工房、磨坊、水井房……

于家村为了更好地保护村里的石头文化，弘扬民俗文化，还建造了石头博物馆。馆内展有大量明清古石器和天然石头展品，还有许多亩农具、古用具等。共有六个展室：石头器物馆、奇石怪石馆、瓷器陶器馆、生产用具馆、生活用具馆、鞋帽服饰馆。院内还摆放着许多奇石、怪石、雅石、景石、太湖石、天书石、猪头石、狗头石、百孔龟、手孔狮、豆半石、卵石、花纹石、五彩石，以及远古植物化石，形态各异，浑然成趣。

这是一座"形神兼备"的历史文化名村，独特的建筑之美，悠久的历史，独有的民俗风情，成就了这座深山里的石头村。原生态的生活，像一首和谐之歌，音符就是村子里的每一块石头、每一座院落、每一张笑脸……

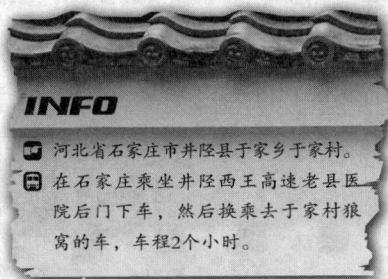

INFO

河北省石家庄市井陉县于家乡于家村。

在石家庄乘坐井陉西王高速老县医院后门下车，然后换乘去于家村狼窝的车，车程2个小时。

温馨提示

在于家村，走得累了，就寻一处墙边的石凳坐下，摘一束在石缝墙边随风摇曳的野花，看着公鸡昂首阔步踱过石头的街道。饿了，去吃一碗以红薯面与白面糅合而成的于家村手擀面，别有一番滋味上心头……

天长镇

典型的宋代山城

天长镇素有「宋古城」之称，城如簸箕，北高南低，有东西南门，均有瓮城、弩台十九座，易守难攻，城厢古建，星罗棋布，是石家庄井陉西部政治、经济、文化的中心；堪称井陉第一大镇。

天长镇位于河北省井陉县西部晋冀交接处，镇名起于汉代，天长镇素有"宋古城"之称，城如簸箕，北高南低，有东西南门，均有瓮城、弩台十九座，易守难攻，城厢古建，星罗棋布，有国家级重点文保单位2处（井陉古瓷窑遗址、井陉古驿道），省重点文保单位6处（古城、文庙、城隍庙、龙窝寺、同济桥、显圣寺），县文物保护多处：旧县衙、都堂府、观音阁等三十余项。

◎天长镇古民居

天长镇中心为**明清县衙**，位于城内大街路北偏东，主要建筑由衙门、仪门、大堂、二堂、内宅五组组成，两侧厢房对称布置。衙口为一石拱形门洞，门前有照壁，顶部建有歇山式阁楼，两案建有攒尖顶钟鼓楼，面阔五间，上有回廊和垛口。一进衙门为仪门，为一单层歇山式阁楼，面阔五间。大堂为重檐山式屋顶，面阔五间。内宅是县吏食宿憩息之所。整个建筑占地20000多平方米，是天长故城最大的一组建筑群。

孔庙位于县衙西侧，由门而进地形逐渐升高，从大门棂星门起，顺次为状元桥、万进宗师坊、戟门、圣殿、宗圣祠，成长条形由南向北排列。皆山书院位于东门内路北，建于乾隆三十五年（1770年），古朴美观，建筑考究，灵巧秀气。另外，因天长镇有重教传统，自古名人辈出，皆山书院现成了继今县城之后井陉第二大教育基地。

屹立在绵河上的**城关大石桥**与众不同，独具特色。该桥西端六孔为清乾隆四十五年（1780年）的建筑。当时为12孔大石桥，到乾隆五十五年（1790年）和嘉庆六年（1801年）绵河洪水成灾，先后冲毁东端六孔，1928年晋奉战争后，将东端六孔修复。1966年8月又遇洪水，将最东端三孔冲走，该年10月至第二年6月又修复。一桥保留了三个历史时期的建筑风格，堪称一奇，为研究我国建桥史提供了宝贵的实物资料。

天长城区的**古民宅**是一色的青砖灰瓦四合院，长街小巷，古色古香，建筑风格多样：有厅堂四合院、连锁四合院、套进四合院、三截四合院等。享有"临河倒影"之称的金代下寺塔，富有神话色彩的乏驴岭村"张果老仙迹"，享有"铁龙钻石"美称的北关村玉峰山，以及素有"护城古寨"之称的雪花山等，形成了一幅山水、塔、桥、城楼、寺庙，远近相映的景观。

井陉窑遗址位于井陉县中北部和井陉矿区，距今已有1300多年的历史，是一处分布面广、烧造时间长、文化内涵丰富的古窑址群。井陉古驿道横贯井陉县中部，东接鹿泉市，西连山西平定县固关，是由直隶进入山西的咽喉要冲，而且也是历代兵家必争之地，素有"燕晋通衢"之称。现存隘口、车辙等分布在高山、荒野，其他路段还依稀可见明、清时代留下的附属设施、驿铺、车马店等遗迹。

天长镇还是**拉花故乡**，拉花属秧歌范畴，以抖肩、翻腕、扭臂、吸腿、蹩脚等动作为主要舞蹈语汇，形成刚柔并济，粗犷含蓄的独特艺术风格。

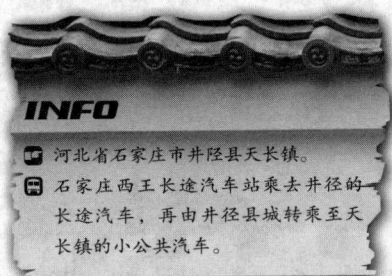

INFO

河北省石家庄市井陉县天长镇。

石家庄西王长途汽车站乘去井陉的长途汽车，再由井陉县城转乘至天长镇的小公共汽车。

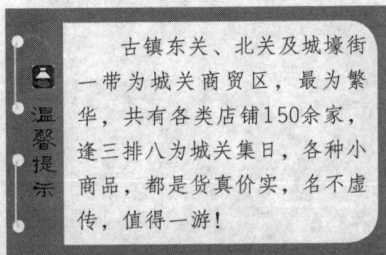

温馨提示　　古镇东关、北关及城壕街一带为城关商贸区，最为繁华，共有各类店铺150余家，逢三排八为城关集日，各种小商品，都是货真价实，名不虚传，值得一游！

冉庄村

壮观的地道战遗址

地道战是冀中平原抗日斗争的光辉典范和缩影。冉庄现仍保留着20世纪三、四十年代冀中平原村落的环境风貌，保留着当年构筑的地道多路及各种作战工事。许多影视片如《地道战》《烈火金刚》《敌后武工队》《平原游击队》《刘关张传奇》等都曾在此拍摄。

冉庄村地处河北省保定市西南30千米的冀中大平原上，位于京、津、石、沧之间。在抗日战争和解放战争时期，冉庄人民积极开展地道战，神出鬼没地打击敌人，致使敌人"宁绕黑风口（张登），不从冉庄走"。冉庄地道战遗址距北京180千米，距天津190千米，距石家庄16千米，是融爱国主义教育，国防教育和旅游于一体的、独具特色的理想参观地，也是为后人留下的一处永恒的、宝贵的历史财富。

村口的古槐树和大钟是冉庄地道战遗址的标志。**冉庄地道**以十字街为中心，顺沿东、西、南、北大街挖成4条干线地道，再由干线延伸出20多条支线，还有西通东孙庄，东北通姜庄的联村地道；有向东南通隋家坟和河坡的村外地道。全长约15000米，形成了村村相通，四通八达，能进能退，能攻能守的地道网。地道一般宽0.7至0.8米，高1~1.5米，上距地面2米多。地道分为作战用的军用地道和供群众隐蔽用的民用

◎冉庄地道战之后留下来的标语

地道。

地道内有指挥部、休息室、储粮室，设有路牌和油灯，还有地下兵工厂、翻眼、陷阱等多处秘密设施。地道的出入口都是从实战、实用和隐蔽的原则出发，经过精心选址和设计后修建的。充分的利用地形地貌特征，在墙壁、地面、井壁、牲口槽、炕面、锅台、衣柜等不易发现处，巧妙的构筑地道口，并加以伪装，使敌人难以发现。如地道与水井相通，既可作为气眼流通空气，又解决了地道内群众的用水问题，设计十分巧妙，实用价值很高。另外，为了便于监视、

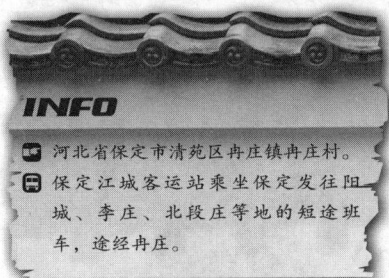

射击敌人，还利用高房、地面等有利的地形地貌，构筑工事多处，并与地道相通。同时，在街道、路口遍布地雷，将引线引入地道。这样，冉庄地上地下各种工事相互配合，形成了纵横交错的地道网，成为一座能打能

INFO

河北省保定市清苑区冉庄镇冉庄村。

保定江城客运站乘坐保定发往阳城、李庄、北段庄等地的短途班车，途经冉庄。

◎冉庄地道战遗址

藏、可攻可守、进退自如的地下长城的缩影。

冉庄地道战工事的主要特点是**三通、三交叉和五防**。三通即高房相通，地道相通，堡垒相通；三交叉即明枪眼与暗枪眼交叉，高房火力与地平堡火力交叉，墙壁火力与地堡火力交叉；五防即防破坏，防封锁，防水灌，防毒气，防火烧。抗日战争和解放战争时期，冉庄的民兵和群众曾经利用这种神秘莫测的地道与日伪军、国民党军队进行地道战17次，同时进行伏击、追击战55次，配合地方武装出村作战85次。其中5次规模较大的地道战，就毙伤敌人163

人。因此，冉庄成为冀中地道战的一面红旗。

冉庄地道战遗址保护区30万平方米，保留着20世纪三、四十年代冀中平原村落的环境风貌。地下保留着当年的地道3000米，现对游客开放1200米。1959年建立的**冉庄地道战纪念馆**占地面积960平方米，现免费对游人开放。其主要内容有：冀中冉庄地道战展厅、地道遗址及地下作战设施和地上遗址保护区。展厅内珍藏着宝贵的革命文物431件，辅之以声光电等现代化展览手段展现当年情景；地下兵工厂、保定城市工作委员会、冉庄抗日村公所、抗日武装委员会等处的复原陈列，使人如同回到了激情燃烧的岁月。

冉庄的**绣球龙灯**在明朝万历年间就有相关记载，1581年立会。1986年经过挖掘和整理，绣球龙灯已载入《中国民间舞蹈集》（河北卷）。哈哈腔，又名柳子调，系流传于河北、山东的地方戏，它根植于劳动人民生活的土壤中，以其泥土的芳香，赢得了群众的喜爱。

🔔
温馨提示

冉庄的土特产也体现着平原特色，较典型的有粉条、草莓、抗战饼等；冉庄地道纪念馆内外都有特色纪念品，如弹壳工艺品等；在清苑县城还可以买到工艺香、工艺蜡、华格珍珠粉等。另外，保定的驴肉火烧远近闻名，清苑县城有"好滋味"驴肉火烧连锁店，2元/个，香嫩细腻。

暖泉镇

暖泉归来不看花

站在暖泉门楼举目眺望，堡内青砖灰瓦，极尽「小屋平头墟里落，炊烟起处是人间」之古朴美。这一点，恰如周庄，没有工业的浸入，天朗气清，古风犹存。

暖泉镇位于河北蔚县境内西部，东距蔚县县城10.4千米，西距山西广灵县城15千米，交通便利，历史悠久。站在暖泉门楼举目眺望，堡内青砖灰瓦，极尽

◎暖泉镇"打树花"

"小屋平头墟里落，炊烟起处是人间"之古朴美。由壶流河谷地发现的旧石器和众多的新石器时代遗址等考古资料可以推溯，早在两万年前的旧石器时代晚期，已有人类在暖泉一带定居生活。元代前，是三堡、六巷、十八庄，元初合并为暖泉镇，因镇中有一温泉而得名。

暖泉水资源丰富，水文化独特，水之源有逢源池水和佛镜之水两处。《蔚州志·渠道图》中记载："出城西三十里暖泉堡中，泉之源以石瓮分东西流。"又说"其水澄清如鉴，三冬不冻，故云"。"暖泉"之名正源于此。其中以位于镇中心的**逢源池**水最为有

名，泉水经东西两龙口相向而出，环村缓流。逢源池附近的大柳树据说已有700年树龄，蔚为壮观。逢源池南为凉亭书院，书院中主体建筑是一座约80米的凉亭，泉水从地下穿亭而过，亭前有一过流水井，石砌八角形，故称八角井。"水过凉亭八角井"是蔚县"八大胜景"之一。泉水沿环村明渠浇灌着镇区南的数百亩菜园和稻田，最后流入镇区东南的壶流河水库，数九寒天暖泉水流出1.5千米内不结冰。

暖泉不仅有温暖的泉水，还有保存十分完整的**古宅民居**。被誉为"河北民俗文化第一村"的西古堡是蔚县乃至河北省的典型古堡，始建于明朝嘉靖年间，集"古城堡、古寺庙、古戏楼、古民居"四大文化景观于一体，有重要的历史文化价值、民俗研究价值和建筑艺术价值。西古堡、中小堡、北官堡，与现保存较为完好的老君观、凉亭书院、明洪武三十二年建造的华严寺以及镇域内的壶流河水库等诸多景点，构成了蔚县城西一日游的基本格局。

暖泉镇民间社火，历史悠久，种类繁多，它是劳动人民庆丰收、欢度节日和寄托美好愿望的社会性民间娱乐活动形式，俗称"要红火"。常见的形式有20余种，其中**"打树花"**尤为壮观和稀有。打树花是极具蔚县地方特色的元宵节社火活动，据说，已有300多年的历史了。过去过年，有钱人放爆竹，没钱的铁匠就把炉里的铁水泼在墙上，图个好看和热闹，可谁想到，这火树银花比鞭炮礼花还要壮观绚烂，这样一代传一代，打树花的绝活就流传了下来。在小冶炼炉里装满了废铁物，待铁熔化后

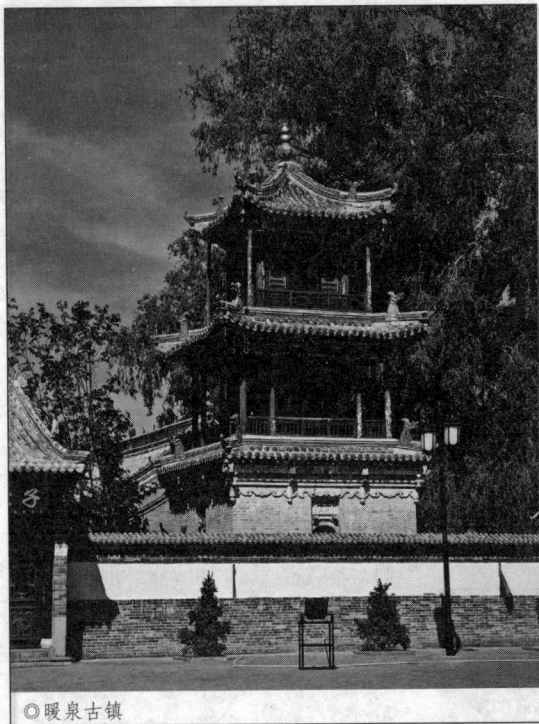

◎暖泉古镇

铁熔成的铁水一勺勺泼洒在古老的城墙上，甩溅出绚丽多彩的火花，照亮了夜空，照亮了人们的心头。其壮观绚丽无论是摄影还是摄像恐怕都不能完全反映出来，只有亲临去看，才会感受到那种奇景。难怪有人感慨：五岳归来不看山，黄山归来不看岳；九寨归来不看水，暖泉归来不看花（礼花）。愿蔚县暖泉的这个古老的而传统的民俗活动能够给更多的人带来别样的喜庆和欢乐！

幽幽古镇，物华天宝，人杰地灵。这里，除积淀深厚的物质文化遗产外，还有丰富多彩的非物质文化遗产。**民间艺术**独树一帜，剪纸、纸雕、器乐、民歌、花灯等品类异彩纷呈。近年来，神秘古镇以其原汁原味的明清文化吸引来姜文、陈强、刘蓓、何冰等影视名人，先后有《鬼子来了》《不觉流水年长》《敌后武工队》《母亲是条河》等10多部电影、电视剧来此取景拍摄。

倒特制的容器内。打树花铁水的温度可以高达1300多℃，稍不注意就会烫伤，所以打树花的把式都是经验丰富而且胆识过人的高手。他们表演的时候都要戴一个用水浸湿的帽子，并且把老羊皮袄反过来穿在身上，这样可以防止被飞溅出来的铁花烫伤。艺人用在水中浸泡了3天的柳木勺子，将废

INFO
- 河北省张家口市蔚县暖泉镇。
- 北京、张家口都有到蔚县的长途大巴。
- 打树花表演票160元。

扫一扫，获取更多
实时旅游资讯

鸡鸣驿村

世界第一邮局

鸡鸣驿是全国现存规模最大、功能最齐全、保存最完整的古驿站，在中国邮政史上具有独占鳌头的地位。2003年、2005年，鸡鸣驿两度被世界文化遗产基金会列入世界100处濒危建筑遗产。

　　鸡鸣驿村又称鸡鸣山驿，位于沙城西20千米处，公路的南侧，距北京约150千米，京包铁路和京张公路（110国道）从这座城的南北通过。该驿始建于元代，到明永乐十八年（1420年），鸡鸣驿成为京师北路的第一大站。它在明、清两代对我国的军事、政治、经济、通信等方面都起过极其重要的作用，其特殊的战略位置使之独驿成城，有"世界第一邮局"的美誉。1996年8月，国家邮电部为纪念中国邮政创办100周年，发行了纪念邮票《古代驿

◎鸡鸣驿村指挥署

站》一套两枚，其中一枚就是鸡鸣驿。

明成化八年（1472年），鸡鸣驿站建土垣，隆庆四年（1570年），砖修城池。**驿城**总体呈正方形，全城周长2330米，墙高12米，城墙全部包砌砖石。城墙除西城墙中部有段塌陷外，其余部分均整齐地矗立着，棱角分明。在东、西城墙还没有两座城门，门额分别为"鸡鸣山驿""气冲斗牛"。拱洞高耸，宽厚的大门洞开，门上镶着的铁板、铁钉依然牢牢紧钉在门上。清乾隆三年（1738年）将城墙重新修理，并在城东筑护城坝一道。直到1913年北洋政府宣布"裁汰驿站，开办邮政"，鸡鸣驿这个古驿站才退出历史舞台。

"三横两纵"5条贯通东西、南北的大街，将驿城按"井"字不均地分为3区9块12片。东西走向的头道街区域主要是军政管理和商业服务区，南北走向的西街区域是驿站的核心设施，东北为驿仓区，正北为驿学区，宗教建筑则遍布全城。精心雕琢的青砖瓦房，古老的土砌房屋，仍坚强地经受着风沙的侵袭。

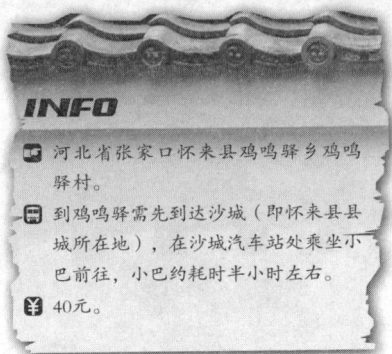

古驿站内设有驿丞署、驿仓、公馆院、马号等建筑，还有佛、道教的寺庙和戏楼，不少仍保存完好。**公馆院**是专供过往官员、驿卒就餐住宿的驿馆，是一座明代建筑，这座三进院落的北屋，

INFO

- 河北省张家口怀来县鸡鸣驿乡鸡鸣驿村。
- 到鸡鸣驿需先到达沙城（即怀来县县城所在地），在沙城汽车站处乘坐小巴前往，小巴约耗时半小时左右。
- ￥40元。

◎远眺鸡鸣驿村

隔扇木插销头做工考究，各个木插销头分别刻有琴、棋、书、画、荷、莲、蝙蝠、蝉等不同的形象，栩栩如生，巧夺天工。

驿城内的**贺家大院**，即是当年的指挥署，也是整个驿城中规格最高的古建筑，为砖木结构的五进连环院，东山墙为通道。曾是八国联军打进北京时，慈禧太后和光绪皇帝逃难留宿的地方。第一进院内砖雕影壁精美绝伦；二进院的山墙上至今还留有刻砖"鸿禧接福"四个楷书大字，作为慈禧太后在此居住的纪念。原来的五进连环院，现在已经变成各自独立的院落。

古村内共有8座古寺，有文庙、龙王庙、财神庙等等。其中**永宁寺**是驿城最早的建筑，距今已800多年。建于清朝顺治八年的**泰山庙**，距今也有300多年的历史了，但殿内壁画仍旧清晰可见，富于层次感的绘画效果令今人拍案叫绝，诙谐独特的三句半式说明文字堪称绝品。泰山庙的泰山奶奶是送子菩萨，过去这里香火旺盛，村民常找泰山奶奶祈子。

过去，农历四月十三至十八，这里都举行隆重的**鸡鸣山庙会**，十五是最热闹的一天，常有善男信女专门到此逛庙敬香，祈求平安。腊月十六、二十一、二十六是年集的日子，四面八方的人都来此交易。现在鸡鸣驿村居民生活已有很大改变，每逢农历初十、十六都是集日，不过交易地点已从原来驿城头道街迁到鸡鸣驿城西门外的"集市大街"上。

近年来，古代驿站鸡鸣驿大受**影视界**青睐。像《血战台儿庄》《血战长城》《大决战》《国士无双》《蓝色的花》《超级女谍》《大潮600天》等影片都是在古城拍摄，其中《大话西游》中男女主人公在城墙上的深情一吻，给鸡鸣驿蒙上了一层浪漫的色彩。

山药鱼在张家口是家喻户晓的传统佳肴，用坝上地区的原料作出来的最有特色。另外，怀来是中国葡萄酒之乡，长城干红等多家企业都集中在此。

温馨提示

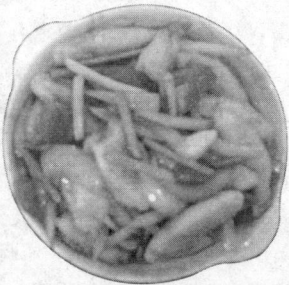

山海关

天下第一关

万里长城以其浩大的工程、雄伟的气魄和悠久的历史著称于世。它像一条巨龙穿越荒漠草原，盘旋于高山之上，游走于黄河岸旁和渤海之滨，其中在渤海之滨、燕山之麓的长城上，有一座雄伟的城楼，依山傍海，十分壮观，这就是号称「天下第一关」的山海关。

◎天下第一关，威武不减当年

山海关地处秦皇岛市东北15千米处，它北依燕山，东傍渤海，地扼东北通向华北的咽喉，是明代万里长城东部的一个重要关隘。明洪武十四年（1381年），为了防御东北的女真势力，朱元璋派大将军徐达在这里建关设卫，构筑关城。因其倚山连海，故名山海关。

山海关城是一座土筑砖包的雄伟关城，平面呈方形，周长约4千米，四周的护城河环护，城墙高14米，厚7米，原有四座城门，现仅有东门"镇东楼"保存完好。镇东楼为箭楼格式，城高台宽，与周围的靖边楼、临闾楼、牧营楼、威远堂等在长城之上一字摆开，形成五虎镇东之势，充分展现了山海关这座古代军事要塞"一夫当关，万夫莫开"的雄伟气势。

东门箭楼檐下高悬着明代书法家萧显所书的"天下第一关"匾额，每字高达1.6米，笔力顿挫凝重，雄劲浑厚，具有独特的艺术价值。匾额的艺术风格与关山险隘的建筑格局十分谐调，使整个城楼显得更加奇特俊秀。

古时的山海关是兵家必争之地，人称曰"两京锁钥无双地，万里长城第一关"。"清兵入关"指的就是进入此关。1644年春，李自成与明朝总兵吴三桂展开决战，在清摄政王多尔衮的帮助下，李自成大败，山海关之战李自成由胜转败的转折点，也是清朝统治全国的关键一战。此外，1933年日寇入侵山海关，中国军民在榆关打响了长城抗战的第一枪。1945年，中国人民组织了著名的山海关保卫战……

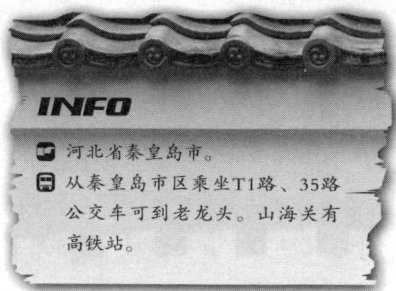

INFO

- 河北省秦皇岛市。
- 从秦皇岛市区乘坐T1路、35路公交车可到老龙头。山海关有高铁站。

如今的山海关，早已失去了战略防御的军事功能，但时代的变迁又赋

予了它新的意义。历经600多年风雨沧桑的山海关古城内，至今仍保持了明清时期街道方格网状布局，许多古色古香的四合院，透着典雅与温馨。影壁上镌刻有虫鱼草木莲花龙头图案，弥漫着浓浓的民族气息。漫步在城内窄小的街巷内，你会感到一切都是那么的古朴与自然。

登上**"天下第一关"**城楼，北望，万里长城如一条昂首的巨龙跃上群峰，蜿蜒起舞，景色异常壮观；南看，万里长城从山海关直逼渤海之中，恰似龙头在掀浪戏水，因此人们把它称为"老龙头"。

老龙头位于山海关城南5千米的临海高地上，呈半岛状伸入海中，是明代万里长城唯一的一段海中长城。墙体沿海岸线自然弯曲延伸，由石块垒砌而成，分为入海石城、海神庙、靖卤台、南海口、澄海楼、宁海城和滨海长城等·七部分，堪称是一座名副其实的海陆军事要塞。登楼观海，波涛汹涌，云水苍茫，令人有"雄襟万里"之感。

山海关城东约6千米处的凤凰山矗立着一座小巧的庙宇。远远望去，古庙红墙与苍松翠柏交相辉映，这就是闻名中外的**孟姜女庙**。传说，秦代孟姜女的丈夫万喜良被抓去修长城，孟姜女跨过万水千山为丈夫送寒衣，当来到长城脚下时，却听说丈夫已经累死，顿时悲痛欲绝，一连哭了三天三夜，直哭得天昏地暗，日月无光，顿时，"轰隆隆"一声响，400千米城墙轰然倒塌。后人为了纪念她，便修建了孟姜女庙。

孟姜女庙由贞女祠和孟姜女苑组成，现存的庙宇为明朝的建筑风格，庙内现有前后两殿和振衣亭、望夫石、山门等景点，其中还有被誉为"天下第一奇联"的"海水朝朝朝朝朝朝朝落，浮云长长长长长长长消"让人产生无限遐想。前殿供有孟姜女塑像，身着青衫素服，面带愁容遥望南海。庙前依山砌筑着108磴行人石板梯道，象征孟姜女寻夫的艰辛和曲折。千百年来，关于孟姜女哭长城的诗文、戏曲、传说一直流传着，给长城古关增添了些许悲壮色彩。

除了众多的名胜景点，山海关还有一些旅游特色活动，如一年一度的角山登高节、长寿山金秋节、踏青节、孟姜女庙庙会等传统节庆活动和以旅游为主题的"中国山海关国际长城节"及多届老龙头海会、长城之春音乐会等，吸引了大量游客到山海关参观游览。

温馨提示

山海关特色美食"四条包子"以其独特的风味享誉冀东、辽西地区，曾获河北省金奖名吃和秦皇岛市首届十佳名吃称号，深受旅游人士的喜爱。

扫一扫，获取更多实时旅游资讯

广府镇

古城 水韵 太极乡

广府镇是中外闻名的古城、水城、太极城。清直隶总督方观承有"稻引千畦芰岸通，行来襟袖满荷风。曲梁城（今广府古城）下香如海，初日楼边水近东。"的名句。千畦芰岸，满袖荷香，加上行云流水般的太极拳式，定格了广府古镇的剪影。

广府镇位于邯郸市东偏北30千米处，俗称广府城，距今已有2000年历史。隋末唐初，窦建德对古城进行修整，城池初具规模。明嘉靖二十一年，土城修砌为砖城，并在四门外增筑瓮城。走在广府城的古街上，四大街、八小街、七十二道弯，千回百转，灰砖青瓦，曾经的繁华，历史的风姿，依稀可见。

广府古城又称广平府城，坐落在方圆20多平方千米的永年洼淀之中，广府古城的沧桑是永年及周边地区历史文化的浓缩和载体，现存的古城，墙高10米，厚8米。四门筑有城楼，四角建有角楼，并有垛墙876个，殊具特别的是在四门之外尚建有瓮城相守，地道的关防深锁，固若金汤。除城楼、角楼等建筑已毁外，墙体及护城河等基本保存完好，西门券内尚存明嘉靖二十一年纪年石圖一方。

广府古城内面积为1.5平方千米，

◎广府古城风光

历史上官署棋布，庙宇半城，老街纵横，商贸云集，有30多条街道，曾经的繁华不可胜数。城内有很多历史遗存，如清晖书院、文庙大殿（遗址）、毛遂墓、黑龙潭，武氏故居、状元楼、太和堂等等。近年又在古城内发现了传说中的窦建德运兵洞。窦建德和秦王李世民争夺江山时在这里进行了长时间的惨烈战斗，窦建德为了展示兵力，从城内挖掘地道直通城外15千米，用同一股兵力通过地道来回往返，收到了迷惑敌方的战略作用。

建于宋元时期的**弘济桥**位于古城东

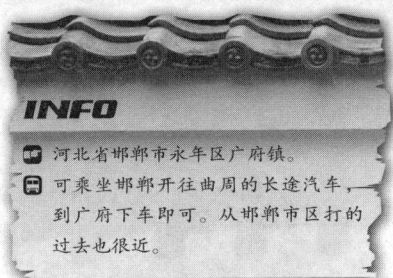

INFO

- 河北省邯郸市永年区广府镇。
- 可乘坐邯郸开往曲周的长途汽车，到广府下车即可。从邯郸市区打的过去也很近。

关，和赵州桥有着相同的规模和形制，蔚为壮观，保存完好，已被列为国家级文物保护单位，并且最近在桥面石板上发现了大量古生代奥陶纪时期的角石类、三叶虫等化石，使千年古建别具了

◎远眺广府古城

另一种文化意义上的深远和美丽。

广府镇，古称"曲梁"，"曲"字意为弯曲，"梁"字本意为水堤，因洺水环绕（滏阳河元代才引入永年），堤围其周而得名。水城相依，水中倒映着古城的背影，城上氤氲着水汽的温润，自古人称"北方小江南"。走近**永年洼**，极目远眺，水天一色，绿苇红荷，鸥鸟共飞。这里长年积水，处于湿地状态，是继白洋淀、衡水湖之后的华北第三大洼淀。尤其广府城东南50多万平方米区域内水面宽阔，水体较深，可行舟载人，由于水路纵横交错，加上芦苇丛

生，很容易使人迷失方向，地形不熟悉的人进入其中很难走出来。从高空中俯视洼淀，水道与芦苇交错相织，形成一个近似篆体"太极"字样的图案，据此，当地人称这里为"太极迷宫"。

广府还是杨、武式太极拳的发祥地，杨式太极拳创始人杨露禅、武式太极拳创始人武禹襄的故居保存完好。武禹襄故居总占地面积9000平方米，分为南、北三个院落，是当地典型的大户富宅，现主体建筑保存完整，现为河北省重点文物保护单位。

杨式太极舒展大方，武式太极小巧紧凑，两种拳式均以柔中寓刚、刚柔相济见长，被称为"活的雕塑，流动的音乐，体育运动的阳春白雪。"杨、武式太极拳影响广泛，其弟子遍及海内外，因此永年被国家体委命名为**"太极拳之乡"**。此外，30集大型历史传奇剧《广府太极传奇》还曾在此拍摄……

广府文化与古城的历史渊源、历史地位和人文精神相依而生。毛遂自荐、脱颖而出等成语故事的主人公毛遂的墓葬就在广府附近；古演兵场遗址上的烽烟仿佛还在眼前；梳妆楼讲述着凄婉的故事；清晖书院传出阵阵诵书声；穿越时空的黑龙潭依旧澎湃着历史的波涛……古老深厚的历史积淀，造就了独具特色的**广府文化**。

温馨提示 镇上的住宿条件比较简单，您可到邯郸市区或永年区城过夜。另外，广府酥鱼、驴肉灌肠和绿豆粉皮是永年的食中佳品，到厂家买上几斤，定会让您大饱口福。

一位圣人成就了一座圣城。在山东省西南部，有一个拥有2000多年悠久历史的『东方圣城』——曲阜。放眼世界，曲阜的名字可谓如雷贯耳。这个小城之所以享誉全球，是因为它拥有丰富的人文积淀，孕育了儒家文化的齐鲁文明，是圣人孔子的故乡。

曲阜

孔子故乡儒教威

曲阜位于山东省西南部，地处鲁中泗水南岸，京沪铁路西侧，以其悠久的历史文明和灿烂的东方古文化而蜚声中外。在中国漫长的封建社会里，曲阜一直是人们心中的圣地名城，被西方人士誉为"东方耶路撒冷"。

曲阜在中国文明史中有着不可替代的地位。传说中的上古帝王中炎帝、黄帝、少昊都曾都于曲阜，因此，曲阜自古也称"少昊之墟"，至今还保存有少昊陵。商代这里是奄国的所在地。商代第18王南庚曾迁都于此，至第20个王盘庚才迁都于殷（今河南安阳县小屯村）。周武王灭商，遍封同姓及功臣，将周公旦封于曲阜，建为鲁国。

自伯禽就封于鲁，鲁国建国，至

公元前249年被楚国所灭，鲁国共传34世800余个春秋，这在周王朝各诸侯国中，是绝无仅有的。从现在保存的曲阜鲁国故城遗址可知，故城大致呈长方

◎曲阜孔庙

形，东西约4千米，南北约3千米，城墙周长约12千米。共有城门11座，各城门均有干道相连。

曲阜城的规制严格地遵循了周礼的规定，中贯轴线，左坛右社，面朝后市。城区中部为宫殿区，宫殿区的前面有一条干道通向南门。宫殿区的东、西、北三面分布着炼铜、冶铁、制陶、制骨等手工业作坊，西北面是几片大面积的墓葬区。

中国有句话叫"江南出才子，江北出圣人"，江北的圣人多出自曲阜。曲阜是孔子的故乡，孔子名丘，字仲尼，是春秋末期伟大的思想家、政治家和教育家，儒家学派的创始人。它的学说，带动了旧中国时代的孟子、荀子的思想，成为战国时代百家争鸣时实力较强的一家。2000多年来，孔子学说不仅影响着每一个中国人的思想和行为模式，还影响了东亚及东南亚各国，成为东方人品格和心情的理论基础，被称为整个东方文化的基石。

随着孔子学说的影响之深，曲阜也被认为是儒学之源，儒教之根，素称"东方圣地"，浸透着儒家特色的鲁文化于此发源。人们来到曲阜，就是为了探询这位古圣人的足迹。其中，孔庙、孔府、孔林就是到曲阜探询孔圣人的地方，整个

徽宗取"孔子之谓集大成"之意，赐予"大成殿"。殿前有一杏坛，为一方亭，高约12米，宽余7米，重檐十字脊，朱红廊柱，金色亭顶，四面歇山，是孔子生前讲学的地方。

孔庙东侧就是**孔府**，孔府是个庞大的院落，是孔子世袭"衍圣公"的世代嫡裔子孙居住的地方，也是我国仅次于明清皇帝宫室的最大府第。现在的孔府规模是由明代确定下来的，清代又有所扩建，包括厅、堂、楼、轩等共463间。孔府内保存有明嘉靖十三年（1534年）至1948年孔府档案，卷帙浩繁，内容丰富。档案从不同角度反映了我国明、清、民国时期的政治、经济、文化等状况，是研究我国封建社会后期历史的重要史料。

孔林是孔子及其后裔的家族墓地，已延续了2400余年。《史记》载，孔子死后，弟子把他葬于"鲁城北泗上"。汉代以来，随着孔子地位的提高，孔林的规模越来越大。自汉以来先后增扩、重修孔林16次，增植树木5次，现存树10万余株，周围筑有长7.25千米的砖砌林墙，林内坟茔10万多座，孔子直系子孙已葬至76代。作为一个家族墓地，2000年来埋葬从未间断，且保存完整，举世罕见。墓园内碑碣如林，有墓碑2000余块，是我国著名的碑林之一，有人称这里是"一个很好的自然博物馆，也是孔氏家族的一部编年史"。

曲阜城就是三孔的延伸。

孔庙是孔子死后第二年、鲁哀公将其故宅3间改建而成的，以后每年人们都要到这里祭祀孔子。随着历代不断加封孔子，孔庙的规模也越来越大，历代不断进行扩建，现在的孔庙规模即是在明清时形成的，规模宏大，雄伟壮丽，金碧辉煌。占地21万多平方米，平面呈长方形，南北长1120米，共九进院落，有殿宇466间，贯穿在一条南北向的中轴线上，对称排列。为仿皇宫的体制，分成中、东、西三路布局，从整体上掌握了方位与礼制的秩序。

如果说三孔是曲阜的核心，那么孔庙就是三孔的核心，而大成殿则是孔庙的核心。唐朝时，这间殿堂和孔子的称号一起被称为"文宣王殿"，北宋天禧五年（1021年）大修时移至今址，被宋

邹城

亚圣的故乡

与曲阜相距20千米处还有一座圣城——邹城，这里因亚圣孟子而著称于世，也是中国儒学发源地，很早以前，就与曲阜并称为「邹鲁」。正如一首诗中所说「渊源自古尊邹鲁，天下衣冠仰圣门」。朝拜亚圣游三孟，走近孟母思三迁。」去邹城，凭吊圣贤遗迹，寻求先哲智慧，纵情自然山水，尽享旅游乐趣。

邹城原名邹县，位于山东省南部，泰沂山脉与鲁西平原交界地段。东依沂蒙山区，西接济宁市，南临滕州市，北距孔子故里曲阜市区仅22千米，是中国古代思想家、教育家孟子的故乡，古称"邹鲁圣地"。

邹城是我国古代伟大的思想家、教育家孔子、孟子的诞生地，创造出了光辉灿烂的儒家文化，素有"孔孟桑梓之邦，文化发祥之地"的称誉。在我国历史上享有盛誉的孟母，三迁择邻，断机教子，不仅培育了"亚圣"孟子，而且影响了一代又一代的中国人，至今仍广为流传。

据说，孟子小的时候，其家舍住处离墓地很近，孟子就经常在墓地边游戏取乐，学着筑埋坟墓。孟母看到了之后说，这地方不是我应该住的地方啊，如此下去，孩子会学成个什么样子啊。于是就搬到了一个集市的旁边，可是孟子却经常在市场里玩耍，学着小商小贩沿街叫卖和讨价还价。于是孟母又再一次举家搬迁，搬到了一个学宫的旁边，孟子就经常在学宫旁边玩乐，学着设坛祭祀、揖让进退。孟母看到了之后高兴地说，这个地方才是我应该住的地方啊，如此下去，孩子才会学有所成啊。于是，孟母就在此长期居住了。

后来孟子成为旧中国时期著名的思想家和教育家，是儒家学派的正统继承者，被后世学者尊为仅次于孔子的"亚圣"。作为"亚圣"孟子的故乡，邹城内保存有缅怀孟子的"四孟"，即孟庙、孟府、孟林、孟母林。

孟庙又称亚圣庙，始建于北宋年间，是历代祭祀孟子的地方。后过历代不断扩建，现规模仅次于孔庙。孟庙成长方形，前后共有五进院落，有殿宇64间，以主体建筑亚圣殿为中心，南北为一中轴线，左右作对称式配列。庙内古树蔽日，碑碣林立，有秦汉以来历代碑碣280块。

孟府在孟庙西侧，是孟子嫡系后裔居住的宅第，始建于北宋晚期，为衙宅合一的古建筑群。现存院落四进，南北长226米，东西宽99米，前为官司衙，后为住宅，最后是花园，共有殿堂门庑116间。

邹城东北四基山麓的**孟林**是埋葬孟子及其后裔的家族墓地，始建于北宋景祐四年（1037年），经历代扩建整修，规模宏大。林内古柏参天，蔚然深秀，中有小渠贯通南北。由神道至山前渡过一拱桥，有石垒甬道直通享殿大门，享殿五间，大殿之后便是孟子墓。墓西300米处有古冢三个，世传为孟孙、季孙、叔孙之墓。每年旧历四月初二为孟林古会，届时孟氏子孙和游人纷纷来此

◎孟庙，每年都会接待众多来此瞻仰亚圣孟子的游客

瞻拜一代儒学宗师孟子。

"孟母三迁""断机教子"的故事家喻户晓,不仅培育了亚圣孟子,还让世人广受影响。为了纪念这位伟大的母亲,在县城北十余千米的马鞍山下建有一处**孟母林**。孟母林依山而建,山林合为一体,林内松、柏、桧、楷、槲等各类古树数以万计。这里除有孟母及其丈夫孟激的墓外,历代孟氏子孙死后也都

葬于林内,是中国少有的保存完整的氏族墓地之一。

邹城是一块圣贤辈出的土地,除了"亚圣"孟子,开国明君邾文公,"一经传家"的西汉父子丞相韦贤、韦玄成,凿壁偷光、刻苦好学的经学家、西汉丞相匡衡,建安七子之一的王粲,主张社会进步的思想家仲长统,文武兼备、尤通经史的西晋安北大将军刘宝,魏晋名医、医学名著《脉经》的作者王叔和等,都是这块土地培养出来的大贤巨擘。

悠久的历史,灿烂的文化,不仅为邹城留下了四孟,还保存有大量其他珍贵的历史文化遗产。例如,佛教文化及书法艺术精品"四山"摩崖刻石,京南江北最大的地下宫殿——明鲁荒王陵,被誉为"邹鲁秀灵""岱南奇观"的历史文化名山——峄山。

峄山雄峙于邹城东南12千米处,因山中怪石万垒,络绎如丝,故名峄山。此山危岩叠垒,洞幽玲珑,集泰山之雄、华山之险、黄山之奇于一身的独特个性,与五岳之尊的泰山媲美,故有"岱南奇观"之称。传说远古时代,女娲炼石补天,天合而去,留下乱石滚滚,危及人间,玉皇大帝闻讯后,派了6位神仙,将亿万石块移置一处,堆积而成峄山。神话传说固不可信,但也道出了峄山的特点,其自然的造化神工令人感叹。

丰富的人文景观和自然景观交相辉映,形成了邹城独具特色的"山·水·圣人"综合旅游区,是研究中国与东方文化的"历史博物馆"和著名的文化旅游胜地。

朱家峪村

江北第一古村

朱家峪村为梯形居落，上下盘道，高低参差，错落有致。村内有祠庙、楼阁、石桥、故道、古泉等大小景点八十余处，四面青峰隐隐，溪中碧水悠悠，走进朱家峪村可"归真、访古、探幽"，一饱眼福，感悟人生。

朱家峪村位于明水城东南5千米处，胡山东北角下，距济南40千米。古村原名城角峪，后改名富山峪，明洪武二年，朱氏进村，因系国姓，故名朱家峪。村内现有大小古建筑近200处，各种石桥20余座，井泉20余处，庙宇10余座，有康熙双桥、双轨古道、文昌阁、关帝庙、朱氏家祠、坛桥七折等人文、自然景观数不胜数，因此，被专家誉为"江北第一古村"。

建于清康熙六十年（1721年）的**圣水灵泉**，位于圣水庙东西大石堰中部下端。井口处，石砌拱形，内墙有朱士豸撰写的碑志。据传，康熙末年，全省大旱，海州（今连云港）州官黄炳，随同山东巡抚来此祈雨，辄有应效，遂命黄炳为此泉题书楣联：圣水灵泉，从此圣水灵泉便闻名遐迩。

◎朱家裕古建筑

康熙双桥分东西两座，相距约十米。东桥建于康熙九年（1670年），西桥建于康熙二十七年（1688年），距今300余年。上下行人通车，十分方便。桥身全用青石砌成，虽不用灰泥，历经风雨雪霜，依旧坚固，被专家誉为"现代立交桥的雏形"。

建于清道光十八年（1838年）的**文昌阁**位于圩门与西哨门之间，主体用大青方石筑成，上建阁楼，下筑阁洞，浑然一体。屋脊是由十余块大型方砖透雕而成的二龙戏珠，被专家誉为"清代砖雕精美之作"。建阁至今，未修复一次，依然坚固如初。文昌阁坐北面南，与文峰山顶魁星楼遥遥相对，魁星点状元，文昌主仕途，其内涵融为一体，这种互应式道教建筑，在全国也实属罕见。每逢盛夏连雨之日，云雾缭绕，浓云低垂，时而从阁顶飘然而过，时而从阁洞穿越而行，文昌阁若隐若现，大有蓬莱仙境之妙趣。

文峰独秀位于旧村南首，文峰山，拔地而起，外形独特，形如"金"字塔，遍山塔柏，数百年来，郁郁葱葱。山顶魁星楼建于清道光十九年。文笔山西侧，正是那三山并列的笔架山，系魁星放笔之具；文峰山东侧，有一水洼处，名曰魁星砚池，天然安排，协调之至。

关帝庙建于明代，庙虽小而建筑独特，三面尽用大青方石扣砌而成，楣石横贯，精雕双龙戏珠；左右石柱，细刻飞龙攀缘。关帝即关公，文武兼备，忠义之士，历代为世人所崇祀。

朱氏家祠位于旧村北首东侧，建于清光绪八年（1882年），分里外两院。

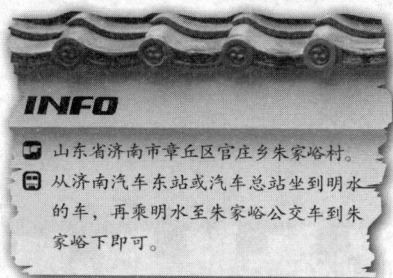

INFO
🏠 山东省济南市章丘区官庄乡朱家峪村。
🚌 从济南汽车东站或汽车总站坐到明水的车，再乘明水至朱家峪公交车到朱家峪下即可。

里院有建筑古雅而壮观的祠堂，祠堂系细凿大青方石、青砖、木椽、小瓦、翘檐、出厦之结构，祖传，略仿岱庙而建。堂前院中原有名木四株，现仅存高大百年桧柏一棵，依然生机勃发。外院是空地一方，祭祖前在此正衣冠，方可入内。东墙有两方碑志。祠门为砖砌拱形，推拉式铁门，别具一格。台阶下南北两处，各树一旗杆座。

长流泉位于旧村东崖下，南池建于光绪二十四年（1898年）仲春，北池建于1921年3月。在南池南北两面石墙上，各有一石雕龙头，相对而视。每当开泉季节，清凉的泉水便从龙口喷涌而出，注入水池，清澈见底，泉水属优质水源。

坛井七折又名**坛井七孔桥**，位于旧村东南首，文峰山东北脚下。坛井口小、肚大、状若坛。井水系文峰山下潜流涌出，甘甜适口，从未干涸。在坛井北东南三面，建有七座小桥，曲折相连，纵横交织，一番别致。坛井与七桥相依为伴。不远处还有一树龄已在600年以上的古柏，树高十几米，二人刚能合抱，树冠状如巨大伞盖，荫庇50余平方米。远望枝繁叶茂，突兀挺立，成为方圆几十千米内一大景观。

自古以来，由于重视文化教育，

◎朱氏祠堂

人才辈出，故被周边乡民誉为"**文化村**"。清末至民国年间，本村私塾，星罗棋布，达17余处，先后有文峰小学、女子学校和山阴小学各一处。1932年，开明人士朱连拔、朱连弟创办了朱家峪女子学校，这是中国农村地区较早的女子学堂。清末至今，全村教师120余人。

朱家峪就是一本很厚的"书"，涉及政治、历史、民族、宗教、文化、园林、建筑、艺术、自然、地理等科学。被誉为"齐鲁第一古村，江北第一标本"。

温馨提示

朱家峪独特的山村风貌和别致的民居早就成了拍摄电视剧和电影的外景地，《闯关东》《黑白往事》等影视剧都曾在这里拍摄。漫步村中，悠闲的老人们坐在石墩上闲聊，孩子们在幽深的小巷中尽情地玩耍，古朴而祥和的村落让人领略的不仅是厚重的历史文化积淀，而且还有浓郁的乡土气息。

古镇攻略

朱家峪民风淳朴，带给人一种温馨的享受。路上有很多百姓出来卖小吃，红扑扑、甜丝丝的山楂串五毛钱一大串，随手买上两串，给小孩挂在脖子上，既好吃又好看；还有香喷喷的山中小果，一元钱一茶缸，足够吃上一路。

雄崖所村

最后一座明代所城

雄崖所村位于即墨区东北44千米处，东临黄海，北临「丁字湾」，隔海与莱阳、海阳相望。因其东北之白马岛上有一赭色雄伟断崖而得名「雄崖」。隋以后属即墨县，明初置所城，今属丰城镇。

雄崖所古城设于明朝洪武三十五年（1402年），是明、清两代的海防军事城堡，也是我国东部沿海唯一可以窥见的古建筑所城。

现存雄崖所古城遗址，为一正方形城堡，城墙由土夯实，外包以青砖；东西、南北十字大街，尤具当年所城的规模；南门历经多次修葺，门洞和城楼上建筑物尚为完好，沿门内右侧拾级而上，可登门楼，门楼正房3间，两侧配以耳房，短檐收厦，不饰雕琢，显示的是一种威武雄壮、坚不可摧的军阵风格；西门门楼虽圮，门廊犹存，门洞上方匾额的"镇威"二字仍可辨认。

站在雄崖所的南门上远望，能看到远处山头上的一座**玉皇庙**，与南门城楼上的庙宇遥相呼应，庙中的石砌无梁殿十分独特。该庙建造于明代洪武年间，主要由山门和神殿组成，结构紧凑，小巧玲珑。神殿为歇山房顶，砖砌立脊，覆以陶瓦，环周砖椽承托叠涩密檐，仿木斗拱挑出殿角。殿堂有门无窗，券顶直边，分内外两间。山门为券顶门洞，门额题写"玉皇庙"。于此处俯瞰，丁字湾近在咫尺，雄崖所城盘亘脚下，远山近海，黛峦碧波，尽收眼底。

雄崖所南门内左侧，保留有百年历史的**天主教堂**，虽为平房，但建筑高大。据史料记载，1890年德国人即在即墨设点传教，村民们曾经见过神甫骑着摩托车穿街过巷。如今这座中西方风格兼容的天主教堂是雄崖所一处仓库所在。

雄崖所村西还有一口老井，外围用长约1.5米的石条拼砌，在井口上形成"互"字状，十分别致，井沿石条内壁四周，皆有题刻，但两侧因打水磨损，字迹已残缺不全。据现有题刻判断，石条上刻的皆是当初捐资造井者的姓名。**井壁题刻**十分罕见，像是"功德碑"的一种变异，这也是雄崖所一处鲜为人知的人文景观。

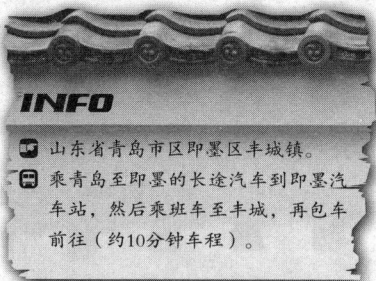

INFO

🏠 山东省青岛市区即墨区丰城镇。

🚌 乘青岛至即墨的长途汽车到即墨汽车站，然后乘班车至丰城，再包车前往（约10分钟车程）。

北方

古镇

古朴厚重底蕴深

清永陵是著名的清初关外三陵之首（另外二陵是坐落在沈阳的福陵和昭陵），也是我国现存规模较大、体系完整的古代帝王陵寝建筑群。赫图阿拉，炫耀着王朝创业者的辉煌功绩，也凝着聚古镇屈辱的沧桑……

永陵镇位于辽宁省东北部新宾满族自治县中部，是清王朝的发祥地，满族的故乡，被誉为"中华满族第一镇"。

清永陵位于永陵镇西北起连山脚下，是努尔哈赤远祖、曾祖、祖父父亲、伯父、叔父的陵园，可称得上是清代皇家的祖坟。永陵建于明万历二十六年（1598年），原名兴京陵，顺治十六年（1659年）改称永陵，它具有我国古代建筑的优秀传统和满族艺术风格，是我国宝贵的文化遗产。清永陵四周围以缭墙，由前院、方城、宝城组成。

前院在永陵南面，正中有正红门，面阔三间，硬山式，黄琉璃瓦顶，正脊有吻，垂脊有兽。门内横列碑亭四座，亭内分别立有清朝帝业的肇兴四祖"肇祖原皇帝"（孟特穆）、"兴祖直皇帝"（福满）、"景祖翼皇帝"（觉昌安）和"显祖宣皇帝"（塔克世）四通高大石碑。碑上刻一些"承家开国"之类的颂词，以满、蒙古、汉三体文字写成。碑亭东西两侧原有祝版房、齐班房、茶膳房、涤器房等建筑。

碑亭的北面就是**方城**，围墙南面正中是启运门，正脊有双吻与六龙戏珠，门两侧的照壁中心前后都是砖雕黄龙。方城北面是歇山式启运殿，正脊有八龙戏珠和带日月字样的双吻，垂、脊饰六

◎永陵关外第一陵——清永陵

兽，殿前台阶三路，中间是御路。梁坊上悬满、蒙古、汉三体"启运殿"三字立额。殿内原设暖阁、宝座、神牌及五供等，启运殿东、西各有配殿三间，西配殿前有焚帛亭一座。

宝城位于启运殿后，为半圆式缭墙，里面是两层土台。第一层左葬努尔哈赤伯父礼敦、右葬叔父塔察篇古；第二层正中葬其曾祖福满，东有祖父觉昌安，西为父亲塔克世，六世祖孟特穆衣冠墓在曾祖福满的东北侧。

"赫图阿拉"是满语，汉意为横岗，即平顶小山岗。**赫图阿拉城**是后金开国的第一都城，也是中国历史上最后一座山城式都城，更是迄今保存最完善的女真族山城，是后金政治、经济、军事、文化、外交的中心，被

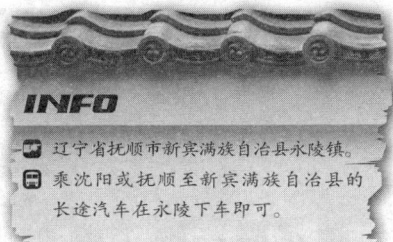

INFO

- 辽宁省抚顺市新宾满族自治县永陵镇。
- 乘沈阳或抚顺至新宾满族自治县的长途汽车在永陵下车即可。

视为清王朝发祥之地，满族兴起的摇篮。赫图阿拉在史学界被称为"清王朝第一都城"，但在日俄战争中，沙俄军队把它破坏殆尽，原来的风貌荡然无存。现在所看见的一切，都是当地政府重新修复的。

赫图阿拉城分内外两城，城垣由土、石、木杂筑而成。**内城**主要建有汗宫大衙门（俗称金銮殿）、正白旗衙门、关帝庙、满族民居、塔克世故

◎永陵内动物雕像

居、八旗衙门、协领衙门、文庙、昭忠祠、刘公祠、启运书院、城隍庙等一大批古建筑群及遗址等。其中500多年前的汗王井，是中国罕见的明代早期木结构泉水井。它首创布椽筑城法，开创了大清建都之制等。**外城**主要遗址有驸马府、铠甲制造场、弧矢制造场、仓廒区等。

城中的土道被青石道代替，保存下来的古榆树和新铺的草坪使整座城池显得既有历史遗韵又有现代气息。**罕王殿**是努尔哈赤处理政务的地方，公元1619年，努尔哈赤就是在这里指挥了关系到后金政权（清朝前身）命运的大战——萨尔浒之战。

满族老街坐落在赫图阿拉城东南，曾是后金时期周边地区商贾与建州女真进行集市贸易的场所，目前是赫图阿拉城景区内最大的一处集吃、住、行、游、购、娱为一体的商业活动区。

建成于2002年的**满族历史文化长**

廊，坐落在赫图阿拉城中华满族风情园内，全长560米，是中国满族第一座长廊，为砖木结构，整个壁画展示满族勃兴、清朝发祥的历史，是满族民俗风情的画卷。

数百年来，经过时代不断的变迁、发展，永陵镇已经成为一座人文荟萃、底蕴丰厚、具有浓郁满族风情的特色旅游城市，她历尽沧桑，盛情的接待着每一位来客的寻访。

叶赫镇

三代皇后的故乡

叶赫镇四周岗峦起伏，苍松翠柏，绿柳成荫，是「天然森林公园」之一。转山湖畔山清水秀，人杰地灵，是满族的重要发祥地之一，由于清太祖努尔哈赤夫人孝慈高皇后那拉氏及清末慈禧太后皆出生于此，故该镇享有「两代皇后的家乡」的美誉。

叶赫镇位于吉辽两省结合部，面积约68平方千米。叶赫为满语，意思是"皇帝赐给有功之臣头上戴的灰缨顶甲的库筒"。境内山峦起伏，沟谷纵横，叶赫河横贯全境，地上地下保存着丰富的古代文化遗存。

2008年底，四平市文物部门在叶赫镇发现了一处青铜文化遗址群，面积约几十万平方米，其中包括6处青铜时代遗址和一处石棺古墓群，根据遗址和墓葬的形制及地面采集的标本分析，该遗址群应为春秋战国时期的遗

迹，距今约3000年。由此，叶赫镇的可考历史从明朝距今的500年，增加至3000年。

如今的叶赫那拉景区一分为二，分"古城文化区"和"转山湖风景游艺度假区"。**古城**坐落在转山湖东，仿古建筑随山势而建，雕画精细，独具满族文化特色。古城的建筑极有特点，每城有木、土、石三道城墙，城外有护城河环绕，登台而远眺，更觉朔风猎猎、四野茫茫；内有八角时楼，古朴肃穆，巍峨雄俊。堡体及内部楼台等保存完整，散落着多处清朝历史中著名的遗迹，其中点将台、烽火台尤为引人注目。高高立起的神杆，叮当的腰铃声，萨满神秘的面孔，充满了神秘的民族色彩……古城文化区内，有东西二城遗址、古驿站、伽蓝寺、娘娘庙、虫王庙等文化古迹可供游客参观游览。其中，**伽蓝寺**位于转山湖北山一处幽静之山坳内，是藏传佛教显密金刚道场，大雄宝殿内香烟缭绕，钟鼓之声不绝于耳，香客如云，纷至沓来，增添了这

里的几分神秘。而"民族展馆"为专家学者提供了考古探究理想之场所，为游客增添了解民族历史，风俗文化之趣味。

转山湖风景区山川秀美，集山水古迹于一体。转山湖水库为人工水库，建于1977年至1981年，水域面积约3平方千米，山环水绕，水绕山环，呈S型，故得名。转山湖东、西两座山酷似一对乌龟遐思，湖山相映，形成龟驼城的美丽景致。位于转山湖水库西南岸的**金马驹公园广场**，塑有神鹰海冬青的雕塑，神态逼真，呼之欲出。景区内的四平少林文武学校被国家批准为中国十大武术基地之一。影城游乐园雄踞山顶，被转山湖水三面围绕，景色秀丽。转山湖东山上新建的"叶赫那拉城"，高大的箭

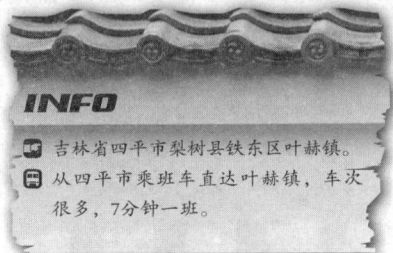

INFO

🚰 吉林省四平市梨树县铁东区叶赫镇。

🚍 从四平市乘班车直达叶赫镇，车次很多，7分钟一班。

楼巍峨壮观，座座四合院再现了女真族浓郁的民俗风情，古城四周城墙环绕，森严壁垒，登上高城，尽可领略古叶赫部落的强盛。

叶赫体育园里既有地方色彩极浓的满族体育，也有现代时尚的新奇体育，这块宽阔的坡地上，爱好体育的游客可以一展身手。骑马场，游客可以学习满人善骑的本领，也可以租马绕湖骑行。

◎叶赫古城

冬季的叶赫体育场，是开展冰雪运动的好地方，顺坡而下的滑雪道，湖滨的戏雪场，滑雪、玩雪和乘坐马拉或狗拉爬犁，别有一番情趣。临近雪场的湖畔，是一个天然的滑冰场，为了保证滑冰爱好者的需要，这里还建有一座全天候的仿真冰场。

满族奇趣园把满族特有的一些有趣风俗和习惯编织成一个个快乐的游戏，让游客在新奇的游戏中，感受到许多满族生活的情趣。其中包括：霓裳少女、满族不倒翁、虚幻搏击、满汉全席大游戏、骑狂牛、炮打哈达部、关东三大怪解迷屋、草亭茶园满族歌舞等12个项目。

叶赫满族民风古朴，至今仍保持着部分满族生产、生活习俗，叶赫满族人热情好客，以他们特有的满族礼节迎接四海宾朋。从2000年起，每年7月，由四平市政府主办，四平市旅游局、叶赫镇政府承办，开展"叶赫满族风情游"大型主题旅游活动，活动历时一个月时间，吸引了大量游人来此寻根、访古、体验满族民俗文化、风情。

扫一扫，获取更多
实时旅游资讯

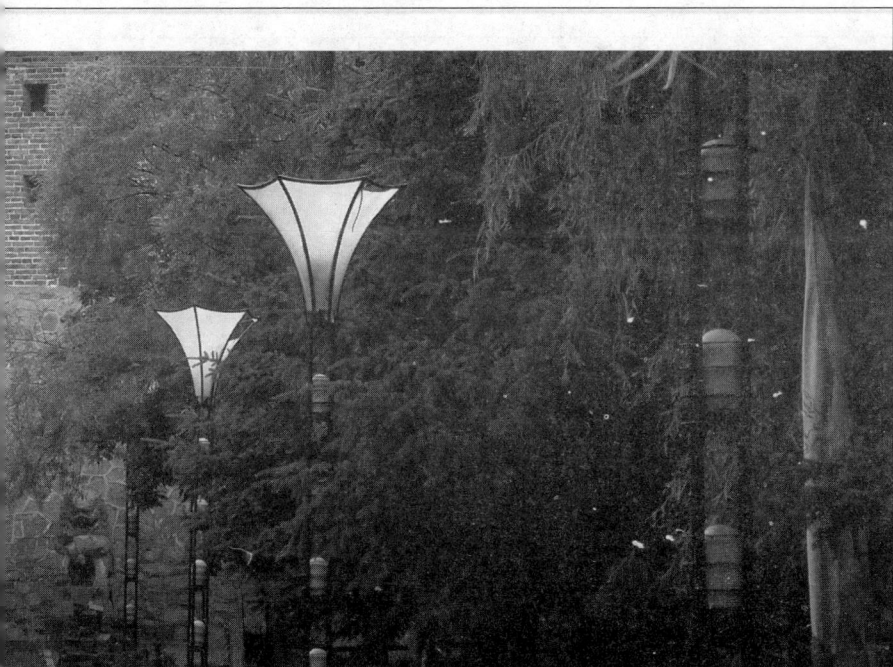

乌拉街镇

满族发祥地

乌拉街小镇在历史上曾作为乌拉国的都城，其繁荣程度和地位，一度超过当时的吉林市。同时，乌拉街镇还是满族主要发祥地之一，远远超过还只是北方造船厂的吉林市，故有"大大乌拉街，小小吉林城"、"先有乌拉，后有吉林"之说。

乌拉街地处松花江上游、松花江冲积平原始段，距吉林省吉林市中心30千米。南望龙潭山，北筑衔凤凰阁，西临松花江，东倚长白山余脉众丘陵，是一块矿物产资源丰富、农业发达的一块风水宝地。

"乌拉"是满族语，翻译成汉语的意思为"沿江"。乌拉街原称布拉特乌拉，是明朝属地。明朝建立后，对边疆少数民族地区采取羁縻政策，因而在乌拉街所在地设立乌拉卫。明代中叶，海西女真势力逐渐崛起，其

◎乌拉街镇萨满舞

中乌拉部相继吞并了附近的女真诸部，建立了乌拉王国，以乌拉街为都城。后乌拉国屡与建州女真首领努尔哈赤争斗。1613年，努尔哈赤灭乌拉国，并在这里养精蓄锐，向中原进发，继而得天下。因此，清顺治皇帝定都北京后不久，就封禁乌拉街方圆五百里，把它尊为"本朝发祥之圣地"。千古风云，仿佛就在昨天，在关外长白山下、松花江畔、关东莽林之中，它融入了关东文化，神秘而雄壮。

乌拉街古镇曾有"八庙四祠三府一街"等古建筑，现保留下来的有魁府、萨府、后府和白花点将台等旧址。**魁府**位于镇子的中心、乌拉街镇政府西侧，是迄今保存较好的清代两进四合院。**总管衙门**设在乌拉街城里十字街东面路北，是依照副都统衙门式样修造的。总管衙门是清廷直接管辖的特殊机构，是管理地方打牲部落行政事务的机关，和苏州、南京和杭州一起，成为清朝贡品基地之一，赢得"乌拉城远迎长白，近绕松江，乃三省通衢"的赞誉。

在乌拉街古镇的旧街村附近，就是历史上著名的**乌拉古城**，距今有1200多年历史。乌拉古城原有外、中、内三城，如今，外城尽毁，中城（洪尼罗城）尚有大段的城墙清晰可辨，内城大部分城墙基本完好。白花点将台是城中一处用土垒起的高台，组成的主要建筑有三宵殿、点将台下的圆通楼，楼旁的乐贤亭等，有了白花公主的传说，又有了"白花点将台"这个美妙并极富传奇色彩的名称，一座令人充满遐想的高土台，给乌拉街这个古老的乡镇，增添了

斑驳陆离的历史文化色彩和魅力。

在乌拉街满族镇的生活习俗带有浓郁的民族色彩，其中以**萨满教仪式和婚礼**最具代表性。"萨满"是通古斯语，即"巫"的意思，他们信奉水貂，尊奉"信神则在，不信不怪"，是我国北方阿尔泰语系各民族信仰的一种比较原始的宗教。满族的婚礼也很别致，结婚前几天，女方要将妆奁及新娘所用衣物用车送到男方家，次日男青年要到女方家拜谢。新娘不分什么季节都要穿棉服，到婆家门前时新郎拿起特制的弓箭，向新娘的车轿射三箭，以示吉利。此外，满族语言的表达方式丰富多彩，人们能歌善舞，哈拉巴舞和笊篱舞独具特色。

满族风味饮食也是别具特色，主要有满族火锅、满汉全席、哈依玛（水团子）、打打糕、菠萝叶饼、馇子粥、黏豆包等美味佳肴，大饱口福之余定能让您心服口服、赞不绝口！

时至今日，尽管乌拉街没有层楼飞阁，更没有皇宫大院，但它在松花江畔，在历史的长河中，以一座座土筑古城、一处处古遗址留下了历史的见证。

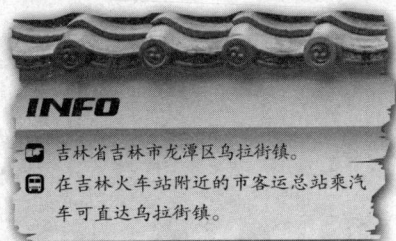

INFO
- 吉林省吉林市龙潭区乌拉街镇。
- 在吉林火车站附近的市客运总站乘汽车可直达乌拉街镇。

温馨提示　冬季，在雾凇出现期间，乌拉街珍珠岛雾凇观赏区是摄影爱好者聚集的地方。

横道河子镇

威虎山下的明珠

在春花响泉、夏云雾海、秋山红叶、冬雪冰挂的横道河子，呼吸着新鲜的空气，欣赏着风光秀丽的美景，感受着浓郁的异国情调，然后坐下来品尝各式的山野菜，吃着筋饼卷土豆丝，再喝上一杯地产的果汁或泡烧酒，好不悠闲惬意，令人乐不思蜀！

横道河子镇，因早年有一条南北道路横穿河流，故名"横道河子"。横道河子镇位于黑龙江省东南部，东与牡丹江市相邻，西与尚志市接壤。镇区距海林市33千米，距牡丹江市45千米。横道河子地居张广才岭岭脊东侧，是牡丹江通往哈尔滨的必经孔道，历史上一直占有重要的战略地位。

俄罗斯老街地处301国道与横道河镇火车站之间，与佛手山景区隔道相望，它西起机车库，东至"圣母进堂教堂"，全长约1000多米，占地面积超过10万平方千米。在这一区域内共有百年历史的俄国建筑50余座，绝大部分保存很完整，其中河重点保护俄式建筑群包括5处，其造型独特，别具匠心，是横

◎横道河子敞开着怀抱随时等着你的到来

道河百年古镇的一个历史缩影。

建于1902年的**圣母进堂教堂**，又名喇嘛台，建筑平面为十字形，完全由原木垛、卡、嵌、镶、雕制成，室内可容纳500名信徒进行宗教活动，是典型的一座俄式宗教建筑，其规模仅次于哈尔滨"圣尼古拉大教堂"。

建成于1903年的**横道河子机车库**地处佛手山下，位于老街的北端，占地面积约5000平方米，机车库面积2160平方米。整个建筑平面为扇形，离车库30米远的调转机车盘分头向扇形车库通去，共有15个车库门并列蝉膜组成，每一个库门为一个单位，各个车库门为拱圆形，造型美观，砖墙铁瓦，建筑风格独特。

铁路横道河子大白楼位于横道河子镇北，建于1903年，由于当时在当地是比较大的建筑，且四周森林茂密，环境十分幽静，故俗称"大白

楼"。砖墙瓦盖的俄式建筑，窗檐抱角处为白色，其余黄色，二层楼房，造型新颖、风格独特。

伪满横道河子警备队驻地建成于1904年，位于横道河子镇东山角下，砖墙瓦盖的俄式建筑，双坡屋顶，石砌抱角，二层楼房，现为矿泉水厂，保存较好。

建成于1897年的**中东铁路横道河子木屋群**，为一排三栋俄罗斯式建筑的木房，现为铁路职工住宅，保存较好。木屋以当地优质木材建造，卯榫间结合非常严密，外观给人以一种美观大方冬暖夏凉的感觉，雕刻工艺也极为少见，具有较高的建筑技术和工艺水平。

威虎山风景区坐落在哈绥公路横道河子段，威虎山影视城占地面积24万平方米，内由城楼、林海镇、夹皮沟村、河神庙、威虎厅等景点组成；俄罗斯风情园具有异国情调，占地面

◎威虎山风景区大戏台

积30万平方米，全部建筑以欧式和俄罗斯风格为主体；东北虎森林园始建于1997年，与其毗邻的是世界最大的东北虎饲养基地——中国横道河子猫科动物繁育中心。

每年8月末到10月初，是横道河子山果成熟的季节，五味子、枸杞子、刺五加、山葡萄、板栗等挂满枝头。始于1900年的横道河子果酒厂传承着古老的酿酒工艺，生产的果酒、补酒、药酒、饮料四大系列达120多个品种，尤其是果酒香味浓郁，酒味醇正绵软，声名远播，与白酒、香烟一起称为"两稀一干"，倍受游客青睐。横道河子还盛产石材和毛皮。

无论何时，横道河子的美都敞开着怀抱等着你的到来：夏季可以来此漂流，秋季可赏五花山，那柞叶的绿，桦叶的黄，枫叶的红，或摇曳枝头，或悠然落下，虽已寻不见野花的踪迹，但间或有寥寥的红豆点缀其间，山风袭来，骤然哗声片片，远看则漫山遍野的五花秋色，随着秋风飘移隐现，极是养眼，令你流连忘返；探寻石林岭，会让你曲径寻奇，那巨石如刀削斧劈，并肩堆陈，风来涛声阵阵，若万马嘶吟，雨来万点银丝，如石柱接天；畅游佛手山，则流云飞渡，溪水潺潺，山间晨暮，佛手指天，让你深切地感受到"清风明月时时取，北斗南箕夜夜拂"的雄伟气势。

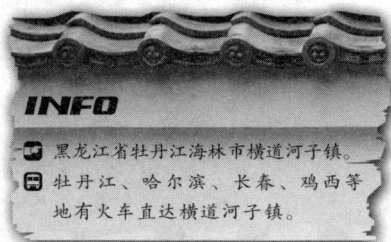

INFO

黑龙江省牡丹江海林市横道河子镇。
牡丹江、哈尔滨、长春、鸡西等地有火车直达横道河子镇。

温馨提示

横道河子柔软又筋道的筋饼让人叫绝；丰富的纯绿色食品山野菜：干炸刺五加叶、拌燕子尾、肉片炒蕨菜、山野菜包子等，美口又保健，令人百吃不厌；干豆腐更是薄得铺在报纸上可以清晰地看见字，不过需要提前半个月预约才可以买到哦！另外，位于俄罗斯风情园内的横道河子滑雪场每年5月中旬都举办"山野菜美食节"，您可以观赏百草植物园，并在导游的带领下，识别、采摘山野菜，趣味无穷。

王爷府镇

喀喇沁旗的美丽小镇

大片大片的红叶舒展在崖头沟壑，从一个山脚到另一个山脚，从一个山坡红到另一个山坡，分外壮观，崖头沟壑因为有了它而抒情，苍茫大地因为有了它而敦厚，无论是仰视、俯视还是平视，每一次目光与红叶相遇，都有一种被陶醉的感觉，是满山的红叶率住了游人的脚步……

王爷镇位于内蒙古赤峰市喀喇沁旗西南20千米处，建于清乾隆二十二年（1757年），原名锡伯格庄，为清代喀喇沁右翼旗札萨克郡王府邸，故称王爷府。王爷府镇自清代至民国年间，一直为喀喇沁旗政治文化中心。

王爷府镇拥有内蒙古自治区现存王府建筑中建成年代最早、建筑规模最大、规格等级最高、保存最好的清代蒙古亲王府，还有建筑风格古朴、典雅的内蒙古地区藏传佛教寺庙的突出代表——福会寺，又称古文化"一府一寺"。

喀喇沁亲王府是清朝贡亲王的府地，始建于清康熙十八年（1679年），坐落于内蒙古东北150千米，赤峰西南70千米处。王府占地百余亩，两层院落，主体建筑分大

堂、二堂、仪门、大厅和承庆楼，院内苍松古柏，幽雅恬静，楼阁殿堂，相映生辉，是研究中国古代史和蒙古族文化不可缺少的见证。

王府内先后有十二代喀喇沁旗蒙古王爷（清朝的贡亲王）在此袭政。末代贡亲王**贡桑诺尔布**是清末民初蒙古族杰出的思想家、政治家、改革家。贡桑诺尔布字乐亭，系成吉思汗勋臣乌梁海济拉玛的后裔，他性情恬静，平易近人，通晓蒙古、满、汉、藏等各种文字，好诗文、工书法，并擅长绘画。他是蒙古民族近代史上重要的开拓者，也是赤峰

◎喀喇沁旗王府博物馆

及东蒙地区近代史中最为著名的历史人物。他开创了漠南蒙古教育之先河，先后创办了崇正学堂、毓正女学堂、守正武学堂。他大力推行旗政新举措，创造了振清代蒙古族经济、文化的十项第一，令塞外蒙古诸部翘楚。

喀喇沁旗王府博物馆创建于1996年12月，其前身是喀喇沁右旗亲王府，至2002年，喀喇沁旗王府博物馆基本建成，并对外开放，是目前中国最大的蒙古王府博物馆。它占地面积80余亩，建筑面积4555平方米，其建筑色调淡雅、古朴、庄重、气势宏伟，融古典风格和现代陈列艺术于一体。它既具有清代建筑雄浑、质朴、轩昂、洒脱的风格，又有中国传统宫

温馨提示

欢快的旱船，狂舞的秧歌，腾跃的舞龙，劲舞的雄狮，热闹的高跷……喀喇沁旗王爷府镇是应有尽有。另外，采用雕刻、绘画、造型、编花等艺术手法精制而成的蒙古族皮画，色泽鲜艳、栩栩如生，融实用、鉴赏、收藏为一体，深受游客青睐。

殿轴线对称、主次有序的结构特点。王府博物馆由文物陈列、文物保护、业务研究、事业管理、公共服务、辅助设施六部分组成，分别开辟了"喀喇沁亲王府历史陈列""书画陈列""喀喇沁亲王府复原陈列""王

◎喀喇沁亲王府院内苍松古柏，幽雅恬静，楼阁殿堂，相映生辉

府校史陈列"等17个展室，珍藏了喀喇沁王府传世文物精品百余件。现在的王府博物馆正在成为喀喇沁旗精神文明建设的重要基地，正在成为展示喀喇沁旗历史风情的窗口，正在成为连接喀喇沁与外界文化的桥梁……

喀喇沁亲王府往前走10分钟就是**福会寺**，当地称大庙，属喀喇沁王府的家庙，始建于清代早期，是一座典型的藏传佛教寺庙。全寺形状为长方形，占地十余亩，分二座院落，外院用红砖砌成花墙院，内院主庙分五殿。主庙月台上建三间天王殿，内塑四大天王像；二层殿五间，供奉无量长寿佛，四壁画有各色神态的佛像；三层殿分上下二层，共四十九间，飞

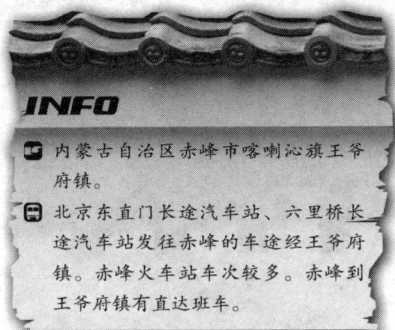

INFO

内蒙古自治区赤峰市喀喇沁旗王爷府镇。

北京东直门长途汽车站、六里桥长途汽车站发往赤峰的车途经王爷府镇。赤峰火车站车次较多。赤峰到王爷府镇有直达班车。

檐斗拱，殿内供有宗喀巴像；四层殿是主殿三间，供奉释迦牟尼像；五层殿亦分上下两层，主殿三间。福会寺是赤峰地区闻名的宗教旅游活动场所，每年农历七月十五举办庙会。

此外，王爷府镇还有着善通寺、隆兴寺等寺庙和古老的民居。

美岱召村

城寺结合 人佛共居

美岱召因17世纪初麦达里胡图克图活佛在此坐床传教而得名，一直延传至今，成为村名。美岱召是喇嘛教的一个重要弘法中心，它对于研究明代蒙古史、佛教史、建筑史、美术史都具有重要价值。

美岱召村始建于明朝嘉靖年间，距今已有400多年的历史，距包头市东约50千米，距呼和浩特市100千米。古村依山傍水，景色宜人，是阿拉坦汗及夫人三娘子（金钟哈屯）居住和议政的地方，也是藏传佛教活动场所。在建筑上更有独特的风格：它是仿中原汉式，融合蒙藏风格而建，是一座"城寺结合，人佛共居"的喇嘛庙。

美岱召原名灵觉寺，后改为寿灵

◎掩映于绿树群山之间的古建筑

寺，位于呼和浩特至包头公路的北侧，明隆庆年间（1567—1572年），土默特蒙古部主阿拉坦汗受封顺义王，在土默川上始建城寺，万历三年（1575年）建成的第一座城寺，朝廷赐名福化城。西藏迈达里胡图克图于万历三十四年（1606年）来此传教，所以又叫作迈达里庙、迈大力庙或美岱召。

美岱召周围筑有围墙，土筑石块包砌，平面呈长方形，总面积约4000平方米，四角筑有外伸约11米的墩台，上有角楼。南墙正中开设城门，并建有城楼，城门上嵌有明代扩建寺庙时刻的石匾额，上题"泰和门"。城内有顺义王家族世代居住的**楼院**，还有供奉传为储藏三娘子骨灰的**太后殿**，骨灰储藏在殿内的檀香木塔中。寺里主体建筑有经堂、大雄宝殿、罗汉堂及观音殿等，殿宇高大雄伟，殿内供奉佛像、菩萨像，并陈列法器，墙面绘有佛传故事和护法神像等内容的壁画。如大雄宝殿内释迦牟尼历史壁画及描绘蒙古贵族拜佛的场面的壁画都完好无损，其中画面上蒙古服饰的人物像中，有传为阿拉坦汗及夫人三娘子的画像，为内蒙古召庙壁画中独有的一处。

玻璃殿为3层楼房，是阿拉坦汗和三娘子接受朝拜的地方。在东北方，有座重歇山顶式建筑，这就是"太后庙"，亦称"三娘子庙"。三娘子为明朝时蒙古可汗阿拉坦汗的第三妻，由于她智勇兼备，才貌超群，深受阿拉坦汗的信任，并采纳了她与中原友好往来的主张。阿拉坦汗死后她又执行了继续与明朝友好往来的政策，维系了土默特部与明朝间和睦相处40多年的安定局面。

在此期间她积极开展与中原地区的和平互惠通商与文化交流，促进了内蒙古地区经济文化的发展。明朝政府在万历十五年（1587年）封她为忠顺夫人，封阿拉坦汗及其子孙为顺义王。在美岱召大门上保存的一块匾额上面刻有"皇图巩固、帝道咸宁、万民乐业、四海澄清"16个字，表现了国家安定和平、人民安居乐业的意义。最有意思的是碑上刻了"**大明金国**"的字样，把曾经是敌对的明朝刻在前面，表示既接受了明朝的封赐，又保留了自己的国号。

美岱召这座庙与城相互结合的建筑，不仅在建筑布局、造型以及建筑艺术等内容上，有着重要的价值，而且更重要的是它所反映的蒙汉和好、民族团结的历史对今天来说，更有其深远的意义。

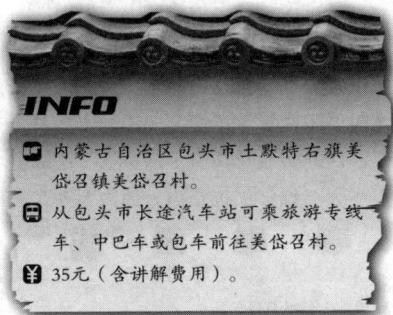

INFO

内蒙古自治区包头市土默特右旗美岱召镇美岱召村。

从包头市长途汽车站可乘旅游专线车、中巴车或包车前往美岱召村。

35元（含讲解费用）。

杨家沟村

地主庄园上的红色圣地

杨家沟是转战陕北取得光辉胜利的标志点，是中央机关离开陕北走向全国胜利的出发点，在中共党史和中国革命史上占有重要地位。杨家沟革命旧址是陕西省爱国主义教育基地和影视拍摄基地。

杨家沟位于陕西省米脂县城东南25千米处，距镇政府所在地何家岔5千米。清乾隆年间，马氏家族迁居这里，清同治年间开始在西山上营造扶风寨，私宅建筑形式是窑洞式四合院。在19世纪中叶，杨家沟村成为陕北地区最大的地主集团马氏的庄园。1947年，因毛泽东一行在这里居住四个月，把马氏的旧居作为总司令部，时称"小北京"。

杨家沟革命旧址原名毛主席旧居，1978年辟为杨家沟革命纪念馆，位于马氏庄园。主要包括毛泽东、周恩来、任弼时、张闻天等革命家旧居、十二月会议、西北野战军高级干部会议、中央前委扩大会议、庆祝宜川大捷大会和东渡黄河动员大会旧址，以及亚洲部保卫科、供销科，中央政治部，中央机关医院和新华社旧址等。

扶风寨有寨墙、寨门，还建有石坡路、排水沟、水井等设施。寨内建有大量私宅，均以窑洞为主，依山而建，有单排式院落，也有明五暗四六厢窑的窑洞式四合院。最具特色的是**毛泽东、周恩来旧居**（新院），坐落在"九龙口"山峁上，暗喻九条龙，穿廊挑三石明雕石龙八条（避讳少营造一条龙）。是窑主留日学生马醒民采用中西结合的建筑风格，亲自设计、监修的私宅，于1929年开始修筑，1938年建成。建筑设

◎杨家沟村窑洞

计奇特，石结构拱券门楼垛口林立，11孔窑沿平面凹凸交错，飞檐雕梁，暗道取暖，三通纳凉，充分显示了陕北窑洞建筑文化的博大精深，堪称中华民族窑洞建筑之瑰宝。马醒民将这样一幢耗资巨大、耗时漫长的私人庄园无偿献给中国共产党，足以体现了黄土高原上的陕北人豪迈无私的伟大品质。

十二月会议旧址离新院不远，是晚清四合院窑洞建筑，院子正中倒座七间砖木结构硬山式建筑，正面5孔窑洞及东西两侧的6孔厢窑为叶子龙、汪东兴等同志的办公室及后勤处办公室，现在整个院落保存完好。

高级军事会议旧址位于扶风寨最高处的平台上，二进院落，入门后正面3孔窑洞，上书"讲堂"二字，东西两

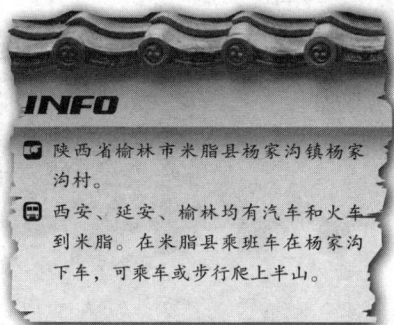

INFO
- 陕西省榆林市米脂县杨家沟镇杨家沟村。
- 西安、延安、榆林均有汽车和火车到米脂。在米脂县乘班车在杨家沟下车，可乘车或步行爬上半山。

侧6孔厢窑对置，过去为杨家沟扶风小学；二进院正面是马氏宗祠，为石建结构的无梁式卧窑，三进大开厅，硬山式建筑，前檐出廊，两侧四孔暗窑，东西两侧4孔厢窑相对，为光裕堂子嗣祭祖的地方。布局合理，配置得体，是陕北地区保存的唯一的一处家族宗祠与讲

◎毛泽东、周恩来旧居

堂，属晚清建筑。

杨家沟革命纪念馆是毛主席率领中央机关转战陕北的最后一站，也是他转战陕北时，居住时间最长的地方，毛泽东在这里主持召开了具有重大历史意义的中共中央十二月会议、高级军事会议，并在此写下了《目前形势和我们的任务》等11篇光辉著作。1947年11月22日，毛泽东、周恩来率领以"亚洲部"为代号的中央机关和人民解放军总部来到这里。1948年3月21日经吴堡川口东渡黄河，走向解放全国的战场。

"寨号扶风喜说一方清泰，邺城新媳扫开万里尘封"（扶风寨的传统用联）。早在清康熙年间，马云风就创办家塾，参加科举求取功名。其中马裕例授儒林郎，妻诰赠恭安人（六品）。这种封妻荫子、光宗耀祖的盛事，实为当时落后封闭之陕北农村的文化奇观，为马家的兴旺发达，奠定了厚实的文化基础。"开明进步办学堂，英才辈出洋财主"，这是陕北民众对杨家沟马氏有着深刻的文化印象。清道光年间，马嘉乐创办3所私塾，使马家子孙、亲朋子弟和邻村孩子都能读私塾，光裕堂的五子十一孙均有官职品衔，25个曾孙中18人取得功名或官职，3人出国留学，其余均上过私塾。

温馨提示

可住当地陕西窑洞，农家食住每天20元左右。当地美食有粉汤羊血、米脂驴板肠、绥德油旋、佳县马蹄酥等。当地特产有木版年画、炉馍馍、麻花等。

韩城

关中文物最韩城

无论是司马迁祠背山面水睥睨一切的气势和扑面而来的浓重的历史气息，还是古城老巷里古典与现代的完美融合的繁忙与寂静，或者是党家村里保存完好的那种触摸历史的真实，都不得给人们的那种触摸历史的真实，都不得不让人赞叹韩城历史的悠久与文化的深厚。

韩城地处关中盆地与陕北高原地过渡地带。位于陕西省中部，渭南地区东北，地势西北高而东南低，西部为山区，东部为平原。它东临黄河与山西省河津、万荣县隔河相望，西同黄龙县接壤，南与合阳县紧靠，北和宜川县毗邻，是一座历史悠久的古城。

古老的韩城以文化优势被列为历史文化名城，素有"文史之乡"之美誉，因为这里是西汉著名史学家、文学家司马迁的故乡。

司马迁生于史官世家，祖先自周代起就任王室太史，掌管文史星卜。司马迁的学术思想，在中国古代思想文化史上占有重要突出的地位。它童年随父到长安，20岁以后走遍祖国南北，考察风俗，采集传说。后因替投降匈奴的李陵辩解，得罪下狱，受腐刑。出狱后任中书令，发愤继续完成所著史籍，编成我国第一部纪传体通史《史记》，其作品被鲁迅誉"史家之绝唱，无韵之离骚"。

司马迁死后，葬于今韩城南十千米芝川镇东南的山岗上，韩城人民为了纪念他又在此建祠纪念。这里东临黄河，西枕梁山，芝水萦回墓前，开势之雄，景物之胜，为韩城诸名胜之冠。墓顶古柏一株，树分5枝，枝干苍劲，表若蛟龙。祠墓始建于西晋永嘉四年，建有献殿、寝宫，内供宋代泥塑司马迁全身坐像，距今已有近1700多年的历史。

韩城古城古朴典雅，至今保存完好。主街道呈龙形，南北贯通，北端的赳赳寨塔如龙昂首，千米长的街道如龙身摆动，南端的古石桥如同龙尾。主街两翼和东西南北四关有纵横交错、四通八达的大小街道40多条，千余座具有地方特色的古民居星罗棋布，其中包括清乾隆朝状元王杰府邸等名人故居。

现存的韩城民居**四合院**多于明清两代形成，为"四檐八滴水"的砖木结构。格局独特，内涵丰富，三雕俱全，建造精良，酷似北京四合院，有"小北京"之称。尤其是城东北9千米处的党家村，是中国北方典型的传统民居村落，被誉为"世界民居之瑰宝""人类文明活化石"。

韩城被誉为"关中文物最韩城"，

这除了城内颇具特色的民居四合院外，还归功于那140多处保存完好的唐、宋、元、明、清朝的古建筑，堪称陕西之最。除始建于晋的汉太史**司马迁祠墓**外，还有唐建的弥陀寺，宋建的法王庙，金建的赳赳寨古塔，元建的大禹庙、普照寺、城隍庙，明建的文庙建筑群，清建的毓秀桥等。这些古建筑布局协调，雄伟壮观，飞檐斗拱，雕梁画栋，充分展示了传统的建筑风貌。

城中学巷内的**文庙**，是陕西现存13世纪以来很有代表性的古建筑群之一，在关中享有盛名。文庙建于明洪武四年（1371年），建筑面积约8100平方米，是全国第三大孔庙。文庙由棂星门、戟门、大成殿、明伦堂、尊经阁等5个主体建筑和4个紧密相连的院落组成。进入文庙，正南为一琉璃五龙壁，长17米左右，高4余米，雕制精美。壁后为棂星门，上悬文庙匾额。由棂星门至戟门院内，古柏参天，有泮池、石桥，越过石桥，在一片古柏下，东西两侧分布有形制不一的碑亭6座。

韩城文庙和它北侧的城隍庙、东营庙共三所古庙，合称"古城三庙"，如今被开辟成韩城市博物馆，有三个常设陈列，馆藏相当丰富。

每逢过年过节、喜庆之日、祈福求雨之时，在韩城都会看到锣鼓表演，陕西锣鼓具有节奏明快、粗犷劲雄、激

◎韩城文庙

昂高越、形式多变、气势宏大的独特风格，既能在野外表演，又适宜于舞台演出。表演气氛热烈，动作花哨，振奋人心，一派阳刚之美。但是讲起种类来，还是要数韩城的锣鼓，它可是有着白面锣鼓之称，韩城锣鼓形式多样，但就其主要派别与形式来划分，有韩城行鼓和韩城围鼓之分。

韩城行鼓，俗称"拷鼓子"，在韩城传布极广，并且历史悠久历史上，几乎大一点的村庄都有自己的锣鼓队，不论逢年过节，还是求神祈雨，总能听到激昂的锣鼓声。

韩城围鼓原名西川锣鼓，其中又以薛峰境内原十二村（今名王村）的围鼓

INFO

🏠 陕西省韩城市。

🚌 韩城火车站位于新城区普照路；韩城客运总站们于新城区黄河大街与乔南路什字东北。

¥ 韩城博物馆50元，司马迁祠墓80元。

最负盛名，因其所居地为薛峰境内，故又名薛峰围鼓。薛峰锣鼓相传是从北宋时期流传下来的，后又经过千百年的传承与创新，创造出一大批融合农村文化活动，他们表达着庄稼丰收的喜悦心情，或是表达着宗庙祭祀的虔诚之心。

党家村

中华民居之瑰宝

黄河龙门下游的党家村在一片葱绿中尽显恢宏、古朴、凝重，令人神往。她以村寨合一的形式整体设计而成，由于其建筑精巧，保存完整，国内罕见，因此被誉为「中华民居之瑰宝」、「举世无双」。

党家村位于韩城市区东北9千米，距黄河仅3千米。全村多数为党、贾二姓，因党姓居住在早，故称党家（贾）村。古村建于元至顺二年（1331年），避风向阳、依塬傍水，沿狭长的崖沟排开，如一只静伏于葫芦状沟谷中的古船，是典型的民居村落。100多座四合院以及祠堂、文星阁、看家楼、节孝碑、泌阳堡仍然可以令我们依稀看到党家村昔日的繁华，精美的走马门楼、砖雕石刻让人叹为观止。

步入党家村，可见其阡陌纵横，错落有致。经历了近700年的风霜雪雨，现依然是"瓦屋千宇，不染尘埃"。站在塬上远望，是掩映于一

INFO

🏠 陕西省渭南市韩城市西庄镇党家村。

🚌 去党家村应先至韩城。北京、西安有直达韩城市的火车，下车后可乘中巴车到党家村，每10分钟一班。

💰 50元。

片葱绿之中的**四合院**，院连院，房接房，檐连檐，清一色的青砖灰瓦，大气恢宏，古朴凝重，构成了气势宏大且完整的村落建筑群。村内现存的四合院多为砖制或木质结构，由于房梁较高，其内部空间较大，为充分利用，有些房子上又加了一层阁楼。每个狭长形的四合院都有一个高大气派的门楼，门楼上镶嵌门楣，上书"登科""经明"或"吉庆有余"等文字。两侧厢房大者有两门两窗，或者更多，窗棂上的方胜、艾叶图案，让人感觉有一股黄工文化的气息扑面而来。

与党家村里那些将一座座四合院紧紧相连的上百条**巷道**，是由一块块青石板或灰砖铺就而成的，古朴中透出幽远的意境。巷道本来就很窄，两边那一座座高大气派的门楼和屋墙，使巷道更为深长。行走在巷道里，举头一线天，低头一条线，如置身手寂寂苍然的岁月。巷道曲曲折折，平平仄仄，如一条条小河，在T形路口交汇为一体，然后迤逦前行。每个路口正面墙壁的条石上，均书有稳固江山、永保平安寓意的"泰山

◎四合院民居内景

"石敢当"五字，甚为奇妙。每逢雨季来临，村中巷道畅通，雨水从各个四合院流到板石、河石砌墁的水道（亦是巷道），由西北向东南缓缓流入泌水河，这样的排水系统，使村里人对于常人不喜欢的阴雨天多了一分从容。

仿木砖雕**节孝碑**雕刻精美，工艺卓尔不群。来到碑前，首先引起人们注意的是青石基座上两丈多高的碑楼。楼顶悬山两面坡式，檐上筒瓦包沟、五脊六兽。脊为透雕，横脊中部耸有一尊圆雕，为四面透风的两层小阁楼。檐下结构为仿木砖雕，层层叠起的斗拱擎着檩条，檩上架着方椽。斗拱下面是横额"巾帼芳型"，额框由游龙、麒麟、香炉等图案的透雕组成。额下雕刻尤为精

◎俯瞰党家村

美，四幅画各具寓意。两边墙上的对联与横额一样，是阳文砖雕。对联上方各砌有一个手捧"寿"字的人物深浮雕，对联虎口上衔，莲花下托……可谓集党家村砖雕之大成。

位于村南的**看家楼**为砖砌方形3层阁楼式，登上可俯视全村，远眺四周景色。村东南有高37米的七级六角形阁楼式砖塔，即**文星阁**，用以祈求文运兴盛，是古村的显著标志。村北的**泌阳堡**建于清咸丰元年，它像一位巍巍雄坐的长者，表情庄重地细数着党家村的流年沧桑。在历史上曾数次使党家村免遭兵匪之劫难，发挥了其巨大的防御功能，对于党家村来说，它功不可没。

沿石坡可下党家村，是村寨合一的典型建筑。

党家村人明清两代经济富裕后不仅大兴土木，还重视**文化修养**，四合院内厅房、厢房外壁上大都刻有家训格言，不仅有勉励读书的内容，更多的则是品德修养方面的名言警句："动莫若敬，居莫若俭，德莫若让，事莫若咨；傲不可长，欲不可纵，志不可满，乐不可极。"等无不表达了党家村人修身治家的生活理念和文明的追求。全村明清时，几乎半数家户取得功名，堪为文化之乡。"大史第""进士"虽有光耀之意，但是"耕读地""和为贵""居之安""诗礼传家"等名家书写，则不禁使人体会到中国乡村潜在的文化内涵，也说明中国传统建筑是文学、道德、美学、艺术的融合。难怪党家村被日本建筑学家们称为"东方人类古代传统居住村寨的活化石"。

党家村的明清古建筑、浓郁儒雅的文化气息和朴实淳厚的民风、是韩城的一个精致而生动的缩影。党家村的**年节**有祭神、祭祖和拜年，学童敲锣鼓等民俗活动，其中正月十五是一年最热闹的节日，为期三天，人人狂欢，也要敬神祭祖，把初五刚送走的天地爷又点燃爆竹接回来，与神同乐。人们又把十五叫灯节，这天是糊灯、悬灯、摆灯、挑灯、赏灯的日子，热闹非凡。

扫一扫，获取更多
实时旅游资讯

青木川

神仙居墅度年华

山高路险的青木川，林木葱郁，峰峦叠嶂，小镇形成于明代，成型于清中叶，鼎盛于民国，历来商贾云集，兵家必争。相传川道中有一棵古青木树，古镇因而得名，如今古木已奄然无寻，但青木川却因着悠久历史吸引着无数游客前往。

2014年，随着电视剧《一代枭雄》（何辅唐历史原型人物魏辅唐）的热播，一个名为青木川的古镇进入到人们的视线中。青木川位于陕南汉中宁强县西北角，地处陕、甘、川三省交界处，素有"一脚踏三省"之誉，是陕西省最西的一个古镇。青木川古迹众多，特别是明、清、民国等不同时期不同风格的古建筑群，人文民俗传奇吸引古今文人骚客前来观光题咏。

◎青木川古街道

该镇古建筑主要以回龙场街为主。街道建筑自下而上蜿蜒延伸866米，金溪河绕着古镇转了个弯，古街被河拉成了弧形。形似一条卧龙，现留有古朴独特，雕梁画栋，风格典雅，古建筑房屋260间，是不可再造的历史文化遗产。古街上近百户人家的房子大都是四合院，二进二出的两层结构，建筑风格有明清时期的旱船式，也有西方教堂式。

魏家大院是当年青木川的统治者魏辅唐生活和处理政务的地方，由二进式新、老两宅组成，两宅相对独立又连成一体，俯视成"田"字，占地2000平方米。魏家大院老宅建于1927年，新宅建于1932年，两个大院都有长达7米的青石铺就的走廊，前廊后厦的格局以及精雕细刻的窗棂门楣，显现出魏辅唐当年的气派。魏辅唐盖的新老两处大院外观像北京的四合院，现在仍是青木川镇最显眼的建筑。新宅右边是辅唐泉，有"莫道济南趵突泉，更有魏公辅唐泉"之誉。宅院前是小桥流水、鱼池、凉亭，北凤凰，南龙池两山雄峙，有"凤凰遥对鱼龙池，神仙居墅度年华"之赞语。新老宅院珠联璧合，宏伟壮观，是青木川标志性建筑。目前，魏辅唐的几处老宅已被列入宁强县古建筑群加以保护。

青木川古镇分新街、老街两个区域，中间有条小河，靠一座飞凤桥相连。飞凤桥为一座古廊桥，原为风雨桥，汶川地震中被震毁，后重建，改名为飞凤桥。乡公所位于老街中部，俗称洋房子，为中西结合的建筑，高大宏伟，为魏辅堂办公场所。距老街5千米处，有长达6千米的明清时留下的通往甘肃的商运古栈道，该道路顺河而上，顺崖凿路，路势十分险峻。沿途文人墨客题字留言，具有较强的考研价值。

青木川古镇祠堂庙宇密集，均明清时代所建。在镇政府周围1平方千米的

◎青木川全景

地区内祠堂庙宇就有九处之多。赵、魏、瞿、屠各姓氏祠堂完好度约70%，其余5座庙宇以文昌庙、回龙寺最负盛名，庙址清幽，庙像庄严巍峨，雕塑工艺精湛。

值得一提的是，青木川的饮食文化有鲜明的地方特色，丰盛的"十大碗席"加上地道的"凉粉"会让到客回味无穷。烹饪技术从古到今，历代相传又推陈出新，以"五谷"养"六脏"理念，在餐饮中重视人体养生保健，各种食物的搭配，以相生相克、相辅相成等阴阳调和之理性认识。

青木川，因一个川道内有一棵青木树而得名，因人物魏辅唐和古建筑而名声大振。过去，魏辅唐的商号匾牌里就隐含了"辅唐盛世"，体现出他的理想；如今，青木川交通便利，基础建设不断发展，是一块美丽、富饶、神奇而正在开发的风水宝地，有丰富的资源，悠久的文化沉淀，也有很多令人陶醉的自然和人文景观，吸引着无数游客前往。

◎青木川古镇风光

敦煌

魅力艺术之都

大漠驼铃吟咏的敦煌，熏沐在汉唐雄风中。虽然曾经的辉煌已经不再，但那遍地的文物遗迹、浩繁的典籍文献、精美的石窟艺术、神秘的奇山异水……使这座古城流光溢彩，使戈壁绿洲越发郁葱葱、生机勃勃，就像一块青翠欲滴的翡翠镶嵌在金黄色的大漠上，更加美丽，更加辉煌。

敦煌，古称沙洲，是古丝绸之路的边关要塞，位于甘肃、青海、新疆三省（区）的交会点。它南枕气势雄伟的祁连山，西接浩瀚无垠的塔克拉玛干大沙漠，北靠嶙峋蛇曲的北塞山，东峙峰岩突兀的三危山。

敦煌古为三危地。春秋时，月氏、乌孙相继驻牧，后为匈奴所居。西汉张骞通西域，霍去病率兵进军河西，匈奴战败西迁。元鼎六年（前111年）分酒泉郡设敦煌郡，成为河西四郡之一。丝绸之路进入新疆的三条线路，都以敦煌为出发点，不论东来或西去的商旅都经过敦煌。自汉唐以来，敦煌成为东西方政治、经济、文化交流的中心。

之后，随着丝绸之路的几通几绝，敦煌也呈现繁华与衰落。元朝远征西方，必经敦煌。敦煌一度呈现出经济文

◎山泉共处，沙水共生

化繁荣的景象，和西域的贸易更加频繁，著名旅行家马可·波罗就是这一时期途经敦煌漫游到中原各地的。

随着元朝沙州的最后一次兴盛，及明朝忙于经营水上交通、修葺嘉峪关而放弃二州，此后200年敦煌旷无建置，千里河西逐渐失去了昔日的光彩，成为"风播楼柳空千里，月照流沙别一天"的荒漠之地了。

敦煌历经沧桑，几度盛衰，步履蹒跚地走过了近5000年漫长曲折的历程。悠久历史孕育的敦煌灿烂的古代文化，使敦煌依然辉煌。如今，修葺一新的敦煌古城又称"仿宋沙州城""敦煌电影城"，因为它是1987年为拍日本作家井上靖的小说《敦煌》，以宋代《清明上河图》为蓝本，是在原来的沙州古城基础上而精心建造的。

古城开东、西、南三门，城楼高耸。踏入古城，北宋时期的高昌、敦煌、甘州、兴庆和汴梁五条主街道，点

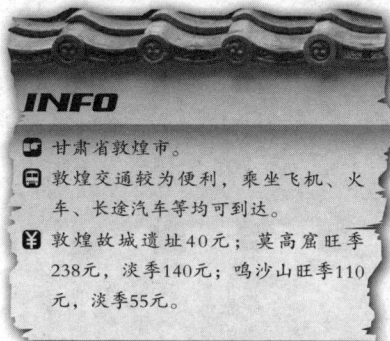

INFO

📍 甘肃省敦煌市。

🚌 敦煌交通较为便利，乘坐飞机、火车、长途汽车等均可到达。

💴 敦煌故城遗址40元；莫高窟旺季238元，淡季140元；鸣沙山旺季110元，淡季55元。

缀以不同地域的过街楼、佛庙、当铺、货栈、丝绸店、酒肆、住宅等，再现了唐宋时期西北重镇敦煌的雄姿。置身其中，不仅能领略到西域大江古城的雄伟，还能感受到丝绸之路的神秘氛围。

敦煌曾是丝绸之路上的重镇，世界各地的信徒往来不断，是我国早期的佛教中心之一。莫高窟、榆林窟、西千佛洞、小千佛洞，恰如颗颗明珠般，点缀在茫茫大漠中：**莫高窟**是敦煌文化和艺术的中心，也是古丝绸路上一颗璀璨的

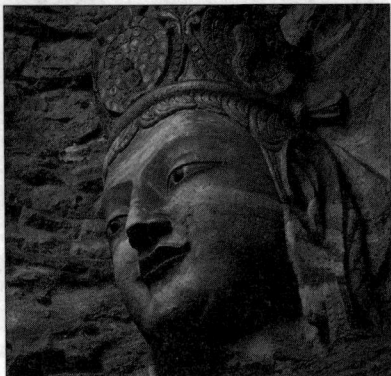

◎形象逼真的敦煌雕塑

艺术明珠。

据记载，公元366年，一位德行高超的和尚乐僔拄杖西游至古城东南，见千佛闪耀，心有所悟。于是，凿下第一个石窟，从此，一座人类历史上最为壮观、辉煌的文化宝库开始展现于中华大地。从十六国到元朝，石窟的开凿一直延续了十个朝代，虽然，莫高窟经过风沙侵蚀，但仍保存着十个朝代的洞窟750多个。窟内壁画45000平方米，彩塑3000余身和唐宋before木构建筑5座，题材多取自佛教故事，也有反映当时民俗的内容。此外，还有藏经洞发现的四五万件手写本文献及各种文物，其中有上千件绢画、版画、刺绣和大量书法作品，如果把所有艺术作品一件件阵列起来，便是一座超过25千米长的世界大画廊。因为莫高窟，这座曾经辉煌灿烂

而又沉寂了600多年的古城再次成为全世界瞩目的焦点。

市区南约5千米处，还有一处奇观——**鸣沙山**。整个山体由细米粒状积聚而成，狂风起时，沙山会发出巨大的响声，轻风吹拂时，又似管弦丝竹，因而得名为鸣沙山。时至今日，有关鸣沙山的飞沙鸣响之谜，仍没有确切定论，或说静电发声、或云摩擦起音，也有共鸣之说，不一而足，让人不得不叹服大自然的奇妙。

沙山之中有一水面酷似一弯新月，这就是**月牙泉**。泉长约150米，宽约50米。令人称奇的是，在四面黄沙的包围中，泉水不仅没有被黄沙埋没，且常年清澈明丽、千年不涸，堪称奇观。

"山泉共处，沙水共生"，构成了国家重点旅游名胜区，鸣沙山也以"沙岭晴鸣"之誉被评为"敦煌八景"之一。

此外，玉门关、阳关、敦煌博物馆、敦煌民俗博物馆、汉长城、西千佛洞、河仓城、白马塔、玉门关雅丹魔鬼城、悬泉置遗址、雷音寺、西云观、渥洼池、三危圣境、沙漠森林公园、海市蜃楼、安西锁阳城、安西榆林窟、安西桥湾城、安西博物馆等都是感受敦煌曾经的辉煌艺术而不可错失的胜景。

如果说去甘肃只能去一个地方，那么一定是敦煌。

古镇攻略

敦煌当地人爱吃羊、鸡、牛肉，对面食制作尤其讲究，招牌特色小吃也以面食为主，有敦煌酿皮子、敦煌黄面、手工臊子面、炸油糕等。其中敦煌酿皮子以麦面粉制作，加入芥末、蒜汁、辣椒，味道辛辣、柔韧爽口，不可不尝。

青城镇

黄河千年古镇

千百年来，青城人民创造了丰富的民间文化，它是古丝绸之路上的水旱码头和商贸中心，唐宋元明时期的边塞军事重镇，被誉为「黄河千年古镇」。在这里您既可观看古香古色的明清民居，又可聆听优美的青城小曲《西厢调》，还可目睹精彩刺激的斗羊表演，体会独特的黄河古镇水岸民风……

青城又名一条城，地处黄河之滨，和兰州一衣带水，位居兰州东北60余千米、中国铜城白银西南约25千米、榆中县城90千米左右处，在黄河大峡与乌金峡之间，黄河穿境而过，是黄土高原上稀有的"鱼米之乡""水烟之乡"。

据史记载，青城古镇为宋仁宗年间秦州刺史狄青巡边时所筑，所以叫青城。历史上的青城是以水烟为主的货物集散地，水陆交通发达，北京、天津、

◎青城镇风光

太原等外地客商云集，泊来文化使得青城古民居既有山西大宅院风味，又有北京四合院的格式。现存的50多处民宅四合院古建筑，具有一定的文物价值和观赏价值。这些民宅绝大多数是清康熙、乾隆、嘉庆、道光时期的建筑，主要分布在城河、青城、新民三个村。这些古民居的砖木雕刻艺术也非常精湛，从大门到照壁，从堂屋到厦房，从墙肘到屋檐，从门扇到窗户，处处都有精美的图案。这些图案大多通过象形、会意、谐音等手法构求艺术语言，来托物寄情。

青城历史悠久，地理条件优越，历代文人墨客荟萃，创造了灿烂的青城文化，留下了许多珍贵的历史文化遗产和遗迹。**青城书院**建于清道光十一年（1831年），培养了大批优秀人才，是兰州六大书院之一。

高氏祠堂始建于乾隆五十年(1785年)，占地面积2000平方米，建筑面积400平方米。高氏祠堂是一座四合院，里面悬挂清道光帝御赐高鸣桂"才兼文武"和咸丰帝御赐高鸿儒"进士"匾额。电视剧《黄河浪》曾在这里选景拍摄。

青城隍庙原址初为秦州刺史狄青的议事厅，故又称"**狄青府**"，始建于宋宝元年间，明万历二十五年（1597年）改为守备府，是一条城守备军指挥部的所在地。清雍正二年（1724年）改建为城隍庙，占地面积1000平方米，现在大殿保存基本完好。近年又集资修复了门楼及戏楼，这里成为当地人们进行文化交流、休闲娱乐的场所。

罗家大院为四合院建筑，造型独特别致，气势宏伟庄严，为明清时期建筑风格，是典型的民俗文化博物馆。院子中有当年水烟作坊、水缸、石桌和满院子自然而生的草相映成趣。二进院子陈设有刺绣、灯笼和一些小物件。院后花园里有一处荷塘，荷叶碧绿，生机勃勃。电视剧《老柿子树》在此院拍摄，成为剧中四个儿子居住的场所。

青城东滩一带数百亩的荷塘上，亭台、栈道、木桥还有紧挨着的稻田，犹如桃源再现，古镇身披千年尘，却掩不住它的神韵。盛夏季节，水面的荷花随风摇曳，阵阵清香扑面。荷池中各种鱼类的养殖已成为当地群众的主要经济收入。每逢节假日，垂钓爱好者成群结队，在荷池边垂钓，享受大自然的恩赐。

INFO

- 甘肃省兰州市榆中县青城镇。
- 从兰州坐车到白银，然后从白银坐班车或包面的就到青城了。

温馨提示

青城有长面、糁饭、陈醋和酸烂肉等地方风味浓厚的美食，有剪纸、刺绣等经久不息的民俗文化，有英雄武鼓、烧秦桧、柴山等独具特色的传统民俗活动……其中柴山尤其令世人惊叹，长凳叠加在一起有几十米高，表演者在没有任何保险措施的情况下，能够轻而易举地爬上顶端而不动摇。

连城镇

藏传佛教圣地

连城古镇依偎在大通河畔，气候宜人，绿荫簇拥，既有塞外的粗犷之风，又有江南的娟秀婉约，是一个融山水于一体，集景观与物候之大成的小镇。

连城镇位于兰州市西北150千米、永登县城西南60千米的大通河腹地，连海经济开发区上游，东接永登县民乐乡、通远乡，南接永登县河桥镇，北邻青海省互助县，西接青海省乐都区和武威的天祝县，位于两省三县交界地带，是全国闻名的冶金谷腹地，素有"八宝川"之美称。

连城因着其特殊的地理位置，优越的自然条件，自古就是连通西北的重镇，早在新石器时代就有人类繁衍生息，现存古文化遗址就有十余处，曾出土过大量的精美陶器。其中，有马家窑文化三个类型的彩陶，也有齐家文化和辛店文化的彩陶。出土于连城镇山岔坪的马家窑大彩瓮，其腹围达148厘米，高达62厘米，是目前发现的最大的彩陶，

INFO

- 甘肃省兰州市永登县连城镇。
- 从兰州汽车站直达连城古镇的大巴很多。

堪称**彩陶王**，现珍藏于永登县博物馆。

连城古民居主要是一些一进院的小四合院形式，一般由堂屋、对厅、左右厢房、大门等组成，每个四合院的房屋形式根据使用木料的多少和装饰的繁简分为供檀花牵、平枋悬牵、平方踏牵等多种规格。在同一四合院中，堂屋和大门的规格最高，对厅次之，左右厢房又次。每一个院子又讲究方位，根据罗盘测定和周围环境的不同分出很多的向，根据向的不同来安排堂屋、大门、水洞等的方向和位置。这些古民居充分体现了当地独特的民居建筑风格，是古代人民长期积累和创造的结晶。

始建于明初的**鲁土司衙门**，是甘肃、青海边境众多土司建筑中保存比较完整的一座宫殿式古建筑群。它集官式建筑与地方特色为一体，古朴、典雅、大方，有祖先堂、神堂院、燕喜堂、大堂、仪门、六扇门、牌楼及廊房和配楼等。东西两侧有书房院、寝宫、仓院、家寺和小教场等。鲁土司衙门旧址主要由中路衙署、西路妙因寺、东路内宅和东北部花园组成。特别是妙因寺集汉、

藏建筑风格于一身，融儒、释、道文化为一体，充分体现了汉藏民族融合，多元文化共存的特征，是历代鲁土司建立的寺院中规模最大、塑像最多、壁画最好的一座佛教名刹。寺院中有大、小琉璃瓦寺，各种形式的建筑物高低错落、左右辉映，构成别具一格的寺院特色。鲁土司花园，建筑精巧，造园手法多样，是西北地区保存下来的少有的古典园林珍品之一。

雷坛建于明嘉靖三十四年（1555年），位于鲁土司衙门建筑群西北侧，距衙门建筑群后墙约80米，是为祀道教龙门派雷部尊神而建。现存过殿和雷坛大殿，其结构精巧，原结构构件、悬塑、壁画等均保存完好。雷坛原建筑群与院内的花园组合恰似一个"雷"字，布局十分别致。现存过殿面宽三间，进深一间，前后出廊，硬山顶式卷棚顶；大殿面宽一间，进深三间，单檐歇山顶。由于进深大于面宽，为不致使正脊过短，戗脊过长，影响常规的视觉效果，故特意将山花加厚达0.77米，式样较为特别。檐下补间并转角铺作施五朵，山面施六朵，均为五铺作重拱出双抄。正面及山面层中之铺作增出45度斜拱以承抹角梁。老角梁平出，尾端扣抹角梁，其上施短柱以承采步金，隐角梁尾端扣于采步金与金檩之间。现门楣上部仅存7尊小彩塑，彩塑均为立像，脚踏祥云，衣带飘举，面容静穆，神态自然。殿内东西两侧的前台各绘有雷部神庞、刘和苟、毕四大元帅。壁画线条纤细流畅，色彩艳丽，人物神态栩栩如生，为明代宗教建筑画中的佼佼者。

此外，连城古镇还有唐宋时期的古

◎彩雕精美的尕达寺

城址、摩崖石刻，有藏传佛教知名寺院显教寺、尕达寺等，有吐鲁沟的幽深峻拔、石屏山的叠峦突兀，有浩门雪浪、石壁泻珠、倒虹吸等奇观。

从明初至民国，鲁土司统治当地达500多年，长期以来形成了以其统治中心的连城为典型的相对独特的民族文化、风俗习惯以及节日庙会等。如连城及周围群众的语言、饮食、节庆、红白喜事等习俗都表现得与永登以东地区的习俗有很大不同。每年牛站村的大菩萨庙会，嘎哒寺的四月八浴佛节，妙因寺的跳禅等都形成了一种群众自发的大型节会。每逢盛会时四方人众纷至沓来，人山人海，商贾云集，好不热闹。

> **温馨提示**
>
> 连城的甜醅是蒸过的小麦用酒曲发酵后，配以凉开水制成的，有点类似于南方的米酒。甜醅保持了小麦的原样，酸甜可口，有一定的酒精度。另外这里还出产羊肚菌、蕨菜、鹿角菜、柳花菜以及朱苓、羌活、黄芪等10多种名贵中药材。

附 录
中国历史文化名城、名镇名录

省份	国家历史文化名城	中国历史文化名镇
北京	北京	密云区·古北口镇
天津	天津	西青区·杨柳青镇
河北	承德 保定 邯郸 正定 山海关	蔚县·暖泉镇 邯郸市永年区·广府镇 邯郸市峰峰矿区·大社镇 涉县·固新镇 武安市·冶陶镇 井陉县·天长镇 蔚县·代王城镇 武安市·伯延镇
山西	大同 平遥 祁县 新绛 代县 太原	灵石县·静升镇 临县·碛口镇 襄汾县·汾城镇 平定县·娘子关镇 泽州县·大阳镇 天镇县·新平堡镇 阳城县·润城镇 泽州县·周村镇 长治市·荫城镇 阳城县·横河镇 泽州县·高都镇 寿阳县·宗艾镇 曲沃县·曲村镇 翼城县·西阎镇 汾阳市·杏花村镇
内蒙古	呼和浩特	多伦县·多伦淖尔镇 喀喇沁旗·王爷府镇 丰镇市·隆盛庄镇 库伦旗·库伦镇 牙克石市·博克图镇
辽宁	沈阳	新宾满族自治县·永陵镇 海城市·牛庄镇 东港市·孤山镇 绥中县·前所镇
吉林	长春 吉林 集安	吉林市·乌拉街镇 四平市铁东区·叶赫镇
黑龙江	哈尔滨 齐齐哈尔	海林市·横道河子镇 黑河市·爱辉镇

省份	国家历史文化名城	中国历史文化名镇	
上海	上海	金山区·枫泾镇 嘉定区·嘉定镇 嘉定区·南翔镇 青浦区·练塘镇 浦东新区·川沙新镇 宝山区·罗店镇	青浦区·朱家角镇 南汇区·新场镇 浦东新区·高桥镇 金山区·张堰镇 青浦区·金泽镇
江苏	南京 苏州 扬州 镇江 常熟 徐州 淮安 南通 无锡 宜兴 泰州 常州 高邮	昆山市·周庄镇 吴江区·同里镇 苏州市吴中区·甪直镇 苏州市吴中区·木渎镇 太仓市·沙溪镇 姜堰区·溱潼镇 泰兴市·黄桥镇 高淳区·淳溪镇 昆山市·千灯镇 东台市·安丰镇 常熟市·沙家浜镇 海门市·余东镇 江都市·邵伯镇 昆山市·锦溪镇 苏州市吴中区·东山镇 无锡市锡山区·荡口镇 兴化市·沙沟镇 江阴市·长泾镇 张家港市·凤凰镇 常熟市·古里镇 常州市新北区·孟河镇 苏州市吴中区·光福镇 昆山市·巴城镇 高邮市·界首镇 高邮市·临泽镇	
浙江	杭州 绍兴 宁波 衢州 临海 金华 嘉兴 湖州 温州	嘉善县·西塘镇 桐乡市·乌镇 南浔区·南浔镇 绍兴市柯桥区·安昌镇 宁波市江北区·慈城镇 象山县·石浦镇 绍兴市越城区·东浦镇 宁海县·前童镇 义乌市·佛堂镇 江山市·廿八都镇 德清县·新市镇 富阳区·龙门镇 仙居县·皤滩镇 永嘉县·岩头镇 景宁畲族自治县·鹤溪镇 海宁市·盐官镇 岱山县·东沙镇 嵊州市·崇仁镇 松阳县·西屏镇 永康市·芝英镇 慈溪市·观海卫镇 平阳县·顺溪镇 湖州市南浔区·双林镇 湖州市南浔区·菱湖镇 诸暨市·枫桥镇 临海市·桃渚镇 龙泉市·住龙镇	

省份	国家历史文化名城	中国历史文化名镇
安徽	歙县 寿县 亳州 安庆 绩溪	肥西县·三河镇 六安市金安区·毛坦厂镇 歙县·许村镇 休宁县·万安镇 宣城市宣州区·水东镇 黄山市徽州区·西溪南镇 泾县·桃花潭镇 铜陵市·大通镇 六安市裕安区·苏埠镇 东至县·东流镇 青阳县·陵阳镇
福建	泉州 福州 漳州 长汀 龙泉	上杭县·古田镇 邵武市·和平镇 永泰县·嵩口镇 宁德市蕉城区·霍童镇 平和县·九峰镇 武夷山市·五夫镇 顺昌县·元坑镇 安溪县·湖头镇 古田县·杉洋镇 宁化县·石壁镇 屏南县·双溪镇 武平县·中山镇 龙岩市永定区·湖坑镇 永安市·贡川镇 晋江市·安海镇 永春县·岵山镇 南靖县·梅林镇 宁德市蕉城区·洋中镇 宁德市蕉城区·三都镇
江西	景德镇 南昌 赣州 瑞金	浮梁县·瑶里镇 鹰潭市龙虎山风景区·上清镇 横峰县·葛源镇 吉安市青原区·富田镇 广昌县·驿前镇 吉安县·永和镇 金溪县·浒湾镇 萍乡市安源区·安源镇 铅山县·河口镇 铅山县·石塘镇 修水县·山口镇 贵溪市·塘湾镇 樟树市·临江镇

省份	国家历史文化名城	中国历史文化名镇
山东	曲阜　济南 泰安　青岛 聊城　蓬莱 邹城　临淄 烟台　青州	桓台县·新城镇 微山县·南阳镇 淄博市周村区·王村镇 泰安市岱岳区·大汶口镇
河南	洛阳 开封 安阳 南阳 商丘 郑州 浚县 濮阳	禹州市·神垕镇 淅川县·荆紫关镇 社旗县·赊店镇 祥符区·朱仙镇 确山县·竹沟镇 郑州市惠济区·古荥镇 郏县·冢头镇 光山县·白雀园镇 滑县·道口镇 遂平县·嵖岈山镇
湖北	荆州 武汉 襄阳 随州 钟祥	监利县·周老嘴镇 红安县·七里坪镇 洪湖市·瞿家湾镇 监利县·程集镇 郧西县·上津镇 咸宁市·汀泗桥镇 阳新县·龙港镇 宜都市·枝城镇 潜江市·熊口镇 麻城市·岐亭镇 随县·安居镇 钟祥市·石牌镇 当阳市·淯溪镇
湖南	长沙 岳阳 凤凰 永州	龙山县·里耶镇 望城区·靖港镇 永顺县·芙蓉镇 绥宁县·寨市镇 泸溪县·浦市镇 洞口县·高沙镇 花垣县·边城镇 浏阳市·文家市镇 临湘市·聂市镇 东安县·芦洪市镇
广东	广州 潮州 肇庆 佛山 梅州 雷州 中山 惠州	广州市番禺区·沙湾镇 吴川市·吴阳镇 开平市·赤坎镇 珠海市·唐家湾镇 陆丰市·碣石镇 东莞市·石龙镇 惠州市惠阳区·秋长镇 普宁市·洪阳镇 中山市·黄圃镇 大埔县·百侯镇 大埔县·茶阳镇 大埔县·三河镇 佛山市南海区·西樵镇 梅州市梅县区·松口镇 珠海市斗门区·斗门镇

省份	国家历史文化名城	中国历史文化名镇	
广西	桂林 柳州 北海	灵川县·大圩镇 阳朔县·兴坪镇 贺州市八步区·贺街镇 兴安县·界首镇 防城港市防城区·那良镇	昭平县·黄姚镇 恭城瑶族自治县·恭城镇 鹿寨县·中渡镇 阳朔县·福利镇
海南	海口（含琼山）	儋州市·中和镇 定安县·定城镇	三亚市·崖城镇 文昌市·铺前镇
重庆	重庆	合川区·涞滩镇 石柱土家族自治县·西沱镇 潼南区·双江镇 渝北区·龙兴镇 江津区·中山镇 北碚区·金刀峡镇 江津区·塘河镇 綦江区·东溪镇 巴南区·丰盛镇 九龙坡区·走马镇 铜梁区·安居镇 永川区·松溉镇 荣昌区·路孔镇 江津区·白沙镇 巫溪县·宁厂镇 开州区·温泉镇 黔江区·濯水镇 酉阳土家族苗族自治县·龙潭镇 万州区·罗田镇 涪陵区·青羊镇 江津区·吴滩镇 江津区·石蟆镇 酉阳土家族苗族自治县·龚滩镇	
四川	成都 都江堰 阆中 宜宾 自贡 乐山 泸州 会理	邛崃市·平乐镇 大邑县·安仁镇 阆中市·老观镇 宜宾市翠屏区·李庄镇 双流县·黄龙溪镇 自贡市沿滩区·仙市镇 合江县·尧坝镇 古蔺县·太平镇 巴中市巴州区·恩阳镇 成都市龙泉驿区·洛带镇 大邑县·新场镇 广元市元坝区·昭化镇 合江县·福宝镇 资中县·罗泉镇 屏山县·龙华镇 富顺县·赵化镇 犍为县·清溪镇 古蔺县·二郎镇 金堂县·五凤镇 隆昌市·云顶镇 平昌县·白衣镇 叙州区·横江镇 自贡市大安区·牛佛镇 自贡市贡井区·艾叶镇 崇州市·元通镇 自贡市大安区·三多寨镇 三台县·郪江镇 洪雅县·柳江镇 达州市达川区·石桥镇 雅安市雨城区·上里镇 通江县·毛浴镇	

图书在版编目（CIP）数据

中国古镇游/《亲历者》编辑部编著. —3版. —北京：中国铁道出版社有限公司, 2023.6

（亲历者）

ISBN 978-7-113-30126-2

Ⅰ.①中… Ⅱ.①亲… Ⅲ.①乡镇—旅游指南—中国 Ⅳ.①K928.9

中国国家版本馆CIP数据核字（2023）第057352号

书　　名：	中国古镇游
	ZHONGGUO GUZHEN YOU
作　　者：	《亲历者》编辑部

策划编辑：聂浩智
责任编辑：杨　旭　　　　编辑部电话：（010）63549485
封面设计：尚明龙
责任校对：王　杰
责任印制：赵星辰

出版发行：中国铁道出版社有限公司（100054，北京市西城区右安门西街8号）
印　　刷：三河市宏盛印务有限公司
版　　次：2018年1月第1版　2023年6月第3版　2023年6月第1次印刷
开　　本：889 mm×1 194 mm　1/32　印张：20　彩插：8　字数：1000千
书　　号：ISBN 978-7-113-30126-2
定　　价：69.80元